FILM-JAHRBUCH 1994

Herausgegeben von Lothar Just

Originalausgabe

WILHELM HEYNE VERLAG
MÜNCHEN

HEYNE FILMBIBLIOTHEK
Nr. 32/197

Herausgeber: Bernhard Matt

BILDNACHWEIS:

Amazonas, ARD, Arsenal, Ascot, Askarian, Atlas, Buena Vista, CIC Video, Columbia TriStar, Concorde, Delta, Edition Salzgeber, Endfilm, Filmverlag der Autoren, Filmcooperative, Filmwelt, Filmfest München, Int. Forum des Jungen Films, Highlight, Impuls, Jugendfilm, Kinowelt, Die Lupe, Monopole Pathé, Neue Constantin, NIL, Pandora, Prokino, Senator, Scotia, Tobis, Twentieth Century Fox, VCL/Carolco Video, Viennale Warner-Bros., Warner Home Video, Winkelmann, ZDF

Umschlagfoto-Vorderseite: Archiv Lothar Just, Ebersberg
Umschlag-Rückseite: Archiv Lothar Just, Ebersberg
Printed in Germany 1994
Satz: Satz & Repro Grieb, München
Herstellung: H+G Lidl, München
Druck und Verarbeitung: Ebner Ulm

ISBN 3-453-07320-7

Inhalt

Das Filmjahrbuch 1994

Herausgeber: Lothar Just.
Redaktion: Peter Koberger (Die Toten des Jahres), Rolf Selas (Filmliteratur), Andreas Dörr (Festivals, Preise und Auszeichnungen), W.O.P. Kistner (Video)
Mitarbeit: Brita Geisler, Ursula Hecker, Angelika Schaffer.
Herstellung: Computergestützte Datenverarbeitung in Zusammenarbeit mit Filmdata.

Kritiken

Die abgedruckten Kritiken und Texte stammen hauptsächlich aus den Zeitungen und Zeitschriften:
Abendzeitung, München; film & fakten, Wiesbaden; multimedia, Wien; tip, Berlin; Zoom, Zürich; sowie aus: Münchner Stadtmagazin; Zitty, Berlin.

Wir danken den Redaktionen und Autoren, die uns erlaubten, ihre Kritiken und Texte abzudrucken:

Frank Arnold, Lars-Olaf Beier, Wolfgang Brenner, Wolf Donner, Angie Dullinger, Gebhard Hölzl, Alfred Holighaus, Kai Niemeyer, Ralph Umard, Ponkie, André Simonoviescz, Frank Schnelle, Christoph Terhechte und den vielen anderen, die namentlich unter den Kritiken stehen.

Danksagung

Die umfangreiche Arbeit an diesem Jahrbuch wäre nicht zu leisten gewesen ohne vielseitige Hilfe. Deshalb einen herzlichen Dank an alle, die uns dabei unterstützten:

Silvia Andresen, Elisabeth Berg, Unifrance, Christel Drawer, Klaus Eder, Redaktion und Verlag Filmecho/Filmwoche, Deutsches Institut für Filmkunde, Robert Fischer, Bodo Fründt, Freiwillige Selbstkontrolle der Filmwirtschaft (FSK), Filmbewertungsstelle Wiesbaden (FBW), Leonhard Gmür, Werner Gondolf, Frauke Hanck, Daniel Just, Jakobine Just, Jochen Kahn, Hans Kohl, Marlies Messinger, Michael Mues, Josef Nagel, Hans-Joachim Neumann, Österreichisches Filmbüro, Matthias Peipp, Carsten Pfaff, Helge Post, Reinhard Pyrker, Walter Seidler, Detlef Schaller, Uta Schitthelm, Rolf Thissen, Attila Wiebe, Meinolf Zurhorst.

Ein weiterer Dank an alle Mitarbeiter in den Presseabteilungen der Verleih- und Videofirmen sowie in den Fernsehanstalten und allen, die mit Informationen und Material zum Gelingen dieses Jahrbuches beitrugen.

DIE FILME DES JAHRES 1993

DREI FARBEN: BLAU
von Krzysztof Kieslowski

*

IN THE LINE OF FIRE
von Wolfgang Petersen

*

JAGD AUF SCHMETTERLINGE
von Otar Iosseliani

*

KINDERSPIELE
von Wolfgang Becker

*

LEBEWOHL MEINE KONKUBINE
von Chen Kaige

*

LÉOLO
von Jean-Claude Lauzon

*

ORLANDO
von Sally Potter

*

DAS PIANO
von Jane Campion

Erläuterungen

Die Sternchenbewertung dient zur schnellen Einschätzung des Films. Dabei ist es durchaus möglich, daß die Bewertung im Gegensatz zur Meinung des Autors oder auch der FBW steht. Sie gibt Vorlieben der Mitarbeiter wieder, bemüht sich aber um eine objektive Beurteilung. Der Film wird beurteilt im Vergleich zu anderen Filmen seines Genres. Die Sternchen besagen:

* = Schrott, vergessen, ärgerlich	**** = Sehenswert, sollte man sehen
** = Zwiespältig, uninteressant	***** = Spitzenklasse, muß man sehen
*** = Annehmbar, kann man sehen	

Stab und Besetzung Regie, Drehbuch, Kamera, Musik und Schnitt werden in der Regel genannt. Die Schauspieler, soweit das festzustellen ist, mit ihren Rollen. Produzent, Produktion, Herkunftsland und Entstehungsjahr werden in einem Eintrag zusammengefaßt. Bei der Jahresangabe wird das Jahr der ersten öffentlichen Vorführung genannt. In Ausnahmen, bei denen Fertigstellung und Erstaufführung erheblich abweichen, auch das Herstellungsjahr.

Längenangabe Die Aufgaben dazu sind häufig widersprüchlich. Wir haben bei den meisten Filmen die gemessene Länge der FSK wiedergegeben. Wenn die nicht vorlag, Längenangaben aus Festivalkatalogen oder Int. Filmzeitschriften. Bei großen Abweichungen wurden beide Angaben abgedruckt.

Verleihangaben Es wird der jeweilige Verleih in der BRD, Österreich und der Schweiz in dieser Reihenfolge angegeben, danach folgt der Videovertrieb für den deutschen Markt. Lief der Film bis Redaktionsschluß noch nicht oder nur ausschließlich in einem Land, so ist dies durch die Gedankenstriche ersichtlich. Der Verleih »Freunde der deutschen Kinemathek« wird als »Freunde« wiedergegeben.

TV/Video Die Längenangaben beziehen sich häufig auf die Kinolänge des Films, durch die unterschiedliche Bildgeschwindigkeit verliert ein auf Video oder im Fernsehen abgespielter Film pro 25 Minuten Laufzeit eine Minute. Erfaßt wurden alle Kino- und amerikanische TV-Filme, die bei uns als Spielfilme annonciert werden, sowie Pilotfilme zu neuen Fernsehserien. Weil Filme auf Video nicht immer sofort zu beurteilen sind, wurden auch noch welche aufgenommen, die gegen Ende des Jahres 1992 erschienen sind.

Literaturangaben Im Anschluß an die Kritik wird, soweit das möglich ist, auf die Veröffentlichung in anderen Zeitungen und Zeitschriften hingewiesen. Diese Kritiken sind im Bedarfsfall über den Herausgeber oder das Institut für Filmkunde zu beziehen.

Abkürzungen Nach Möglichkeit sind Abkürzungen vermieden worden, bis auf jene Zeitungsnamen, die allgemein bekannt sind:

AZ = Abendzeitung München	FR = Frankfurter Rundschau
FAZ = Frankfurter Allgemeine Zeitung	SZ = Süddeutsche Zeitung

Abkürzungen bei der FSK (Freiwillige Selbstkontrolle der Filmwirtschaft) – Freigabe: FBW = Filmbewertungsstelle Wiesbaden, o. A. = ohne Altersbeschränkung, d. h. auch Kleinstkinder können diesen Film sehen.

Das Filmjahr 1993 in Deutschland

Im Jahr der Super-Echsen

Wer geglaubt hat, daß Europas Film mit dem Startschuß des europäischen Binnenmarktes sich auf dem Kontinent nun nachhaltiger ins Gespräch hätte bringen können, den mußte auch das Jahr 93 eines besseren belehren. In Deutschland hat laut Filmecho-Statistik der amerikanische Film 84,7 Prozent Marktanteile errungen, der deutsche Film kam auf 7,2 Prozent; gesamteuropäisch waren es geradmal 12 Prozent. Mit diesem Ergebnis konnte der europäische Film sich einmal mehr nicht empfehlen. Im Gegenteil – unter den Filmschaffenden machte sich Untergangsstimmung breit, die insbesondere in den letzten Wochen des Jahres an die Oberfläche trat, als es um die emotional umwogte Endrunde der GATT-Verhandlungen ging.
Der Hollywood-Triumph war auch 1993 wieder perfekt, allen voran mit Steven Spielbergs Saurier-Hit *Jurassic Park*, der weltweit und so auch in Deutschland alle bisher gekannten Maßstäbe sprengte: ein Film, der in wirtschaftlicher wie filmtechnischer Bedeutung neue Dimensionen eröffnete. Noch nie hat ein Film innerhalb so kurzer Zeit in Deutschland die Goldene Leinwand für mehr als 3 Mio Besucher erreicht: es waren nur 8 Tage, die Spielbergs Echsen auf Deutschlands Leinwänden dazu benötigten. Und noch nie wurde weltweit ein derartiger Marketingfeldzug geführt wie bei diesem Mega-Hit, was sich gleichfalls nachhaltig auf den deutschen Markt auswirkte. Das Geschäft mit den Merchandising-Artikeln blühte: von Dinosaurier-Bonbons bis zur Unterhose mit J.P. Logo gab es alles zu kaufen.
Der überdimensionale Erfolg von *Jurassic Park* mußte eine zwiespältige Stimmungslage in der Branche hinterlassen. Sicher trug der Saurier-Hit mit dazu bei, daß 1993 wieder ein zweistelliger Box-Office-Zuwachs gegenüber dem Vorjahr erzielt wurde, auch wenn kurz vor Ende des Jahres mit 120 Mio. Kinobesuchern ein Gesamtresultat erwartet wurde, das im Prinzip lediglich mit dem Ergebnis des Jahres 1991 gleichzieht. Im Dreijahres-Vergleich relativiert sich also das Bild wieder derart, daß Euphorie nicht angebracht ist. Und wieder einmal hat die Kinobranche begriffen, wie sehr sie von den Spitzenfilmen des Jahres abhängt.

Markt-Konzentration

Für die bundesdeutschen Verleiher war es ein hartes Jahr: 25 Firmen streiten sich um 12 bis 15 Prozent der Marktanteile, während die 5 Major-Firmen Hollywoods gut 85 Prozent des Marktes allein unter sich aufteilen. Als im Februar des Jahres 93 der Hollywood-Hit *Bram Stoker's Dracula* von Francis Coppola allein in Berlin mit 19 Kopien an den Start ging und dadurch die deutsche Komödie *Ein Mann für jede Tonart* von Peter Timm nicht in Berlin starten konnte, war der Krach zwischen den Verleihern perfekt. Der Verband der Filmverleiher stand vor seiner bisher härtesten Zerreißprobe. Die deutschen Verleiher, arg bedrängt von ständig steigenden Lizenzkosten, mit denen schon B- und C-Ware überteuert auf den Märkten abgeboten wird und kaum unterstützt von einer gegen Hollywood chronisch unterlegenen europäischen Film-

produktion, kämpfen um ihre Existenz. Einige Firmen versuchen ihr Heil über Vertriebsgemeinschaften, um die fixen Kosten des Verleih-Apparates zu senken, die mit europäischen Filmen nicht mehr eingespielt werden können. Ob aber der generelle Ruf nach Begrenzung von Start-Kopien der amerikanischen Blockbuster-Hits einen Ausweg darstellt, wie es bundesdeutsche Verleiher gefordert hatten, darf nicht nur aus Filmtheatersicht bezweifelt werden.
Für die Kinoseite ist es gar keine Frage, daß Limitierungen oder Quotierungen sich negativ auf den Geschäftsverlauf auswirken. Aber der Hauptverband Deutscher Filmtheater (HDF) votiert für einen maßvolleren Kopieneinsatz in den Großstädten bei gleichbleibender Belieferung der Provinz-Kinos. Bei Erstaufführungen spielen immer mehr Filmtheater mit. Logisch, daß sich das Geschäft für die Kinoseite nivelliert. So sind es neben der Kopienmassierung in den Großstädten insbesondere die durchschnittlich gestiegenen Leihmieten, die von der Kinoseite angegriffen werden. Die hohen Lizenzkosten, die von den Verleihern weitergegeben werden sowie die größere Zahl der Erstaufführungstheater, hatten das Leihmietengefüge nach oben gedrückt.

Veränderungen des Kinomarktes

Obgleich die Kinobranche auch 1993 wieder enorm in ihre Theater für Umbauten, Renovationen etc investiert hat (1993 waren es mehr als 20 Prozent des Umsatzes!), um für die Zukunft gerüstet zu sein, muß sie den wachsenden Einfluß von Großkonzernen auf den traditionell klein- und mittelständisch strukurierten Markt hinnehmen, die mit internationalem Kapital in die geschäftsstarken Zentren hineindrängen. Eine ganze Reihe von Kinos, die in die Reichweite der Multiplexe geriet, hatte keine Chance mehr und mußte schließen.
Es ist nicht zu übersehen, daß der Kinomarkt trotz des kalendarischen Hochs von tiefgreifenden Eruptionen heimgesucht wurde. Derzeit ist ein Umstrukturierungsprozeß im Gange, dessen Ausmaß erst in ein paar Jahren abgesehen werden kann.

Misere der deutschen Filmproduktion

Die deutsche Filmproduktion zeichnet sich am heimischen Markt in den vergangenen Jahren durch eine schon verläßlich zu nennende Erfolglosigkeit ihrer Filme aus. Die überwiegend Klein- und Kleinstunternehmen können sich mittels einer vielfältigen wenn auch zersplitterten Förderlandschaft von Projekt zu Projekt über Wasser halten, es fehlt aber einfach an einer ausreichenden Kapitalbasis, die man braucht, um eine Produktion entsprechend auszustatten und bis zur Kinoreife zu führen. Ohne Sicherheiten ist auch vom Finanzmarkt nichts zu holen. Wer so operiert, kann sich nur an einzelnen Produkten orientieren, an eine mittelfristige oder gar längerfristige sowie absatzorientierte Planung ist nicht zu denken. Es wundert kaum jemanden in der Branche, daß die durch überwiegend mit Fördermitteln abgedeckten Filme nach einem Pseudo-Start im Kino letztlich nur im Fernsehen ausgestrahlt werden. Und so kommt es nicht von ungefähr, daß inzwischen verstärkt von einer Fernsehförderung gesprochen wird; etwas polemischer ausgedrückt, macht auch der Begriff vom »Vollkasko«-Film die Runde.

Tatsächlich sind es nur wenig Firmen, die für den Kinomarkt gewappnet sind und über die dazugehörigen Mittel verfügen. Während Rialto, Senator und die Bavaria noch den deutschen Markt im Auge haben, produzieren Dieter Geissler, Bernd Eichinger, Dr. Scriba oder Willi Bär von vornherein für den Weltmarkt. Sie verfügen über entsprechende Vertriebswege oder zumindest Verbindungen, um weltweit an den Lizenzverkäufen beteiligt zu sein. Überhaupt entwickelt sich neben den nationalen Filmproduktionen eine Internationalisierung des Geschäftes; interessanterweise geht die Europäisierung Hollywoods damit einher.

Der Kampf in Babelsberg

Nicht nur bei den Länderförderungen, sondern auch bei den Studios macht sich im förderativ-strukturierten Deutschland der Wettbewerb der Bundesländer bemerkbar. Große Pläne verfolgte Studio-Chef Volker Schlöndorff mit den Babelsberg Filmstudios, nachdem der französische Konzern CGE (Compagnie General de Eaux) im Jahr 1992 nach langem Gerangel das Studio übernahm. 1993 wurde noch nicht das Jahr der vollen Auftragsbücher, auch wenn CGE 60 Mio DM Produktionsvolumen für Spielfilme in den nächsten drei Jahren angekündigt hat. Der französische Immobilien-Riese will das Gelände als europäische Medienstadt mit Studios, Hotels etc. nutzen, so die Pläne.
Außer Dieter Geislers *Unendliche Geschichte – Teil 3* waren es eher kleine Produktionen, die in Babelsberg realisiert wurden, wie Rainer Simons Kinderfilm *Fernes Land Pa-Itsch* und die Stasi-Komödie *Der Blaue* mit Manfred Krug und Ulrich Mühe in den Hauptrollen. Für Rainer Simon wie auch Manfred Krug war es eine Wiederbegegnung mit den Babelsberg-Studios, wo ihre Karrieren begonnen hatten.
Studio-Chef Volker Schlöndorff konnte im Sommer noch ein millionenschweres Joint-Venture Abkommen mit der amerikanischen Firma Island World abschließen. Ansonsten muß er gute Miene zum bösen Spiel machen. Denn die seit über einem Jahr angekündigte gemeinsame Filmförderung zwischen den Ländern Berlin und Brandenburg wurde auch 1993 noch nicht unter Dach und Fach gebracht. Und solange das gemeinsame Filmboard nicht gegründet werden kann, hängt das Studio in der Luft.

Prinzip Hoffnung in NRW

Während Babelsberg regional noch nicht einmal abgesichert ist, rüstet das Bundesland Nordrhein Westfalen auf. Die SPD-Regierung verspricht sich viel von dem Wirtschaftsbereich audiovisuelle Medien und hat gleich mehrere Eisen im Feuer. 1994 will die Landesregierung entscheiden, ob der ehemalige Militärflugplatz Wildenrath direkt an der holländischen Grenze zu einem Film- und Fernsehzentrum ausgebaut werden soll. Ein ehrgeiziges Projekt. Hinzukommt das Engagement der Hollywood-Firma Warner Enterprises, die ebenfalls in NRW aktiv wird und Ende des Jahres von der Bavaria den Filmpark in Kirchhellen bei Bottrop gekauft hat. Hier soll nun ein großer Freizeit- und Themenpark entstehen einschließlich einiger Produktionsstudios. Zudem will der niederländische Medienriese NOB ein hochmodernes Film- und Fernsehzentrum in Köln-Mansdorf errichten. So viele Studios in einem Bundesland?

Es muß sich in NRW erst noch zeigen, ob alleine mit Steuergeldern und vom grünen Tisch aus eine Entwicklung in Gang gesetzt werden kann. Eine Produktionslandschaft muß auch wachsen, braucht ein vitales, urbanes Umfeld, meinen die Kritiker wie Volker Schlöndorff und befürchten, daß durch diese Politik anderen Produktions-Zentren Schaden entstehen kann. Und es ist nicht auszuschließen, daß in einigen Jahren das Steuergeld verpulvert ist und die große Produktionsblüte sich gar nicht eingestellt hat.

Aber nicht nur die Tatsache, daß die nordrhein-westfälische Staatskanzlei an dem Mega-Deal mit der Warner direkt beteiligt war, mag aufzeigen, daß der Standort-Wettbewerb zwischen den Bundesländern mit allen Mitteln geführt wird.

Das bekommt auch die Bavaria, Deutschlands Studio Nummer 1, zu spüren. Die Geschäftsführung der Bavaria wird im Laufe des Jahres 1994 wechseln. Sicher muß die Zukunftsperspektive der Bavaria daran gemessen werden, wie das Ausscheiden des erfolgreichen Produzenten Dr. Günter Rohrbach verkraftet werden kann. Sein Nachfolger Thilo Kleine konnte bisher nur im Fernsehbereich auf sich aufmerksam machen.

Wachstumsbranche audiovisueller Markt

Viel wird für die europäische audiovisuelle Industrie davon abhängen, wie sie den Herausforderungen der nächsten Jahre gewachsen ist. Digitale Satelliten-Technik und Datenkompression werden den Programmbedarf vervielfachen. Die Art und Weise der GATT-Diskussion jedenfalls hat schmerzlich aufgezeigt, daß die Chancen noch gar nicht erkannt wurden. Und nicht nur in Deutschland waren die Stimmen am lautesten, die nur über die Gefahren zu lamentieren wußten.

Die USA wollten bei den Verhandlungen um das Welthandelsabkommen (GATT) die Europäer voll unter die Liberalisierungsverpflichtung nehmen. Die Meistbegünstigungsklausel, einer der Hauptbausteine der GATT-Vereinbarungen, sollte auch auf den audiovisuellen Sektor angewendet werden. Nach monatelangem Tauziehen ist es den Europäern zwar gelungen, die sogenannte Meistbegünstigungs-Formel für den audiovisuellen Bereich durch Ausnahmeregelungen faktisch auszuklammern, wodurch die europäischen wie nationalen Filmförderungen bestehen bleiben können, auch die EG-Fernsehrichtlinie blieb unangetastet, doch von dem Druck der Amerikaner auf ihre Märkte konnten sie sich mit diesem Ergebnis nicht befreien. Es gibt durchaus einige Stimmen, die nun davor warnen, daß die USA jetzt in multilateralen und bilateralen Verhandlungen alles das einfordern, was versäumt wurde in einem multilateralen Abkommen festzuschreiben.

Der audiovisuelle Markt ist eine der Wachstumsbranchen, deshalb sind die Verteilungswettkämpfe härter geworden. Auch auf dem deutschen Markt werden die nächsten fünf Jahre entscheiden, ob die Europäer dem amerikanischen Expansionswillen etwas entgegensetzen können.

Bernd Jetschin, Chefredakteur ›Filmecho/Filmwoche‹

Das Filmjahr 1993 in Österreich

Während die österreichische Kinobranche nach Jahren des Rückgangs und des Groschenzählens 1993 endlich wieder ein ›fettes‹ (US-)Filmjahr erlebte, blieb die österreichische Filmproduktion auch 1993 ihrer traditionellen Dauerkrise verhaftet.
Nur zwei heimische Spielfilme, *Verlassen sie bitte Ihren Mann* und *Indien* konnten 1993 wirklich Besucher in die Kinos locken.

Zufriedene Kinowirtschaft

Österreichs Kinowirtschaft zeigte sich am Jahresende '93 mit dem Geschäftsgang außerordentlich zufrieden, auch wenn zu diesem Zeitpunkt noch nicht feststand, ob die angepeilten 12 Millionen Besucher und damit zwischen 850 und 900 Millionen Schilling Umsatz tatsächlich erreicht wurden. Der Aufschwung bewirkte jedenfalls ein deutliches Aufatmen in einer Branche, die seit Mitte der 80er Jahre fast nur noch Rückgänge zu verzeichnen hatte. Dabei lag 1993 der Unterschied zu den vorangegangenen Jahren vor allem in der Anzahl von qualitativ hochwertigen Filmen. Brachten jahrelang nur einzelne Spitzentitel die Butter aufs Brot, so waren es 1993 viel mehr Filme, die für das insgesamt gute Ergebnis sorgten. Und noch ein kleiner aber feiner Unterschied zeigte sich Ende 1993 gegenüber den letzten Jahren: Die gesamte Branche rechnet damit, daß der Aufschwung anhält.

Kinosterben und Multiplex-Zukunft

In den letzten Jahren hat sich die österreichische Kinolandschaft nachhaltig verändert. Einerseits hat das Kinosterben angehalten, andererseits hat ein tiefgreifender Strukturwandel hin zum Qualitätskino stattgefunden. 1991 betrug die Anzahl der Betriebe österreichweit noch 278 Kinos mit 394 Sälen, 1992 nur noch 274 Kinos mit 395 Sälen und schließlich 1993 nur mehr 262 Kinos mit 388 Sälen. Vor allem außerhalb der Städte stehen alteingesessene Betriebe vor der Alternative: Entweder in Millionenhöhe investieren oder schließen. Tatsächlich gelang es in den letzten Jahren einer Reihe von Privatbetrieben, ihre Häuser zu attraktiven modernen Kinos umzubauen. Zugleich sind 70 Prozent der österreichischen Kinobetriebe von einer Marktkonzentration betroffen, die in den letzten zwei Jahren durch die Zusammenarbeit der beiden führenden österreichischen Kinoketten »Constantin« und »Kiba« entstanden ist. Nicht zuletzt dadurch waren 1993 zeitweise bis zu 60 Kopien bundesweit im Einsatz, weit mehr als in den letzten Jahren. Während der Lichtspieltheaterverband hofft, daß sich die durchschnittliche Kopienanzahl wieder bei etwa 25 einpendeln wird, rechnen die US-Verleiher damit, daß der Trend weitergehen wird und künftig im Durchschnitt 35 bis 40 Kopien zum Einsatz kommen. Noch spricht niemand in der Branche von einer Kopienschwemme, doch ist bereits von einer spürbaren Häuserknappheit die Rede. Kein Wunder also, wenn die großen US-Verleiher auf die nahende Multiplex-Zukunft setzen. Und die kommt, wenn auch mit typischer Verspätung, 1994 endgültig auch nach Österreich.

Vier Multiplexe werden in den nächsten Jahren die Kinozukunft der Bundeshauptstadt Wien verändern, eines davon ist bereits in Betrieb: Das im Dezember 1993 wiedereröffnete »Apollo« (7 Säle, 1.400 Sitzplätze) ist das erste Gemeinschaftsprojekt der bis dahin konkurrierenden österreichischen Kinoketten Constantin und Kiba. Als einziges der neuen Großprojekte liegt es in direkter City-Nähe und soll jährlich mindestens 500.000 Besucher anlocken. Im Süden von Wien entsteht ein UCI-Multiplex (9 Säle, 2.200 Sitzplätze), das im Herbst '94 eröffnet werden soll und mit zumindest 800.000 Besuchern im Jahr rechnet. Ein weiteres Gemeinschaftsprojekt von Constantin und Kiba ist bereits fixiert und wird ab Herbst '94 im Norden von Wien gebaut. Ein viertes Projekt ist im Gespräch. Aber auch private Betreiber wie in Innsbruck das »Metropol-Center« (4 Säle, 1.200 Sitzplätze, 1993 voraussichtlich 300.000 Besucher) oder das »Elmo« in Salzburg und in Graz das »Annenhofkino« haben neue Maßstäbe gesetzt, ob mit ›Loverchairs‹ oder Kindervorstellungen – sie haben bewiesen, daß nur das Erlebniskino jung und alt vor die Leinwand zu locken vermag.

Die kommerziellen Kinoerfolge 1992

Die Top-Ten der Saison 1992/93 waren ausschließlich amerikanische Großproduktionen: *Jurassic Park* (UIP, 750.000 Besucher), *Bodyguard* (Warner, 670.000 Besucher), *Sister Act* (Buena Vista, 490.000), *Hot Shots 2* (Centfox, 450.000), *Kevin – Allein in New York* (Centfox, 440.000), *Ein unmoralisches Angebot* (UIP, 430.000), *Die Schöne und das Biest* (Buena Vista, 390.000), *Aladdin* (Buena Vista, 350.000), *Made in America* (Warner, 296.000) und *Sommersby* (Warner, 290.000).

Der UIP-Jahreshit *Jurassic-Park* erreichte in Österreich innerhalb von nur neun Tagen 300.000 Besucher und damit ein »Golden Ticket«. Für Warner-Bros-Chef Kurt Silberschneider war 1993 »das sensationellste Jahr, das wir in Österreich je hatten, 30 Prozent höher als das Spitzenjahr 1990.« 19 Filme brachte Warner 1993 in die Alpenrepublik, 25 werden es 1994 sein.

Der Constantin-Verleih, der 1992 noch 87 Filme nach Österreich brachte, war 1993 mit knapp 50 Titeln wesentlich zurückhaltender. Dabei ist nicht zu übersehen, daß die neue Kooperation der Kiba-Kinos mit der Constantin den bemerkenswerten Einkaufs-Rückgang mit verursacht haben. Denn während die Constantin noch bis vor ein, zwei Jahren ihre eigenen Häuser mit eigener Ware bespielen mußte, weil die Amerikaner fast ausschließlich in Kiba-Kinos liefen, ist jetzt auch in den Constantin-Betrieben US-Mainstream-Kino angesagt. Trotzdem war 1993 nicht das Jahr der Constantin, auch wenn *Stalingrad* vergleichsweise besser als in Deutschland lief (190.000 Zuschauer) und bei 200.000 Besuchern im *Geisterhaus* sogar Hoffnung auf ein »Golden Ticket« aufkam. Neuerdings kooperiert Constantin nun auch mit den kleineren heimischen Verleihern stärker. Und tatsächlich sind es gerade die engagierten Verleihe, die eine nicht zu unterschätzende Zahl von Filmen nach Österreich bringen. Dazu gehören etwa der kommunale Verleih »Stadtkino«, der »Filmladen« oder das »Filmhaus Stöbergasse«.

Unter diesen Verleihern ist der »Filmladen« der wichtigste Partner für die bundesweit etwa ein Dutzend Programmkinos. Er bringt jährlich 20 bis 25 Titel, darunter viele österreichische in die Kinos. 1993 z. B. die erfolgreiche schwarze Komödie *Indien*. Filmladen-Chef Michael Stejskal ist von der neuen Kooperation

tion mit Constantin durchaus angetan. Weniger optimistisch ist Helmut Siderits, Chef des interessanten Kleinverleihs Top-Film, der in den 80er Jahren Titel wie *Das Boot ist voll*, *Taxi zum Klo* oder *Das Gespenst* von Achternbusch nach Österreich brachte. 1993 hatte die Top-Film gute Ergebnisse mit *Das Hochzeitsbankett*, *Rote Laterne* und *Tokio Dekadenz*, trotzdem will Siderits 1994 nur noch laufende Lizenzen (»Kinowelt«) erfüllen, nicht zuletzt deshalb, weil er kaum Chancen für den Einsatz seiner Filme sieht: »Die Constantin spricht von Zusammenarbeit, aber wenn man dann einen Film anbietet, findet sich kein Kino...«

Österreichische Filme im Kino

Von den 17 Österreichischen Produktionen, die 1993 offiziell in den heimischen Kinos anliefen, erreichten nur zwei nennenswerte Zuschauerzahlen: *Verlassen Sie, bitte, Ihren Mann*, eine bissig-fröhliche Emanzipationskomödie mit Elfi Eschke in der Hauptrolle, und *Indien*, ein scharfsinnig-sentimentales Bühnenstück, das von der beeindruckenden Darstellkunst der Wiener Kabarettisten Gerhard Haderer und Alfred Dorfer lebt. Die Besucherzahlen dieser Filme bewegten sich Anfang Dezember 1993 jeweils rund um die 60.000 mit guten Chancen auf weitere Steigerung in den folgenden Wochen.
In *Verlassen Sie, bitte, Ihren Mann* verläßt eine aufmüpfige junge Frau ihren langweiligen Politiker-Ehemann ausgerechnet mitten im Wahlkampf und gerät in einen Strudel der Irrungen und Wirrungen, ehe sie ihre persönliche Freiheit durchsetzt. Die 22 Millionen Schilling-Produktion wurde von der Wiener MR-Film Kurt Mrkwicka in Coproduktion mit der Star-Film Salzburg realisiert, in Deutschland soll der Film im März '94 in die Kinos kommen.
Indien wurde von der Wiener Dor-Film produziert und ist die Leinwandadaption eines erfolgreichen Kabarettstücks, in dem zwei Inspektoren die heimische Gastwirt- und Hotellerie-Landschaft bereisen. Trotz seiner sorgfältigen filmischen Umsetzung ist *Indien* kein Kinofilm im klassischen Sinn, sondern eben leinwandadaptierte Kleinkunst. Insofern ist kaum zu verstehen, warum die österreichische Auswahljury den Film ausgerechnet zum Auslands-Oscar einreichte. Erfreulicher ist schon, daß *Indien* den 1993 erstmals vergebenen »Thomas Pluch-Drehbuchpreis« erhalten hat.
Im Mai 1993 holte der Constantin-Verleih ein internationales Staraufgebot zur Weltpremiere der Politgroteske *Der Fall Lucona* nach Wien. Es kamen die Hauptdarsteller David Suchet, Jürgen Prochnow, Dominique Sanda und Regisseur Jack Gold sowie Franco Nero. Mit 20 Kopien lief *Der Fall Lucona* in den österreichischen Kinos, ein Erfolg blieb ihm hier aber ebenso versagt wie auch in Deutschland. Von den österreichischen Filmen, die 1993 in den Kinos anliefen, sind vor allem noch Götz Spielmanns Streifen *Der Nachbar* und Ulrich Seidls Spieldokumentation *Mit Verlust ist zu rechnen* erwähnenswert, die beide auch erfolgreich auf Festivals liefen. Österreichische Dokumentarfilme, die 1993 in den Kinoeinsatz kamen, waren u. a. *Die Wahlkämpfer* (Regie Helmut Frasser), eine umstrittene Dokumentation über Wahlaktivisten im Dunstkreis von FPÖ-Chef Haider; die in Amerika gedrehte Dokumentation *James Ellroy*, Regie Reinhard Jud, die ihre Uraufführung bei der diesjährigen Viennale hatte und die wegen ihrer mißverständlichen Ästhetik ebenfalls umstrittene Dokumentation *The Bands* von Egon Humer.

Österreich in internationalen Wettbewerben

Von wenigen Ausnahmen abgesehen geben österreichische Filme in den heimischen (Programm-)Kinos nur kurze Gastspiele, auch die traditionell rege Kurzfilmproduktion landet selten in den Kinos und statt dessen auf unzähligen Festivals oder mit etwas Glück in einer Nachtschiene des ORF. Auch abendfüllende Spiel- und Dokumentarfilme haben stets handfeste Chancen auf eine Festivalteilnahmen, meist in Nebenreihen und belohnt mit verschiedensten Preisen. Nur ganz wenige österreichische Produktionen schafften 1993 den Sprung in die Wettbewerbsprogramme großer internationaler Festivals. Beim Max Ophüls-Festival in Saarbrücken war Österreich Anfang 1993 immerhin mit vier Titeln im Wettbewerb vertreten: *Der Nachbar* (Götz Spielmann), *Ihr glücklichen Augen* (Margarete Heinrich), *Averills Abkommen* (Michael Schottenberg) und *Die Flucht* (David Rühm). Einziger Film im offiziellen Wettbewerb von Berlin war 1993 Maria Lassnigs Kurzfilm *Kandate*. Im Wettbewerb von San Sebastian war Xaver Schwarzenberger mit seiner eigentlich für das Fernsehen gedrehten Komödie *Tafelspitz*, einer Münchener Produktion, vertreten und der Debutfilm *Far Away From St. Petersburg* von Alexander Hahn lief im Wettbewerb von Mannheim sowie in jenem von Alexandria/Ägypten und wurde dort mit dem Hauptpreis für Nachwuchskino ausgezeichnet.
Ihren Serienerfolg fortsetzen konnten zwei ganz unterschiedliche österreichischen Produktionen: Der Kinderfilm *Ferien mit Silvester* (Regie Bernd Neuburger) und das speziell von den Kritikern vielgeliebte Moralstück *Bennys Video* (Regie Michael Haneke). Beide Filme hatten 1992 als einzige österreichische Produktionen EFDO-Fördergelder erhalten und wurden von europäischen Verleihen ins Programm genommen. Und beide Filme erhielten auch 1993 weiterhin Auszeichnung um Auszeichnung. Benny's Video wurde gar für den Europäischen Filmpreis »Felix« nominiert und beim Festival in Rotterdam wurde Anfang 1993 Michael Hanekes Gesamtwerk präsentiert.

Österreichische Filmfestivals

Die ohnehin nicht üppige Filmernte der Saison 1992/93 wurde gleich von mehreren österreichischen Festivals präsentiert. Einerseits fanden im Juni 1993 wieder die unabhängig organisierten »Österreichischen Film Tage« in Wels statt, andererseits bemühte sich das Wiener Filmfest »Viennale« im Oktober um die Uraufführung von Österreichischen Produktionen und schließlich fand im Dezember erstmals ein staatliches Filmfestival in Salzburg statt. Überhaupt war 1993 ein »Festivaljahr« in der Alpenrepublik.
Zur Eröffnung der 9. »Österreichischen Film Tage« in **Wels** stellten Mathieu Carriere, Josefine Platt und Regisseur Jürgen Kaizik den Ost-Thriller *Die Zeit danach* vor, weitere Spielfilm-Höhepunkte waren u. a. *Der Nachbar* Götz Spielmann), *Ihr glücklichen Augen* (Margarete Heinrich), *Fatal Deception* (Robert Dornheim), *Far Away From St. Petersburg* (Alexander Hahn) und *Dadje* (Herbert Brödl). Filmschauen waren den Regisseuren Peter Kern und Marc Adrian gewidmet, der Wiener Trickfilmschule und deren Gründerin Maria Lassnig sowie der Wiener Filmakademie. Gezeigt wurden auch zwei Filme der 1992 verstorbenen Regisseurin Karin Brandauer und das unveröffentlichte letzte Interview von Oskar Werner. Der mit 150.000 Schilling dotierte

»Preis der Österreichischen Film Tage 1993« ging an Ulrich Seidl für seinen Film *Mit Verlust ist zu rechnen* und den mit 50.000 Schilling dotierten »Dokumentarfilmpreis der Stadt Wels« erhielt Nadja Seelich für ihren Portraitfilm *Sie saß im Glashaus und warf mit Steinen.*
Im Oktober 1993 fanden die »31. Internationalen Filmfestwochen **Viennale**« statt. In den Wiener Kinos Urania, Künstlerhaus, Metro und Stadtkino wurden 130 Filme gezeigt, Festival-Zentrum war das Wiener Hotel Hilton. Eröffnet wurde mit dem australischen Film *Das Piano*, der wie andere Viennale-Beiträge anschließend in den regulären Kinoeinsatz kam. Wiens Kulturprominenz blieb zur Viennale '93 weitgehend unter sich, internationale Stargäste gab es kaum. Die filmischen Highlights waren u. a. Peter Bogdanovichs *The Thing Called Love*, Martin Scorseses *Age of Innocence*, Stephen Frears *The Snapper*, Derek Jarmans *Wittgenstein*, Jean-Luc Godards *Helas pour moi* und Peter Greenaways Film *The Baby of Macon*. Zu mitternächtlicher Stunde konnten Horrorfans Kultfilme wiedersehen, darunter eine restaurierte Fassung des Klassikers *King Kong*. Einige heimische Produktionen liefen in einer Nachmittagssschiene, Uraufführungen von österreichischen Regisseuren bot die Viennale '93 *James Ellroy* von Reinhard Jud und Peter Patzaks provokante Satire *Es lebe die Liebe, der Papst und das Puff* sowie *Domenica* von Peter Kern.
Die Filmschau »Diagonale« fand Anfang Dezember 1993 in **Salzburg** statt, eröffnet wurde sie mit einem Film, der zuvor bereits mehr als 50.000 Zuschauer in die österreichischen Kinos gelockt hatte: *Indien* von Paul Harather. Neben heimischen Produktionen verschiedener Längen und Formate wurde eine Auswahl holländischer Filme unter dem Motto »Ländervergleich« geboten sowie eine Retrospektive Max Fleischer. Obwohl die vom Kunstministerium als Gegenveranstaltung zu den »Österreichischen Film Tagen Wels« installierte Salzburger Filmschau über Budgetmittel in der dreifachen Höhe gegenüber Wels verfügte, konnte sie weder besuchermäßig noch im medialen Echo an den Erfolg der »Film Tage« anschließen: »Die Salzburger Bevölkerung nahm die Diagonale kaum zur Kenntnis, manche Vorführungen – und keineswegs nur jene mit schwierigen Avantgardewerken – fanden vor 10 oder 20 Zuschauern statt...« berichtet R. Van Laer in »Filmecho« 51/93.
In **Innsbruck** präsentierte das kommunale Kino »Cinematograph« im Oktober beim »2. America Film Festival« 25 Beiträge u. a. aus Kuba, Haiti und Jamaika sowie Argentinien, Chile, Kanada und USA. Eröffnet wurde mit der österreichischen Erstaufführung von *L'homme sur les quais* (Kanada/Frankreich) von Raoul Peck, der persönlich nach Innsbruck kam. Im Dezember '93 war **Graz** erstmals Schauplatz eines internationalen Festivals für Film und Architektur. Unter dem Titel »film + arc 1« wurde dem künstlerischen Architekturfilm ein Forum im deutschsprachigen Raum geboten. Gezeigt wurden Filme und Videos aller Längen und Formate, die als Fiktion, Dokumentation, Animation oder Experiment Themen wie Architektur, Urbanistik, Landschaftsgestaltung oder Design zum Inhalt hatten.
Mitte November 1993 fand im Wiener Kosmoskino das 12. Österreichische Studentenfilmfestival statt. Gezeigt wurden an drei Tagen mehr als 60 Arbeiten von Schülern der Wiener Filmhochschule, die heuer ihr 40jähriges Jubiläum feierte. Zum Abschluß des Festivals wurden die besten Arbeiten preisgekrönt.

Susanna Pyrker, freie Journalistin, Wien

In der Einsamkeit der Hochalpen: ›Die Insel‹ von Martin Schaub.

Hans Peter Heinzl in Peter Patzacks Farce ›Es lebe die Liebe, der Papst und der Suff‹.

Das Filmjahr 1993 in der Schweiz

Das Jahr 1993 wird als Jahr der Unsicherheit in die Schweizer Filmgeschichte eingehen: Eine neue staatliche Filmverordnung und zahlreiche neue Köpfe in den Exekutivfunktionen der Filmverwaltung einerseits, eine weitere Verschärfung der Krise im Schweizer Film und zugleich ein Erfolgsjahr für Verleiher und Kinos andererseits haben das Filmjahr 1993 gekennzeichnet. Der Ausschluß der Schweiz aus dem EG-MEDIA-Programm Anfang 1993 hat bei Filmschaffenden und Produzenten zu zusätzlicher Verunsicherung geführt.
Von einem Rekordjahr 1993 für das Verleih- und Kinogewerbe ist überall in Europa und in den USA die Rede. Einige sehr erfolgreiche Filme, die alle aus den USA stammen, haben das Erfolgsjahr möglich gemacht. Damit ist auch in der Schweiz deutlich geworden, was sich seit Jahren abzeichnet: Der Geschäftsgang des Kinojahres wird nur noch von den USA bestimmt, das einheimische Filmschaffen ist filmwirtschaftlich ohne Bedeutung. Der europäische Film – im Schweizer Kino vorrangig das Filmschaffen aus Frankreich, Deutschland und Großbritannien – kann allenfalls einzelne Achtungserfolge erzielen.
Die definitiven Zahlen liegen in der Schweiz zwar jeweils erst im Frühjahr vor, aber die »Procinema«, der gemeinsame Dachverband der Verleiher und Kinobesitzer, hat auf Ende Jahr erste Schätzungen veröffentlicht. Die Zahlen lassen an Deutlichkeit nichts zu wünschen übrig: Die US-Filme haben sich in der Schweiz erstmals einen Anteil von über 80 Prozent der Kinoeintritte erobert, und zugleich sinkt der Anteil des Schweizer Films im Kino unter zwei Prozent. Insgesamt konnte die Kinobranche eine Steigerung der Eintrittszahlen um rund 15 Prozent und des Umsatzes um vielleicht über 20 Prozent verzeichnen. Die Procinema spricht denn auch von einem »sehr erfolgreichen Kinojahr«.

»Sister Act« vor »Jurassic Park«

Kein Film hat allerdings, wie erhofft, die magische Grenze von einer Million Kinoeintritten erreicht, die bisher erst einmal, vom Film *Rain Man*, erreicht worden war. Knapp darunter liegen jedoch gleich zwei Filme: Der internationale Jahresmegahit *Jurassic Park* und die Nonnenkomödie *Sister Act*, die – das ein internationales Unikum – Spielbergs Dino-Film gar geschlagen hat. Auf den ersten 20 Rängen der Jahreshitliste liegen ausschließlich US-Produktionen, mit Ausnahme des australischen Films *The Piano*, der als einziger Autorenfilm, wenn auch mit US-Geld und internationaler Besetzung produziert, die US-Vormacht 1993 in den Schweizer Kinos zu durchbrechen vermochte.
Die Erfolgsfilme des Jahres wurden wie üblich von den drei US-Majors UIP, Warner Brothers und 20th Century Fox verliehen. Allerdings konnte sich – ein weiteres Unikum des Jahres – der neue Verleih »Buena Vista International« auf Anhieb als erfolgreichster Verleiher des Jahres etablieren. Dank der neuen liberalen und GATT-kompatiblen Filmverordnung, die Anfang 1993 in Kraft getreten war, sind in der Schweiz seither auch ausländische Verleiher erlaubt, während vorher nur die drei schon immer bestehenden US-Majors auf dem Schweizer Markt zugelassen waren. »Buena Vista« hat mit *Sister Act* und dem erneut sehr erfolgreich gezeigten Trickfilm *Jungle Book* gleich zwei Filme unter den erfolgreichsten fünf Filmen des Jahres, und mit dem Erfolgstrickfilm

Aladdin, der französischen Produktion *Les visiteurs* und der Rockbiographie *Tina – What's Love got to do with it* drei weitere unter den ersten 20 Filmen.

Erstes Schweizer Multiplex-Kino

Großzügig renovierte Kinosäle und das erste Schweizer Multiplex-Kino in Zürich mögen mit zum ökonomisch insgesamt sehr guten Kinojahr beigetragen haben. Das Zürcher Kinocenter »Cinemax« eröffnete im August mit zehn Sälen in einer ehemaligen Seifenfabrik im Zürcher Industriequartier als erstes Schweizer Multiplex-Kino. Der Kinounternehmer, Produzent und Verleiher Erwin C. Dietrich hat das 18-Millionen-Franken-Projekt realisiert. Neben einem Hauptsaal mit Großleinwand und 500 Plätzen stehen neun weitere Kinos mit 250 bis 50 Plätzen zur Verfügung. Das »Cinemax« hat bis Ende des Jahres noch nicht die erhofften Eintrittszahlen erreicht. Die Realisierung von weiteren Multiplex-Projekten steht darum zur Zeit noch in Frage.

Schweizer Krisenjahr

Während das Filmjahr 1993 für Verleiher und Kinos ein Jahr des wirtschaftlichen Erfolgs war, bedeutete es für die einheimischen Filmschaffenden ein Krisenjahr: Der Schweizer Film war 1993 nicht nur an Festivals, sondern auch in den Kinos so gut wie nicht vertreten. Die einzige Ausnahme ist mit rund 80.000 Eintritten die Kinderkomödie *Anna annA* von Jürgen Brauer und Greti Kläy, ein Film, der zusammen mit Deutschland produziert worden ist und inzwischen auch dort und in Österreich zu sehen war.
Zu einem Überraschungserfolg im Kino könnte noch die erst im Dezember angelaufene Öko-Dokumentation *Der Kongress der Pinguine* des Zürcher Hans-Ulrich Schlumpf werden. Das mit fiktiven Texten unterlegte Antarktis-Dokument mit seinem wahrhaft überwältigenden Naturaufnahmen hatte einen für einen Schweizer Dokumentarfilm sehr erfolgreichen Kinostart und dürfte auch 1994 noch zahlreiche Zuschauer ins Kino locken.
Ansonsten war das Kinojahr 1993 für den Schweizer Film nach einigen Jahren der Krise ein, wie inzwischen auch die Filmemacher selber betonen, weiteres heftiges Krisenjahr. Während unter den Kreativen allerdings Einigkeit herrscht, daß in erster Linie die nicht reichlich genug fließenden staatlichen Subventionen, aber auch der Ausschluß der Schweiz aus dem EG-MEDIA-Programm und die immer massivere US-Filmpräsenz in den Schweizer Kinos schuld sind, haben unabhängige Beobachter der Szene längstens erkannt, daß es sich zumindest auch um eine kreative Krise handelt, die sich immer deutlicher in den weitgehend fehlenden Zuschauern für den Schweizer Film ausdrückt.

Der grüne Heinrich

1993 war zudem ein relativ mageres Produktionsjahr für Schweizer Filme, weshalb sich das Augenmerk auf die wenigen Kinoproduktionen richtete: Die schmerzlichste Erfahrung des Jahres war der künstlerische und kommerzielle Flop des Films *Der grüne Heinrich* von Thomas Koerfer nach dem Roman von Gottfried Keller, dem mit rund 8,5 Millionen Franken Produktionskosten teuersten je gedrehten Schweizer Film. Trotz internationalen Schauspielern und Geldspritzen aus Deutschland und Frankreich sowie aus dem europäischen Fördertopf Eurimages erreichte der Film nur einen Bruchteil der erwarteten

Zuschauer und wurde nicht an ein einziges renommiertes Filmfestival eingeladen. In der Kinobranche befürchtet man nun, daß es kaum je wieder möglich sein wird, ein ähnlich großes Schweizer Projekt zu finanzieren.
Ebenfalls bei weitem nicht den erwarteten Erfolg zeigte eine andere Schweizer Literaturverfilmung: *Justiz* von Hans W. Geissendörfer nach dem Roman von Friedrich Dürrenmatt und mit dem Dürrenmatt-Freund Maximilian Schell in der Hauptrolle erwies sich als spannungsloser TV-Verschnitt, der die Zuschauer nicht ins Kino zu locken vermochte. Aber auch der Westschweizer Altmeister Alain Tanner mußte einen Mißerfolg hinnehmen, konnte er doch für seinen neuen Film *Le journal de Lady M.* im eigenen Land keinen Verleih finden, worauf er, mit entsprechend tiefen Zuschauerzahlen, den Film im Eigenverleih ins Kino brachte. Noch nicht ausgewertet ist *Ludwig 1881* der beiden in Köln lebenden Schweizer Brüder Fosco und Donatello Dubini, die mit dem Film bereits an zahlreichen Festivals Erfolg hatten.

Änderungen in der Filmförderung?

Inwieweit die Krise des Schweizer Films eine kreative Krise ist, in der die einheimische Produktion trotz reichlicher denn je vorhandenen Subventionen mit ihren Filmen keine oder nur kleine Chancen im Kino hat, oder inwieweit sie durch die »ungleich langen Speere« im Vergleich zu den US-amerikanischen Marketing-Methoden bedingt ist, wie die Filmschaffenden behaupten, läßt sich nicht abschließend beantworten. Einig scheint man sich immerhin zu sein, daß es so nicht weitergehen kann. Besonders die staatliche Filmförderung, die nach wie vor nach dem Prinzip der Gießkanne funktioniert und allen ein wenig und kaum jemandem genug gibt, soll nun unter die Lupe genommen werden. In einem Weißbuch zur Lage des Schweizer Filmschaffens sollen bis im Frühling Änderungsvorschläge ausgearbeitet und diskutiert werden.
Daß sich in naher Zukunft in der festgefahrenen Schweizer Filmszene tatsächlich einiges ändern könnte, ist zudem aus einem anderen Grund nicht ausgeschlossen. 1993 sind zahlreiche wichtige Beamtenstellen neu besetzt worden: Mit der Sozialistin Ruth Dreifuss hatte im Frühling eine neue Innenministerin ihr Amt angetreten, zu deren Wirkungsbereich auch das Bundesamt für Kultur gehört. Im Frühsommer wählte Frau Dreifuss ihre Parteikollegin Yvonne Lenzlinger zur Chefin der Sektion Film im Bundesamt für Kultur, welche die Nachfolge von Christian Zeender antrat, der vom Europarat mit der Organisation der Feiern zum 100. Geburtstag des Kinos im Jahre 1995 betraut wurde. Im Herbst dann wurde Katrin Müller als Nachfolgerin von Frau Lenzlinger an die Spitze des Filmzentrums gewählt, und im Januar nimmt David Streiff, der frühere Direktor des Internationalen Filmfestivals in Locarno, seine Arbeit als neuer Direktor im Bundesamt für Kultur auf. Die Schweizer Filmschaffenden erhoffen sich von den neuen Köpfen Veränderungen, die endlich aus der Krise hinausführen könnten.

Dokumentarfilmfestival Nyon abgeschafft

Auch in der Schweizer Filmfestivalszene ist 1993 einiges in Bewegung geraten. Das Internationale Dokumentarfilmfestival Nyon, das im Oktober sein 25. Jubiläum feierte, findet nächstes Jahr nicht mehr statt. Für 1994 hat der Staat seine Subventionen gestrichen, und für 1995 will er eine »tiefgreifende Veränderung«

der Strukturen, bevor er bereit ist, wieder Geld zu geben. Die Festivalleiterin Erika de Hadeln hat dazu erklärt, daß sie unter diesen Umständen nicht weitermachen könne. Ein formaler Rücktritt, der wohl das endgültige Ende für Nyon bedeuten würde, steht aber noch aus. Die Schweizer Filmkommission hatte beschlossen, dem traditionsreichen und international renommierten Festival für 1994 kein Geld mehr zu geben, weil das Konzept des Festivals nicht mehr zeitgemäß sei. Ohne staatliche Subventionen kann Nyon aber nicht stattfinden. Nach Meinung der Festivalleiterin Erika de Hadeln besteht das Hauptproblem in Nyon darin, daß zuwenig Geld zur Verfügung steht. Das Konzept habe sich bewährt und genieße international einen guten Ruf, sagt sie. Nicht nur Nyon, sondern alle wichtigen Schweizer Filmfestivals haben 1993 eine zum Teil markante Zuschauersteigerung verzeichnen können. An den 28. Solothurner Filmtagen, die erstmals in den Kinos der Stadt veranstaltet wurden, waren während sechs Tagen 96 neue Schweizer Filme und fast 40 ausländische Werke in Sonderprogrammen zu sehen. Von den vier Preisverleihungen früherer Jahre sind 1993 nur noch zwei Geldpreise übriggeblieben. Der Nachwuchspreis des Filmzentrums konnte nicht vergeben werden, weil die Qualität der eingereichten Filmarbeiten eine Preisvergabe nicht zuließ, und der Preis der Central-Film AG für besondere Leistungen im Schweizer Film mußte aus ökonomischen Gründen ausfallen.

Preise an Schauspieler

Auch das wichtigste Schweizer Filmfestival, das Internationale Filmfestival Locarno, vermeldete mit mehr als 100.000 Eintritten einen Besucherrekord. Ein ansprechender Wettbewerb um den Goldenen Leoparden sowie zahlreiche interessante Nebenprogramme ergeben eine positive Gesamtbilanz des zweiten Jahres von Marco Müller als Direktor. Über die Preisvergabe an Filme aus den zwei ehemaligen Sowjet-Republiken sowie an Frankreich und Deutschland herrschte allgemeine Zustimmung. Der große Gewinner war der kasachstanische Film *Azghyin Ushtykzyn'Azaby/Mein Uniformhut* des 40jährigen Regisseurs Ermek Shinarbaev. Der Silberne Leopard ging an den georgischen Regisseur Dito Tsintsadze für seinen Film *Zghvardze/Ins Extrem getrieben.* Der deutsche Schauspieler André Eisermann wurde zudem für die Titelrolle im Film *Kaspar Hauser – Verbrechen am Seelenleben eines Menschen* von Peter Sehr mit einem Bronzenen Leoparden ausgezeichnet.
Zwei Nachwuchs-Schauspielerinnen aus England und Irland sowie ein junger Schwede sind am 6. Genfer Filmfestival im Oktober mit dem »Goldenen Stern« ausgezeichnet worden. Am »Festival de Genève« werden seit sechs Jahren junge europäische Schauspieltalente zu »Stars de demain« gekürt. In seiner kurzen Geschichte ist das Genfer Filmfest nach Locarno zum zweitgrößten Schweizer Filmanlaß geworden. Ebenfalls als Großerfolg werten die Organisatoren das diesjährige 14. Luzerner Film- und Videofestival »Viper '93«. Die Zahl der zahlenden Zuschauer hatte sich bei diesem wichtigsten europäischen Videofestival verdoppelt. Insgesamt wurden in den verschiedenen Programmblöcken des Festivals während fünf Tagen gegen 170 Filme aus 20 Ländern gezeigt. Von Krise konnte also jedenfalls bei dem Schweizer Filmfestival 1993 nicht die Rede sein.

Beat Glur, Filmjournalist,
Chef der Kulturredaktion der Schweizerischen Nachrichtenagentur SDA

Die Abenteuer des Joseph Andrews 1

JOSEPH ANDREWS ***

TV

Regie: Tony Richardson
Darsteller: Ann-Margret (Lady Booby), Peter Firth (Joseph Andrews), Michael Hordern (Adams), John Gielgud (Arzt), Beryl Reid (Mrs. Slipslop), Jim Dale (Hausierer), Natalie Ogle (Fanny), Peter Bull (Sir Thomas Booby), Wendy Craig, Ronald Pickup
Drehbuch: Allan Scott, Chris Bryant, Tony Richardson, nach dem Roman von Henry Fielding (1742)
Kamera: David Watkin (Farbe)
Musik: John Addison
Produktion: , GB 1976
Sendetermin: 26.11.1993, ARD, 23.50
Länge: 95 Min.

Amüsantes Sittengemälde aus dem England des 18. Jahrhunderts, vom Mitbegründer der Free Cinema-Bewegung. Der Film ist nicht so berühmt geworden wie »Tom Jones«, ist aber gleichwohl eine glänzende Literaturverfilmung.

Die Abenteuer von Huck Finn 2

THE ADVENTURES OF HUCK FINN ***

Regie: Stephen Sommers
Darsteller: Elijah Wood (Huck), Courtney B. Vance (Jim), Robbie Coltrane (Herzog), Jason Robards (König), Ron Perlman (Pap Finn), Dana Ivey (Witwe Douglas), Anne Heche (Mary Jane Wilks), James Gammon (Deputy Hines), Paxton Whitehead (Harvey Wilks), Tom Aldredge (Dr. Robinson)
Drehbuch: Stephen Sommers, nach der Erzählung »Die Abenteuer von Huckleberry Finn« von Mark Twain
Kamera: Janusz Kaminski (Technicolor)
Musik: Bill Conti
Schnitt: Bob Ducsay
Produktion: Laurence Mark für Walt Disney Pic. mit Steve White Prods., USA 1993
Verleih: Buena Vista/dto./dto./Buena Vista Home Video
Kinostart: 1.7.1993
Länge: 108 Min. – *FSK:* ab 6, ffr.

Eine weitere Disney-Adaption einer altbekannten Geschichte, diesmal nach Mark Twain. Huck Finn schippert mit dem entflohenen Sklaven Jim den Mississippi herunter und besteht dabei so manches Abenteuer. Zwar ist der Film solide gemacht und die letzte halbe Stunde wird nochmal richtig spannend, aber Woods altkluge Sprüche und sein penetrant-süßlicher Augenaufschlag wirken so störend wie die uneleganten Exkurse zum Thema Sklaverei.

tip, 14/93

Heiko R. Blum in: Rheinische Post, 2.7.93; Thomas Klingenmeier in: Stgt. Zeitung, 1.7.93

Abgeschminkt! 3

***

Regie: Katja von Garnier
Darsteller: Katja Riemann (Frenzy), Nina Kronjäger (Maischa), Gedeon Burkhard (René), Max Tidof (Mark), Daniela Lunkewitz (Susa), Peter Sattmann (Redakteur), Jochen Nickel
Drehbuch: Katja von Garnier, Benjamin Taylor, Hannes Jänicke
Kamera: Torsten Breuer (Farbe)
Musik: Peter Wenke, Tillmann Höhn
Schnitt: Katja von Garnier
Produktion: Ewa Karlström für Vela-X/HFF mit ARRI/BR, BRD 1992
Uraufführung: 18.2.1993, Int. Filmfestspiele Berlin, »Panorama«
Verleih: TiMe/Stadtkino/Stamm/Screen Entertainment (KK)
Kinostart: 9.6.1993 (München), 1.7.1993
Länge: 55 Min.

Um eine Schaffenskrise zu überbrükken, assistiert die Cartoonistin Frenzy ihrer Freundin Maischa bei der Männerjagd. Während sich Maischas Märchenprinz jedoch als schlimmer Macker entpuppt, stürzt sich Frenzy unverhofft in ein Liebesabenteuer. Die Charaktere dieses »Übungsfilms« der talentierten HFF-Studentin Katja von Garnier atmen weitaus mehr Leben als die plappernden Klischees einer typischen Beziehungkomödie. An die wahren Abgründe des Liebes- und Berufslebens wagt sich »Abgeschminkt!« allerdings kaum heran. *Christoph Terhechte, tip, 14/93*

Albert Baer in: Rheinische Post, 2.7.93; Bodo Fründt in: SZ, 16.6.93; Frauke Hartmann in: FR, 5.7.93; Anja Henningsmeyer in: Der Tagesspiegel, 20.2.93; Thomas Klingenmaier in: Stgt. Zeitung, 2.7.93; Thomas Lassonczyk in: Münchner Stadtmagazin, 6/93; Ponkie in: AZ, 9.6.93

Haben sich die Männer noch nicht ›Abgeschminkt‹: Katja Riemann (links) und Freundinnen beim Gedankenaustausch.

The Abnormal 4

NIENORMALNI ****

Regie: Jacek Blawut
Darsteller: Leszek Ploch (Musiklehrer), Tomasz Gniatkowski (Tomek), Mariusz Zawadzki (Mariusz), Henryk Lange (Henio), Katarzyna Zaboklicka (Kasia), Dariusz Ilnicki (Darek), Janusz Machaj (Gucio), Grazyna Juzak (Grazynka)
Drehbuch: Jacek Blawut
Kamera: Jerzy Rudzinski, Tadeusz Pirog (Farbe)
Schnitt: Jozefa Strzesniewska
Produktion: Andrzej Traczykowski für Wytwornia Filmow Oswiatowych, Polen 1990
Verleih: Avance/-/-
Kinostart: 30.9.1993
Länge: 78 Min.

Der Film beschreibt den Alltag einer Gruppe von Geistigbehinderten in einem Wohnheim in Polen. Mit dem Eintreffen eines neuen Musiklehrers beginnt eine Entwicklung, die das Zusammenleben der Gruppe verändern wird. Der Musiklehrer probt mit den Heimbewohnern Musik- und Theaterstücke, er akzeptiert sie als Personen mit eigenen Wünschen und Sehnsüchten. Nach und nach geben sie die Reserviertheit dem Lehrer gegenüber auf und lassen sich auf die Begegnung mit ihm ein. Der Film, in dem die Behinderten ihre Rollen selbst verkörpern und der nur im Ansatz eine vorgeschriebene Handlung hat, ist ein beeindruckender, authentischer Versuch, ohne Psychoanalyse in eine Welt einzudringen, die als peinlich oder gar als Tabu angesehen wird, und führt zur Einsicht, daß »Normalität« ein relativer Begriff ist.

Steffen Jacobs in: Der Tagesspiegel, 23.9.93; Hans-Jörg Rother in: Neue Zeit, 23.9.93

Abschied vom Zauberwald 5

BYE BYE RED RIDING HOOD/ **
PIROSKA ES A FARKAS 2000-BEN Video

Regie: Márta Mészáros
Darsteller: Fanny Lauzier (Fanny), Margit Makay (Urgroßmutter), Pamela Collyer (Mutter), Jan Nowicki (Ornithologe), Teri Torday (Großmutter)
Drehbuch: Márta Mészáros, Eva Pataki
Kamera: Thomas Vamos, Nyika Jancso (Farbe)
Musik: Zsolt Döme

Schnitt: Louise Coté
Produktion: Rock Demers, Gabor Hanak für Les Prod. La Fete/Telefilm Canada/A Private Group of Unit Holders/Super Ecran/Hungaro Film Mokeep, Kanada/Ungarn 1989
Verleih: -/-/-/Atlas Video
Start: 17.8.1990 (DDR); Febr. 1993 (Video)
Länge: 94 Min. – *FSK:* ab 6 J.

Auf ihrem regelmäßigen Weg zu Oma und Urgroßmutter begegnet die kleine Fanny allerlei Tieren, schließlich sogar dem Wolf. Wenig inspirierte »Rotkäppchen«-Variation.

Lief bereits 1990 im Kino in der DDR unter dem Titel: »Piroschka und der Wolf«

Peter Strotmann in: film-dienst, 7/93

Abyss: Special Edition 6

THE ABYSS: SPECIAL EDITION ***

Regie: James Cameron
Darsteller: Ed Harris (Bud), Mary Elizabeth Mastrantonio (Lindsey), Todd Graff (Hippy), Leo Burmester (Catfish), Kimberley Scott (One Night), Michael Biehn (Coffey), Adam Nelson (Monk), Christopher Murphy (Schoenick), J.C. Quinn (Sonny), John Bedford Lloyd (Jammer)
Drehbuch: James Cameron
Kamera: Mikael Salomon (Farbe)
Musik: Alan Silvestri (Special Edition: Robert Garrett)
Schnitt: Joel Goodman (Special Edition: Steven Quale)
Produktion: Gale Anne Hurd (Special Edition: Van Ling) für 20th Century Fox, USA 1993
Erstaufführung: Filmfest München 1993
Verleih: 20th Century Fox/dto./dto.
Kinostart: 8.7.1993
Länge: 171 Min.

Nein, ein Director's Cut ist diese, um 27 Minuten verlängerte Version von James Camerons Film nicht. Der Regisseur hatte 1989 das Recht zum Schnitt letzter Fassung und fühlt sich bis heute nicht um sein künstlerisches Recht betrogen. Aber mit so viel zusätzlichem Material in der Hinterhand läßt sich mit dem superteuren Film nochmals etwas Geld machen. – Tatsächlich hat sich an der Unterwasserstory von der Bergung eines havarierten Atom-U-Bootes, die sich zur Begegnung mit allmächtigen Tiefseealiens entwickelt, nicht viel verändert: grandiose Special Effects, ansonsten eine schematische Geschichte von Gut und Böse, die schließlich in einer Vision von den Aliens als menschheitserlösendem Gottersatz gipfelt. Genau dort, ziemlich gegen Ende, sind die 27 Minuten angestückelt: Die Aliens bangen um die Welt (noch) im kalten Krieg. Und um zu zeigen, daß sie ihr Erbarmen auch übermächtig verwirklichen können, setzt Hollywood eine wirklich ungeheuerliche Tricksequenz in Gang: eine gewaltige, viele hundert Meter hohe Flutwelle wälzt sich auf New York, San Francisco und anderswo zu. Ein monströseres Bild der Apokalypse ist dem Kino bislang noch nicht gelungen.

Hans Joachim Neumann, Zitty, 14/93

Milan Pavlovic in: Kölner Stadt-Anzeiger, 7.8.93; Thomas Klingenmaier in: Stgt. Zeitung, 8.7.93

L' Accompagnatrice 7

***

Regie: Claude Miller
Darsteller: Richard Bohringer (Charles Brice), Elena Safonova (Irene Brice), Romane Bohringer (Sophie Vasseur), Laurence Monteyrol, Samuel Labarthe, Julien Rassam, Bernard Verley, Nelly Borgeaud, Niels Dubost, Sacha Briquet
Drehbuch: Claude Miller, Luc Beraud, nach dem gleichn. Roman von Nina Berberova
Kamera: Yves Angelo (Farbe)
Musik: Alain Jomy
Schnitt: Albert Jurgenson
Produktion: Jean-Louis Livi für Film Par Film/Les Films de la Boissiere/Orly Films/ Sedif/France 3 Cinema mit Paravision Int./ Canal Plus/Sofiarp, Frankreich 1992
Uraufführung: Nov. 1992, Paris
Verleih: -/-/Sadfi
Kinostart: Mai 1993
Länge: 111 Min.

Im besetzten Paris des Winters 1942/43 wird die in ärmlichen Verhältnissen lebende 20jährige Sophie von der Sängerin Irène, die dank den Geschäften ihres Mannes in Luxus lebt, als Klavierbegleiterin engagiert. Fasziniert von der weltgewandten Irène und deren Welt, begleitet Sophie das Ehepaar ins Exil nach London, obwohl sie bald einsehen muß, daß sie immer im Schatten der ehrgeizigen Sängerin bleiben muß. Ein hervorragend gespielter und subtil inszenierter Film über die Begegnung einer Jugendlichen mit der Welt der Erwachsenen, deren Verunsicherungen durch den Kriegshintergrund noch bedrohlich verstärkt werden. *Zoom*

Afterburn
8
AFTERBURN
***
Video

Regie: Robert Markowitz
Darsteller: Laura Dern (Janet Harduvel), Vincent Spano (Ted Harduvel), Robert Loggia (Robert Leonetti), Michael Rooker (Casey Zankowski), Welker White (Mary Sciales)
Drehbuch: Elizabeth Chandler
Kamera: Isidore Mankofsky (Farbe)
Musik: Stewart Copeland
Schnitt: Jerrold L. Ludwig
Produktion: Paul Kurta, Michael G. Wilson für HBO, USA 1992
Verleih: -/-/-/Warner Home Video
Videostart: 19.3.1993
Länge: 99 Min. – *FSK:* ab 12 J.

Als Grund für den Tod eines US-Airforce-Piloten wird offiziell »menschliches Versagen« angegeben, doch seine Witwe beginnt einen zähen Kampf um die Wahrheit. Sauber entwickeltes dokumentarisches US-Kabel-TV-Drama.

Dieter Krusche in: film-dienst, 8/93

Die Aids-Rebellen
9
***

Regie: Fritz Poppenberg
Darsteller: Mit: Prof. Dr. Peter H. Duesberg, Retrovirologe; Dr. Robert Gallo, Nat. Krebsforschungszentrum der USA; Prof. Dr. Alfred Hässig, langj. Präsident des Int. Blutspendedienstes; John Lauritsen, Medizinstatistiker; Prof. Dr. Luc Montagnier, Entdecker des HIV-Virus; Juliane Sacher, Ärztin in einer AIDS-Schwerpunktpraxis
Kamera: Fritz Poppenberg (Farbe)
Schnitt: Vessela Martschewski
Produktion: Fritz Poppenberg Filmprod./ Hohenthal Filmfinanz, BRD 1992
Uraufführung: 30.10.1992, Filmbühne am Steinplatz, Berlin
Verleih: Wild Okapi/-/-
Kinostart: 10.6.1993
Länge: 94 Min.
FSK: ab 12, ffr.
FBW: Besonders wertvoll

Laura Dern, Robert Loggia.

International angesehene Wissenschaftler weisen auf fundamentale Unstimmigkeiten und fatale Konsequenzen (politisch, gesellschaftlich und ökonomisch) der herrschenden Aids-Doktrin hin.

Michael Höfner in: FR, 2.12.92

Aladdin
10
ALADDIN
***

Regie: John Musker, Ron Clements
Darsteller: Mit den Original- und deutschen Stimmen von: Scott Weinger, Brad Kane (Gesang), Michael Deffert, Peter Fessler (Aladdin), Robin Williams, Peer Augustinski (Dschinni), Linda Larkin, Lea Salonga (Gesant), Maud Ackermann, Sabine Hettlich (Jasmin)
Drehbuch: Ron Clements, John Musker, Ted Elliott, Terry Rossio
Musik: Alan Menken; Songs: Howard

Ashman, Alan Menken, Tim Rice
Schnitt: H. Lee Peterson
Produktion: John Musker, Ron Clements für Walt Disney Prod., USA 1992
Verleih: Buena Vista/dto./dto.
Kinostart: 17.11.1993
Länge: 90 Min.
FSK: o.A., ffr.
FBW: Wertvoll

»Aladin und die Wunderlampe«, das populärste Märchen aus »1001 Nacht«, ist in den legendären Disney-Studios zum monumentalen, computer-technisch perfekten Animations-Abenteuer geworden. Erzählt wird, wie der Straßenjunge Aladin im Duell mit dem diabolischen Zauberer Dschafar obsiegt, Nutznießer einer magischen Wunschlampe wird, sein Liebesglück findet und ein Königreich rettet. Der bisher kommerziell erfolgreichste Trickfilm »aller Zeiten« lebt von intelligenten Anleihen bei klassischen Disney-Figuren und ironischen Anspielungen auf Zeitpunkt-Strömungen, womit sich der Film – für Disney-Produktionen eher ungewohnt – auch an ein Erwachsenenpublikum wendet. *Zoom*

Michael Althen in: SZ, 24.11.93; Fritz Göttler in: Kölner Stadt-Anzeiger, 27.11.93; Silvia Hallensleben in: Der Tagesspiegel, 19.11.93; Thomas Klingenmaier in: Stgt. Zeitung, 18.11.93; Ponkie in: AZ, 18.11.93; Angela Schmitt-Gläser in: FR, 23.11.93

Alarmstufe: Rot

11
UNDER SIEGE
***

Regie: Andrew Davis
Darsteller: Steven Seagal (Casey Rybak), Tommy Lee Jones (William Strannix), Damian Chapa (Tackman), Troy Evans (Granger), David McKnight (Flicker), Lee Hinton (Cue Ball), Patrick O'Neal (Captain Adams), Gary Busey (Commander Krill), Glenn Morshower, Leo Alexander
Drehbuch: J.F. Lawton
Kamera: Frank Tidy (Technicolor)
Musik: Gary Chang
Schnitt: Robert A. Ferretti
Produktion: Arnon Milchan, Steven Seagal, Steven Reuther für Regency Ent./Le Studio Canal plus/Alcor Films, USA 1992
Uraufführung: 9.10.1992, New York
Verleih: Warner Bros./dto./dto./ Warner Home Video
Kinostart: 25.2.1993
Länge: 102 Min. – *FSK:* ab 16, ffr. (ungeschnittene OF auf Video, 99 Min. ab 18 J.)

Auf einem Schlachtschiff der US-Marine, das mit Nuklearwaffen beladen ist, übernimmt vorübergehend eine Gangsterbande das Kommando. Der Schiffskoch mit einer ruhmreichen Vergangenheit als Spezialagent bringt jedoch alles wieder ins Lot. Der aufwendige Actionfilm spart nicht mit brutalen Effekten und erzielt mitunter unfreiwillige Lacherfolge.

Fritz Göttler in: SZ, 1.3.93

Alien Intruder

12
ALIEN INTRUDER
*
Video

Regie: Ricardo Jacques Gale
Darsteller: Billy Dee Williams (Capt.Skyler), Maxwell Caulfield (Nick), Tracy Scoggins (Ariel), Richard Cody (D.J.), Stephen Davies (Peter), Jeff Conaway (Borman), Gary Roberts, Shano Palovich
Drehbuch: Nick Stone
Kamera: Michael Pinkey (Farbe)
Musik: Miriam Cutler
Schnitt: Paul G. Volk, Ron Cabreros, Lorne Morris
Produktion: Richard Pepin, Joseph Merhi für PM Ent. Group, USA 1992
Verleih: -/-/-/Ascot Video
Videostart: Oktober 1993
Länge: 90 Min. – *FSK:* ab 18 J.; geänderte Fass. 83 Min. ab 16 J.

Gary Busey in ›Alarmstufe: Rot‹.

Ins Unterhaltungsprogramm eingespeister Alien bringt die Mannschaft eines Raumschiffs in Aufruhr. Schwachsinnige »Virtual-Reality«-Variation altbekannter Storymuster.

Frank Klubertz in: film-dienst, 22/93

Am Abgrund 13

QUICKSAND – NO ESCAPE ***

Video

Regie: Michael Pressman
Darsteller: Donald Sutherland (Murdoch), Tim Matheson (Scott Reinhardt), Jay Acovone (Johanna Reinhardt), Timothy Carhart (Leutnant Griffith), John Joseph Finn (Detektive Harris), Felicity Huffman, Margaret Read, Marc Alaimo, Al Pugliese, Collin Nelson
Drehbuch: Peter Baloff, Dave Wollert
Kamera: Jacek Laskus (Farbe)
Musik: Paul Chihara
Schnitt: Millie Moore
Produktion: Peter Baloff, Dave Wollert für Universal City Studio/MTE, USA 1991
Verleih: -/-/-/CIC Video
Videostart: 20.1.1993
Länge: 89 Min. – *FSK:* ab 12 J.

Schmieriger Privatdetektiv heftet sich an die Fersen eines Architekten, um dessen Reputation zu zerstören, unter Mordverdacht zu bringen und ihn zu erpressen. Sutherland als Schmeißfliege ist sehenswert, ansonsten trieft dieser Thriller nicht gerade vor Spannung.

Annette Winter in: film-dienst, 8/93

Am Rande der Dunkelheit 14

IN THE COMPANY OF DARKNESS **

Video

Regie: David Anspaugh
Darsteller: Helen Hunt (Gina Pulasky), Steven Weber (Kyle), Jeff Fahey (Will), Juan Ramirez (Muchado), Dan Conway (Cheney)
Drehbuch: John Leekley
Kamera: Sandi Sissel (Farbe)
Musik: Tim Truman
Schnitt: David Rosenbloom
Produktion: Richard Brams, Joan Marks für Universal/MTE/Don Johnson, USA 1992
Verleih: -/-/-/CIC Video
Videostart: Sept. 1993
Länge: 91 Min. – *FSK:* ab 12 J.

Polizistin gegen Kindermörder. Unambitionierter Billigthriller, aber wenigstens siegt das Gute.

Am Rande der Welt 15

****

Regie: Goran Rebic
Drehbuch: Goran Rebic
Kamera: Jerzy Palacz (Farbe)
Musik: Tako Charkviani, Ludmila Makarova
Schnitt: Frank Soiron
Produktion: Erich Lackner, Österreich 1992
Uraufführung: Filmfestival Max Ophüls Preis 1993
Verleih: -/Filmladen/-
Kinostart: Febr. 1993
Länge: 90 Min.

Georgien nach dem Zerfall der Sowjetunion. Ein Land, das – kaum eigenständig – bereits die bittere Realität inneren Konflikts und Bürgerkrieg zu spüren bekommt. Mit scheinbar objektiver Kamera bewegt sich Goran Rebic durch das zerstörte Tiflis und das Leben verstörter Menschen.
Über die Grenzen der Dokumentation hinausgehend gerät der Film zu einer äußerst gelungenen, subjektiven Aussage des Regisseurs zu Krieg und Zerstörung. *multimedia*

Amazonia: Stimmen aus dem Regenwald 16

AMAZONIA: VOICES FROM THE RAINFOREST ***

Regie: Glenn Switkes, Rosaines »Monti« Aguirre
Sprecherin: Rosaines »Monti« Aguirre
Mitwirkende: Francisco »Chico« Mendes, Ailton Krenak, Manoel Alves de Oliveira, Itabira Surui, Raimundo Barbosa
Drehbuch: Glenn Switkes, Rosaines »Monti« Aguirre, Michael Rudnick
Kamera: Eduardo Poiano (Farbe)
Musik: Egberto Gismonti
Schnitt: Michael Rudnick
Produktion: Glenn Switkes, Rosaines »Monti« Aguirre für Amazonia Films, USA 1991
Erstaufführung: Filmfest München 1991
Verleih: -/Cinematograph/Cinegraph
Kinostart: Jan. 1993
Länge: 70 Min.

Der dokumentarische Film befaßt sich mit der Lebenssituation eingeborener Indianer in Brasilien, Fragen der Assimilation, sowie den sozialen und ökologischen Problemen im Zusammenhang mit der Nutzung des Amazonas-Regenwaldes. Wiewohl engagiert, bringt die Dokumentation für auch nur am Rande Interessierte hauptsächlich Bekanntes in bewährt konventioneller Form der Darstellung. *multimedia*

Rolf Breiner in: Film Bulletin, 5/93

American Cyborg 17

AMERICAN CYBORG *

Video

Regie: Boaz Davidson
Darsteller: Joe Lara (Austin), Nicole Hansen (Mary), John Ryan (Cyborg), Yoseph Shidla (Akmir), Uri Gavriel (Leech), Hellen Lesnick (Carp)
Drehbuch: Brent Friedman, Bill Crounse, Don Pequinot
Kamera: Avi Carpick (Farbe)
Musik: Blake Leyth
Schnitt: Alan Jakubowicz
Produktion: Mati Raz für Global Pic., USA 1992
Verleih: -/-/-/Condor/Cannon Video
Videostart: Oktober 1993
Länge: 89 Min. – *FSK:* ab 16 J.

Die letzte fruchtbare Frau auf Erden wird samt Baby von bösen Cyborgs gejagt. Eine heillos blöde Endzeit-Science-Fiction.

American Fighter V 18

AMERICAN NINJA 5 *

Video

Regie: Bobby Gene Leonard
Darsteller: David Bradley (Joe Kastle), Anne Dupont (Lisa Strobel), Lee Reyes (Hiro), Pat Morita (Master Telso), Tadashi Yamashita (Tadashi), James Lew (Viper)
Drehbuch: George Saunders, John Bryant Hedberg
Kamera: Robert Forges (Farbe)
Musik: Daniel May
Schnitt: Claude Cutry
Produktion: Ovidio Assonitis für Cannon Pic., USA 1992
Verleih: -/-/-/Warner Home Video
Videostart: 2.4.1993
Länge: 99 Min. – *FSK:* ab 16 J.

Karate-Crack nimmt Witterung von entführter Tocher eines Wissenschaftlers auf und befreit sie nach Knochenknakker-Manier. David Bradley wünscht man mal eine gute Rolle.

Joe Hill in: film-dienst, 9/93

American Kickboxer 2 19

AMERICAN KICKBOXER 2 *

Video

Regie: Jeno Hodi
Darsteller: Dale »Apollo« Cook (Mike), Evan Lurie (David), Kathy Shower (Lillian), David Graf (Howard), Ted Markland (Xavier), Jeff Iorio (Hammer), Jeno Hodi (Attila), Jessica Springal (Susie), Greg Lewis (Francis)
Drehbuch: Paul Wolansky, Jeno Hodi; Dialoge: Greg Lewis
Kamera: Blair Brown (Farbe)
Musik: Marita Manuel
Schnitt: Tim Spring, Larry Maddox, Paul Wolansky
Produktion: David Hunt für Niche Investments mit Davian Intern., USA 1992
Verleih: -/-/-/VPS Video
Videostart: 4.11.1993
Länge: 90 Min. – *FSK:* ab 18 J.

Zwei Martial-Arts-Stars bemühen ihre gestählten Gliedmaßen, um ein entführtes Mädchen aus den Klauen ruchloser Verbrecher zu befreien. Fast handlungsfreie Non-Stop-Schlägerei.

American Samurai 20

THE AMERICAN SAMURAI *

Video

Regie: Sam Firstenberg
Darsteller: David Bradley, Mark Dacascos, Valerie Trapp
Kamera: (Farbe)
Produktion: Allan Greenblatt, USA 1992
Verleih: -/-/-/Warner Home Video
Videostart: 22.12.1993
Länge: 85 Min. – *FSK:* ab 18 J.

Nahezu plotlose Aneinanderreihung von Kampfszenen für die unersättliche »Martial Arts«-Fangemeinde.

American Street Warrior 21

AMERICAN STREET FIGHTER *

Video

Regie: Steven Austin
Darsteller: Gary Daniels, Tracy Dali, Ian Jacklin, Jerald Okamura
Drehbuch: Steven Austin
Kamera: Helge Gerull (Farbe)
Produktion: L – J – Yong für Cine Excel Ent., USA 1992
Verleih: -/-/-/Splendid Video
Videostart: 28.12.19922
Länge: 83 Min. – *FSK:* ab 18 J.

Ein »Streetfighter« kämpft gegen den Boß einer illegalen Organisation, die

Kämpfe auf Leben und Tod organisieren. Eine Kette von Schlägereien, die kaum von etwas Storyähnlichem durchbrochen wird.

Amerikanische Freundinnen 22

AMERICAN FRIENDS ***

TV

Regie: Tristram Powell
Darsteller: Michael Palin (Francis Ashby), Trini Alvarado (Elinor Hartley), Connie Booth (Caroline Hartley), Alfred Molina (Oliver Syme), Alun Armstrong (Dr. Weeks), David Calder (Pollitt), Robert Eddison (Präsident Rushden), Jimmy Jewel (Ashby Senior), Simon Janes (Anderson), Bryan Pringle (Haskell)
Drehbuch: Michael Palin, Tristram Powell, nach einer Story von M. Palin
Kamera: Philip Bonham-Carter (Eastman/Metrocolor)
Musik: Georges Delerue
Schnitt: George Akers
Produktion: Patrick Cassavetti, Steve Abbott für Millenium/Mayday/Prominent Features mit British Screen/BBC, GB 1991
Verleih: -/-/-/
Sendetermin: 13.8.1993, ARD, 23.50
Länge: 92 Min.

Monty Python Mitglied Michael Palin spielt die männliche Hauptrolle in dieser originellen Liebesgeschichte aus dem 19. Jahrhundert, die nach Tagebüchern seines Urgroßvaters entstand. Auch damals hatten Liebe und Macht den gleichen Stellenwert wie heute.

Pressetext ARD

Amityville – A new Generation 23

AMITYVILLE – A NEW GENERATION **

Video

Regie: John Murlowski
Darsteller: Ross Partridge (Keyes Terry), Julia Nickson-Soul (Suki), Lala Sloatman (Linnie), David Naughton (Dick Cutler), Richard Roundtree (Pauli), Terry O'Quinn
Drehbuch: Christopher Defaria, Antonio Toro
Kamera: Wally Pfister (Farbe)
Musik: Daniel Licht
Schnitt: Rick Finney
Produktion: Christopher Defaria für Njnety Three-Prod., USA 1993
Verleih: -/-/-/Marketing-Film Video
Videostart: 30.8.1993
Länge: 88 Min.
FSK: ab 16 J.

Der Spiegel aus dem unheimlichen Haus in Amityville treibt alle, die in ihn blikken, in den Selbstmord, nur seinen neuen Besitzer nicht... Von den Effekten und dem Hämoglobin-Ausstoß erstaunlich zurückhaltende Fortsetzung der Horror-Reihe.

Amoureuse 24

AMOUREUSE ***

Regie: Jacques Doillon
Darsteller: Charlotte Gainsbourg (Marie), Yvan Attal (Paul), Thomas Langmann (Antoine), Stéphanie Cotta (Juliette), Thierry Maricot, Elsa Zylberstein, Paul Savoie, Hélene Fileire
Drehbuch: Jacques Doillon
Kamera: Christophe Pollock (Farbe)
Schnitt: Catherine Quesemand
Produktion: Alain Sarde für Les Films Alain Sarde-Films/Canal Plus & CNC, Frankreich 1991
Erstaufführung: 25.9.1992, Filmfestival Köln
Verleih: Filmwelt/-/-
Kinostart: 10.6.1993
Länge: 103 Min.

Marie und Antoine sind zwei Teenager, die sich verliebt in einer Dachwohnung vor dem täglichen Leben verstecken. Als Marie sich auch in den weitaus älteren kanadischen Filmemacher Paul verliebt, beginnt wieder, wie in vielen Doillon-Filmen, ein Regelspiel der Liebe, in der die unverbrauchten Emotionen der Jungen über das konventionelle Sicherheitsdenken des Erwachsenen triumphieren. *André Simonoviescz, tip, 25/93*

Tilman Krause in: Der Tagesspiegel, 10.12.93

Angel Force 25

MISSION KILL *

Video

Regie: Lee Chiu
Darsteller: Moon Lee, Mok Shiang-Chung, Yum Tak-Wa, Takashino Fukibu, Ko Hung
Drehbuch: Michael Chow
Kamera: David Lee (Farbe)
Musik: Sherman Chow
Schnitt: Sunny Leung
Produktion: Lee Ying Chin, Keung Mei Ying für Betaview, Hongkong 1991
Verleih: -/-/-/Empire Video
Videostart: Dezember 1993
Länge: 85 Min. – *FSK:* ab 18 J.

Das übliche, belanglose Martial-Arts-Geknattere. Hongkonger Polizisten und CIA-Agenten kämpfen gegen die Drogenbosse und die Verräter in den eigenen Reihen.

Olaf Möller in: film-dienst, 19/93

Angel of Return 26

LETHAL ANGEL *

Video

Regie: Frankie Chan
Darsteller: Frankie Chan ((Frankie), Charles Mio (Charlie), Ko Chun-Hsiung (Ronny Chow), Lambert Yam (Eric), Sheeung Yee (Madame Wah), Carol Wai, Jeffrey Falcon
Drehbuch: Frankie Chan
Kamera: Corey Paukner (Farbe)
Musik: Felipe Miró
Schnitt: Sydney Cammell
Produktion: Sylvia Girling für Long Shong Pic., Hongkong 1989
Verleih: -/-/-/New Vision Video
Videostart: August 1993
Länge: 88 Min. – *FSK:* ab 18 J.

Der Unterweltboss Wah wird von Lieutnant Ronny erschossen. Die Frau des Ermordeten holt mit Hilfe von amerikanischen Profi-Killern zum Gegenschlag aus. Unterweltkrieg in Hongkong als brutale Prügelorgie inszeniert.

MaK in: film-dienst, 17/93

Angel Street 27

ANGEL STREET **

Video

Regie: Rod Holcomb
Darsteller: Robin Givens (Anita King), Pamela Gidley (Dorothy Paretsky), Ron Dean, Joe Guzaldo, Michael Cavanaugh, James Handy, Abraham Benrubi, Amy Morton, Ernie Hudson, Danny Goldring
Drehbuch: John Wells
Kamera: Andrew Dintenfass (Farbe)
Musik: Anthony Marinelli
Schnitt: Christopher Nelson, Jacques Toberen
Produktion: Ken Swor für John Wells und Friends mit Warner Bros. TV, USA 1992
Uraufführung: 15.9.1992, CBS
Verleih: -/-/-/Warner Home Video
Videostart: 2.4.1993
Länge: 90 Min. – *FSK:* ab 12 J.

Zwei junge Polizistinnen kämpfen um Karriere und um Anerkennung bei ihren männlichen Macho-Kollegen. Passable Action-Dutzendware.

Angelfist 28

ANGELFIST *

Video

Regie: Cirio H. Santiago
Darsteller: Cat Sassoon (Kate Lang), Melissa Moore (Corda), Michael Shaner (Alcatraz), Denise Buick
Drehbuch: Anthony C. Greene
Kamera: Joe Batac jr. (Farbe)
Musik: Stephen Cohn
Schnitt: Edgar Viner
Produktion: Cirio H. Santiago für World Concorde Karate Association/North American Forms/Weapons Champion/New Horizon, USA 1991
Verleih: -/-/-/Highlight Video
Videostart: Juli 1993
Länge: 87 Min. – *FSK:* ab 18 J.

Die Turnier-Kickboxerin K. D. Lang wird Zeugin eines Mordes an einem Regierungsbeamten und danach brutal umgebracht. Ihre Schwester Kat nimmt an K.D.s Stelle an den Turnieren teil, um die Spur der Verbrecher zurückzuverfolgen. Und natürlich kloppt sie die Bösen nieder.

Joe Hill in: film-dienst, 15/93

Angst 29

LA PEUR ***

TV

Regie: Daniel Vigne
Darsteller: Marianne Basler (Irene Weber), Hanns Zischler (Frantz Weber), Nicola Farron (Maurizio Henkel), Sabine Naud (Zofe), Cinzia de Ponti (Frau in Schwarz), Maurice Baquet (Rosenthal)
Drehbuch: Victor Haim, nach der gleichn. Novelle von Stefan Zweig
Kamera: Vladimir Smutny (Farbe)
Musik: Michel Portal
Schnitt: Thierry Simonnet, Sophie Marienneau
Produktion: France 2/Mars Int. Prod./La Sept, Frankreich 1992
Verleih: -/-/-/
Sendetermin: 3.12.1993, 20.40, Arte
Länge: 87 Min.

Irene und Frantz Weber führen eine glückliche Ehe. Als Irene der Verlokkung eines Seitensprungs nicht widerstehen kann, ändert sich alles. Sie wird von der Angst gequält, daß ihr Mann etwas bemerkt haben könnte und dem Gewissenskonflikt, ihm ein Geständnis machen zu wollen. *Pressetext Arte*

Angst – Tor zur Freiheit

30
***

Regie: Bertram Verhaag
Darsteller: Mit: Gerda Liegsalz, Margit Waterloo-Köhler, Lena Zavelberg, Caspar Hartle, Claus Riemann, Francoise Leone, Jens Corssen, Wolfgang Flatz, Josef Zehentbauer
Drehbuch: Bertram Verhaag
Kamera: Waldemar Hauschild, Claus Strigel, Friedrich Klütsch, Thomas Willke (Farbe)
Musik: Ulrich Bassenge, Wolfgang Neumann
Schnitt: Uwe Klimmeck
Produktion: Denkmal-Film mit SWF/ARTE, BRD 1993
Verleih: Denkmal/-/-
Länge: 91 Min.

Ehrlich und vertrauensvoll erzählen die Protagonisten über ihre tiefsten Gefühle und Angstzustände wie Schwindel und Panik, Waschzwang oder psychotischen Verfolgungswahn. Aber auch über so alltägliche Ängste, sich eine eigene Meinung zuzutrauen oder den Mut, mal »egoistisch« an sich zu denken.
Diese so schmerzvollen Wege zur individuellen Erlösung sind filmisch eingebettet in ein buntes Feld von kollektiven Erlösungsversuchen. Vom Helden im Märchen bis zum waghalsigen Brückenspringer. Vom blutrünstigen Horrorvideokonsum bis zum sterilen Golf-Krieg. Es werden Zusammenhänge deutlich zwischen unterdrückter Aggression und angstzudeckenden Pharmazeutika, zwischen Krankheiten wie Krebs oder Aids und unserem gespaltenen Gottesbild. Ein Bogen spannt sich von der Angst vor der Lust bis zur Angstlust.

Verleihprogramm

Anna annA

ANNA ANNA

31
***

Regie: Greti Kläy, Jürgen Brauer
Darsteller: Lea Hürlimann (Anna), Wanda Hürlimann (annA), Ilona Schulze (Mutter), Steve Karier (Lehrer), Eva Ebner (Frau Bernasconi), Günter Rüger (Herr Fricker), Ernst-Georg Schwill (Hausmeister), Markus Völlenklee (Philipp)
Drehbuch: Greti Kläy, Jürgen Brauer, Lukas Hartmann, nach dem gleichn. Roman von Lukas Hartmann
Kamera: Jürgen Brauer (Farbe)
Musik: Niki Reiser, Oliver Truan, David Klein
Schnitt: Rainer Trinkler
Produktion: FAMA Film/Rhewes Film/Samsa Film/DEFA Prod.: Rolf Schmid, Schweiz/BRD/Luxemburg 1992
Erstaufführung: Max Ophüls Preis 1993; Filmfest München 1993
Verleih: Progress/filmladen/Fama/Impuls Video
Kinostart: 13.5.1993
Länge: 74 Min.
FSK: o.A., ffr.

Die neunjährige Anna, die als Einzelkind bei der geschiedenen Mutter lebt, läßt nicht nur das Lesebuch für ihre Spielgefährten, die Puppenfamilie Gygax, vom Kopierer im Lehrerzimmer verdoppeln, sondern aus Versehen auch sich selbst. Eine der beiden Annas, die sich zum Verwechseln gleichen, aber charakterlich sehr verschieden sind, muß sich abwechselnd vor den Erwachsenen verstecken, bis sie beide als wirkliche Kinder allseits akzeptiert werden. Ein gelungenes modernes »Märchen«, in dem die kindliche Phantasiewelt als selbstverständlicher Bestandteil eines realitätsnah geschilderten Kinderalltags erscheint.

Zoom

(...) ein nettes Geschichtchen, allenfalls dazu geeignet, die lieben Kleinen und die Großen zum Schlafen zu bringen.

tip, 10/93

Anna Domina

32
**

Regie: Horst Schier
Darsteller: Gabriele Horn, Theo Reitz, Gudrun Meyer, Wolf Kornemann
Kamera: Horst Schier (Farbe)
Musik: Thomas Fuchsberger
Schnitt: K.H. Fugunt
Produktion: Oliver Hengst für Stallion Film, BRD 1992
Verleih: Stallion/-/-
Kinostart: 15.4.1993
Länge: 79 Min. – *FSK:* ab 18, ffr.

(...) Schier läßt seinen Film dort spielen, wo man jede Menge Schicksal erwartet: in einem Bordell. Außerdem ist keine Figur erfunden, alle spielen sich selbst, was auf Ehrlichkeit hoffen läßt. Was nun folgt, sind 77 lange Minuten, in denen Anna Männer tritt und peitscht und entgegen ihrer Absicht keine Gesundheitspillen verkauft, weil sie eben lieber

Ernst Georg Schwill, Lea und Wanda Hürlimann in ›Anna annA‹.

Männer peitscht und tritt. Zwischendrin dürfen die Personen laut und lau über sich nachdenken. (...) So kann ein Film weder Verständnis für außergewöhnliche Leidenschaften wecken noch regt sich Unverständnis. Was »Anna Domina« beim Zuschauer auslöst, ist viel schlimmer und sollte im Kino wirklich tabu sein: Gleichgültigkeit.

Lennart Paul, Der Tagesspiegel, 14.4.93

Anschlag auf die Rainbow Warrior 33

SINKING OF RAINBOW WARRIOR ***

TV

Regie: Michael Tuchner
Darsteller: Jon Voight (Kapitän), Sam Neill (Polizeichef), Bruno Lawrence, Kerry Fox, John Callen
Kamera: (Farbe)
Produktion: ABC/Capital Cities/Video Prod./ZDF, USA/BRD/Italien 1992
Verleih: -/-/-/
Sendetermin: 24.5.1993, ZDF, 19.25
Länge: 94 Min.

Als moralischer Tapferkeitsreport pries der Film den aufrechten Gang der neuseeländischen Polizei: Ein rechtschaffen unbestechlicher Polizeichef läßt nicht locker, als das Greenpeace-Schiff, das 1985 gegen die französischen Atombombentests in Polynesien protestieren wollte, vom französischen Geheimdienst durch ein Sprengstoffattentat versenkt wurde (ein Fotograf kam ums Leben). Die arroganten Geheimdienstler denken, die kleinen Polizisten können ihnen gar nichts – doch die können. Da freut sich der Kapitän sehr über die Gerechtigkeit: Die Guten siegen, die Bösen kriegen was auf den Deckel – spannend, simpel und edel. *Ponkie, AZ, 26.5.93*

Antonia & Jane 34

ANTONIA & JANE ***

Regie: Beeban Kidron
Darsteller: Imelda Staunton (Jane Hartman), Saskia Reeves (Antonia McGill), Alfred Hoffman (Harry Rosenthal), Bill Nighy (Howard Nash), Richard Hope (Norman Beer), Lila Kaye (Jane's Mutter), Bonnie Parker (Jane als junge Frau), Patricia Leventon (Rose Gluberman), Maria Charles, John Bennett

Drehbuch: Marcy Kahan
Kamera: Rex Maidment (Farbe)
Musik: Rachel Portman
Schnitt: Kate Evans
Produktion: George Faber für BBC Films Prod., GB 1992
Uraufführung: 22.8.1991, Boston Film Festival
Verleih: Kinowelt/-/Filmcooperative
Kinostart: 16.9.1993
Länge: 72 Min.

Zwei Frauen leiden an ihrer langjährigen Freundschaft. Mit Hilfe einer Gesprächstherapie und durch ihre Erfahrungen mit Männern kommen sie aus dem masochistischen Teufelskreis moderner Neurosen heraus. Die Regisseurin jongliert spielerisch und humorvoll mit den vermeintlich bekannten zwischenmenschlichen Beziehungen. *tip, 19/93*

Angie Dullinger in: AZ, 30.9.93; Bodo Fründt in: SZ, 5.10.93; Eva-Maria Lenz in: FAZ, 2.10.93; Christian Winterfeld in: Kölner Stadt-Anzeiger, 18.9.93

Arizona Dream 35
ARIZONA DREAM ****

Regie: Emir Kusturica
Darsteller: Johnny Depp (Axel), Jerry Lewis (Leo), Faye Dunaway (Elaine), Lili Taylor (Grace), Paulina Porizkova (Millie), Vincent Gallo (Paul), Tricia Leigh Fischer (Lindy), Candyce Mason (Blanche), Jackson Douglas Fisher (Priester), Michael S. John (Doktor)
Drehbuch: David Atkins
Kamera: Vilko Filac (Farbe)
Musik: Goran Bregovic
Schnitt: Andrija Zafranovic
Produktion: Claudie Ossard, Yves Marmion für Constellation/UGC/Hachette Premiere mit Canal plus, Frankreich 1992
Erstaufführung: 11.2.1993, Int. Filmfestspiele Berlin, »Eröffnungsfilm«
Verleih: Senator/Constantin/Sadfi/EuroVideo
Kinostart: 18.3.1993
Länge: 140 Min. – *FSK:* ab 12, ffr.

Der jugendliche Axel wird von seinem Onkel von New York zurück nach Arizona gerufen. Er soll dessen Geschäft übernehmen und Cadillacs verkaufen. Axel bleibt, weil er auf die Witwe Elaine trifft und mit ihr zusammen eine Flugmaschine bauen will. Die Beziehung scheitert, die Ersatzfrau bringt sich um, und Axel hat die Adoleszenz erfolgreich übersprungen. Der Märchentraum eines Europäers in originellen Bildern umgesetzt, das aber seiner Elaboriertheit wegen gegen Ende langweilig wird. *Zoom*

Der Autoverkäufer, der von Cadillacs, hochgestapelt bis zum Mond, träumt, will seinen Neffen Axel zum Autover-

Poet im Breitwandformat: Regisseur Emir Kusturica am Set von ›Arizona Dream‹.

Elastisch: Bruce Campbell in ›Armee der Finsternis‹.

käufer machen, doch der träumt von Fischen und Eskimos. Axel verliebt sich in die elegante Elaine, die gerne vom Fliegen träumt, und Elaines Stieftochter Grace, die eine Schildkröte sein möchte. (...) *Peter W. Jansen, tip, 10/93*

Fritz Göttler in: SZ, 13.5. (Interview mit Emir Kusturica), 14.5.93; Thomas Klingenmaier in: Stgt. Zeitung, 13.5.93; Ponkie in: AZ, 13.2.93, 13.5.93

Die Armee der Finsternis – Tanz der Teufel III 36

ARMY OF DARKNESS ***

Regie: Sam Raimi
Darsteller: Bruce Campbell (Ash), Embeth Davidtz (Sheila), Marcus Gilbert (Arthur), Ian Abercrombie (Wiseman), Richard Grove (Duke Henry), Michael Earl Reid (Gold Tooth), Timothy Patrick Quill (Blacksmith), Bridget Fonda (Linda), Patricia Tallman, Theodore Raimi
Drehbuch: Sam Raimi, Ivan Raimi
Kamera: Bill Pope (Farbe)
Musik: Joseph LoDuca; Danny Elfman »Much of the Dead«
Schnitt: Bob Murawski, R.O.C. Sandstorm
Produktion: Robert Tapert für Renaissance Pic. Prod., USA 1992
Uraufführung: 9.10.1992, Sitges Filmfestival
Verleih: Senator/Constantin/-/EuroVideo
Kinostart: 22.4.1993
Länge: 88 Min. – *FSK:* ab 16, ffr.

Mit dem Ziel, ein größeres Publikum zu erreichen, brachte die amerikanische Produktionsfirma den dritten Teil von »Evil Dead« unter seinem jetzigen Titel ins Kino. Raimi schickt seinen hölzernen Helden diesmal ins Mittelalter, um ihn dort ein fantastisches Abenteuer bestehen zu lassen. Der Ton bleibt aber derselbe: Nicht um die Geschichte geht es, sondern um tricktechnischen Hokuspokus und schnelle Gags. Die aber zünden weniger denn je.
Frank Schnelle, tip, 9/93

Sabine Horst in: FR, 23.4.93; Thomas Klingenmaier in: Stgt. Zeitung, 22.4.93; Rupert Koppold in: Rheinische Post, 23.4.93; Hans Schifferle in: Kölner Stadt-Anzeiger, 24.4.93

Army of Zombies 37

KADUNLAKAISIJAT – KUUTAMO-SONAATTI 2 ** Video

Regie: Olli Soinio
Darsteller: Kari Sorvali, Soli Labbart, Mikko Kivinen, Erkki Pajala, Matti Tuominen, Kata Kärkkäinen, Keljo Komppa
Drehbuch: Olli Soinio
Kamera: Kari Sohlberg (Farbe)
Musik: Antti Hytti
Schnitt: Irma Taina
Produktion: Heikki Takkinen für Filminor Prod., Finnland 1991
Verleih: -/-/-/VPS Video
Videostart: 21.1.1993
Länge: 81 Min. – *FSK:* ab 16 J.

Die zu Zombies reanimierte Waldschrat-Sippe fällt in Helsinki ein, um den verlorenen Sohn zurückzuholen. Schrecklich schräge Extravaganza, deren Sinn und Zweck sich einem so gar nicht erschließen mag (und soll?).

Asmara 38

***

Regie: Paolo Poloni
Darsteller: Sprecher: Bruno Ganz; Text: Paolo Poloni, Flurin Spescha
Drehbuch: Paolo Poloni
Kamera: Patrick Lindenmaier (Farbe und s/w)
Schnitt: Peter Volkart
Produktion: Paolo Poloni für El Rayo X, Schweiz 1993
Verleih: -/-/Look Now!
Kinostart: Dez. 1993
Länge: 80 Min.

Ein heikles Unterfangen: Der Filmemacher realisiert einen Film über seinen

Vater und bringt ihn mit sanftem Druck dazu, sein bisheriges Schweigen über seine Teilnahme als Soldat an der Eroberung Abessiniens 1935 durch Italien und seine danach in Asmara, der Hauptstadt Eritreas, verbrachten Jahre zu brechen. Paolo Poloni verknüpft das persönliche Schicksal des Vaters durch alte Film- und Wochenschauaufnahmen mit dem Faschismus und dem Abessinienfeldzug, einer bisher ebenfalls weitgehend tabuisierten Epoche der italienischen Geschichte. Ein Film über Erinnern und Verdrängen, persönliche und kollektive Tabus und ein eindrückliches Dokument der liebevollen und doch hartnäckigen Annäherung eines Sohnes an seinen Vater. *Zoom*

Atlantis 39
ATLANTIS ***

Regie: Luc Besson
Kamera: Luc Besson, Christian Pétron; Mathieu Schiffman, Vincent Jeannot (2nd unit) (Farbe)
Musik: Eric Serra, gespielt vom London Royal Philharmonic Orchestra, Ltg.: John Altman
Schnitt: Luc Besson
Produktion: Claude Besson für Films du Loup/Gaumont/Cecchi Gori Group Tiger, Frankreich/Italien 1991
Uraufführung: 16.8.1991, Theatre Antique d'Orange, Orange
Erstaufführung: 3.2.1993, Cinedom Köln
Verleih: Jugendfilm/-/Monopole Pathé/ VPS Video
Kinostart: 18.11.1992 (CH), 4.2.1993
Länge: 77 Min.
FSK: o.A., ffr.
FBW: Wertvoll

Tauchsportfreund Luc Besson hat nach »Im Rausch der Tiefe« diesmal einen Unterwasserfilm ohne menschliche Darsteller gemacht. Haie, Seekühe, Kraken und andere Meeresbewohner werden in ihrem Element beobachtet.
Ohne dramatischen Kontext präsentiert Besson sein Material wie eine Musikvideo-Show. Aber statt durch die Filmmusik emotionalen Auftrieb zu erhalten, saufen viele schöne Bilder in Eric Serras Klangfluten einfach ab.
Ralph Umard, tip, 3/93

(...) Auch die schönen Bilder von in ihrem Bestand gefährdeten Tieren können nicht darüber hinwegtäuschen, daß dem Film ein Konzept fehlt oder ihm auf halbem Weg unter Wasser die Luft ausgegangen ist. *Zoom*

Sebastian Feldmann in: Rheinische Post, 23.4.93; Rupert Koppold in: Stgt. Zeitung, 4.2.93; Carla Rhode in: Der Tagesspiegel, 29.1.93

Atomstation 40
ATOMSTODIN ***
TV

Regie: Thorsteinn Jonsson
Darsteller: Tinna Gunnlaugsdottir, Hafsten Eyjolfsson, Arnar Jonsson, Arni Tryggvason, Jonina Scott
Drehbuch: Nach der Vorlage des isländischen Literatur-Nobelpreisträgers Halldor Laxness
Kamera: (Farbe)
Produktion: Odinn Film, Island 1984
Verleih: -/-/-/
Sendetermin: 1.6.1993, 20.45, Arte
Länge: 95 Min.

Die junge Ugla kommt vom Land in die Hauptstadt Reykjavik. Sie findet eine Anstellung als Hausmädchen bei der Familie eines Politikers und studiert nebenbei Musik. Ugla verliebt sich in den Hausherren und kann sich nicht zwischen ihm und ihrem jungen Freund entscheiden.

Das Attentat 41
EMBASSY ***
TV

Regie: Paul Moloney
Darsteller: Bryan Marshall, Alan Fletcher, Frankie J. Holden, Joseph Spano, Janet Andrewartha, Nina Landis, Nicki Wendt, Anthony Wong, Shapoor Batliwalla, Gerard Maguire
Drehbuch: Ian Bradley
Kamera: (Farbe)
Musik: Peter Sullivan
Produktion: Alan Hardy für Australian Broadcasting Corp./Grundy Motion Pic., Australien 1990
Uraufführung: 12.9.1990, Australian Broadcasting Corp.
Verleih: -/-/-/
Sendetermin: 7.5.1993, 21.00, TV weiß-blau
Länge: 100 Min.

Film in und um die Australische Botschaft in der fiktiven islamischen Republik Ragaan, eine hochdramatische Produktion mit einem starken Konzept.

Attentat in Birmingham 42

THE INVESTIGATION: INSIDE A TERRORIST BOMBING ***

TV

Regie: Michael Beckham
Darsteller: John Hurt, Martin Shaw, Roger Allam, Peter Gowen, Donald McCann, Brendan Cauldwell, Ciaran Hinds, Brendan Laird, Vincent Murphy, Niall O'Brien
Drehbuch: Rob Ritchie
Kamera: Ken Morgan (Farbe)
Musik: Shaun Davey
Produktion: Michael Beckham für Granada TV, GB 1990
Uraufführung: 22.4.1990, HBO
Verleih: -/-/-/
Sendetermin: 21.3.1993, 20.15, VOX
Länge: 138 Min.

Nach einem IRA-Attentat werden sechs Iren verhaftet. Ein umstrittener Prozeß beginnt.

Auf der Flucht 43

THE FUGITIVE (1993) ****

Regie: Andrew Davis
Darsteller: Harrison Ford (Dr. Richard Kimble), Tommy Lee Jones (Samuel Gerard), Sela Ward (Helen Kimble), Julianne Moore (Dr. Anne Eastman), Joe Pantoliano (Cosmo Renfro), Andreas Katsulas (Sykes), Jeroen Krabbé (Dr. Charles Nichols), Daniel Roebuck (Biggs), L. Scott Caldwell (Poole), Tom Wood (Newman)
Drehbuch: Jeb Stuart, David Twohy, nach einer Story von David Twohy und Figuren von Roy Huggins
Kamera: Michael Chapman (Technicolor)
Musik: James Newton Howard
Schnitt: Dennis Virkler, David Finfer, Dean Goodhill, Don Brochu, Richard Nord, Dov Hoenig
Produktion: Arnold Kopelson für Keith Barish/Arnold Kopelson Prod., USA 1933
Verleih: Warner Bros./dto./dto./ Warner Home Video
Kinostart: 16.9.1993
Länge: 130 Min. – *FSK:* ab 16, ffr.
FBW: Besonders wertvoll

Der erfolgreiche Chirurg Richard Kimble wird des Mordes an seiner Frau angeklagt und zum Tode verurteilt. Durch Zufall kommt er frei und sucht auf der Flucht vor dem US-Marshal Sam Gerard nach dem wahren Täter, einem einarmigen Killer. Im geistigen Zweikampf mit Gerard trägt Kimble den moralischen Sieg davon, und es gelingt ihm, die wahren Schuldigen zu überführen. Erstaunlich gewitzter und hervorragend gespielter Krimi des Action-Spezialisten Davis nach der gleichnamigen Fernsehserie der sechziger Jahre. *Zoom*

Michael Althen in: SZ, 16.9. (Interview H. Ford), 17.9.93; Brigitte Desalm in: Kölner Stadt-Anzeiger, 18.9.93; Otto Heuer in: Rheinische Post, 17.9.93; Sabine Horst in: FR, 18.9.93; Josef Joffe in: SZ, 25.9.93

Auf der Suche nach dem goldenen Himmel 44

IN SEARCH OF A GOLDEN SKY ***

TV

Regie: Jefferson Richard
Darsteller: George »Buck« Flower (Zep Morrison), Anne Szesny (Luann), Shane Wallace (Randy), Junior Richard (Marcus), Stafford Morgan (David Morrison), Charles Napier (T. J. Rivers), Cliff Osmond (Russ McGuire)
Drehbuch: John Goff, George »Buck« Flower
Kamera: Henning Schellerup (Farbe)
Musik: Bob Summers
Schnitt: Lee Stepansky
Produktion: Jefferson Richard, George »Buck« Flower, USA 1982
Verleih: -/-/-/
Sendetermin: 7.8.1993, ZDF, 13.30
Länge: 91 Min.

Gemütvolle Familiengeschichte um Onkel Zep, der als Einsiedler in den Rocky Mountains lebt und sich unerwartet um die drei Kinder seiner Tochter kümmern muß.

Auf und davon 45

LEAVING NORMAL ***

Video

Regie: Edward Zwick
Darsteller: Christine Lahti (Darly), Meg Tilly (Marianne), Patrika Darbo (Leon), Lenny Von Dohlen (Harrison), Maury Chaykin (Leon), Eve Gordon (Emily), James Eckhouse, Brett Cullen, James Gammon, Rutanya Alda
Drehbuch: Edward Solomon
Kamera: Ralf F. Bode (Deluxe color)
Musik: W.G. Snuffy Walden
Schnitt: Victor Dubois

Produktion: Lindsay Doran, Sarah Caplan für Mirage, USA 1992
Verleih: -/-/-/CIC Video
Videostart: Jan. 1993
Länge: 105 Min. – *FSK:* ab 12 J.

Darly und Marianne, die eine rastlose Vagabundin, die andere verhuschtes Weibchen, finden auf ihrem gemeinsamen Weg nach Alaska zu einer festen Frauenfreundschaft.

Sympathischer, wenn auch ungleich schwächerer Nachzügler von Ridley Scotts »Thelma & Louise«.

Aufnahme: Mord 46

THE FATAL IMAGE ***

TV

Regie: Thomas J. Wright
Darsteller: Michele Lee (Barbara Brennan), Justine Bateman (Megan Brennan), François Dunoyer (Hemery), Jean-Pierre Cassel (Vandelle), Sonia Petrovna (Constancia), François Guetary (Prades), Francois Delaive (Luc), Bernard Lepinaux (Briot), Michael Davies (Tex), Philippe de Brugada
Drehbuch: Jeff Andrus, Aaron Barzman, nach der Story von C. D. Charles
Kamera: Jean-Yves Le Mener (Farbe)
Musik: Michel Colombier
Schnitt: Scott Eyler, Karen Sharp
Produktion: Ron Roth für Ellipse Programme mit Hearst Ent., USA 1990
Uraufführung: 2.12.1990, CBS
Verleih: -/-/-/
Sendetermin: 12.6.1993, 20.15, SAT1
Länge: 90 Min.

Die Amerikanerin Barbara Brennan ist mit ihrer Tochter Megan auf Urlaub in Paris. Megan hält alle Sehenswürdigkeiten auf Video fest und filmt zufällig, ohne es zu ahnen, einen Mord. Die Täterin, die zu einem südamerikanischen Drogenkartell gehört, setzt alles daran, die belastende Aufzeichnung in ihren Besitz zu bringen. *Pressetext SAT1*

Aufstand in Patagonien 47

LA PATAGONIA REBELDE ***

Regie: Héctor Olivera
Darsteller: Luis Brandoni, Federico Luppi, Pepe Soriano, Hector Alterio, Osvaldo Terranova, Pedro Aleandro, José Maria Gutierrez, Alfredo Iglesias, Carlos Muñoz, Eduardo Muñoz
Drehbuch: Osvaldo Bayer, Fernando Ayala, Héctor Olivera, nach dem Buch »Los vengedores de la Patagonia tragica – »Die Rächer des tragischen Patagoniens« von Osvaldo Bayer
Kamera: Victor Hugo Caula, Marcelo Pais (Farbe)
Musik: Oscar Cardozo Ocampo
Schnitt: Oscar Montauti
Produktion: Fernando Ayala für Aries Cinematográfica Argentina, Argentinien 1974
Erstaufführung: Int. Filmfestspiele Berlin, 1974
Verleih: Con Film-/-/-
Kinostart: 1993
Länge: 109 Min.

Frühjahr 1920. Die gewerkschaftlich organisierten Arbeiter Patagoniens streiken für bessere Arbeits- und Lebensbedingungen. Die Estanzieros verweigern ihnen diese Verbesserungen. Der Generalstreik weitet sich aus, und die Regierung unter Yrigoyen sieht sich gezwungen, Truppen in das Gebiet zu entsenden, vor allem, weil der Streik subversiv wird. Oberstleutnant Zavala, der Befehlshaber der Truppen, informiert sich über das Problem und entscheidet sich zu Gunsten der Arbeiter. So entsteht das erste Landabkommen Patagoniens. (...)

Aufstand in Sobibor 48

OPSTAND IN SOBIBOR ***

TV

Regie: Pavel Kogan, Lily van den Berg
Darsteller: Alexander Pecherski, Stanislaw Szmajzner, Samuel Lerer, Regina Zielinski, Jules Schelvis
Drehbuch: Patra Lataster, nach einer Idee von Peter Dep
Kamera: Sergej Skortsov (Farbe)
Musik: Gene Carl, Patricio Wang
Schnitt: Jan Dop
Produktion: Lily van der Bergh für Lenfilm Dokumentar Studios/Open Studio, Niederlande/Sowjetunion 1989
Uraufführung: 22.9.1989, Filmtage Utrecht
Verleih: -/-/-/
Sendetermin: 23.10.1993, Arte, 20.40
Länge: 140 Min.

Dokumentarfilm. Überlebende des Aufstands im KZ Solibor berichten. Solibor war ein KZ der Nazis an der Grenze zwischen Polen und der Sowjetunion. 1943 organisierten die Gefangenen dort eine Massenflucht.

Auge um Auge

49
***

Regie: Mansour Ghadarkhah
Darsteller: Andreas Pauls (Hadi), Renan Demirkan (Mona), Jannis Zoidis (Nuri), Demir Gökgöl (Vater), Esra Janianpour, Yasemin Büyüksapci
Drehbuch: Ruth Maria Ghadarkhah, Mansour Ghadarkhah
Kamera: Ekkehart Pollack (Fujicolor)
Musik: Axel Kassner
Schnitt: Michèle Barbin
Produktion: Roya Film, BRD 1992
Uraufführung: Int. Filmfestspiele Berlin 1993 »Neue deutsche Filme«
Verleih: Roya/Einhorn/-
Kinostart: 9.9.1993
Länge: 104 Min. – *FSK:* ab 12, ffr.
FBW: Wertvoll

Eine Familie flieht nach furchtbaren Folterungen nach Deutschland, wird aber dort mit Ablehnung und den eigenen schmerzhaften Erinnerungen konfrontiert. Der engagierte Film schildert drastisch und ergreifend das schwere Schicksal dieser Menschen und ist ein flammendes Plädoyer für mehr Humanität. Phasenweise wird das Anliegen aber zu plakativ vorgetragen, und die filmische Umsetzung ist zumeist äußerst konventionell. *multimedia*

Thomas Klingenmaier in: Stgt. Zeitung, 9.9.93

Die Augen von Cécile

50
****
TV

LES YEUX DE CÉCILE

Regie: Jean-Pierre Denis
Darsteller: Karine Floviau (Cécile), Jean-Marie Winling (Emile Chambron), Micheline Presle (Marguerite), Mouna Noureddine (Marie), Abelhatif Ben Jeddou (Mokhtar), Marco Andreoni (Cardona), Jean-Gabriel Nordmann (Dutilleul), Anne Miller (Marie-Thé), Mouna Laouiti (Mimi), Caroline Chaniolleau (Monique)
Drehbuch: Jean-Claude Heberle, Vassilis Vassilikos
Kamera: Jacques Guérin, (Farbe)
Musik: Yves Gilbert
Schnitt: Anne-Marie Rehas
Produktion: FR3/La Sept/SFP Prod./Arte, Frankreich 1993
Verleih: -/-/-/
Sendetermin: 19.11.1993, 20.40, Arte
Länge: 80 Min.

Algerien 1957: Der Bürgerkrieg wird nun auch in den Städten ausgetragen. Bombenattentate und Terroranschläge häufen sich, die Armee greift durch. Die eskalierende Gewalt zerstört auch das geruhsame und luxuriöse Leben auf dem Landgut des Kolonialisten Emile Chambron. Seine zwölfjährige Tochter Cécile erlebt die Geschehnisse mit Furcht, Entsetzen, aber auch mit Neugierde.
Pressetext Arte

Aus der Mitte entspringt ein Fluß

51
****

A RIVER RUNS THROUGH IT

Regie: Robert Redford
Darsteller: Craig Sheffer (Norman Maclean), Brad Pitt (Paul Maclean), Tom Skerritt (Reverend Maclean), Brenda Blethyn (Mrs. Maclean), Emily Lloyd (Jessie Burns), Edie McClurg (Mrs. Burns), Stephen Shellen (Neal Burns), Nicole Burdette, Susan Traylor, Vann Gravage
Drehbuch: Richard Friedenberg, nach einer Story von Norman MacLean
Kamera: Philippe Rousselot (Technicolor)
Musik: Mark Isham
Schnitt: Lynzee Klingman, Robert Estrin
Produktion: Robert Redford, Patrick Markey für Allied Filmmakers für Columbia, USA 1992
Uraufführung: 11.9.1992, Toronto Festival; 9.10.1992, New York
Verleih: Scotia/Constantin/Monopole Pathé/VCL/Carolco Video
Kinostart: 6.5.1993
Länge: 124 Min.
FSK: ab 6, ffr.

Nach autobiografischen Aufzeichnungen eines Literaturprofessors inszenierte Chronik einer Pastorenfamilie (1910-1935). Die ungleichen Söhne – ein Bruder Leichtfuß und ein schwerblütiger Introvertierter – suchen über das rituelle Familienhobby des kunstvollen Fliegenfischens jenseits verknorzter Konventionen einen gemeinsamen Gefühlsnenner. Interessant der formale Ansatz: Dramatische »Höhepunkte« werden nicht gezeigt, sondern im Off-Kommentar mitgeteilt – ein fast antifilmisches Experiment, das dem europäischen Film verpflichtet ist.
Zoom, 5/93

(...) Redford adaptiert die bukolische Elegie, das lakonische Pathos und die christliche Symbolik der Vorlage fast

ehrfürchtig. Ein Bild vom anderen, besseren, vergessenen Amerika.
Wolf Donner, tip, 10/93

Frauke Hanck in: AZ, 6.5.93; Rupert Koppold in: Stgt. Zeitung, 13.5.93; H.G. Pflaum in: SZ, 6.5.93

Die Aushilfe 52
THE TEMP ***
Video

Regie: Tom Holland
Darsteller: Timothy Hutton (Peter Derns), Lara Flynn Boyle (Kris Bolin), Faye Dunaway (Charlene Towne), Oliver Platt (Jack Hartsell), Dwight Schultz (Roger Jasser), Steven Weber (Brad Montroe), Colleen Flynn (Sara Meinhold), Scott Coffey (Lance), Dakin Matthews (Dr. Feldman), Maura Tierney (Sharon Derns)
Drehbuch: Kevin Falls, nach einer Story von Kevin Falls und Tom Engelman
Kamera: Steve Yaconelli (Deluxe)
Musik: Frederic Talgorn
Schnitt: Scott Conrad
Produktion: David Permut, Tom Engelman für Columbus Circle Films, USA 1993
Erstaufführung: Filmfest München 1993
Verleih: -/-/-/CIC Video
Videostart: Okt. 1993
Länge: 95 Min. – *FSK:* ab 12 J.

Psychisch instabiler Manager engagiert Aushilfssekretärin, die mit erheblichem Ehrgeiz und dank mysteriöser, tragischer Unfälle selbst Karriere macht. Unentschlossener, nur passagenweise spannender Horror-Erotik-Thriller, der nicht nur viele Fragen, sondern auch viele Wünsche offen läßt.

Der Außenseiter 53
SCHOOL TIES ***

Regie: Robert Mandel
Darsteller: Brendan Fraser (David Greene), Matt Damon (Charlie Dillon), Chris O'Donnell (Chris Reece), Randall Batinkoff (Rip Van Kelt), Andre Lowery (McGivern), Cole Hauser (Jack Connors), Ben Affleck (Chesty Smith), Anthony Rapp (McGoo), Amy Locane (Sally Wheeler), Peter Donat
Drehbuch: Dick Wolf, Darryl Ponicsan, nach einer Story von Dick Wolf
Kamera: Freddie Francis (Technicolor/Deluxe)
Musik: Maurice Jarre
Schnitt: Jerry Greenberg, Jacqueline Cambas
Produktion: Stanley R. Jaffe, Sherry Lansing für Jaffe/Lansing Prod., USA 1992
Verleih: UIP/UIP/UIP/CIC Video
Kinostart: 11.3.1993
Länge: 108 Min. – *FSK:* ab 12, ffr.
FBW: Wertvoll

1955 wird David Greene dank seiner sportlichen Fähigkeiten in die Abschlußklasse eines Elite-Internats aufgenommen, wo er rasch Kontakt, Freunde und ein Mädchen findet. Als seine jüdische Herkunft entdeckt wird, sieht er sich einer Front von Ablehnung gegenüber. Ein Rivale sucht ihn zum Sündenbock zu machen, um ihn von der Schule zu vertreiben. Der allzu konventionell inszenierte Film über psychologische und kulturelle Wurzeln von Antisemitismus und rassistischen Vorurteilen entschärft sein Thema durch ein voraussehbares Happy-End. *Zoom*

Michael Althen in: SZ, 13.3.93; Frank Arnold in: Zitty, 5/93

Averills Ankommen 54
***

Regie: Michael Schottenberg
Darsteller: Andras Jones, Maria Bill, Michael Kroecher, Elisabeth Kaza, Umberto Conte, Elena Roverselli, Fabio Carfora
Drehbuch: Michael Schottenberg, Michael Juncker
Kamera: Michi Riebl (Farbe)
Musik: Mischa Krausz
Schnitt: Ortrun Bauer
Produktion: Peter Pochlatko, Österreich 1992
Erstaufführung: Filmfestival Max Ophüls Preis 1993
Verleih: -/Stadtkino/-
Kinostart: September 1993
Länge: 97 Min.

Bei einem Zwangsaufenthalt in einer düsteren Stadt gehen ein zwanzigjähriger Mann und eine reifere Frau ein leidenschaftliches Verhältnis ein, ohne zu wissen, daß sie Mutter und Sohn sind. Schön fotografierter Film mit extremen Darstellerleistungen, aber ohne erkennbaren Sinnbezug. Eher nur für cineastisch Interessierte. *multimedia*

Avetik 55
***

Regie: Don Askarian
Darsteller: Alik Assatrian (Avetik), Mikhael Stepanian (Avetik als Kind), Karen Ganibe-

kian (Flüchtling), Eduard Saribekian (Poet), Samvel Ovasapian (armenischer König), Geno Lechner (Jounalist), Armen Hovanessian, Nare Haikasian, Wahram Martirossian, Oxana Podgaiskaia
Drehbuch: Don Askarian
Kamera: Gagik Avakian, Martin Gressmann, Andreas Sinanos (Farbe)
Musik: V. Bellini, F. Schubert, Armenische Volksmusik
Schnitt: Don Askarian
Produktion: Margarita Woskanian für Margarita Woskanian Filmprod. mit NDR// FIAF, BRD/Armenien 1992
Uraufführung: 14.12.1992, Int. Festival des Jungen Films, Turin
Verleih: Eigenverleih/-/-
Kinostart: 4.11.1993
Länge: 84 Min. – *FSK:* ab 16, ffr.
FBW: Wertvoll

(...) Der armenische Exil-Regisseur Don Askarian begibt sich auf die Suche nach der verlorenen Zeit, pendelt mit seinen verstörenden Erinnerungen und symbolistischen Visionen zwischen Heimat und Fremde, Idylle und Zerstörung, präsentiert Metaphern einer geschundenen Welt als Psychogramm eines Einsamen.

Die Metaphorik Askarians verweist bisweilen auf Tarkowski, auf Filme wie »Stalker« und »Nostalghia«. »Avetik« ist ein Film, der keine kontinuierliche Geschichte erzählt, sondern wie ein komplexes Gedicht sich nur, wenn überhaupt, Wort für Wort, und das heißt hier Bild für Bild entschlüsseln läßt.

Christian Winterfeld, Kölner Stadt-Anzeiger, 6.11.93

Heiko R. Blum in: Rheinische Post, 19.11.93; Simone Mahrenholz in: Der Tagesspiegel, 4.11.93

›Aventik‹ von Don Askarian.

The Babe – Ein amerikanischer Traum
56

THE BABE

***

Video

Regie: Arthur Hiller
Darsteller: John Goodman (George »The Babe« Ruth), Kelly McGillis (Claire Ruth), Trini Alvarado (Helen Ruth), Bruce Boxleitner (JumpinJoe Dugan), Peter Donat (Harry Frazee), James Cromwell (Mathias), J. C. Quinn (Jack Dunn), Joe Ragno (Miller Huggins), Bernard Kates, Michael McGrady
Drehbuch: John Fusco
Kamera: Haskell Wexler (Deluxe)
Musik: Elmer Bernstein
Schnitt: Robert C. Jones
Produktion: John Fusco für Waterhorse/ Finnegan-Pinchuk Prod., USA 1992
Verleih: -/-/-/CIC Video
Videostart: 8.4.1993
Länge: 110 Min. – *FSK:* ab 12 J.

Vom ungeliebten Waisenkind zum US-Baseballstar: George »The Babe« Ruth schrieb Geschichte. Seine Biographie geht so recht zu Herzen, verfängt sich aber dank John Goodmans exzellenter Darstellung nicht allzu sehr in Klischees und Sentimentalität.

John Goodman mit Fan.

Baby Talk
57

ALMOST PREGNANT

**

Video

Regie: Michael DeLuise
Darsteller: Tanya Roberts (Linda Anderson), Jeff Conaway (Charlie Anderson), John Calvin (Gordon Mallory), Joan Severance (Maureen), Dom DeLuise (Dr. Beckhard)
Drehbuch: Fred Stoppel
Kamera: Glenn Kershaw (Farbe)
Musik: George Clinton
Schnitt: Irit Raz
Produktion: Ray Haboush, USA 1992
Verleih: -/-/-/VMP Video
Videostart: 7.6.1993
Länge: 96 Min. – *FSK:* ab 16 J.

Da des Gatten Spermien nicht so funktionieren, wie sie sollen, schlägt der Hausarzt kurzerhand einen Partnertausch vor. Der freilich entwickelt sich zur Lawine. Mitunter vergnügliche Sexkomödie in zweit- bis drittklassiger Besetzung.

Bad Lieutenant
58

BAD LIEUTENANT

****

Regie: Abel Ferrara
Darsteller: Harvey Keitel (Lieutenant), Brian McElroy, Frankie Acciarito (Lieutenants Söhne), Peggy Gormley (Lieutenants Frau), Stella Keitel, Dana Dee (Lieutenants Töchter), Victor Argo (»Buchhalter«-Cop), Paul Calderon (Cop Nr. 1), Leonard Thomas (Cop Nr. 2), Anthony Ruggiero (Lite)
Drehbuch: Zoe Lund, Abel Ferrara
Kamera: Ken Kelsch (Farbe)
Musik: Joe Delia
Schnitt: Anthony Bredman
Produktion: Edward R. Pressman für Edward R. Pressman Prod., USA 1992
Verleih: Amazonas, Impuls/Stöbergasse/ Warner Home Video
Kinostart: 27.5.1993
Länge: 96 Min. – *FSK:* ab 16, ffr.

Ein drogen- und wettenabhängiger Polizist, dessen Leben ein Trümmerhaufen ist, wird durch die Begegnung mit einer vergewaltigten Nonne, die den Tätern verzeiht, zutiefst erschüttert. Unerbittlich harte und kompromißlose Studie eines existentiellen Chaos, die in extreme menschliche Abgründe blickt und die Frage nach der Gnade angesichts der

... und vergib mir meine Sünden: Harvey Keitel als ›Bad Lieutenant‹.

Erlösungsbedürftigkeit des Menschen stellt. Herausragend durch die in jeder Hinsicht konsequente Inszenierung und die radikale Darstellung Harvey Keitels, gelingt Ferrara ein einzigartiger Film, der dem Zuschauer eine beklemmende Erfahrung zumutet und ihm dadurch Reflexion abfordert. *multimedia*

o.A. in: Der Spiegel, 19/93; Albert Baer in: Rheinische Post, 28.8.93; Fritz Göttler in: SZ, 27.5.93; Thomas Klingenmaier in: Stgt. Zeitung, 1.7.93; Peter Körte in: FR, 28.5.93; Hans Schifferle in: Kölner Stadt-Anzeiger, 29.5.93

Ein Balkon im Wald 59

UN BALCON EN FORET **
TV

Regie: Michel Mitrani
Darsteller: Humbert Balsan, Aina Walle, Yves Alfonso
Kamera: (Farbe)
Produktion: Antenne 2, Frankreich 1979
Verleih: -/-/-/
Sendetermin: 19.4.1993, 22.10, Arte
Länge: 160 Min.

Vier französische Soldaten warten 1939 in den Ardennen auf den Ausbruch des Krieges. In einem Forsthaus sollen sie die deutschen Truppenbewegungen beobachten, doch es geschieht nichts. Die Männer beschäftigen sich mit kleinen Arbeiten und Spaziergängen. Dabei lernt Leutnant Grange die Einheimische Mona kennen.

The Bands 60

***

Regie: Egon Humer
Drehbuch: Manfred Bartunek, Egon Humer
Kamera: Wolfgang Lehner, Peter Röhsler
Musik: Bask, Extended Version, Fetisch 69, Occidental Blue Harmony Lovers, Pungent Stench, Cold World
Schnitt: Karina Ressler
Produktion: Prisma Film, Österreich 1993
Uraufführung: 20.10.1993, Viennale, Wien
Verleih: -/Stöbergasse/-
Kinostart: Nov. 1993
Länge: 100 Min.

Schwarz-Weiß Dokumentarfilm über den musikalischen Underground in Wien. Ambitionierter Ansatz zur Darstellung einer alternativen Jugendbewegung, der jedoch durch die fast alleinige

Zentrierung auf deren Musik weit unter seinen Möglichkeiten bleibt. Schöne Bilder und gut dem Rhythmus der Musik angepaßter Schnitt. Als Einblick in eine andere Lebenswelt. *multimedia*

Baraka 61

BARAKA ***

Regie: Ron Fricke
Drehbuch: Ron Fricke, Mark Magidson, Bob Green
Kamera: Ron Fricke (Farbe)
Musik: Michael Stearns u.a.
Schnitt: Ron Fricke, Mark Magidson, David E. Aubrey
Produktion: Mark Magidson für Mark Magidson Films, USA 1992
Uraufführung: 6.5.1993, Cinema München
Erstaufführung: 4.6.1993 Festival »Blühende Phantasie« Stuttgart
Verleih: Delta/Constantin/Alpha
Kinostart: 26.8.1993
Länge: 96 Min. – *FSK:* o.A., ffr.

Die Folge eindrucksvoller Bilder ohne Kommentar aus etwa 30 Ländern zeugt vom Streben des Menschen, sich der Natur und Übernatur zuzuwenden, aber auch die Erde und ihre Geschöpfe auszubeuten. *multimedia*

Ein monumentales Schnipselwerk ohne Worte, eine Reise um die Welt im Time-Life-Stil. Vierzehn Monate klapperte Ron Fricke alle Sehenswürdigkeiten ab. Kein Berg war ihm zu hoch, kein Wasser zu tief, um der Menschheit ihr entseeltes Leben unendlich langweilig und platt vorzuhalten. Nicht uninteressant für Gläubige und Globetrottel. *tip, 17/3*

Eine bildgewaltige Reise zu Naturschönheiten, Kulturen, Religionen, aber auch Zivilisationssünden der Erde. Mit gigantischem Aufwand an Kameratechnik und Reiselogistik versucht Ron Fricke den Erfolg von Godfrey Reggios mystisch-esoterischem Film »Koyaanisqatsi« (1982), bei dem er als Kameramann und Co-Autor waltete, zu wiederholen (…) *Zoom*

Heiko R. Blum in: Rheinische Post, 3.9.93; Bodo Fründt in: SZ, 7.5.93; Kai Niemeyer in: AZ, 6.5.93; Carla Rhode in: Der Tagesspiegel, 13.8.93; Angela Schmitt-Gläser in: FR, 13.10.93

Barett – Das Gesetz der Rache 62

JOSUA TREE **

Video

Regie: Vic Armstrong
Darsteller: Dolph Lundgren (Barett Santee), George Segal (Severence), Kristian Alfonso (Rita), Geoffrey Lewis (Cepedo), Michele Phillips (Esther), Beau Starr
Drehbuch: Steven Pressfield
Kamera: Dan Turrett (Farbe)
Musik: Joel Goldsmith
Schnitt: Paul Morton
Produktion: Illona Diamant, Andy Armstrong für Vision Int., USA 1993
Verleih: -/-/-/Highlight Video
Videostart: Juni 1993
Länge: 95 Min. – *FSK:* ab 18 J.

Dolpherl Lundgren als Rennfahrer und Autoschmuggler – verfolgt von Cops und Ganoven und mit einer Polizistin als Geisel. Die übliche Überdosis Action aber keine »Satisfaction«.

Barmherzige Schwestern 63

***

Regie: Annelie Runge
Darsteller: Anne Kasprik (Marlene), Nina Petri (Louise), Matthias Brandt (Assistenzarzt), Martina Gedeck (Klara), Lucia Stefanel (Maria-Garcia), Ingrid van Bergen (Frau Steiger), Franz Buchrieser (Steiger), Edwin Marian (Professor), Kim Kübler, Volker Elis Pilgrim
Drehbuch: Annelie Runge
Kamera: Jan Malir (Farbe)
Musik: Fried Bauer
Schnitt: Alois Fisarek
Produktion: , BRD 1992
Uraufführung: Int. Hofer Filmtage 1992
Erstaufführung: Filmfestival Max Ophüls Preis 1993
Verleih: Wild Utopia/-/-
Kinostart: 25.11.1993
Länge: 98 Min. – *FSK:* ab 16, ffr.
FBW: Besonders wertvoll

Die Halbgötter in Weiß und die betuchten Patienten bestimmten den deutschen Arztfilm der 50er Jahre. Wenigstens einmal wollte Regisseurin Runge den Krankenschwestern Gerechtigkeit widerfahren lassen. Ihre Protagonistin Marlene hat eines Tages die Nase voll und holt sich die verdiente Anerkennung auf naheliegende Weise: mit einer Therapie, die nicht im Lehrbuch steht.

»Barmherzige Schwestern« will gar keine Komödie sein und ist dennoch der komischste deutsche Film seit langer Zeit. *Christoph Terhechte, tip, 25/93*

Brigitte Desalm in: Kölner Stadt-Anzeiger, 27.11.93; Steffen Jacobs in: Der Tagesspiegel, 17.12.93

Barschel – Mord in Genf? 64

**

Regie: Uwe Boll, Frank Lustig
Darsteller: Michael Rasmussen (Barschel), Peter Schwab (Parzer), Karl Friedrich Gerster (Wittmeyer), Bernd Rieser (Bernke), Martin Armknecht
Drehbuch: Uwe Boll, Frank Lustig
Kamera: Richard Eckes (Farbe)
Musik: Uwe Spies – Clearsound
Schnitt: Mareile Marx
Produktion: Uwe Boll, Frank Lustig, Martin Armknecht, Rolf Kanies, Markus Dück für Bolu-Film, BRD 1993
Verleih: Bolu/-/-/Ufa Video
Kinostart: 4.3.1993
Länge: 74 Min. – *FSK:* ab 12, nffr.

Ein erfolgloser Regisseur und ein skeptischer Produzent diskutieren über einen möglichen Film zum Thema Barschel. Während des Gesprächs rekonstruieren die beiden den kompletten Fall, der in Rückblenden und per fiktiven Zeugen erzählt wird – und kommen zu dem Schluß, daß Barschel ermordet wurde. Letztendlich ist dem Produzenten jedoch das Thema zu heiß und es gibt keinen Film. *Filmecho/Filmwoche 6/93*

Patrick Rössler in: Stgt. Zeitung, 18.3.93

Baton Rouge – Tödliche Therapie 65

BATON ROUGE ***

TV

Regie: Rafael Moleon
Darsteller: Carmen Maura (Isabel Harris), Antonio Banderas (Antonio), Victoria Abril (Ana Alonso), Angel de Andrés Lopez, Laura Cepeda, Noel Molina, Rafael Diaz, Aldo Grilo, Paco Guijar
Drehbuch: Augustin Diaz Yanes, Rafael Moleon
Kamera: Angel Luis Fernández (Farbe)
Musik: Bernardo Bonezzi
Schnitt: José Salcedo
Produktion: Modigil, Spanien 1988
Uraufführung: 19.9.1988, San Sebastian
Verleih: -/-/-/
Sendetermin: 19.11.1993, Vox, 22.30
Länge: 94 Min.

Antonio hat sich die reiche und einsame Isabel angelacht, doch deren Psychiaterin Ana überredet Antonio mit Leichtigkeit, seine Geliebte zu ermorden.

Ein Baum und seine Zweige 66

SHAKHA PROSHAKHA ****

TV

Regie: Satyajit Ray
Darsteller: Ajit Banerjee (Ananda Majunda, der Vater), Maradan Banerjee (Probodh, der älteste Sohn), Lily Charraborty (Uma, Probodhs Frau), Soumitra Chatterjee (Proshanto, der zweite Sohn), Deepankar De (Probir, der dritte Sohn)
Drehbuch: Satyajit Ray
Kamera: Barun Raha (Farbe)
Musik: Satyajit Ray
Schnitt: Dulal Dutt
Produktion: Gérard Depardieu, Daniel Toscan du Plantier für Erato/DD Prod./Soprofilms/ Satyajit Ray Prod., Indien/Frankreich 1990
Erstaufführung: Filmfest München 1991
Sendetermin: 16.11.1993, West3, 23.00
Länge: 120 Min.

»Die Katze auf dem heißen Blechdach« auf indisch: Als Opa einen Herzanfall hat, versammeln sich vier Generationen seiner Familie ums Krankenbett, geraten sich wüst in die Haare und haben hinterher alle etwas draus gelernt. *Programm Filmfest München 1991*

Beau fixe 67

BEAU FIXE ***

Regie: Christian Vincent
Darsteller: Isabelle Carré (Valérie), Judith Rémy (Carine), Elsa Zylberstein (Frédérique), Estelle Larrivaz (Armelle), Frédéric Gélard (Francis), Jean-Denis Monory (Jérôme), Mark Saporta (Frédériques Liebhaber), Patrick Martin (Francis als Kind), Claire Gibaud (Valérie als Kind), Delphine Holveck (Valéries Schwester)
Drehbuch: Christian Vincent, Philippe Alard
Kamera: Denis Lenoir (Farbe)
Musik: Philippe Cohen-Solal
Schnitt: François Ceppi
Produktion: Alain Rocca für Les Productions Lazennec mit Les Films Alain Sarde/France3/ Pan Européenne/CMV, Frankreich 1992
Erstaufführung: 26.6.1993, Filmfest München
Verleih: -/-/Filmcooperative

Kinostart: 5.3.1993, Zürich
Länge: 92 Min.

Amelle, Frédérique, Carine und Valérie, Medizinstudentinnen um die zwanzig, mieten sich eine Villa am Meer, um gemeinsam auf ein Examen zu büffeln. Als urplötzlich Valéries netter, aber etwas linkischer Cousin auftaucht, um die Fensterläden zu streichen, geht auch der letzte Rest an Konzentration flöten. Geduldet oder nicht, Francis fühlt sich wohl als Hahn im Korb und richtet sich in der Villa häuslich ein.

Münchner Filmfest-Illustrierte

Bebe's Kids 68

BEBE'S KIDS ***

Video

Regie: Bruce Smith
Drehbuch: Reginald Hudlin, nach Comic-Figuren von Robin Harris
Musik: John Barnes
Schnitt: Lynne Southerland
Produktion: Willard Carroll, Thomas L. White für Hudlin Bros./Hyperion, USA 1992
Verleih: -/-/CIC Video
Videostart: 18.8.1993
Länge: 70 Min.
FSK: ab 12 J.

»Black movie« als Zeichentrick mit Rap-Musik – eine wüste Mischung aus Anarcho-Comic und Action-Cartoon. Primitive Synchronisation. Als Vorfilm die amüsante Groteske »Hsy Bitsy Spider« von Michael ODonoghue.

Daniel Kothenschulte in: film-dienst, 19/93

The Bed you sleep in 69

THE BED YOU SLEEP IN ***

Regie: Jon Jost
Darsteller: Tom Blair (Ray), Ellen McLaughlin (Jean), Kathryn Sannella (Beth), Marshall Gaddis (Doug), Thomas Morris (Zealot), Brad Shelton (Scott), Glea Humphreys, Miki Whittles, Lisa Austin
Drehbuch: Jon Jost
Kamera: Jon Jost (Farbe)
Musik: Erling Wold
Schnitt: Jon Jost
Produktion: Henry S. Rosenthal für Complex Corp., USA 1993
Uraufführung: 13.2.1993, Int. Forum des Jungen Films, Berlin
Verleih: Freunde/Stöbergasse/-
Kinostart: Nov. 1993
Länge: 117 Min.

Angesiedelt in Toledo, einer kleinen Stadt im US-Bundesstaat Oregon, welche von einem Sägewerk beherrscht wird, skizziert der Film in einem Klima voller Mißtrauen und mangelnder Dialogbereitschaft den ökonomischen und kulturellen Hintergrund einer Region. In der Schlüsselszene des Films wird Ray von seiner Tochter in einem Brief angeklagt, er habe sie in ihrer Jugend sexuell mißbraucht. Der Film fällt kein Urteil, sondern nimmt den Inzest zum Anlaß, die Isolation und Kommunikationsunfähigkeit, die soziale und individuelle Vereinsamung anhand eines häuslichen Konflikts im gegenwärtigen sozio-politischen Klima Amerikas zu entlarven.

Zoom

Being at Home with Claude 70

BEING AT HOME WITH CLAUDE ***

Regie: Jean Beaudin
Darsteller: Roy Dupuis (Yves), Jacques Godin (Inspektor), Jean-François Pichette (Claude), Gaston Lepage, Hugo Dubé, Johanne-Marie Tremblay, Nathalie Mallette
Drehbuch: Jean Beaudin, nach dem gleichn. Bühenstück von René-Daniel Dubois
Kamera: Thomas Vamos (Farbe und s/w)
Musik: Richard Grégoire
Schnitt: André Corriveau
Produktion: Les Prod. du Cerf/National Film Board mit Téléfilm Canada, Kanada 1991
Verleih: -/-/Monopole Pathé
Kinostart: Febr. 1993
Länge: 85 Min.

Yves, ein Stricher, tötet seinen Freier Claude während des Geschlechtsaktes. Als Yves sich stellt, gibt sich der Polizei-Inspektor mit dem Geständnis nicht zufrieden. In einem langen, unerbittlichen Verhör läßt er Yves die Geschichte seiner Liebe zu Claude erzählen, die zur Bluttat geführt hat. Abgesehen von filmisch starken Rückblenden in Schwarzweiß wirkt der Film mehrheitlich wie ein theatralisches Schreiduell, dessen Enthüllungen über die Hintergründe des Mordes die geweckten Erwartungen etwas enttäuschen. *Zoom*

Roy Dupuis.

Belagerung ohne Gnade 71

IN THE LINE OF DUTY: ***
SIEGE AT MARION TV

Regie: Charles Haid
Darsteller: Ed Begley jr. (Fred House), Dennis Franz (Bob Bryant), Tess Harper (Vickie Singer), Kyle Secor (Addam Swapp), Paul Lemat (Doug Bodrero), Edward Wiley (Miller), Mike Westenskow (Ronald Perkins), Lindsay Ginter (Jackson), Rex Linn (Gray), William H. Macey (Daniels)
Drehbuch: Rick Husky
Kamera: William Wages (Farbe)
Musik: Gary Chang
Schnitt: Andrew Doerfer
Produktion: Stephanie Hagen für Patchett-Kaufman Ent., USA 1992
Uraufführung: 10.2.1992, NBC
Verleih: -/-/-/
Sendetermin: 17.7.1993, ARD, 22.40
Länge: 90 Min.

Als Mitglieder einer fanatischen Mormonenfamilie in Utah eine Kirche in die Luft sprengen und sich anschließend vor der Polizei auf ihrem Grundstück verschanzen, beginnt eine dramatische Belagerung. Ein Aufgebot von 150 FBI-Agenten und Polizisten versucht tagelang vergeblich, die Eingeschlossenen zum Aufgeben zu bewegen; erst dann entschließt man sich zum riskanten Sturm auf das Anwesen. Wie war das mit David Koresh und seiner Sekte in diesem Jahr?

Belle Epoque 72

BELLE EPOQUE **

Regie: Fernando Trueba
Darsteller: Jorge Sanz (Fernando), Maribel Verdú (Rocio), Fernando Fernán Gómez (Manolo), Ariadna Gil (Violeta), Penélope Cruz (Luz), Miriam Diaz Aroca (Clara), Gabino Diego (Juanito), Agustin González (Don Luis), Chus Lampreave, Mary Carmen Ramirez
Drehbuch: Rafael Azcona, nach einer Idee von Rafael Azcona, José Luis Garcia Sanchez, Fernando Trueba
Kamera: José Luis Alcaine (Eastmancolor)
Musik: Antoine Duhamel
Schnitt: Carmen Frias
Produktion: Fernando Trueba mit Lola Films/Animatografo/French Prod., Spanien/Portugal/Frankreich 1992
Uraufführung: 13.2.1993, Int. Filmfestspiele Berlin
Verleih: Tobis/Constantin/Columbus
Kinostart: 16.12.1993
Länge: 108 Min.
FSK: ab 12, ffr.

Der Duft der Frauen: Jorge Sanz beschnuppert Maribel Verdú.

Im Frühjahr 1931, als in Spanien die Abdankung der Monarchie und die Ausrufung der Republik erwartet wird, erlebt ein junger Deserteur auf dem Landsitz eines alten Malers eine geballte Ladung an Liebesabenteuern, als dessen vier schöne Töchter aus Madrid zu Besuch kommen. Durch die bloß anekdotische Funktion der historischen Einordnung und die Unwahrscheinlichkeit der Geschichte büßt die gefällig fotografierte, erotische Chronik viel von ihrer Glaubwürdigkeit ein. *Zoom*

Großvater-Erotik und -Nostalgie sind hier zu einem angestaubten Langeweiler vereinigt. Ein junger Mann muß durch ein Viertöchterhaus und allerlei Tabuverletzungen schlendern, die nicht einmal mehr die CDU-Frauenverbände auf die Barrikaden brächten. (...)
Günter Göckenjan, tip

(...) Der Film ist so sehr mit dem erotischen Appetit der Schwestern und des tumben männlichen Objekts ihrer Begierde beschäftigt, daß die Zeitanalyse aus dem Blickfeld entschwindet. Was bleibt, ist ein schaumig leicht inszenierter Bilderbogen – nett anzusehen, unbedarft.
Carla Rhode, Der Tagesspiegel, 15.2.93

H.G. Pflaum in: SZ, 18.12.93; Ponkie in: AZ, 17.12.93; Carla Rhode in: Der Tagesspiegel, 17.12.93

Benny & Joon 73
BENNY & JOON ****

Regie: Jeremiah Chechik
Darsteller: Johnny Depp (Sam), Aidan Quinn (Benny), Mary Stuart Masterson (Joon), Julianne Moore (Ruthie), Oliver Platt (Eric), C.C.H. Pounder (Dr. Garvey), Dan Hedaya (Thomas), Joe Grifasi (Mike), William H. Macy (Randy Burch), Eileen Ryan (Mrs. Samil)
Drehbuch: Barry Berman, nach einer Story von Lesley McNeil und Barry Berman
Kamera: John Schwartzman (Deluxe)
Musik: Rachel Portman
Schnitt: Carol Littleton
Produktion: Susan Arnold, Donna Roth für Roth/Arnold Prod. für MGM, USA 1993
Erstaufführung: Filmfest München 1993
Verleih: UIP/UIP/UIP/Warner Home Video
Kinostart: 22.7.1993

Mary Stuart Masterson.

Länge: 98 Min. – *FSK:* ab 12, ffr.
FBW: Besonders wertvoll

Ein Automechaniker betreut aufopfernd seine psychisch gestörte Schwester. Eine Liebesbeziehung des Mädchens und ihre vorübergehende Einweisung in eine Anstalt bereiten aber schließlich eine glückliche Lösung vor. Der Film nimmt das Schicksal eines behinderten Menschen durchaus ernst, ohne ihm aber tiefgehende oder überdramatisierte Akzente aufzuladen. Es überwiegt gefällig-freundliche Unterhaltung. *multimedia*

Lars-Olav Beier in: tip, 15/93; Heiko R. Blum in: Rheinische Post, 24.7.93; Fritz Göttler in: SZ, 26.7.93; Heike Kühn in: FR, 22.7.93; Christian Seebaum in: Kölner Stadt-Anzeiger, 24.7.93

Benny's Video

Regie: Michael Haneke

Lief bereits 1992 in Österreich. Siehe Heyne Filmjahrbuch 1993.

Beretta's Island 74
BERETTA'S ISLAND *
Video

Regie: Michael Preece
Darsteller: Franco Columbu (Franco Beretta Armando), Ken Kercheval (Barone), Elizabeth Kaitan (Linda), Van Quattro (Johnny Carrera), Jo Champa (Celeste), Tammie Souza (Beverly), Audrey Brunner (Tina), Leslie Ming (Sly),

Dimitri Logothetis, Arnold Schwarzenegger (Special Guest)
Drehbuch: Franco Columbu, Donna Jeffries
Kamera: Massimo Zeri (Farbe)
Musik: Clif Magness
Schnitt: Sharon Janis
Produktion: Franco Columbu für Franco Columbu Prod. mit Magnolia Prod., USA 1992
Verleih: -/-/-/VCL Video
Videostart: 23.8.1993
Länge: 93 Min. – *FSK:* ab 16 J.

Ex-Agent Franco muß auf Drängen seiner einstigen Kollegen wieder weltweit die Drogenmafia jagen. Durch den kurzen Gastauftritt Arnold Schwarzeneggers unverdient aufgewertetes, lächerlich inszeniertes Billigprodukt.

Bergmann Borsig – Vormals VEB

75
***

Regie: Barbara Kasper, Lothar Schuster
Kamera: Klaus Schrader (Farbe und s/w)
Schnitt: Vessela Martschewski
Produktion: Bremer Institut Film-Fernsehen/ Video-Coop, BRD 1993
Verleih: Unidoc/-/-
Kinostart: 25.11.1993
Länge: 94 Min.

Dokumentarfilm-Chronik über die ersten marktwirtschaftlich orientierten Versuche des ehemals volkseigenen Betriebs VEB Bergmann-Borsig und zugleich eine Aufarbeitung eines Stück DDR-Geschichte.

Manfred Hattendorf in: film-dienst, 26/93

Beruf: Neonazi

76
***

Regie: Winfried Bonengel
Drehbuch: Winfried Bonengel
Kamera: Johann Feindt; Heiko Wentorp (Farbe)
Schnitt: Wolfram Kohler
Produktion: Ost-Film, Hoffmann & Loeser, BRD 1993
Verleih: Unidoc/-/-
Kinostart: 18.11.1993; TV: 19.2.1994; VOX, 22.00
Länge: 83 Min.

Dokumentarfilm über den 27jährigen Münchner Ewald Althans, den deutschen Statthalter des in Kanada ansässigen weltgrößten Vertreibers von NS-Propaganda Ernst Zündel. Die Filmemacher schaffen es auf sehr subtile Weise, Ewald Althans zu entlarven, »den netten jungen Mann von nebenan« als das zu zeigen, was er ist: ein von Machtgier besessener, erfolgreicher und geschickter Entertainer, der sehr genau weiß, was er will.
Ein unabhängiges Gremium des Hamburger Filmbüros hat den Film gefördert, weil laut Antrag und Exposé eine kritische Studie über den gegenwärtigen Rechtsradikalismus geplant war. Der fertige Film polarisiert nun die öffentliche Diskussion. Während die einen den Film als ungewollte Propaganda für die Neonazis bezeichnen, halten andere den Film für dokumentarisch mißglückt und politisch mißverständlich, andere wiederum bewerten den Film als durchaus informativ. Auch unter den Mitgliedern des Hamburger Filmbüros gehen die Meinungen über den Film auseinander. (...)
Es ist gefährlich, daß die Debatte um den Film von den wirklichen Problemen ablenkt. Denn nicht der Film gehört verboten, sondern die Aktivitäten der Neonazis in Deutschland. Unbegreiflich ist uns, daß sich bisher kein Richter in Deutschland gefunden hat, der Althans wegen seiner unverhohlenen Propaganda für den Nationalsozialismus verurteilt hätte. Wir fragen uns, warum der Hessische Landtag nicht ein Betätigungsverbot für Althans statt eines Aufführungsverbotes für den Film gefordert hat. (...) *Hamburger Filmbüro, 27.11.1993*

Offener Brief der AG der Filmjournalisten an die Regierungen der Länder Hessen, Brandenburg, Hamburg und Mecklenburg-Vorpommern und an die Fraktionen der Landtage dieser Länder:

»... Beruf Neonazi wurde mit insgesamt 370.000 DM von den kulturellen Filmförderungen der Länder Hessen, Brandenburg, Hamburg und Mecklenburg-Vorpommern finanziert. Die für Kultur zuständigen Minister/innen dieser Ländern haben nun mit einer gemeinsamen Erklärung bekanntgegeben, alle ihnen zur Verfügung stehenden Möglichkeiten zu nutzen, ›damit der Film in dieser unkommentierten Form nicht aufgeführt wird‹. Obwohl die Erklärung betont, daß eine Zensur nicht stattfindet, kommt dieser Beschluß einem Aufführungsverbot gleich. Dies ist aber gerade angesichts des brisanten Themas, dem sich Winfried Bonengel angenommen hat, kontraproduktiv.

Beruf Neonazi ist ein Film, der auf einen ganz neuen Typus des Rechtsradikalen in der Bundesrepublik aufmerksam macht. Der Film porträtiert den 27jährigen mediengewandten und eloquenten Ewald Althans und weist auf die internationale Vernetzung der extremen Rechten hin. Beruf Neonazi zeigt damit einen Teil deutscher Wirklichkeit. Wir halten es für gefährlich, die Augen vor dieser Wirklichkeit zu verschließen. (8.12.1993)

»Die Debatte um den Dokumentarfilm Beruf Neonazi wird in der Öffentlicheit auf eine Art und Weise geführt, die eine produktive Diskussion zu dem Thema Neofaschismus in Deutschland geradezu ausschließt. Behauptungen, die Filmemacher, die Produzenten und der Verleih verherrlichen den Nationalsozialismus und betrieben Nazipropaganda, stellen uns auf eine Stufe mit den Neonazis in diesem Land. Gegen diese Verleumdungen verwahren wir uns entschieden. Die zum Teil diffamierend geführte Debatte bietet keine sachliche Grundlage für eine wirkliche, durchaus kontroverse Auseinandersetzung, sondern schafft eher eine Plattform für rechtsextremes Gedankengut und für diejenigen, die es politisch organisieren wollen, als daß es ihnen die Plattform entzieht. (...)

In Anbetracht der festgefahrenen Positionen, die jegliche konstruktive Diskussion unmöglich machen, haben sich die Produzenten und der Verleih entschlossen, weitere öffentliche Kinovorführungen für kurze Zeit auszusetzen.

Ostfilm Produktion, Unidoc Verleih, 8.12.1993

Es ist nun leider erreicht: Der umstrittene Dokumentarfilm »Beruf Neonazi«, in dem Winfried Bonengel ohne richtigstellende Kommentare dem Neonazi Ewald Althans und seinen Gesinnungsfreunden ein 80-Minuten-Forum bietet (auch zur Verbreitung der gesetzwidrigen Auschwitz-Lüge), hat breite Publizität erlangt (AZ vom 8.,9.12 1993 und 11.1.1994). Am Freitag soll der Film offiziell in München anlaufen – trotz des Vorführungsverbotes durch die Stadt. (...)

Filmmuseums-Chef Enno Patalas: »Man muß auch Bilder und Töne zeigen dürfen, die nicht jedermann genehm sind, zum Beispiel die des alten und neuen Nazismus in diesem Land. Auch wenn Althans und seine Sprüche das Ansehen der Landeshauptstadt München zu schädigen geeignet wären....«

Das Münchner Bündnis gegen Rassismus ruft zu Protestaktionen vor den Kinos auf. Der Film sei »weder antifaschistisch«, noch diene er »der Aufklärung über die Neonazis«. Vielmehr mache er Althans »salonfähig«, der »als Hauptdarsteller seine Nazi-Ideologie inklusive Auschwitz-Lüge vorführen darf«.
Am deutlichsten bringt Regisseur Hark Bohm die Diskussion auf den Punkt:
»Hier geht es doch nicht um Freiheit für die Kunst oder um Zensur. Ich halte den Film, unabhängig von der naiven und guten Absicht des Machers, für Nazi-Propaganda. Der eloquente Deutschtümler Althans formuliert das Ziel der Neonazis, Skandale zu provozieren – und der Film gibt ihm das Forum dafür. Die Neonazi-Szene gehört zu unserer Wirklichkeit und man soll sie zeigen – aber bitte unbedingt mit Informationen und Kommentaren. Der Auschwitz-Lüge müßten historische Wahrheiten von Millionen ermordeten Juden entgegengesetzt werden. Ohne diese moralische Ebene macht sich der Film zum Instrument der nazistischen Ideologie.«

Angie Dullinger, AZ, 12.1.94

Eva-Elisabeth Fischer in: SZ, 8.12.93; Jan Gympel in: Zitty, 23/93; Andreas Kilb in: Die Zeit, 3.12.93; Tobias Kniebe in: SZ, 8.12.93

The Best of Tex Avery
77
***

THE BEST OF TEX AVERY

Regie: Tex Avery
Produktion: MGM, USA 1942–1952
Verleih: Endfilm/Stöbergasse/Rialto
Kinostart: 29.7.1993
Länge: 85 Min.

Ein Programm mit elf Filmen des neben Walt Disney größten Cartoon-Talents. Tex Avery (1908-1980) schuf Animationsfilme »für Erwachsene« mit Gag-Gestalten wie dem bösen Wolf, der auch als Paraphrase auf Hitler erscheinen durfte, dem chaotischen Eichhörnchen Screwy, dem faulen Hund Droopy oder dem verfressenen Schwein Porky Pig. Averys satirisch-böse und zum Teil recht deftige Animationsfilme über Themen wie Gewalt, Sex, Gier waren den puritanischen US-Zensoren immer wieder ein Dorn im Auge.

Angie Dullinger, AZ, 16.9.93

Rupert Koppold in: Rheinische Post, 17.9.93; Hans-Joachim Neumann in: Zitty, 15/93; Oliver Rahayel in: Kölner Stadt-Anzeiger, 31.7.93; Carola Rönneburg in: tip, 16/93; Josef Schnelle in: FR, 30.7.93

Die Besucher
78
**

LES VISITEURS

Regie: Jean-Marie Poiré
Darsteller: Christian Clavier (Jacquouille/Jacquart), Jean Reno (Godefroy), Valèrie Lemercier (Frénégonde/Béatrice), Marie-Anne Chazal (Ginette), Christian Bujeau, Isabelle Nanty, Gérard Séty, Didier Pain
Drehbuch: Jean-Marie Poiré, Christian Clavier
Kamera: Jean-Yves Le Mener (Farbe)

Crazy Cartoons: ›The Best Of Tex Avery‹.

Musik: Eric Levi
Schnitt: Catherine Kelber
Produktion: Alain Terzian für Gaumont/FR-3 Cinema/Alpilles/Amigo mit Canal plus/Languedoc-Roussillon, Frankreich 1993
Verleih: Scotia/Constantin/Buena Vista/Ufa Video
Kinostart: 20.5.1993
Länge: 107 Min. – *FSK:* ab 16, ffr.

Eine unfreiwillige Zeitreise verschlägt einen Ritter und seinen Knappen aus dem Mittelalter in die Gegenwart, wo sie sich mit den Nachkommen ihrer Familien und den »Errungenschaften« der modernen Zivilisation herumplagen. Ein wenig originelles Klamaukspiel mit Anachronismen und stereotypen Figuren und Episoden, das meiste voraussehbar und deshalb ziemlich langweilig.

Zoom

Harald Martenstein in: Der Tagesspiegel, 23.5.93; Milan Pavlović in: Kölner Stadt-Anzeiger, 22.5.93

Bezness
79
***

BEZNESS

Regie: Nouri Bouzid
Darsteller: Abdel Khechiche (Roufa), Jacques Penot (Fred), Ghalia Lacroix (Khomsa), Manfred Andrae (Der Deutsche), Mustapha Adouani (Der Kommissar), Adel Boukadida (Aziz), Ahmed Ragoubi (Navette), Jamel Sassi (Flash), Sondes Belhassen (Ghalia), Najoua Hafedh (Fatma)
Drehbuch: Nouri Bouzid
Kamera: Alain Levent (Farbe)
Musik: Anouar Braham
Schnitt: Kahena Attia
Produktion: Ahmed B.E. Attia, Jean-François Lepetit für Cinetelefilms/Flach Film/Studio Canal Plus, Tunesien/Frankreich 1992
Verleih: Arsenal/-/-
Kinostart: 16.9.1993
Länge: 100 Min.

Die Konflikte zwischen Orient und Okzident verdichtet der tunesische Regisseur Nouri Bouzid auf das Verhältnis seiner Hauptfiguren, deren Lebensbahnen sich schneiden, aber stets wieder auseinanderdriften. Den in die Jahre gekommenen arabischen Gigolo Roufa, seine zwischen Tradition und Moderne hin und hergerissene Verlobte Khomsa und Fred, den Fotografen aus Paris, porträtiert Bouzid auf seine Weise, die jeden

Sinneswandel seiner Akteure plausibel werden läßt und ihre Fehler und Schwächen ohne Scheu offenlegt. Ganz nebenbei liefert der Film auch eine wohlakzentuierte Analyse des modernen Tunis.
Alexander Musik, tip, 21/93

Peter W. Jansen in: Der Tagesspiegel, 9.10.93; Thomas Klingenmaier in: Stgt. Zeitung, 7.10.93

Das Biest hinter der Maske 80

DEADLY RELATIONS **

Video

Regie: Bill Condon
Darsteller: Robert Ulrich, Roxana Zal, Shelley Fabares, Gwyneth Paltrow, Tony Higgins, Georgia Emelin, Matthew Perry, Ted Marcoux
Drehbuch: Dennis Nemec
Kamera: Stephen M. Katz (Farbe)
Musik: Philip Giffin
Produktion: Ed Milkovich für Paramount, USA 1992
Verleih: -/-/-/CIC Video
Videostart: Juli 1993
Länge: 89 Min. – *FSK:* ab 16 J.

Vater, Mutter und vier Töchter – eine US-Familie mit schwindelerregenden Abgründen. Lahmer US-TV-Film.

Big Bang 81

***

Regie: Matthias von Gunten
Darsteller: Mit: Gustav A. Tammann, Bruno Binggeli, Astronomisches Institut Basel; Massimo Tarenghi, ESO, München und Chile; Pierre Le Coultre, Hans Hofer, Sam Ting, CERN, Genf; George V. Coyne, S.J.
Drehbuch: Matthias von Gunten
Kamera: Patrick Lindenmaier; Pio Corradi (Farbe)
Musik: Michel Seignier
Schnitt: Fee Liechti
Produktion: Matthias von Gunten für Balzli & Cie., Schweiz 1993
Verleih: -/-/Look Now
Kinostart: Juli 1993
Länge: 85 Min.

Der Dokumentarfilm führt auf eine Reise zu den Grenzen des Universums und seinem Anfang, dem Big Bang. Da der Urknall selber nicht abbildbar ist, hält sich der Autor an diejenigen, welche heute den Fragen nach dem Ursprung alles Seienden nachforschen. Teilchenphysiker und Astronomen geben Einblick in ihre faszinierende Forschungsarbeit. Von Gunten beschränkt sich weitgehend auf eine beobachtende Position. Dennoch vermitteln die Begegnungen im Film und die dazu gefundenen Bilder mehr als nur wissenschaftliche Theorie. Die philosophische Dimension der Frage nach dem Sinn der Forschung ist sublim in den Film eingeflochten.
Zoom, 6/93

Pierre Lachat in: Filmbulletin, 2/93

Big Deal in Dublin 82

THE BARGAIN SHOP ***

TV

Regie: Johnny Gogan
Darsteller: Stuart Graham (Packy), Garrett Keogh (Billy), Emer McCourt (Maria), Brendan Gleeson (Jim), Ruth McCabe (Oracle)
Drehbuch: Johnny Gogan
Kamera: Declan Quinn (Farbe)
Musik: Cathal Coughlan
Schnitt: Geraldine Creed
Produktion: Bandit-Films/ZDF/ARTE, Irland/BRD 1991
Verleih: -/-/-/
Sendetermin: 23.1.1993, Arte; 25.5.1993, ZDF, 23.15
Länge: 57 Min.

Ein düster stimmungsvoller irischer Abrißviertel-Krimi mit sanft poetischer Irritation: Der TV-Film verwandelte die große Betrugkiste (scheinbar sanieren, in Wahrheit abbruchreif ruinieren) in eine kleine, stille Ruinromanze. Verfallslyrik eines Milieus. *Ponkie, AZ, 27.5.93*

Big Heat 83

THE BIG HEAT *

Video

Regie: Andrew Kam, To Kei Fung
Darsteller: Waise Lee (John), Matthew Wong (Lun), Kwok Tsui (Kam), Lo King Wah (Ong Chat Fu), Wang Tsu Hsie (Ada), Chu Kong, Stuart Ong, Mak Tsui Han
Drehbuch: Gordon Chang
Kamera: Wong Wing Hong (Farbe)
Musik: Tayu Lo
Schnitt: David Wu
Produktion: Tsui Hark für Cinema City, Hongkong 1988
Verleih: -/-/-/VMP Video
Videostart: Jan. 1993
Länge: 92 Min.
FSK: ab 18 J.

Kurz vor seiner Pensionierung muß Chefinspektor Wong den mysteriösen Tod seines Ex-Kollegen aufklären. Blutrünstiger Actionfilm aus der Mottenkiste für besonders abgestumpfte Heavy User.

Hannah Dütsch in: film-dienst, 4/93

Bilder einer Revolution 84

PICTURES FROM A REVOLUTION ***

TV

Regie: Susan Meiselas, Richard P. Rogers, Alfred Guzzetti
Kamera: Richard P. Rogers (Farbe)
Musik: William Endridge, Terry Riley
Produktion: Susan Meiselas, Richard P. Rogers, Alfred Guzzetti für GMR Film, USA 1991
Uraufführung: 3.10.1991, New York Film Festival
Verleih: -/-/-/
Sendetermin: 8.12.1993, MDR3, 23.05
Länge: 93 Min.

Susan Meiselas kehrt nach dem von ihr photographierten Konflikt zurück nach Nicaragua. Sie porträtiert das Land als eine Nation ohne Illusionen und interviewt Nicaraguaner aus allen sozialen Schichten zur Lage in ihrer Heimat.

Bilder von anderswo 85

**

Regie: Ralf Zöller
Drehbuch: Ralf Zöller
Kamera: Benedict Neuenfels
Musik: Roberto Murolo
Schnitt: Gunvor E. Morte
Produktion: Dieter Horres für Günther-Bolley-Film, BRD 1993
Erstaufführung: Filmfest München 1993
Verleih: Eigenverleih/-/-
Kinostart: Dez.1993
Länge: 89 Min.

Ein experimenteller Film von zunächst bestechender technischer Phantasie. Zöller ist hinter der »Zerbrechlichkeit des Blicks« her, die ein blinder Fotograf in seiner Arbeit zeigt. Viel Vogelflug, Gesichter-Aufteilung, Raumerfahrung – die Fotografie als Hilfsmittel der Philosophie. Leider konnte sich der Autor von seinem Objekt der Begierde nicht mehr losreißen: Kürzung täte gut.

Ponkie, AZ, 1.7.93

Hugh Grant und Emmanuelle Seigner.

Bitter Moon 86

BITTER MOON ***

Regie: Roman Polanski
Darsteller: Emmanuelle Seigner (Mimi), Peter Coyote (Oscar), Kristin Scott-Thomas (Fiona), Hugh Grant (Nigel), Victor Banerjee, Sophie Patel
Drehbuch: Roman Polanski, Gerard Bach, John Brownjohn, nach dem Roman »Lunes de Fiel« von Pascal Bruckner
Kamera: Tonino Delli Colli (Farbe)
Musik: Vangelis
Schnitt: Hervé de Luze
Produktion: Roman Polanski für Les Films Alain Sarde/T.R.P. Prod./Timothy Burrill Prod. mit Canal plus, GB/Frankreich 1992
Verleih: Scotia/-/Monopole Pathé/Ufa Video
Kinostart: 7.1.1993
Länge: 139 Min. – *FSK:* ab 16, ffr.

Die Berührung mit einer maß- und grenzenlosen Leidenschaft, die zwei Menschen in die Randbezirke der Sexualität und die gegenseitige Zerstörung treibt, schreckt ein anderes Paar aus ehelicher Langeweile auf. Ein eher mühsamer Mix aus Kolportage und Psychologie, Softporno und Melodrama vermittelt immerhin eine Einsicht: Der Vamp als »Männerfalle« ist Männerwerk.

Zoom, 12/92

Michael Althen in: Die Zeit, 8.1.93; Fritz Göttler in: SZ, 7.1.93; Verena Kern in: Zitty, 1/93; Thomas Klingenmaier in: Stgt. Zeitung, 7.1.93; Carla Rhode in: Der Tagesspiegel, 6.1.93

Bittersüße Schokolade 87

COMO AGUA PARA CHOCOLATE ***

Regie: Alfonso Arau
Darsteller: Marco Leonardi (Pedro), Lumi Cavazos (Tita), Regina Torne (Mama Elena), Yareli Arizmendi (Rosaura), Claudette Maille (Gertrudis), Mario Ivan Martinez (John Brown), Ada Carrasco (Nacha), Pilar Aranda (Chencha), Farnesio De Bernal, Joaquin Garrido
Drehbuch: Laura Esquivel, nach ihrem gleichn. Roman
Kamera: Emmanuel Lubetzki, Steve Bernstein (Farbe)
Musik: Leo Brower
Schnitt: Carlos Bolado
Produktion: Alfonso Arau für Alfonso Arau Int. Prod., Mexiko 1992
Verleih: Ascot/-/Elite
Kinostart: 12.8.1993
Länge: 114 Min. – *FSK:* ab 12, ffr.
FBW: Wertvoll (Österreich)

Die zwischen 1895 und 1934 spielende Geschichte einer Mexikanerin, die in der Kochkunst mehr Erfüllung fand als in der Liebe. Ein Film von hoher Bildqualität, der oft poesievolles Flair erreicht, aber mitunter auch an trivialem Kitsch streift. Auch die Dialoge erreichen nicht das Niveau der Photographie. Trotzdem ein interessantes Werk von einigen Ansprüchen. *multimedia*

Michael Althen in: SZ, 30.8.93; Heiko R. Blum in: Rheinische Post, 28.8,93; Verena Kern in: Zitty, 17/93; Heike Kühn in: FR, 27.8.93; TK in: tip, 18/93; Christian Schüle in: Stgt. Zeitung, 28.8.93; Christian Winterfeldt in: Kölner Stadt-Anzeiger, 29.8.93

Black Belt 88

BLACK BELT *

Video

Regie: Charles Philip Moore
Darsteller: Don »The Dragon« Wilson (Jack Dillon), Deidre Imersheim (Shanna), Matthias Hues (John Sweet), Richard Beymer (Deangelo), Alan Blumenfeld (Will Sturges)
Drehbuch: Charles Philip Moore
Kamera: John Ulyanov (Farbe)
Musik: David Wurst, Eric Wurst
Schnitt: Gabrielle Gilbert Reeves
Produktion: Mike Elliott für Concorde, USA 1992
Verleih: -/-/-/Highlight Video
Videostart: Juli 1993
Länge: 72 Min. – *FSK:* ab 16 J.

Gewalttätige Kung-Fu-Variante des so erfolgreichen »Bodyguard«-Prinzips aus der Roger-Corman-Versuchsküche.

MaK in: film-dienst, 17/93

Blade Runner – Director's Cut 89

BLADE RUNNER – DIRECTOR'S CUT ****

Regie: Ridley Scott
Darsteller: Harrison Ford, Rutger Hauer, Sean Young, Edward James Olmos, Daryl Hannah
Produktion: , USA 1980/1992
Erstaufführung: Int. Filmfestspiele Berlin 1993
Verleih: Warner Bros./dto./dto./Warner Home Video
Kinostart: 22.4.1993
Länge: 116 Min. – *FSK:* ab 16, ffr.
FBW: Besonders wertvoll

In erster Linie eine Neulancierung des bekannten Science-Fiction-Klassikers, diesmal in der Form, die Ridley Scott schon 1982 intendiert hatte. Die Geschichte der gentechnologisch hergestellten Replikanten, die unerlaubterweise zur Erde zurückgekehrt sind, und des Blade Runners, der sie jagt, ist an sich gleich geblieben, wurde lediglich um ein kitschiges Happy End und eine pathetische Erzählstimme erleichtert und ist somit konsequenter in der Aussage. Auch in der Neufassung ist der faszinierende Film mehr Auseinandersetzung mit der heutigen Zeit und ihren Werten und Ideen als reine Zukunftsvision. *Zoom, 2/93*

Blau 90

TROIS COULEURS: BLEU

Regie: Krzysztof Kieslowski

Siehe: → ›Drei Farben: Blau‹.

Die blauen Augen von Yonta 91

UDJU AZUL DI YONTA ***

Regie: Flora Gomes
Darsteller: Maysa Marta, Antonio Simao Mendes, Pedro Dias, Mohamed Lamine Seidi
Drehbuch: Flora Gomes, Ina Cesar, David Lang, Manuel Rambout Barcelos
Kamera: Dominique Gentil (Farbe)

Musik: Adriana Ferreira
Schnitt: Dominique Paris, Anita Fernandez
Produktion: Vermedia/Cooperativa Cultural Arco-Iris, Guinea Bissau/Portugal 1993
Verleih: -/-/trigon
Kinostart: Okt. 1993
Länge: 93 Min.

Nach 19 Jahren Unabhängigkeit kämpft die ehemalige portugiesische Kolonie Guinea Bissau ums wirtschaftliche Überleben. Aus einer Fülle kleiner Episoden entsteht das Porträt der Hauptstadt Bissau und seiner Bewohner. Im Vordergrund steht die Liebesgeschichte des schönsten Mädchens der Stadt, das heimlich einen älteren Revolutionshelden liebt und seinerseits von einem schüchternen Jungen verehrt wird. Ein poetischer, fröhlicher Film, der mehr von den Figuren, der dichten Atmosphäre, dem sinnlichen Rhythmus und den schönen Bildern lebt als von der Story.

Zoom

Blauer Mohn

92
**
TV

Regie: Petra Katharina Wagner
Darsteller: Susanne Wirtz (Agie), Gayle Tufts (Bea), Christine Weber (Claude), Gertrud Eiselen (Ditta), Erik Stappenbeck (Albert)
Drehbuch: Petra Katharina Wagner
Kamera: Yvonne Tratz (Farbe)
Musik: Erik Stappenbeck, Gayle Tufts
Schnitt: Eva Lopez Echegoyen
Produktion: Liane Jessen, BRD 1992
Uraufführung: Filmfestival Max Ophüls Preis 1993
Verleih: -/-/-/
Sendetermin: 1.6.1993, ZDF, 23.00
Länge: 102 Min.

Eher Wodka als Whisky bevorzugt das durch Berliner Edel-Restaurant lustwandelnde Klatsch-Trio in Petra Katharina Wagners zweitem Spielfilm »Blauer Mohn«. Die anfänglich so hoffnungsvoll mit Kurzfilmen und einem phantasievollen XTC-Video gestartete Regisseurin läßt ihre geschwätzigen Protagonisten über »Vom Winde verweht« parlieren, schicksalsschwangere Texte rezitieren oder zu allerlei kulinarischen Absonderlichkeiten (»Chinaflügel in eisheiliger Marinade«) oberflächliches Geplänkel absondern.

Saarbrücker Zeitung, 22.1.93

Blind Love

93
**
Video

THE MAN WITH THREE WIVES

Regie: Peter Levin
Darsteller: Beau Bridges (Norman Grayson), Pam Dawber (Robyn), Joanna Kerns (Katy), Kathleen Lloyd (Lillian), Madge Sinclair (Margaret), Michael Flynn (Dr. Charles)
Drehbuch: Deborah Serra
Kamera: Stephen L. Posey (Farbe)
Musik: Marc Snow
Schnitt: Skip Schoolnik
Produktion: Jean ONeill für CBS Ent., USA 1993
Verleih: -/-/-/Fox Video
Videostart: August 1993
Länge: 90 Min. – *FSK:* ab 12 J.

Arzt heiratet drei Frauen, führt ein entsprechendes chaotisches Privatleben und scheidet schließlich, als seine »Trigamie« ruchbar wird, an Herzinfarkt aus dem Leben. Höchst oberflächliche US-TV-Aufbereitung eines angeblich authentischen Falls.

Annette Winter in: film-dienst, 22/93

Blind Side

94
***

BLIND SIDE

Regie: Geoff Murphy
Darsteller: Rutger Hauer (Jake Shell), Rebecca De Mornay (Lynn Kaines), Ron Silver (Doug Kaines), Jonathan Banks (Aaron), Mariska Hargitay (Melanie), Tamara Clatterbuck (Barbara Hall), Jorge Cervera jr., Josh Cruze, David Labiosa, Bill Dance
Drehbuch: Stewart Lindh, Solomon Weingarten, John Carlen, nach einer Story von Stewart Lindh und Solomon Weingarten
Kamera: Paul Elliott (Farbe)
Musik: Brian May
Schnitt: Rick Shaine
Produktion: Jay Roewe für Chestnut Hill Prod. für HBO/Odyssey, USA 1993
Verleih: 20th Century Fox/-/-/VMP Video
Kinostart: 25.11.1993
Länge: 98 Min. – *FSK:* ab 18, ffr.

Doug und Lynn Kaines machen Urlaub in Mexico. Sie sind glücklich, denn Lynn erwartet ein Baby. Auf dem Rückweg nach Hause passiert ein Unfall: Lynn fährt einen Polizisten an, die Kaines fliehen in Panik. Kurze Zeit später taucht bei ihnen ein fremder Mann auf, der etwas über diesen Vorfall zu wissen scheint und dieses Wissen dazu benutzt, um sich in das Leben der Kaines einzumischen. *Plärrer*

Frank Arnold in: Zitty, 24/93; Rupert Koppold in: Stgt. zeitung, 27.11.93; Holger Kreitling in: Der Tagesspiegel, 25.11.93; Ponkie in: AZ, 25.11.93; Claudia Schülke in: FAZ, 27.11.93

Blinde Zeugin 95

BLIND WITNESS ***

TV

Regie: Richard Colla
Darsteller: Victoria Principal (Maggie Kemlich), Paul Le Mat (Detective Tuthill), Stephen Macht (Gordon), Matt Clark, Tim Choate, Marcia Reider, Jeff Olson, Jesse Bennett, Dennis Saylor, Russ McGuinn
Drehbuch: Edmond Stevens, Robert Carrington
Kamera: Larry Pizer (Farbe)
Musik: Bob Alcivar
Produktion: Richard Colla, Ira Malvin für King-Phoenix Ent./Victoria Principal Prod., USA 1989
Uraufführung: 26.11.1989, ABC-TV
Verleih: -/-/-/
Sendetermin: 8.1.1993, 20.15, ARD
Länge: 120 Min.

Für Maggie Kemlich, die seit einem Autounfall blind ist, ist es ein Schock, als ihr Mann von zwei Einbrechern umgebracht wird. Die Polizei nimmt zwei verdächtige Männer fest, die früher bei einem ähnlichen Fall ein Ehepaar getötet hatten. Maggies entschiedene Versicherung nach einer Gegenüberstellung, die beiden seien nicht die Mörder ihres Mannes, finden keinen Glauben. Maggie macht sich auf eigene Faust auf Mördersuche. Nur Detective Tuthill glaubt ihr und muß sich bald Sorgen um Maggie machen, als sie auf eine heiße Spur stößt.

Blood in... Blood out 96

BLOOD IN BLOOD OUT ****

Regie: Taylor Hackford
Darsteller: Damian Chapa (Miklo), Jesse Borrego (Cruz), Benjamin Bratt (Paco), Enrique Castillo (Montana), Victor Rivers (Magic Mike), Delroy Lindo (Bonafide), Tom Towles (Red Ryder), Carlos Carrasco (Popeye), Teddy Wilson, Raymond Cruz
Drehbuch: Jimmy Santiago Baca, Jeremy Iacone, Floyd Mutrux, nach einer Story von Ross Thomas
Kamera: Gabriel Beristain (Deluxe/Technicolor)
Musik: Bill Conti
Schnitt: Frederic Steinkamp, Karl F. Steinkamp
Produktion: Taylor Hackford, Jerry Gershwin für Hollywood Pic. mit Touchwood Pacific Partners I, USA 1992
Verleih: Buena Vista/dto./dto.
Kinostart: 27.5.1993
Länge: 180 Min. – *FSK:* ab 16, ffr.
FBW: Besonders wertvoll

Die beiden Halbbrüder Paco und Cruz und ihr Vetter Miklo sind Mitglieder einer Chicano-Gang in East Los Angeles. Über einen Zeitraum von zwölf Jahren verfolgt der Film ihre Lebensläufe, die sich trennen und doch immer wieder kreuzen. »Blood in Blood out« gelingt es eindrucksvoll, einen epischen Bogen zu spannen und das Interesse des Zuschauers an den Figuren drei Stunden lang aufrechtzuerhalten. Gleichzeitig ist er ein äußerst kompromißloser und harter Gefängnisfilm.
Lars-Olav Beier, tip, 11/93

Frank Arnold in: Zitty, 11/93; Albert Baer in: Rheinische Post, 28.5.93; Rupert Koppold in: Stgt. Zeitung, 27.5.93; Milan Pavlovic in: Kölner Stadt-Anzeiger, 29.5.93; Angela Schmitt-Gläser in: FR, 27.5.93

Bloodfist 3 – Zum Kämpfen verurteilt 97

BLOODFIST 3 – FORCED TO FIGHT *

Video

Regie: Oley Sassone
Darsteller: Don Wilson (Jimmy Boland), Richard Roundtree (Samuel Stark), Rick Dean (Wheelhead), Gregory McKinney (Blue), Stan Longinidis (Leadbottom), Richard Paul
Drehbuch: Allison Burnett, Charles Mattera
Kamera: Rick Bota (Farbe)
Musik: Nigel Holton
Schnitt: Eric L. Beason
Produktion: Mike Elliott für Concorda/New Horizons, USA 1991
Verleih: -/-/-/CIC Video
Videostart: Jan. 1993
Länge: 85 Min. – *FSK:* ab 18 J.

Jimmy will im Gefängnis den Tod seines Freundes rächen und gerät zwischen die Fronten der Knast-Hierarchie. Mit modischen Sujets (Rassismus, Homosexualität etc.) garniertes, brachiales Martial-Arts-Machwerk.

Leben und Sterben in L.A.: Benjamin Pratt, Damian Chapa und Jesse Borrego in ›Blood in... Blood out‹.

Bloodfist 4 – Deadly Dragon 98

BLOODFIST 4 – DIE TRYING **

Video

Regie: Paul Ziller
Darsteller: Don »The Dragon« Wilson (Danny Holt), Cat Sassoon (Lisa), Dino Homsey, Gene Le Bell, Carolyn Raimondi, Amanda Wyss (Shannon), Kale Browne (Weiss), Liz Torres (Lt. Garcia), Dan Martin, James Tolkan
Drehbuch: Paul Ziller, nach einer Vorlage von Rob Kerchner
Kamera: Christian Sebaldt (Farbe)
Musik: David Wurst, Eric Wurst
Schnitt: David Beatty
Produktion: Mike Elliot für Pacific Trust, USA 1992
Verleih: -/-/-/VPS Video
Videostart: 27.5.1993
Länge: 81 Min. – *FSK:* ab 18 J.

Danny »klaut« als Repoman in L.A. beruflich die Wagen säumiger Ratenzahler und gerät eines Tages an eine wertvolle Fracht, die ihm Gangster, Geheimdienste und Polizei abjagen wollen. Primitiver Kickboxfilm aus dem Dunstkreis von Roger Corman.

Oliver Rahayel in: film-dienst, 12/93

Bloodfist Fighter 4 99

RAGE: RING OF FIRE II *

Video

Regie: Richard W. Munchkin
Darsteller: Don »The Dragon« Wilson, Maria Ford, Sy Richardson
Kamera: (Farbe)
Produktion: Richard Pepin, Joseph Merhi für PM Ent., USA 1992
Verleih: -/-/-/IMV Video
Videostart: 27.4.1993
Länge: 87 Min. – *FSK:* ab 18 J.

Völlig uninteressantes Kickboxfilmchen mit den üblichen Zutaten wie Rache, Kampfsport. Killer aus der Werkstatt der Serienproduzenten Pepin-Merhi.

Bloody Marie – Eine Frau mit Biß 100

INNOCENT BLOOD **

Regie: John Landis
Darsteller: Anne Parillaud (Marie), David Proval (Lenny), Rocco Sisto (Gilly), Chazz Palminteri (Tony), Anthony LaPaglia (Joe

Volltanken bitte: ›Bloody Marie‹ am Hals von Robert Loggia.

Gennaro), Robert Loggia (Sal »The Shark« Macelli), Tony Sirico (Jacko), Tony Lip (Frank), Kim Coates (Ray), Marshall Bell
Drehbuch: Michael Wolk
Kamera: Mac Ahlberg (Farbe)
Musik: Ira Newborn
Schnitt: Dale Beldin
Produktion: Lee Rich, Leslie Belzberg für Lee Rich Prod., USA 1992
Verleih: Warner Bros./dto./dto./Warner Home Video, ab 18 J.
Kinostart: 29.4.1993
Länge: 112 Min. – *FSK:* ab 16, nffr.

Mit der Unrat beseitigenden Marie wird der erste moralisch handelnde Vampir in die Filmgeschichte eingeführt. Statt sich an allerlei jungen Männerhälsen zu ergehen, reißt Landis' Draculette lieber die örtliche Mafia und andere böse Buben auf. Landis' lupenreine Blutästhetik läßt den eigentlichen Reiz des Dracula-Mythos, jene schaurig-schöne Mischung aus Lust und Pfählerei, bereits im Keim ersticken. *tip, 9/93*

Frank Arnold in: Zitty, 9/93; Fritz Göttler in: Kölner Stadt-Anzeiger, 1.5.93; Thomas Klingenmaier in: Stgt. Zeitung, 29.4.93

Blue Ice 101

BLUE ICE ***
Regie: Russell Mulcahy
Darsteller: Michael Caine (Harry Anders), Sean Young (Stacy Mansdorf), Ian Holm (Sir Hector), Alun Armstrong (Osgood), Sam Kelly (George), Jack Shepherd, Bob Hoskins
Drehbuch: Ron Hutchinson
Kamera: Denis Crossan (Farbe)
Musik: Michael Kamen
Schnitt: Seth Flaum
Produktion: Martin Bregman, Michael Caine für M&M/HBO, GB 1992
Verleih: UIP (8.4.1993 geplant, nicht gestartet)/Warner Home Video
Kinostart: April 1993
Länge: 100 Min. – *FSK:* ab 16 J.

Londoner Jazzclubbesitzer und Ex-Agent stürzt durch die Affäre mit attraktiver Diplomatengattin in ein mörderisches Geheimdienstabenteuer. Kurzweiliger, mitunter gar spannender Thriller.

Blue Lights 102

CURSE OF THE BLUE LIGHTS *
Video
Regie: John Henry Johnson
Darsteller: Brent Ritter (Loath), Bettina Julius (Witch), Patrick Keller (Ken), Deborah De Vencenty (Sandy), Clayton A. McCaw (Paul), Becky Golladay (Alice), Marty Bechina (Off. Fox), James Asbury (Sam), Kent E. Fritzell (Bob), Willard Hall (Scarecrow)
Drehbuch: John Henry Johnson, nach einer Story von Bryan Sisson Kamera: John Henry Johnson

Sean Young, Michael Caine.

Musik: Randall Crissman
Schnitt: John Henry Johnson
Produktion: John Henry Johnson für Tamarack Corp./Blue Lights Partners, USA 1990
Verleih: -/-/-/Highlight Video
Videostart: Juni 1993
Länge: 92 Min. – *FSK:* ab 16 J.

Zombies wollen Statue zum Leben erwecken, auf daß sie die Welt beherrsche. Indiskutable Abfall-Plotte.

Oliver Rahayel in: film-dienst, 14/93

Das Blut der Seidenstraße 103

THE SILK ROAD / DUN-HUANG ***
Video

Regie: Junya Sato
Darsteller: Koichi Sato (Zhao Xingde), Toshiyuki Nishida (Zhu Wangli), Anna Nakagawa, Tsunchiko Watase, Daijiro Harada
Drehbuch: Tsuyoshi Yoshida, Junya Sato
Kamera: (Farbe)
Produktion: Yasuyoshi Tokuma, Gohei Kogure, Kazuo Haruna für Daiei/Deutsu/Marubeni, USA 1990
Verleih: -/-/-/Warner Home Video
Videostart: Febr. 1993
Länge: 99 Min. – *FSK:* ab 12 J.

Die »Seidenstraße«, einer der wichtigsten Handelswege des Mittelalters und Brücke zwischen Asien und Europa, als Schauplatz eines Abenteuers: Der junge Zhao gerät bei kriegerischen Auseinandersetzungen in die Gefangenschaft eines Feldherrn. Ungewöhnlicher »Eastern« mit pompös inszenierten Schlachten und Massenszenen.

Jochen Rack in: film-dienst, 6/93

Blutfehde 104

FATTO DI SANGUE FRA DUE UOMINI PER CAUSA DI UNA VEDOVA ... ***
TV

Regie: Lina Wertmüller
Darsteller: Sophia Loren (Concetta »Titina« Paterno), Marcello Mastroianni (Rosario Maria Spallone), Giancarlo Giannini (Nicuzzo »Nick« Sammichele), Turi Ferro (Vito Acicatena), Mario Scarpetta (Gennaro), Antonella Murgia, Lucio Amelio, Maria Carrara, Isa Danieli, Guido Cerniglia
Drehbuch: Lina Wertmüller
Kamera: Tonino delli Colli (Farbe)
Musik: Dangio', Nando de Luca
Schnitt: Franco Fraticelli, Fima Noveck
Produktion: Harry Colombo für Liberty/ITL, Italien/GB 1978
Verleih: -/-/-/
Sendetermin: 8.9.1993, ARD, 23.45
Länge: 100 Min.

Eine Sizilianerin wird ihrem verstorbenen Mann »untreu« und entdeckt ihre Liebe zu zwei sehr unterschiedlichen Männern, die nach langer Abwesenheit in ihr Dorf zurückkehren. Vor dem Hintergrund des aufkeimenden Faschismus angesiedeltes ironisches Spiel mit traditionellen Geschlechterrollen. Eine hochkarätig besetzte Mischung aus Melodram und satirischem Sittenbild, engagiert gespielt und recht unterhaltsam.
film-dienst, 18/93

Blutige Flitterwochen 105

KISS AND BE KILLED *
Video

Regie: Tom E. Milo
Darsteller: Caroline Ludvik (Cynthia), Crystal Carson (Nora), Tom Reilly (Phil), Ken Norton (Gabe), Jim Saksel (Ralph), Chip Hall
Drehbuch: Craig Shapiro
Kamera: Alan McFarland (Farbe)
Musik: Kevin Kiner
Schnitt: Alex Scott, Jon Alloway
Produktion: Craig Shapiro, Lawrence Folgo, Tom E. Milo für Universal, USA 1991
Verleih: -/-/-/CIC Video
Videostart: Jan. 1993
Länge: 82 Min. – *FSK:* ab 18 J.

Junggesellenparty am Vorabend der Hochzeit endet in Mord und Totschlag und wird zum Ausgangspunkt eines tödlichen Rachefeldzugs. Mühsam auf Spielfilmlänge getrimmter Thriller, ebenso schwach konstruiert wie inszeniert.

Joe Hill in: film-dienst, 2/93

Blutiger Horizont 106

CRUEL HORIZON

Regie: Guy Lee Thys
Produktion: Belgien/Thailand 1989

›Blutiger Horizont‹ war wohl nicht reißerisch genug. Deshalb gibts einen neuen Titel.
Siehe → ›Insel der geschändeten Frauen‹.

Body of Evidence 107
BODY OF EVIDENCE **

Regie: Uli Edel
Darsteller: Madonna (Rebecca Carlson), Willem Dafoe (Frank Dulaney), Joe Mantegna (Robert Garrett), Anne Archer (Joanne Braslow), Julianne Moore (Sharon Dulaney), Charles Hellahan (Dr. McCurdy), Mark Rolston (Det. Reese), Jürgen Prochnow (Dr. Alan Paley), Frank Langella (Jeffrey Roston), Richard Riehle
Drehbuch: Brad Mirman
Kamera: Doug Milsome (Deluxe)
Musik: Graeme Revell
Schnitt: Thom Noble
Produktion: Dino de Laurentiis, Bernd Eichinger, Herman Weigel für Neue Constantin/ Dino de Laurentiis Comm., USA/BRD 1993
Uraufführung: 15.1.1993, New York
Verleih: Neue Constantin/Constantin/Rialto/ VCL/Carolco Video
Kinostart: 8.4.1993
Länge: 100 Min.
FSK: ab 16, ffr.

Madonna, die Meisterin der populärkulturellen Selbstdarstellung der neunziger Jahre, wagt sich in einen Gerichtsfilm und spielt eine Angeklagte, der vorgeworfen wird, ihren steinreichen, aber herzkranken Geliebten per sexueller Aktivität umgebracht zu haben. Ihr Anwalt, der prompt der Geliebte seiner Klientin wird, stellt sich einem Zweikampf mit dem Staatsanwalt. Holprig inszenierter, wenig spannender Genrefilm des deutschen Regisseurs Uli Edel, voll unfreiwilliger Komik und mit Darstellern, denen trotz individueller Klasse nur das platte Chargieren bleibt. *Zoom*

Finstere Absichten – tödlicher Körper: Jürgen Prochnow und Madonna in ›Body of Evidence‹.

(...) Als Femme fatale ist die Hauptdarstellerin jedoch so gut wie ein Plastikauto als Transportmittel. (...) *(tip)*

(...) Madonna, das Verkehrszentrum, ist dabei so erotisch wie eine Parkuhr. (...) *(SZ)*

Sabine Horst in: FR, 10.4.93; Thomas Klingenmaier in: Stgt. Zeitung, 8.4.93; Kai Niemeyer in: AZ, 8.4.93; H.G. Pflaum in: SZ, 8.4.93

Body Puzzle – Mit blutigen Grüßen 108
BODY PUZZLE **
Video

Regie: Lamberto Bava
Darsteller: Joanna Pacula, Thomas Arana, Francois Montagut, Gianni Garko, Erika Blanc, Matteo Gazzolo, Susanna Javicoli
Drehbuch: Lamberto Bava, Teodore Agrimi, Bruce Martin, nach einer Vorlage von Teodore Agrimi, Domenico Paoella
Kamera: Luigi Kuveiller (Farbe)
Musik: Carlo Maria Cordio
Produktion: Teodoro Agriki für P.A.C. Prod., Brasilien 1991
Verleih: -/-/-/Columbia TriStar Home Video
Videostart: 6.4.1993
Länge: 95 Min. – *FSK:* ab 18 J.

Junge Witwe bekommt per Post die Eingeweide ermordeter Mitbürger von einem Serienkiller zugeschickt. Effekthascherisch bis zum Anschlag.

Body Snatchers 109
BODY SNATCHERS ***

Regie: Abel Ferrara
Darsteller: Gabrielle Anwar (Marty Maone), Meg Tilly (Carol Malone), Forest Whitaker (Major Collins), Terry Kinney (Steve Malone), Billy Wirth (Tim), Christine Elise (Genn Platt), R. Lee Ermey (General Platt), Reilly Murphy (Andy Malone), G. Elvis Phillips (Pete), Kathleen Doyle (Mrs. Platt)
Drehbuch: Stuart Gordon, Dennis Paoli, Nicholas St. John, nach einer Story von Raymond Cistheri und Larry Cohen, basierend auf dem Roman »The Body Snatchers« von Jack Finney
Kamera: Bojan Bazelli (Technicolor)

Unheimliche Begegnung der 3. Art: Forest Whitaker im Zugriff der ›Body Snatchers‹.

Musik: Joe Delia
Schnitt: Anthony Redman
Produktion: Robert H. Solo für Robert H. Solo Prod., USA 1993
Uraufführung: Int. Filmfestspiele Cannes 1993
Verleih: Warner Bros./Stöbergasse/-/ Warner Home Video
Kinostart: 2.9.1993
Länge: 87 Min. – *FSK:* ab 16, ffr.

Abel Ferraras dritte Verfilmung des Stoffes (nach Don Siegel 1956 und Philip Kaufman 1977) erweist sich als ausgezeichnet stringent inszeniertes, fesselndes Erlebnis. Im Schlaf werden die Menschen von pflanzenförmigen Außerirdischen ausgesaugt und ihrer Seele und Individualität beraubt. Auf den Kern der Handlung konzentriert und packend gestaltet, entsteht eine scharfe Parabel aktueller Ängste. *multimedia*

Michael Althen in. SZ, 7.9.93; Frank Arnold in: epd Film, 9/93; Angie Dullinger in: AZ, 2.9.93

Bodyguard
BODYGUARD

110
***

Regie: Mick Jackson
Darsteller: Kevin Costner (Frank Farmer), Whitney Houston (Rachel Marron), Gary Kemp (Sy Spector), Bill Cobbs (Devaney), Ralph Waite (Herb Farmer), Tomas Arana (Portman), Michele Lamar Richards (Nicki), Mike Starr (Tony), Christopher Birt (Henry), DeVaughn Nixon (Fletcher)
Drehbuch: Lawrence Kasdan
Kamera: Andrew Dunn (Technicolor)
Musik: Alan Silvestri
Schnitt: Richard A. Harris, Donn Cambern
Produktion: Lawrence Kasdan, Jim Wilson, Kevin Costner für Tig Prod. mit Kasdan Pic., USA 1992
Verleih: Warner Bros./dto./dto./ Warner Home Video
Kinostart: 7.1.1993
Länge: 129 Min. – *FSK:* ab 12, ffr.
FBW: Wertvoll

Ein ehemaliger CIA-Beamter wird zum Schutz einer erfolgreichen Popsängerin engagiert. Die leicht zickige Diva versucht, den unerwünschten Leibwächter erst loszuwerden, dann zu verführen. Letzteres gelingt – bedingt. Dank des brillanten Drehbuchs (Dialoge!) und der überzeugenden Leistung Kevin Costners ein präzises und unterhaltendes Portrait eines seinem kruden Berufsethos verpflichteten Sicherheitsbeamten, der nur eine Angst kennt: nicht zur Stelle zu sein, wenn der Gegner zu-

Lockende Versuchung: Whitney Houston im Visier von ›Bodyguard‹ Kevin Costner.

schlägt. Schade, daß der Regisseur zu video-clip-artigen Überinszenierungen neigt. *Zoom*

Michael Althen in: SZ, 11.1.93; Gunter Göckenjan in: tip, 1/93; Otto Heuer in: Rheinische Post, 8.1.93

Bodyswitch 111

PRELUDE TO A KISS ***

Regie: Norman Rene
Darsteller: Meg Ryan (Rita Boyle), Alec Baldwin (Peter Hoskins), Kathy Bates (Leah Blier), Ned Beatty (Dr. Boyle), Patty Duke (Mrs. Boyle), Richard Riehle (Jerry Blier), Stanley Tucci (Taylor), Sydney Walker (alter Mann), Rocky Carroll (Tom)
Drehbuch: Craig Lucas, nach seinem gleichn. Schauspiel
Kamera: Stefan Czapsky (Duart)
Musik: Howard Shore
Schnitt: Stephen A. Rotter
Produktion: Michael Gruskoff, Michael I. Levy für Gruskoff/Levy Prod., USA 1992
Verleih: 20th Century Fox (geplant 12.11.92, nicht gestartet)/Fox Video
Kinostart: Juni 1993
Länge: 106 Min. – *FSK:* ab 12 J.

Bei dem traditionellen Kuß für die Braut tauschen ein alter Mann und die Frischvermählte ihre Seelen und müssen einige Verrenkungen in Kauf nehmen, bis wieder der richtige Geist im richtigen Körper landet. Liebenswertes, aber harmloses Märchen mit einigen bemerkenswert guten Darstellern.

Born Yesterday 112

BORN YESTERDAY **

Regie: Luis Mandoki
Darsteller: Melanie Griffith (Billie Dawn), John Goodman (Harry Brock), Don Johnson (Paul Verrall), Edward Herrmann (Ed Devery), Max Perlich (JJ), Fred Dalton Thompson (Senator Hedges), Nora Dunn (Cynthia Schreiber), Michael Ensign (Phillipe), Benjamin C. Bradlee
Drehbuch: Douglas McGrath, nach dem gleichn. Bühnenstück von Garson Kanin
Kamera: Lajos Koltai (Technicolor)
Musik: George Fenton
Schnitt: Lesley Walker
Produktion: Dino Conte für Hollywood Pic. mit Touchwood Pacific Partners I/D./Constantine Conte, USA 1993
Verleih: Buena Vista/dto./dto./Buena Vista Home Video
Kinostart: 12.8.1993
Länge: 101 Min. – *FSK:* ab 6, ffr.
FBW: Wertvoll (Österreich)

Ein blondes Dummchen, unterdrückte Lebensgefährtin eines superreichen Geschäftemachers, erhält von einem cleveren Journalisten Nachhilfe in humanistischer Bildung und verwandelt sich alllmählich in eine kluge und emanzipierte Frau. Typischer Fall eines überflüssigen, weil unoriginellen und uninspirierten Remakes. In keiner Szene reicht dieser Film an George Cukors Komödienklassiker aus dem Jahre 1950 heran, und in die Gegenwart verlegt, wirkt die Geschichte überdies nur wenig glaubwürdig. *Frank Schnelle, tip, 17/93*

Albert Baer in: Rheinische Post, 13.8.93; Heike Kühn in: FR, 13.8.93; Frank Noack in: Der Tagesspiegel, 11.8.93

Das Böse ist überall 113

ZOMBIE HIGH *

Video

Regie: Ron Link
Darsteller: Virginia Madsen (Andrea), Richard Cox (Phillo), Kay Kuter (Dean Eisner), James Wilder (Barry), Sherilynn Fenn (Suzi), Paul Feig (Emerson), T. Scott Coffey (Felner), Paul Williams, Henry Sutton, Clare Carey
Drehbuch: Tim Doyle, Elizabeth Pasarelli, Aziz Ghazal
Kamera: Brian Coyne, David Lux (Film House)
Musik: Daniel May
Schnitt: Shawn Hardin, James Whitney
Produktion: Aziz Ghazal, Marc Toberoff für Lorimar Inter., USA 1987
Verleih: -/-/-/Concorde Video
Videostart: August 1993
Länge: 87 Min. – *FSK:* ab 18 J.

Junge Frau stößt an der Uni auf höchst Ominöses: Ihre Mitstudenten scheinen geklont zu sein. Schwacher Horrorfilm.

Die bösen Buben 114

*

Regie: Bruno Moll
Drehbuch: Bruno Moll
Kamera: Edwin Horak, Helena Vagnières (Farbe)
Musik: Armando + Rock Flames
Schnitt: Georg Janett
Produktion: Bea Cuttat, Bruno Moll, Schweiz 1993
Uraufführung: Locarno/Solothurn
Verleih: -/-/Look Now
Kinostart: Febr. 1993
Länge: 95 Min.

Zwischen 1990 und 1992 hat der Dokumentarfilmer Bruno Moll fünf Zöglinge des Aarburger Jugendheims auf ihrem Weg mit der Kamera begleitet. Der Film besticht durch den Respekt, mit dem er sich diesen Außenseitern annähert, und durch den völligen Verzicht auf eine wertende Brille. *Zoom, 3/93*

Boulevard des Todes 115

BOULEVARD NIGHTS ***

TV

Regie: Michael Pressman
Darsteller: Richard Yniguez (Raymond Avila), Danny De La Paz (Chuco Avila), Marta Du Bois (Shady), Betty Carvalho (Mrs. Avila), James Victor (Gil Moreno), Gary Cervantes (Big Happy)
Drehbuch: Desmond Nakano
Kamera: John Bailey (Farbe)
Musik: Lalo Schifrin
Schnitt: Richard Halsey
Produktion: Tony Bill, Bill Benenson, USA 1979
Verleih: -/-/-/
Sendetermin: 23.10.1993, ZDF, 0.45
Länge: 96 Min.

Im mexikanischen Viertel von Los Angeles liefern sich Straßengangs erbitterte Kämpfe. Raymond Avila distanziert sich von den Banden. Er hat einen festen Job und möchte bald seine Freundin Shady heiraten. Vergeblich versucht er, auch seinen jüngeren Bruder Chuco aus dem kriminellen Millieu herauszuholen.

Brain Slasher 116

MINDWARP *

Video

Regie: Steve Barnett
Darsteller: Bruce Campbell (Stover), Marta Alicia (Judy), Angus Scrimm (Judys Vater), Mary Becker (Judys Mutter), Elizabeth Kent (Cornelia), Wendy Sandow (Claude)
Drehbuch: Henry Dominick
Kamera: Peter Fernberger (Farbe)
Musik: Mark Governor
Schnitt: Adam Wolfe
Produktion: Christopher Webster für Fangoria Films, USA 1991
Verleih: -/-/-/VPS Video
Videostart: 1.7.1993
Länge: 89 Min. – *FSK:* ab 18 J.

Judy versucht aus der Welt, in der alle Menschen mit Computern verdrahtet werden, auszubrechen. Zusammen mit Stover gerät sie in die Unterwelt, wo grausame Wesen die Menschen in einem Fleischwolf zerkleinern. Bluttriefender Endzeit-Horror.

Dieter Krusche in: film-dienst, 13/93

Braindead 117

BRAINDEAD **

Regie: Peter Jackson
Darsteller: Timothy Balme (Lionel), Diana Penalver (Paquita), Elizabeth Moody (Mum), Ian Watkin (Onkel Les), Brenda Kendall (Schwester McTavish), Stuart Devenie (Pater McGruder), Jed Brophy (Void), Elizabeth Brimilcombe (Zombie Mum), Stuart Devenie (Zombie McGruder), Murray Keane (Scroat)
Drehbuch: Peter Jackson, Stephen Sinclair, Frances Walsh
Kamera: Murray Milne (Farbe)
Musik: Peter Dasent
Schnitt: Jamie Selkirk (auch Ass.-Prod.)
Produktion: Jim Booth für Wingnut Films mit N.Z. Film Commission & Avalon/NFU Studios, Neuseeland 1992
Verleih: Senator/Constantin/-/EuroVideo
Kinostart: 12.8.1993
Länge: 101 Min. – *FSK:* ab 18, nffr.

Ein Rattenaffe beißt in Neuseeland eine dominante Mutter, diese entwickelt sich dadurch zum Zombie und beißt in der Gegend herum, bis deren Sohn mit einem Rasenmäher das große Aufräumen besorgt, und so dem allgemeinen Schlachtfest ein Ende bereitet. Der Film bietet das absolute maximum an Scheußlichkeiten, das man bisher im Horrorgenre zu sehen bekam.*multimedia*

(...) Nach einer Reihe guter Gags gibt es am Ende die blutigste Untoten-Party der Filmgeschichte und einen Effekte-Overkill, der den Zuschauer nur noch in den Tiefschlaf abgleiten läßt.

Münchner Stadtmagazin

Fritz Göttler in: SZ, 31.8.93; Sabine Horst in: FR, 12.8.93

Bram Stoker's Dracula 118

BRAM STOKER'S DRACULA ***

Regie: Francis Ford Coppola
Darsteller: Gary Oldman (Dracula), Winona Ryder (Mina Murray/Elisabeta), Anthony Hopkins (Professor Abraham Van Helsing), Keanu Reeves (Jonathan Harker), Richard E. Grant (Dr. Jack Seward), Cary Elwes (Lord Arthur Holmwood), Bill Campbell (Quincey P. Morris), Sadie Frost (Lucy Westenra), Tom Waits (R.M. Renfield), Monica Belluci
Drehbuch: James V. Hart, nach dem gleichn. Roman von Bram Stoker (1887)
Kamera: Michael Ballhaus (Technicolor)
Musik: Wojciech Kilar
Schnitt: Nicholas C. Smith, Glen Scantlebury, Anne Goursaud
Produktion: Francis Ford Coppola, Fred Fuchs, Charles Mulvehill für American Zoetrope/Osiris Films, USA 1992
Verleih: Columbia TriStar/dto./20th Century Fox/Columbia TriStar Home Video
Kinostart: 11.2.1993
Länge: 124 Min. – *FSK:* ab 16, ffr.
FBW: Wertvoll

Die Verfilmung greift auf die Vorgeschichte, den historischen Kampf des Fürsten Vlad gegen die Türken, zurück, um dann zu schildern, wie er 400 Jahre später versucht, in London ein neues Reich zu gründen, und dabei in der jungen, schönen Mina jene Frau entdeckt, mit der ihn über Jahrhunderte hinweg eine unauslöschliche Liebe verbindet. Coppolas »Dracula« ist so etwas wie die Summe des »Draculismus«: Mit stupidem Aufwand werden Zusammenhänge aufgezeigt, die den Vampir als das Negativbild des Puritanismus und als Katalysatorfigur von der Gesellschaft unterdrückter Gefühle beschreibt.

Zoom, 2/93

Michael Althen in: SZ, 11.2.93; Andreas Kilb in: Die Zeit, 12.2.93; Harald Martenstein in: Der Tagesspiegel, 10.2.93

Brandnacht 119

**

Regie: Markus Fischer
Darsteller: Bruno Ganz (Peter Keller), Barbara Auer (Uta Schwengeler), Rolf Hoppe (Tob), Ueli Jäggi (Josef Zingg), Suzanne von Borsody (Margarethe), Markus Signer (Jakob Jordi), Dietmar Schönherr (Josua), Katja Peter, Ulrich Radke, Maren Kroymann
Drehbuch: Rosemarie Fendel, Markus Fischer, nach dem gleichn. Roman von Sam Jaun
Kamera: Jörg Schmidt-Reitwein (Farbe)
Musik: Markus Fritzsche
Schnitt: Markus Fischer
Produktion: Jörg Bundschuh für Kick

Film/Boa Filmprod./ZDF/SRG, BRD/Schweiz 1992
Uraufführung: Filmfest München 1992
Verleih: Nil/-/Rialto
Kinostart: 30.9.1993
Länge: 100 Min.
FSK: ab 16, ffr.
FBW: Wertvoll

Um die Wahrheit zu erfahren über die Vergewaltigung und den Mord an einer jungen Frau, kehrt Peter Keller aus Berlin zurück in seinen Heimatort im Emmental. Der selbsternannte Ermittler wird durch ein Labyrinth von Personen geschickt und hinterläßt das Dorf am Schluß, wie er es angetroffen hat: verfilzt und voller Intrigen. Die Figur Kellers, ein Wachtmeister Studer der neunziger Jahre, trägt den effektvoll inszenierten, aber verwirrenden Krimi über weite Strecken. Ein moderner Heimatfilm zwischen »Twin Peaks« und »Es geschah am hellichten Tag«.
Zoom

Hans Schifferle in: SZ, 2.10.93; Anja Timmermann in: AZ, 8.8.1991, (Drehbericht)

Brattigan – Reporter mit Biß 120

DEAD END BRATTIGAN **
Video

Regie: Gus Trikonis
Darsteller: Bruce Greenwood (Battigan), Jessica Steen, Gregg Henry, Donald Moffat, Aharon Ipale, Harris Laskarry
Drehbuch: Stephen J. Cannel, Art Monterastelli
Kamera: Paul Lohman (Farbe)
Musik: Mike Post
Schnitt: Howard Terrill
Produktion: N. John Smith für Stephen J. Cannel Prod., USA 1990
Verleih: -/-/-/Columbia TriStar Video
Videostart: Dez. 1992
Länge: 93 Min.
FSK: ab 12 J.

Journalist kommt bei den Recherchen zu einem Mordfall einem gigantischen Komplott zwischen einem Gangster in Las Vegas und einem japanischen Konzern auf die Spur. Billige, spannungsarme US-Fernsehware.

Daniel Kothenschulte in: film-dienst, 5/93

Buffy, der Vampirkiller 121

BUFFY, THE VAMPIRE SLAYER **

Regie: Fran Rubel Kuzui
Darsteller: Kristy Swanson (Buffy), Donald Sutherland (Merrick), Paul Reubens (Amilyn), Rutger Hauer (Lothos), Luke Perry (Pike), Michele Abrams (Jennifer), Hilary Swank (Kimberly), Paris Vaughan (Nicole), David Arquette (Benny), Randall Batinkoff (Jeffrey)
Drehbuch: Joss Whedon
Kamera: James Hayman (DeLuxe)
Musik: Carter Burwell
Schnitt: Camilla Toniolo, Jill Savitt
Produktion: Kaz Kuzui, Howard Rosenman für Sandollar/Kuzui Enterprises, USA 1992
Verleih: 20th Century Fox (angekündigt, nicht gestartet)/Fox Video
Kinostart: Febr. 1993
Länge: 86 Min. – *FSK:* ab 16 J.

Cheerleader-Girl quälen des nachts im Traum Vampire, weil sie dazu auserkoren wurde, eine bevorstehende Invasion dieser Flattermänner zu verhindern. Schrill-bunte Teenie-Comedy für die juvenile MTV-Gemeinde.

Der Bulle und das Kind 122

IL BAMBINO E IL POLIZIOTTO ***
TV

Regie: Carlo Verdone
Darsteller: Carlo Verdone (Carlo Vinciguerra), Federico Rizzo (Giulio), Adriana Franceschi (Mutter), Barbara Cupisti, Isabella Di Bernardi, Francesco Gabriele, Tony Brennero
Drehbuch: Carlo Verdone, Leo Benvenuti, Piero DeBernardi
Kamera: Danilo Desideri (Farbe)
Musik: Fabio Liberatori
Schnitt: Antonio Siciliano
Produktion: Mario und Vittorio Cecchi Gori für Tiger Cinematografica Prod. mit Reteitalia, Italien 1990
Sendetermin: 3.11.1993, Premiere, 22.30
Länge: 110 Min.

Krimikomödie über einen harten Bullen mit weichem Herzen, der den Sohn der verhafteten Drogendealerin bei sich aufnimmt. Zum Schluß Happy-End, Mama ist unschuldig und Carlo wahrscheinlich nicht mehr lange ledig.

Butte, Montana

Siehe: → ›Die vergessene Stadt – Butte, Montana‹.

C 2 – Killerinsect 123
TICKS **

Video

Regie: Tony Randal
Darsteller: Seth Green (Tyler), Rosalind Allen (Holly), Alfonso Ribeiro (»Panic«), Virginya Keehne (Melissa), Ami Dolenz (DeeDee), Barry Lynch (»Sir«), Michael Medeiros (Jerry)
Drehbuch: Brent V. Friedman, nach einer Idee von Doug Beswick
Kamera: Steve Grass (Farbe)
Musik: Daniel Licht
Schnitt: Leslie Rosenthal
Produktion: Jack F. Murphy für First Look/ Ticks United, USA 1992
Verleih: -/-/-/Highlight Video
Videostart: Oktober 1993
Länge: 82 Min. – *FSK:* ab 16 J.

Eine bisher vergessene Spezies der Fauna, die noch nie zu Monstern mutieren durfte legt jetzt los: Zecken. Akzeptabler Horrorfilm der sich an die Regeln des Genres hält, aber trotz des Killergewürms mit wenig echten Überraschungen aufwartet.

Frank Klubertz in: film-dienst, 18/93

Calendar 124
CALENDAR ***

Regie: Atom Egoyan
Darsteller: Arsinée Khanjian (Dolmetscherin), Ashot Adamian (Reiseführer), Atom Egoyan (Photograph)
Drehbuch: Atom Egoyan
Kamera: Norayr Kasper (Farbe)
Schnitt: Atom Egoyan
Produktion: Atom Egoyan für Ego Film Arts/ZDF, Armenien/Kanada/BRD 1993
Uraufführung: 16.2.1993, Int. Forum des Jungen Films, Berlinale
Verleih: Freunde/Stöbergasse/-
Kinostart: 2.4.1993
Länge: 72 Min.

Ausgehend von zwölf Kalenderblättern, die armenische Kirchen zeigen, erzählt »Calendar« die Geschichte einer Trennung. Der Fotograf ist in seine Heimat zurückgekehrt, seine Frau ist dort geblieben. In einem seltsamen, an den Kalendermonaten orientierten Ritual erinnert sich der Fotograf an ihre Entfremdung. Die Hauptrolle spielt der 32jährige Regisseur Atom Egoyan selbst, der hier die Themen seiner verstörenden, von Tristesse geleiteten ersten vier Spielfilme variiert: Die Ängste eines Menschen, der alle menschlichen Bindungen in Auflösung sieht.

Christoph Terhechte, tip, 11/93

Anne Rose Katz in: SZ, 29.6.93; Hans-Joachim Neumann in: Zitty, 10/93; Carla Rhode in: Der Tagesspiegel, 19.2.93; 23.5.93; Christian Seebaum in: Kölner Stadt-Anzeiger, 17.7.93

Camelot – Der Fluch des goldenen Schwertes 125
SWORD OF THE VALIANT **

TV

Regie: Stephen Weeks
Darsteller: Miles O'Keeffe (Gawain), Cyrielle Claire (Linet), Leigh Lawson (Humphrey), Sean Connery (Green Knight), Trevor Howard (King Arthur), Peter Cushing (Seneschal), Ronald Lacey (Oswald), Lila Kedrova (Lady of Lyonesse), John Rhys-Davies (Baron Fortinbras), Douglas Wilmer
Drehbuch: Stephen Weeks, Phillip M. Breen, Howard C. Pen
Kamera: Freddie A. Young, Peter Hurst (Fujicolor)
Musik: Ron Geesin
Schnitt: Richard Marden, Barry Peters
Produktion: Menahem Golan, Yoram Globus für Golan-Globus Prod. mit Stephen Weeks Co., GB 1984
Verleih: -/-/-/
Sendetermin: 28.2.1993, Pro7
Länge: 101 Min. – *FSK:* ab 12 J.

Eine fantasievolle, aber holprige Neuinterpretation der Artus-Legende, deren größter Fehler es ist, Romantik, Fantasy und Parodie vermischen zu wollen. Ein von Sean Connery kernig gespielter Zauberer fordert die Tafelrunde heraus, zwingt Ritter Gawain zu einjährigem Dienst, in dem der Edelmann zahlreiche willkürlich erscheinende Abenteuer bestehen muß. Trotz albern wirkender Prinz-Eisenherz-Frisur macht Hauptdarsteller O'Keeffe eine recht gute Figur. Die Actionsequenzen des Films dagegen sind langweilig, die Spezialeffekte zwar niedlich, aber deutlich hinter den Möglichkeiten gegenwärtiger Filmtechnik zurückbleibend. *(nach Variety)*

Candyman's Fluch 126
CANDYMAN ****

Regie: Bernard Rose
Darsteller: Virginia Madsen (Helen Lyle), Tony Todd (Candyman), Xander Berkeley (Trevor Lyle), Kasi Lemmons (Bernadette Walsh), Vanessa Williams (Anne-Marie McCoy), DeJuan Guy (Jake), Marianna Eliott (Clara), Ted Raimi (Billy), Ria Pavia (Monica), Mark Daniels
Drehbuch: Bernard Rose, nach der Kurzgeschichte »The Forbidden« von Clive Barker
Kamera: Anthony B. Richmond (Farbe)
Musik: Philip Glass
Schnitt: Dan Rae
Produktion: Steve Golin, Sigurjon Sightvatsson, Alan Poul für Propaganda Films Prod., USA 1992
Uraufführung: 16.10.1992, New York
Verleih: Columbia TriStar/dto./20th Century Fox/Columbia TriStar Home Video
Kinostart: 11.2.1993
Länge: 99 Min. – *FSK:* ab 18, nffr. (geänderte Fass. 86 Min. auf Video ab 16 J.)

Weil er die Tochter seines weißen Auftraggebers schwängerte, wurde ein schwarzer Maler 1890 in Chicago grausam hingerichtet. 100 Jahre später taucht er am Ort des Geschehens, mittlerweile eine berüchtigte Slum-Gegend, wieder auf und begeht eine Reihe mysteriöser Morde, in die er eine junge Wissenschaftlerin verwickelt. Äußerst spannend zwischen Traum und Wirklichkeit angelegter Horror-Schocker, der das Genre zwar nicht erneuert, aber seine Topoi geschickt varriert. *Zoom*

Frank Arnold in: Zitty, 1/93; Steffen Jacobs in: Der Tagesspiegel, 2.1.93; Hans Schifferle in: SZ, 13.1.93

Canvas – Ein fast perfekter Deal 127
CANVAS ***
Video

Regie: Alain Zaloum
Darsteller: Gary Busey, John Rhys-Davies, Vittorio Rossi, Nick Cavaiola, Cary Lawrence
Drehbuch: Alain Zaloum, Brenda Newman
Kamera: Stephen Reizes (Farbe)
Musik: Michael Hewer
Schnitt: Patrick Moore
Produktion: Jean Zaloum, Robert Baylis für ABS/Optima, USA 1992
Verleih: -/-/-/VCL/Carolco Video
Videostart: Mai 1993
Länge: 92 Min. – *FSK:* ab 16 J.

Skrupelloser Kunsthändler geht über Leichen, um seine Vertragspartner mit wertvollen, gestohlenen Gemälden zu beliefern. Er scheut auch nicht davor, einen jungen Maler zu erpressen, der dringend Geld benötigt, um seinen Bruder freizukaufen. *film & fakten*

Jochen Rack in: film-dienst, 11/93

Il Capitano 128
IL CAPITANO ***
TV

Regie: Jan Troell
Darsteller: Antti Reini (Jari), Maria Heiskanen (Minna), Berto Marklund (Untersuchungsrichter), Antti Vierikko (Jari, 13jährig), Harri Mallenius (Lehrer), Marjut Dahlström (Lehrerin), Eva Stellby (Obduzentin), Matti Dahlberg (Jaris Vater), Christina Frambäck (Gefängnispastorin)
Drehbuch: Per Olov Enquist, Jan Troell, Göran Setterberg
Kamera: Jan Troell (Eastmancolor)
Musik: Lars Åkerlund, Sebastian Öberg
Schnitt: Jan Troell
Produktion: Göran Setterberg, Jan Troell für Panfilm mit Bold Prod./Four Seasons/Svenska Filminstitutet/Villealfa/Nordisk/Polyphon, Schweden/Finnland/Dänemark 1991
Erstaufführung: 19.2.1992, Int. Filmfestspiele Berlin
Verleih: -/-/-/
Sendetermin: 6.12.1992, BR, 22.30
Länge: 110 Min.

(…) Schwer tat sich auch der Schwede Jan Troell mit einem authentischen schwedischen Fall von Jugendkriminalität: Sein kühler, harter Film schildert, ausgehend vom Verhör des beteiligten Mädchens, die Geschichte eines sinnlosen Mordes an einer Familie wegen eines gestohlenen Fahrrads – resultierend aus der Charakterstruktur des schießwütigen Jungen, der sich, in seiner aggressiven Geltungssucht unbeachtet und immer wütender um sich schlagend »Il Capitano« nennt, und mit seiner labilen Kumpanin saufend, kiffend und autoknackend durchs Land zieht. Ein niederdrückender Sozialreport ohne psychologische Nachfrage – triste Zufälle in den Explosionen bösartiger Gewalt.
Ponkie, AZ, 22.2.92

Volker Baer in: Der Tagesspiegel, 20.9.92

Captain Ron 129
CAPTAIN RON **

Regie: Thom Eberhardt
Darsteller: Kurt Russel (Captain Ron), Martin Short (Martin Harvey), Mary Kay Place (Katherine Harvey), Benjamin Salisbury (Benjamin Harvey), Meadow Sisto (Caroline Harvey), Emannuel Logrono (General Armando), Jorge Luis Ramos, J.A. Preston, Tanya Soler, Raul Estela
Drehbuch: John Dwyer, Thom Eberhardt
Kamera: Daryn Okada (Rank/Technicolor)
Musik: Nicholas Pike
Schnitt: Tina Hirsch
Produktion: David Permut, Paige Simpson für Touchstone mit Touchwood Pacific Partners I, USA 1992
Verleih: Buena Vista/dto./dto.
Kinostart: 17.6.1993
Länge: 110 Min. – *FSK:* ab 6, ffr.

US-Yuppis erben ein altes Segelboot und lernen, daß das Leben nicht nur aus Arbeit und Geldverdienen besteht. Schale Salzwasserklamotte, die inhaltlich und dramaturgisch auf Vorabendserien-Niveau segelt.

Ralph Umard, tip, 13/93

Frank Arnold in: Zitty, 13/93; Albert Baer in: Rheinische Post, 18.6.93; Thomas Klingenmaier in: Stgt. Zeitung, 17.6.93

Carnosaurus 130
CARNOSAUR **
Video

Regie: Adam Simon
Darsteller: Diane Ladd (Dr. Jane Tiptree), Raphael Sbarge (Dog Smith), Jennifer Runyon (Thrush), Harrison Page (Sheriff), Clint Howard (Trucker)
Drehbuch: Adam Simon, nach einem Roman von Harry Adam Knight
Kamera: Keith Holland (Farbe)
Musik: Nigel Holton
Schnitt: Richard Gentner
Produktion: Mike Elliott für Concorde-New Horizons Corp., USA 1993
Verleih: -/-/-/Empire Video
Videostart: 9.9.1993
Länge: 85 Min. – *FSK:* ab 18 J. (ab 16 J. gekürzt auf 83 Min.)

Aus genmanipulierten Hühnereiern läßt übergeschnappte Forscherin Killersaurier schlüpfen. Billiger Schnellschuß aus der nimmermüden Roger-Corman-Versuchsküche im Fahrwasser von »Jurassic Park«.

Catman 131
DANGEROUS DESIRE ***
Video

Regie: Paul Donovan
Darsteller: Richard Grieco (Tom), Maryam Dabo (Jackie), Nathalie Radford (Imogen), Serge Houde (Pace), Sean Orr (Dale)
Drehbuch: Paul Donovan
Kamera: Peter Wunstorf (Farbe)
Musik: Graeme Coleman
Schnitt: David Ostry
Produktion: Robert Vince für Ent. Securitas/Saban/Den Pic., USA 1992
Verleih: -/-/-/VCL/Carolco Video
Videostart: Dezember 1993
Länge: 92 Min. – *FSK:* ab 16 J.

Wissenschaftlerin pflanzt ihrem Freund die lebensrettenden Gene einer Katze ein und muß enorme Wesensveränderungen an ihm feststellen. Chic gestylter Thriller mit voraussehbarer Story.

Cause of Death 132
CAUSE OF DEATH **
Video

Regie: Philip J. Jones
Darsteller: Michael Barak (Kampo Rollins), Sydney Coale Phillips (Jessica Roberts), Daniel Martine (Manuel Ramirez), Guy Fury (Jett Rollins), Jay Pilot (Harold MacBain)
Drehbuch: Philip J. Jones
Kamera: Robert T. Duffin (Farbe)
Musik: Miriam Cutler
Schnitt: Melissa Sanchez
Produktion: Brian Thomas für Vista Street Ent., USA 1991
Verleih: -/-/-/Madison Video
Videostart: Dez. 1992
Länge: 78 Min. – *FSK:* ab 18 J.

Bruder eines getöteten Undercover-Antidrogen-Polizisten gerät mit Freundin zwischen die Fronten korrupter Cops und maliziöser Mafiabosse.
Unterdurchschnittlicher Routine-Action-Thriller, hektisch und lustlos zum Schnellverzehr aufbereitet.

Hannah Dütsch in: film-dienst, 3/93

Chain of Desire 133
CHAIN OF DESIRE ***
Video

Regie: Temistocles Lopez
Darsteller: Linda Fiorentino (Alma DAngelo), Elias Koteas (Jesus), Tim Guinee (Ken), Malcolm McDowell (Hubert Bailey), Grace Zabriskie (Linda Bailey), Assumpta Serna

(Cleo), Patrick Bauchau (Jerald Buckley), Seymour Cassel (Mel), Angel Aviles (Isa), Jamie Harrold (Keith)
Drehbuch: Temistocles Lopez
Kamera: Nancy Schreiber (Technicolor)
Musik: Nathan Birnbaum
Schnitt: Suzanne Fenn
Produktion: Brian Cox für Anant Singh & Distant Horizon, USA 1992
Verleih: -/-/-/Highlight Video
Videostart: Juni 1993
Länge: 103 Min. – *FSK:* ab 18 J.

Eine Handvoll mehr oder weniger amüsanter New York Stories rund um Sexualität – meist der etwas anderen Art. Handwerklich routiniert und gut besetzt, »eine Vulgärversion von Schnitzlers »Reigen«: deutlich in der Sprache und drastisch in den Bildern«. *(Joe Hill)*

Joe Hill in: film-dienst, 15/93

Chained Heat II 134

CHAINED HEAT II *

Video

Regie: Lloyd Simandl
Darsteller: Brigitte Nielsen (Magda Kassar), Paul Koslo (Franklin Goff), Kimberley Kates (Alex Morrison), Kari Whitman (Suzanne Morrison), Jana Svandova (Rosa), Marek Vasut, David Buonantony, Marketa Hrubes, Lucie Benes
Drehbuch: Chris Hyde
Kamera: Danny Nowak (Fujicolor)
Musik: Braun Farnon, Robert Smart, Doug Johnson
Schnitt: Vera Flak
Produktion: Lloyd Simandl, John Curtis für North American Pic./Public 21 Cinema/EGM, Kanada 1993
Verleih: -/-/-/VPS Video
Videostart: Juli 1993
Länge: 95 Min. – *FSK:* ab 18 J.

Amerikanische Touristin fällt im Prager Gefängnis der sadistischen Leiterin Magda in die Hände. Brigitte Nielsen als Domina und der Untertitel des Films »Exzesse im Frauengefängnis« müßten eigentlich genügend Abschreckungsarbeit leisten.

Chaplin 135

CHAPLIN **

Regie: Richard Attenborough
Darsteller: Robert Downey jr. (Charlie Chaplin), Dan Aykroyd (Mack Sennett), Geraldine Chaplin (Hannah Chaplin), Kevin Dunn (J. Edgar Hoover), Anthony Hopkins (George Hayden), Milla Jovovich (Mildred Harris), Moira Kelly (Hetty Kelly/Oona O'Neill), Kevin Kline (Douglas Fairbanks), Diane Lane (Paulette Goddard), Penelope Ann Miller (Edna Purviance)
Drehbuch: William Boyd, Bryan Forbes, William Goldman, nach dem Roman »My Autobiography« von Charles Chaplin und »Chaplin: His Life and Art« von David Robinson
Kamera: Sven Nykvist (Technicolor)
Musik: John Barry
Schnitt: Anne V. Coates
Produktion: Richard Attenborough, Mario Kassar für Carolco/Le Studio Canal Plus/RCS Video mit Japan Satellite Broadcasting, USA 1992
Uraufführung: 25.12.1992, New York
Verleih: Scotia/Constantin/Alpha/VCL/Carolco Video
Kinostart: 28.10.1993
Länge: 145 Min. – *FSK:* ab 6, ffr.

Einige Stationen aus dem Leben Charles Spencer Chaplins als sperriges und dick aufgetragenes Monumentalgemälde, das an Figur und Werk Chaplins ziemlich zielstrebig vorbeigeht. Chaplin der Aufsteiger, Frauenbetörer, Nonkonformist – alles zwar wahr und doch Nebensache neben der Hauptsache, daß Chaplin mit dem Tramp die wohl einzige Kunstfigur dieses Jahrhunderts geschaffen hat, in der rund um den Planeten Millionen sich selbst und ihresgleichen erfahren, erleben und erkennen konnten. Nur einige Werkausschnitte gegen Schluß belegen das. *Zoom*

Michael Althen in: Die Zeit, 12.11.93; Sebastian Feldmann in: Rheinische Post, 17.11.93; Peter Körte in: FR, 28.10.93; Rupert Koppold in: Stgt. Zeitung, 28.10.93; Daniel Kothenschulte in: Kölner Stadt-Anzeiger, 30.10.93; Ponkie in: AZ, 28.10.93

Le Chêne – Baum der Hoffnung 136

LE CHÊNE/BALANTA ****

Regie: Lucian Pintilie
Darsteller: Maia Morgenstern (Nela), Razvan Vasilescu (Mitica), Victor Rebengiuc (Bürgermeister), Dorel Visan (Dorfpfarrer), Mariana Mihut (Frau des Pfarrers), Dan Condurache (Staatsanwalt), Virgil Andriescu (Nelas Vater), Leopoldina Balanuta (Nelas Mutter), Matei Alexandru (Butusin), Gheorghe Visu

Leben und Überleben in Rumänien: ›La Chêne – Baum der Hoffnung‹.

Drehbuch: Lucian Pintilie, nach dem Roman »Balanta« von Ion Baiesu
Kamera: Doru Mitran (Farbe)
Schnitt: Victorita Nae
Produktion: Eliane Stutterheim, Sylvain Bursztejn, Lucian Pintilie für Parnass/Scarabée/MK2/La Sept mit Le Centre National de la Cinématographie/Canal plus, Frankreich/Rumänien 1992
Uraufführung: 17.5.1992, Int. Filmfestspiele Cannes »außer Wettbewerb«
Erstaufführung: 19.2.1993, Int. Forum des Jungen Films, Berlinale
Verleih: TiMe/top-film/Cactus
Kinostart: 25.3.1993 – *Länge:* 105 Min.

Bukarest 1988: nach dem Tod ihres Vaters, dessen Überreste sie in einem Senkaffee-Glas mit sich herumträgt, beginnt für die junge Lehrerin Nela eine Odyssee in der Provinz. Sie entgeht knapp einer Massenvergewaltigung am hellichten Tag und verliebt sich in ihren Retter, den Arzt Mitica, dessen Krankenhaus in den letzten Zügen liegt. Die Securitate verfolgt das Paar wegen harmloser Tagebücher und durchsiebt dabei einen Bus voller Kinder mit Kugeln. Pintilie hat nach zwanzig Jahren Exil Wut und Bitterkeit in einen Film gesteckt, der wie ein außer Kontrolle geratener Wagen von einer Seite zur anderen schleudert. *tip*

Michael Althen in: SZ, 8.5.93; Angie Dullinger in: AZ, 6.5.93; Manfred Hobsch in: Zitty, 4/93; Thomas Klingenmaier in: Stgt. Zeitung, 1.4.93; Stefan Lux in: Rheinische Post, 23.4.93; Angela Schmitt-Gläser in: FR, 5.4.93; André Simonoviescz in: tip, 5/93

Children of the Night 137

CHILDREN OF THE NIGHT **

Video

Regie: Tony Randel
Darsteller: Karen Black (Karen Thompson), Peter DeLuise (Mark Gardener), Ami Dolenz (Lucy Barrett), Evan MacKenzie (Pater Frank Aldin), Maya McLaughlin (Cindy Thompson), Garrett Morris (Matty), David Sawyer (Czakyr), Josette DiCarlo (Officer Gates), Shirley Spiegler Jones (Großmutter), Lloyd J. Kalicki III (Billy)
Drehbuch: Nicolas Falacci, nach dem Original-Drehbuch von William Hopkins, nach einer Story von Christopher Webster, Nicolas Falacci, Tony Randel
Kamera: Richard Michalak (Foto-Kem)
Musik: Daniel Licht
Schnitt: Rick Roberts
Produktion: Christopher Webster (auch 2nd unit Regie) für Fangoria Films, USA 1991
Verleih: -/-/-/VPS/Empire Video
Videostart: 29.4.1993
Länge: 87 Min. – *FSK:* ab 18 J.

Dorflehrer wird mit ungehemmtem Ausbrechen von Vampirismus konfrontiert. Genreüblicher Horror-Exzess für Fans. Der erste Spielfilm von den Machern des Horrofilm-Magazins »Fangoria«.

Anselm Jungeblodt in: film-dienst, 15/93

Chile im Übergang 138

CHILE IN TRANSITION ***

Regie: Gastón Ancelovici, Frank Diamand
Darsteller: Mit: José Munoz (Polizeihauptmann a.D.), Alejandro Medina (General der Bodentruppen a.D.), Raul Vergara (Hauptmann der Luftwaffe a.D.), Christian Labbe (Oberst der Bodentruppen), Efrain Jana (Oberstleutnant der Bodentruppen), Patricio Aylwin (erster demokratisch gewählter Präsident Chiles nach 16 Jahren)
Drehbuch: Gaston Ancelovici
Kamera: Melle van Essen (Farbe)
Musik: Patricio Wang
Schnitt: Peter Chaskel, Riekje Ziengs, Dolf Fresen
Produktion: Imaginavision/Films Transit/Stichting Derde Cinema, Kanada/Holland/Chile 1990
Uraufführung: 20.2.1991, Int. Forum des Jungen Films, Berlin
Verleih: Freunde/-/-
Kinostart: Jan. 1993
Länge: 74 Min.

In dem Film geht es um die Situation Chiles, das nach sechzehnjähriger Diktatur durch die Militärs 1990 wieder in die Demokratie entlassen wurde. Offiziell haben die alten Generäle zwar ausgedient, aber die Realität sieht anders aus. Durch taktische Winkelzüge, zusätzliche Verordnungen und Gesetze haben die Militärs nach wie vor wichtige Schalthebel in ihren Händen und politische Schlüsselpositionen besetzt. Im Film wird das Denken und Handeln der Militärs ausgeleuchtet und untersucht.
Berliner Morgenpost, 22.2.91

Jochen Metzner in: Der Tagesspiegel, 22.2.91

China Swordsman 139

SWORDSMAN 2 ***
Video

Regie: Ching Siu Tung
Darsteller: Jet Lee, Brigitte Ching-Hsia Lin, Michelle Li, Rosamund Kwan, Fannie Yuen, Yan Yee Kwan, Lau Shun, Waise Lee
Drehbuch: Tsui Hark, Hanson Chan, Tang Pik Yin, nach einer Story von Louis Cha
Kamera: Lau Moon Tong (Farbe)
Musik: Richard Yuen
Schnitt: Mak Chi Sin
Produktion: Tsui Hark für Film Workshop, Hongkong 1992
Uraufführung: 23.4.1992, San Francisco Film Festival
Erstaufführung: 13.2.1993, Int. Forum des Jungen Films, Berlin
Verleih: -/-/-/Splendid Video
Videostart: Juli 1993
Länge: 103 Min. – *FSK:* ab 16 J.

(...) Der Film – dessen dritter Teil bereits durch das offene Ende vorprogrammiert ist – basiert auf dem satte 1700 Seiten dicken Roman »Der lächelnde, stolze Wanderer« von Louis Chas. Es geht einmal mehr um den Kampf zwischen Gut und Böse, zwischen Schwertkämpfer Ling und seinem Widersacher Fong. Fong ist im Besitz einer Schriftrolle, die in die Geheimnisse übermenschlicher Kampftechniken einweiht. Fong hat sie studiert. Im Verlauf der Handlung wandelt er sich zudem vom Mann zur Frau. (...)

»Schwertkämpfer II« ist die Fortsetzung des bereits im vergangenen Forum gezeigten Films »Schwertkämpfer«, einem von mehreren Regisseuren, unter ihnen Tsui Hark und King Hu, aufgekochten Actionspektakel, das in sich zwar sehr uneinheitlich wirkte, jedoch mit einigen grandios choreographierten Kampfszenen glänzte. Tsui Hark hat auch im zweiten Teil seine Finger im Spiel, auch wenn er die Regie seinem Kollegen Ching Siu Tung (»Chinese Ghost Story«) überlassen hat. Die Fortsetzung ist um einiges schlüssiger, technisch brillanter als sein Vorgänger; allerdings auch um einiges brutaler.
Berliner Morgenpost, 16.2.93

Chinese Blues 140

SOURSWEET ***
Video

Regie: Mike Newell
Darsteller: Sylvia Chang (Lily), Danny Dun (Chen), Jodi Long (Schwägerin Mui), Speedy Choo (Kind Man Kee), Han Tan (Großvater), Soon-Teck Oh (Red Cudgel), William Chow
Drehbuch: Ian McEwan, nach einer Erzählung von Timothy Mo
Kamera: Michael Gerfath (Metrocolor)

Musik: Richard Hartley
Schnitt: Mick Audsley
Produktion: Roger Randall-Cutler, Paul Cowan für British Screen/Zenith/Film Four Int./Curzon/First Film, GB 1988
Uraufführung: 15.5.1988, Int. Filmfestspiele Cannes »Directors Fortnight«
Erstaufführung: Viennale 1989
Verleih: -/-/-/CIC Video
Videostart: Febr. 1993
Länge: 107 Min. – *FSK:* ab 16 J.

Lily und Chen, frisch verheiratet und soeben aus China in London angekommen, träumen von einem eigenen Restaurant, aber ihnen fehlt das notwendige Kapital. Das will sich Chen bei einem Drogendeal besorgen...Sensibel und zurückhaltend erzählte Einwandererstory ohne plumpe Effekte.

Klaus Brühne in: film-dienst, 6/93

A Chinese Star Story 141

MR. BOO 2 – THE CONTRACT *

Video

Regie: Michael Hui
Darsteller: Michael Hui, Samuel Hui, Ricky Hui
Drehbuch: Michael Hui
Kamera: (Farbe)
Produktion: Golden Harvest, Hongkong 1978
Verleih: -/-/-/UFA Video
Videostart: Juli 1993
Länge: 93 Min. – *FSK:* ab 12 J.

Im Kampf um Einschaltquoten verfallen zwei Fernsehsender in Hongkong auf die Hilfe dreier Dilettantenbrüder. Die drei Brüder heißen Hui, ihr Film ist eher Pfui, die Einschlafquote erreicht Spitzenwerte.

Chrome Soldiers 142

CHROME SOLDIERS **

Video

Regie: Thomas J. Wright
Darsteller: Gary Busey (Col. Gordon), Ray Sharkey, William Atherton, Yaphet Kotto, Norman Skaggs, Nicholas Guest, D. David Morin, Kim Robillard, Tony Soper
Drehbuch: Nick Randall, nach einer Vorlage von Ross LaManna, John McCormick, Jonas McCord
Kamera: Billy Dickson (Farbe)
Musik: Steve Dorff
Schnitt: Scott Eyler, Gregory F. Plotts
Produktion: Derek Kavanak für Wilshire Court Prod., USA 1992
Uraufführung: 6.5.1992, USA TV
Verleih: -/-/-/CIC Video
Videostart: Dez. 1992
Länge: 89 Min. – *FSK:* ab 16 J.

Fünf Vietnam-Veteranen schwingen sich auf ihre Harley Davidsons, um den Tod ihres Kameraden aufzukären und zu rächen. Und worauf stoßen sie? Auf ein Drogenkomplott natürlich. Ziemlich langweiliges Rache-Rocker-Filmchen – nicht einmal für Motorradfans von Interesse.

Anselm Jungeblodt in: film-dienst, 1/93

C.I.A. – Code Name: Alexa 143

C.I.A. – CODE NAME: ALEXA **

Video

Regie: Joseph Merhi
Darsteller: Kathleen Kinmont (Alexa), Lorenzo Lamas (Mark Graver), O.J. Simpson (Nick Murphy), Alex Cord (Victor Mahler), Pamela Dixon (Chief)
Drehbuch: Ken Lamplugh, John Weidner
Kamera: Richard Pepin (Farbe)
Musik: Louis Febre
Schnitt: John Weidner, Gerant Bell, Ron Caberos
Produktion: Richard Pepin, Joseph Merhi für P.M. Ent., USA 1992
Verleih: -/-/-/VMP Video
Videostart: 8.2.1993
Länge: 88 Min. – *FSK:* ab 18 J.; gekürzte Fass. 82 Min., ab 16 J.

CIA-Agent zwingt Terroristin, ihrem früheren Boß einen Mikrochip mit geheimen Militärinformationen abzujagen.

Hannah Dütsch in: film-dienst, 7/93

Class Act 144

CLASS ACT **

Video

Regie: Randall Miller
Darsteller: Christopher »Kid« Reid (Duncan), Christopher »Play« Martin (Blade), Alysia Rogers (Damita), Karyn Parsons (Ellen), Meshach Taylor (Duncans Vater), Andre Rosey Brown, Mariann Aalda, Loretta Devine
Drehbuch: John Semper, Cynthia Friedlob, nach einer Story von Michael Swerdlick, Wayne Rice, Richard Brenne
Kamera: Francis Kenny (Farbe)
Musik: Vassal Benford
Schnitt: John F. Burnett
Produktion: Maynell Thomas, Todd Black für

›Kid und Play‹ stehen die Haare zu Berge.

Warner Bros., USA 1992
Verleih: -/-/-/Warner Home Video
Videostart: September 1993
Länge: 94 Min.
FSK: ab 12 J.

Film-Solo für ein Hip-Hop-Duo: Die US-Rapper »Kidn Play« debütieren in einer lustigen Highschool-Verwechslungskomödie.

Cliffhanger 145

CLIFFHANGER **

Regie: Renny Harlin
Darsteller: Sylvester Stallone (Gabe Walker), John Lithgow (Eric Qualen), Michael Rooker (Hal Tucker), Janine Turner (Jessie Deighan), Rex Linn (Travers), Caroline Goodall (Kristel), Leon (Kynette), Craig Fairbrass (Delmar), Gregory Scott Cummins (Ryan), Denis Forest
Drehbuch: Michael France, Sylvester Stallone, nach einer Story von Michael France und einer Idee von John Long
Kamera: Alex Thomson (Rank color)
Musik: Trevor Jones
Schnitt: Frank J. Urioste
Produktion: Alan Marshall, Renny Harlin für Carolco/Le Studio Canal plus/Pioneer Prod. mit RCS Video, USA 1993
Uraufführung: 20.5.1993, Int. Filmfestspiele Cannes (außer Wettbewerb) ST: 29.7.1993
Verleih: Columbia TriStar/dto./20th Century Fox/UFA Video
Länge: 112 Min. – *FSK:* ab 16, ffr.

Sylvester Stallone agiert als Mitglied eines Bergrettungsdienstes in den Rocky Mountains (»dargestellt« von den Dolomiten), das – Kraftprotz und Gemütssensibelchen in einem – von geld- und mordgierigen Gangstern gezwungen wird, nach drei Koffern mit 100 Millionen Dollar zu suchen, die nach einem Luftpiratenakt ins verschneite Gebirge abgestürzt sind. Extremkletterei und Kaskaden von tödlichen cliffhanger-Situationen sollen für Spannung sorgen, die sich jedoch wegen maßloser Übertreibungen bald verflüchtigt und dem Ärger über völlig überflüssige Gewalt und Brutalität Platz macht. *Zoom*

Dieser Film ist der Gipfel, High-Budget-Schund der übelsten Sorte. (...) Ein schwachsinniges Drehbuch, unerfreulicher Sadismus und technische Schlampereien sorgen für ein Kinoerlebnis, das nur die stärksten Zuschauer überleben.
Lars-Olav Beier, tip, 17/93

Bodo Fründt in: SZ, 30.7.93; Sabine Horst in: FR, 31.7.93; Thomas Klingenmeier in: Stgt. Zeitung, 31.7.93; Holger Kreitling in: Der Tagesspiegel, 1.8.93; Milan Pavlovic in: Kölner Stadt-Anzeiger, 31.7.93

Close Up 146

NAMA-YE NAZDIK

Regie: Abbas Kiarostami

TV-Titel für: → ›Nahaufnahme‹.

Clowns – Ihr Lachen bringt den Tod 147

SHAKES THE CLOWNS **

Video

Regie: Bobcat Goldhwait
Darsteller: Bobcat Goldhwait (Shakes der Clown), Juli Brown (Judy), Tom Kenny (Blinky), Blake Clark (Stenchy), Adam Sandler (Dink), Kathy Griffin (Lucy), Paul Dooley (Owen Cheese), Robin Williams (Jerry), Bruce Baum, Jack Gallagher
Drehbuch: Bobcat Goldhwait
Kamera: Elliot Davis, Bobby Bukowski (Foto-Kem)
Musik: Tom Scott
Schnitt: J. Kathleen Gibson
Produktion: Ann Luly, Paul Colichman für IRS Media, USA 1991
Uraufführung: 28.8.1991, Boston Film Festival
Verleih: -/-/-/Columbia TriStar Video

Videostart: Juni 1993
Länge: 83 Min. – *FSK:* ab 16 J.

Alleingang des »Police-Academy«-»Stars« Goldthwait: Buch, Regie und Hauptrolle in dieser skurrilen Groteske um Rivalitäten und Karrieren einer »Rent-a-Clown«-Truppe. Schräg, aber auf die Dauer ermüdend,

Joe Hill in: film-dienst, 11/93

Codename Viper 148

C.I.A. II: TARGET ALEXA **
Video

Regie: Joseph Merhi
Darsteller: Lorenzo Lamas (Mark Graver), Kathleen Kinmont (Alexa), John Ryan (Ralph Straker), John Savage (Franz Klug), Michael Chong (Colonel Trang)
Drehbuch: Michael January
Kamera: Richard Pepin (Farbe)
Produktion: Richard Pepin für PM Ent., USA 1993
Verleih: -/-/-/VMP Video
Videostart: Dezember 19993
Länge: 88 Min. – FSK: ab 18 J.; gekürzte Fass. 82 Min. ab 16 J.

Schönling Lorenzo Lamas als CIA-Sicherheitschef auf der Suche nach Ex-Freundin, Mikrochips und Terroristen. Albernes Action-Spektakel.

Codename: Nina 149

POINT OF NO RETURN / THE ASSASSIN **

Regie: John Badham
Darsteller: Bridget Fonda (Maggie), Gabriel Byrne (Bob), Anne Bancroft (Amanda), Harvey Keitel (Victor), Dermot Mulroney (J. P.), Miguel Ferrer (Kaufman), Olivia D'Abo (Angela), Richard Romanus, Lorraine Toussaint, Geoffrey Lewis
Drehbuch: Robert Getchell, Alexandra Seros, nach dem Film »Nikita« von Luc Besson
Kamera: Michael Watkins (Technicolor)
Musik: Hans Zimmer
Schnitt: Frank Morriss
Produktion: Art Linson für Art Linson Prod., USA 1993
Verleih: Warner Bros./dto./dto./Warner Home Video
Kinostart: 1.7.1993
Länge: 108 Min. – *FSK:* ab 18, ffr.

Eine Drogensüchtige wird nach einem Mord an einem Polizisten unter Zwang

Zynische Resozialisierung: Bridget Fonda mit Gabriel Byrne in ›Codename: Nina‹.

zur Geheimagentin ausgebildet. Sie leistet verschiedene Einsätze, bevor sie sich aus eigener Kraft aus ihrer Abhängigkeit befreien kann. Der Film ist bis auf einzelne Kameraeinstellungen dem Original »Nikita« nachgestellt, wobei Luc Bessons lakonischer Film zu einem übertrieben augenfälligen, psychologisierenden und klischeehaften Thriller umgewandelt, die rebellierende Frauenfigur der Nikita dem Mainstream-Geschmack angepaßt und entsprechend abgeschwächt wurde. *Zoom*

Michael Althen in: SZ, 6.7.93; Albert Baer in: Rheinische Post, 2.7.93; Brigitte Desalm in: Kölner Stadt-Anzeiger, 3.7.93; Sabine Horst in: FR, 3.7.93; Steffen Jacobs in: Der Tagesspiegel, 1.7.93; Patrick Rössler in: Stgt. Zeitung, 1.7.93

Cold as Steel 150

CRIME BROKER ***
Video

Regie: Ian Barry
Darsteller: Jacqueline Bisset (Holly Soames), Masaya Kato (Dr. Jin Okazaki), Gary Day (Goodwin), John Bach (Frank McPhee), Gary Sweet (Luke Blair), Victoria Longley (Carver), Richard Roxburgh (Harrison)
Drehbuch: Tony Morphett, nach einer Idee von John Foster
Kamera: Dan Burstall (Farbe)
Musik: Roger Mason
Schnitt: Nicholas Beauman
Produktion: Chris Brown, Hiroyuki Ikeda,

John Sexton für Portland Ent./Sogo Vision mit John Sexton Prod., Australien 1993
Verleih: -/-/-/VPS Video
Videostart: 30.9.1993
Länge: 100 Min. – *FSK:* ab 18 J.

Ehrenwerte Richterin entwirft und vertreibt raffinierte Pläne für Banküberfälle. Als ihr ein psychopathischer Polizist auf die Spur kommt, zieht sich ein Netz aus Mord, Leidenschaft und Nervenkitzel gefährlich um sie zusammen. Halbwegs origineller Thriller, der ganz auf die Hauptdarstellerin zugeschnitten wurde.

Cold Sweat 151

THE FINAL EMBRACE **

Video

Regie: Oley Sassone
Darsteller: Robert Rusler (Kyle Lambton), Nancy Valen (Candy Vale), Dick Van Patten (Ltn. Larch), Linda Dona (Jeri), Dee McCafferty (Adrian Waring), Wallace Kurth (Devon)
Drehbuch: R.I.Robertson, Jim Wynorski
Kamera: Rick Bota (Farbe)
Musik: Daniel Licht
Schnitt: Lisa Bromwell
Produktion: Mike Elliott für Concorde/New Horizons, USA 1991
Verleih: -/-/-/VCL/Carolco Video
Videostart: 29.3.1993
Länge: 80 Min. – *FSK:* ab 16 J.

Nach dem gewaltsamen Tod einer Schlagersängerin sorgt deren plötzlich auftauchende Zwillingsschwester für Verwirrung. Bemühter Dutzend-Krimi mit Erotikeinlagen.

Klaus Brühne in: film-dienst, 13/93

The Coll-Brothers – Born to kill 152

MAD DOG COLL **

Video

Regie: Greydon Clark, Ken Stein
Darsteller: Christopher Bradley (Vincent Coll), Bruce Nozick (Dutch Schultz), Rachel York (Lotti Coll), Jeff Griggs (Peter Coll), Thomas McHugh (Kid Twist), Eddie Bowz (Joey Noe), Jack Conley (Owney Madden), Mat Servitto, William Anthony La Vallee, Anna Garduno
Drehbuch: Neil Ruttenberg, Ken Stein
Kamera: Janusz Kaminski (Deluxe)
Musik: Terry Plumeri
Schnitt: Patrick Rand
Produktion: Menahem Golan, Galina Tuchinsky für 21st Century Film/Sujeztelefilm, USA/Rußland 1992
Verleih: -/-/-/VPS Video
Videostart: 26.8.1993
Länge: 97 Min. – *FSK:* ab 18 J.

Zwei furchtlose Brüder im Mafia-Bandenkrieg zu Zeiten der Prohibition. Nur die von Stalin nach New Yorker Vorbild in Moskau errichteten Straßenzüge, die dieser russisch-amerikanischen Produktion als Drehorte dienten, könnten Interesse an diesem flauen Filmchen wecken.

Colors of Crime 153

SKETCH ARTIST ***

Video

Regie: Phedon Papamichael
Darsteller: Jeff Fahey (Jack Whitfield), Sean Young (Rayanne Whitfield), Drew Barrymore (Daisy), Frank McRae (Milon), Tcheky Karyo (Paul Corbeil), James Tolkan (Lt. Tonelli), Charlotte Lewis (Leese), Ric Young, Stacey Haiduk, Mark Boone Jr.
Drehbuch: Michael Angeli
Kamera: Wally Pfister (Farbe)
Musik: Mark Isham
Schnitt: Carole Kravetz
Produktion: Brad Krevoy, Steve Stabler für Motion Pic. Corp. of America, USA 1992
Uraufführung: 26.4.1992, World Fest, Houston
Verleih: -/-/-/VCL/Carolco Video
Videostart: 24.5.1993
Länge: 85 Min. – *FSK:* ab 16 J.

Phantomzeichner bei der Polizei malt nach den Angaben einer weiblichen Mordzeugin ein Porträt – das seiner Frau.

»Dieser Krimi um einen raffinierten Mordkomplott und einen frustrierten Künstler, der verzweifelt versucht, die Trümmer seiner Ehe zu kitten, ist von der Grundidee origineller angelegt und inhaltlich intelligenter durchgeführt als die Masse der einschlägigen Genreware.« *tip*

Frank Klubertz in: film-dienst, 11/93

Committed 154

COMMITTED **

Video

Regie: William A. Levey
Darsteller: Jennifer O'Neill (Susan Manning), Robert Forster (Desmond), William Windom (Dr. Quilly), Ron Palillo (Ronnie), Sidney

Lassick (Gow), Richard Alan (Jones), Manfred Seipold (Dr. Pressler), Greg Latter, Lynn White
Drehbuch: Simon Last, Paul Mason, nach dem Roman »Clock and Bell« von Susan Claudia
Kamera: Hans Kühle jr. (Irene color)
Musik: Fima Noveck (Adaption)
Schnitt: Fima Noveck
Produktion: Alan Amiel für Two Group/World Wide/B.S.B. Ent., USA 1987
Verleih: -/-/-/Highlight Video
Videostart: Dez. 1992
Länge: 88 Min.
FSK: ab 16 J.

In einer renommierten Nervenheilanstalt übernehmen raffinierte Patienten allmählich die Führung. Aber Schwester Susan gedenkt dies nicht stillschweigend hinzunehmen und räumt auf. Die interessante Idee wird durch die einfallslose Inszenierung verschenkt, die sich aller Irrenhaus-Klischees bedient.

Klaus Brühne in: film-dienst, 3/93

Common Threads: Fünf Schicksale über Aids 155

COMMON THREADS – STORIES FROM THE QUILT ****

Regie: Robert Epstein, Jeffrey Friedman
Darsteller: Dustin Hoffman (Kommentar)
Drehbuch: Robert Epstein, Jeffrey Friedman
Kamera: Dyanna Taylor, Jenu der Segonzac (Farbe)
Musik: Bobby McFerrin
Schnitt: Robert Epstein, Deborah Hoffman
Produktion: Telling/The Couturie Co., USA 1988
Verleih: ARG/-/Filmcooperative
Kinostart: Juni 1993 (CH)
Länge: 88 Min.
FBW: Wertvoll

Im November 1989 fand vor dem Capitol in Washington ein gewaltiges und besinnliches Trauerspiel statt: Die Fläche von zwei Häuserblocks war von Quilts bedeckt, Stoff-Panels, mit denen Angehörige ihrer AIDS-Toten gedachten. Der mit dem Oscar als bestes »Documentary Feature« ausgezeichnete Film hält die Stimmung dieser stillen politischen Aktion fest und läßt die Toten in Gesprächen mit den Angehörigen nochmals lebendig werden. *Zoom*

Computer Love 156

HOMEWRACKER **

Video

Regie: Fred Walton
Darsteller: Robby Benson (Dr. David Wilson), Sydney Walsh (Jane Wilson), Sarah Rose Karr (Dana Wilson), Kate Jackson (Stimme von »Lucy«)
Drehbuch: Eric Harlacher
Kamera: George Koblasa (Farbe)
Musik: Dana Kaproff
Schnitt: Ross Albert
Produktion: Robert M. Rolsky für Paramount, USA 1992
Verleih: -/-/-/CIC Video
Videostart: August 1993
Länge: 84 Min. – *FSK:* ab 12 J.

Uninteressante Frankenstein-Variation mit dem weiblichen Supercomputer.

Ein Concierge zum Verlieben 157

THE CONCIERGE **

Regie: Barry Sonnenfeld
Darsteller: Michael J. Fox (Doug Ireland), Gabrielle Anwar (Andy Hart), Anthony Higgins (Christian Hanover), Michael Tucker (Mr. Wegman), Bob Balaban (Mr. Drinkwater), Isaac Mizrahi (Julian Russell), Patrick Breen (Gary Taubin), Udo Kier (Mr. Himmelman)
Drehbuch: Mark Rosenthal, Lawrence Konner
Kamera: Oliver Wood (Farbe)
Musik: Bruce Broughton
Schnitt: Jim Miller
Produktion: Brian Grazer für UIP/Universal Film, USA 1993
Verleih: UIP/UIP/UIP/CIC Video
Kinostart: 4.11.1993
Länge: 95 Min. – *FSK:* ab 6, ffr.

Als Concierge im Luxushotel Bradbury in Manhattan vollbringt Doug Ireland wahre Kunststücke, um die diversen Wünsche der Gäste zu erfüllen. Ausgerechnet in dem Moment, als ein Gast seinen Traum von einem eigenen Hotel finanzieren will, verliebt er sich in dessen Freundin. Das Drehbuch dieser romantischen Komödie liefert eine derart handlungsarme Story, daß selbst ein überzeugender Michael J. Fox in der Hauptrolle nicht vor der aufkommenden Langeweile schützt. *Zoom*

Heiko R. Blum in: Rheinische Post, 5.11.93; Rupert Koppold in: Stgt. Zeitung, 4.11.93; Angela Schmitt-Gläser in: FR, 8.11.93

The Contenders – Rivalen des Glücks 158
THE CONTENDERS ***

Regie: Tobias Meinecke
Darsteller: Davide Manuli (Anton Menescu), Tom Gallop (Ivo Popescu), Jon Polito (Pedro Perusia), Avital Dicker (Anja), Stuart Rudin, Vasek Simke, Andre Belgrader, Jake Dengel
Drehbuch: Tobias Meinecke
Kamera: Laszlo Kadar (Farbe)
Musik: David Yazbek
Schnitt: Michael Gorchow
Produktion: Kevin J. Foxe, Tobias Meinecke; Manfred Korytowski für Tobias Meinecke Prod. mit Infafilm/MaTiMa Film, USA 1993
Uraufführung: 23.4.1993, Worldfest Houston
Verleih: Filmverlag/-/-
Kinostart: 11.11.1993
Länge: 86 Min. – *FSK:* ab 6, ffr.

Ambitionierte rumänische Einwanderer erreichen nach viel Mühen ihren künstlerischen Durchbruch in New York.

Cool World 159
COOL WORLD ***

Regie: Ralph Bakshi
Darsteller: Kim Basinger (Holli Would), Gabriel Byrne (Jack Deebs), Brad Pitt (Frank Harris), Michele Abrams (Jennifer Malley), Deidre O'Connell (Isabelle Malley), Carrie Hamilton, Frank Sinatra jr., sowie die Stimmen von: Charles Adler (Nails), Maurcice LaMarche (Doc Whiskers/Mash), Candi Milo (Lonette/Bob)
Drehbuch: Michael Grais, Mark Victor
Kamera: John A. Alonzo (Technicolor)
Musik: Mark Isham
Schnitt: Steve Mirkovich, Annamaria Szanto
Produktion: Frank Mancuso jr. für Frank Mancuso jr. Prod., USA 1992
Verleih: UIP (Start geplant 1.10.92, nicht gestartet)/CIC Video
Kinostart: 23.11.1993
Länge: 102 Min.

Comic-Zeichner gerät auf der Suche nach seiner Traumfrau in die Welt seiner Figuren. Einfallslose Mischung aus Zeichentrick- und Realfilm, die hauptsächlich von der Besetzung lebt.

Cop Out 160
COP OUT **
Video

Regie: Lawrence L. Simeone
Darsteller: David D. Bluff (Bobby), Kathryn Luster (Evelyn), Daniel P. Ranger (Turner), Jess Galante (Mayor Crenshaw)
Drehbuch: Lawrence L. Simeone
Kamera: Harris Done (Farbe)
Musik: Greg Turner
Schnitt: Lawrence L. Simeone
Produktion: Kimberley Casey für AIP, USA 1992
Verleih: -/-/-/Madison Video
Videostart: Oktober 1993
Länge: 103 Min.
FSK: ab 18 J. (gekürzte Fass. 100 Min., ab 16 J.)

Polizist soll mit der Dienstwaffe den Sohn des Bürgermeisters erschossen haben. Sein Bruder und eine junge Pflichtverteidigerin versuchen ihm gegen allen Widerstand zu helfen. Polizistendrama auf inhaltlich wie formal sehr bescheidenem Niveau.

Joe Hill in: film-dienst, 22/93

Ein Cop und ein Halber 161
COP AND A HALF **

Regie: Henry Winkler
Darsteller: Burt Reynolds (Nick McKenna), Norman D. Golden II (Devon Butler), Ruby Dee (Rachel), Holland Taylor (Captain Rubio), Ray Sharkey (Fountain), Sammy Hernandez (Raymond), Frank Sivero (Chu), Rocky Giordani (Quintero), Marc Macaulay (Waldo), Tom McCleister
Drehbuch: Arne Olsen
Kamera: Bill Butler (Deluxe)
Musik: Alan Silvestri
Schnitt: Daniel Hanley, Roger Tweten
Produktion: Paul Maslansky für Imagine Films, USA 1993
Verleih: UIP/UIP/UIP/CIC Video
Kinostart: 1.7.1993
Länge: 93 Min.
FSK: ab 12, ffr.

Ein abenteuerhungriger schwarzer Achtjähriger beweist mit nervtötender Beharrlichkeit seine kriminalistischen Fähigkeiten und rauft sich mit einem bärbeißigen Polizisten zusammen, nachdem er Zeuge eines Mordes geworden ist. Spannungs- und tempolose Action-Komödie, die bekannte Versatzstücke einfallslos variiert; für Kurzweiligkeit sorgt nur der junge Hauptdarsteller. *Zoom*

Patrick Rössler in: Stgt. Zeitung, 1.7.93; Hans Schifferle in: SZ, 6.7.93

Corman's Dracula 162

DRACULA RISING **

Video

Regie: Fred Gallo
Darsteller: Christopher Atkins (Vlad), Stacey Travis (Theresa), Doug Wert (Alec), Vessela Karlukovska (Michelle), Nikolai Sotirov (Timothy), Tara McCann
Drehbuch: Rodman Flender, Daniella Purcell, nach einem Roman von Bram Stoker
Kamera: Ivan Varimazor (Farbe)
Musik: Ed Tomney
Schnitt: Glenn Garland
Produktion: Roger Corman für Concorde, USA 1992
Verleih: -/-/-/CIC Video
Videostart: 7.6.1993
Länge: 78 Min. – *FSK:* ab 16 J.

Böser und guter Vampir kämpfen in Rumänien (!) um die Gunst einer attraktiven Amerikanerin. Dreister Versuch, auf der von Coppola initiierten Vampier-Revival-Welle mitzuschwimmen.

Oliver Rahayel in: film-dienst, 17/93

Cosmo 163

BAD CHANNELS **

Video

Regie: Ted Nicolaou
Darsteller: Paul Hipp (Dan ODare), Martha Quinn (Lisa Cummings), Roumel Reaux (Flip Humble), Michael Huddleston (Corky), Michael Deak (Cosmo), Aaron Lustig, Patrick Williams, Victor Rogers, Charlie Spradling
Drehbuch: Jackson Barr
Kamera: Adolfo Bartoli (Farbe)
Musik: Blue Öyster Cult
Schnitt: Carol Oblath
Produktion: Keith Payson für Full Moon Ent., USA 1991
Verleih: -/-/-/Highlight Video
Videostart: 16.3.1993
Länge: 78 Min. – *FSK:* ab 16 J.

Abgefahrene, hyperschrille Komödie um einen Disc-Jockey, der Zeuge der Ankunft eines Ekelmonsters aus dem All wird, das Jagd auf Menschenmädchen macht.

Annette Winter in: film-dienst, 10/93

Cousin Bobby 164

COUSIN BOBBY ***

TV

Regie: Jonathan Demme
Drehbuch: Jonathan Demme
Kamera: Ernest Dickerson, Craig Haagensen, Tony Jannelli, Jacek Laskus, Declan Quinn (Farbe)
Musik: Anton Sanko
Schnitt: David Greenwald
Produktion: Edward Saxon für Tesauro, USA 1992
Erstaufführung: Filmfest München 1992
Sendetermin: 9.8.1993, West3, 23.00
Länge: 65 Min.

Ein kleiner privater Film von Jonathan Demme über seinen Cousin, der ein engagierter Priester in Harlem ist. Ein Portrait von Reverend Bobby Castle und gleichzeitig die Dokumentation eines Wiedersehens nach mehr als 30 Jahren.

Cover Hard 165

FULL CONTACT *

Video

Regie: Ringo Lam
Darsteller: Chow Yun-Fat, Simon Yam, Anthony Wong, Ann Bridgewater
Drehbuch: Nam Yin
Kamera: Lau Hung-Chuen (Farbe)
Produktion: Ringo Lam für Golden Princess Film Prod., Hongkong 1992
Verleih: -/-/-/Splendid Video
Videostart: 5.7.1993
Länge: 87 Min. – *FSK:* ab 18 J.

Ein Rausschmeißer in einem chinesischen Nachtlokal hilft seinem Freund, seine Schulden gegenüber Kredithaien zu bezahlen. Blutiger, brutaler Hongkong-Schund.

Der Cowboy – Ein großer Polizist 166

LE COWBOY **

TV

Regie: Georges Lautner
Darsteller: Aldo Maccione (Der Cowboy), Renée Saint-Cyr, Michel Beaune, Michel Peyrelon, Corinne Lorain, Valerie Allain, Corinne Touzet, Henri Guybet
Drehbuch: Georges Wolinski
Kamera: Yves Rodallec (Farbe)
Musik: Philippe Sarde
Schnitt: Michèle David
Produktion: Jo Siritzky für SEDPA Prod., Frankreich 1984
Sendetermin: 6.9.1993, Südwest3, 11.00
Länge: 95 Min.

Macho-Inspektor jagt im Pariser Chinesenviertel einen Drogenhändler.

Criminal Mind

167
THE CRIMINAL MIND
**
Video

Regie: Joseph Vittorie
Darsteller: Frank Rossi (Nick), Ben Cross (Carlo), Tahnee Welch (Gabrielle), Lance Henriksen (Federal Agent Winslow)
Drehbuch: Sam A. Scribener
Kamera: D. Alan Newman (Farbe)
Musik: Christopher Tyng
Schnitt: Robert Edwards
Produktion: Richard L. Albert für Sawmill Ent./Charmax, USA 1992
Verleih: -/-/-/VMP Video
Videostart: 25.10.1993
Länge: 85 Min. – *FSK:* ab 16 J.

Aufstrebender Rechtsanwalt wird als Sohn eines Mafioso enttarnt und in die Geschäfte der ehrenwerten Gesellschaft gezogen. Mit bescheidensten Mitteln realisierter, dilettantischer Gangsterfilm.

Crisscross – Überleben in Key West

168
CRISS CROSS
***
Video

Regie: Chris Menges
Darsteller: Goldie Hawn (Tracy Cross), Arliss Howard (Joe), James Gammon (Emmett), David Arnott (Chris Cross), Keith Carradine (John Cross), J.C. Quinn (Jetty), Steve Buscemi (Louis), Paul Calderon (Blacky), Cathryn de Prume, Nada Despotovich
Drehbuch: Scott Sommer, nach seinem gleichn. Roman
Kamera: Ivan Strasburg (Continental)
Musik: Trevor Jones
Schnitt: Tony Lawson
Produktion: Anthea Sylbert für Hawn-Sylbert Movie, USA 1990
Verleih: -/-/-/Warner Home Video
Videostart: 12.2.1993
Länge: 97 Min. – *FSK:* ab 12 J.

Familienmelodram, um die Sorgen und Nöte einer alleinerziehenden Serviererin mit ihrem Nachwuchs.

Peter Strotmann in: film-dienst, 16/93

Cross Creek

169
CROSS CREEK
**
TV

Regie: Martin Ritt
Darsteller: Mary Steenburgen (Marjorie Kinnan Rawlings), Rip Torn (Marsh Turner), Peter Coyote (Norton Baskin), Dana Hill (Ellie Turner), Alfre Woodard (Geechee), Joanna Miles (Mrs. Turner), Ike Eisenmann (Paul), Cary Guffey (Floyd Turner), Toni Hudson (Tims Frau), Bo Rucker
Drehbuch: Dalene Young, nach den Memoiren von Marjorie Kinnan Rawlings
Kamera: John Alonzo (Technicolor)
Musik: Leonard Rosenman
Schnitt: Sidney Levin
Produktion: Robert B. Radnitz für Thorn-EMI Prod., USA 1983
Uraufführung: 16.5.1983, Int. Filmfestspiele Cannes
Sendetermin: 3.10.1993, MDR3, 23.15; 17.11.1993, ORB3, 15.00
Länge: 122 Min.

Mit dieser Verfilmung der frühen Künstlerjahre der amerikanischen Autorin Marjorie Kinnan Rawlings (»Frühling des Lebens«) trivialisiert Regisseur Ritt ihr Leben und vermittelt keinen Einblick in den künstlerischen Schaffensprozeß. Der Film erzählt von den Tagen der Autorin auf ihrer Orangenplantage in Florida, deren Versuche, einen Verleger zu finden und ihre Farm zu kultivieren. Alles recht hübsch, voller Wärme und Humor, aber etwas langatmig und in Design sowie Fotografie zu schönheitsverliebt. Eine altmodische Biographie, die deutlich am gegenwärtigen Publikumsgeschmack vorbeisteuert.

nach Variety

Crystal Force

170
CRYSTAL FORCE
*
Video

Regie: Laura Keats
Darsteller: Kathrine Bacall, McCall (Beth), John Serrdakue (Jack), Jon Marlyn (Veronica), Rebecca Brooks (Hope)
Drehbuch: Jared Brady, Jerry Daly
Kamera: Roger Olkowski (Farbe)
Musik: Keith Bilderbeck
Schnitt: Barry Schwartz
Produktion: Craig Suttle, USA 1990
Verleih: -/-/-/Madison Video
Videostart: 2.12.1992
Länge: 90 Min.
FSK: ab 18 J. (gekürzte Fass. 73 Min., ab 16 J.)

Nach der skrupellosen Ermordung ihres Vaters versucht eine junge Frau mit Hilfe eines Kristalls den »Dämon des Bösen« zu bezwingen. Horrorfilm der simpelsten Sorte.

Cut – Mord vor laufender Kamera 171

SPLIT IMAGES *

Video

Regie: Sheldon Larry
Darsteller: Gregory Harrison (Robbie Daniels), Maury Chaykin (Walter Kouza), Rebecca Jenkins (Angela Nolan), Nicholas Campbell (Bryan Hurd), Kristina Nicoll (Bridget Riley)
Drehbuch: Pete Hamill, Vera Appleyard, nach einem Roman von Elmore Leonard
Kamera: Percy Young (Farbe)
Musik: Marty Simon
Produktion: Richard Borchiver, Ken Gold für Paragon Ent., USA 1992
Verleih: -/-/-/Columbia TriStar Home Video
Videostart: Oktober 1993
Länge: 93 Min. – *FSK:* ab 18 J.

Inszenierte Morde vor der laufenden Videokamera. Gänzlich mißratenes Plagiat des klassischen Schockers »Peeping Tom«.

Cyber World 172

ARCADE *

Video

Regie: Albert Pyun
Darsteller: Megan Ward (Alex Manning), Peter Billingsley (Nick), John DeLancie (Difford), Sharon Farrell (AlexMutter), Norbert Weisser (Albert)
Drehbuch: David S. Goyer
Kamera: George Mooradian (Farbe)
Musik: Toni Riparetti
Schnitt: Miles Wynton
Produktion: Cathy Gesualdo für Full Moon Ent., USA 1992
Verleih: -/-/-/Highlight Video
Videostart: 20.7.1993
Länge: 78 Min.

»Virtual Reality«-Spiel spuckt seine Spieler nicht mehr aus, bis eine beherzte Frau mit männlicher Hilfe das Videospiel von innen aushebelt. Lächerlich auf allen Ebenen.

Cybernator 173

CYBERNATOR *

Video

Regie: Robert Rundle
Darsteller: Lonnie Schuyler (Brent McCord), Christine Peralta (Blue), Jeff Jenkins (Jim Weaver), James K. Williams (Major Wright), Michael Foley
Drehbuch: Edward Sanchez, Robert Rundle
Kamera: Kenneth Taylor Williams (Farbe)
Musik: Keith Bilderbeck
Schnitt: Melissa Sanchez
Produktion: Edward Sanchez für Vista Street Ent., USA 1991
Verleih: -/-/-/Madison Video
Videostart: 25.3.1993
Länge: 85 Min.
FSK: ab 16 J.

Aus dem Ruder geratene Roboter bedrohen die Menschheit im Jahre 2010 und werden von furchtlosem Cop in ihre Schranken verwiesen. Billigstes Science-Fiction-Action-Spektakel.

Hannah Dütsch in: film-dienst, 13/93

Cyborg 2 174

CYBORG 2 – THE GLASS SHADOW **

Video

Regie: Michael Schroeder
Darsteller: Jack Palance (Mercy), Elias Koteas (Colton Ricks), Angelina Jolie (Cash), Billy Drago (Danny Bench), Allen Garfield (Matthew Dunn), Tracy Walters (Doktor), Karen Sheperd, Jean Claude van Damme
Drehbuch: Ron Yanoyer, Mark Geldman
Kamera: Jamie Thompson (Farbe)
Musik: Peter Allen
Schnitt: David M. Richardson
Produktion: Raju Patel, Alain Silver für Films Int., USA 1993
Verleih: -/-/-/Starlight Video
Videostart: November 1993
Länge: 95 Min. – *FSK:* ab 16 J.

Ein nur an Effekten und kaum an einer Geschichte interessierter Science-Fiction-Film um Menschen und Mutanten.

Dancing for Mister B. 175
DANCING FOR MR. B: SIX BALANCHINE BALLERINAS ***
TV

Regie: Anne Belle, Deborah Dickson
Darsteller: Mitwirkende: Maria Tallchief, Mary Ellen Moylan, Melissa Hayden, Allegra Kent, Merrill Ashley, Darci Kistler
Kamera: Don Lenzer (Farbe)
Schnitt: Deborah Dickson
Produktion: Anne Belle für Seahorse Films mit WNET, USA 1989
Uraufführung: 7.10.1989, New York Film Festival
Verleih: -/-/-/
Sendetermin: 2.6.1993, 21.20, Arte; 9.5.1993, 23.40, ZDF
Länge: 86 Min.

(...) Sechs Tänzerinnen, die Mitglieder des »New York City Ballet« waren, erzählen von ihren persönlichen Erfahrungen mit dem berühmten Ballettmeister George Balanchine. Die Episoden aus ihrem Tanzleben überspannen insgesamt 50 Jahre der Geschichte des »New York City Ballet« und damit auch eine lange Zeit der Balanchine-Ära. (...)
Pressetext Arte

Dangerous Action 176
NIGHT CALLER **
Video

Regie: Fred Williamson
Darsteller: Fred Williamson (Mack Derringer), Peter Fonda (Jake), Gary Busey (Lenny), Vanity (Jennifer), Henry Silva (Santiago), Robert Forster, Stella Stevens, Sam J. Jones, Isabel Sanford, Alexis Arguello
Drehbuch: Michael Montgomery, Fred Williamson
Kamera: Carlos Gonzales (Farbe)
Musik: David Chackler, Allen Jacobi
Schnitt: Dolg Bryan
Produktion: Fred Williamson für Greenwich Films/PoBoy Film, USA 1992
Verleih: -/-/-/VCL/Carolco Video
Sendetermin: 19.7.1993, Arte; 4.10.1993, ZDF, 19.25
Videostart: 26.7.1993
Länge: 88 Min. – *FSK:* ab 16 J.

Psychopath macht Detektiv das Leben zur Hölle, weil er auf dessen Freundin, eine Sex-Telephonistin, scharf ist. Auch gute Schauspieler können einem schlechten Drehbuch nicht zum Erfolg verhelfen.

Dangerous Affaires 177
SENZATIONE DAMORE *
Video

Regie: Nini Grassia
Darsteller: Gianni Macchia, Marisa Mell, Frederica Farnese, David Dlngeo, Barbara Blasko, Marcello Montana
Drehbuch: Nini Grassia
Kamera: Silvano Tessicini (Farbe)
Musik: Tamborrelli, Nini Grassia
Schnitt: Roberto Colangeli
Produktion: Alvaro Mossi für Alifilm Intern., Italien 1990
Verleih: -/-/-/Highlight Video
Videostart: 26.11.1993
Länge: 90 Min. – *FSK:* ab 18 J. (gekürzte Fass. 72 Min., ab 16 J.)

Als Psychothriller etikettierter Softporno.

Dann eben mit Gewalt 178
***
TV

Regie: Rainer Kaufmann
Darsteller: Thomas Heinze (Alex), Jürgen Vogel (Martin), Jasmin Tabatabai (Aysche), Volker Ranisch (Rudi), Michael Mendl (Schwarz), David Steffen (Hassan), Regula Grauwiller (Anne), Thomas Luft (Stefan Koslowski), Herbert Schäfer (Didi), Götz Otto (Keule)
Drehbuch: Klaus Richter, nach dem Roman von Jan de Zanger
Kamera: Klaus Eichhammer (Farbe)
Musik: Nicolaus Glowna
Schnitt: Wolfgang Raabe
Produktion: Olga Film für ZDF und Arte, BRD 1993
Erstaufführung: Filmfest München 1993
Sendetermin: 19.7.1993, Arte; 4.10.1993, ZDF, 19.25
Länge: 82 Min.

Zwei enge Schulfreunde – und der eine veliebt sich in ein Mädchen, hat keine Zeit mehr für den Freund: ein klassischer Jugendkonflikt. Da das Mädchen eine Türkin ist, läßt sich der »verratene« Freund von den Klassen-Neonazis aufheizen, und das Herzweh wird zur Mordtragödie: Rainer Kaufmann inszenierte schlüssig Melodram und Schulthriller: Wie pubertäre Gefühle sich in blindem Haß entladen und von einem Neurosenbübchen gesteuert werden, das ist spannend, aktuell und bewegend.

Ein reeller Gebrauchsfilm, durchaus begrenzt in seinem einfachen Konfliktmuster, doch differenziert in der Psychologie. Und eindrucksvoll vor allem durch Jürgen Vogel, der sich mit angeknacksten Jugendrollen im deutschen Film ganz nach vorn gespielt hat.

Ponkie, AZ, 1.7. und 6.10.93

Dark Line – Im Koma auf dem Weg ins Jenseits 179

LA TRIBU ***

Video

Regie: Yves Boisset
Darsteller: Stephane Freiss (Olivier), Catherine Wilkening (Laurenca), Maxime Leroux (François), Kader Soukhanef (Efenne), Jean Pierre Bach (Rousset)
Drehbuch: Alain Scoff, Yves Boisset
Kamera: Fabio Conversi (Farbe)
Musik: Philippe Sarde
Schnitt: Albert Jurgenson
Produktion: Alain Sarde für Sara Films/Cine Uno/Canal Plus, Frankreich 1990
Verleih: -/-/-/New Vision Video
Videostart: 22.12.1992
Länge: 92 Min. – *FSK:* ab 16 J.

Junger Arzt, mit dem Tod eines kleinen Jungen konfrontiert, deckt Politintrige auf. Zähes, wenngleich sehr um Zeitbezüge bemühter Soziothriller.

Daniel Kothenschulte in: film-dienst, 7/93

The Dark Wind 180

THE DARK WIND ****

Regie: Errol Morris
Darsteller: Lou Diamond Phillips (Officer Jim Chee), Gary Farmer (Albert »Cowboy« Dashee), Fred Ward (Lt. Joe Leaphorn), John Kareen (Jake West), Lance Baker (Mr. Archer), Guy Boyd (Agent Johnson), Gary Basaraba (Larry), Arlene Bowman (Edna Nezzie), Jane Loranger (Gail Pauling), James Koots (Taylor)
Drehbuch: Eric Bergren, Neal Jimenez, Mark Horowitz, nach dem Roman von Tony Hillerman
Kamera: Stefan Czapsky (Technicolor/Duart)
Musik: Michel Colombier
Schnitt: Freeman Davies
Produktion: Patrick Markey für Dark Wind Prod./NorthFace/Seven Arts/Le Studio Canal Plus, USA 1991
Erstaufführung: Filmfest München 1992
Verleih: -/-/Elite
Kinostart: Dez. 1992
Länge: 109 Min.

Der Navajo-Indianer Jim Chee fahndet als Polizeidetektiv in einem Indianer-Reservat, um dort gegen seine eigenen Stammesbrüder und Hopi-Indianer zu ermitteln. Dabei gerät er zwischen alle Fronten. Als er einem Vandalen das Handwerk legen will, stößt er auf einen Mordfall, der weit über seine kriminalistische Erfahrung hinausreicht. Der Fall weitet sich aus zu einem mysteriösen Thriller mit ethnologischen Facetten und zeigt die Probleme, die entstehen, wenn das archaische Denksystem der Indios mit dem Rechtsverständnis der weißen Herrschenden kollidiert. Spannend, genau und sensibel inszeniert.

Zoom

Dave 181

DAVE ***

Regie: Ivan Reitman
Darsteller: Kevin Kline (Dave Kovic/Bill Mitchell), Sigourney Weaver (Ellen Mitchell), Frank Langella (Bob Alexander), Kevin Dunn (Alan Reed), Ving Rhames (Duane Stevensen), Ben Kingsley (Vize-Präsident Nance), Charles Grodin (Murray Blum), Faith Prince (Alice), Laura Linney (Randi), Bonnie Hunt
Drehbuch: Gary Ross
Kamera: Adam Greenberg (Farbe)
Musik: James Newton Howard
Schnitt: Sheldon Kahn
Produktion: Ivan Reitman, Lauren Shuler-Donner für Northern Lights Ent./Donner/Shuler-Donner Prod., USA 1993
Verleih: Warner Bros./dto./dto./Warner Home Video
Kinostart: 29.7.1993
Länge: 110 Min.
FSK: ab 6, ffr.
FBW: Wertvoll

Eigentlich sollte Dave den US-Präsidenten Mitchell nur bei einem Kurzauftritt doubeln. Als das Original jedoch ins Koma fällt, verlängert sich das Engagement im Auftrag des intriganten Stabchefs. Aber Dave läßt sich nicht zur Marionette machen. Unterstützt von der First Lady schaltet er den Widerling aus und stellt die Weichen für eine menschenfreundliche, soziale Politik. Die trefflich besetzte Komödie ist durchaus geistreich, auch wenn das Übermaß an naivem Idealismus den Film mehr zum Märchen als zur Politsatire macht.

tip, 16/93

Otto Heuer in: Rheinische Post, 30.7.93; Angela Schmitt-Gläser in: FR, 2.8.93; Christian Seebaum in: Kölner Stadt-Anzeiger, 31.7.93

Deadly Avenger 182

THE DEADLY AVENGER *

Video

Regie: Robert Rundle
Darsteller: Michael Foley (Pfarrer Daniel), Jan Michael Vincent (Pater Thomas), Eric Estrada (Monsignore), Jim Brown (King), Judy Landers (Marna), Don Stroud, Robert Z'Dar
Drehbuch: Tanya York, Robert Rundle
Kamera: Ron Chapman (Farbe)
Musik: Duane Sciaqua
Schnitt: Terry J. Chiappe
Produktion: Scott Pfeiffer für York Pic., USA 1991
Verleih: -/-/-/Allround Video
Videostart: Dez. 1992
Länge: 85 Min.
FSK: ab 18 J.

Pfarrer Daniel zieht in L.A. gegen einen Frauenmörder zu Felde, der seinen Opfern das Blut abzapft und die Schädel präpariert. Ein Gruselschund der untersten Liga.

Joe Hill in: film-dienst, 1/93

Deadly Instinct 183

EMPIRE CITY **

Video

Regie: Mark Rosner
Darsteller: Michael Paré (Joe Andre), Mary Marxa (Nancy Kraus), Beau Starr (Lt. Bob Conway), Peter Frechette, Ron Vawter
Drehbuch: Mark Rosner
Kamera: Tom Burstyn (Farbe)
Musik: William Olvis
Schnitt: Stan Salfas
Produktion: Bruce Kennedy für Warner Bros., USA 1991
Verleih: -/-/-/Warner Home Video
Videostart: 16.4.1993
Länge: 80 Min. – *FSK:* ab 16 J.

Weil Detective Joey die Dienstanweisungen nicht genau befolgt, schliddert er dank einer Liaison mit einer Zeugin in ein Mordkomplott. Vergebens um Erotik und Action bemühter Polizeithriller.

Anselm Jungeblodt in: film-dienst, 12/93

Deadly Obsession 184

DEADLY OBSESSION **

Video

Regie: Jeno Hodi
Darsteller: Jeffrey R. Iorio (Dino Andretti), Joe Paradise (John Doe), Darnell Martin (Denise), Martin Haber, Monica Breckenridge
Drehbuch: Jeno Hodi, Paul Wolansky, Brian Cox
Kamera: Zoltan David (Technicolor)
Musik: Marty Dunayer
Schnitt: Paul Wolansky
Produktion: Anant Singh für Anant Singh/-Distant Horizon, USA 1989
Verleih: -/-/-/Ufa Video
Videostart: 9.8.1993
Länge: 91 Min. – *FSK:* ab 18 J.

Die von einem Erpresser vergiftete Eiskrempackung wird Denise fast zum Verhängnis. Sie überlebt knapp, aber dann muß ihre Freundin dran glauben. Belanglos.

Death Train 185

DEATH TRAIN **

Video

Regie: David S. Jackson
Darsteller: Pierce Brosnan (Mike Graham), Patrick Stewart (Malcolm Philpott), Alexandra Paul (Sabrina Carver), Ted Levine (Alex Tierney), Christopher Lee (General Benin), John Abineri, Nic D'Avirro, Clarke Peters
Drehbuch: David S. Jackson, nach dem Roman von Alistair MacLean
Kamera: Timothy Eaton (Farbe)
Musik: Trevor Jones
Schnitt: Eric Boyd-Perkins, Peter Musgrave
Produktion: Peter Snell für Yorkshire Int./ British Lion mit Jadran Film/USA Pic., GB/USA 1992
Verleih: -/-/-/VPS Video
Videostart: 9.9.1993
Länge: 95 Min. – *FSK:* ab 16 J.

Ein mit zwei Atombomben bestückter Zug rast, ferngelenkt von betonköpfigem Russengeneral, durch Europa und soll von Superagent Mike Graham gestoppt werden. Streckenweise spannendes, selten logisches, niemals einfallsreiches Action-Entertainment.

Defender – Der Tod ist sein Geschäft 186

PRIVATE WARS **

Video

Regie: John Weidner
Darsteller: Stephen Railsback (Jack

Manning), Dan Tullis Jr. (Mo Williams), Holly Floria (Ronnie), Michael Champion (Carpenter), Michael DeLano (Mr. Mendoza), James Lew (Obata), Stuart Whitman (Alex Winters)
Drehbuch: Ken Lamplugh, John Weidner
Kamera: Garrett Griffin (Farbe)
Musik: Louis Febré
Schnitt: Paul S. Volk
Produktion: Richard Pepin, Joseph Merhi für PM Ent. Group, USA 1993
Verleih: -/-/-/Starlight Video
Videostart: September 1993
Länge: 85 Min. – *FSK:* ab 18 J.

Bürger eines von Schlägergangs beherrschten Stadtviertels gründen unter Führung des Pastors eine Privatarmee. Dubioses Selbstjustizfilmchen.
Bandenkrieg in L.A. und wie die Bürgerwehr damit fertig wird. Harte Actionkost für nimmersatte Genrefans.

Demolition Man 187

DEMOLITION MAN **

Regie: Marco Brambilla
Darsteller: Sylvester Stallone (Sgt. John Spartan), Wesley Snipes (Simon Phoenix), Nigel Hawthorne (Raymond Cocteau), Sandra Bullock (Lenina Huxlex), Benjamin Bratt (Garcia), Denis Leary (Edgar Friendly), Glenn Shadix, Bob Gunton
Drehbuch: Daniel Waters, Robert Reneau, Peter M. Lenkov, nach einer Story von Lenkov und Waters
Kamera: Alex Thomson; Matthew F. Leonetti (additional) (Technicolor)
Musik: Elliot Goldenthal
Schnitt: Stuart Baird
Produktion: Joel Silver, Michael Levy, Howard Kazanjian für Silver Pic., USA 1993
Uraufführung: 8.10.1993, New York
Verleih: Warner Bros./dto./dto./ Warner Home Video
Kinostart: 2.12.1993
Länge: 115 Min. – *FSK:* ab 16, ffr.

Ein skrupelloser Verbrecher und ein beinahe ebenso brutaler, wenn auch für das »Gute« kämpfender Cop werden zur Strafe eingefroren und im Jahre 2032 aufgetaut. In der futuristischen schönen, neuen Welt liefern sich die beiden ein gnadenloses Duell. Ein brutaler Actionreißer mit chauvinistischer Law-and-Order Ideologie, der weder inhaltlich noch auf der Ebene der Special-effects originell oder innovativ ist. Zwischen den endlos langen Kampf- und Actionszenen wird mit flotten Sprüchen und seichten Späßen um Lacher gebuhlt.
multimedia

Heiko R. Blum in: Rheinische Post, 3.12.93; Milan Pavlović in: Kölner Stadt-Anzeiger, 4.12.93

Demonic Toys 188

DEMONIC TOYS *

Video

Regie: Peter Manoogian
Darsteller: Tracy Scoggins (Judith), Bentley Mitchum (Mark), Michael Russo (Lincoln), Daniel Cerny (»The Kid«), Ellen Dunning (Anne)
Drehbuch: David S. Goyer
Kamera: Adolfo Bartoli (Farbe)
Musik: Richard Band
Schnitt: Andy Horvitch
Produktion: Anne Kelly für Full Moon Ent., USA 1991
Verleih: -/-/-/Highlight Video
Videostart: Jan. 1993
Länge: 84 Min. – *FSK:* ab 18 J.

Das Inventar eines Spielwarenlagers verwandelt sich in ein meuchelndes Heer, gesteuert von einem Dämon, der es auf das ungeborene Kind eines Polizisten abgesehen hat. Konfuser und effektversessener Ramsch.

Hannah Dütsch in: film-dienst, 5/93

Den Teufel am Hintern geküßt 189

****

Regie: Arpad Bondy, Margit Knapp
Darsteller: Norbert Schultze; Sprecher: Christian Berkel
Drehbuch: Margit Knapp
Kamera: Norbert Bunge (Farbe)
Musik: Norbert Schultze
Schnitt: Arpad Bondy
Produktion: Arpad Bondy Filmprod. mit SDR, BRD 1993
Verleih: Basis/-/-
Kinostart: 9.9.1993
Länge: 92 Min.
FBW: Besonders wertvoll

Dokumentarfilm über den Komponisten Norbert Schultze, der neben »Lilli Marleen« auch »Bomben auf Engeland« und »Panzer rollen in Afrika« schrieb. Zu seinen Filmmusiken gehören u.a. »Kolberg« und »Das Mädchen Rosemarie«. Nach dem Kriege schnell entnazifiziert (»Mitläufer«) und mit einer geringen Geldbuße belegt, setzte er seine Karriere in der BRD erfolgreich fort. Nicht so sehr das Porträt eines Einzelnen, sondern das des deutschen Prototyps (nicht nur) jener Generation.

André Simonoviecz, tip, 19/93

Fritz Göttler in: SZ, 4.12.93

Dennis 190

DENNIS THE MENACE ***

Regie: Nick Castle
Darsteller: Walter Matthau (Mr. Wilson), Joan Plowright (Martha Wilson), Mason Gamble (Dennis Mitchell), Christopher Lloyd (Switchblade Sam), Lea Thompson (Alice Mitchell), Paul Winfield (Polizeichef), Robert Stanton (Henry Mitchell), Amy Sakasitz (Margaret Wade), Kellen Hathaway (Joey), Arnold Stang
Drehbuch: John Hughes, basierend auf den Comic-Charakteren von Hank Ketcham
Kamera: Thomas Ackerman (Technicolor)
Musik: Jerry Goldsmith
Schnitt: Alan Heim
Produktion: John Hughes, Richard Vane für John Hughes Prod., USA 1993
Uraufführung: 25.6.1993, New York
Verleih: Warner Bros./dto./dto./ Warner Home Video
Kinostart: 8.7.1993
Länge: 94 Min. – *FSK:* ab 6, ffr.

Über anderthalb Stunden muß Walter Matthau als griesgrämig-gutmütiger Nachbar die meist unbeabsichtigten Attacken einer fünfjährigen notorischen Chaos-Nudel erdulden. Dennis, der Junge von nebenan, ist offiziell einer Comic-Figur von Hank Ketcham nachempfunden; in der Umsetzung von John Hughes (Drehbuch, Produktion) sieht er allerdings – nicht nur äußerlich – mehr wie Kevins kleiner Bruder aus. *Zoom*

Heiko R. Blum in: Rheinische Post, 9.7.93; Wilhelm C. Herzogenfeld in: FR, 8.7.93; Silvia Hallensleben in: Der Tagesspiegel, 14.7.93; Manfred Hobsch in: Zitty, 14/93

Die Denunziantin 191

**

Regie: Thomas Mitscherlich
Darsteller: Katharina Thalbach (Helene Schwärzel), Dieter Schaad (Carl Goerdeler), Elisabeth Schwarz (Anneliese Goerdeler), Dolly Dollar (Elisabeth Bethke), Richy Müller (Walter Bethke), Burghard Klaußner (Werner Krängel), Marquard Bohm (Jean Blomé/Hans Blome), Karin Nennemann (Franke), Ortrud Beginnen, Hanns Zischler
Drehbuch: Detlef Michel
Kamera: Thomas Mauch (Farbe)
Musik: Jens-Peter Ostendorf
Schnitt: Margot Neubert-Maric
Produktion: Bremer Institute Film-Fernsehen Produktionsges. mit Lichtblick Filmprod./ZDF/ Arte/Journal Film, BRD 1993
Uraufführung: 20.2.1993, Int. Filmfestspiele Berlin
Verleih: Salzgeber/-/-
Kinostart: 6.5.1993
Länge: 91 Min. – *FSK:* ab 6, ffr.
FBW: Wertvoll

Im Zusammenhang mit dem Hitler-Attentat vom 20. Juli rekonstruiert der Regisseur die authentische Geschichte einer Verräterin, die nach Kriegsende selbst denunziert wird. Ein Film über Opportunisten, Mitläufer, Wendehälse und über die Grenzen der juristischen Aufarbeitung von NS-Verbrechen, Parallelen zur Stasi-Debatte inklusive. Das asketisch inszenierte Lehrstückwerk bleibt leider auf akademisches Thesenkino beschränkt.

Christiane Petz, tip, 10/93

(...) Das Wichtigste an diesem spröden Lehrstück ist der letzte Absatz, als sie nach dem Krieg zu 15 Jahren, in zweiter Instanz zu sechs Jahren, verurteilt wurde: Daß nämlich außer ihr »kein Richter, kein Staatsanwalt, kein Gestapomann jemals wegen Justizmordes an Carl Goerdeler zur Verantwortung gezogen wurde. (...) *Ponkie, AZ, 22.2.93*

Sabine Horst in: FR, 6.5.93; Thomas Klingenmaier in: Stgt. Zeitung, 6.5.93

Devlin 192

DEVLIN ***

Video

Regie: Rick Rosenthal
Darsteller: Bryan Brown (Frank Devlin), Roma Downey (Eileen OMalley), Lloyd Bridges (Bill Brennan), Whip Hubley (Sam Lord), Lawrence Dane (Art Wolfe), Lisa Eichhorn, Carole Shelley, Jan Rubes, Frances Fisher, Gary Klar
Drehbuch: David Taylor, nach einem Buch von Roderick Thorp
Kamera: Neil Roach (Farbe)
Musik: John Altman
Schnitt: Tony Gibbs

Produktion: Paulo de Oliveira, Craig Roessler für Viacom Pic., USA 1992
Uraufführung: 12.9.1992, Showtime TV, USA
Verleih: -/-/-/VCL/Carolco Video
Videostart: 24.5.1993
Länge: 107 Min. – *FSK:* ab 18 J.

Der Tod eines Politikers, der mit einer Prostituierten tot aufgefunden wird, bringt den Polizisten Devlin auch privat in Turbulenzen. Polit- und Polizeithriller der akzeptablen Sorte.

Joe Hill in: film-dienst, 14/93

Dies ist mein Kind! 193

MY BODY, MY CHILD ***

TV

Regie: Marvin Chomsky
Darsteller: Vanessa Redgrave (Leenie Cabrezi), Joseph Campanella (Joe Cabrezi), Jack Albertson (Poppa), Stephen Elliott (Dr. Gallagher), James Naughton (Dr. Berenson), Gail Strickland (Adele), Maia Danziger (Bo), Kenneth Kimmins (Bill), Jack Albertson, Kenneth Kimmins
Drehbuch: Louisa Burns-Bisogno
Kamera: Tony Imi (Farbe)
Musik: Charles Gross
Schnitt: Robert M. Reitano, Ronald Roose
Produktion: Thomas DeWolfe für Titus Prod., USA 1981
Uraufführung: 4.12.1982, ABC
Verleih: -/-/-/
Sendetermin: 30.11.1993, ZDF, 0.20
Länge: 92 Min.

(...) Eine eindrucksvolle Studie über den existentiellen Konflikt einer Frau, die über Leben und Tod entscheiden soll. Es entstand ein engagiertes Plädoyer für das alleinige Entscheidungsrecht der Frau, die weder dem Rat des Arztes oder den nächsten Verwandten, sondern vor allem ihrem eigenen Gewissen verpflichtet ist. *Pressetext ZDF*

Diese vitale Wut 194

I UNA NOTTE DI CHIARO DI LUNA **

TV

Regie: Lina Wertmüller
Darsteller: Rutger Hauer (John Knot), Nastassja Kinski (Joelle), Peter O'Toole (Prof. McShoul), Faye Dunaway (Mrs. Colber), Luigi Montefiori (Zaccarias), Dominique Sanda (Carola), Lorraine Bracco (Sheila), Massimo Wertmüller (Max)
Drehbuch: Lina Wertmüller
Kamera: Carlo Tafani
Musik: Greco-Dargio-Avion Fravel
Schnitt: Pierluigi Leonardi
Produktion: Fulvio Lucisano, Tarak Ben Ammar für Italian Int./Istituto Luce/Italnoleggio/Carthago Film/Raidue, Italien 1989
Uraufführung: Int. Filmfestspiele Venedig 1989
Verleih: -/-/-/
Sendetermin: 1.9.1993, ARD, 23.50; 3.9.1993, ARD, 11.03
Länge: 105 Min.

Ein amerikanischer Journalist bereitet eine großangelegte Artikelserie über Aids und die gesellschaftlichen Reaktionen vor. Dazu gibt er vor, selbst Aids-infiziert zu sein. Aber eines Tages wird aus der berufsbedingten Lüge für ihn schicksalhafte Realität.
»Reißerische Kolportage, die sich zwar aufklärerisch gibt, ihr Thema jedoch weitgehend verschenkt und eher kontraproduktiv wirkt. Zum Ende hin in ein hysterisches Melodram abgleitend,« schreibt Hans Messias im *film-dienst.*

Digital Love 195

EMMANUELLE 7 **

Video

Regie: Francis Leroi
Darsteller: Sylvia Kristel (Emmanuelle), Caroline Laurence (Sophie), Laura Dean (Marie), Annie Bellac (Emmanuelle als Schülerin), Cynthia van Damme (Sophie als Schülerin), Julie Jalabert (Melanie), Roland Waden (Franz Gotzermann), Joel Blu (Atisan Khan)
Drehbuch: Francis Leroi, Jean Marc Vasseur, nach einer Idee von Alain Siritzky, nach der Rollenfigur von Emmanuelle Arsan
Kamera: Francois About, Denis Rouden (Farbe)
Musik: Pierre Bachelet
Schnitt: Bruno Zincone, Patrick Loismann
Produktion: Alain Siritzky für ASP-21st Century Film, Frankreich 1992
Verleih: -/-/-/VPS Video
Videostart: 14.10.1993
Länge: 83 Min. – *FSK:* ab 18 J.

Emmanuelle Goes Cyberspace: In der siebten Folge dieser Endlos-Erotik-Serie läßt Sylvia Kristel ihre Patienten mit computersimulierten Sexphantasien die höchsten Gipfel der Lust ansteuern. Dümmliches Soft-Sex-Plöttchen im High-Tech-Outfit.

Dino Kids 196
PREHYSTERIA
**
Video

Regie: Albert Band, Charles Band
Darsteller: Brett Cullen (Frank), Colleen Morris (Vicki), Samantha Mills (Monica), Austin O'Brien (Jerry), Tony Longo (Louis), Stuart Fratkin (Ritchie), Stephen Lee (Rico Sarno)
Drehbuch: Greg Suddeth, Mark Goldstein
Kamera: Adolfo Bartoli (Farbe)
Musik: Richard Band
Produktion: Charles Band für Paramount, USA 1993
Verleih: -/-/-/CIC Video
Videostart: Okt. 1993
Länge: 80 Min. – *FSK:* ab 6 J.

Aus der vermeintlichen Tiefkühlkost schlüpfen plötzlich Bonsai-Dinos und bringen das Leben einer US-Familie gründlich durcheinander. Die harmlose Ausgeburt des grassierenden Dinosaurier-Fiebers.

Dirty Tricks 197
DIRTY TRICKS
**
Video

Regie: Michael Lindsay-Hogg
Darsteller: Diane Keaton (Aggie Snow), Ed Harris (Senator Hathaway), Ed Begley jr. (Aggies Bruder Chapman), Ben Masters (Med Felcher), Robert Harper (Gordy Faust), Brandon Maggart (Jack Delaney)
Drehbuch: A.L. Appling
Kamera: Jeff Jur (Farbe)
Musik: Peter Melnick
Schnitt: Claudia Finkle
Produktion: Marvin Worth, James D. Brubaker für HBO/Marvin Worth Prod., USA 1992
Verleih: -/-/-/Warner Home Video
Videostart: Mai 1993
Länge: 88 Min. – *FSK:* ab 6 J.

Romanze zwischen smartem Präsidentschaftskandidaten und kapriziöser Kinderbuchautorin. Kritisch angehauchte Familienunterhaltung vom US-Pay-TV-Sender HBO.

Klaus Brühne in: film-dienst, 12/93

Distant Cousins 198
DISTANT COUSINS
**
Video

Regie: Andrew Lane
Darsteller: Mel Harris (Kate Sullivan), David Keith (Harry), William Katt (Richard Sullivan),

Diane Keaton, Ed Harris.

Marg Helgenberger (Connie), Brian Bonsall (Alex Sullivan), Mary Crosby, Cyndi Pass
Drehbuch: C. Courtney Joyner
Kamera: Phil Parmet (Farbe)
Musik: Parmer Fuller
Schnitt: Julian Semilian
Produktion: Pierre David für Image, USA 1992
Verleih: -/-/-/Starlight Video
Videostart: April 1993
Länge: 88 Min. – *FSK:* ab 16 J.

Psychisch instabiles Killerpärchen nistet sich bei Familie Harmlos ein und stört dort empfindlich die Harmonie. Schablonenhaftes Psychothrillerchen das das Motiv »Eindringlinge bedrohen US-Familien« wenig einfallsreich variiert.

Hannah Dütsch in: film-dienst, 12/93

Djadje – Last Night I Fell Off A Horse 199
***
TV

Regie: Herbert Brödl
Darsteller: Bella Enahoro, Ian Roberts, Sello Maake, Aletta Bezuidenhout, Wilma Stockenström, Allen Mhlanga, Sophie Mgcina, Ramolao Makhene
Drehbuch: Jobst Grapow
Kamera: Axel Block (Farbe)
Schnitt: Margot Neubert
Produktion: Baumhaus Film Brödl mit HR/BR, BRD 1992
Uraufführung: Int. Hofer Filmtage 1992
Verleih: -/-/-/
Sendetermin: 14.12.1993, BR
Länge: 89 Min.

Die schwarze Südafrikanerin Djadje will nach zwölf Jahren Exil in Europa zum Begräbnis ihres Vaters nach Kapstadt zurückkehren. Bei einem Zwischenstop in Simbabwe verläßt sie das Flugzeug, um die Heimkehr zu verzögern. Die Nähe der Heimat, das Licht, die Gerüche, die Menschen und die eigene Vergangenheit werden ihr sehr gegenwärtig und bringen sie aus dem Gleichgewicht. Sie ist heimgekehrt nach Afrika, doch hegt sie Zweifel über ihre Rückkehr nach Südafrika. *Katalog Hof*

D.O.G – Verbotene Tricks 200

UNDER SURVEILLANCE **

Video

Regie: Rafal Zielinski
Darsteller: Robert Davi (Frank), Gale Hansen (Joel), Melody Anderson (Cathy), Harry Guardino (Ben Hirsh), Kevin Kilner (Nick), David Jukes, Charles Napier
Drehbuch: Jim Fisher, Jim Staahl, Ethan Reiff
Kamera: Geza Sinkovics (Farbe)
Musik: David und Eric Wurst
Schnitt: Kurt Bullinger
Produktion: Charles M. Fries für Fries Ent., USA 1991
Verleih: -/-/-/New Vision Video
Videostart: April 1993
Länge: 88 Min. – *FSK:* ab 16 J.

Zwei Versicherungsdetektive heben mit allerlei technischen Finessen einen Betrügerring aus. Harm- und profillose Dutzendunterhaltung.

Doorways – Die 4. Dimension 201

DOORWAYS **

Video

Regie: Peter Werner
Darsteller: George Newbern (Tom), Anne Le Guernec (Cat), Kurtwood Smith (FBI-Agent/Sheriff), Robert Knepper, Carrie Ann Moss
Drehbuch: George R.R. Martin
Kamera: Neil Roach (Farbe)
Musik: Philip Marshall
Schnitt: Mark Westmore
Produktion: George R.R. Martin, James Crocker für Columbia TV, USA 1993
Verleih: -/-/-/Columbia TriStar Home Video
Videostart: September 1993
Länge: 83 Min. – *FSK:* ab 16 J.

Langweilige Einzelfolge einer US-TV-Serie über eine Frau, die durch »Zeittore« wandert und plötzlich einen Begleiter hat.

Das Dorf an der Grenze 202

***

TV

Regie: Peter Patzak
Darsteller: Monica Bleibtreu (Hertha Schellander), Francek Drofenik (Bogdan Jiresch), Karl Fischer (Milan Schellander), Therese Affolter (Ada Schellander), Felix Kurmayer (Horsti Schellander), Peter Strauß (Franz Karnitscher), Birgit Doll (Käthe Karnitscher), Alexander Pschill (Loise Karnitscher), Armin Felsberger, Ulli Loss
Drehbuch: Thomas Pluch
Kamera: Martin Stingl (Farbe)
Schnitt: Michou Hutter
Produktion: Teamfilm für ORF/ZDF/rtv, Österreich 1993
Verleih: -/-/-/
Sendetermin: 14.9.1993, ZDF, 23.30
Länge: 90 Min.

Spät nachts ein Stück Zeitgeschichte im Moment des Erlebens: Der Film beschreibt ein österreichisches Dorf mit slowenischem Bevölkerungsanteil im Sog des aufkochenden Nationalismus, der von Jugoslawien aus über die Grenze giftet: Wie kultivierte und vernünftige Leute (darunter eine Lehrerin slowenischer Herkunft, die Kandidatin für den Bachmann-Preis ist) sich in hirnverbrannte Patriotendämpfe einnebeln lassen und gegeneinander kämpfen »wie Grabsteine auf dem Friedhof«. 19. Jahrhundert in den Köpfen, alte Rechnungen im Bauch. *AZ, 16.9.93*

Ein dorniger Weg 203

SHE STOOD ALONE ***

TV

Regie: Jack Gold
Darsteller: Mare Winningham, Ben Cross, Taurean Blacque, Robert Desiderio, Daniel Davis, Lisa Maria Russell, Ronald William Lawrence, Kimberly Bailey, Monica Calhoun, Frederic Cook
Drehbuch: Bruce Franklin Singer
Kamera: Tom Burstyn (Farbe)
Musik: Michael J. Lewis
Schnitt: Jim Oliver
Produktion: Barry Bernardi, John P. Flynn für Mighty Fortress mit Walt Disney TV, USA 1991
Uraufführung: 15.4.1991, NBC
Verleih: -/-/-/

Sendetermin: 6.8.1993, Premiere, 23.10
Länge: 120 Min.

Faszinierende, hochemotionale Geschichte einer weißen Lehrerin, die in den 30er Jahren des letzten Jahrhunderts gegen enormen politischen Widerstand an der Ostküste Nordamerikas die erste Schule für junge schwarze Frauen gründete. Ein zutiefst humaner, unter die Haut gehender Film mit berührenden Darstellern. *(nach Variety)*

Double Cross 204

ITSUKA GIRAGIRA SURU HI **

Video

Regie: Kinji Fukasaku
Darsteller: Kenichi Hagiwara (Kanzaki), Kazuya Kimura (Kadomachi), Keiko Oginomé (Mai), Yumi Takigawa (Misato), Renji Ishibashi, Nobuo Yana, Naomasa Musaka, Rikiya Yasuoka, Kirin Kiki, Yoshio Harada
Drehbuch: Shoichi Maruyama
Kamera: Tsuyoshi Hamada (Farbe)
Musik: Yoshimi Hishida
Produktion: Shigeyoshi Sugisaki, Toshio Nabeshima, Ryuta Saito für Nippon Television Network Bandai/Shochiku Dai-Ichi Kogyo mit Yamada Yoko Right Vision, Japan 1992
Verleih: -/-/-/Empire Video
Videostart: 4.3.1993
Länge: 103 Min. – *FSK:* ab 18 J.

200 Millionen Yen wollen eine Handvoll japanischer Gangster erbeuten, doch sie ergaunern sich gerade mal ein Viertel und beginnen zwecks Anteilsmehrung, sich selbst zu dezimieren. Mit Action-Szenen übersättigtes, nicht sehr tief lotendes Spektakel.

Dieter Krusche in: film-dienst, 6/93

Double O'Kid 205

DOUBLE O'KID **

Video

Regie: Duncan MacLachlan
Darsteller: Corgey Haim (Lance), Brigitte Nielsen (Rhonda), Wallace Shawn (Cashpot), Nicole Eggert (Melinda), Basil Hoffman (Trout), John Rhys-Davies, Karen Black
Drehbuch: Steven Paul, Stuart Paul
Kamera: Adam Kane (Farbe)
Musik: Misha Segal
Schnitt: Jack Tucker
Produktion: Duncan McLachlan für Crystall Sky/Prism Pic., USA 1992
Verleih: -/-/-/Highlight Video
Videostart: April 1993
Länge: 90 Min. – *FSK:* ab 16 J.

Botenjunge, der von Topagentenkarriere träumt, gerät auf die Abschußliste zweier Kopfjäger. Actionkomödie für Teenies ohne Anspruch.

Wolfgang Brudny in: film-dienst, 12/93

Double Trouble 206

DOUBLE TROUBLE **

Video

Regie: John Paragnon
Darsteller: Peter Paul (Peter), David Paul (David), Roddy McDowall (Chamberlin), Steve Kanaly (Kent), James Doohan (O'Brien), A.J. Johnson (Danitra), Bill Mumy (Bob), Troy Donahue (Leonard), David Carradine
Drehbuch: Jeffrey Kerns, Kurt Wimmer, Chuck Osborne, nach einer Story von K. Wimmer und C. Osborne
Kamera: Richard Michalak (Farbe)
Schnitt: Jonas Thaler
Produktion: Brad Krevoy, Steve Stabler für Motion Pic., USA 1992
Verleih: -/-/-/Columbis TriStar Video
Videostart: Juni 1993
Länge: 83 Min.
FSK: ab 18 J. (geänderte Fass. 79 Min., ab 16 J.)

Nach »Highway Chaoten« zweiter Filmstreich der Muskelbrüder Paul, die hier beim großen Diamanten Coup Räuber und Gendarm spielen.

Douce France 207

DOUCE FRANCE ***

TV

Regie: Francois Chardeaux
Darsteller: Barbara Rudnik (Lise), Andréa Ferreol (Mme. Maurin), Hito Jaulmes (Frédéric), Hanns Zischler (Karl), Patrick Bouchitey (Roland), Jacques Nolot (Jeannot), Bernadette le Sache (Frédérics Mutter), Paul le Person (Frédérics Großvater)
Drehbuch: Francois Chardeaux, Serge Schoukine, Michel del Castillo, nach einer Story von Michel del Castillo
Kamera: Jean-Claude Larrieu (Fujicolor)
Musik: Nicolas Skorsky; Lieder: Vera Baudey, gesungen von Barbara Rudnik
Schnitt: Anna Ruiz
Produktion: Francois Chardeaux für Les Films 2001/TF1/Anthea Film, Frankreich/BRD 1985
Uraufführung: 19.3.1986, Paris

Man stirbt nur zweimal: Sadie Frost als Vampirella in Bram Stoker's ›Dracula‹.

Verleih: -/-/-/
Sendetermin: 8.8.1993, 22.30, BR3
Länge: 90 Min.

Frankreich 1942. Der 15jährige Frédéric flüchtet zu seinem Großvater in ein abgelegenes Dorf. Dort versteckt sich auch die deutsche Jüdin Lise vor den Nazis. Frédéric und Lise beginnen eine Freundschaft, aus der Liebe wird. 1944 bricht in dem Dorf eine Welle des Hasses und Argwohns aus.

Dr. Giggels 208

DR. GIGGELS *

Video

Regie: Manny Coto
Darsteller: Larry Drake (Dr. Evan Rendell), Holly Marie Combs (Jennifer), Glenn Quinn (Max), Cliff DeYoung (Tom), Richard Bradford (Officer), John Vickery (Dr. Chamberlain), Patrick Cronin (Sheriff Harper)
Drehbuch: Manny Coto, Graeme Whifler
Kamera: Robert Draper (Farbe)
Musik: Brian May
Schnitt: Debra Neil
Produktion: Stuart M. Besser, Mike Richardson für Universal/Largo/IVC, USA 1992
Verleih: -/-/-/CIC Video
Videostart: Sept. 1993
Länge: 87 Min. – *FSK:* ab 18 J.

Der durch sein irres Kichern signifikant charakterisierte, schizophrene Arzt Dr. Rendell hackt aufgrund eines Kindheitstraumas seine Patienten in Stücke. Primitiver Grusel ohne nennenswerte Einfälle.

Klaus Brühne in: film-dienst

Dracula 209

Siehe: → ›Bram Stoker's Dracula‹.
→ ›Corman's Dracula‹.

Dragon – Die Bruce Lee Story 210

DRAGON – THE LIFE OF BRUCE LEE **

Regie: Rob Cohen
Darsteller: Jason Scott Lee (Bruce Lee), Lauren Holly (Linda Lee), Robert Wagner (Bill Krieger), Michael Learned (Vivian Emery), Nancy Kwan (Gussie Yang), Kay Tong Lim (Philip Tan), Sterling Macer (Jerome), Ric Young, Sven-Ole Thorsen

Drehbuch: Edward Khmara, John Raffo, Rob Cohen, nach dem Roman »Bruce Lee: The Man Only I Knew« von Linda Lee Cadwell
Kamera: David Eggby (Fujicolor)
Musik: Randy Edelman
Schnitt: Peter Amundson
Produktion: Raffaela de Laurentiis für Raffaella De Laurentiis Prod., USA 1993
Verleih: UIP/UIP/UIP/CIC Video
Kinostart: 17.6.1993
Länge: 119 Min. – *FSK:* ab 16, ffr.
FBW: Wertvoll

Bruce Lee war zu Lebzeiten schon eine Legende, die nun, zwanzig Jahre nach Lees Tod, noch einmal hollywoodmäßig ausgeschlachtet wird. Verfilmt wurden Erinnerungen von Lees Witwe Linda, die ein unvollständiges, schiefes Bild vom Leben des Kung Fu-Stars und keine Erklärung des Mythos vermitteln. Immerhin kann der Film mit packend inszenierten Kampfszenen aufwarten.

Ralph Umard, tip, 13/93

Thomas Klingenmaier in: Stgt. Zeitung, 19.6.93; Milan Pavlovic in: Kölner Stadt-Anzeiger, 19.6.93

Dream Evil 211

DREAM EVIL *

Video

Regie: Royce Mathew
Darsteller: Richard Sebastian (George), Ducan Rouleau (Billy), Tom Alexander (Mark), Kathy Smith (Veronica), Michele Gaudreau (Angie)
Drehbuch: Royce Mathew
Kamera: Howard Wexler (Farbe)
Musik: Robert Duran
Produktion: Royce Mathew für Mathew Prod., USA 1993
Verleih: -/-/-/Madison Video
Videostart: April 1993
Länge: 81 Min. – *FSK:* ab 16 J.

Wunschmaschine zaubert Hexen, Monster und Teufel ins Kinderzimmer. Reinrassiger Schmarrn.

Oliver Rahayel in: film-dienst, 15/93

Ein Dreckiger Job 212

DIRTY WORK ***

Video

Regie: John McPherson
Darsteller: Kevin Dobson, John Ashton, Roxann Biggs, Jim Byrnes, Mitchell Ryan
Drehbuch: Aaron Julien
Kamera: David Gaddes (Farbe)
Musik: Michael Colombier
Produktion: Tom Rowe für Wilshire Court Prod., USA 1992
Verleih: -/-/-/CIC Video
Videostart: 1.3.1993
Länge: 84 Min. – *FSK:* ab 16 J.

Die Wege zweier miteinander befreundeter Ex-Polizisten trennen sich, weil einer den unaufhaltsamen Weg ins Verbrechen nicht mehr mitmachen will. Ein vergleichsweise anspruchsvoller Thriller.

Dreckiges Geld 213

LA MAUDITE GALETTE ***

TV

Regie: Denys Arcand
Darsteller: Luce Guilbeault (Berthe), Marcel Sabourin (Ernest), René Caron (Ronald), Jean-Luc Gagnon (Onkel Arthur), Gabriel Arcand
Drehbuch: Jacques Benoit
Kamera: Attila Dory (Farbe)
Musik: Gabriel Arcand, Michel Hinton, Lionel Thériault
Schnitt: Marguerite Duparc
Produktion: , Kanada 1985
Verleih: -/-/-/
Sendetermin: 17.12.1993, 23.25, Arte
Länge: 96 Min.

(...) Der Film erzählt keine Geschichte von professionellen Verbrechern, sondern von einfachen, ursprünglich harmlosen Leuten, die plötzlich wegen einiger tausend Dollar zu Kriminellen werden. Hinter der klassischen Kriminalhandlung verbirgt sich die Analyse einer vom Geld beherrschten Gesellschaft. Mit scharfem, kühlem Blick und schwarzem Humor regt der Regisseur uns zur Reflexion an. (...)

Pressetext Arte

Drehbuch: Die Zeiten 214

****

Regie: Winfried Junge
Darsteller: Mitarbeit: Hans-Eberhard Leupold, Uwe Kant
Drehbuch: Barbara Junge, Winfried Junge; Langzeitbeobachtung nach einer Idee von Karl Gass
Kamera: Hans-Eberhard Leupold, Harald Klix, Hans Dumke, Walfried Labuszewski, Helmut Gerstmann, Walter Roßkopf, u.a. (Farbe)

Musik: Gerhard Rosenfeld, Peter Gothardt, Kurt Grottke
Schnitt: Barbara Junge (und Archivdokumentation)
Produktion: Klaus Volkenborn für Journal-Film/Dokfilm, BRD 1993
Uraufführung: 14.2.1993, Int. Forum des Jungen Films, Berlin
Verleih: Arsenal/-/-
Kinostart: 14.10.1993
Länge: 284 Min.

Herausragend im Forum ein Film ohne Ende, ein Experiment von großer Bedeutung: Die Langzeitdokumentation »Drehbuch: Die Zeiten« (ein Vierstünder) ist das vorläufige Resümee einer 30jährigen Beobachtung der DDR-Kinder von Golzow.
1961 in der alten DDR mit dem ersten Schultag von der DEFA als Aufzeichnung einer sozialistischen Jugendentwicklung begonnen und gefördert (also ursprünglich festgelegt auf ein Parteiziel), in wichtigen Lebensabschnitten vertieft und nach der Wende mit neuer Offenheit (und vielen alten Problemen) weitergeführt. Die Kinder von Golzow, die nun längst selber Kinder haben: eine deutsche Chronik der Generationen im Wandel. Ihre Fortsetzung zu ermöglichen wäre eine wichtige Aufgabe des Fernsehens. *Ponkie, AZ, 18.2.93*

Heiko R. Blum in: Rheinische Post, 18.2.93; Klaus Dermutz in: SZ, 14.2.93; Mara Kaemmel in: Stern, 11/93; Dieter Strunz in: Berliner Morgenpost, 16.2.93

Drei Farben: Blau 215

TROIS COULEURS: BLEU ***

Regie: Krzysztof Kieslowski
Darsteller: Juliette Binoche (Julie), Benoit Régent (Olivier), Florence Pernel (Sandrine), Charlotte Véry (Lucille), Emmanuelle Riva (Mutter), Hélène Vincent, Philippe Volter, Hugues Quester, Florence Vignon, Jacek Ostaszewski
Drehbuch: Krzysztof Piesiewicz, Krzysztof Kieslowski; Agnieszka Holland, Edward Zebrowski, Slawomir Idziak
Kamera: Slawomir Idziak (Farbe)
Musik: Zbigniew Preisner, gespielt vom Sinfonia Varsovia, Dirigent Wojciech Michniewski
Schnitt: Jacques Witte
Produktion: MK2 CED/France 3 Cinema/CAB/TOR mit Canal Plus Prod.: Martin Karmitz, Frankreich 1993

Krzystof Kieslowski

Uraufführung: Int. Filmfestspiele Venedig, 1993
Verleih: Concorde/Constantin/Rialto/VCL Carolco Video
Kinostart: 4.11.1993
Länge: 97 Min. – *FSK:* ab 12, ffr.
FBW: Besonders wertvoll

Im ersten Teil einer Trilogie über die Parolen der Französischen Revolution verliert eine Frau bei einem Autounfall ihr Töchterchen und ihren Mann, einen berühmten Komponisten. Unfähig zu trauern, bricht sie alle Beziehungen ab und trennt sich von ihrem Besitz. Durch verschiedene Ereignisse realisiert sie, daß die so erlangte Freiheit eine erzwungene ist. Sie geht wieder Beziehungen ein, ist fähig zu lieben und findet zu einer inneren Freiheit. Das Werk ist ein symbolisches Rätselspiel über die Farbe Blau, über Freiheit und Bindung. Es beeindruckt durch eine zuweilen atemberaubende Bild- und Tonkraft. *Zoom*

»Was verbindet nun eigentlich Blau, die Farbe, und die Idee der Freiheit?

Nichts. Überhaupt nichts: Es gibt keine Verbindung.«

(Kieslowski im Interview mit Fritz Göttler)

Brigitte Desalm in: Kölner Stadt-Anzeiger, 6.11.93; Sebastian Feldmann in: Rheinische Post, 5.11.93; Fritz Göttler in: SZ, 4.12.93 (Interview Kieslowski); Andreas Kilb in: Die Zeit, 5.11.93; Harald Martenstein in: Der Tagesspiegel, 5.11.93; H.G. Pflaum in: epd Film, 11/93; Josef Schnelle in: FR, 5.11.93; Ruprecht Skasa-Weiß in: Stgt. Zeitung, 4.11.93; Anke Sterneborg in: SZ, 5.11.93

Drei Frauen für Archie 216
ARCHIE: TO RIVERDALE AND BACK AGAIN / WEEKEND REUNION **
Video

Regie: Dick Lowry
Darsteller: Christopher Rich (Archie Andrews), Lauren Holly (Betty Cooper), Karen Kopins (Veronica Lodge), Sam Whipple (Jughead), Gary Kroeger (Reggie Mantle), David Doyle (Mr. Weatherbee), Christina Haag (Pam), James Noble (Lodge), Jeff Hochendoner (Moose), Monty Bane
Drehbuch: Evan Katz, nach den Charakteren des Comicbuchs von John L. Goldwater
Kamera: Frank Byers (Farbe)
Musik: Mark Snow
Produktion: Graham Cottle für Pachett-Kaufman Ent./DIC, USA 1990
Uraufführung: 6.5.1990, NBC
Verleih: -/-/-/Screen Ent. Video (KK)
Länge: 91 Min. – *FSK:* ab 6, ffr.

In Riverdale findet übers Wochenende ein Klassentreffen der örtlichen High School statt. Die verwöhnte Millionärstochter Veronica Lodge kommt eigens aus Paris angejettet, um ihren einstigen Schwarm Archie Andrews wiederzusehen, den auch die hübsche Betty noch nicht vergessen hat. So sieht sich der viel umschwärmte junge Anwalt heftig gefordert, zumal es auch noch seine Verlobte Pam gibt. *Pressetext ARD*

Drei von ganzem Herzen 217
THREE OF HEARTS ***

Regie: Yurek Bogayevicz
Darsteller: William Baldwin (Joe), Kelly Lynch (Connie), Sherilyn Fenn (Ellen), Joe Pantoliano (Mickey), Gail Strickland (Yvonne), Cec Verrell (Allison), Claire Callaway (Isabella), Tony Amendola (Harvey)
Drehbuch: Adam Greenman, Phillip Epstein, nach einer Story von Adam Greenman
Kamera: Andrzei Sekula (Farbe)
Musik: Richard Gibbs
Schnitt: Dennis M. Hill
Produktion: Joel B. Michaels, Matthew Irmas für David Permut Prod., USA 1993
Uraufführung: 30.1.1993, Sundance Film Festival, Park City, Utah
Verleih: UIP/UIP/-/VMP Video
Kinostart: 16.12.1993
Länge: 105 Min. – *FSK:* ab 12, ffr.
FBW: Wertvoll

Männlicher Prostituierter gerät an ein lesbisches Pärchen, verliebt sich in eine der beiden Frauen und ändert daraufhin sein Leben. Eher dem Sittendrama der dreißiger Jahre verwandt als eine moderne Dreieckskomödie der anderen Art. *multimedia*

Sebastian Feldmann in: Rheinische Post, 17.12.93; Angela Schmitt-Gläser in: FR, 20.12.93; Carla Rhode in: Der Tagesspiegel, 21.12.93

Die dreifache Locke 218
LA TRIPLE CARPATHE ***

Regie: Jean-Michel Ribes
Darsteller: Jean Yanne (Georges Flavier), Albert Dupontel (Gus), Heinz Schubert (Botho Stullmann), Roland Blanche, Pamela Knaack, Marco Andreoni, Laurent Gamelon, Frank Lapersonne, Jean Rougerie, Michèle Laroque
Drehbuch: Philippe Madral, Jean-Michel Ribes nach seiner Idee
Kamera: Bernard Dechet (Farbe)
Musik: Philippe Chatel
Schnitt: Olivier Mauffroy
Produktion: Antoine und Martine De Clermont-Tonnerre für Lichtblick Prod. mit MACT/Canal Plus/SAAIS/SFP Cinema/Wega Film mit Canal Plus/Soficas Sofinergie 2, Frankreich 1993
Verleih: Nil/-/-
Kinostart: 28.10.1993
Länge: 106 Min. – *FSK:* ab 6, ffr.
FBW: Wertvoll

Der ehemals weltberühmte Coiffeur George bewahrt den unglücklich verliebten Gus vor dem Selbstmord und lernt seinerseits von ihm, den eigenen Lebensmut wiederzufinden. Drehbuch und Regie dieser Komödie über Väter und Söhne, die Erotik von Frisuren und die Vorzüge von Lebensmittelkonserven wahren die Konvention. Jean Yanne bewältigt die Hauptrolle mit genau der sublimen Gleichmut, die der Geschichte angemessen ist.
Gerhard Midding, tip, 22/93

Heiko R. Blum in: Rheinische Post, 29.10.93; Thomas Klingenmaier in: Stgt. Zeitung, 28.10.93; Hans Schifferlein in: SZ, 29.10.93

Dreizehn Stufen zum Terror 219
THE ATTIC ***
TV

Regie: George Edwards
Darsteller: Carrie Snodgress (Louise), Ray Milland (Wendell Elmore), George Edwards, Rosemary Murphy, Ruth Cox

Reifeprüfung: Al Pacino und Chris O'Donnell in ›Der Duft der Frauen‹.

Kamera: (Farbe)
Produktion: Marie-José Raymond für Forum-Film, USA 1980
Sendetermin: 21.7.1993, 22.20, RTL2
Länge: 92 Min.

Eine junge Frau wird von ihrem Vater ständig an die Schuld an einen Unfall erinnert, seitdem er gelähmt ist. Als sie sich befreien will, kommt es zu einer dramatischen Entwicklung.

Pressetext RTL2

Duende 220

DUENDE ***

TV

Regie: Jean-Blaise Junod
Darsteller: Carmelo, José Martinez »Limeño«, Concha Ahumada Vazquez, Milagros Martinez Ahumada, Juan Munoz Cordero
Drehbuch: Jean-Blaise Junod, Vincent Adatte
Kamera: Hugues Ryffel (Kodak und s/w)
Musik: Michel Fano; Songs: Pilar del Castillo
Schnitt: Christine Benoit
Produktion: Christine Ferrier, Sophie Brandt für Strada Films/Les Films Du Phare/TSR mit Du Département Fédéral De L'Intérieur/Centre National De La Cinématographie, Schweiz/Frankreich 1980
Uraufführung: 12.5.1989, Int. Filmfestspiele Cannes, »Semaine de la Critique«
Verleih: -/-/-/
Sendetermin: 19.9.1993, Nord3, 23.40
Länge: 90 Min.

Semi-Dokumentation über den 20jährigen Stierkampf-Matador Carmelo.

Der Duft der Frauen 221

SCENT OF A WOMAN ****

Regie: Martin Brest
Darsteller: Al Pacino (Lt. Col. Frank Slade), Chris O'Donnell (Charlie Simms), James Rebhorn (Mr. Task), Gabrielle Anwar (Donna), Philip S. Hoffman (George Willis jr.), Richard Venture (W.R. Slade), Bradley Whitford (Randy), Rochelle Oliver (Gretchen), Margaret Eginton (Gail), Tom Riis Farrell
Drehbuch: Bo Goldman, inspiriert durch »Profumo di Donna« von Dino Risi (1974)
Kamera: Donald E. Thorin (Duart/Deluxe)
Musik: Thomas Newman
Schnitt: William Steinkamp, Michael Tronick, Harvey Rosenstock
Produktion: Martin Brest für City Light, USA 1992
Uraufführung: 23.12.1992, New York
Verleih: UIP/UIP/UIP/CIC Video

Kinostart: 4.3.1993
Länge: 157 Min. – *FSK:* ab 12, ffr.
FBW: Besonders wertvoll

Ein Collegestudent begleitet einen erblindeten Ex-Offizier während einiger Tage in New York und kann ihn schließlich vom geplanten Selbstmord abbringen. Das Wachsen von gegenseitigem Verstehen führt auch dazu, daß der Offizier dem Studenten in einer kritischen Situation hilfreich ist. Ein im dramatischen Aufbau weitgehend gelungener Film, der vor allem durch die schauspielerische Glanzleistung von Al Pacino besticht. *multimedia*

Michael Althen in: Die Zeit, 12.3.93; Frauke Hartmann in: FR, 8.3.93; Steffen Jacobs in: Der Tagesspiegel, 3.3.93; Hans Schifferle in: SZ, 9.3.93

Der Duft der grünen Papaya 222

L' ODEUR DE LA PAPAYE VERTE / MUI DU DU XANH ***

Regie: Tran Anh Hung
Darsteller: Tran Nu Yen-Khe (Mui mit 20), Lu Man San (Mui mit 10), Truong Thi Loc (Mutter), Nguyen Anh Hoa (Old Thi), Vuong Hoa Hoi (Khuyen), Tran Ngoc Trung (Vater), Souvannavong Keo, Do Nhat, Gérard Neth
Drehbuch: Tran Anh Hung
Kamera: Benoît Delhomme (Farbe)
Musik: Ton That Tiet
Schnitt: Nicole Dedieu, Jean-Pierre Roques
Produktion: Christophe Rossignon für Prod. Lazennec/La SFP Cinéma/La Sept Cinéma Prod. mit Canal Plus/Centra National de la Cinématographie/Fondation GAN für Cinéma/ Procirep, Frankreich 1993
Uraufführung: 16.5.1993, Int. Filmfestspiele Cannes, »Un Certain Regard«
Verleih: Prokino/Stöbergasse/Sadfi
Kinostart: 18.11.1993
Länge: 103 Min. – *FSK:* ab 6, ffr.

Über ein Jahrzehnt lang versieht ein Mädchen, das im zarten Alter von zehn Jahren vom Lande nach Saigon kommt, seinen Dienst bei einer bürgerlichen Familie. Dabei lernt es allmählich, daß deren Welt mit den feinsinnigen Manieren und der demonstrativen Kultiviertheit nicht frei ist von inneren Rissen und Wunden, bis es an den Haushalt eines Komponisten vermittelt wird, wo es die Liebe kennenlernt und sich zu emanzipieren beginnt. Von der Wehmut der Erinnerung überglänztes, opulentes Ausstattungskino, das keinen Moment verleugnet, daß es das scheinbar idyllische Saigon der Jahre zwischen 1951 und 1961 nicht wirklich zeigt. *Zoom*

Michael Althen in: SZ, 20.11.93; Ulrich Herrmann in: Die Zeit, 19.11.93; Rupert Koppold in: Stgt. Zeitung, 18.11.93; Christian Seebaum in: Kölner Stadt-Anzeiger, 20.11.93; Karim Zendagui in: Rheinische Post, 19.11.93

Der Duft des Todes 223

INDECENCY **

Video

Regie: Marisa Silver
Darsteller: Jennifer Beals (Ellie), James Remar (Mick), Barbara Williams (Marie), Christopher John Fields (Chris), Ray McKinnon (Victor), Sammi Davis-Voss (Mia), John Fleck (Steve)
Drehbuch: Amy Holden Jones, Holly Goldberg Sloan, Alan Armsby
Kamera: Laura Escort (Farbe)
Musik: Miles Goodman
Schnitt: Cari Coughlin
Produktion: Harvey Frand für Point of View/Universal, USA 1992
Verleih: -/-/-/CIC Video
Videostart: Juli 1993
Länge: 83 Min. – *FSK:* ab 16 J.

Der Kampf um die Macht in einer Werbeagentur kostet zwei Frauen das Leben, die dritte versucht diesem Schicksal zu entkommen. Unterdurchschnittlicher Yuppie-Krimi.

Joe Hill in: film-dienst, 15/93

Dugün – Die Heirat 224

***

Regie: Ismet Elçi
Darsteller: Oguz Tunc (Metin), Asli Altan (Aygül), Halil Ergün (Ihsan), Gülsen Tuncer (Mutter), Ulku Ulker (Gulperi), Mustafa Suphi (Ercan), Kivilcim Noyan (Sait), Claudine Wilde (Claudia)
Drehbuch: Ismet Elçi
Kamera: Martin Gressmann (Eastmancolor)
Musik: Nizamettin Ariç
Schnitt: Doreen Heins
Produktion: Wolfgang Krenz, Ömer Kavur für Wolfgang Krenz Prod./ZDF, BRD 1992
Uraufführung: 15.2.1992, Int. Filmfestspiele Berlin, »Panorama«
Verleih: Sputnik/-/-
Kinostart: 7.1.1993
Länge: 91 Min. – *FSK:* ab 6, ffr.
FBW: Wertvoll

Einfühlsam und unprätentiös schildert der junge kurdische Filmemacher Elçi die tragische Geschichte von einer Zwangsheirat in Anatolien mit fatalen Folgen für die Braut. Zwei inkompatible Weltanschauungen prallen aufeinander, verkörpert durch einen erzkonservativen moslemischen Vater und seinen während langer Jahre in Deutschland westlich geprägten Sohn.

Ralph Umard, tip, 1/93

Heinz Kersten in: Der Tagesspiegel, 14.2.92; Thomas Klingenmaier in: Stgt. Zeitung, 8.1.93; Heike Kühn in: FR, 8.1.93; Claudia Lenssen in: Der Tagesspiegel, 8.1.93

Die dumme Augustine 225

****

Regie: Juraj Herz
Darsteller: Therese Herz (Augustine), Bernhard Paul (August), Michal Matatko (Guggo), Michaela Urbanova (Gugga), Juraj Herz (Zauberer), Jan Preucil (Zirkusdirektor), Jiri Schmitzer (Dompteur), Marta Raslova, Jozef Kotesovsky, Vlastimil Bedrna
Drehbuch: Juraj Herz, Boris Hybner, nach dem Bilderbuch von Otfried Preußler und Herbert Lentz
Kamera: Dodo Simoncic (Farbe)
Musik: Zdenek Merta
Schnitt: Jan Svoboda
Produktion: Ralf Schneider für R.S.-Media/ZDF, BRD 1992
Uraufführung: Int. Filmfestspiele Berlin 1993, Kinderfilmfest
Verleih: Progress/Einhorn/Stamm-Film
Kinostart: 25.2.1993
Länge: 87 Min. – *FSK:* o.A., ffr.
FBW: Wertvoll

Die Frau eines Clowns träumt davon, selbst einmal in der Manege ihr Talent unter Beweis stellen zu können. Als den dummen August die Zahnschmerzen plagen, erhält sie unverhofft ihre Chance.

Katja Nele Bode in: AZ, 25.2.93

Dunkle Leidenschaft 226

LES BOIS NOIRS

***

TV

Regie: Jacques Deray
Darsteller: Béatrice Dalle (Violette), Philippe Volter (Gustave Dupin), Stéphane Freiss (Bastien Dupin), Geneviève Page (Nathalie Dupin), Hervé Laudiere (Antoine), Jenny Cleve (Anna Bourderias), Pierre Vial (Dr. Charles)
Drehbuch: Jacques Deray, Pascal Bonitzer, nach dem Roman »Le Chateau des bois noirs« von Robert Margerit
Kamera: Carlo Varini (Farbe)
Musik: Romano Musumara
Schnitt: Hugues Darmois
Produktion: Jean Labadie, Stéphane Sorlat für Paradis/Mondex/FR3/Générale d'Images, Frankreich 1989
Uraufführung: 23.8.1989, Paris
Verleih: -/-/-/
Sendetermin: 22.9.1993, Premiere, 21.55
Länge: 113 Min.

Im Sturm erobert Gustave die schöne Violette. Schon am ersten Tag ihrer Bekanntschaft gibt sie dem Schloßbesitzer das Jawort. Sie folgt ihm aus Paris auf seinen ländlichen Herrensitz. Schwiegermutter und Haushälterin verhalten sich reserviert, Gustave entpuppt sich bald als eigenbrötlerischer Tyrann und Violette findet sich in ihrem neuen Leben nicht zurecht. Als sie sich mit ihrem lebenslustigen Schwager Bastien tröstet, geschieht ein Mord.

Dunkle Schatten der Angst 227

***

Regie: Konstantin Schmidt
Darsteller: Nur Sürer (Die Stumme), Tuncel Kurtiz (Mohammed), Annette Uhlen (Ärztin), Aykut Kayacik (Harry), Hansi Jochmann (Schwester Anna), Sabine Cruso (Bahnhofsmissionsschwester), Irene Rindje (Sozialarbeiterin), Wolfgang Hammelehle, Thomas Stiller, Chun Mei Tan
Drehbuch: Konstantin Schmidt
Kamera: Pio Corradi, Janucz Reichenbach (Eastmancolor)
Musik: David Rueff
Schnitt: Bernd Euscher, Heidi Reuscher
Produktion: Pit Riethmüller für Medias Res Film- und Fernsehprod./Arte/Catpics/ZDF, BRD 1992
Uraufführung: Int. Hofer Filmtage 1992
Verleih: Basis/-/-
Kinostart: 3.6.1993; TV: 1.2.1994, ZDF, 23.00
Länge: 88 Min.
FBW: Wertvoll

Zwei entwurzelte Menschen suchen Zuflucht im Wohlstandsstaat Deutschland: Mohammed, ruinierter Ladenbesitzer aus Kurdistan, und eine tief verstörte, kommunikationsunfähige Frau, mutmaßliches Folteropfer, die ihre Herkunft bis zum Schluß nicht preisgibt. Dem Film gelingt es anfangs sehr intensiv, das Trauma der Heimatlosigkeit nachvollziehbar zu machen. Später verliert er durch absichtsvolles Erklären und alibihafte Personage leider an Reiz.

Claus Löser, tip, 10/93

Raimund Gerz in: epd Film, 6/93; Sabine Horst in: FR, 5.6.93; Holger Kreitling in: Der Tagesspiegel, 7.5.93

Durst

228
***

Regie: Martin Weinhart
Darsteller: Jürgen Vogel (Arthur), Michael Greiling (Paul Vera), André Eisermann (Ernst Bachmann), Nicolette Koko Krebitz (Sabine), Annette Paulmann (Ruth Vera), Barbara Nüsse (Hannah Jäger), Carla Dietl (Steffi Jäger), Wolfgang Hinze (Dr. Bachmann), Matthias Fuchs (Pastor), Isolde Barth (Frau Pastor)
Drehbuch: Martin Weinhart
Kamera: Klaus Eichhammer (Farbe)
Musik: Hugo Seebach
Schnitt: Patricia Rommel
Produktion: Nico Hofmann Filmprod./CAT Ent./Cinemages/NDR, BRD 1992
Uraufführung: Max Ophüls Preis, Saarbrücken 1993
Verleih: Concorde/-/-
Kinostart: 2.12.1993
Länge: 96 Min. – *FSK:* ab 16, ffr.
FBW: Wertvoll

Arthur lebt als Außenseiter in einer süddeutschen Kleinstadt. Er wird zum Mit-

Lebenswut: Jürgen Vogel in ›Durst‹.

telpunkt und Katalysator von tragischen und komischen Geschichten, die junge Leute erleben, wenn sie anders leben wollen. Geschichten zwischen mit Herzblut geschriebener Primanerlyrik und dem Frust der Defloration, zwischen Suff als Ersatz fürs Erwachsensein und der Sehnsucht nach echter Liebe. Weinhart scheut sich in keiner Sekunde, diese Themen aus der Sicht seiner Protagonisten zu beschreiben – und hat dabei seine Darsteller immer im Griff. *Alfred Holighaus, tip, 25/93*

Otto Heuer in: Rheinische Post, 30.12.93

Earthquake – Inferno des Wahnsinns
229
QUAKE
*
Video

Regie: Louis Morneau
Darsteller: Steve Railback (Kyle), Erika Anderson (Jenny), E.B. Lottimer (David), Burton Gilliam (Willie), Dick Miller (Ladenbesitzer)
Drehbuch: Mark Evan Schwartz
Kamera: Mark Parry (Farbe)
Musik: Nigel Holton
Schnitt: Glenn Garland
Produktion: Mike Elliot für Concorde/New Horizons Corp., USA 1992
Verleih: -/-/-/Columbia TriStar Video
Videostart: 10.8.1993
Länge: 71 Min. – *FSK:* ab 18 J.

Um die Story vom liebeskranken Psychopathen, der sich ein weibliches Opfer schnappt, aufzuwerten, verlegte man die Handlung kurzerhand ins Erdbebeninferno San Francisco. Hat aber nichts genutzt.

Ebbies Bluff
230
**

Regie: Claude-Oliver Rudolph
Darsteller: Heiner Lauterbach (Ebbie), Sabine v. Maydell (Bambi), Til Schweiger (Rudy), Manfred Zapatka (Schmidtmeyer), Ebby Thust, Wolfgang Flatz, Jürgen Zeltinger, Ralf Spinler, Helge Schneider, René Weller
Drehbuch: Claude-Oliver Rudolph, Axel Götz
Kamera: Jörg Seidl (Farbe und s/w)
Musik: Electric Rudy, Ton, Steine, Scherben, Kalle Krawinkel
Schnitt: Sean Barton
Produktion: Claude Oliver Rudolph, BRD 1992
Erstaufführung: Filmfestival Max Ophüls Preis, Saarbrücken 1993
Verleih: Highlight/-/-/Highlight Video
Länge: 91 Min. – *FSK:* ab 12, ffr.

Er will mit seinen Milieus und Figuren kokettieren, auf sie einlassen will er sich nicht: Claude-Oliver Rudloph führt uns Boxer, Kneipiers und Tanzmusiker in »Ebbies Bluff« als holprig vorbeiruckelndes Fließband der Schießbudenfiguren vor. Das sicherste Distanzierungsmittel scheint ihm eine Mischung aus Blödelei und Gestelztheit – dabei teilt der wirre Mix aus Fernsehkrimi und Faschingsgaudi gerade dadurch das Schicksal des glücklosen Managers Ebbie, seinen Schützling nicht als Boxer oder Musiker verkaufen zu können. Rudolph merkt, daß er die Zoobesichtigung zu weit getrieben hat, und schiebt, als sei es eine Entschuldigung, eine blaue Karrikatur der Kulturschickeria ein. Am Ende hat er sich dann ganz verrannt – jetzt soll alles nur der Traum eines im Boxring Ausgeknockten gewesen sein. Das zumindest scheint sehr glaubhaft.
Thomas Klingenmaier, Stgt. Zeitung, 19.6.93

Eddy lebt
231
EDDIE AND THE CRUISERS II: EDDIE LIVES
***
Video

Regie: Jean-Claude Lord
Darsteller: Michael Paré (Eddie Wilson/Joe West), Marina Orsini (Diane), Bernie Coulson (Rick), Mattew Laurance (Sal), Michael Roades (Dave), Anthony Sherwood (Hilton), Mark Holmes (Quinn), David Matheson (Stewart), Paul Markte (Charlie), Kate Lynch
Drehbuch: Charles Zew Cohen, Rick Doehring, nach den Charakteren von P. F. Kluge
Kamera: René Verzier (Farbe)
Musik: Marty Simon, Leon Aronson; Songs: John Cafferty mit der The Beaver Brown Band
Schnitt: Jean-Guy Montpetit
Produktion: Tony Scotti, Stephanie Reichel für Scotti Brothers/Aurora Les Prod./Alliance, Kanada 1989
Verleih: -/-/-/Ufa Video
Videostart: November 1993
Länge: 99 Min. – *FSK:* ab 6 J.

Als Fortsetzung des Films »Eddie and the Cruisers« gedacht: Der legendäre Eddie Wilson kehrt nach 20 Jahren zurück und macht wieder Musik. Optisch und akustisch ganz passabel.

Der Egoist
232
LA CRISE

Regie: Coline Serreau

Videotitel für: → ›Die Krise‹.

Ehemänner und Ehefrauen
233
HUSBANDS AND WIVES
****

Regie: Woody Allen
Darsteller: Woody Allen (Gabe Roth), Mia

Zwei Fälle für die Couch: Woody Allen und Mia Farrow in ›Ehemänner und Ehefrauen‹.

Farrow (Judy Roth), Sydney Pollack (Jack), Judy Davis (Sally), Jeffrey Kurland (Interviewer/Erzähler), Bruce Jay Friedman (Peter Styles), Christi Conaway, Timothy Jerome, Rebecca Glenn, Juliette Lewis
Drehbuch: Woody Allen
Kamera: Carlo Di Palma (Technicolor)
Schnitt: Susan E. Morse
Produktion: Robert Greenhut für Jack Rollins/Charles H. Joffe Prod., USA 1992
Erstaufführung: 21.2.1993, Int. Filmfestspiele Berlin, »Panorama«
Verleih: Columbia TriStar/dto./20th Century Fox/Columbia TriStar Home Video
Kinostart: 25.2.1993
Länge: 103 Min. – *FSK:* ab 12, ffr.
FBW: Besonders wertvoll

Die einvernehmliche Trennung eines lange verheirateten Paares bringt nicht nur beider Leben, sondern auch die Ehe ihrer besten Freunde in Bewegung. Neue Paare finden und trennen sich, neue Lebensentwürfe werden nötig. Im Grundton bittere Komödie um die ständig neue Suche nach Liebe und Lebensglück. Zugleich eine Reflexion über die Bedingtheit und Wandelbarkeit subjektiver Lebensentwürfe, die ihre Entsprechung in einer ironischen Stilisierung »objektiver« filmischer Ausdrucksmittel findet. *Zoom, 2/93*

Hans-Christoph Blumenberg in: Die Zeit, 19.2.93; Rolf Paasch in: FR, 21.9.92; H.G. Pflaum in: SZ, 25.2.93; Ponkie in: AZ, 25.2.93; Helmut Schmitz in: FR, 27.2.93

Ein ehrenwerter Gentleman 234

THE DISTINGUISHED GENTLEMAN ***

Regie: Jonathan Lynn
Darsteller: Eddie Murphy (Thomas Jefferson Johnson), Lane Smith (Dick Dodge), Sheryl Lee Ralph (Miss Loretta), Joe Don Baker (Olaf Andersen), Victoria Rowell (Celia Kirby), Grant Shaud (Arthur Reinhardt), Kevin McCarthy (Terry Corrigan), Charles S. Dutton (Elijah Hawkins), Victor Rivers (Armando), Chi
Drehbuch: Marty Kaplan, nach einer Story von M. Kaplan, Jonathan Reynolds
Kamera: Gabriel Bersistain (Technicolor)
Musik: Randy Edelman
Schnitt: Tony Lombardo, Barry B. Leirer
Produktion: Leonard Goldberg, Michael Peyser für Hollywood Pic. mit Touchwood Pacific Partners I, USA 1992
Verleih: Buena Vista/dto./dto./Buena Vista Home Video

Kinostart: 11.3.1993
Länge: 112 Min. – *FSK:* ab 12, ffr.

Der farbige Telefonsex-Unternehmer und Kleingauner Thomas Jefferson wird nach einem (wenig glaubwüridigen) Wahlscharmützel Abgeordneter im Capitol zu Washington. Und stellt mit seinem unkonventionellen Stil, mit Witz und Intelligenz das verkrustete und korrupte Machtsystem auf eine harte Probe. In den besten Momenten eine erstaunlich böse Farce auf die US-Politszene.
Zoom

Lars-Olav Beier in: tip, 6/93; Otto Heuer in: Rheinische Post, 12.3.93; Milan Pavlović in: Kölner Stadt-Anzeiger, 13.3.93

Das Ei ist eine geschissene Gottesgabe 235
***

Regie: Dagmar Wagner
Drehbuch: Dagmar Wagner
Kamera: Igor Luther (Farbe und s/w)
Musik: Thomas Hahner, Heinz Grobmeier
Schnitt: Clara Fabry
Produktion: Jörg Bundschuh für Kick Film/ Horres Film/BR, BRD 1993
Uraufführung: Filmfest München 1993
Verleih: Kick/-/-
Kinostart: Nov. 1993
Länge: 89 Min. – *FSK:* o.A., ffr.
FBW: Besonders wertvoll

Lakonisch pointierte Dokumentation einer Entwicklung von skurriler Tragikomik: Wie eine reiche bayerische Bauernfamilie aus ihren Traditionen herauswächst. Der Film wird geprägt von der Hartholz-Originalität der 77-jährigen Altbäuerin, die so lebt wie vor 100 Jahren: Ein Weibsbild vom starken Stamm, emanzipierter als so manche Feministin und dabei ein frommer Christenmensch. Strindberg-Ehen, Asyl-Untermieter, Schicki-Almpächter – Kuhstall-Psycho, heiter und bitter.
Ponkie, AZ, 30.6.93

Ein einfacher Fall 236
UNE STORIA SEMPLICE ****
TV

Regie: Emidio Greco
Darsteller: Gian Maria Volontè (Prof. Franzò), Ricky Tognazzi (Brigadier Lepri), Ennio Fantastichini (Kommissar), Massimo Dapporto (Polizeipräsident), Massimo Ghini (Volvo-Fahrer), Omero Antonutti (Pater Cricco), Gianmarco Tognazzi (Roccella's Sohn), Gianluca Favilla
Drehbuch: Andrea Barbato, Emidio Greco, nach dem gleichn. Roman von Leonardo Sciascia
Kamera: Tonino Delli Colli (Farbe)
Musik: Luis Enrique Bacalov
Schnitt: Alfredo Muschietti
Produktion: Claudio Bonivento für BBE Int., Italien 1991
Uraufführung: 3.9.1991, Int. Filmfestspiele Venedig
Sendetermin: 12.4.1993, BR3, 22.15
Länge: 90 Min.

Ein böser schwarzer Sizilianerkrimi mit einer tödlichen Verachtung für die Metastasenstruktur korrupten Beamtentums in Italien. Der Film kreist um die rigiden Methoden einer Spießgesellenmafia aus Polizeipräsident, Priester und Kommissar, die einen Mord vertuschen wollen.

Der Brigadier, der ihnen handfeste Indizien liefert, wird mit Akademikerarroganz gedemütigt, und der »professore«, der die Zusammenhänge ahnt, wird ebenso ignoriert wie ein Augenzeuge: Wer die Wahrheit kennt, macht sich lieber aus dem Staub. Eine Atmosphäre von lakonischer Bitterkeit im feudalistisch-klerikal geprägten Machtgefüge Siziliens gibt dem Film seinen kalten Zorn. *AZ, 14.4.93*

Elefant im Krankenhaus 237
***

Regie: Karola Hattop
Darsteller: Andrej Jautze (Robert), Anna Marr (Tilly), Andrea Solter (Josefine), Werner Tietze (Prof. Bode), Hermann Beyer (Tierparkdirektor), Günter Schubert (Kuchenkarl), Udo Kroschwald (Dünnbier), Carl Heinz Choynski (Stiesel), Anja Stolze (Eva)
Drehbuch: Gabriele Herzog
Kamera: Günter Jaeuthe (Farbe)
Musik: Stefan Kling
Schnitt: Barbara Simon
Produktion: Hans-Erich Busch für DEFA Studio/Deutscher Fernsehfunk, BRD 1991
Uraufführung: Int. Filmfestspiele Berlin, 1992 »Kinderfilmfest«
Verleih: Arsenal/filmladen/-
Kinostart: 23.9.1993
Länge: 90 Min. – *FSK:* o.A., ffr.
FBW: Wertvoll

›Elefant im Krankenhaus‹.

Diese turbulente Filmkomödie von einer erfahrenen Kinderfilmregisseurin setzt die gute Tradition dieser Filmsparte aus DDR-Tagen fort. Im Zoo gibt es ein neues Elefantenbaby und gleich darauf einen Wettbewerb um den Namen des Tieres. Die kleine Tilly gewinnt mit ihrem Vorschlag und soll Taufpatin sein. Allerdings liegt sie statt dessen im Krankenhaus, und ihr kleiner Freund muß sich einiges einfallen lassen und eine Menge Neins der Erwachsenen überwinden, um doch noch alles zu arrangieren. Ein Plädoyer für den kindlichen Einfallsreichtum, wobei die Welt doch ein bißchen zu heil erscheint.

Beate Ostermann, tip, 22/93

Elegie aus Rußland / Etüden für einen Traum 238

ELEGIJA IS ROSSIL / ETJUDY DLJASNA ****

Regie: Alexander Sokurow
Darsteller: Mitarbeiter: Natalja Sariza, Boris Slygostew, Dimir Djukow, Daria Tschernych, Lina Mkrtschjan, Klawdia Kotow, Jekatreina Woschtschina, F. Tokmakow, T. Boborykina u.a.
Drehbuch: Alexander Sokurow
Kamera: Alexander Burow (Farbe)
Musik: Pjotr Tschaikowski
Schnitt: Leda Semjonowa
Produktion: Filmkomitee der Russischen Föderation/Lenfilmstudio, Rußland 1993
Erstaufführung: 12.2.1993, Int. Forum des Jungen Films, Berlin
Verleih: Freunde/-/-
Kinostart: Okt. 1993
Länge: 66 Min.

Alexander Sokurow leistet Trauerarbeit: Tod und Vergänglichkeit, Armut und Elend sind Themen seiner beiden Filme (siehe: Der Stein), die wie traumhafte Erinnerungen wirken. Die »Elegie« ist dabei essayistischer Vorspann zum folgenden verschlüsselten Spielfilm: Schwarz-Weiß-Fotografien, die den russischen Alltag der Jahrhundertwende widerspiegeln, alte Wochenschauen, die den Ersten Weltkrieg als tosendes menschenfeindliches Ritual entlarven. Sie verbinden sich mit Alltagsgeräuschen zur Traumreise in Alter und Tod. (...)

Eberhard von Elferlein, Berliner Morgenpost, 19.2.93

Enemy Gold 239

ENEMY GOLD *
Video

Regie: Drew Sinaris
Darsteller: Bruce Penhall (Chris), Mark Barriere (Mark), Suzi Simpson (Becky), Tai Collins (Ava), Julie Strain (Juwel), Rodrigo Oberon
Kamera: (Farbe)
Produktion: , USA 1993
Verleih: -/-/-/Ascot Video
Videostart: Juli 1993
Länge: 94 Min. – *FSK:* ab 18 J.

Weil sie zu gewalttätig das Verbrechen bekämpfen, werden drei US-Agenten vom Dienst suspendiert. Auf der Suche nach einem Schatz in den Sümpfen geraten sie wieder mit ihren alten Gegnern aneinander. Superschmarrn.

Entführt 240

KIDNAPPED **
Video

Regie: Howard Avedis
Darsteller: David Naughton (Det.Vince McCarthy), Barbara Crampton (Bonnie), Lance LeGault (Victor Nardi), Chick Vennera

(Tony), Kim Evenson (Debbie), Jimmie Walker, Kin Shriner, Michelle Rossi, Robert Dryer, Gary Wood
Drehbuch: Howard Avedis
Kamera: Tom De Nove (Farbe)
Musik: Ron Jones
Schnitt: Michael Luciano, Lloyd Nelson
Produktion: Marlene Schmidt für Hickmar Prod., USA 1986
Verleih: -/-/-/MCP Video
Videostart: Juli 1993
Länge: 94 Min. – *FSK:* ab 16 J.

Zwei blonde Schwestern fallen Photographen in die Hände, die sie zu Pornofilmen mißbrauchen wollen. Fader Krimi.

Die Entzauberte 241

LA DESENCHANTEE ***

TV

Regie: Benoît Jacquot
Darsteller: Judith Godrèche (Beth), Marcel Bozonnet (Alphonse), Ivan Desny (Onkel), Thérèse Liotard (Beths Mutter), Malcolm Conradt (»der Andere«), Thomas Salsmann (Beths Bruder Remy), Hai Truong Tu (Chang), Francis Mage (Edouard)
Drehbuch: Benoît Jacquot
Kamera: Caroline Champetier (Farbe)
Musik: Jorge Arriagada
Schnitt: Dominique Auvray
Produktion: CNC/Sofica Sofinergie 2/ Cinea/La Sept, Frankreich 1990
Sendetermin: 14.6.1993, Arte, 20.40
Länge: 78 Min.

Beth ist 17 Jahre alt und lebt in Paris. Wie alle ihre Altersgenossen hat sie Probleme mit der Liebe, außerdem steht sie kurz vor dem Abitur. Mit ihrer Persönlichkeit und Phantasie meistert Beth alle Ansprüche und Schwierigkeiten in ihrem Leben.

Die Equilibristen 242

LES EQUILIBRISTES ***

Regie: Nico Papatakis
Darsteller: Michel Piccoli (Marcel Spadice), Lilah Dadi (Franz-Ali Aoussine), Polly Walker (Helene Lagache), Doris Kunstmann (Christa Päffgen Aoussine), Patrick Mille (Fredy Babitchev), Juliette Degenne (Jacqueline Masset), Laurent-Hennequin (Der Soldat), Olivier Pajot, Bernard Farcy
Drehbuch: Nico Papatakis
Kamera: William Lubtchansky (Farbe)
Musik: Bruno Coulais
Schnitt: Delphine Desfons
Produktion: Humbert Balsan für Paris Classics Prod./La Sept/FR3/Chevereau/ Caroline Prod. mit Centre National de la Cinematographie/La Fondation Gan pur le Cinema, Frankreich 1992
Verleih: Amazonas/-/-
Kinostart: 11.3.1993
Länge: 131 Min.

Der Film entstand nach einer Episode aus dem Leben des Schriftstellers Jean Genet. Erzählt wird die Geschichte vom herrischen Meister und seinem Spielzeug. In der ersten Stunde vermag der Regisseur zu fesseln, seine schlichte und präzise Inszenierung schildert eine beklemmende Abhängigkeit. Doch wartet man vergeblich auf Aufbegehren, Brüche und Umkehrungen des in Schwarz-Weiß-Malerei verharrenden Verhältnisses. »Die Equilibristen« wird zum eindimensionalen Drama. *tip, 6/93*

Sebastian Feldmann in: Rheinische Post, 12.3.93; Tilman Krause in: Der Tagesspiegel, 12.3.93; Stefan Meyer in: Zitty, 5/93

Equinox 243

EQUINOX ***

Regie: Alan Rudolph
Darsteller: Matthew Modine (Henry/Freddy), Lara Flynn Boyle (Beverly), Tyra Ferrell (Sonya Kirk), Marisa Tomei (Rosie), Tate Donovan (Richie Nudd), Kevin J. O'Connor (Russell Frankel), Lori Singer (Sharon Ace), Gailard Sartain (Dandridge), M. Emmet Walsh (Pete Petosa), Fred Ward (Paris)
Drehbuch: Alan Rudolph
Kamera: Elliot Davis (Alpha Cine)
Musik: John Nutt
Schnitt: Michael Ruscio
Produktion: David Blocker für SC Ent., USA 1992
Uraufführung: 12.5.1992, Int. Filmfestspiele Cannes
Verleih: Delta/Constantin/-
Kinostart: 29.7.1993
Länge: 110 Min. – *FSK:* ab 16, ffr.

Es mag fast schon ironisch gemeint sein, daß Rudolph die Ausgangssituation des Schwarzenegger-Blockbusters »Twins« – ein Zwillingspaar, das in verschiedenen sozialen Umwelten aufwächst – benutzt, um daraus ein ausgefuchstes Charakterdrama zu schmieden. Matthew

Lara Flynn Boyle, Matthew Modine in ›Equinox‹.

»Birdy« Modine spielt in einer Doppelrolle sowohl einen ehrgeizigen Gangster als auch einen schüchternen Lebensflüchtling, und wie Rudolph die beiden Zwillinge, die nichts voneinander ahnen, am Ende zusammenführt, ist von großer erzählerischer, aber auch formaler Eleganz. (…)

Gebhard Hölzl, Münchner Stadtmagazin

Steffen Jacobs in: Der Tagesspiegel, 29.7.93; Peter Körte in: FR, 29.7.93; Rupert Koppold in: Stgt. Zeitung, 26.8.93; Ulrich Lössl in: Zitty, 16/93; Christian Seebaum in: Kölner Stadt-Anzeiger, 14.8.93

Ein Erbe kommt selten allein 244

MOITIÉ MOITIÉ ***

TV

Regie: Paul Boujenah
Darsteller: Michel Boujenah (Arthur), Zabou (Sarah), Jean-Pierre Bisson (Sarahs Chef), Antoine Dulery (Xavier), Ged Marlon (Notar), Janine Darcey (Helena), Anais Jeanneret (Julie)
Drehbuch: Paul Boujenah, Victor Lanoux
Kamera: Yves Dahan (Eastmancolor)
Musik: Gérard Presgurvic
Schnitt: Luce Grunenwaldt
Produktion: Bob Zaremba für Joseph Prods./Générales d'Images, Frankreich 1989
Uraufführung: 15.2.1989, Paris
Verleih: -/-/-/
Sendetermin: 12.9.1993, ZDF, 15.20; 30.9.1993, ZDF, 11.00
Länge: 81 Min.

Leichtgewichtige Komödie über die Schwierigkeit ein ererbtes Haus mit Leben zu erfüllen.

Erinnerungen an das gelbe Haus 245

RECORDAÇOES DA CASA AMARELA ****

TV

Regie: Joao César Monteiro
Darsteller: Manuela de Freitas (Dona Violeta), Joao César Monteiro (Joao de Deus), Sabina Sacchi (Mimi), Teresa Calado (Menina Julieta), Ruy Furtado (Armando)
Drehbuch: Joao César Monteiro
Kamera: José António Loureiro (Farbe)
Musik: Franz Schubert, Antonio Vivaldi
Schnitt: Helena Alves, Claudio Martinez
Produktion: Joao Pedro Bénard, Joaquim Pinto für Invicta Filmes/GER, Portugal 1989
Uraufführung: 13.9.1989, Int. Filmfestspiele Venedig

Erstaufführung: 5. Low Budget Film Forum, Hamburg 1990
Sendetermin: 13.1.1993, West3, 22.45; 12.8.1993, SWF3, 23.15
Länge: 120 Min.

(...) Joao lebt weniger vom Geld, als von seinen Obsessionen: Schubert-Musik, Fußball, Wasser, in dem eine Frau gebadet hat, und Schlüssellöcher sind sein Lebenselixier. Seine wirkliche Passion aber ist Julieta, die Tochter der bigotten Pensionswirtin, die sich jedoch all seinen Annäherungen widersetzt.

Als sie ihn aus der Pension jagen, beginnt für Joao ein urbaner Leidensweg voller Absurditäten, der ihn von der Armenspeisung über einen Staatsstreich à la Köpenick bis ins Irrenhaus führt. Dort wird er von einem Engel wieder in die Stadt geschickt, mit den Worten: »Geh, und mach' ihnen Ärger...«. Mit dem letzten Bild beginnt ein neues Leben: In der Gestalt von Nosferatu kehrt Joao aus dem Untergrund zurück. (...)

Daniel Blum, Katalog Europäisches Low Budget Film Forum

Erotic Prison 246

UNA DONNA PER TUTTI *
Video

Regie: Frank De Niro
Darsteller: Malù, Mack Kilan, Rita Delle Torre, Olivia, Micaela
Drehbuch: Frank De Niro, Fanny
Kamera: Pasqualino Fanetti (Farbe)
Musik: Serfran
Schnitt: Joe Tozzo
Produktion: Gilberto Scarpellini für Union Film 1, Italien 1989
Verleih: -/-/-/Summit Video
Videostart: 9.6.1993
Länge: 78 Min. – *FSK:* ab 18 J.

Lebensbeichte einer Anwältin. Spekulatives, ungenießbares Billigstprodukt eines italienischen Softsexfilmers mit Pseudonyme.

Es lebe die Liebe, der Papst und das Puff 247

**

Regie: Peter Patzak
Darsteller: Massimo Ghini (Wolf), Sonja Kirchberger (Isis), Sophie Renoir (Billi), Hans Peter Heinzl (Paul), Andrej Hryc, Dagmar Ferncikova, Michaela Mikulaskova
Drehbuch: Peter Patzak, Fedor Mosnak
Kamera: Martin Stingl (Farbe)
Musik: Christine Jones, Karl Ratzer, Attersee, Peter Patzak
Schnitt: Michou Hutter
Produktion: Norbert Blecha für Terra-Film, Österreich 1992
Uraufführung: 21.10.1993, Viennale, Wien
Verleih: -/Terra/-
Kinostart: Nov. 1993
Länge: 106 Min.

In der Auseinandersetzung eines ungleichen Brüderpaares – eines skrupellosen Waffenschiebers und eines feisten, vielfressenden »Monsignore« aus dem Vatikan, soll über Macht und Moral reflektiert werden. Als surreal schrille Farce angelegt und quasi im Stegreif gedreht, scheitert Patzak diesmal leider. Vordergründig billig provokante Bilder, unausgegorene Phrasenhaftigkeit und stilistische Unentschiedenheiten verhindern, daß der Film eine ernstzunehmende Satire wird. Ein furzender Pfaffe bringt zwar billige Lacher, aber im übrigen macht sich, trotz manch einzelner schräger Ideen, bald Langeweile breit.

multimedia

Evil Toons 248

EVILTOONS *
Video

Regie: Fred Olen Ray
Darsteller: David Carradine (Gideon), Monique Gabrielle (Megan), Suzanne Ager (Terry), Madison Stone (Roxanne), Stacey Nix (Jan), Dick Miller
Drehbuch: Sherman Scott
Kamera: Gary Graver (Farbe)
Musik: Chuck Cirino
Schnitt: Greg Schorer
Produktion: Victoria Till für American Independent, USA 1990
Verleih: -/-/-/Highlight Video
Videostart: Sept. 1993
Länge: 85 Min. – *FSK:* ab 16 J.

Vier junge Mädchen verdienen sich ihr Studium mit Gelegenheitsjobs. Diesmal sollen sie ein verlassenes Geisterhaus auf Hochglanz bringen, doch in dem Haus lauert das Böse. Peinliche Mischung aus Horror- und Animationsfilm.

Frank Klubertz in: film-dienst, 18/93

Excessive Force 249

EXCESSIVE FORCE *

Regie: Jon Hess
Darsteller: Thomas Ian Griffith (Terry McCain), Charlotte Lewis (Anna Gilmour), Lance Henrikson (Raymond Devlin), James Earl Jones (Jake), Burt Young (Sal Di Marco), Tom Hodges (Dylan), Tony Todd (Frankie Hawkins), Richard Mawe (Sam), W. Earl Brown
Drehbuch: Thomas Ian Griffith
Kamera: Donald M. Morgan (Deluxe)
Musik: Charles Bernstein
Schnitt: Alan Baumgarten
Produktion: Oscar L. Costo für New Line Cinema mit Ian Page Prods./3 Arts, USA 1992
Verleih: UIP/UIP/UIP/Warner Home Video
Kinostart: 15.7.1993
Länge: 86 Min. – *FSK:* ab 18, nffr.

Ein Chicagoer Drogencop kämpft mit allen Mitteln gegen organisiertes Verbrechen und Korruption. Das absolute Fehlen von Handlung können Drehbuch, darstellerische Leistungen oder Regie nicht vertuschen, ganz im Gegenteil. Ein dümmliches und gewaltverherrlichendes Filmchen. *multimedia*

Frank Arnold in: Zitty, 15/93; Jochen Metzner in: Der Tagesspiegel, 16.7.93

Exposure – Die hohe Kunst des Tötens 250

EXPOSURE ***

Video

Regie: Walter Salles Jr.
Darsteller: Peter Coyote (Peter Mandrake), Amanda Pays (Marie), Tcheky Karyo
Drehbuch: Rubem Fonseca
Kamera: Jose Roberto Eliezer (Farbe)
Musik: Jurgen Kneiper, Todd Bekelheide
Schnitt: Isabelle Rathery
Produktion: Alberto Flaksman für Paulo Carlos de Brito, Brasilien 1991
Uraufführung: 2.6.1991, Noir Festival Viareggio
Verleih: -/-/-/Columbia TriStar Video
Videostart: 6.4.1993
Länge: 100 Min. – *FSK:* ab 18 J.

Wegen des Besitzes einer ominösen Diskette wird ein Callgirl bestialisch ermordet. Ihr einziger Freund macht sich auf die Suche nach dem Täter. Einigermaßen akzeptable Krimi-Unterhaltung.

Extreme Justice 251

EXTREME JUSTICE **

Video

Regie: Mark L. Lester
Darsteller: Scott Glenn (Dan Vaughn), Lou Diamond Phillips (Jeff Powers), Chelsea Field (Kelly Daniels), Yaphet Kotto (Larson), Andrew Divoff (Angel), Richard Grove (Lloyd), William Lucking (Cusack), Ed Lauter (Captain Shafer)
Drehbuch: Frank Sacks, Robert Boris
Kamera: Mark Irwin (Farbe)
Musik: David Michael Frank
Schnitt: Donn Aron
Produktion: Frank Sacks für Trimark Pic., USA 1992
Verleih: -/-/-/VMP Video
Videostart: 11.10.1993
Länge: 91 Min. – *FSK:* ab 18 J.
(gekürzte Fassung, 86 Min., ab 16 J.)

Wegen seines harten Durchgreifens vom Dienst suspendierter Polizist landet bei einer Spezialeinheit, dessen Boss bei der Verbrecherjagd keine Gesetze kennt. Brutales, laut lärmendes Lynchjustizfilmchen ohne nennenswerte Qualitäten.

F-117A Stealthwar

252
**

INTERCEPTOR

Video

Regie: Michael Cohn
Darsteller: Andrew Divoff (Capt. Christopher Winfield), Elizabeth Morehead (Maj. Janet Morgan), Jürgen Prochnow (Phillips), J. Kenneth Campbell (Ingenieur), Jon Cedar (Elliot), Daniel Namath (Lt. Rheinbeck), Woodford Croft (Col. Simmons), Lawrence Cook (Maj. Haroldson), Michael Buice (Rand), Rick Marzan
Drehbuch: John Brancato, Michael Ferris
Kamera: Lee Redmond; Sam Nicholson (Flugminiaturen) (Farbe)
Musik: Rick Marvin
Schnitt: Glenn Morgan
Produktion: Kevin M. Kallberg, Oliver G. Hess für Hess-Kallberg Prod., USA 1992
Verleih: -/-/-/VPS Video
Videostart: Dez. 1992
Länge: 89 Min. – *FSK:* ab 18 J. (geänderte Fassung 85 Min., ab 16 J.)

Skrupellose Verbrecher entführen militärisches Flugzeug, um dessen höchst geheime Fracht, ein neuartiger Jet, zu entwenden. Der übliche konfuse Action-Schwachsinn mit Jürgen Prochnow als Sahnehäubchen.

Klaus Brühne in: film-dienst, 1/93

Der Fall Lucona

253
***

Regie: Jack Gold
Darsteller: David Suchet (Rudi Waltz), Jürgen Prochnow (Hans Strasser), Dominique Sanda (Lili Wolff), Friedrich von Thun (Weidenfeld, Verteidigungsminister), Heinz Schubert (Kurt Bach, Innenminister), Hans Michael Rehberg (Bobby Falk, Außenminister), Günther Maria Halmer (Kapitän Leeuwen), Franco Nero (Enzo Lombardo), Eisi Gulp, Georg Marischka
Drehbuch: Jim Hawkins, nach dem gleichn. Roman von Hans Pretterebner
Kamera: Gernot Roll (Farbe)
Musik: John Scott
Schnitt: Keith Palmer
Produktion: Herbert Kloiber, Veit Heiduschka für Tele München mit Wega Film/ZDF/RCS/ABC, BRD/Österreich 1993
Uraufführung: 6.5.1993, Wien
Verleih: Concorde/Constantin/Alexander Film/VCL/Carolco Video
Kinostart: 10.6.1993
Länge: 119 Min. – *FSK:* ab 12, ffr.
FBW: Wertvoll

Die Geschichte des Udo Proksch, der wegen Versicherungsbetrugs, Sprengung eines Schiffs mit Mord an sechs Menschen nach Aufdeckung durch einen Journalisten und Auffindung des Wracks in zweiter Instanz zu lebenslänglichem Kerker verurteilt wurde, als Thema eines insgesamt nur mittelmäßigen Abenteuerfilms, der Tatsachen und Phantasie recht unbekümmert vermischt und die politischen Hintergründe nur unzulänglich deutlich macht. *multimedia*

Frank Arnold in: Zitty, 12/93; Frauke Hartmann in: FR, 12.6.93; Thomas Klingenmaier in: Stgt. Zeitung, 12.6.93; H.G. Pflaum in: SZ, 11.6.93; Ponkie in: AZ, 9.6.93

Falling Down – Ein ganz normaler Tag

254
****

FALLING DOWN

Regie: Joel Schumacher
Darsteller: Michael Douglas (D-Fens), Robert Duvall (Prendergast), Barbara Hershey (Beth), Rachel Ticotin (Sandra), Tuesday Weld (Mrs. Prendergast), Frederic Forrest (Armee-Shop-Eigentümer), Lois Smith (D-Fens Mutter), Joey Hope Singer (Adele), Ebbe Roe Smith, Michael Paul Chan
Drehbuch: Ebbe Roe Smith
Kamera: Andrzej Bartkowiak (Technicolor)
Musik: James Newton Howard
Schnitt: Paul Hirsch
Produktion: Arnold Kopelson, Herschel Weingrod, Timothy Harris für Regency mit Le Studio Canal plus/Alcor für Warner Bros., USA 1993
Uraufführung: Int. Filmfestspiele Cannes, 1993
Verleih: Warner Bros./dto./dto./ Warner Home Video
Kinostart: 3.6.1993
Länge: 112 Min. – *FSK:* ab 16, ffr.
FBW: Wertvoll

Ein namenloser »Jedermann« dreht in der Sommerhitze von Los Angeles während eines endlosen Autostaus durch und begegnet den Frustrationen des amerikanischen Großstadtalltags mit zorniger und zunehmender Gewalttätigkeit, die sich insbesondere gegen Farbige richtet. Realistische Beschreibung von Auswüchsen und Mißständen, die sich mit rassistischen gesellschaftlichen

Die Lunte brennt: Michael Douglas als menschliche Zeitbombe in ›Falling Down‹.

Vorurteilen aller Art vermischt. In seiner vornehmlich emotionalen Argumentation täuscht der Film über die wirklichen Ursachen der gesellschaftlichen Probleme hinweg. *Zoom*

Michael Althen in. SZ, 5.6.93; Heiko R. Blum in: Rheinische Post, 4.6.93; Brigitte Desalm in: Kölner Stadt-Anzeiger, 5.6.93; Angie Dullinger in: AZ, 3.6.93; Peter Körte in: FR, 3.6.93; Rupert Koppold in: Stuttgarter Zeitung, 3.6.93; Martin Rabius in: epd Film, 6/93

Eine Familie namens Beethoven 255
BEETHOVEN'S 2ND ***

Regie: Rod Daniel
Darsteller: Charles Grodin (George Newton), Bonnie Hunt (Alice Newton), Nicholle Tom (Ryce Newton), Christopher Castile, Sarah Rose Karr, Debi Mazar, Chris Penn (Floyd)
Drehbuch: Len Blum, nach den Charakteren von Edmond Dantes, Amy Holden Jones
Kamera: Bill Butler (Deluxe)
Musik: Randy Edelman
Schnitt: Sheldon Kahn, William D. Gordean
Produktion: Michael C. Gross, Joe Medjuck für Universal, USA 1993
Uraufführung: 17.12.1993, New York
Verleih: UIP/UIP/UIP/CIC Video
Kinostart: 16.12.1993
Länge: 88 Min. – *FSK:* o.A., ffr.
FBW: Wertvoll

Der Bernhardiner »Beethoven« gründet in diesem Fortsetzungsfilm eine Familie, die er tatkräftig vor der Besitzgier eines zwielichtigen Pärchens schützt. Gleichzeitig macht die 15jährige Hundehalterin Ryce erste Erfahrungen in Sachen Liebe. Dank den drollig-liebenswerten Hundeviechern anspruchslos unterhaltender Familienfilm, der allerdings, weil ebenso phantasielos wie flüchtig konzipiert und inszeniert, nicht einmal den Qualitätsstandard seines Vorgängerfilms erreicht. *Zoom*

Milan Pavlović in: Kölner Stadt-Anzeiger, 18.12.93

Familienstreß 256
STEPKIDS ***
Video

Regie: Joan Micklin Silver
Darsteller: Griffin Dunne, Dan Futterman, Patricia Kalember, Adrienne Shelly, Margaret Whitton, Hillary Wolf, David Strathairn
Drehbuch: Frank Mugavero, nach einer Story von Frank Mugavero, Melissa Goddard, Mark Goddard
Kamera: Theo Van De Sande (Farbe)
Musik: Patrick Williams
Schnitt: Janice Hampton
Produktion: Laurie Perlman, Gerald T. Olson für New Line Cinema, USA 1991
Verleih: -/-/-/Condor Video
Videostart: 23.2.1993
Länge: 100 Min. – *FSK:* ab 12 J.

Die 13jährige Laura nimmt vor der Hochzeit ihrer Mutter mit einem dreifachen Vater Reißaus. Sensibler, mitunter witziger Familienfilm über die Probleme komplizierter Familienverhältnisse.

Fanfan & Alexandre 257
FANFAN & ALEXANDRE ***

Regie: Alexandre Jardin
Darsteller: Sophie Marceau (Fanfan), Vincent Perez (Alexandre), Marine Delterme (Laure), Gérard Séty (Ti), Bruno Todeschini (Paul), Micheline Presle (Maude), Ariel Semenoff
Drehbuch: Alexandre Jardin, nach seinem gleichn. Roman
Kamera: Jean-Yves Le Mener (Farbe)
Musik: Nicolas Jorelle
Schnitt: Joelle Hache; Claire Pinheiro
Produktion: Alain Terzian für Gaumont-France 3 mit Canal plus, Frankreich 1993
Verleih: Jugendfilm/Constantin/Constantin
Kinostart: 18.11.1993
Länge: 91 Min. – *FSK:* ab 12, ffr.

Alexandre liebt Fanfan. Doch um die Liebe zu ihr quasi unsterblich zu machen, verbietet er es sich, seinem Verlangen nach Fanfan nachzugeben. Innerhalb dieser Zweierbeziehung entfacht sich ein Kampf um die Tauglichkeit der »romantischen Liebe«. Ein Schriftsteller verfilmt seinen eigenen Roman und scheitert daran, da das Drehbuch einerseits inhaltlich zu oberflächlich bleibt und andererseits dem Film die für eine gelungene Komödie nötige Leichtigkeit entzieht. *multimedia*

(...) Was eher gesucht spielerisch und sogar zickig anfängt, bekommt mit zunehmender Zeit eine rührende Ernsthaftigkeit. *Kölner Stadt-Anzeiger*

Sebastian Feldmann in: Rheinische Post, 19.11.93; Fritz Göttler in: SZ, 22.11.93; W.O.P. Kistner in: AZ, 18.11.93

Faruch, mein Bruder 258
BRATAN ***
TV

Regie: Bachtijar Chudojnasarow
Sendetermin: 29.9.1993, ARD, 23.05

Fernsehtitel für: → ›Bratan‹.

Lief bereits 1992 in der Schweiz im Kino, daher vollständige Angaben und Kritik im Heyne Filmjahrbuch 1993.

Fatal Instinct 259

TO KILL FOR **

Video

Regie: John Dirlam
Darsteller: Michael Madsen (Cliff Burden), Laura Johnson (Catherine), Tony Hamilton (Bill Hook), Tommy Redmond Hicks (Captain Mershew), Richard Foranjy (Cy Tarr)
Drehbuch: George D. Putnam
Kamera: John Dirlam (Farbe)
Musik: Stephen Allen, Bobby Crew
Schnitt: Rachel Igel
Produktion: Stacy Codikow für Baby Dica Prod./Moviestore Ent., USA 1991
Verleih: -/-/-/Starlight Video
Videostart: Mai 1993
Länge: 93 Min. – *FSK:* ab 16 J.

Polizist verliebt sich – wie originell – in die Hauptverdächtige in einem Mordfall, nimmt aber auch – noch origineller! – ihren Psychiater unter die Lupe. Unorigineller Thriller.

Joe Hill in: film-dienst, 12/93

Fatale Leidenschaft 260

INNER SANCTUM *

Regie: Fred Olen Ray
Darsteller: Tanya Roberts (Lynn Foster), Margaux Hemingway (Anna Rawlins), Joseph Bottoms (Baxter Reed), Valerie Wildman (Jenny Reed), William Butler (Jeff Seigel), Bret Clark (Neil)
Drehbuch: Mark Thomas McGee
Kamera: Michael Delahoussaye (Farbe)
Musik: Chuck Cirino
Schnitt: Steve Nielson
Produktion: Alan Amiel für Vision Int., USA 1991
Verleih: Ascot (geplant 27.8.92, nicht gestartet)/VMP Video
Kinostart: Juli 1993
Länge: 89 Min. – *FSK:* ab 16 J.

Um die gelähmte Gattin um die Ecke zu bringen, heuert sexversessener Ehemann eine Pflegerin mit einschlägiger Erfahrung an. Von Sexsequenzen unterbrochener Psychothriller.

Die Federtasche 261

OH, XIANG XUE ***

Regie: Wang Haowei
Darsteller: Xue Bai (Xiang Xue), Zhuang Li (Feng Jiao), Tang Ye (Duo'er), Ma Enran
Drehbuch: Tie Ning, Wang Liu, Xie Xiaojin, nach einer Vorlage von Tie Ning
Kamera: Li Chengsheng (Farbe)
Musik: Zhang Qianyi
Schnitt: Zhang Qian, Qian Lengleng
Produktion: Beijing Film Studio »Kinderfilmstudio«, China 1989
Erstaufführung: 20.2.1991, Int. Filmfestspiele Berlin »Kinderfilmfest« TV:12.12.1993, Nord3, 15.00
Länge: 85 Min.

Eine Aneinanderreihung wunderschöner Bilder ohne rechte Geschichte. Ein kleines Dorf in den Bergen, bäuerliches Leben noch ganz in der alten Tradition, der Zug, der für Minuten den Fortschritt in Form von Plastik und Elektronik herbeikarrt, fünf Mädchen, deren Augen groß werden vor Sehnsucht. Handlung nach unserer Vorstellung findet nicht statt, dennoch zwingt der Film zum Hinsehen und Verweilen. *AZ, 26.2.91*

Der Feind im eigenen Haus 262

FALLING FROM GRACE **

Video

Regie: John Mellencamp
Darsteller: John Mellencamp (Bud Parks), Kay Lenz (P.J. Parks), Mariel Hemingway (Alice Parks), Claude Akins (Speck Parks), Larry Crane (Ramey Parks), Deidre O'Connell (Sally Cutler), Dub Taylor (Großvater Parks), Kate Noonan, Brent Huff
Drehbuch: Larry McMurtry
Kamera: Victor Hammer (Technicolor)
Schnitt: Dennis Virkler
Produktion: Harry Sandler für Little b Pic., USA 1992
Verleih: -/-/-/Columbia TriStar Home Video
Videostart: 19.1.1993
Länge: 96 Min. – *FSK:* ab 12 J.

Popstar kehrt ruhmbekleckert in sein Heimatkaff zurück und pflegt – ganz flatterhafte Künstlerseele – trotz Ehering diverse Liebschaften. Ohne Sinn für Filmdramaturgie und Kino-Optik setzt sich (Popstar) Mellencamp entsprechend der Story banalst in Szene.

Female Misbehavior 263

**

Regie: Monika Treut
Darsteller: Annie Sprinkle, Carol, Camille Paglia, Max Valerio
Kamera: Elfi Mikesch, Monika Treut (Farbe)

Schnitt: Monika Treut
Produktion: Hyäne Filmprod., BRD/USA 1983–1993
Verleih: Filmwelt/Einhorn/-
Kinostart: 25.2.1993
Länge: 80 Min.

Kompilation von vier Dokumentarfilmen, Kurzporträts von vier außergewöhnlichen Frauen in der Revolte gegen geschlechtsspezifische und moralische Konventionen: die Sexualartistin Annie Sprinkle, die Sadomasochistin Carol D., die intellektuelle Feministin Camille Paglia und Max, geborene Anita, die sich mit Hilfe von Chirurgie von einer Frau zum Mann wandeln will. Inhaltlich sehr interessant, formal, abgesehen vom Sprinkle-Porträt, weniger aufregend.
Ralph Umard, tip, 5/93

Gebhard Hölzl in: Münchner Stadtmagazin, 5/93; Steffen Jacobs in: Der Tagesspiegel, 28.2.93

La Femme normale 264
SAM SUFFIT ***

Regie: Virginie Thévenet
Darsteller: Aure Attika (Eva), Philip Bartlett (Peter), Rossi de Palma (Chichi), Claude Chabrol (Monsieur Denis), Jean-François Balmer (Monsieur Albert), Bernadette Lafont (Evas Mutter), Marilu Marini (Tatiana Grcchi), Cyliane Guy, Magaly Berdy, Bass Dhem
Drehbuch: Viginie Thévenet, Michka Assayas
Kamera: Jean-François Robin, José Luis Alcaine (Fujicolor)
Musik: Keziah Jones
Schnitt: Catherine Renault, Luc Barnier
Produktion: Michel Propper, Edward Myerson für Prod. du 3ème Etage/Paris Eiga/Tokyo Cité Films/Paravision/Parafrance/Figerindo/ Victor Musical/Canal Plus/Investimage 3/- Centre National de la Cinématographie, Frankreich 1992
Erstaufführung: 28.6.1993, Filmfest München
Verleih: Sputnik/-/-
Kinostart: 4.11.1993
Länge: 95 Min. – *FSK:* ab 12, ffr.

Eva, 20 Jahre, arbeitet als Stripperin auf einem Jahrmarkt in Barcelona. Als man versucht, sie übers Ohr zu hauen, schnappt sie sich die Kasse und gibt Fersengeld. Eva hat die Schnauze voll von ihrem flippigen Leben und kehrt nach Frankreich zurück. Sie will jetzt endlich ein normales Leben führen, mit fester Arbeitszeit und geregeltem Einkommen. Sie besorgt sich alle nötigen Papiere, bewirbt sich um eine Stelle am Rathaus und bekommt sie sogar. Aber ganz so leicht ist es auch wieder nicht, sich von heute auf morgen vom Paradiesvogel in einen Spatzen zu verwandeln.
Eine vergnügliche, respektlose und erfrischend unkonventionelle Komödie, die vom Ton her irgendwo zwischen Nouvelle Vague und Almodóvar anzusiedeln wäre. *Katalog Filmfest München*

Dorothee Nolte in: Der Tagesspiegel, 4.11.93; Christian Seebaum in: Kölner Stadt-Anzeiger, 11.12.93

Ferngully – Christa und Zaks Abenteuer im Regenwald 265
FERNGULLY – THE LAST RAINFOREST ***

Regie: Bill Kroyer
Originalstimmen und ihre Rollen: Tim Curry (Hexxus), Samantha Mathis (Crysta), Christian Slater (Pips), Jonathan Ward (Zak), Robin Williams (Batty Koda), Grace Zabriskie (Magi Lune), Geoffrey Blake (Ralph), Robert Pastorelli (Tony), Cheech Marin (Stump), Tommy Chong
Drehbuch: Jim Cox, nach den Storys »FernGully« von Diana Young
Kamera: (Deluxe)
Musik: Alan Silvestri (Score), Tim Sexton, Becky Mancuso
Schnitt: Gillian Hutshing
Produktion: Wayne Young, Peter Faiman für FAI Films mit Youngheart Prods./Young & Faiman Prod., USA 1992
Erstaufführung: Int. Filmfestspiele Berlin 1992, »Work in Progress: Sondervorführung«
Verleih: 20th Century Fox/-/20th Century Fox/Fox Video
Kinostart: 1.4.1993
Länge: 76 Min. – *FSK:* o.A.
FBW: Wertvoll

Die von Menschen und ihren riesigen Maschinen veranlaßte Zerstörung des Regenwaldes bedroht Tiere und Fabelwesen, die sich mit Tricks und Zaubereien dagegen erfolgreich zur Wehr setzen. Ein auf Elfengröße geschrumpfter Waldarbeiter hilft den Bewohnern des letzten intakten Regenwaldes gegen die Bedrohung durch den Menschen und einen bösen Waldgeist. Tricktechnisch überzeugendes Öko-Märchen, das auch jüngere Zuschauerinnen und Zuschauer für sein Anliegen einzunehmen vermag. (In der deutschen Version wird der Film durch die Synchronisation leider erheblich beeinträchtigt.) *Zoom*

Andreas Conrad in: Der Tagesspiegel, 3.4.93

Das Feuer – das Herz in beiden Händen 266

TRIPAS CORACAO ***

TV

Regie: Joaquim Pinto
Darsteller: Manuel Wiborg (Armando), Elsa Batalha (Beatriz), Leonor Silveira (Leonor), Antonio Pires (Lazaro), Armando Cortez (Hauptmann), Joao Pedro Bernard (Lauro), Marcia Brecia (Clara), Jorge Silva Melo (Theateraufseher), Cecilia Guimaraes (Alice), Sandra Pimentel (Elektriker)
Drehbuch: Joaquim Pinto
Kamera: Sophie Maintigneux (Farbe)
Schnitt: Claudio Martinez
Produktion: Paulo Brancho für Televisaeo Portuguesa Madragon/La Sept, Portugal 1992
Verleih: -/-/-/
Sendetermin: 21.6.1993, Arte, 22.50
Länge: 70 Min.

Armando und Beatriz, zwei rothaarige Zwillinge, verwirklichen ihren Traum und werden Feuerwehrleute. Sie beginnen sich zu entfremden, als Armando seine erste Leidenschaft zu einer Nachbarin spürt. Von diesem Moment an halluziniert Beatriz.

Feuer an Bord von Flug 1501 267

CRASH: THE MYSTERY OF FLIGHT 1501 ***

TV

Regie: Philip Saville
Darsteller: Cheryl Ladd (Diane), Doug Sheehan (Greg), Jeffrey DeMunn, Frederick Coffin, Peter Jurasik, Jim Metzler, Jeff McCarthy, Moira Walley, Doug Sheehan, Ray Blunk
Drehbuch: E. Arthur Kean
Kamera: Paul Lohmann (Farbe)
Musik: Mark Snow
Schnitt: Ed Abroms
Produktion: Lee Rafner für Consolidated/Schaefer-Karpf/Citadel Pic., USA 1990
Uraufführung: 18.11.1990, NBC
Verleih: -/-/-/
Sendetermin: 9.12.1993, RTL, 20.15
Länge: 120 Min.

Dem schwerverletzten Piloten Greg Halstead wird die Schuld an den 187 Toten bei der Flugzeugkatastrophe von Dalston gegeben. Seine Frau Diane kämpft verzweifelt und mit allen Mitteln um den guten Ruf ihres Mannes.

Fieberhaft – Undercover in der Drogenhölle 268

RUSH ***

Regie: Lili Fini Zanuck
Darsteller: Jennifer Jason Leigh (Kristen), Jason Patric (Jim), Sam Elliott (Walker), Max Perlich (Dodd), Gregg Allman (Gains), William Sadler (Nettle)
Drehbuch: Pete Dexter, nach dem gleichn. Roman von Kim Wozencraft
Kamera: Kenneth Mac Millan (Deluxe)
Musik: Eric Clapton
Schnitt: Mark Warner
Produktion: Richard D. Zanuck für The Zanuck Comp./MGM/Pathé Comm., USA 1991
Verleih: UIP (geplant 19.3.92, nicht gestartet)/VMP Video
Kinostart: 29.1.1993
Länge: 116 Min. – *FSK:* ab 16 J.

Mitte der 70er Jahre dringt ein Polizisten-Pärchen in die texanische Drogenszene ein und wird selbst süchtig. Halbwegs akzeptabler Thriller.

Wolfgang Brudny in: film-dienst, 4/93

Final Judgement – Henker im Meßgewand 269

FINAL JUDGEMENT

Regie: Louis Morneau

Weiterer Verleihtitel für: → ›Henker im Meßgewand‹.

Final Pulse 270

FINAL PULSE **

Video

Regie: Jerrold Freedman
Darsteller: Denis Arndt, Mark Blum,, Suzzane Douglas, Anthony Dean Fields, Christina Haag
Drehbuch: Michael Braverman
Kamera: Francis Kenny (Farbe)

Musik: Sylvester Levay
Schnitt: Robert F. Shugrue
Produktion: R.W. Goodwin für Warner Bros. TV, USA 1992
Verleih: -/-/-/Warner Home Video
Videostart: Juni 1993
Länge: 88 Min. – *FSK:* ab 16 J.

Geheimnisvolle Epidemie unter Prostituierten und Verbrechern entpuppt sich als Folge skrupelloser Menschenversuche eines irren Arztes. Überraschungsloser und spannungsarmer Weißkittel-Thriller.

Joe Hill in: film-dienst, 15/93

Final Sanction – Zum Töten gedrillt 271

THE FINAL SANCTION *

Video

Regie: David A. Prior
Darsteller: Ted Prior (Sgt. Tom Batanic), Robert Z'dar (Sergei), Reneé Cline (Lt. Tavlin), David Fawcett (Gen Royston), William Smith (Galashkin), Barry Silverman (Senator), Graham Timbes (Koshkin), Tracy Benedict (Claire), Stephen R. James (Gross)
Drehbuch: David A. Prior
Kamera: Andrew Parke (Farbe)
Musik: Tim James, Garm Beall, Steve McClintock
Schnitt: Christopher Reynolds
Produktion: David Marriott für Action Int. Pic., USA 1990
Verleih: -/-/-/Columbia TriStar Home Video
Videostart: November 1993
Länge: 84 Min. – *FSK:* ab 18 J.

Ein Kalter-Kriegs-Film der übelsten Sorte: Die Führer der USA und der Sowjetunion lassen zwei trainierte »Stellvertreter« gegeneinander antreten. Formal wie inhaltlich indiskutabel.

Die finstere Sonne 272

IL SOLE BUIO **

TV

Regie: Damiano Damiani
Darsteller: Jo Champa (Lucia), Michael Paré (Ruggero Brickman), Phyllis Logan (Jurist), Erland Josephson, Leopoldo Trieste
Drehbuch: Damiano Damiani, Ennio de Concini
Kamera: Nino Celeste (Farbe)
Musik: Riz Ortolani
Schnitt: Enzo Meniconi
Produktion: Mario Cecchi, Vittorio Cecchi für Cecchi Gori Group Tiger Cinematografica Prod., Italien 1990
Verleih: -/-/-/
Sendetermin: 21.3.1993, Premiere, 22.00
Länge: 107 Min.

Junger Italo-Amerikaner holt in Sizilien Italienerin aus der Besserungsanstalt und gerät nach der Ermordung ihres Vaters in lebensgefährlichen Kontakt mit der Mafia. Trotz ernsthaftem Bemühen, die aktuelle Situation der Mafia zu beleuchten, fehlt es diesem Thriller an der dramatischen Wucht thematischer Vorgänger. *nach Variety*

Fiorile 273

FIORILE ***

Regie: Paolo und Vittorio Taviani
Darsteller: Claudio Bigagli (Corrado/Alessandro), Galatea Ranzi (Elisabeta/Elisa), Michael Vartan (Jean/Massimo), Renato Carpentieri (Old Massimo), Lino Capolicchio (Luigi), Constanze Engelbrecht (Juliette), Athina Cenci (Gina), Chiara Caselli (Chiara), Giovanni Guidelli (Elio), Norma Martelli (Livia)
Drehbuch: Sandro Petraglia, Paolo und Vittorio Taviani
Kamera: Giuseppe Lanci (Farbe)
Musik: Nicola Piovani
Schnitt: Roberto Perpignani
Produktion: Grazia Volpi, Jean-Claude Cecile, Luggi Waldleitner, Karl Spiehs für Filmtre-Gierre Film Prod. mit Penta Film/Florida Movies/La Sept Cinema/Canal Plus/Roxy-Film/K.S.-Film, Italien/Frankreich/BRD 1993
Uraufführung: Int. Filmfestspiele Cannes 1993
Erstaufführung: Filmfest München 1993
Verleih: Filmverlag/Constantin/Monopole Pathé
Kinostart: 14.10.1993
Länge: 118 Min. – *FSK:* ab 12, ffr.
FBW: Besonders wertvoll

Die Taviani Brüder kehren mit diesem Film zu ihrem alten Thema vom Kampf zwischen bürgerlichem Materialismus und revolutionären Idealen zurück. Am Beispiel einer zweihundertjährigen Familiengeschichte erzählen die Italiener parabelhaft über männliche Geldsucht und weibliche Leidenschaft, die sich in Mord und Unterdrückung manifestiert. Doch die Taviani Brüder haben ihren Marxismus längst für einen christlichen Moralismus aufgegeben, die unbeholfene Inszenierung und simplifizierende

Erzählweise sind der Beweis für die These der Einheit von Form und Inhalt.
André Simonoviescz, tip, 21/93

(...) Die Brüder Taviani erweisen sich erneut als Geschichtenerzähler hohen Ranges, denen auch hier eine Parabel von großer Bildkraft, von starkem ästhetischen und poetischen Reiz gelang.
multimedia

Heiko R. Blum in: Rheinische Post, 15.10.93; Peter Buchka in: SZ, 19.5.93; Anne Frederiksen in: Die Zeit, 15.10.93; Fritz Göttler in: SZ, 16.10.93; Thomas Klingenmaier in: Stgt. Zeitung, 14.10.93; Christian Seebaum in: Kölner Stadt-Anzeiger, 16.10.93

Fireballs – Jetzt wird's heiß 274
FIREBALLS **
Video

Regie: Charles Wiener
Darsteller: Goran Kalezic (Sam), Mike Strapko (Baduski), Eric Crabb (Keith Wilks), Al Eggen (Chief), Danny Wangle (Peter Wilks)
Drehbuch: Mike Strapko, Charles Wiener
Kamera: Barry Stone (Farbe)
Musik: The Press Gang
Schnitt: Hayden Streeter
Produktion: Mike Strapko für Double Helix/ Strapko/«Mega« Marbella Ent., USA 1989
Verleih: -/-/-/Warner Home Video
Videostart: 24.9.1993
Länge: 81 Min. – *FSK:* ab 18 J.

Auf die Feuerwehr bezogenes, etwas angejahrtes, schwachbrüstiges Pendant zur »Police Academy«-Epidemie.

Fireforce 275
FIREPOWER *
Video

Regie: Richard Pepin
Darsteller: Jim Hellwig (Drakon), Chad McQueen (Braniff), Gary Daniels (Sledge), Alisha Das (Lisa), Joseph Ruskin (Drexel), George Murdock (Cap. Croy)
Drehbuch: Michael January
Kamera: Ken Blakey (Farbe)
Musik: John Gonzales
Schnitt: Paul G. Volk
Produktion: Joseph Merhi, Richard Pepin für PM Ent., USA 1992
Verleih: -/-/-/VMP Video
Videostart: 25.10.1993
Länge: 90 Min. – *FSK:* ab 18 J. (gekürzte Fass. 71 Min., ab 16 J.)

Düstere Zukunftsvisionen um Anarchie und Drogenkriminalität dienen hier als Vorwand für pausenlose Kickbox-Action und Explosionsstunts.

Joe Hill in: film-dienst, 23/93

Die Firma 276
THE FIRM ***

Regie: Sydney Pollack
Darsteller: Tom Cruise (Mitch McDeere), Jeanne Tripplehorn (Abby McDeere), Gene Hackman (Avery Tolar), Hal Holbrook (Oliver Lambert), Terry Kinney (Lamar Quinn), Wilford Brimley (William Devasher), Ed Harris (Wayne Tarrance), Holly Hunter (Tammy Hamphill), David Strathairn (Ray McDeere), Gary Busey (Eddie Lomax)
Drehbuch: Robert Towne, David Rayfiel, David Rabe, nach dem gleichn. Roman von John Grisham
Kamera: John Seale (Technicolor/Deluxe)
Musik: Dave Grusin
Schnitt: William Steinkamp, Frederic Steinkamp
Produktion: Sydney Pollack, Scott Rudin, John Davis für John Davis/Scott Rudin/ Mirage, USA 1993
Uraufführung: 30.6.1993, New York
Verleih: UIP/UIP/UIP/CIC Video
Kinostart: 14.10.1993
Länge: 154 Min.
FSK: ab 12, ffr.
FBW: Wertvoll

Ein brillanter junger Anwalt bekommt eine gutdotierte Anstellung in einer renommierten Kanzlei angeboten. Zu spät entdeckt er, daß diese die Geschäfte der Mafia besorgt. Bedroht von seinen Arbeitgebern und dem FBI sucht er nach

›Die Firma‹ und ihr Boß Sydney Pollack.

einem Ausweg. Auf Breitenwirkung angelegte, gepflegte aber etwas langatmig geratene Verfilmung des Bestsellerromanes. *multimedia*

Peter Buchka in: SZ, 14.10.93; Sebastian Feldmann in: Rheinische Post, 15.10.93; Milan Pavlovic in: Rheinische Post, 16.10.93; Frank Schnelle in: FR, 14.10.93

First Light 277

FIRST LIGHT *

Video

Regie: Bob Misiorowski
Darsteller: Michael Paré (Sam Browning), Janis Lee (Kathryn Baker), Uri Gavriel (Izmit), Amos Lavie (Moraffar), Sasson Gabay (Khali)
Drehbuch: Edward Kovach
Kamera: David Gurfinkel (Farbe)
Musik: Vladimir Horunzky
Schnitt: Carmel Davis
Produktion: Jacob Kotzky, Sharon Harel, Edward Kovach für Capitol, GB 1991
Verleih: -/-/-/New Vision Video
Videostart: 19.1.1993
Länge: 87 Min. – *FSK:* ab 16 J.

Hellsichtiger US-Captain rettet Politikertochter aus dem kurdisch-iranischen Grenzgebiet. Mit viel Feuerwerk, wenig Budget und ohne Esprit in Szene gesetzter Action-Schrott.

Klaus Brühne in: film-dienst, 7/93

Fist of Honor 278

FIST OF HONOR **

Video

Regie: Richard Pepin
Darsteller: Sam Jones (Fist), Joey House (Gina), Abe Vigoda (Victor Malucci), Harry Guardino (Dino Diamond), Nicholas Worth (Tucchi), Frank Silvero (Frankie Pop), Bubba Smith (Johnson), Jambie Alba (Sammy Malucci), Ali Humiston (Alex)
Drehbuch: Charles T. Kanganis
Kamera: Ken Blakey (Farbe)
Musik: Louis Febré
Schnitt: Paul G. Volk, Richard Gentner
Produktion: Richard Pepin, Joseph Merhi für Pepin-Merhi Prod., USA 1992
Verleih: -/-/-/VPS Video
Videostart: 12.8.1993
Länge: 95 Min. – *FSK:* ab 18 J.

Junger Boxer landet zwischen den Fronten eines Mafia-Krieges in Los Angeles. Oberflächliches Action-Filmchen ohne erkennbare Qualitäten.

Flammen des Krieges 279

ELYSIAN FIELDS **

Video

Regie: Roger Young
Darsteller: Daniel Markel (Jackson Doyle), Tracy Griffith (Rebecca), Robert Foxworth (Henry), Kate Mulgrew (Antonia), Zack Calligan
Drehbuch: Geoffrey Thomas George, Richard Fielder
Kamera: Donald M. Morgan (Farbe)
Musik: John Debney
Schnitt: Benjamin A. Weissman, Scott Viakrey
Produktion: Albert J. Salzer für CBS/The Gerber Comp., USA 1993
Verleih: -/-/-/Fox Video
Videostart: 4.9.1993
Länge: 90 Min. – *FSK:* ab 12 J.

Kurz vor dem Ausbruch des Bürgerkriegs heiratet 1861 in Virginia die arme Rebecca einen reichen Pflanzer, der bald den Dienst an der Waffe antreten muß. Saumseliges Südstaatenmelodram, eine Orgie in Kitsch und Sentimentalität.

Joe Hill in: film-dienst

Der Floh 280

O PSYLOS ****

TV

Regie: Dimitris Spyrou
Darsteller: Pantelis Trivizas (Ilias Seiladis), Costoula Tsellou (Crinio, seine Freundin), Amalia Giza (Paraskevi, seine Mutter), Vassilis Kolovos (Anastos, sein Vater), Dimitris Spyrou (Galaxias), Dimitra Hatoupi (Apriliana, Journalistin)
Drehbuch: Dimitris Spyrou
Kamera: Prokopis Dafnos (Farbe)
Musik: Michalis Terzis
Schnitt: Christos Santatsoglou
Produktion: Dimitris Spyrou für Greek Film Centre, Griechenland 1990
Uraufführung: 17.2.1991, Int. Filmfestspiele Berlin »Kinderfilmfest«
Erstaufführung: Filmfest München 1991
Verleih: -/-/-/
Sendetermin: 20.2.1993, ORB3, 14.55
Länge: 108 Min.

Kinderfilm über einen 12jährigen Jungen, der in einem Bergdorf bei Olympia eine handgeschriebene Zeitung herausgibt und damit aneckt – bis die Bewohner ihn brauchen.

»Es gab ihn wirklich, diesen Jungen in Griechenland (…). Eine Absage an die Heuchelei der Erwachsenen und der

Wunsch, die Welt mit den unschuldigen Augen eines Kindes zu sehen – voller Hoffnung und Optimismus«
Manfred Hobsch, Berlinale Journal

Flucht durch die Nacht 281
SUNSTROKE **
Video

Regie: James Keach
Darsteller: Jane Seymour (Therese), Stephen Meadows (Dirk), Steve Railsback, Ray Wise, Don Ameche (Hotelier Jake), Mark Davenport, Kristina Betts, Bobby Joe McFadden
Drehbuch: Duane Poole
Kamera: Ross A. Maehl (Farbe)
Musik: John Debney
Schnitt: Ed Rothkowitz
Produktion: James Keach, Terence A. Donnelly für Wilshire Court, USA 1992
Uraufführung: 23.9.1993, USA Network
Verleih: -/-/-/CIC Video
Videostart: Juni 1993
Länge: 88 Min. – *FSK:* ab 16 J.

Auf der Suche nach der von ihrem Ex-Mann gekidnappten Tochter stolpert eine junge Frau in ein mörderisches Abenteuer. Simpel gestrickter Thriller.

Klaus Brühne in:film-dienst, 14/93

Flug in die Freiheit 282
LAST FLIGHT OUT ***
TV

Regie: Larry Elikann
Darsteller: Richard Crenna (Dan Hood), James Earl Jones (Al Topping), Eric Bogosian (Larry Rose), Stephen Tobolowsky (Dr. Timothy Brandon), Rosalind Chao (Tra Duong), Dr. Haing S. Ngor (Pham Van Minh), Elizabeth Lindsey (Mai Le), Arliss Howard (Jim Eckes), Barry Corbin, Lee Garlington
Drehbuch: Walter Halsey Davis
Kamera: Laszlo George (Farbe)
Musik: Christopher Young
Produktion: Norman I. Cohen, Marvin Miller für The Mannheim Co./Co-Star Ent. mit NBC, USA 1990
Uraufführung: 22.5.1990, NBC
Verleih: -/-/-/
Sendetermin: 28.8.1993, 20.15, RTL2
Länge: 120 Min.

Der Film beruht auf wahren Begebenheiten und erzählt die letzten Tage amerikanischer Flieger in Saigon. Im April 1975 stellt der Pilot Dan Hood fest, daß Saigon für kommerzielle Flüge nicht mehr sicher ist. Jeden Augenblick kann die Stadt in die Hände der Kommunisten fallen. Die Flieger müssen sich entscheiden, ob sie in der Stadt bleiben wollen oder nicht. Al Topping, der örtliche »Pan Am«-Manager und Dan Hood bereiten eine verbotene Evakuierung aus der Stadt vor. Es ist ein Kampf gegen die Zeit, aber sie setzen alles daran, aus der Stadt herauszukommen. *Pressetext RTL2*

Forbidden Love 283
FORBIDDEN LOVE ***

Regie: Aerlyn Weissman, Lynne Fernie
Darsteller: Stephanie Morgenstern (Laura), Lynne Adams (Mitch); Interviewte Frauen: Ann Bannon, Ruth Christine, Jeanne Healy, Reva Hutkin, Keely Moll, Nairobi, Stephane Ozard, Lois M. Stuart, Amanda White
Drehbuch: Aerlyn Weissman, Lynne Fernie
Kamera: Zoe Dirse (Farbe)
Musik: Kathryn Moses
Schnitt: Cathy Gulkin, Denise Boucher
Produktion: Margaret Pettigrew, Ginny Stikeman für National Film Board of Canada Studio D. Prod., Kanada 1992
Uraufführung: 15.4.1993, Int. Gay Film Festival, Turin
Verleih: -/FrauenFilmInitiative/-
Kinostart: Nov. 1993
Länge: 85 Min.

Die Dokumentation über Erfahrungen lesbischer Frauen im Kanada der 50er und 60er Jahre versucht keine allgemeine »Bewältigung« des Themas, sondern bietet einfache, meist fesselnde, ganz persönliche Lebensberichte, durch Spielszenen aufgelockert, kaum analysierend oder psychologisierend, sondern sehr direkt und emotionell. Der sozialkritische Hintergrund gewinnt im Bewußtsein des Zuschauers wie von selbst Konturen. Verstehen, vielleicht nicht der sexuellen Identitätsfindung dieser Frauen, gewiß aber ihres Menschseins, wird gefördert. *multimedia*

Forever young 284
FOREVER YOUNG / THE REST OF DANIEL **

Regie: Steve Miner
Darsteller: Mel Gibson (Daniel), Jamie Lee Curtis (Claire), Elijah Wood (Nat), Isabel

Liebe aus der Tiefkühltruhe: Jamie Lee Curtis und Mel Gibson in ›Forever Young‹.

Glasser (Helen), George Wendt (Harry), Joe Morton (Cameron), Nicholas Surovy (John), David Marshall Grant (Wilcox), Robbert Hy Gorman (Felix), Millie Slavin (Susan Finley)
Drehbuch: Jeffrey Abrams
Kamera: Russell Boyd (Technicolor)
Musik: Jerry Goldsmith
Schnitt: Jon Poll
Produktion: Bruce Davey für Icon Prod. mit Edward S. Feldman, USA 1992
Verleih: Warner Bros./dto./dto./Warner Home Video
Kinostart: 8.4.1993
Länge: 102 Min. – *FSK:* ab 6, ffr.

Aus Gram über seine infolge eines Verkehrsunfalls ins Koma gefallene Freundin Helen, seine große Liebe, läßt sich Testpilot Daniel von einem befreundeten Wissenschaftler versuchsweise tiefgefrieren. Er wird vergessen und erst 52 Jahre später zufällig wieder aufgetaut, worauf er sich in einer völlig fremdgewordenen Welt zurechtfinden muß und die Suche nach Helen, die wider Erwarten aus dem Koma erwacht war, aufnimmt. Ohne großen Elan inszenierter, dafür mit etlichen Klischees und Unwahrscheinlichkeiten garnierter, romantischer Science-Fiction-Film, mit Mel Gibson in einer ungewohnten Softy-Rolle. *Zoom*

Michael Althen in: SZ, 10.4.93; Frauke Hanck in: AZ, 8.4.93; Rupert Koppold in: Stgt. Zeitung, 8.4.93; Milan Pavlovic in: Kölner Stadt-Anzeiger, 10.4.93; Angela Schmitt-Gläser in: FR, 15.4.93

Fortress – Die Festung 285

FORTRESS **

Regie: Stuart Gordon
Darsteller: Christopher Lambert (John Brennick), Kurtwood Smith (Poe), Loryn Locklin (Karen Brennick), Lincoln Kilpatrick (Abraham), Clifton Gonzalez Gonzalez (Nino), Jeffrey Combs, Tom Towles, Vernon Wells
Drehbuch: Steve Feinberg, Troy Neighbors, Terry Curtis Fox
Kamera: David Eggby (CFI color)
Musik: Frederic Talghorn
Schnitt: Timothy Wellburn
Produktion: John Davis, John Flock für Village Roadshow Pic./Davis Ent., Australien/USA 1993
Verleih: Columbia TriStar/dto./20th Century Fox/Columbia TriStar Home Video (gekürzte Fassung 80 Min. ab 16 J.)
Kinostart: 24.6.1993
Länge: 89 Min. – FSK: ab 18, nffr.

In einem hochtechnologisierten unterirdischen Gefängnis mit 30 Stockwerken voller Menschen, die gegen die Gesetze einer Terrorherrschaft verstoßen haben, wagen ein ehemaliger Captain und seine Frau den abenteuerlich-erfolgreichen Ausbruch in die Freiheit. Reißerische Mischung aus Science-Fiction, Action und menschlicher Gefühlsbetontheit. Die ansatzweise sichtbar werdende Mahnung und Forderung, daß nur der angstüberwindende Mensch zum Kampf gegen Unmenschlichkeit befähigt sei, geht in harten Schock- und High-Tech-Effekten unter. *Zoom*

Michael Althen in: SZ, 28.6.93; Caroline Fetscher in: Der Tagesspiegel, 24.6.93; Otto Heuer in: Rheinische Post, 25.6.93; Hans Schifferle in: Kölner Stadt-Anzeiger, 26.6.93

Eine Frage der Ehre 286

A FEW GOOD MEN ****

Regie: Rob Reiner
Darsteller: Tom Cruise (Lt. J.G. Kaffee),

Tom Cruise und Demi Moore fragen nach Ehre und nach dem Gewissen.

Jack Nicholson (Col. Jessep), Demi Moore (Lt. Cdr. Galloway), Kiefer Sutherland (Lt. Kendrick), Kevin Bacon (Capt. Ross), Kevin Pollak (Lt. Weinberg), James Marshall (Pfc. Downey), J.T. Walsh (Lt. Col. Markinson), Christopher Guest (Dr. Stone), J.A. Preston
Drehbuch: Aaron Sorkin, nach seinem gleichn. Schauspiel
Kamera: Robert Richardson (Technicolor)
Musik: Marc Shaiman
Schnitt: Robert Leighton
Produktion: David Brown, Rob Reiner, Andrew Scheinman für Columbia/Castle Rock, USA 1992
Verleih: Columbia TriStar/dto./20th Century Fox/Columbia TriStar Home Video
Kinostart: 14.1.1993
Länge: 138 Min. – *FSK:* ab 12, ffr.
FBW: Wertvoll

In der US-Militärbasis Guantanamo auf Kuba wird ein Elitesoldat, ein Marine, von Kollegen umgebracht und Anwälte der Navy führen die Untersuchung gegen die Verantwortlichen. Rob Reiner macht aus dem Bühnenstück einen formal und dramaturgisch überzeugenden Gerichtsfilm, in dem es um die Ausleuchtung militärischer Hierarchien geht, um den Unsinn des Kadavergehorsams, und die Relativität jeder Rechtssprechung. Der Film verzichtet auf voyeuristische Action-Orgien, lebt von Milieuschilderung, Dialogen und überzeugendem Schauspiel. *Zoom*

Michael Althen in: SZ, 18.1.93

Otto Heuer in: Rheinische Post, 15.1.93; Milan Pavlović in: Kölner Stadt-Anzeiger, 16.1.93; Josef Schnelle in: FR, 19.1.93

Frameup 287

FRAMEUP ***

Regie: Jon Jost
Darsteller: Nancy Carlin (Beth-Ann Bolet), Howard Swain (Ricky-Lee Gruber), Kathryn Sannella (Angestellte), Richard Reynolds, P. G. Morat, Mark Elfert, Trevor Cabele
Drehbuch: Jon Jost
Kamera: Jon Jost (Monaco color)
Musik: Jon A. English
Schnitt: Jon Jost
Produktion: Henry S. Rosenthal für Complex Corp., USA 1993
Uraufführung: 29.1.1993, Sundance Film Festival, Park City, Utah
Erstaufführung: 13.2.1993, Int. Forum des Jungen Films, Berlin

Verleih: Freunde/Stöbergasse/-
Kinostart: Okt. 1993
Länge: 91 Min.

(…) Nicht neu, aber originär, nicht umwerfend, aber erfrischend, dekonstruiert »Frameup« die Möglichkeiten, eine Geschichte zu erzählen. Beth-Ann und Ricky-Lee – beide haben das Pulver nicht erfunden – lernen sich in einem öden Truckstop kennen. Sie verlieben sich, sie brechen auf zu Freiheit und Abenteuer und geraten mit dem Gesetz in Konflikt – bis zum bitteren Ende. Man kann diese Geschichte erzählen wie in »Bonny und Clyde«, wie in »Thelma und Louise« gar wie in Bucks »Wir können auch anders«. Oder eben wie Jon Jost, der unermüdliche Independent aus der Provinz, der alles andere als ein provinzieller Filmemacher ist. (…)

Peter Körte, FR, 19.2.93

(…) Jost entwickelt die Geschichte eines Verliererpärchens, das Sex mit Liebe verwechselt und im ziellosen Reisen durch die USA unbestimmte Träume verwirklichen will, in einer brillanten Erzählweise. Einzelbilder, Schwarz-Weiß-Passagen mit pseudodokumentarischem Charakter und Spielfilmfragmente bilden eine originelle, witzige Komposition, die zu der traurigen Story von Ricky-Lee und Beth-Ann in krassem Widerspruch steht. Das groteske Scheitern eines Raubüberfalls, mit dem sie ihren Trip finanzieren wollten, befördert sie auf eine andere Reise: per Todesspritze in den Himmel.

Der Tagesspiegel, 16.2.93

François Truffaut – Geraubte Portraits 288

FRANÇOIS TRUFFAUT – PORTRAITS VOLÉS ****

Regie: Serge Toubiana, Michel Pascal
Darsteller: Mit: Fanny Ardant, Olivier Assayas, Alexandre Astruc, Jean Aurel, Nathalie Baye, Janine Bazin, Marcel Berbert, Claude Chabrol, Yann Dedet, Gérard Depardieu
Drehbuch: Serge Toubiana, Michel Pascal
Kamera: Maurice Fellous, Jean-Yves Le Mener, Michel Sourioux (Farbe)
Musik: Joseph Haydn
Schnitt: Dominique B. Martin
Produktion: Monique Annaud für Chrysalide/France 2 Cinéma/INA/Maecenas Film/Premiere/Canal Plus, Frankreich/BRD 1993
Erstaufführung: Filmfest München 1993
Sendetermin: 4.7.1993, Premiere, 21.50
Länge: 93 Min.

»Es wird Zeit, daß endlich ein wenig an dem Bild gekratzt wird, das die Öffentlichkeit von Truffaut hat«, kommentiert Claude Chabrol zu Beginn der unterhaltsamen, aber unscharf reflektierten Dokumentation der Filmkritiker Toubiana und Pascal, die mit einer eindrucksvollen Interviewliste von Freunden, Partnern und Familienmitgliedern Truffauts aufwarten. Daß »mit dem Hammer ein bißchen an seinem Denkmal herumgehauen wird«, so Chabrol weiter, findet allerdings nicht statt. Was bleibt, ist die Liebe zu dem bürgerlichen Nonkonformisten und seinem brillanten Werk.

Schorsch Müller, AZ, 26.6.93

Die Frau des Krämers 289

THE GROCER'S WIFE ***

TV

Regie: John Pozer
Darsteller: Simon Webb (Timothy Midley), Susinn McFarlen (Anita Newlove), Nicola Cavendish (Mrs. Friendly), Jay Brazeau (Friseur), Andrea Rankin (Mildred Midley), Alec Burden (Herman Melzer), Leroy Schultz
Drehbuch: John Pozer
Kamera: Peter Wunstorf
Musik: Mark Korven
Produktion: Gregory E. Lavier für Medusa Film, Kanada 1991
Erstaufführung: Filmfest München 1992
Verleih: -/-/-/
Sendetermin: 22.1.1993, West3, 22.30
Länge: 100 Min.

Ein Debütfilm von skurrilem Horror-Charme und lakonischer Komik hinter dem Pechvogel-Schicksal des Schmelzwerk-Arbeiters Tim, der erst von seiner Alptraum-Mama terrorisiert wird und nach deren Tod von einer biestig-ausbeuterischen Provinz-Stripperin, die er aus Mitleid aufgenommen hat und nicht mehr los wird. Aber dann bekommt der bedauernswerte Tim völlig unerwartete Hilfe von einem Fremden…

Angie Dullinger, AZ, 2.7.92

Die Frau des Priesters 290

THE MINISTER'S WIFE **

TV

Regie: Robert Spera
Darsteller: Susan Cash (Deborah Miles), Blake Gibbons (Bobby Baline), Gregg Almquist (Reverend James Miles), Evelyn Cole (Hannah), Shannon Haynes (Samantha Miles), Lou Charloff (Joe Williams), Leonore Andriel (Dixie Waters)
Drehbuch: Robert Spera
Kamera: Rodrigo Garcia (Farbe)
Musik: Steve Edwards
Schnitt: Olof Kollstrom
Produktion: Yoram Barzilai für Arturo Pic., USA 1992
Uraufführung: 2.9.1992, Boston Film Festival
Verleih: -/-/-/
Sendetermin: 23.8.1993, Arte, 22.15
Länge: 83 Min.

Deborah Miles ist die untadelige Gattin eines kalifornischen Pastors, bis sie eines Tages die Bekanntschaft des Eisverkäufers Bobby macht, der sie in einen Abgrund von Sex, Gewalt und Verbrechen stürzt. *Pressetext Arte*

Eine Frau für alle Fälle 291

CRIMINAL BEHAVIOR ***

TV

Regie: Michael Miller
Darsteller: Farrah Fawcett (Jessie), A. Martinez (Grenada), Dakin Matthews (Ferguson), John Hancock (Willz), Andrew Robinson (Spears), Cliff de Young (Darryl), Mark Lamura (Davennport), Nada Despotovich (Ella), Angela Paton (Adelaide), Hugo Napier (Mr. Bidwell)
Drehbuch: Wendell Mayes, nach einem Roman von Ross MacDonald
Kamera: Thomas Burstyn (Farbe)
Musik: Mike Garson
Produktion: Tolivar Prods./WIN, USA 1992
Verleih: -/-/-/
Sendetermin: 1.8.1993, ARD, 20.15
Länge: 88 Min.

Jessie Lee Stubbs stammt aus einer Familie, in der fast alle mit dem Gesetz auf Kriegsfuß stehen. Sie selber kämpft als engagierte Anwältin couragiert für Leute, die gestrauchelt sind. Als sie vom Gericht mit der Pflichtverteidigung einer festgenommenen Krankenschwester betraut wird, gerät sie an einen aufregenden Fall, der immer gefährlicher wird. *Pressetext ARD*

Frauds – Ein schräger Vogel 292

FRAUDS **

Regie: Stephan Elliott
Darsteller: Phil Collins (Roland), Hugo Weaving (Jonathan), Josephine Byrnes (Beth), Peter Mochrie (Michael Allen), Helen O'Connor (Margaret), Mitchell McMahon (Roland als Kind), Andrew McMahon (Mathew als Kind), Rebel Russell (Mutter), Colleen Clifford (Mrs. Waterson), Nicholas Hammond (Det. Simms)
Drehbuch: Stephan Elliott
Kamera: Geoff Burton (Eastmancolor)
Musik: Guy Gross
Schnitt: Frans Vandenburg
Produktion: Andrena Finlay, Stuart Quin für Latent Image mit Australian Film Finance Corp., Australien 1992
Uraufführung: Int. Filmfestspiele Cannes 1993
Verleih: Highlight/Constantin/Columbus/Highlight Video
Kinostart: 10.6.1993
Länge: 95 Min.

Infantiler Versicherungsagent terrorisiert seine Mitmenschen mit zynischen Späßen und findet in einem Versicherungsbetrüger einen ebenbürtigen Spielgefährten. Weniger schwarzer Humor als zynische Ausbeutung von Spielsituationen für die Erregung von Emotionen der negativen Art. *multimedia*

Angie Dullinger in: AZ, 9.6.93; Thomas Klingenmaier in: Stgt. Zeitung, 12.6.93

Die Frauen von nebenan 293

THE WOMEN NEXT DOOR ***

Regie: Michal Aviad
Drehbuch: Michal Aviad
Kamera: Yvonne Miklosh (Farbe)
Musik: Shlomo Mizrachi
Schnitt: Era Lapid
Produktion: Michal Aviad, Kevin White für Filmmakers Collaborative, Israel/USA 1992
Erstaufführung: 19.2.1993, Int. Forum des Jungen Films, Berlin
Verleih: Freunde/-/-
Kinostart: Sept. 1993
Länge: 80 Min.

Der Film porträtiert Frauen, die von ihrem Alltag in Israel und in den besetzten Gebieten erzählen. Männer kommen fast ausschließlich als Soldaten vor. Dennoch ist es ein sachlicher, ruhiger

Film, der einmal mehr beweist, daß »weibliche Ästhetik«, wenn es sie denn gibt, jedenfalls nicht mit gefühlsduseliger Betroffenheit gleichzusetzen ist. (...) *Anke Dürr, SZ, 7.5.93*

Ein frecher Krümel 294
KRUMMERNE ***
TV

Regie: Sven Methling
Darsteller: Laus Höybye (Krumme), Dick Kaysöe (Vater), Karen-Lise Mynster (Mutter), Peter Schröder (Boris), Jarl Friis Mikkelsen (Ivan), Line Kruse, Lukas Forchhammer, Buster Larsen, Elin Reimer, Sonja Oppenhagen
Drehbuch: John Olsen, Thoger Birkeland
Kamera: Peter Roos (Farbe)
Musik: Michael Hardinger, Rasmus Schwenger
Produktion: Regner Grasten für Krumme ApS Prod. mit Dansk Filminst., Dänemark 1992
Verleih: -/-/-/
Sendetermin: 20.6.1993, 9.30, Premiere
Länge: 88 Min.

In dieser Slapstick-Komödie zieht der Junge Krumme mit seiner Familie in ein altes Haus, in dem er in die Geschäfte von Bankräubern verwickelt wird, die ihre Beute im Keller des Hauses versteckt haben.

Freddie der Superfrosch 295
FREDDIE AS F.R.O.7 **
Video

Regie: Jon Acevski
Darsteller: Mit den Originalstimmen: Ben Kingsley (Freddie), Jenny Agutter (Daffers), David Ashton (verschiedene), Brian Blessen (Il Supremo), Jenny Funell (verschiedene)
Drehbuch: Jon Acevski, David Ashton
Kamera: Rex Neville (Farbe)
Musik: David Dundas, Rick Wentworth
Schnitt: Alex Rayment, Mick Manning
Produktion: Jon Acevski, Norman Priggen für Hollywood Road Film Prod., GB 1992
Verleih: -/-/-/VPS Video
Videostart: 14.10.1993
Länge: 87 Min. – *FSK:* ab 6 J.

Zeichentrickfilm um einen zum Frosch verzauberten Prinzen, der nach 007-Manier für seine Majestät geheime Dienste tätigt. Einfallsloser James-Bond-Aufguß für Kinder.

Anselm Jungeblodt in: film-dienst, 23/93

Freier Fall: Johanna K. 296
***

Regie: Klaus Wildenhahn
Kamera: Gisela Tuchtenhagen (Farbe)
Schnitt: Annemarie Lang-Johannsen
Produktion: NDR, BRD 1992
Uraufführung: Int. Filmfestspiele Berlin 1993 »Neue deutsche Filme«
Erstaufführung: Int. Dokumentarfilm Festival, München 1993
Verleih: Kinemathek/-/-
Länge: 92 Min.

Johanna K., 54 Jahre alt, ist vor drei Jahren huckepack von 4500 m Höhe aus dem Flugzeug gesprungen, 2000m gefallen, dann öffnete sich der Fallschirm. Ein zweites Mal würde sie sich das überlegen, sagt Johanna und springt in diesen Film. Dazu gehörte auch Mut. Ein scheinbar gewöhnliches Leben. Geld, mal ja, mal nein. Arbeitslos mit 52. Ein Mensch wie Du und ich – oder doch nicht ganz? *Katalogtext*

Die Freundin meiner Frau 297
SOTTO...SOTTO ... STRAPAZZATO DA ANOMALE PASSIONE ****
TV

Regie: Lina Wertmüller
Darsteller: Enrico Montesano (Oscar), Veronica Lario (Ester), Luisa de Santis (Adele), Mario Scarpetta (Amilcare), Massimo Wertmüller (Ginetto), Elena Fabrizi, Antonia dell'Atto, Alfredo Bianchini, Sergio Solli
Drehbuch: Enrico Oldoini, Lina Wertmüller
Kamera: Dante Spinotti (Farbe)
Musik: Paolo Conte
Schnitt: Luigi Zita
Produktion: Mario Cecchi Gori, Vittorio Cecchi Gori für Intercapital, Italien/Frankreich 1984
Erstaufführung: Filmfest München 1984
Verleih: -/-/-/
Sendetermin: 15.9.1993, ARD
Länge: 100 Min.

Die bizarre römische Geschlechter-Groteske entwirft eine Art Macho-Choreographie: Das Gockel-Selbstbewußtsein ist schwer gestört, weil die Henne pervers ist und eine andere Henne anschmachtet. So stolpern die Ehemänner der entarteten Frauen, heulend und zähneklappernd im Rausch des Selbstmitleids und der gekränkten Knabenwut, bewaffnet mit einem sarkastischen

Trotzdialog, durch ein hinreißendes architekonisches Szenarium der umgedrehten Romantiker-Ästhetik. Eine ironisch-dekorative Heißblüter-Farce mit Exzentriker-Witz. Kurz: Wertmüller.
Ponkie, AZ, 17.9.93

Frida – Mit dem Herzen in der Hand 298

FRIDA – MED HJERTET I HANDEN ***

Regie: Berit Nesheim
Darsteller: Maria Kvalheim (Frida), Ellen Horn (Bente), Helge Jordal (Karl), Jan Harstad (Skar), Andreas Bratlie (Kristian), Cathrine Bang (Kaisa), Kristian Mejdell Nissen (Martin), Lasse Halvorsen (Andreas), Christoffer Haug (Raymond)
Drehbuch: Berit Nesheim, Harald Paalgard, Torun Lian
Kamera: Harald Paalgard (Farbe)
Musik: Geir Böhren, Bent Aserud
Schnitt: Lillian Fjellvär
Produktion: Mattis Mathiesen für Teamfilm/NRK, Norwegen 1991
Verleih: Impuls/-/-/VMP Video
Kinostart: 22.7.1993
Länge: 113 Min. – *FSK:* o.A., ffr.
FBW: Wertvoll

Die dreizehnjährige Frida weiß theoretisch, wo es in Sachen Liebe langgeht. Fehlt es ihr an Argumenten hat sie Erich Frommes Buch »Über die Liebe« schnell bei der Hand und entsprechende Zitate parat. Der Film ist bei weitem nicht so langweilig wie der Titel befürchten läßt. *tip, 17/93*

Anne Frederiksen in: Die Zeit, 23.7.93; Silvia Hallensleben in: Der Tagesspiegel, 11.8.93; Thomas Klingenmaier in: Stgt. Zeitung, 22.7.93; Christian Seebaum in: Kölner Stadt-Anzeiger, 7.8.93

La Frontera – Am Rande der Welt 299

LA FRONTERA ****

TV

Regie: Ricardo Larraín Pinedo
Darsteller: Patricio Contreras (Ramiro Orellana), Gloria Laso (Maité), Alonso Venegas (Beauftragter), Héctor Noguera (Pater Patricio), Aldo Bernales (Buzo), Sergio Schmied (Sekretär), Patricio Bunster (Don Ignacio), Aníbal Reyna, Sergio Hernández, Elsa Poblete
Drehbuch: Ricardo Larraín Pinedo, Jorge Goldemberg
Kamera: Héctor Rios (Technicolor)
Musik: Jaime de Aguirre
Schnitt: Claudio Martínez
Produktion: Eduardo Larraín für Cine XXI/TVE/ION Prod./Filmocentro Cine/T.V.N., Chile/Spanien 1991
Erstaufführung: Int. Filmfestspiele Berlin 1992
Verleih: -/-/-/
Sendetermin: 31.8.1993. West3, 23.00
Länge: 113 Min.

Ein Erstlingsfilm, der Gewalt und Willkür in südamerikanischen Militärdiktaturen (das Pinochet-Chile als Modell) auf eine sehr eigenwillige, indirekte Weise spiegelt: Die Behörden haben einen mißliebigen Mathematikprofessor in den äußersten Süden des Landes »verbannt«.

Die Aufsicht über ihn haben zwei Schikanier-Dummköpfe wie aus dem absurden Theater. Daß er dort, in einer archaischen Landschaft, von Springfluten, Aberglauben, perverser Trottelbürokratie und hilflosem Katholizismus umgeben, viel für sich selbst lernt, ist ein Nebeneffekt, den die Mächtigen nicht einkalkuliert haben. Ein Film, dem wir wahrscheinlich im Mitternachts-Fernsehen wiederbegegnen werden, irgendwann. *Ponkie, AZ, 19.2.92*

Jochen Metzner in: Der Tagesspiegel, 18.2.92

Die Frösche 300

KURBAGALAR ****

TV

Regie: Serif Gören
Darsteller: Hülya Kocyigit (Elmas), Talat Bulut (Ali), Yavuzer Cetinkaya, Yaman Okay, Hikmet Celik, Metin Cekmez, Cengiy Ekinci, Nesrin Cetinel
Drehbuch: Osiman Sahin
Kamera: Erdogan Engin (Farbe)
Musik: Atilla Özdemiroglu
Schnitt: Serif Gören
Produktion: Gulsah Film, Türkei 1985
Uraufführung: 19.4.1986, Istanbul Film Festival
Verleih: -/-/-/
Sendetermin: 26.7.1993, Arte, 22.40
Länge: 98 Min.

In einem Dorf in der türkischen Provinz führt eine junge Witwe einen einsamen Kampf um ihre Unabhängigkeit und ums Überleben.

Full Contact – Mit blanken Fäusten 301

FULL CONTACT *

Video

Regie: Rick Jacobson
Darsteller: Jerry Trimble, Howard Jackson, Alvin Prouder, Gerry Blanck, Denise Buick
Drehbuch: Beverly Gray
Kamera: Michael G. Wojciechowski (Farbe)
Produktion: Mike Elliott für Pacific Int. Ent., USA 1992
Verleih: -/-/-/Columbia TriStar Video
Videostart: 4.5.1993
Länge: 87 Min. – *FSK:* ab 18 J.; gekürzte Fass. 80 Min., ab 16 J.

Spekulatives Haudrauf-Filmchen der üblichen Flachsinnskategorie. Ein Kickboxfighter jagt den Mörder seines Bruders, der sich mit illegalen Kickbox-Fights durchschlug.

Full Impact 302

FULL IMPACT *

Video

Regie: David Hue
Darsteller: Gary Daniels (Jared Taskin), Kent Ducanon (William Arcady), Linda Bennett (Rebecca Weise), Shant Benjamin (Arnold Janks), Richard Rabago (Captain Sakura), Atta Worrick (Lee Taskin)
Drehbuch: Marc Messenger
Kamera: Zoltan Gyulai (Farbe)
Musik: H. Schuyler Collins III.
Schnitt: Steven Austin
Produktion: Lorraine Yong für Cine Excel Ent., USA 1991
Verleih: -/-/-/New Vision Video
Videostart: Juni 1993
Länge: 81 Min. – *FSK:* ab 18 J.

Aus Angst um seine Familie bricht Polizist Suche nach Serienkiller ab und schult zum Kopfjäger um. Doch der Bösewicht läßt das Morden nicht... Kickbox-Schlägereien ohne Ende, von Handlung nicht die Spur.

Joe Hill in: film-dienst, 14/93

Fünf Abende 303

PJAT WETSCHEROW ****

TV

Regie: Nikita Michalkow
Darsteller: Ludmilla Gurtsenko (Tamara Wassiljewna), Stanislaw Ljubschin (Alexander Iljin), Valentina Telitschkina (Soja), Larissa Kuznetsowa (Katja), Igor Nefedow (Slawa), Alexandr Adabaschjan (Timofjew)
Drehbuch: Alexandr Adabaschjan, Nikita Michalkow, nach dem Theaterstück von Aleksandr Wolodin
Kamera: Pawel Lebeschew (Farbe und s/w)
Musik: Juri Michalkow
Schnitt: E. Praksinoj
Produktion: Mosfilm, UdSSR 1978
Erstaufführung: Sowjetische Filmwoche 1982, Cinemathek Köln
Sendetermin: 30.8.1993, Arte, 22.15
Länge: 100 Min.

An fünf folgenden Abenden findet nach mehr als 15 Jahren Trennung ein Liebespaar wieder zusammen. Formale Strenge in Schwarzweiß lassen dabei keine falsche Sentimentalität der im Grunde pathetischen Geschichte aufkommen. Erst das farbige Ende macht eine unnötige Ausnahme und beeinträchtigt den starken Eindruck, den dieser Film hinterläßt. *Rainer Casper*

Fünf Mädchen und ein Seil 304

WUGE NUZI HE YIGEN SHENGZI ***

TV

Regie: Yeh Hung-wei
Darsteller: Yang Chieh-mei (Mingtao), Wang Hsio-ling (Guijuan), Wu Pei-yu (Jinmei), Lu Yuan-chi (Aiyue), Ai Jing (Hexiang), Chang Shih, Chang Ying
Drehbuch: Yeh Hung-wei, Lao Chia-hua, Xiao Mao
Kamera: Yang Wei-han, Lee Yi-shih (Farbe)
Musik: Zhao Jiping
Schnitt: Yeh Hung-wei
Produktion: Tong Cun-lin für Thomson Films, Taiwan/China 1991
Uraufführung: 15.11.1991, Int. Young Cinema Festival, Turin
Verleih: -/-/-/
Sendetermin: 23.11.1993, 23.00, WEST 3
Länge: 123 Min.

Fünf Mädchen aus Fernost, die zusammen aufgewachsen sind, erleben das grausame Schicksal anderer Frauen und beschließen, diesem irdischen Jammertal zu entkommen.

Fünf Tage noch 305

PINK LIGHTNING **

Video

Regie: Carol Monpere
Darsteller: Sarah Buxton (Tookie), Martha Byrne (Jill), Jennifer Blanc (Andy), Jennifer

Guthrie (Sharon), Anthony Palermo (Pat), Rainbow Harvest, Ray Walston, Jaime Gomez, Steven Ross
Drehbuch: Carol Monpere
Kamera: Tom Hurwitz (Farbe)
Musik: Steve Tyrell
Schnitt: Mark Westmore
Produktion: Elliot Rosenblatt für FNM Films, USA 1991
Uraufführung: 8.7.1991, Fox TV
Verleih: -/-/-/Fox Video
Videostart: Jan. 1993
Länge: 87 Min. – *FSK:* ab 12 J.

Fünf Freundinnen fiebern dem Tag entgegen, an dem eine von ihnen heiraten soll. Notizen aus der amerikanischen Provinz: harmlos, heiter und oberflächlich.

Joe Hill in: film-dienst, 4/93

Für immer und ewig 306

ALWAYS ***

TV

Regie: Henry Jaglom
Darsteller: Henry Jaglom (David), Patrice Townsend (Judy), Joanna Frank (Lucy), Alan Rachins (Eddie), Melissa Leo (Peggy), Jonathan Kaufer (Maxwell), Amnon Meskin (Notar), Bob Rafelson (Sam)
Drehbuch: Henry Jaglom
Kamera: Hanania Baer (Farbe)
Schnitt: Henry Jaglom, Francesca Riviere
Produktion: Jagtown Films/Int. Rainbow Pic., USA 1985
Verleih: -/-/-/
Sendetermin: 4.2.1993, ZDF, 23.30; 21.2.1993, ZDF, 22.55
Länge: 105 Min.

Filmische Aufarbeitung von Henry Jagloms eigener Scheidung, authentisch bis zum Exzess: mit der früheren Ehefrau in der Hauptrolle, gedreht am Ort des Geschehens.

Future Kick 307

FUTURE KICK **

Video

Regie: Damian Klaus
Darsteller: Don »The Dragon« Wilson (Walker), Meg Foster (Nancy) Christopher Penn (Bang), Eb Lottimer (Hynes), Al Ruscio (Kraner), Jeff Pomerantz (Joward)
Drehbuch: Damian Klaus
Kamera: Ken Arlidge (Farbe)
Musik: Scott Singer
Schnitt: Richard Gentner
Produktion: Roger Corman für Concorde/New Horizons, USA 1990
Verleih: -/-/-/CIC Video
Videostart: März 1993
Länge: 75 Min. – *FSK:* ab 18 J.; gekürzte Fass. 70 Min. ab 16 J.

Der Mord an einem »Cyberspace«-Programmierer wirbelt 2025 in L.A. jede Menge Staub auf. Krude Mischung aus High-Tech-Thriller und Kickbox-Filmchen.

Joe Hill in: film-dienst, 8/93

Eine Gabe Gottes 308

O SANTO DAIME ***

TV

Regie: Patrick Deshayes
Produktion: Brasilien 1990
Sendetermin: 4.9.1993, 20.40, Arte
Länge: 97 Min.

Im brasilianischen Bundesstaat Acre, 3000 km von Rio de Janeiro entfernt und »am Ende der Welt gelegen«, entstand am Anfang des Jahrhunderts eine Religion. In ihr mischten sich die Riten des katholischen Glaubens mit den Praktiken der Halluzinationen der Amazonasindianer und den berauschenden Tänzen afrikanischen Ursprungs. Heute praktizieren 15 % der Einwohner Acres diesen Kult. Die Glaubensanhänger kommen aus allen sozialen Schichten, um sich mit Leib und Seele der neuen Religion zu verschreiben. Ihr Wesen schöpft sie aus einem magischen Getränk – dem Santo Daime.

Pressetext Arte

Gabriel 309

GABRIEL ***

TV

Regie: Mounir Dridi
Darsteller: Adama Niane (Gabriel), Julie-Anne Rauth (Esther), Francoise Brion (Alma), Aurore Clément (Irène), Christophe Bernard (Gilles), Malek Kateb (Samy), Pierre Péchin
Drehbuch: Mounir Dridi
Kamera: Pierre Boffety (Farbe)
Schnitt: Mariette Levy-Novic
Produktion: La Sept-Arte/French Video Films Prod. mit Centre National de la Cinématographie, Frankreich 1993
Sendetermin: 3.7.1993, 22.25, Arte
Länge: 91 Min.

In einer Kleinstadt am Atlantik taucht ein junger Farbiger auf, den niemand kennt und von dem niemand weiß, was er will. (...) Gabriel, so heißt der 18jährige Ankömmling, taucht auf der Beerdigung des Colonel Antoine de Brénoud auf. Er begegnet der Witwe Alma, die ihn bittet, bei ihr zu leben. Alma und ihr Mann hatten ihn damals in Algerien, als er noch ein Kind war, angenommen, ihn aber bei ihrer Rückkehr nach Frankreich sich selbst überlassen. Doch das Wiedersehen mit der Adoptivmutter gerät zum Eklat. Gabriel lernt die scheue Esther kennen und läßt sie, nachdem er mit ihr geschlafen hat, zurück. Er geht, wie er gekommen ist, ohne ein Wort zu sagen. *Pressetext Arte*

Ein ganz normaler Held 310

HERO/ACCIDENTAL HERO ***

Regie: Stephen Frears
Darsteller: Dustin Hoffman (Bernie LaPlante), Geena Davis (Gale Gayley), Andy Garcia (John Bubber), Joan Cusack (Evelyn), Kevin J. O'Connor (Chucky), Maury Chaykin (Winston), Stephen Tobolowsky (Wallace), Christian Clemenson (Conklin), Tom Arnold (Chick), Warren Berlinger
Drehbuch: David Webb Peoples, nach einer Idee von Laura Ziskin, Alvin Sargent und David Webb Peoples
Kamera: Oliver Stapleton (Technicolor)
Musik: George Fenton
Schnitt: Mick Audsley
Produktion: Laura Ziskin für Columbia Pic., USA 1992
Uraufführung: 2.10.1992, New York
Erstaufführung: 17.2.1993, Int. Filmfestspiele Berlin
Verleih: Columbia TriStar/dto./20th Century Fox/Columbia TriStar Video
Kinostart: 4.3.1993
Länge: 118 Min. – *FSK:* ab 12, ffr.
FBW: Wertvoll

Komödie über die Macht der Medien, die tele-gläubigen Amis und über ihr unstillbares Bedürfnis nach Idolen. Ein Gauner rettet eher zufällig 54 Menschen aus einem Flugzeugwrack, ein anderer Penner sonnt sich in dessen Ruhm und wird der telegene Jesus der Nation, und eine TV-Reporterin verheddert sich in den eigenen manipulierten Human-Touch-Storys. »Ein ganz normaler Held« pendelt zwischen Starvehikel, Mediensatire und menschelndem Drama und bleibt, vorhersehbar, nur ein weiteres amerikanisches Kinomärchen.

Wolf Donner, tip, 5/93

Sabine Horst in: FR, 6.3.93; Susanne Kippenberger in: Der Tagesspiegel, 19.2.93; H.G. Pflaum in: SZ, 5.3.93; Patrick Rössler in: Stgt. Zeitung, 4.3.93

Medienzirkus: Andy Garcia und Dustin Hoffman in ›Ein ganz normaler Held‹.

Der Garderobier – Karlheinz Stempel erzählt 311

***

Regie: Eckhart Schmidt
Drehbuch: Eckhart Schmidt
Kamera: Johannes Kirchlechner (Farbe)
Schnitt: Raoul Sternberg (= Eckhart Schmidt)
Produktion: Eckhart Schmidt für Raphaela-Film, BRD 1993
Uraufführung: Filmfest München 1993
Verleih: Raphaela/-/-
Länge: 85 Min.

Karlheinz Stempel, genannt ›Charlie‹, ist der älteste deutsche Filmgarderobier. 1913 in Berlin geboren, hat der jetzt in München lebende Stempel alle Wechselfälle des deutschen Films hautnah erfahren. Charlie erzählt aus seinem bewegten Leben: über Stars und Regisseure, über die Stummfilmzeit und die NS-Jahre, über Glanz und Elend großer Namen und Karrieren. Sechzig Jahre deutsches Kino, geschildert von einem Mann, der sich selbst als ›graue Maus‹ des Films bezeichnet.

Katalog Filmfest München 1993

Tobias Kniebe in: SZ, 25.9.93

Geballte Fäuste 312

STREET KNIGHT

**

Regie: Albert Magnoli
Darsteller: Jeff Speakman (Jake), Christopher Neame (Franklin), Lewis Van Bergen (Lt. Bill Crowe), Jennifer Gatti (Rebecca), Bernie Casey (Raymond), Richard Coca (Carlos), Stephen Liska (Santino), Ramon Franco (Cisco), Ketty Lester, Santos Morales
Drehbuch: Richard Friedman (auch Ass.-Prod.)
Kamera: Yasha Sklansky (Farbe)
Musik: David Michael Frank
Schnitt: Wayne Wahrman
Produktion: Mark DiSalle für MarkDiSalle Prod., USA 1993
Verleih: Highlight/-/-/New Vision Video
Kinostart: 6.5.1993
Länge: 90 Min. – *FSK:* ab 18, nffr.

Dummdreister Action-Aufguß, in dem ein Cop in die Automechaniker-Branche wechselt, weil er den Tod eines Mädchens auf dem Gewissen zu haben glaubt. Doch nachdem ihn eine andere Frau inständig darum bittet, ihrem Bruder aus der Patsche zu helfen, erwachte das alte Kämpferherz wieder. Der Bulle holt die Knarre raus und schmeißt sich

in das Getümmel der tobenden Bandenkriege von Los Angeles.
Münchner Stadtzeitung

Das gebrochene Gelübde 313
BROKEN VOWS ***
TV

Regie: Jud Taylor
Darsteller: Tommy Lee Jones (Joseph McMahon), Annette O'Toole (Nim Fitzpatrick), M. Emmet Walsh (Detective Mulligan), Milo O'Shea, David Groh
Drehbuch: Ivan Davis
Kamera: (Farbe)
Produktion: CBS/RHI Ent., USA 1986
Sendetermin: 25.1.1993, 22.50, Premiere
Länge: 95 Min.

Pfarrer Joseph McMahon wird zu einem Mann gerufen, der durch Messerstiche verletzt im Sterben liegt. Die Ausstrahlung des Sterbenden fasziniert den geradlinigen, prinzipientreuen Pfarrer und er versucht, dessen Leben nachzugehen. Er lernt seine Geliebte, die Malerin Nim Fitzpatrick kennen und fühlt sich völlig gegen seinen Willen zu der unkonventionellen Frau hingezogen. Durch Detective Mulligan, der in diesem Mordfall ermittelt, erfahren sie, daß der Ermordete unter verschiedenen Pseudonymen gelebt hat und niemand seine wahre Identität kannte. Für McMahon ist es das erste Mal, daß er sich aus der Geborgenheit und Enge seiner katholischen Pfarrei begibt. Seine Gefühle für Nim und der Kontakt mit der Außenwelt lassen ihn zweifeln, ob er für das Pfarramt wirklich berufen ist. *Pressetext Premiere*

Eine gefährliche Nacht 314
NOCHE DE JUERGA ***
TV

Regie: Manuel M. Delgado
Darsteller: Juan Ferrara (Ricardo Bermudes), Helena Rojo (Dolores Vertiz), Victor Junco (Polizeileutnant), Norma Herrera (Alicia Bermudes)
Drehbuch: José Maria Fernández Unsain
Kamera: Miguel Arena (Farbe)
Musik: Nacho Méndez
Produktion: Televicine, Mexiko 1983
Verleih: -/-/-/
Sendetermin: 15.8.1993, MDR, 2.35; 4.7.1993, ORB1, 2.35
Länge: 91 Min.

Von einer Nachtclubschönheit angelockt, gerät ein Familienvater in ein teuflisches Komplott, das ihn vor der Polizei als Mörder des Ehemannes seiner Begleiterin ausweist. Dieser in Hitchcock-Manier konzipierte Thriller überzeugt im Spannungsaufbau und den Charakteren, leidet aber an uninspirierter Inszenierung. *nach Variety*

Der Geflüsterte Film 315
***

Regie: Nina Rippel
Darsteller: An-Nur Wa'l-Amal Orchestra, Evgen Bavcar, Rainer Damerius, Walter Salzmann, Anoma Tissera, Matthias Weik
Kamera: Barbara Kusenberg; Manfred Oppermann (Farbe und s/w)
Musik: Joseph Strauß, u.a.
Schnitt: Magdolna Rokob
Produktion: Peter Stockhaus/die thede, BRD 1992
Uraufführung: 19.2.1993, Akademie der Künste, Berlin
Verleih: die thede/-/-
Kinostart: Nov. 1993
Länge: 66 Min. – *FBW:* Wertvoll

Filmischer Versuch, sich auf verschiedenen Ebenen (hören, spüren, fühlen) der Wahrnehmungswelt von Blinden zu nähern.

Conny E. Wester in: epd Film, 11/93

Gegen Abend 316
VERSO SERA / DANS LA SOIREE ***

Darsteller: Marcello Mastroianni (Professor Bruschi), Sandrine Bonnaire (Stella), Lara Pranzoni (Papere), Zoe Incrocci (Elvira), Giorgio Tirabassi (Oliviero), Victor Cavallo (Pippo), Veronica Lazar (Margherita), Paolo Panelli (Galliano, der Barbier), Fabio Bussotti (Andrea Canguro)
Drehbuch: Francesca Archibugi, Gloria Malatesta, Claudia Sbarigia
Kamera: Paolo Carnera (Farbe)
Musik: Roberto Gatto, Battista Lena, Reinhardt Wagner
Schnitt: Roberto Missiroli
Produktion: Leo Pescarolo, Guido De Laurentiis für Ellepi/Paradis/RAI 1/Studios de Boulogne/Ciné Cinq/Les Films de l'Ouest, Italien/Frankreich 1990
Erstaufführung: Filmfest München 1991
Verleih: -/-/Sadfi
Länge: 97 Min.

Die in den siebziger Jahren angesiedelte Geschichte erzählt humorvoll von den familiären Verquickungen zwischen einem gutbürgerlichen Opa, seinem ausgestiegenen Softy-Sohn, dessen Hippie-Freundin und deren Dreikäsehoch-Tochter. Mit seiner Mischung aus Sentimentalität, Sprachwitz, Situationskomik und einer Prise Einsamkeit steht »Verso sera« neben Filmen von Giuseppe Tornatore und Ettore Scola. Francesca Archibugis Stärke liegt in der liebevolln Gestaltung auch allerkleinster Nebenfiguren und in ihrer offensichtlich ausgeprägten Beobachtungsgabe, welche die Leinwandereignisse ab und zu aus verblüffend weiblicher Sicht schildern. *Zoom*

Geheimauftrag Erdbeer Vanille 317

VANILLE FRAISE **

TV

Regie: Gérard Oury
Darsteller: Pierre Arditi (Antoine Boulanger), Sabine Azéma (Clarisse Boulanger), Isaach de Bankolé (Hippolyte), Jacques Perrin (Guillaume), Riccardo Cucciolla (Andreani), Giuseppe Cedrena (Muso)
Drehbuch: Gérard Oury, Danièle Thompson
Kamera: Luciano Tovoli (Farbe)
Musik: Jean Musy; Songs: Gipsy Kings, Mia Martini
Schnitt: Albert Jurgenson
Produktion: Christian Ferry, Michel Cheyko für Les Films Ariane/G. Films/ Films A2/ Cristaldi Films, Frankreich/Italien 1989
Uraufführung: 29.11.1989, Paris
Verleih: -/-/-/
Sendetermin: 20.4.1993, ARD, 20.15
Länge: 110 Min.

Frankreichs Regie-Routinier Gérard Oury scheute keinen Aufwand: Mit einer Klischeeballung boulevardesker Komik versuchte er die kleingestrickte James-Bond-Parodie aufzupeppen. Doch mit skrupelloser Ausbeutung schwankhafter Urväter-Witze zwischen Tonband-Orgasmen und rassistischem Schlafzimmer-Humor (»Ein schwarzer Kopf auf weißem Kissen!«) verspielte Oury seinen letzten Kredit.

Kai Niemeyer, AZ

Geheime Leidenschaft 318

THE SECRET PASSION OF ROBERT CLAYTON **

Video

Regie: E.W. Swackhamer
Darsteller: John Mahoney (Robert Clayton), Scott Valentine, Eve Gordon, Kevin Conroy
Drehbuch: Brian Ross
Kamera: Billy Dickson (Farbe)
Musik: Nicholas Pike
Schnitt: Bernard Gribble
Produktion: Ed Milkovich für Wilshire Court, USA 1992
Verleih: -/-/-/CIC Video
Videostart: Febr. 1993
Länge: 87 Min. – *FSK:* ab 16 J.

New Yorker Strafverteidiger kehrt in seine Heimat Georgia zurück, findet seine Jugendliebe wieder und wird in einen Mordfall verstrickt, der viel Staub aus der Vergangenheit aufwirbelt. Justizthriller, der eher durch dramaturgische Wendungen als durch ambitionierte Machart unterhält. Eines von den vielen amerikanischen ordentlich-langweiligen Fernsehspielen, die bei uns von der Videoindustrie als Spielfilme verkauft werden.

Joe Hill in: film-dienst, 5/93

Das Geheimnis 319

HEMLIGHETEN ***

Video

Regie: Ralf Karlsson
Darsteller: Carl-Gustav Lindstedt (Valdemar), Sif Ruud (Greta), Suzanna Björklund (Amanda), Peter Öberg (Sam), Jan Waldekranz (Amanda's Vater), Susanne Barklund (Amanda's Mutter), Susanne Reuter (Sam's Mutter), Rolf Skoglund, Malin Berghagen
Drehbuch: Ralf Karlsson, Ulla Carin Nyquist
Kamera: Peter Kruse (Eastmancolor)
Musik: Ulla Carin Nyquist, Claes Wang
Schnitt: Christian Loman
Produktion: Ralf Karlsson für Drakfilm/ Sandrew, Schweden 1990
Verleih: -/-/-/Atlas Video
Videostart: Juni 1993
Länge: 101 Min. – *FSK:* o.A.

Unter einer riesigen Müllhalde hausender alter Ex-Rennfahrer freundet sich mit zwei Kindern an, die zu Hause zu wenig Aufmerksamkeit erfahren. Sensibler Kinderfilm, dem ein Start in deutschen Kinos zu wünschen gewesen wäre.

Hatten die besten Absichten: Meryl Streep und Jeremy Irons in ihrem ›Geisterhaus‹.

Geisha des Glücks 320

A-GE-MAN: TALES OF A GOLDEN GEISHA ***

TV

Regie: Juzo Itami
Darsteller: Nobuko Miyamoto (Nayoko), Masahiko Tsugawa (Mondo Suzuki), Shogo Shimada (Zenbo Okura), Hideji Otaki (Chijiwa)
Drehbuch: Juzo Hami
Kamera: Zenko Yamazaki (Fuji)
Musik: Toshiyuki Honda
Schnitt: Akira Suzuki
Produktion: Yasushi Tamaoki, Juzo Hami für Itami Films, Japan 1990
Verleih: -/-/-/
Sendetermin: 5.5.1993, ARD, 23.35
Länge: 114 Min.

(...) Im Gewand einer geistreichen Gesellschaftskomödie zeigt Juzo Itami Ränkespiele des japanischen Establishments. Itamis Gattin Nobuko Miyamoto ist als anmutige Geisha Glücksbringer mächtiger Männer. Nur ein tapsiger Bankangestellter (der japanische »Mastroianni« Masahiko Tsugawa) verschmäht sie – und landet prompt im Sumpf einer Polit-Affäre. Sketchartig und im Stil einer launigen Boulevard-Komödie greift Itami reale Hintergründe auf. (...)

Dieter Deul, Stgt. Zeitung, 5.5.93

Das Geisterhaus 321

***

Regie: Bille August
Darsteller: Meryl Streep (Clara), Jeremy Irons (Esteban), Glenn Close (Férula), Winona Ryder (Blanca), Armin Mueller-Stahl (Severo), Antonio Banderas (Pedro), Vanessa Redgrave (Nivea), Teri Polo (Rosa), Jan Niklas (Satigny), Joaquin Martinez (Segundo)
Drehbuch: Bille August, nach dem gleichn. Roman von Isabel Allende
Kamera: Jörgen Persson (Farbe)
Musik: Hans Zimmer
Schnitt: Janus Billeskov Jansen
Kostüme: Barbara Baum
Produktion: Bernd Eichinger für Neue Constantin mit House of Spirtis Films und Costa do Castelo Filmes, BRD/Dänemark/ Portugal 1992
Uraufführung: 20.10.1993, München, Mathäser
Verleih: Neue Constantin/Constantin/ Monopole Pathé/NCL Carolco Video
Kinostart: 21.10.1993
Länge: 146 Min. – *FSK:* ab 12, ffr.
FBW: Besonders wertvoll

Die Geschichte vom Aufstieg und Niedergang einer chilenischen Familie über einen Zeitraum von rund 50 Jahren. Im Mittelpunkt steht Esteban Trueba, der sich nach dem Tod seiner Geliebten ehrgeizig zu einem mächtigen Mann heraufarbeitet, sich aber als alter Mann durch die politischen Umstände seiner Ideale betrogen sieht. Ein effektvolles Staraufgebot und schön anzusehende, pittoreske Landschaftsaufnahmen vermögen dem von der Regie her einfallslosen Film, der an manchen Stellen geschmäcklerisch wirkt, kein Leben einzuhauchen. *Zoom*

Brigitte Desalm in: Kölner Stadt-Anzeiger, 15.10.93; Sebastian Feldmann in: Rheinische Post, 22.10.93; Ponkie in: AZ, 21.10.93; Hans Schifferle in: SZ, 21.10.93; Josef Schnelle in: FR, 21.10.93; Hans-Dieter Seidel in: FAZ, 21.10.93

Gelobtes Land

322
***

TERRA PROMETIDA

Regie: Peter von Gunten
Kamera: Peter von Gunten (Farbe)
Musik: Raimundo Antonio dos Santos, Edezel Pereira
Schnitt: Peter von Gunten
Produktion: Peter von Gunten für Cinov, Schweiz 1992
Uraufführung: Solothurner Filmtage 1993
Verleih: -/-/Cinov/Selecta/Zoom Video (60 Min.)
Kinostart: Mai 1993
Länge: 103 Min.

Gut zehn Jahre nach dem Dokumentarfilm »Terra roubada« über die Vertreibung von Kleinbauern aus ihrem angestammten Lebensraum durch das riesige Sobradinho-Stauseeprojekt in Brasilien kehrte Peter von Gunten zu den Vertriebenen zurück und läßt die von der Armut ins Elend geratenen Menschen von ihrem Alltag berichten. Während Firmenkonsortien und Großgrundbesitzer vom Stausee profitieren, müssen sie ums nackte Überleben kämpfen.

Sehr eindrücklich belegt der Film die Fragwürdigkeit von Entwicklugsprojekten, die keine Rücksicht auf gewachsene Lebensräume und Ökologie nehmen. *Zoom*

George Grosz in Amerika – Schön ist's im Labyrinth

323
****

Regie: Norbert Bunge, Christine Fischer-Defoy
Darsteller: Texte von George Grosz gesprochen von Hilmar Thate; Lyrik von George Grosz dargestellt von Heino Ferch
Drehbuch: Norbert Bunge, Christine Fischer-Defoy
Kamera: Norbert Bunge (Farbe)
Musik: Andi Brauer
Schnitt: Norbert Bunge
Produktion: Norbert Bunge, Christine Fischer-Defoy für Bunge Film Prod., BRD 1991
Uraufführung: 24.2.1992, Int. Forum des Jungen Films, Berlinale
Verleih: Salzgeber/-/-
Kinostart: 28.5.1992 (Vorstart Berlin) 29.7.1993
Länge: 101 Min.
FBW: Besonders wertvoll

Dokumentarischer Porträtfilm über den Grafiker und Maler George Grosz in Amerika im Spiegel von Aussagen seiner Söhne, seines letzten Schülers, von Galeristen, Freunden und Kollegen.
Der Dokumentarfilm begibt sich auf die Spuren von George Grosz in Amerika. 1932 verließ Grosz Deutschland, machte in New York einen Neuanfang als Professor an der dortigen Kunstschule und kehrte erst 1959 nach Berlin zurück. Bunge und Fischer-Defoy komponieren eine Filmcollage aus Bildern und Texten des Künstlers, aus altem Dokumentarfilmmaterial, szenischen Revue-Elementen und Interviews mit Freunden und Schülern. *tip, 16/93*

Eberhard von Elterlein in: Berliner Morgenpost, 26.2.92; Roland Rust in: film-dienst, 14/92; Christian Winterfeldt in: Kölner Stadt-Anzeiger, 24.7.93

Die Geschichte der Qiu Ju

324
****

QIU JU DA GUANSI

Regie: Zhang Yimou
Darsteller: Gong Li (Qiu Ju), Lei Lao Sheng (Dorfältester), Ge Zhi Jun (Li), Liu Pei Qi (Ehemann), Yang Liu Chun (Meizi), Zhu Qan Qing, Cui Luo Wen, Yang Hui Qin, Wang Jian Fa, Lin Zi
Drehbuch: Liu Heng, nach dem Roman »The Wan Family's Lawsuit« von Chen Yuan Bin
Kamera: Chi Xiao Ning, Yu Xiao Qun (Farbe)
Musik: Zhao Ji Ping

Schnitt: Du Yuan
Produktion: Sil-Metropole/Beijing Film Academy Jugend-Film-Studio, Hongkong/China 1992
Uraufführung: 7.9.1992, Int. Filmfestspiele Venedig
Verleih: Kinowelt/Kinowelt/Filmcooperative
Kinostart: 22.4.1993
Länge: 100 Min. – *FSK:* ab 6, ffr.

Eine Bäuerin aus dem einsamen Norden Chinas gibt keine Ruhe. Bei einem Streit hat der Dorfälteste ihren Mann in die Lenden getreten, dafür soll er sich entschuldigen. Sie zieht zur Polizei im nächsten Ort, dann zum Distriktgericht, schließlich in die Provinzhauptstadt. Unbeirrbar, hochschwanger, mit sanftem Trotz klagt sie ihr Recht ein. Zhangs Komödie über den beschwerlichen Marsch, die die Instanzen auf der Suche nach Gerechtigkeit ist weniger stilisiert und radikal als seine letzten Filme (»Judou«, »Die Rote Laterne«), ist ein bukolisches Idyll mit verblüffend affirmativen, versöhnlichen Tönen; der Schluß wirkt wie eine angeklebte Ergebenheitsadresse an das Regime in Peking. *Wolf Donner, Tip, 9/93*

Michael Althen in: SZ, 24.4.93; Peter Körte in: FR, 22.4.93; Daniel Kothenschulte in: Kölner Stadt-Anzeiger, 24.4.93; Verena Lueken in: FAZ, 9.9.92

Eine Geschichte von Männern und Frauen 325

STORIA DI RAGAZZI E DI RAGAZZE ***

Regie: Pupi Avati
Darsteller: Felice Andreasi, Angiola Baggi, Davide Bechini, Lina Bernardi, Anna Bonaiuto, Massimo Bonetti, Claudio Botosso, Valeria Bruni Tadeschi, Claudia Casaglia, Monica Cervini
Drehbuch: Pupi Avati
Kamera: Pasquale Rachini
Musik: Riz Ortolani
Schnitt: Amedeo Salfa
Produktion: Antonio Avati für Duea/Unione Cinematografica/RAI 1, Italien 1989
Uraufführung: 7.9.1989, Int. Filmfestival Venedig
Erstaufführung: Filmfest München 1990
Verleih: -/-/Monopole Pathé
Kinostart: Okt. 1990 (CH)
Länge: 89 Min.

Ein Mädchen vom Land und ein Bürgersohn aus Bologna verloben sich. Das Fest wird im Elternhaus des Mädchens gefeiert. Menschen aus verschiedenen

Kämpfernatur: Chinas Stolz Gong Li in ›Die Geschichte der Qiu Ju‹.

Schichten begegnen sich, ziehen sich an, stoßen sich ab. Der Zusammenprall zweier Welten ist sehr einfühlsam und nicht ohne Charme gestaltet, doch trübt ein hartnäckiger Eindruck des »déjà vu« das Vergnügen ganz beträchtlich: Für Avati scheint die Filmgeschichte thematisch wie formal vor vierzig Jahren stehengeblieben zu sein. *Zoom*

Bodo Fründt in: SZ, 23.6.90

Die Geschichte von Ruby Rose 326

THE TALE OF RUBY ROSE ***

TV

Regie: Roger Scholes
Darsteller: Melita Jurisic (Ruby Rose), Chris Haywood (Henry Rose), Rod Zuanic (Gem), Martyn Sanderson (Bennett), Sheila Florance (Großmama)
Drehbuch: Roger Scholes
Kamera: Steve Mason (Eastmancolor)
Musik: Paul Schutze
Schnitt: nicht genannt
Produktion: Bryce Menzies, Andrew Wiseman für Seon Film, Australien 1987
Uraufführung: Int. Filmfestspiele Venedig 1987
Verleih: -/-/-/
Sendetermin: 24.8.1993, RTL 2, 20.15
Länge: 101 Min.

Ruby Rose lebt mit ihrem Mann in den Bergen und kann die Einsamkeit nicht mehr ertragen. Als sie Hilfe bei der Großmutter im Tal sucht, kommt es zu einer dramatischen Entwicklung, denn durch sie erfährt sie über die Rätsel ihrer Kindheit.

Das Gesetz der Angst 327

DON'T TOUCH MY DAUGHTER / NIGHTMARE ***

TV

Regie: John Pasquin
Darsteller: Victoria Principal (Linda Hemmings), Paul Sorvino (Detektiv Jake), Jonathan Banks (Charles Edward Ryter), Danielle Harris (Dana Hemmings), Gregg Henry (Hal Lawrence), Christine Healy (Susan)
Drehbuch: John Robert Bensink, Rick Husky, nach einem Roman von Marjorie Dorner
Kamera: Denis Lewiston (Farbe)
Musik: Dana Kaproff
Schnitt: David Campling
Produktion: Pachett-Kaufman Ent. mit Victoria Prods., USA 1991
Uraufführung: 7.4.1991, NBC
Sendetermin: 6.8.1993, ARD, 20.15
Länge: 90 Min.

Die kleine Dana Hemmings entgeht nur durch einen glücklichen Zufall einem Kriminellen, der sie entführen und sexuell mißbrauchen wollte. Obwohl er identifiziert werden kann, bleibt er auf freiem Fuß. Damit beginnt ein Alptraum für das Kind und seine alleinstehende Mutter, die seine angedrohte Rache fürchten müssen. *Pressetext ARD*

Das Gesetz der Gewalt 328

AMERICAN ME ***

Video

Regie: Edward James Olmos
Darsteller: Edward James Olmos (Santana), William Forsythe (JD), Pepe Serna (Mundo), Danny De La Paz (Puppet), Evelina Fernandez (Julie), Cary Hiroyuki Tagawa (El Japo), Daniel Villarreal (Little Puppet), Sal Lopez
Drehbuch: Floyd Mutrux, Desmond Nakano, nach einer Story von Floyd Mutrux
Kamera: Reynaldo Villalobos (Deluxe)
Musik: Dennis Lambert, Claude Gaudette
Schnitt: Arthur R. Coburn, Richard Candib
Produktion: Sean Daniel, Robert M. Young, Edward James Olmos für Y.O.Y. mit Sean Daniel Prod., USA 1992
Uraufführung: Int. Filmfestspiele Cannes 1992
Erstaufführung: Filmfest München 1992
Verleih: -/-/-/CIC Video
Videostart: Jan. 1993
Länge: 125 Min. – *FSK:* ab 18 J. (gekürzte Fassung, 114 Min., ab 16 J.)

30 Jahre in der Karriere eines lateinamerikanischen Kriminellen schildert Edward James Olmos (»Stand and Deliver«) in seinem Regie-Debut mit drastischen Effekten, die oft die Botschaft hinter der Brutalität verschwinden lassen. Dennoch und besonders durch die Besetzung (vor allem Olmos in der Hauptrolle) streckenweise überzeugend.

Gesichtswert 329

FACE VALUE ***

TV

Regie: Johan van der Keuken
Drehbuch: Johan van der Keuken

Kamera: Johan van der Keuken (Farbe)
Schnitt: Jan Dop, Johan van der Keuken
Produktion: Johan van der Keuken, Noshka van der Lely für Lucid Eye Film, Niederlande 1991
Uraufführung: 25.9.1991, Holländische Filmtage, Utrecht
Verleih: -/-/-/
Sendetermin: 4.1.1993, West3, 22.30
Länge: 120 Min.

Dokumentarfilm über die Faszination des Schauens.

Gewagtes Spiel 330

CONSENTING ADULTS ***

Regie: Alan J. Pakula
Darsteller: Kevin Kline (Richard Parker), Mary Elizabeth Mastrantonio (Priscilla Parker), Kevin Spacey (Eddy Otis), Rebecca Miller (Kay Otis), Forest Whitaker (David Duttonville), E.G. Marshall (George Gordon), Kimberly McCullough (Lori Parker), Billie Neal (Annie Duttonville), Benjamin Hendrickson (Jimmy Schwartz), Lonnie Smith
Drehbuch: Matthew Chapman
Kamera: Stephen Goldblatt (Eastman/Technicolor)
Musik: Michael Small
Schnitt: Sam O'Steen

Mary Elizabeth Mastrantonio.

Produktion: Alan J. Pakula, David Permut für David Permut Prod., USA 1992
Uraufführung: 16.10.1992, New York
Verleih: Buena Vista/dto./dto./Buena Vista Home Video
Kinostart: 6.5.1993
Länge: 99 Min. – *FSK:* ab 16, ffr.
FBW: Wertvoll

Ein Ehemann wird von einem neu hinzugezogenen Nachbarn auf die Idee gebracht, für eine Nacht die Frauen zu tauschen, doch das vermeintlich erotische Abenteuer erweist sich als mörderische Intrige. Im krassen Gegensatz zur brillanten Inszenierung ist das Drehbuch leider völlig unzureichend, an einer sorgfältigen Konstruktion mangelt es ebenso wie an einer glaubwürdigen Figurenzeichnung.

Lars-Olav Beier, tip, 11/93

Fritz Göttler in: SZ, 10.5.93

Gib' nicht auf, Pat 331

STRUCK BY LIGHTNING ***

TV

Darsteller: Gary McDonald (Ollie Rennie), Brian Vriends (Pat Cannizzaro), Catherine McClements (Jill McHugh), Jocelyn Betheras (Jody), Dick Tomkins (Donald), Roger Haddad (Peter), Peter Douglas (Colin), Denis Moore (Foster), Brian M. Logan (Kevin), Syd Brisbane (Spencer)
Drehbuch: Trevor Farrant
Kamera: Yuri Sokol (Farbe)
Musik: Paul Smyth
Schnitt: Simon James
Produktion: Trevor Farrant, Terry J. Charatsis für Dark Horse Pic., Australien 1990
Erstaufführung: 22.6.1991, Filmfest München
Sendetermin: 17.2.1993, Premiere, 23.10
Länge: 105 Min.

Nach einer Auseinandersetzung an seiner letzten Schule kommt der engagierte Sportlehrer Pat Cannizzaro nun als Betreuer in ein Behindertenheim. Cannizzaros Plan, hier eine Fußballmannschaft aufzustellen, findet anfänglich die Unterstützung des Heimleiters. Doch bald kommen sich die unterschiedlichen Temperamente ins Gehege. Für den Heimleiter sind die Heiminsassen »Zurückgebliebene«, für Pat faszinierende Menschen, obwohl sie natürlich jedes Fußballspiel verlieren.

Giulia Super 332

**

Regie: Michael Cencig
Darsteller: Konstanze Breitebner (Hemma), Miriam Ender, Leonardo Petrillo, Martin Bergmann, Anne Mertin, Heinz Trixner, Ilza Prestinari, Miroslava Safrankova
Drehbuch: Michael Cencig
Kamera: Franz Riess (Farbe)
Musik: Gerd Schuller
Schnitt: Sonja Glanz
Produktion: Lhotsky Film, Österreich 1992
Verleih: -/Lhotsky/-
Kinostart: April 1993
Länge: 86 Min.

Auf der Suche nach einem Lebensziel begeben sich eine junge Frau und zwei unbehauste Männer auf eine ziellose Reise, an deren Ende einer in seinem geliebten Alpha Romeo Giulia Super den Tod findet. Filmdebüt des Österreichers Michael Cencig, dessen hochgesteckte Ambitionen, die Orientierungslosigkeit junger Menschen von heute darzustellen, am Drehbuch und an mangelnder Schauspielerführung scheitern. *multimedia*

Glengarry Glen Ross 333

GLENGARRY GLEN ROSS ***

Regie: James Foley
Darsteller: Jack Lemmon (Shelley Levene), Alan Arkin (George Aarnaow), Al Pacino (Ricky Roma), Jonathan Pryce (James Lingk), Alec Baldwin (Dave Moss), Kevin Spacey (Jphn Williamson)
Drehbuch: David Mamet, nach seinem gleichn. Theaterstück
Kamera: Juan Ruiz Anchia (Farbe)
Musik: James Newton Howard
Schnitt: Howard Smith
Produktion: Jerry Tokofsky, Stanley R. Zupnik für New Line Cinema, USA 1992
Uraufführung: Int. Filmfestspiele Venedig 1992; 30.9.1992, New York
Verleih: Columbia TriStar/dto./Rialto/ Columbia TriStar Home Video
Kinostart: 4.2.1993
Länge: 100 Min. – *FSK:* ab 12, ffr.

Mit gewohnt akribischer Perfektion und mathematisch aufgebauter Dramaturgie erzählt David Mamet Episoden aus dem Milieu von Immobilienmaklern, die auf Provisionsbasis arbeiten, sich im Konkurrenzkampf zwar aufreiben, schicksalshaft aber voneinander abhängig sind, bis an den Rand der Existenzfähigkeit. Für das Bühnenstück »Glengarry Glen Ross« erhielt Mamet den Pulitzerpreis, Regisseur James Foley zeigt eine tragikomische, kammerspielartige Filmversion, die von der Brillanz eines Ed Harris, vom Genie des Duos Al Pacino und Jack Lemmon lebt. *Zoom*

Michael Althen in: Die Zeit, 5.2.93; Gunter Göckenjan in: tip, 3/93; Fritz Göttler in: SZ, 4.2.93; Otto Heuer in: Rheinische Post, 5.2.93; Simone Mahrenholz in: Der Tagesspiegel, 4.2.93; Milan Pavlović in: Kölner Stadt-Anzeiger, 6.2.93

Die Glocken von Toronto 334

SAMUEL LOUNT ***

TV

Regie: Laurence Keane
Darsteller: R. H. Thomson (Bischof Strachau), Linda Griffiths (Elizabeth Lount), Cedric Smith (William Lyon Mackenzie), David Fox (Samuel Lount), Donald Davis, Andrew Gillies
Drehbuch: Phil Savath, L. Keane
Kamera: Marc Champion (Farbe)
Musik: Kitaro
Schnitt: Richard Martin
Produktion: Elvira Lount für Moonshine Prod., Kanada 1985
Verleih: -/-/-/
Sendetermin: 10.10.1993, MDR, 3.10; 27.9.1993, ORB3, 11.00
Länge: 95 Min.

Kanadisches Siedlerdrama. Die britische Kolonialmacht liegt Mitte des 19. Jahrhunderts im Streit mit den Siedlern.

Gnadenloser Irrtum 335

IN THE ARMS OF A KILLER **

Video

Regie: Robert Collins
Darsteller: Jaclyn Smith (Detective Maria Quinn), John Spencer (Detective Winnie Cusack), Michael Nouri (Brian Venible), Nina Foch, Gerald S. O'Loughlin
Drehbuch: Robert Collins
Kamera: Anthony B. Richmond (Farbe)
Musik: Lee Holdridge
Schnitt: Robert K. Lambert
Produktion: Ronald A. Levinson für RLC mit Monarch Pic., USA 1991
Uraufführung: 5.1.1992, NBC
Verleih: -/-/-/Warner Home Video
Videostart: Mai 1993
Länge: 91 Min. – *FSK:* ab 16 J.

Jungpolizistin und alter Cop-Hase auf Mörderjagd. Routine TV-Krimi.

Dieter Krusche in: film-dienst, 15/93

Godzilla – Kampf der Saurier-Mutanten 336

GODZILLA VS. MOTHRA **
Video

Regie: Takao Okawara
Darsteller: Tetsuya Bessho (Takuya Fujito), Satomi Kobayashi (Masako Tezuka), Takehiro Murata (Kenji Ando), Emi Odaka (Miki Saegusa), Makoto Otake, Shoji Kobayashi, Shinya Owada, Keiko Imamura, Sayaka Osawa, Saburo Shinoda
Drehbuch: Kazuki Omori
Kamera: Masahiro Kishimoto (Farbe)
Musik: Akira Ifukube
Produktion: Tomoyuki Tanaka für Toho Prod., Japan 1992
Verleih: -/-/-/VPS Video
Videostart: 25.11.1993
Länge: 99 Min. – *FSK:* ab 12 J.

Naives Fantasymärchen vom unsterblichen Godzilla und der guten Motte Mothra für besonders schlichte Gemüter. Aber eigentlich doch ganz nett.

Das goldene Joch 337

ROUGE OF THE NORTH ***
TV

Regie: Fred Tan
Darsteller: Hsia Wen-shi (Ying-ti), Hsu Ming (Mr. 3), Kao Chieh (Mr. 2), Emily Chang (Chi-sho), Shirley Chen (Mrs. Pu), Kwan-yi (Mrs. Yao)
Drehbuch: Fred Tan, nach dem Roman von Eileen Chang
Kamera: Yang Weihan (Farbe)
Musik: Peter Chang
Schnitt: Chen Po-wen
Produktion: Lin Tung-fei, Chen Cun-sung für Central Motion Pic., Taiwan 1988
Uraufführung: 22.5.1988, Int. Filmfestspiele Cannes, »Un Certain Regard«
Verleih: -/-/-/
Sendetermin: 2.11.1993, BR3, 23.20
Länge: 112 Min.

Shanghai im Jahre 1910. Die blutjunge Chinesin Ying-ti stammt aus einem armen Elternhaus und muß deshalb baldmöglichst verheiratet werden. Schon bald wird ein Ehemann gefunden und ein Kind geboren. Doch Ying-ti ist nicht glücklich, denn sie liebt den Bruder ihres Mannes.

Il grande Cocomero 338

IL GRANDE COCOMERO ****

Regie: Francesca Archibugi
Darsteller: Sergio Castellitto (Arturo), Anna Galiena (Cinthya), Alessia Fugardi (Pippi), Armando de Razza (Marcello), Victor Cavallo (Don Annibale), Alessandra Panelli (Fiorella), Laura Betti (Aida), Silvio Vannucci (Gianni), Lidia Broccolino (Laura), Maria Consagra (Livia)
Drehbuch: Francesca Archibugi
Kamera: Paolo Carnera (Farbe)
Musik: Roberto Gatto, Battista Lena
Schnitt: Roberto Missiroli
Produktion: Claudio Gaeta für Ellepi Film, Italien/Frankreich 1993
Erstaufführung: Filmfest München 1993
Verleih: -/-/Filmcooperative
Kinostart: Nov. 1993
Länge: 98 Min.

Ein engagierter junger Arzt auf der neuropsychiatrischen Kinderabteilung einer römischen Poliklinik findet heraus, daß die Epilepsie der 13jährigen Valentina eine symptomatische Reaktion auf

›Il grande Cocomero‹.

Spannungen in der Beziehung der Eltern ist. Teil der Therapie wird die entstehende Freundschaft zwischen Arzt und Patientin, ohne daß dabei die Situation vom Arzt ausgenützt würde. Ein gelungener Psychiatriefilm, der mit Humor und Poesie nicht für eine ideale Therapie, sondern für mehr Menschlichkeit plädiert. *Zoom*

Grenzland – Eine Reise 339

***

Regie: Andreas Voigt
Drehbuch: Andreas Voigt
Kamera: Sebastian Richter, Rainer M. Schulz (Farbe)
Musik: Mario Peters
Schnitt: Karin Schöning
Produktion: Defa Studio für Dokumentarfilme, BRD 1992
Erstaufführung: 8. Int. Dokumentarfilm Festival, München
Verleih: Unidoc/-/-
Kinostart: 2.9.1993
Länge: 88 Min.

Herbst und Winter 1991, das Frühjahr, der Sommer im Jahr darauf; wir fahren entlang der Oder und der Neiße, entlang der deutsch-polnischen Grenze. Die geteilten Städte und Dörfer am Fluß; das flache Land diesseits und jenseits; dazwischen die Grenze.
Katalog Dokumentarfilm-Festival München

Frank Jansen in: Der Tagesspiegel, 2.9.93

Gringos, Gold und flotte Girls 340

WHERE THE HELL'S THAT GOLD!!!? ***
TV

Regie: Burt Kennedy
Darsteller: Willie Nelson (Cross), Jack Elam (Boone), Alfonso Arau, Michael Wren, Delta Burke, Gregory Sierra, Michael Wren, Gerald McRaney, Jaime Lyn Bauer, Annabelle Gurwitch
Drehbuch: Burt Kennedy
Kamera: John Elsenbach (Farbe)
Musik: Arthur B. Rubinstein
Produktion: Burt Kennedy für Willie Nelson Prod./Konigsberg/Brigade, USA 1988
Uraufführung: 13.11.1988, CBS
Verleih: -/-/-/
Sendetermin: 15.5.1993, Premiere, 20.15
Länge: 94 Min.

Abenteuerliche Verwicklungen um einen geraubten Goldtransport in der unsicheren Zeit nach Ende des amerikanischen Bürgerkriegs.

Die große Sehnsucht der Judith Hearne 341

THE LONELY PASSION OF JUDITH HEARNE ***
TV

Regie: Jack Clayton
Darsteller: Maggie Smith (Judith Hearne), Bob Hoskins (James Madden), Wendy Hiller (Tante D'Arcy), Marie Kean (Mrs. Rice), Ian McNeice (Bernard), Alan Devlin (Father Quigley), Rudi Davies, Prunella Scales, Sheila Reid
Drehbuch: Peter Nelson, nach dem Roman von Brian Moore
Kamera: Peter Hannan (Technicolor)
Musik: Georges Delerue
Schnitt: Terry Rawlings
Produktion: Richard Johnson, Peter Nelson für Handmade Films Partnership/United British Artists, GB 1987
Verleih: -/-/-/
Sendetermin: 28.2.1993, ZDF, 23.50
Länge: 110 Min.

Die alternde Klavierlehrerin Judith Hearne führt ein bescheidenes Leben in einer Dubliner Pension. Sie lernt dort James Madden kennen und hofft, ihrer Einsamkeit durch eine Heirat zu entrinnen. Als Madden sich von ihr abwendet, verliert die enttäuschte Judith Lebensmut und Gottvertrauen, beginnt zu trinken und hört auf zu arbeiten. Sie landet in einer Entziehungsanstalt, wo sie sich ändert und beschließt, ihren Weg jetzt bewußt allein zu gehen.

Grüne Felder 342

SADOTH YERUKIM ****
TV

Regie: Isaac Zepel Yeshurun
Darsteller: Amit Leor (Rami), Sheron H. Brandon (Dana), Shmuel Shiloh (Großvater), Lia Dulizkaya (Großmutter), Shmuel Edelman (Vater), Ruth Harlap, Sharon H. Brandon
Drehbuch: Isaac Zepel Yeshurun
Kamera: Gadi Danzig (Farbe)
Musik: Adi Renert
Schnitt: Tora Asher
Produktion: David Torr für Ruty Prod., Israel 1989
Uraufführung: 3.7.1989, Jerusalem Film Festival

Verleih: -/-/-/
Sendetermin: 1.12.1992, BR3, 22.45
Länge: 88 Min.

Die Bravermans machen sich auf, um den jüngsten Sohn Rami zu seiner Kaserne in den besetzten Gebieten der Westbank zu bringen, wo er seinen Militärdienst ableisten soll. Die Reise, quasi als Ausflug geplant, wird zu einem Alptraum, in dem die Familie mit der schockierenden israelischen Wirklichkeit, der Intifada, dem »Krieg der Steine« zwischen Palästinensern und den israelischen Militärs und Siedlern, konfrontiert wird. *Pressetext BR3*

Der Grüne Heinrich 343

***

Regie: Thomas Koerfer
Darsteller: Thibault de Montalembert (Der grüne Heinrich), Florence Darel (Anna), Assumpta Serna (Judith), Mathias Gnädinger (Onkel), Andreas Schmid (Heinrich als Kind), Anna Scheschonk (Anna als Kind), Christine Schorn (Mama Rosa), Dominique Sanda (Heinrichs Mutter), Heribert Sasse (Römer), Arno Chevrier
Drehbuch: Thomas Koerfer, Peter Müller, Barbara Jago, nach dem gleichn. Roman von Gottfried Keller
Kamera: Gérard Vandenberg (Eastmancolor)
Musik: Bruno Coulais
Schnitt: Marie-Josephe Yoyotte
Produktion: Condor/Toro/Osby mit ZDF/ORF/SRG/Canal plus, Schweiz/BRD/Frankreich 1993
Verleih: -/-/Monopole Pathé
Kinostart: Sept. 1993
Länge: 110 Min.

Daß die Adaptierung von Gottfried Kellers großem Roman, der zudem ein schweizerisches Literaturheiligtum ist, schwierig sein und Widerstreit entfachen würde, darüber war sich Thomas Koerfer im klaren. Er hat aus dem motiv- und episodenreichen Stoff ein dramatisches Konzentrat gezogen, des jungen Helden zögerlichen Liebesentscheid zwischen der lieblichen Anna und der sinnlichen Judith zum Konfliktthema schürzend. Und er hat klugerweise die gesättigte Prosa dem Dichter überlassen und sich zu einer dionysischen Erhöhung des Geschehens entschlossen. *Zoom*

Grüß Gott, Genosse 344

***
TV

Regie: Manfred Stelzer
Darsteller: Jürgen Schmidt (Adolf Wendler), Renate Krößner (Maria Wendler), Georg Marischka (Ludwig Kattner), Irm Hermann (Rosi Kattner), Pierre René Müller (Tommi Gorn), Wolfgang Winkler (Erwin Gorn), Renate Geißler (Hanna Gorn), Christian Grasshoff (Alwin Siebert), Egon Biscan (Dr. Grohmann), Werner Zeussel (Ebenfelder)
Drehbuch: Gerhard Bengsch
Kamera: Michael Wiesweg (Farbe)
Musik: Klaus Doldinger
Schnitt: Birgit Lensch
Produktion: Studio Hamburg, BRD 1993
Erstaufführung: Filmfest München 1993
Verleih: -/-/-/
Sendetermin: 11.9.1993, Arte, 22.00; 11.9.1993, NDR3, 21.00
Länge: 89 Min.

Pfiffiges deutsches Gebrauchskino – ohne Cineastenehrgeiz, aber hautnah am Seelenbibbern nach der Maueröffnung: wie der Anpasser-Ossi in Bayern sofort ein Amigo wird, um dann als Wende-Wessi zum Ossi-Grundbesitz heimzukehren, das ist ein Lehrstück von munterem Biedersinn. Das kleine Ego-Einmaleins für Brüder und Schwestern.
Ponkie, AZ, 1.7.93

Guelwaar 345

GUELWAAR
***

Regie: Ousmane Sembène
Darsteller: Omar Seck (Chef-Adjudant Major Gora), Ndiawar Diop (Barthélémy), Mame Ndoumbé Diop (Nogoy Marie Thioune), Isseu Niang (Véronique), Myriam Niang (Hélène), Moustapha Diop (Aloys), Thierno Ndiaye (Pierre-Henri Thioune-Guelwaar), Samba Wane, Coly Mbaye, Joseph Sane
Drehbuch: Ousmane Sembène
Kamera: Dominique Gentil (Farbe)
Musik: Baba Mall, Chorale des Martyrs de l'Ouganda
Schnitt: Marie-Aimée Debril
Produktion: Ousmane Sembène, Jacques Perrin für Filmi Domireew/Galatée Films/FR 3 Films Prod./CNC/Canal plus/Channel 4/WDR/C.O.E./Canal Horizon, Senegal/Frankreich 1992
Uraufführung: 2.9.1992, Venedig
Erstaufführung: 21.2.1993, Int. Forum des Jungen Films, Berlin
Verleih: Freunde/-/-
Kinostart: Nov. 1993
Länge: 115 Min.

Senegal. Es ist der Tag der Beerdigung Guelwaars. Guelwaar war ein großer Mann, ein Verteidiger jenes Afrikas, das nicht korrumpiert ist und nicht von ›Spenden‹ lebt. Er starb infolge eines Attentats.
Aber seine Leiche ist verschwunden. Sie befindet sich nicht mehr in der Leichenhalle. Was ist geschehen? Man entdeckt, daß es sich ganz einfach um eine Verwechslung gehandelt hat. Und man erfährt, daß die einflußreiche muselmanische Familie Ciss den Leichnam des Katholiken Guelwaar auf ›ihrem‹ Friedhof bestattet hat. Das Eingreifen der Obrigkeit scheint unerläßlich. ...

Katalog Forum

Gulag 3 346

LOST IN SIBERIA/ZATYERYANNY V SIBRI ***

Video

Regie: Alexander Mitta
Darsteller: Anthony Andrews (Andrei Miller), Yelena Mayorowa (Anna), Vladimir Ilyin (Capt. Malakhow), Ira Mikhalyowa (Lilka), Yevgeni Mironow (Volodya), Alexei Zharkow (Nikola), Valentin Gaft (Beria), Alexander Bureyew (Sgt. Konyaew), Vladimir Prozorow (Charlie), Hark Bohm (Max Brunowich)
Drehbuch: Alexander Mitta, Valery Fried, Yuri Korotkow, James Brabazon
Kamera: Vladimir Shewtsik (Eastmancolor)
Musik: Leonid Desyatnikow
Schnitt: Anthony Sloman, N. Veselowskaya
Produktion: Gagik Gasparyan, Alexander Moody für Spectator Ent., GB/UdSSR 1991
Uraufführung: Int. Filmfestspiele Cannes 1991 »Directors Fortnight«
Verleih: -/-/-/VCL Video
Videostart: Juni 1993
Länge: 107 Min. – *FSK:* ab 16 J.

Die Abenteuer eines wegen angeblicher Spionage in der UDSSR verurteilten Archäologen im sibirischen Straflager. Uneinheitlich zwar, aber mitunter packend und spannend.

Daniel Kothenschulte in: film-dienst, 23/93

Guncrazy 347

GUN CRAZY ***

Video

Regie: Tamra Davis
Darsteller: Drew Barrymore (Anita), James LeGros (Howard), Rodney Harvey (Tom), Joe Dallesandro (Rooney), Ione Skye, Billy Drago, Michael Ironside
Drehbuch: Matthew Bright
Kamera: Lisa Rinzler (Farbe)
Musik: Ed Tomney
Schnitt: Kevin Tent
Produktion: Zane W. Levitt, Diane Firestone für Zeta Ent., USA 1992
Verleih: -/-/-/Starlight Video
Videostart: März1993
Länge: 92 Min. – *FSK:* ab 18 J.

Die Provinz-Lolita Anita und der entlassene Knacki Howard geraten gemeinsam auf die schiefe Bahn, auf der sie von der Polizei gejagt werden. Rauhes Außenseitermelodram mit guter Besetzung.

Oliver Rahayel in: film-dienst, 9/93

Halbe Welt

348
***

Regie: Florian Flicker
Darsteller: Rainer Egger, Maria Schrader, Dany Levy, Mercedes Echerer, Goran Rebic
Drehbuch: Florian Flicker
Kamera: Jerzy Palacz (Farbe)
Musik: Lonesome Andi Haller Band
Schnitt: Bernhard Weirather
Produktion: Allegro Film, Österreich 1993
Verleih: -/filmladen/-
Kinostart: Dez. 1993
Länge: 83 Min.

In der ›Halben Welt‹ ist aus dem Sonnenlicht eine Lebensbedrohung geworden. Bei Tageslicht verkriechen sich die Menschen in ihre Häuser, eine namenlose Elite besitzt das Monopol über Bilder einer unzerstörten, idyllischen Natur. Der Film zeigt eine Science-Fiction-Geschichte der Gegenwart, stellt Aktuelles in verzerrter Form dar und zur Diskussion. Ein keineswegs perfektes, aber immerhin von erzählerischem Talent und handwerklicher Kreativität zeugendes Beispiel österreichischen Filmschaffens. *multimedia*

Hard Hunted – Heiße Girls, Eiskalt

349
HARD HUNTED
*
Video

Regie: Andy Sidaris
Darsteller: Dona Speir (Donna Hamilton), Roberta Vasques (Nicole Justin), Bruce Penhall (Bruce Christian), R.J. Moore (Kane), Tony Peck (Lucas), Cynthia Brimhall (Edy Stark), Al Leong (Raven), Rodrigo Obregon, Michael J. Shane, Ava Cadell
Drehbuch: Andy Sidaris
Kamera: Mark Morris (Farbe)
Musik: Richard Lyons
Schnitt: Craig Stewart
Produktion: Arlene Sidaris für Andy Sidaris Film, USA 1992
Verleih: -/-/-/Columbia TriStar Video
Videostart: 15.1.1993
Länge: 94 Min. – *FSK:* ab 18 J.

Zwei US-Agentinnen mit überproportionaler Oberweite und unterdurchschnittlichem Schauspieltalent in einem Soft-Sex-Krimi.

Wolfgang Brudny in: film-dienst, 26/92

Hardboiled

350
LASHOU SHENTAN/HARD BOILED
**
Video

Regie: John Woo (=Wu Su-Yum)
Darsteller: Chow Yun-Fat (Yuen/Tequila), Bowie Lam (Cop Partner), Tony Leung (Tony), Teresa Mo (Teresa), Philip Chan (Chan), Kwan Hoi-shan, Anthony Wong
Drehbuch: Barry Wong, nach einer Story von John Woo
Kamera: Wang Wing-Heng (Farbe)
Musik: Michael Gibbs
Schnitt: David Wu, Kai Kit-Wai
Produktion: Linda Kuk, Terence Chang für Milestone, Hongkong 1992
Uraufführung: 11.9.1992, Toronto Festival of Festivals
Verleih: -/-/-/Splendid Video
Videostart: April 1993
Länge: 112 Min. – *FSK:* ab 18 J.; gekürzte Fass. 92 Min. ab 16 J.

Inspektor und Undercoveragent der Hongkong-Polizei liefern sich kaum von Handlung unterbrochene Gefechte mit einer Waffenschieberbande. Totale, früh ermüdende Daueraction.

Olaf Möller in: film-dienst, 18/93

Harry & Kit – Trouble Bound

351
TROUBLE BOUND
***
Video

Regie: Jeff Reiner
Darsteller: Michael Madsen (Harry Talbot), Patricia Arquette (Kit Califano), Seymour Cassel ((Santino), Florence Stanley (Granny), Sal Jenco (Danny), Paul Ben-Victor (Zand), Darren Epton (Raphael), Billy Bob Thornton, Rustam Branaman
Drehbuch: Darrell Fetty, Francis Delia
Kamera: Janusz Kaminski (CFI)
Musik: Vinnie Golia
Schnitt: Neil Grieve
Produktion: Tom Kuhn, Fred Weintraub für ITC Ent., USA 1992
Verleih: -/-/-/Marketing Film Video
Videostart: Dezember 1993
Länge: 86 Min. – *FSK:* ab 16 J.

Spieler mit gewonnenem Lincoln Cabrio und Leiche im Kofferraum nimmt Anhalterin mit, die von der Mafia verfolgt wird. Merkwürdige Mischung aus Road-Movie, Gangsterkomödie und makabrem Krimi.

Hart wie Stahl 352
FIXING THE SHADOW

Regie: Larry Ferguson

Siehe: → ›Made of Steel – Hart wie Stahl‹.

Harte Ziele 353
HARD TARGET ***

Regie: John Woo
Darsteller: Jean-Claude Van Damme (Chance Boudreaux), Lance Henriksen (Fouchon), Yancy Butler (Natasha Binder), Kasi Lemmons (Carmine), Wilford Brimley (Doovee), Arnold Vosloo (Van Cleaf), Chuck Pfarrer (Binder), Bob Apisa (Mr. Lopacki), Lenore Banks (Marie), Douglas Forsythe Rye
Drehbuch: Chuck Pfarrer (auch Co.-Prod.)
Kamera: Russell Carpenter (Deluxe)
Musik: Graeme Revell
Schnitt: Bob Murawski
Produktion: Sean Daniel, James Jacks für Alphaville/Renaissance, USA 1993
Verleih: UIP/UIP/UIP/CIC Video
Kinostart: 23.12.1993
Länge: 90 Min. – *FSK:* ab 18, nffr.

Van Damme spielt einen arbeitslosen Draufgänger in New Orleans, der einer jungen Frau bei der Suche nach ihrem verschollenen Vater hilft. Es kommt zum Kampf mit Gangstern, die menschliches Wild an millionenschwere perverse Jäger vermitteln. Viele gute Ideen und Figuren werden nicht optimal entwickelt in diesem seelenlosen Action-Krimi von Hongkongs Regiestar John Woo, der seine Talente in seinem ersten Hollywoodfilm nicht richtig entfalten konnte. *Ralph Umard, tip*

Hans Schifferle in: SZ, 28.12.93; Rupert Koppold in: Stgt. Zeitung, 23.12.93; Milan Pavlović in: Kölner Stadt-Anzeiger, 24.12.93

Haunting Fear 354
HAUNTING FEAR *
Video

Regie: Fred Olen Ray
Darsteller: Brinke Stevens (Victoria), Jay Richardson (Terry), Delia Sheppard (Lisa), Jean-Michael Vincent (Trent), Karen Black (Psychologin)
Drehbuch: Sherman Scott
Kamera: Gary Graver (Farbe)
Musik: Chuck Cirino
Schnitt: Chris Roth
Produktion: Diana Jaffe für Double Helix Films/American Independent, USA 1992
Verleih: -/-/-/Madison Video
Videostart: April 1993
Länge: 88 Min. – *FSK:* ab 18 J.; gekürzte Fass. 83 Min. ab 16 J.

Psychotische Ehefrau und hochverschuldeter Gatte. Was glauben Sie, wer wen umbringen will. Genau. Das wie ist auch nicht besser.

Oliver Rahayel in: film-dienst, 12/93

Haus der Drachen 355
HORTON FOOTES THE HABITATION OF DRAGONS ***
Video

Regie: Michael Lindsay-Hogg
Darsteller: Frederic Forrest (Leonard Tolliver), Hallie Foote (Margaret), Brad Davis (George), Horton Foote jr. (Billy), Pat Hingle (Onkel Virgil), Elias Koteas (Wally), Hawthorne James, Roberts Blossom, Maureen OSullivan, Jean Stapleton
Drehbuch: Horton Foote, nach seinem Bühnenstück
Kamera: Paul Laufer (Farbe)
Musik: David Shire
Schnitt: Claudia Finkle
Produktion: Donald P. Borchers für Brandman Prod. mit Amblin Ent., USA 1992
Uraufführung: 8.9.1992, TNT TV
Verleih: -/-/-/Concorde Video
Videostart: April 1993
Länge: 91 Min. – *FSK:* ab 12 J.

Das Auftauchen des jungen George im Familienclan, löst eine Kette tragischer Ereignisse mit kathartischer Wirkung aus. Fürs amerikanische Fernsehen produziertes solides Südstaatenmelodram.

Anselm Jungeblodt in: film-dienst, 15/93

Head Hunter 356
BOUNTY TRACKER **
Video

Regie: Kurt Anderson
Darsteller: Lorenzo Lamas (Johnny Damone), Matthias Hues (Eric Gauss), Cyndi Pass (Jewels), Eric Mansker (Ramses), Brooks Gardner (Max), Whip Hubley
Drehbuch: Caroline Olson
Kamera: Ken Arlidge (Farbe)
Musik: Richard Bowers
Schnitt: Michael Thibault
Produktion: Pierre David für Image Org., USA 1992
Verleih: -/-/-/Ascot Video

Videostart: Mai 1993
Länge: 85 Min. – *FSK:* ab 18 J.

Chef einer paramilitärischen Gangsterbande bekommt von Kopfgeldjägern die Rechnung für sein ruchloses Treiben präsentiert. Geradliniger, fragwürdiger Lynchjustizthriller.

Annette Winter in: film-dienst, 14/93

Heading Home 357
HEADING HOME ***
TV

Regie: David Hare
Darsteller: Gary Oldman (Ian Tyson), Joely Richardson (Janetta Wheatland), Stephen Dillane (Leonard Meopham), Stella Gonet (Beryl James), Michael Bryant (Derek Green), Eugene Lipinski (Juliusz Janowski), John Moffat (Mr. Everden), Leon Eagles, Sandy McDade, Lollie May
Drehbuch: David Hare
Kamera: Oliver Stapleton (Farbe)
Musik: Stanley Myers
Schnitt: Frances Parker
Produktion: Rick McCallum für BBC, GB 1990
Erstaufführung: 25.2.1991, Int. Filmfestspiele Berlin, »Panorama«
Sendetermin: 25.7.1993, West 3, 20.15
Länge: 92 Min.

London in den 40er Jahren. Janetta Wheatland, gerade in London angekommen, verliebt sich in Leonard, einen umjubelten Schriftsteller. Sie ist fasziniert von der libertären Bohème und zieht zu Leonard, der mit seinem Freund Beryl zusammenwohnt. Sie arbeitet in einer Buchhandlung und lernt dort Ian Tyson, einen Spekulanten kennen, der dabei ist, sein Imperium in den Slums von Notting Hill aufzubauen. Janetta ist hin- und hergerissen, zwischen zwei Männern, zwei extrem unterschiedlichen Lebensweisen, zwei entgegengesetzten Visionen von Englands Zukunft in den 50ern.

Heart of Justice 358
THE HEART OF JUSTICE **
Video

Regie: Bruno Barreto
Darsteller: Vincent Price (Shaw), Dennis Hopper (Austin Blair), Eric Stoltz (David Leader), Jennifer Conelly (Emma), Dermot Mulroney (Elliot), Joann Miles
Drehbuch: Keith Reddin
Kamera: Declan Quinn (Farbe)
Musik: Jonathan Elias
Schnitt: Bruce Cannon
Produktion: Donald P. Borchers für Amblin Ent. TV, USA 1992
Verleih: -/-/-/Concorde Video
Videostart: Juni 1993
Länge: 87 Min. – *FSK:* ab 16 J.

Bei den Ermittlungen zu dem mysteriösen Mord an einem Romanautor stößt ein ambitionierter Journalist auf eine noch mysteriösere Dame. Glatte, nicht allzu aufregende TV-Kost vom US-Kabelsender Showtime.

Oliver Rahayel in: film-dienst, 13/93

Heaven and Earth 359
TEN TO CHI TO ***
Video

Regie: Haruki Kadokawa
Darsteller: Takaaki Enoki (Kagetora), Masahiko Tsugawa (Takeda), Tsunehiko Watase (Usami), Atsuko Asano (Nami), Naomi Zaizen (Yae), Binpachi Ito, Isao Natsuyagi, Akira Hamada
Drehbuch: Toshio Kamata, Isao Yoshihara, Haruki Kadokawa, nach einem Roman von Chogoro Kaionji
Kamera: Yonezo Maeda (Farbe)
Musik: Tetsuyo Komuro
Schnitt: Akira Suzuki, Robert C. Jones (US-Version)
Produktion: Yutaka Okadu für Araba Films, Japan 1989
Uraufführung: 3.9.1990, World Film Festival Montreal (außer Wettbewerb)
Verleih: -/-/-/VMP Video
Videostart: März 1993
Länge: 101 Min. – *FSK:* ab 12 J.

Machtgerangel, Hofintrigen und Schlachtgetümmel aus dem Japan des 16. Jahrhunderts, unter Verzicht auf oberflächliche Klischees als Historienlektion ansprechend in Szene gesetzt.

Heidi 360
HEIDI **
Video

Regie: Michael Rhodes
Darsteller: Jason Robards (Alm-Öhi), Jane Seymour (Fräulein Rottenmeier), Lexi Randall, Sian Phillips, Patricia Neal, Noley Thornton (Heidi)
Drehbuch: Jeanne Rosenberg, nach dem Kinderbuch-Klassiker »Heidi« von Johanna Spyri

Produktion: Frank Agrama, Daniele Lorenzano für Harmony Gold/Silvio Berlusconi/William McCutchen Prod. mit The Disney Channel/Luxembourg Associated Film Prod., USA/Italien 1993
Verleih: -/-/-/Concorde Video
Videostart: Dezember 1993
Länge: 186 Min. – *FSK:* ab 6 J.

Ziemlich überflüssiges Remake des Kinderfilm-Klassikers aus der RTL-Schmonzetten-Schmiede.

Heidi auf der Flucht 361
COURAGE MOUNTAIN **
TV

Regie: Christopher Leitch
Produktion: USA/Frankreich 1989
Verleih: -/-/-/
Sendetermin: 24.12.1993, ZDF, 10.10

TV-Titel. Erschien bereits 1990 als ›Nightwalker‹ auf Video. Daher vollständige Angaben im Heyne Filmjahrbuch 1991.

Heißer Sand und kalte Füße 362
GALLAGHER'S TRAVELS **
TV

Regie: Michael Caulfield
Darsteller: Ivar Kants (Gallagher), Joanne Samuel (Sally), Stuart Campbell (Goltz), Jennifer Hagan (Maggie), Francis Yin (Mr. Uen), Sylvester Iwinski (Ivan)
Drehbuch: Michael Caulfield
Kamera: Geoffrey Simpson (Farbe)
Musik: John Stuart
Produktion: Andrew Williams, Australien 1986
Verleih: -/-/-/
Sendetermin: 18.9.1993, ZDF, 13.30
Länge: 90 Min.

Der britische Zeitungsreporter Gallagher wird von seiner resoluten Chefin Maggie auf eine Tierschmuggel-Story angesetzt und muß sich für seine Recherchen nach Australien begeben. Dort wartet schon die energische Fotografin Sally auf ihn, mit der er den zwielichtigen Tierhändler Goltz durch die australische Steppe verfolgt. Dabei lernen die beiden die Tücken der Wildnis kennen, die Sally jedoch – im Gegensatz zu Gallagher – mit Bravour meistert.
ZDF Pressetext

Helas pour moi 363
***

Regie: Jean-Luc Godard
Darsteller: Gérard Depardieu (Simon Donnadieu), Laurence Masliah (Rachel Donnadieu), Bernard Verley (Abraham Klimt), Jean-Louis Loca (Max Mercure), François Germond, Jean-Pierre Miquel, Andy Romand, Roland Blanche
Drehbuch: Jean-Luc Godard
Kamera: Caroline Champetier (Farbe)
Musik: Darling, Bach, Beethoven, Holliger
Schnitt: Jean-Luc Godard
Produktion: Ruth Waldburger, Alain Sarde für Vega/Les Films A. Sarde/Peripheria/TSR, Schweiz/Frankreich 1993
Verleih: -/-/Filmcooperative
Kinostart: Sept. 1993
Länge: 84 Min.

Ein Film durchquert sich selbst auf der Suche nach Figuren und Handlungselementen, um die herum sich eine Geschichte entwickeln kann. In Godards Werk wird Sinn nicht durch fixe Erzählmuster als etwas Fertiges repräsentiert; er blitzt vielmehr auf zwischen den Bildern, in den Lücken und Spalten, denen letztlich keine Filmerzählung entgeht. Hermetisch wie je arbeitet Godard den Kinokonventionen entgegen. *Zoom*

Gérard Depardieu, Laurence Masliah.

Helden in Strumpfhosen 364
ROBIN HOOD – MEN IN TIGHTS

Regie: Mel Brooks

Siehe: → ›Robin Hood – Helden in Strumpfhosen‹.

Helldance 365
BLOODSTONE **

Video

Regie: Ted Nicolaou
Darsteller: Anders Hove, Denice Duff, Kevin Blair, Melanie Shatner, Michael Denish, Pamela Gordon, Michael Dellafemina
Drehbuch: Ted Nicolaou, nach einer Idee von Charles Band
Kamera: Vlad Paunescu (Farbe)
Schnitt: Bert Gladstein
Produktion: Vlad Paunescu für Full Moon Ent., USA 1992
Verleih: -/-/-/Highlight Video
Videostart: Dezember 1993
Länge: 85 Min.
FSK: ab 16 J.

In Rumänien produzierter US-Discount-Vampirfilm um ein Zombiewesen, das in einer Burg in den Karpaten sein Unwesen treibt.

Georg Röwekamp in: film-dienst, 26/93

Hellraiser III 366
HELLRAISER III: HELL ON EARTH *

Video

Regie: Anthony Hickox
Darsteller: Terry Farrell (Joey Summerskill), Doug Bradley (Pinhead/Elliott Spencer), Paula Marshall (Terri), Kevin Bernhardt (J.P.Monroe), Ken Carpenter (Doc), Peter Boynton, Aimee Leigh, Lawrence Mortorff
Drehbuch: Peter Atkins, nach einer Story von Peter Atkins, Tony Randel, nach den Charakteren von Clive Barker
Kamera: Gerry Lively (Foto-Kem)
Musik: Randy Miller, Christopher Young
Produktion: Lawrence Mortorff für Fifth Avenue Ent./Lawrence Mortorff Prod., USA 1991
Verleih: -/-/-/Condor/Cannon Video
Videostart: Januar 1993
Länge: 88 Min. – *FSK:* ab 18 J.

Eine TV-Reporterin wird Zeugin eines grausamen Mordes an einem jungen Mann. Einziger Anhaltspunkt ist seine Freundin, die in Besitz eines Würfels ist, aus dessen Inneren das Böse hervorquillt. Höllenspuk für Fans ausgeleierter Bluspritz-Exzesse mit Heavy-Metal-Soundtrack.

Henker im Meßgewand 367
FINAL JUDGEMENT **

Video

Regie: Louis Morneau
Darsteller: Brad Dourif, Maria Ford, David Ledingham, Orson Dean, Bert Williams
Drehbuch: Kirk Honeycutt, Louis Mameleau
Kamera: Mark Parry (Farbe)
Musik: Terry Plumeri
Schnitt: Glen Garland
Produktion: Mike Elliott für Concorde/New Horizons, USA 1992
Verleih: -/-/-/Columbia TriStar Video
Videostart: Dez. 1992
Länge: 86 Min. – *FSK:* ab 16 J.

Mit durchaus weltlichen Mitteln zieht ein Priester in Los Angeles gegen das Böse zu Felde, das in Gestalt eines perversen Künstlers, der Frauen malt und anschließend meuchelt, seinen Auftritt absolviert. Passables Genre-Kino der wenig anspruchsvollen Art.

Jochen Rack in: film-dienst, 5/93

Die Herbstzeitlosen 368
USED PEOPLE ***

Regie: Beeban Kidron
Darsteller: Shirley MacLaine (Pearl), Jessica Tandy (Freida), Marcia Gay Harden (Norma), Marcello Mastroianni (Joe), Kathy Bates (Bibby), Sylvia Sidney (Becky), Joe Pantoliano (Frank), Matthew Branton, Bob Dishy, Emma Tammi
Drehbuch: Todd Graff (auch Co.-Prod.), nach Motiven seines Bühnenstückes »The Grandma Plays«
Kamera: David Watkin (Duart/Deluxe)
Musik: Rachel Portman
Schnitt: John Tintori
Produktion: Peggy Rajski für Lawrence Gordon Prod. mit JVC Ent., USA 1992
Erstaufführung: 21.2.1993, Int. Filmfestspiele Berlin
Verleih: 20th Century Fox/-/20th Century Fox/Fox Video
Kinostart: 15.4.1993
Länge: 116 Min. – *FSK:* ab 12, ffr.
FBW: Wertvoll

Nach drei Jahrzehnten gezügelter Bewunderung gesteht ein italienischer Endsechziger einer attraktiven jüdischen Witwe, die soeben ihren Mann,

Marcello Mastroianni und der Traum seines Lebens.

der auch sein Freund war, begraben hat, seine Liebe. Aber in einer jüdischen Familie gilt es nicht nur die Zuneigung der Angebeteten zu gewinnen, da müssen auch deren Mutter und die beiden Töchter auf seine Seite gebracht werden. Charmante Generationskomödie, die trotz einiger dramaturgischer Schwächen auf ebenso amüsante wie sympathische Weise das Klischeebild älterer Menschen in die optimistische Bekräftigung einer zweiten Chance im Leben verwandelt. *Zoom*

Heiko R. Blum in: Rheinische Post, 16.4.93; Fritz Göttler in. SZ, 19.4.93; Angela Schmitt-Gläser in: FR, 19.4.93; Christian Winterfeld in: Kölner Stadt-Anzeiger, 17.4.93

Ein Herz im Winter 369
UN COEUR EN HIVER ***

Regie: Claude Sautet
Darsteller: Daniel Auteuil (Stephane), Emmanuelle Béart (Camille), André Dussolier (Maxime), Elizabeth Bourgine (Hélène), Maurice Garrel (Lachaume), Myriam Boyer (Mme. Amet), Brigitte Catillon, Jean-Luc Bideau
Drehbuch: Claude Sautet, Jacques Fieschi
Kamera: Yves Angelo (Farbe)
Musik: Philippe Sarde
Schnitt: Jacqueline Thiedot
Produktion: Jean-Louis Livi, Philippe Carcassonne für Film par Film/Cinéa/Orly// DA/Paravision/FR3 mit Soficas, Frankreich 1992
Uraufführung: 1.9.1992, Int. Filmfestspiele Venedig
Erstaufführung: Filmfest München 1993
Verleih: Prokino/-/Sadfi
Kinostart: 7.10.1993
Länge: 104 Min. – *FSK:* ab 12, ffr.

Zwei alte Freunde, der extrovertierte Kaufmann Maxim und der begabte, in sich gekehrte Handwerker Stéphane betreiben gemeinsam ein Geigenbauatelier. Als Maxim sich in die junge Camille verliebt, zeigt auch Stéphane Interesse für die begabte Violinistin, die von seinem scheuen Wesen irritiert und angezogen ist. Als sie ihm ihre Liebe gesteht, sieht sie sich mit seiner Gefühllosigkeit und Kälte konfrontiert. Im Dialog mit Ravels Trio und Sonaten wird das streng komponierte Gefühlsdrama mehr angedeutet als ausgespielt. Daniel Auteuils subtile Interpretation von Stéphane unterstreicht den melancholischen Charakter des in seinem psychologischen Ansatz sehr französischen Films. *Zoom*

(...) Wie fast alle Filme von Claude Sautet, so spielt auch dieser in einer geschlossenen Welt, in der es nichts zu entdecken gibt, die frei ist von Humor, frei von Überraschungen. Die »Dinge des Lebens«, hier sind sie zum Klischee geronnen. *Christoph Terhechte, tip, 21/93*

(...) Ein schöner, feinnerviger Musiker-Film, mit einer Antenne für Ravel-Konzerte. Wer sich nicht darauf einlassen mag, hängt schnell im Leerraum der Langeweile. *Ponkie, AZ, 7.10.93*

Michael Althen in: SZ, 7.10.93; Albert Baer in: Rheinische Post, 22.10.93; Brigitte Desalm in: Kölner Stadt-Anzeiger, 9.10.93; Norbert Grob in: Die Zeit, 8.10.93; Helmut Schmitz in: FR, 9.10.93; Ruprecht Skasa-Weiß in: Stgt. Zeitung, 7.10.93

Herzfeuer 370
***

Regie: Thomas Bergmann, Mischka Popp
Darsteller: Sprecher: Peter Fitz

Drehbuch: Thomas Bergmann, Mischka Popp
Kamera: Jörg Jeschel, Rüdiger Laske (Farbe)
Produktion: Pilotfilm für HR, BRD 1993
Uraufführung: 28.10.1993, Int. Hofer Filmtage
Verleih: Pilot/-/-
Länge: 104 Min.

Hauptsächlich sind »talking heads«, also sprechende Köpfe zu besichtigen. Aber die erzählen eben über die diversen Spielarten von Erotik, Sex, Liebe – Chauvi bis zum Fetischisten, vom Yuppie bis zum Gummipaar, vom verlassenen Lover bis zur selbstbewußten Singlefrau reicht die Palette der Begierden und Leidenschaften dieses klug durchkomponierten Films.

W.O.P. Kistner, AZ, 30.10.93

(...) Ein gescheiter Film. Vor billigem Hochmut sei gewarnt.

Ponkie, AZ, 13.11.93

Harald Martenstein in: Der Tagesspiegel, 4.12.93

Hes my Girl 371

JUST ONE OF THE GIRLS **

Video

Regie: Michael Keusch
Darsteller: Corey Haim (Chris Calder), Nicole Eggert (Marie Stark), Cameron Bancroft (Kurt Stark), Kevin McNulty (Louis), Johannah Newmarch (Julie), Rachel Hayward (Ms. Glatt), Wendy van Reissen, Gabe Khouth
Drehbuch: Raul Fernandez
Kamera: Tobias Schliessler (Farbe)
Musik: Amin Bhatia, Vincent Mai
Schnitt: Allan Lee
Produktion: Robert Vince, Cal Schumiatcher für Saban Ent. mit Ent. Securities/Neal & Gary Prod., USA 1992
Verleih: -/-/-/VCL/Carolco Video
Videostart: Dezember 1993
Länge: 91 Min. – *FSK:* ab 6 J.

Musikschüler schlüpft aus Angst vor prügelndem Mitschüler in Mädchenkleider und erlebt entsprechend Abenteuerliches. Nicht allzu peinliche Variation des »Charleys Tante«-Themas, die übrigens mit »He's My Girl« von 1987 nichts gemein hat.

Hexen aus der Vorstadt 372

CARODEJKY Z PREDMESTI ***

Regie: Drahomira Králová
Darsteller: Lucie Cechová (Veronika), Tereza Fliegerová (Petra), Marie Tomásová (Emma), Dana Syslová (Tante Lida), Rudolf Pellar (Lehrer Frantisek), Ivan Rezac (Petras Vater), Jitka Asterová (Petras Mutter), Oldrich Vizner (Veronikas Vater), Lenka Skopalová (Veronikas Mutter), Marketa Svetlikova
Drehbuch: Drahomira Králová, Kveta Kursova, nach einer Idee von Kveta Kursova
Kamera: Miroslav Cvorsjuk (Farbe)
Musik: Jaroslav Uhlir
Schnitt: Dalibor Lipsky
Produktion: Marcela Pittermannová für Filmstudio Barrandov, CSFR 1990
Erstaufführung: Frankfurter Kinderfilmfestival 1992
Verleih: Progress/Einhorn/-
Kinostart: 2.9.1993
Länge: 84 Min. – *FSK:* o.A., ffr.

Zwei Schülerinnen sorgen mittels eines im Altpapier gefundenen Zauberbuchs für Verwirrung. Tiere werden wahlweise groß oder klein gemacht, aber auch ein Haus vor dem Abriß bewahrt. Ein dürftiger Ansatz, der schlampig in Szene gesetzt wird und in Verbindung mit der unglaublich amateurhaften Synchronisation ein fragwürdiges Endprodukt ergibt. *Claus Löser, tip, 17/93*

(...) Ein zauberhafter, preisgekrönter Kinderfilm, der mit seiner Mischung aus märchenhaftem Geschehen und alltäglichem Umfeld gefällt.

Christian Winterfeld, Kölner Stadt-Anzeiger, 9.10.93

Ponkie in: AZ, 9.9.93; Wilhelm Roth in: epd Film, 9/93

Hexina – schön verrückt und gefährlich 373

HEXED **

Regie: Alan Spencer
Darsteller: Arye Gross (Matthew Welsh), Claudia Christian (Hexina), Adrienne Shelly (Gloria O'Connor), Ray Baker (Victor Thummell), R. Lee Ermey (Det. Ferguson), Michael Knight (Simon Littlefield), Robin Curtis (Rebecca), Brandis Kemp (Ms. Strickland), Norman Fell, Pamela Roylance
Drehbuch: Alan Spencer
Kamera: James Chressanthis (CFI/Technicolor)
Musik: Lance Rubin
Schnitt: Debra McDermott
Produktion: Marc S. Fischer, Louis G. Friedman für Price Ent./Brillstein-Grey Prod., USA 1993

Uraufführung: 22.1.1993, New York
Verleih: Columbia TriStar/dto./-/Columbia TriStar Home Video
Kinostart: 13.5.1993
Länge: 93 Min.
FSK: ab 12, ffr.

Ein amerikanischer Hotelportier gerät in wilde Abenteuer mit einer verführerischen Frau, die sich aber bald zu einem Alptraum wandeln. Die weit mehr verrückte als witzige Story läß auch keinen Raum für die Entwicklung irgendwelcher formaler Qualitäten. *multimedia*

Steffen Jacobs in: Der Tagesspiegel, 15.5.93; W.O.P. Kistner in: AZ, 13.5.93

Highway 66 Revisited 374

***

Regie: Thomas Repp
Kamera: Rudolf Barmettler
Schnitt: Patricia Loncle
Produktion: Thomas Repp für Thomas Repp/HFF/BR/Factory Ent., BRD 1992
Uraufführung: 16.11.1992 Turin Int. Festival of Young Cinema
Verleih: HFF/-/-
Kinostart: Mai 1993
Länge: 110 Min.

Road Movie. In fast zwei Stunden erlebt man die Fahrt auf dem Highway 66, 2.200 Milen von Chicago nach Los Angeles. Amerikas junge Vergangenheit schon verkommen und verwittert neben den neuen Autobahnen.

Highway Hunter 375

PRIME TARGET

**

TV

Regie: David Heavener
Produktion: USA 1991
Verleih: -/-/-/
Sendetermin: 22.5.1993, Pro7

Fernsehtitel. Erschien bereits 1991 als ›Naked Steel‹ auf Video. Daher vollständige Angaben und Kritik im Heyne Filmjahrbuch 1992.

Der Himmel über Lima 376

CAIDOS DEL CIELO

***

TV

Regie: Francisco Lombardi
Darsteller: Gustavo Bueno (Don Ventura/Humberto), Marisol Palacios (Veronica), Elida Brero (Jésus), Carlos Gassols (Lizardo), Delfina Paredes, Diana Quijano, Leontina Antonina, David Zuniga, Edward Centeno, Oscar Vega
Drehbuch: Francisco Lombardi, Giovanna Pollarolo, Augusto Cabada, Gerardo Herrero
Kamera: José Luis Lopez Linares (Farbe)
Musik: Alejandro Masso
Schnitt: Alberto Arevalo
Produktion: Gerardo Herrero für Inca/Tornasol/TVE, Peru/Spanien 1990
Uraufführung: 28.8.1990, World Film Festival Montreal
Verleih: -/-/-/
Sendetermin: 26.1.1993, Premiere, 21.55
Länge: 119 Min.

(...) Ein älteres Ehepaar investiert sein beträchtliches Vermögen in ein prachtvolles Mausoleum. Eine erblindete Dienstmagd veranlaßt die Armut, das Hausschwein höher einzuschätzen als ihre beiden Enkel. Umberto, der in seinem Radio vom Glück der Fleißigen kündet, begegnet dem schwärmerischen Elend in Gestalt einer schönen Frau und entdeckt die Verlogenheit seiner Glücksversprechen. (...) *Zoom*

Der Hit 377

THE TUNE

***

TV

Regie: Bill Plympton
Mit den Originalstimmen von: Daniel Neiden (Del), Maureen McElheron (Didi), Marty Nelson (Mayor, Mr. Mega, Mrs. Mega) Emily Bindinger (Dot), Chris Hoffman (Wiseone, Surfer, Tangotänzer, Note), Jimmy Ceribello (Cabbie)
Drehbuch: Bill Plympton, Maureen McElheron, P. C. Vey
Kamera: John Donnelly (Farbe)
Musik: Maureen McElheron
Schnitt: Merril Stern
Produktion: USA 1992
Uraufführung: 17.1.1992, Sundance Film Festival, Park City
Verleih: -/-/-/
Sendetermin: 3.6.1993, Arte, 22.50
Länge: 69 Min.

Ungemein cleverer, origineller Zeichentrickfilm um einen verzweifelten Pop-Komponisten, der in einem merkwürdigen musikalischen Phantasieland seinen dringend benötigten Hit sucht. Mit scheinbar grenzenlosem Einfallsreichtum und ungewöhnlichem Stil wartet

Liebe ohne Limit: Mitchell Lichtenstein, Winston Chao und May Chin in ›Das Hochzeitsbankett‹.

dieses einzigartige Cartoon-Musical auf. *nach Variety*

Hit Back 378

CONFLICT OF INTEREST **

Video

Regie: Gary Davis
Darsteller: Christopher McDonald (Mickey Flannery), Judd Nelson (Gideon), Alyssa Milano (Eve), Dey Young (Vera), Gregory Alan Harris (Jason), Harrison Page, Lee De Broux, Jay Avocone, Vincent Klyn
Drehbuch: Michael Angeli, Gregory Miller
Kamera: Bryan England (Farbe)
Musik: David Bryan
Schnitt: Marcus Manton
Produktion: Tony Amatullo für Frazier Films/Moviestore, USA 1992
Verleih: -/-/-/Starlight Video
Videostart: Oktober 1993
Länge: 84 Min. – *FSK:* ab 18 J. (geänderte Vers. 81 Min., ab 16 J.)

Zu Selbstjustiz neigender Polizist steigt nach siebenjähriger Pause wieder in seinen Beruf ein und kommt abermals in Konflikt mit Gesetz und Vorgesetzten. Routinekrimi ohne Reiz.

Das Hochzeitsbankett 379

HSI YEN/THE WEDDING BANQUET ****

Regie: Ang Lee
Darsteller: Winston Chao (Wai Tung), May Chin (Wei Wei), Mitchel Lichtenstein (Simon), Ah-Leh Gua (Mrs. Gao), Sihung Lung (Mr. Gao), Dion Birney, Jeanne Kuo Chang, Paul Chen, Chung-Wei Chou, Yun Chung
Drehbuch: Ang Lee, Neil Peng, James Schamus
Kamera: Jong Lin (Duart)
Musik: Mader
Schnitt: Tim Squyres
Produktion: Ted Hope, James Schamus, Ang Lee für Central Motion Picture Corp. mit Good Machine Prod., Taiwan/USA 1993
Uraufführung: 18.2.1993, Int. Filmfestspiele Berlin
Erstaufführung: Filmfest München 1993
Verleih: Kinowelt/top-film/Filmcooperative
Kinostart: 7.10.1993
Länge: 108 Min. – *FSK:* ab 6, ffr.

Der homosexuelle Erfolgs-Yuppie Wai Tung aus Taiwan hat die amerikanische Staatsbürgerschaft, einen geliebten Gefährten, mit dem er die schicke Wohnung in New York teilt – und ein Riesenproblem: Seine Eltern wollen ihn partout verheiraten und Enkelkinder haben. Für die Scheinehe findet sich eine reizende Taiwanesin, die Eltern reisen zur Hochzeit an – und das Riesenproblem steigert sich ins Unermeßliche. Eine sanft-satirische, humorvolle Gesellschafts-Studie über die Heilwirkung kluger Kompromisse.

Angie Dullinger, AZ, 30.6.93

Wai Tung besitzt die amerikanische Staatsbürgerschaft, verdient gut im Immobiliengeschäft und bewohnt ein stattliches Haus in New York. Allein, der gebürtige Taiwanese wagt nicht, seinen Eltern einzugestehen, daß er mit einem Mann zusammenlebt. Um auch den letzten Wunsch der Eltern zu erfüllen, will er eine Scheinehe mit Wei Wei eingehen – was sich auch für die mittellose Künstlerin lohnt, da ihr die Eheschließung die langersehnte Green Card verspricht. Alsbald reisen die Eltern aus Taiwan an und richten eine standesgemäße Hochzeitsfeier aus. Die Hochzeitsnacht hat überraschende Folgen...

»Der taiwanesisch-chinesische (Berlinale-)Wettbewerbsbeitrag spielt in New York, was aber nicht weiter verwunderlich ist, denn hinter dem Film stehen Ted Hope und James Schamus, u.a. die Entdecker, Förderer und Stammproduzenten von Hal Hartley«

Ulrich von Berg, berlinale journal

Sebastian Feldmann in: Rheinische Post, 8.10.93; Klaus Müller in: FR, 7.10.93; Carla Rhode in: Der Tagesspiegel, 8.10,93; Christian Seebaum in: Kölner Stadt-Anzeiger, 9.10.93; Georg Seeßlen in: Die Zeit, 15.10.93

Hoggy, Oskar und der tote Briefkasten 380

ZITS ***

Video

Regie: Arthur Sherman
Darsteller: Danielle DuClos (Denver Deck), Janson Kristofer (Erskine Eckleburg), Cameron Johann (Hoggy Livingstone), Kimble Joyner (Newton Robinson), Devin Ratray (Oscar Opily)
Drehbuch: Robert Littel
Kamera: John Stanier (Farbe)
Musik: Jonathan Sheffer
Schnitt: John Victor Smith
Produktion: Elliott Kastner für J.+ M. Ent., GB 1986
Verleih: -/-/-/Atlas Video
Videostart: Mai 1993
Länge: 91 Min. – *FSK:* ab 6 J.

Um eine Operation für ihre vom Erblinden bedrohte Musiklehrerin zu finanzieren, läßt sich eine Kinderbande auf gefährliche Transaktionen mit dem KGB ein. Leider von der Historie überholter, aber insgesamt recht unterhaltsamer Kinderfilm.

Lutz Gräfe in: film-dienst, 13/93

Hölle am Amazonas 381

AMAZON ***

Regie: Mika Kaurismäki
Darsteller: Robert Davi (Dan), Rae Dawn Chong (Paola), Kari Väänänen (Kari), Minna (Nina), Aili Sovio (Lea), Rui Polinah (Julio Cesar), Pirkko Hämäläinen (Susanne), Expedito Barreira, Luis Otavio, Sidney Martins
Drehbuch: Richard Reitinger, Mika Kaurismäki
Kamera: Timo Salminen (Farbe)
Musik: Nana Vasconcelos
Schnitt: Michael Chandler
Produktion: Mika Kaurismäki, Pentti Kouri für Villealfa Filmprod./Noema Pic. mit Sky Light Cinema Foto Arte, Finnland/USA 1990
Uraufführung: 14.12.1990, Helsinki
Erstaufführung: 25.2.1991, Int. Forum des Jungen Films, Berlin
Verleih: Ascot (5.11.92 geplant, nicht gestartet)/VMP Video
Kinostart: Mai 1993
Länge: 94 Min. – *FSK:* ab 12 J.

Nach dem Tod seiner Frau tauscht ein Bankangestellter mit seinen Kindern den Alltag in Helsinki gegen Abenteuer in Brasilien ein.

Ambitionierter Abenteuerfilm mit inhaltlichen Überfrachtungen.

Der Höllenflug 382

RIPA RUOSTUU ***

TV

Regie: Christian Lindblad
Darsteller: Sam Huber (Ripa), Mari Vainio, Leo Raivio, Merja Larivaara, Leena Uotila, Kari Väänänen
Drehbuch: Christian Lindblad
Kamera: Ilkka Ruuhijärvi

Musik: Björn B. Lindström
Schnitt: Ulli Enckell
Produktion: Aki Kaurismäki für Villealfa, Finnland 1993
Verleih: -/-/-/
Sendetermin: 31.8.1993, ZDF, 23.45, »Das kleine Fernsehspiel«
Länge: 90 Min.

Obwohl Ripa eine Menge Probleme hat, sucht er nur Spaß und Vergnügen. Eines Tages jedoch beginnen die Probleme ihn zu überrollen, so daß er die Kontrolle verliert. An diesem Punkt, an dem er alles verloren glaubt, seine Frau, sein Geld, seine Familie, seine Freunde, macht Ripa eine letzte verzweifelte Anstrengung, um seine Selbstachtung zu retten, mit fatalen Konsequenzen.
Pressetext ZDF

Holozän 383

***

Regie: Heinz Bütler, Manfred Eicher
Darsteller: Erland Josephson, Sophie Duez, Elvezia Barzan
Drehbuch: Heinz Bütler, Manfred Eicher, nach der Erzählung »Der Mensch erscheint im Holozän« von Max Frisch
Kamera: Yorgos Arvanitis (Farbe)
Musik: J.S. Bach, Béla Bartok, Jan Garbarek, Paul Hindemith, Keith Jarrett, Dmitri Schostakowitsch
Schnitt: Isabelle Dedieu
Produktion: Al Castello, Schweiz 1992
Verleih: -/-/Rialto
Kinostart: Juni 1993
Länge: 92 Min.

»Holozän« handelt von der Angst eines älteren Mannes (von Erland Josephson großartig gespielt) vor dem Gedächtnis- und Ich-Verlust. Heinz Bütler und Manfred Eicher haben den Frisch-Text, bei der ihm innewohnenden Musikalität ansetzend, als Partitur gelesen und filmisch imaginiert. Eine subtile Montage verbindet Bilder von einzigartiger Präsenz mit einer sensationell prägnanten Tonspur, so daß sich Frischs Grundfrage nach der Identität, nach dem »Wer bin ich?«, mit neuer Schärfe stellt. *Zoom*

Die Filmemacher haben sich vom Text getrennt und doch nichts Eigenes geschaffen. Die fantastischen Bilder von Angelopoulos-Kameramann Arvanitis, die schauspielerische Leistung Erland Josephsons, die eindrückliche Musik – sie kommen nicht zusammen.(…)
epd Film, 10/92

Honeymoon in Vegas – Aber nicht mit meiner Braut 384

HONEYMOON IN VEGAS ***

Regie: Andrew Bergman
Darsteller: Nicolas Cage (Jack Singer), James Caan (Tommy Korman), Sarah Jessica Parker (Betsy), Pat Morita (Mahi), Johnny Williams (Johnny Williams), John Capodice, Robert Constanzo, Anne Bancroft, Peter Boyle, Burton Gilliam
Drehbuch: Andrew Bergman
Kamera: William A. Fraker; Ron Taylor, Valerie Taylor (Unterwasser) (CFI/Technicolor)
Musik: David Newman
Schnitt: Barry Malkin
Produktion: Mike Lobell für Castle Rock Ent. mit New Line Cinema, USA 1992
Verleih: Jugendfilm/-/Monopole Pathé/ Starlight Video
Kinostart: 1.4.1993
Länge: 95 Min. – *FSK:* ab 6, ffr.

Nach vielen Ausflüchten entschließt sich Privatdetektiv Jack Singer endlich, seine Freundin Betsy in Las Vegas zu heiraten, verliert sie dort aber im Spiel an einen hinterhältig-smarten Gangster, der Betsy für einige flotte Tage nach Hawaii entführt. Jacks Versuch, Betsy wieder zu bekommen, entwickelt sich zu einem wahren Hindernislauf. Leichtgewichtige Klamaukkomödie mit 40 fallschirmspringenden Elvis-Presley-Doppelgängern als »Höhepunkt«. *Zoom*

Albert Baer in: Rheinische Post, 2.4.93; Holger Kreitling in: Der Tagesspiegel, 5.4.93

Hongkong – New York 385

COMBINATION PLATTER ***

TV

Regie: Tony Chan
Darsteller: Jeff Lau (Robert), Colleen O'Brian (Claire), Lester 'Chit-Man' Chan (Sam), Colin Mitchell (Benny), Kenneth Lu (Andy), Thomas K. Hsiung (Mr. Lee)
Drehbuch: Edwin Baker, Tony Chan
Kamera: Yoshifumi Hosoya (Farbe)
Musik: Brian Tibbs
Schnitt: Tony Chan, James Y. Kwei
Produktion: Tony Chan, Ulla Zwicker für Tony Chan Prod. & Bluehorse Films, USA 1992

Uraufführung: Sundance Filmfestival 1992
Erstaufführung: 30.6.1993, Filmfest München
Sendetermin: 26.8.1993, Arte, 20.40
Länge: 84 Min.

Robert, ein junger illegaler Einwanderer aus China jobbt in einem China-Restaurant in Queens. Dort lernt er die Amerikanerin Claire kennen, geht mit ihr aus und beginnt, eine Heirat als möglichen Weg zur amerikanischen Staatsbürgerschaft in Betracht zu ziehen. Als ihm klar wird, daß er Claire seine wahren Gefühle vorenthält, endet die Freundschaft abrupt. Doch eines Tages meldet sich die Einwanderungsbehörde.

Honor & Glory 386

HONOR & GLORY *
Video

Regie: Godfrey Hall
Darsteller: Cynthia Rothroth, Donna Jason, John Miller
Kamera: (Farbe)
Produktion: Action Star Pic. Filmswell, USA 1992
Verleih: -/-/-/New Vision Video
Videostart: September 1993
Länge: 84 Min. – *FSK:* ab 16 J.

Zwei Schwestern, FBI Agenten und TV-Reporterin im Kampf mit Atomdealern und arabischen Terroristen. Dünne Story und viel Nahkampf.

Horse Season 386a

Regie: Daniel Schmid

Siehe: → ›Zwischensaison‹.

Hot Friday 387

CAME A HOT FRIDAY ***
Video

Regie: Ian Mune
Darsteller: Peter Bland (Wes Pennington), Phillip Gordon (Cyril Kidman), Billy T. James (Taiunia Kid), Michel Lawrence (Don Jackson), Marshall Napier (Sel Bishop), Roy Billing (Darkie Benson), Francis Ullenberg (Pop Simon), Hemi Rapata (Kohi), Marise Wipani, Erna Larsen
Drehbuch: Dean Parker, Iane Mune, nach einem Roman von Ronald Hugh Morrieson
Kamera: Alun Bollinger (Farbe)
Musik: Stephen McCurdy
Schnitt: Ken Zemke
Produktion: Larry Parr für Mirage Films, Neuseeland 1984
Verleih: -/-/-/Ufa Video
Videostart: September 1993
Länge: 96 Min. – *FSK:* ab 12 J.

Angejahrte, aber akzeptable Actionkomödie um zwei glücklose Ganoven, die mit ihren mißglückten Coups ein friedliches Städtchen aufmischen.

Hot Shots! Der 2. Versuch 388

HOT SHOTS! PART DEUX ***

Regie: Jim Abrahams
Darsteller: Charlie Sheen (Topper Harley), Lloyd Bridges (Tug Benson), Valeria Golino (Ramada Rodham Hayman), Richard Crenna (Colonel Denton Walters), Brenda Bakke (Michelle Rodham Huddleston), Miguel Ferrer (Harbinger), Rowan Atkinson (Dexter Hayman), Jerry Haleva (Sadam Hussein), David Wohl (Gerou), Mitchell Ryan (Gray Edwards)
Drehbuch: Jim Abrahams, Pat Proft
Kamera: John R. Leonetti (Deluxe)
Musik: Basil Poledouris
Schnitt: Malcolm Campbell
Produktion: Bill Badalato für 20th Century Fox, USA 1993
Uraufführung: 21.5.1993, New York
Verleih: 20th Century Fox/dto./dto./Fox Video
Kinostart: 23.9.1993
Länge: 88 Min. – *FSK:* ab 12, ffr.
FBW: Wertvoll

Charlie Sheen wird als muskelbepackter Held in den Irak zu Saddam Hussein geschickt, um amerikanische Geiseln zu befreien. Dort trifft er ausgerechnet auf seine Geliebte, die ihn in der ersten Folge verlassen hatte. Jim Abrahams parodiert mit hoher Witzdichte das Rambo-Genre und läßt mit sicherem Gespür keine Geschmacklosigkeit aus, die er jeweils mit großer Könnerschaft genüßlich ausreizt. *Volker Gunske, tip*

Albert Baer in: Rheinische Post, 24.9.93; Angie Dullinger in. AZ, 23.9.93; Helmut Schmitz in: FR, 23.9.93

Houdini & Company – Der Geist des Magiers 389

LINGUINI INCIDENT **
Video

Regie: Richard Shepard
Darsteller: Rosanna Arquette (Lucy), David

Rosanna Arquette und David Bowie.

Bowie (Monte), Eszter Balint (Vivian), André Gregory (Dante), Buck Henry (Cecil), Viveca Lindfors (Miracle), Marlee Matlin (Jeanette), Eloy Casados, Lewis Arquette, Julian Lennon
Drehbuch: Richard Shepard, Talmar Brott
Kamera: Robert Yeoman (Farbe)
Musik: Thomas Newman
Schnitt: Sonya Polonsky
Produktion: Arnold Orgolini für Rank mit Academy Ent./Isolar, USA 1992
Verleih: -/-/-/Columbia TriStar Video
Videostart: 7.12.1993
Länge: 104 Min. – *FSK:* ab 12 J.

Hobbyentfesselungskünstlerin und britischer Emigrant planen Überfall auf ein Restaurant.

House Party 2 390

HOUSE PARTY 2 **

Video

Regie: Doug McHenry, George Jackson
Darsteller: Christopher Martin (Play), Christopher Reid (Kid), Tisha Campbell (Sidney), Martin Lawrence (Bilal), Bowlegged Lou (Pee Wee), Imam (Sheila), Queen Latifah (Zora), D. Christopher Judge (Miles), Georg Stanfod Brown (Prof. Sinclair)
Drehbuch: Rusty Cundieff, Daryl G. Nickens, nach den Charakteren Reginald Hudlin
Kamera: Francis Kenny (Deluxe)
Musik: Vassal Benford
Schnitt: Joel Goodman
Produktion: Doug McHenry, George Jackson für Jackson/McHenry Prod., USA 1991
Uraufführung: 23.10.1991, New York
Verleih: -/-/-/Highlight Video
Videostart: Juni 1993
Länge: 90 Min.
FSK: ab 12 J.

Um an das Schulgeld fürs College zu kommen, veranstalten zwei Jungs eine illegale Pyjama-Party. Rettungslos alberne Teenie-Unterhaltung mit Rap-Soundtrack.

Oliver Rahayel in: film-dienst, 15/93

Hurra, es lebe der Krieg! 391

***

Regie: Henning Stegmüller, Rudolf Klaffenböck
Mitarbeit: Marie-José van de Loo, Christel Schwarz
Drehbuch: Henning Stegmüller, Rudolf Klaffenböck
Kamera: Henning Stegmüller (Farbe)
Schnitt: Henning Stegmüller
Produktion: Henning Stegmüller für Adanos Film/SR, BRD 1993
Uraufführung: 30.4.1993, Int. Dokumentarfilmfestival, München
Verleih: Filmemacher/-/-
Kinostart: Mai 1993
Länge: 91 Min.

Der Film erzählt von denen, die das Kriegspielen nicht lassen und die ruhmreiche Vergangenheit deutschen Landsertums für bare Münze nehmen. Militaria-Sammler, Waffen-Narren und Freizeithelden. Gedankenlose Kellerbastler und stolze Stahlhelmkenner. Das Feld ist groß und wird detailversessen gepflegt. Sechzig Mark für einen Original-Judenstern! Die Herzen schlagen höher, und Interviewer Klaffenböck, lockt sie, wenn auch formal manchmal, zu konventionell, aus der Reserve.
Wolfgang Oppenrieder

(…) Die Bilder des Films, in penetrant demonstrativer Weise unterlegt mit Landserliedern, sind eindeutig und langweilig, weil sie nur illustrieren, was die Autoren sowieso schon zu wissen glauben: daß sich »Dumpfheit« und »Gesinnungsmief« in Deutschland über die Militaria-Szene hinaus breitmachen. Das wirkt wie schlechtes Filmkabarett, Stegmüller und Klaffenböck wollen entlarven und kommen so der Wahrheit keinen Schritt näher. *Hans Schifferle, SZ, 5.5.93*

Karl Forster in: SZ, 28.4.93; Sigrid Hardt in: AZ, 30.4.93

I love Vienna
392
***

I LOVE VIENNA

Regie: Houchang Allahyari
Darsteller: Fery Farokhzad (Ali Mohamed), Hanno Pöschl (Rudolf Swoboda), Dolores Schmidinger (Marianne Swoboda), Marjam Allahyari (Mariam), Marisa Mell (Selina), Kourosch Allahyari (Kouros), Houchang Allahyari (Teppichhändler), Michael Niawarami (Djamjid), Artur Gawryluk (Karol)
Drehbuch: Reinhard Jud, nach einer Idee von Houchang Allahyari
Kamera: Helmut Pirnat (Farbe)
Musik: Tunament, Esmail Vasseghi
Schnitt: Charlotte Müllner
Produktion: Dieter Pochlatko für Epo-Film, Österreich 1991
Verleih: Arsenal/Epo/-
Kinostart: 20.9.1991 / 25.2.1993, BRD
Länge: 104 Min.
FBW: Sehenswert (Österreich)

Ali Mohamed kommt mit seiner Familie nach Wien, das er nur aus dem Kino kennt. In seinen Schwierigkeiten, sich in dieser Stadt zurechtzufinden, begleitet ihn eine engagierte Komödie, der es gelingt, die Balance zwischen Pathos und Diskriminierung zu halten. Die Übertragbarkeit auf weitere gesamtgesellschaftliche Fragen macht den Film auf mehreren Ebenen diskutierbar und tröstet über fehlende künstlerische Geschlossenheit hinweg. *multimedia*

I Was On Mars
393
***

Regie: Dani Levy
Darsteller: Maria Schrader (Silva), Dani Levy (Alio), Mario Giacalone (Nic), Antonia Rey (La Mama), Penny Arcade, Susana Ventura, Luis Caballero, Rafael Clements, Stuart Duckworth, Pasquale Gaeta
Drehbuch: Dani Levy, Maria Schrader
Kamera: Carl-F. Koschnick (Farbe)
Musik: Niki Reiser
Schnitt: Susann Lahaye
Produktion: Kathryn Colbert für Luna-Film mit Fama Film/Balthazar Pic./Good Machine/Ted Hope/James Schamus und Foll Film/Dani Levy/Carl-F. Koschnick/Prokino/WDR/Atlas, BRD/Schweiz/USA 1991
Uraufführung: 25.10.1991, Int. Hofer Filmtage
Verleih: Scotia/-/Filmcooperative
Kinostart: 20.5.1993
Länge: 86 Min.

Eine junge, naive Polin reist nach New York, ohne ein Wort Englisch zu sprechen. Dort trifft sie auf zwei ungleiche Brüder, die sie zuerst ausnehmen, sich aber später in sie verlieben. Die Handlung wirkt wie ein Abklatsch des Jarmusch-Films »Stranger Than Paradise«, der Film ist lieblos gemacht, und die beabsichtigte Ironie bleibt immer wieder auf der Strecke, so daß einzelne Szenen arg peinlich wirken. *Zoom*

(...) Mit der für ihn typischen Mischung aus trockener Humoreske, beißender Sozialsatire und sentimentalem Rührstück schildert Dany Levy die Erlebnisse der jungen Polin Silva, die auf eigene Faust ins Land der unbegrenzten Möglichkeiten reist. (...) Einfach und spröde inszenierte Komödie, die den big apple einmal von einer ganz anderen Seite zeigt. *Münchner Stadtmagazin*

Peter W. Jansen in: Der Tagesspiegel, 23.5.93; W.O.P. Kistner in: AZ, 27.5.93; Thomas Klingenmaier in: Stgt. Zeitung, 29.5.93

I'll Never Get Out Of This World Alive
394
****

Regie: Wolfgang Büld
Darsteller: Willie Nelson, M.C. Jarren, T.V. Zandt, Bob McGinnon
Drehbuch: Wolfgang Büld, Olaf Kraemer
Kamera: Helge Weindler (Farbe)
Musik: Hank Williams Sr.
Schnitt: Wolfgang Büld
Produktion: Castellow-Film, BRD 1992
Uraufführung: 1.7.1992, Filmfest München
Verleih: Eiszeit/-/-
Kinostart: 12.8.1993
Länge: 98 Min.

Eigentlich erstaunlich, daß sich noch kein amerikanischer Film dieser Legende angenommen hat, die das Motto vieler Rockmusiker vorwegzunehmen schien: »Sex & Drugs & Rock'n Roll«. Neben Familienangehörigen kommen hier viele Musiker zu Wort, meist ältere, aber auch die Vertreter einer neuen Generation wie Townes van Zandt (der zudem zwei Lieder zum besten gibt). Vieles bleibt am Ende offen, aber als Suche

nach Hank Williams (so der Untertitel) ist der Streifen, der ursprünglch mehr (unprofessionelle und daher unfreiwillig komische) Spielfilmelemente besaß, allemal des Ansehens wert.
Frank Arnold, Zitty, 16/93

Holger Kreitling in: Der Tagesspiegel, 13.8.93

Ich bin da, ich bin da 395

****

Regie: Herbert Achternbusch
Darsteller: Herbert Achternbusch (Hick), Annamirl Bierbichler (Priesterin), Kirsten Dene (Gräfin), Bettina Hauenschild (Rossa), Horst Kotterba (Chester), Klaus Ortner (Diener), Christian Lech, sowie die Mitglieder des Filmclubs Bozen
Drehbuch: Herbert Achternbusch
Kamera: Adam Olech (Farbe)
Schnitt: Micki Joanni
Produktion: Herbert Achternbusch für Herbert Achternbusch Filmprod., BRD 1992
Uraufführung: 24.12.1992, München, Filmmuseum
Verleih: Filmwelt/-/-
Kinostart: 20.5.1993
Länge: 107 Min.

Ein Film über die Zusammenhänge von Philosophie und Kalauer, Katholizismus und Imperialismus, über zerbrechendes Glas und die Wiedergängerei von Don Konquistador, der an jedem 31. April kontrolliert, ob auch wirklich alle Indianer abgemurkst sind. Für Kirsten Dene, die eine Gräfin spielt, hat Achternbusch wahrhaftig gereimte Burgtheater-Dialoge geschrieben, als sei es ein Stück von Lope de Vega. So ist endlich auch Herbert unter die Klassiker geraten. *Peter W. Jansen, tip, 11/93*

Es ist ein wenig hoffnungsvolles Unternehmen einen neuen Achternbusch Film beschreiben zu wollen. *Presseheft*

Grenzen werden in diesem Film überschritten wie noch nie zuvor bei Achternbusch. *Fritz Göttler*

Ein Akt der Poesie wider jede Straßenverkehrsordnung. *Ponkie*

Thomas Brandlmeier in: epd Film, 9/93; Fritz Göttler in: SZ, 19.1.93; Rainer Merkel in: Zitty, 10/93; Carla Rhode in: Der Tagesspiegel, 21.5.93; Ester Schulhoff in: Rheinische Post, 6.8.93

Ich hör' nicht mehr die Gitarre 396

J'ENTENDS PLUS LA GUITARE ***

TV

Regie: Philippe Garrel
Darsteller: Benoit Regent (Gérard), Johanna Ter Steege (Marianne), Yann Collette (Martin), Mireille Perrier (Lola), Brigitte Sly (Aline), Anouk Grinberg (Adrienne)
Drehbuch: Philippe Garrel
Kamera: Caroline Champetier (Farbe)
Produktion: Gérard Vaugeois für Les Films de l'Atlante/Volcan mit Centre National de la Cinematographie, Frankreich 1991
Uraufführung: 11.9.1991, Filmfestspiele von Venedig
Verleih: -/-/-/
Sendetermin: 10.2.1993, 22.45, WEST3
Länge: 98 Min.

Gérard liebt Marianne und verbringt einen Urlaub mit ihr. Als sie ihn verläßt, tröstet er sich mit anderen Frauen, doch nie vergißt er Marianne. In dem einfühlsamen, aber recht düsteren Film um Liebe und Verzweiflung bahnt sich eine Tragödie an.

Ich schenk dir die Sterne 397

***

Regie: Jörg Graser
Darsteller: Sunnyi Melles (Laura Montesi), Gottfried John (Robert Dallburg), Albert Kitzl (Karl), Isabell Fischer (Kathi), Christa Berndl (Frau Kröpfl), Ottfried Fischer (Rudi), Roger Fritz (Max), Pascale Rocard (Manuela), Ron Williams (Ben Barnes), Isaach de Bankole (Musbaba)
Drehbuch: Jörg Graser
Kamera: Anton Peschke (Farbe)
Musik: Eberhard Schoener
Schnitt: Juno Sylva Englander
Produktion: Tele-München/Hamster Prod. für ZDF/ORF, BRD 1991
Verleih: Concorde/-/-
Kinostart: 19.12.1991, Arena München
Sendetermin: 5.7.1993, ZDF, 19.25
Länge: 92 Min.
FSK: ab 12, ffr.

Jörg Grasers Sinn für die rauhe Poesie trivialer Wunschträume, immer hart zwischen böser Komik und naiver Lust am Kitsch, kokettiert hier ganz ungeniert mit Elementen des Groschenromans, die er bis zur Parodie weichklopft. *AZ*

H.G. Pflaum in: SZ, 21.12.91

Ich und Christine

398
***

Regie: Peter Stripp
Darsteller: Götz George (Bruno), Christiane Paul (Christine), Daniel Morgenroth (Clemens), Jutta Speidel (Luzie), Peter Fitz (Hotte), Maximilian Wigger (Egon), Nina Petri (Silvia)
Drehbuch: Peter Stripp
Kamera: Peter Brand (Farbe)
Musik: Karl-Heinz Wahren
Schnitt: Silvia Hebel
Produktion: Manfred Durniok für Manfred Durniok Prod. mit WDR, BRD 1993
Uraufführung: 2.9.1993, Kinostart
Verleih: Scotia/-/-
Kinostart: 2.9.1993
Länge: 92 Min.
FSK: ab 6, ffr.

Alter Proli-Zausel und junge Rundfunkmoderatorin im Stil von Radio 100,6 verlieben sich. Sie radelt vor seinen Betonmischlastwagen, und schon funkt es in der verteufelt unkonventionellen Liebesgeschichte. Götz George immer hoch zu Roß, spielt nicht nur die Hauptrolle, sondern betätigte sich in der Berliner Heimatschnulze nach eigenen Aussagen auch als Co-Regisseur, was den Brigitte-Mira-Effekt bei ihm sicherlich verstärkte. *tip, 19/93*

Fritz Göttler in: SZ, 20.9.93; Dorothee Nolte in: Der Tagesspiegel, 16.9.93; Angela Schmitt-Gläser in: FR, 17.9.93

Ihr größter Coup

399
DIGGSTOWN / MIDNIGHT STING ***

Regie: Michael Ritchie
Darsteller: James Woods (Gabriel Caine), Louis Gossett jr. (»Honey« Roy Palmer), Bruce Dern (John Gillon), Oliver Platt (Fitz), Heather Graham (Emily Forrester), Randall »Tex« Cobb (Wolf Forrester), Thomas Wilson Brown (Robby Gillon), Duane Davis, Willie Green, Orestes Matacena
Drehbuch: Steven McKay, nach dem Roman »The Diggstown Rangers« von Leonard Wise
Kamera: Gerry Fisher (Deluxe)
Musik: James Newton Howard
Schnitt: Don Zimmerman
Produktion: Robert Schaffel für Schaffel/Eclectic Films, USA 1992
Verleih: UIP/UIP/UIP/Warner Home Video
Kinostart: 7.1.1993
Länge: 98 Min. – *FSK:* ab 16, nffr.
FBW: Wertvoll

Wettpaten: Bruce Dern und James Woods in ›Ihr größter Coup‹.

Ein ehemaliger Boxchampion soll innerhalb von 24 Stunden zehn Herausforderer bezwingen: Das ist die Wette, die Gabriel Caine, ein soeben aus dem Gefängnis entlassener Gauner und Betrüger aus Passion, mit dem mächtigen Boxmanager aus Diggstown abschließt. Der als Komödie angelegte Boxfilm entlockt den Zuschauerinnen und Zuschauern nur selten ein Lachen. Es überwiegen die genüßlich inszenierten Sportfilmelemente im viel zu langen »Showdown«. *Zoom*

Bodo Fründt in: SZ, 12.1.93

Im Bann des Zweifels

400
BENEFIT OF THE DOUBT **

Regie: Jonathan Heap
Darsteller: Donald Sutherland (Frank Braswell), Amy Irving (Karen Braswell), Graham Greene (Bob Calhoun), Christopher McDonald (Dan), Rider Strong (Pete), Theodore Bikel (Gideon Lee), Ferdinand Mayne (Mueller), Gisela Kovach (Susanna), Julie Hasel, Patricia Tallman
Drehbuch: Jeffrey Polman, Christopher Keyser, nach einer Story von Michael Lieber
Kamera: Johnny E. Jensen (Deluxe)
Musik: Hummie Mann
Schnitt: Sharyn L. Ross
Produktion: Michael Spielberg, Brad M. Gilbert, Dieter Geissler für Monument Pic. mit CineVox, USA/BRD 1992
Verleih: Warner Bros./dto./Rialto/EuroVideo

Kinostart: 17.6.1993
Länge: 90 Min. – *FSK:* ab 16, ffr.
FBW: Wertvoll

Nach 22 Jahren wird Frank, der wegen Mord an seiner Frau verurteilt wurde, aus der Haft entlassen. Seine Tochter Karen, damals als Zwölfjährige Kronzeugin im Prozeß gegen ihren Vater, fürchtet sich nun vor der angedrohten Rache. Doch Franks Schuld scheint plötzlich fraglich. Der Psychothriller ist eine weitere Variante des »Cape Fear«-Themas, bleibt jedoch platt und vorhersehbar. *Zoom*

Albert Baer in: Rheinische Post, 18.6.93; Fritz Göttler in: SZ, 21.6.93; Sabine Horst in: FR, 17.6.93; Carla Rhode in: Der Tagesspiegel, 20.6.93

Im Dschungel der Unterwelt 401
BACKSTREET DREAMS ***
TV

Regie: Rupert Hitzig
Darsteller: Jason O'Malley (Dean Costello), Sherilyn Fenn (Lucy Costello), Brooke Shields (Stephanie Bloom), Anthony Franciosa (Angelo), Frank Collison (Spinne), Tony Fields (Manny), Burt Young (Luca), John und Joseph Vizzi (Shane Costello), Nick Cassavetes, Joe Pantoliano
Drehbuch: Jason O'Malley
Kamera: Stephen M. Katz (Deluxe)
Musik: Bill Conti
Schnitt: Robert Gordon
Produktion: Jason O'Malley, Lance H. Robbins für Vidmark, USA 1990
Verleih: -/-/-/
Sendetermin: 26.3.1993, Sat1, 20.15
Länge: 104 Min.

Im New Yorker Großstadt-Dschungel kämpfen der hartgesottene Dean, seine empfindliche Frau Lucy und ihr autistischer Sohn Shane um das tägliche Überleben. Als das Geld immer knapper wird und Lucy in außereheliche Affären flüchtet, droht Dean ins Halbwelt-Milieu abzurutschen. *Pressetext Sat1*

Im Kaufhaus ist die Hölle los 402
GRANDI MAGAZZINI ***
TV

Regie: Castellano & Pipolo
Darsteller: Nino Manfredi (Salvietti), Enrico Montesano (Alvise), Allessandro Haber (Umberto Anzellotti), Laura Antonelli (Elena Anzellotti), Michele Placido (Lagerdirektor), Christian de Sica (Gewinner des Preisausschreibens), Renato Pozzetto (Fausto), Ornella Muti, Lino Banfi, Massimo Boldi
Drehbuch: Castellano & Pipolo
Kamera: Nino Celeste (Farbe)
Musik: Detto Mariano
Schnitt: Antonio Siciliano
Produktion: Mario und Vittorio Cecchi Gori für C.G. Silver Prod., Italien 1986
Verleih: -/-/-/
Sendetermin: 15.2.1993, ARD, 0.35
Länge: 111 Min.

Der Personalchef des römischen Kaufhauses »Grandi Maggazzini« erfährt, daß der Sohn des Besitzers dort unter falschem Namen als einfacher Verkäufer arbeitet und will sich das zunutzemachen.

Im Kreis der Iris 403
***
TV

Regie: Peter Patzak
Darsteller: Philippe Léotard (Dr. Ionescu), Marthe Keller (Marikka), Franziska Hortolomei (Rosa), Wassily Zechyr (Julio), Ida Gaza (Elena), Jonathan Carroll, Lubomir Dimov, Miguel Herz-Kestranek, William Mang, Claudia Martini
Drehbuch: Peter Patzak, nach der Erzählung »Die Augen« von Franz Nabl
Kamera: Martin Stingl (Farbe)
Schnitt: Michou Hutter
Produktion: Neue Studio Film für ORF/ZDF, Österreich 1993
Verleih: -/-/-/
Sendetermin: 6.4.1993, 23.00; 18.5.1993, 11.00, ZDF
Länge: 96 Min.

(…) Patzak ist es gelungen, Flüchtlinge in seinem Film nicht nur als Flüchtlinge zu funktionalisieren – nach dem Motto: Seht her, wie sie leiden. Durch seinen poetischen Blick auf die politischen Zusammenhänge wird vor allem die menschlich-psychologische Dimension des uns im wesentlichen noch bevorstehenden Flüchtlingsdramas nachfühlbar gemacht. *Manfred Riepe, FR, 8.4.93*

Im Netz der Lügen 404
LEGACY OF LIES ***
Video

Regie: Bradford May
Darsteller: Michael Ontkean, Martin Landau,

Eli Wallach, Joe Norton, Patricia Clarkson, Chelcie Ross, Gerry Becker, Ron Dean
Drehbuch: David Black
Kamera: Robert Hudecek (Farbe)
Musik: Patrick Williams
Schnitt: Marc Lamb
Produktion: Barry Berg für B.A.L., USA 1992
Verleih: -/-/-/CIC Video
Videostart: 6.5.1993
Länge: 91 Min. – *FSK:* ab 16 J.

Achtbarer Polizeikrimi aus Chicago um ein fehlgeschlagenes Attentat auf einen Politiker. Detektiv Zack kommt bei seinen Ermittlungen auch noch seine korrupte bis kriminelle Familie in die Quere.

Hannah Dütsch in: film-dienst, 14/93

Im Reich des Drachens 405
IRON & SILK ***
TV

Regie: Shirley Sun
Darsteller: Mark Salzman (Mark), Pan Quing Fu (Pan), Jeanette Lin Tsui (Hei), Vivian Wu (Ming), Sun Xudong (Sinbad), Zheng Guo (Mr. Song)
Drehbuch: Mark Salzman, Shirley Sun, nach dem Buch von Mark Salzmann
Kamera: James Hayman (Farbe)
Musik: Michael Gibbs
Schnitt: Geraldine Peroni, James Y. Kwei
Produktion: Shirley Sun für Prestige, USA 1990
Verleih: -/-/-/
Sendetermin: 7.2.1993, 22.30, Berlin 1; 27.1.1993, 23.30, ARD
Länge: 90 Min.

Faszinierende, auf Tatsachen beruhende Geschichte eines amerikanischen Sprachenlehrers, den es im Jahr 1982 zur Umschulung nach China verschlägt.

Im Schatten der Golanhöhen 406
POUR SACHA **
Video

Regie: Alexandre Arcady
Darsteller: Sophie Marceau (Laura), Richard Berry (Sascha), Fabien Orcier (Paul), Niels Dubost (Simon), Frédéric Quiring (Michel), Gerard Darman (David), Emmanuelle Riva
Drehbuch: Daniel Saint Hamont, Alexandre Arcady
Kamera: Robert Alazraki (Agfacolor)
Musik: Philippe Sarde
Schnitt: Martine Barraqué
Produktion: Alexandre Arcady für Alexandre Films/SGGC/TF1, Frankreich 1991
Verleih: -/-/-/New Vision Video
Videostart: 4.5.1993
Länge: 81 Min. – *FSK:* ab 12 J.

Drei Freunde aus Frankreich besuchen ehemalige Schulkameradin 1967 im israelischen Kibbuz und geraten in persönliche wie historische Turbulenzen.

Jochen Rack in: film-dienst, 14/93

Im Zauberwald der Gallavants 407
GALLAVANTS **
Video

Regie: Art Vitello
Drehbuch: Jack Mendelsohn, nach Charakteren von Shasti Frigell OLeary
Kamera: John Burton (Farbe)
Musik: Stan Wietrzychowski
Schnitt: Joe Siracusa, Art Vitello
Produktion: Art Vitello für Marvel Prod., USA 1984
Verleih: -/-/-/Atlas Video
Videostart: März 1993
Länge: 95 Min. – *FSK:* o.A.

Ein kleiner Ameisen-Junge wird innerhalb seines Staates, unter der Führung seines weisen Lehrers, erwachsen. Mit viel Musik gestrecktes Zeichentrickfilmchen für Kinder.

In Cold Blood 408
SLAUGHTER OF THE INNOCENTS ***
Video

Regie: James Glickenhaus
Darsteller: Scott Glenn (Stephen Broderick), Darlanne Fluegel (Susan Broderick), Jesse Cameron-Glickenhaus (Jesse Broderick), Sheila Tousey (Roxanne Lemas), Zitto Kazann (Mordecai Booth)
Drehbuch: James Glickenhaus
Kamera: Mark Irwin (Farbe)
Musik: Joe Renzetti
Schnitt: Kevin Tent
Produktion: Frank K. Isaac für Shapiro-Glikkenhaus Ent., USA 1993
Verleih: -/-/-/VPS Video
Videostart: 25.11.1993
Länge: 99 Min. – *FSK:* ab 18 J.

Bei der fieberhaften Suche nach einem Kinderkiller stößt der computerbegeisterte Sohn des FBI-Spezialagenten auf die richtige Spur… »Das Schweigen der Lämmer« im Discount-Outfit.

In letzter Minute 409

ULTIMO MOMENTO ***

Video

Regie: Pupi Avati
Darsteller: Ugo Tognazzi (Walter Ferrari), Diego Abatantuono (Duccio), Lino Capolicchio (President Di Carlo), Elena Sofia Ricci (Marta), Massimo Bonetti, Nik Noveccento, Cinzia De Ponti
Drehbuch: Pupi Avati, Halo Cucci, Antonio Avati
Kamera: Pasquale Rachini (Farbe)
Musik: Riz Ortolani
Schnitt: Amedeo Salfa
Produktion: Antonio Avati für Due A Film/DMV Distribuzione mit RAI TV, Italien 1987
Verleih: -/-/-/Atlas Video
Videostart: August 1993
Länge: 98 Min. – *FSK:* ab 12 J.

Ein Fußball-Trainer soll aus einem Haufen erfolgloser Spieler in fünf Tagen eine Spitzenelf machen. Und wie bei diesen Sportgeschichten (Baseball, Bobfahrende) so üblich, gelingt das auch.

... in Liebe Fabia 410

... CON AMORE FABIA ****

TV

Regie: Maria Teresa Camoglio
Darsteller: Laura Uzzanu (Fabia), Sante Maurizi (Matteo), Rosa Maria Tavolucci (Mutter), Emma Medas (Nanna), Serena Camboni (Celestina), Antonio Medas (Barore), Giuseppe Boy (Pietro), Andrea Deledda (Dr. Puggioni), Nino Costa (Don Antonio), Susanna Capurso (Antonia)
Drehbuch: Maria Teresa Camoglio
Kamera: Michael Bertl (Farbe)
Musik: Enzo Favata, Marcello Peghin
Schnitt: Dörte Völz-Mammarella
Produktion: dffb/Schramm Film im Auftrag des ZDF mit Arte 1993
Erstaufführung: Filmfest München 1993
Verleih: -/-/-/
Sendetermin: 29.5., 22.25; 4.6.1993, 17.00 Arte; 7.12.1993, ZDF, 23.00
Länge: 100 Min.

Sensibler Hochschulabschlußfilm über die Widersprüche von Heimat- und Familiengefühlen. Fabias Selbstbefreiung aus den Dorftraditionen Sardiniens, in denen das Frauenbild von Kirche und Patriarchat geprägt ist, wird mit herber Gelassenheit erzählt, mit Liebe für den hemmenden Kulturkreis und inspiriert von Landschaft und Landsleuten.

Ponkie, AZ, 1.7.93

In the Heat of Passion – Mord aus Leidenschaft 411

IN THE HEAT OF PASSION ***

Video

Regie: Rodman Flender
Darsteller: Sally Kirkland (Lee Adams), Nick Corri (Charlie Bronson), Jack Carter (Stan), Michael Greene (Sanford Adams), Gloria Le Roy (Betty), Carl Franklin (Detektiv Rooker), Carlos Carrasco
Drehbuch: Rodman Flender
Kamera: Wally Pfister, William Molina (2nd unit) (Foto-Kem)
Musik: Ken Rarick
Schnitt: Patrick Rand
Produktion: Rodman Flender für Concorde/ New Horizons Corp., USA 1991
Verleih: -/-/-/Columbia TriStar Home Video
Videostart: 15.1.1993
Länge: 82 Min. – *FSK:* ab 16 J.

Die Affäre zwischen Tankwart Charlie und der verheirateten Psychologin Lee endet für Lees Ehemann tödlich. Preiswert inszenierter Erotik-Thriller.

In The Line of Fire – Die zweite Chance 412

IN THE LINE OF FIRE ****

Regie: Wolfgang Petersen
Darsteller: Clint Eastwood (Frank Horrigan), John Malkovich (Mitch Leary), Rene Russo (Lilly Raines), Dylan McDermott (Al D'Andrea), Gary Cole (Bill Watts), Fred Dalton Thompson (Harry Sargent), John Mahoney (Sam Campagna), Jim Curley (Präsident), Sally Hughes (First Lady), Steve Hytner (Tony Carducci)
Drehbuch: Jeff Maguire
Kamera: John Bailey (Technicolor)
Musik: Ennio Morricone
Schnitt: Anne V. Coates
Produktion: Apple/Rose Prod., USA 1993
Uraufführung: 9.7.1993, New York
Verleih: Columbia TriStar/dto./20th Century Fox/Columbia TriStar Home Video
Kinostart: 23.9.1993
Länge: 128 Min. – *FSK:* ab 16, ffr.
FBW: Wertvoll

Dreißig Jahre nach dem Attentat auf JFK, das Frank Horrigan nicht verhindern konnte, bekommt der Secret Agent seine zweite Chance. Ein CIA-Killer weiht ihn in seinen Plan ein, den amtierenden Präsidenten zu ermorden und fordert ihn somit heraus. Wolfgang Petersen erzählt die zutiefst amerikanische

Geschichte vom Kampf des Profis um seine Professionalität als Actionfilm im Gewand eines Psycho-Thrillers – spannend, nicht ohne ironisches Spiel mit Eastwoods Alter und als Duell der Stars Eastwood und Malkovich.
Alfred Holighaus, tip, 22/93

Peter Buchka in: SZ, 28.10.93; Bodo Fründt in: SZ, 27.10.93 (Interview Petersen); Norbert Grob in: Die Zeit, 29.10.93; Frauke Hanck in: AZ, 28.10.93; Günter Jurczyk in: Stgt. Zeitung, 28.10.93; Harald Martenstein in: Der Tagesspiegel, 28.10.93; Helmut Schmitz in: FR, 30.10.93

In weiter Ferne, so nah! 413
***

Regie: Wim Wenders
Darsteller: Otto Sander (Cassiel), Peter Falk, Nastassja Kinski (Raphaela), Bruno Ganz (Damiel), Heinz Rühmann, Solveig Dommartin (Marion), Willem Dafoe (Emit Flesti), Lou Reed, Horst Buchholz, Rüdiger Vogler
Drehbuch: Wim Wenders, Ulrich Zieger, Richard Reitinger
Kamera: Jürgen Jürges (Farbe und s/w)
Musik: Laurent Petitgand
Schnitt: Peter Przygodda
Produktion: Wim Wenders für Road Movies/ Tobis, BRD 1993
Uraufführung: 17.5.1993, Int. Filmfestspiele Cannes
Verleih: Tobis/Constantin/Rialto
Kinostart: 9.9.1993
Länge: 146 Min. – *FSK:* ab 6, ffr.
FBW: Wertvoll

In der Fortsetzung von »Der Himmel über Berlin« folgt der Engel Cassiel seinem Vorgänger Damiel auf die Erde und wird sterblich. Als Karl Engel kommt Cassiel unter die Räder, findet mit Hilfe eines Kriminellen neuen Halt, durchkreuzt aber schließlich dessen Geschäfte. In einer Nebenhandlung erzählt der Film vom alten Chauffeur Konrad, der nach dem Krieg die elternlose Tochter seines Herrn, eines Nazi-Funktionärs, aufnahm. Durch Cassiels Himmels- und Erdendasein lernen wir noch einen schwermütigen Privatdetektiv, einen undurchsichtigen Ami, einen munteren Pizzabäcker, Michail Gorbatschow, Lou Reed und Peter Falk kennen. *tip, 19/93*

Michael Althen in: SZ, 9.9.93; Angie Dullinger in: AZ, 9.9.93; Norbert Grob in: Kölner Stadt-Anzeiger, 11.9.93; Harald Martenstein in: Der Tagesspiegel, 9.9.93; Josef Schnelle in: Der Tagesspiegel, 21.5.93; Wolfram Schütte in: FR, 9.9.93

Ein Engel an seiner Tafel: Michail Gorbatschow und Otto Sander.

L' inconnu dans la Maison 414
**

Regie: Georges Lautner
Darsteller: Jean-Paul Belmondo (Loursat), Renée Faure (Fine), Cristiana Reali (Isabelle), Sébastien Tavel (Manu), François Perrot (Binet), Genevieve Page (Bernadette)
Drehbuch: Georges Lautner, Bernard Stora, Jean Largequy, nach einem Roman von Georges Simenon
Kamera: Jean-Yves Le Mener (Farbe)
Musik: Francis Lai
Schnitt: Georges Klotz
Produktion: Alain Sarde, Jean-Paul Belmondo für Annabel/Les Films Alain Sarde, Frankreich 1992
Verleih: -/-/Alpha
Kinostart: August 1993
Länge: 103 Min.

Der nach dem Selbstmord seiner Frau zum einsamen Alkoholiker gewordene Advokat Loursat lebt, kaum ansprechbar, mit seiner Tochter und einer alten Dienerin in seiner geräumigen Villa. Als er eines Nachts einen Erschossenen im Zimmer seiner Tochter findet, rafft er sich auf, übernimmt die Verteidigung des der Tat angeklagten Freundes seiner Tochter und deckt auf, daß diese zu einer Bande jugendlicher Dealer und Drogensüchtiger aus gutbürgerlichen Familien gehört und wer der wahre Täter ist. Die (nach Versionen von Henri-Georges Clouzot 1941 und Pierre Rouve 1966) dritte Verfilmung des Simenon-Romans vermag nur in der ersten Hälfte zu interessieren, während der zweite Teil mit der bloß verbalen Entwirrung aller Fäden beim Prozeß enttäuscht. *Zoom*

Indian Summer 415

INDIAN SUMMER **

Video

Regie: Mike Binder
Darsteller: Alan Arkin (Unca Lou), Matt Craven (Jamie Ross), Diane Lane (Beth Warden), Bill Paxton (Jack Belston), Elizabeth Perkins (Jennifer Morton), Kevin Pollak (Brad Berman), Sam Raimi (Stock Coder), Vincent Spano (Matthew Berman), Julie Warner
Drehbuch: Mike Binder
Kamera: Tom Sigel (Film House)
Musik: Miles Goodman
Schnitt: Adam Weiss
Produktion: Jeffrey Silver, Robert Newmyer für Outlaw Prod. für Touchstone, USA 1993
Verleih: -/-/-/Touchstone Home Video
Videostart: September 1993
Länge: 97 Min. – *FSK:* ab 6 J.

Acht Freunde treffen sich nach 20 Jahren wieder, um ihre Teenie-Ära noch einmal nachzuerleben. Rachitischer Ableger von »Der große Frust«.

Indien – Der Film 416

***

Regie: Paul Harather
Darsteller: Josef Hader, Alfred Dorfer
Drehbuch: Josef Hader, Alfred Dorfer
Kamera: Hans Selikowski (Farbe)
Musik: Ulrich Sinn
Schnitt: Andreas Kopriva
Produktion: Dor-Film, Österreich 1993
Verleih: -/filmladen/-
Kinostart: Okt. 1993
Länge: 84 Min.
FBW: Wertvoll (Österreich)

Ein schon auf der Bühne bewährtes und preisgekröntes Kabarettprogramm, nunmehr als Spielfilm um das anfängliche Gegeneinander und spätere Zusammenwirken zweier Lebensmittelinspektoren in der Provinz. Der scharfe Witz des Programms verleitet die beiden begabten Humoristen allerdings auch zu ordinären Ausrutschern. *multimedia*

Inge, April und Mai 417

**

Regie: Wolfgang Kohlhaase, Gabriele Denecke
Darsteller: Niels-Bruno Schmidt (Kalle), Nadine Böttcher (Inge Kaliska), Tina Haseney (Uschi Nietzelbach), Jens Adler (Gerdchen Pachäl), Oliver Ahrendt (Äffchen), Fabian Busch (Heini Panzlau), Oliver Bröcker (Bubi Trebes), Karoline Pöschke (Heidi Panzlau), Corinna Harfouch, Christian Lemke
Drehbuch: Wolfgang Kohlhaase, nach seiner Erzählung
Kamera: Igor Luther (Farbe)
Musik: Günther Fischer
Schnitt: Evelyn Carow
Produktion: Gisela Marx für Filmpool Film und Fernsehprod., BRD 1992
Uraufführung: 16.2.1993, Int. Filmfestspiele Berlin
Verleih: Filmverlag der Autoren/-/-
Kinostart: 22.4.1993
Länge: 86 Min. – *FSK:* ab 16, ffr.

Sinnlich nicht nachvollziehbares Sammelsurium von Pubertätsreminiszenzen, angesiedelt in den Trümmern Berlins des Frühlings 1945. Die reizvollen Potenzen einer sogenannten kleinen privaten Geschichte vor dem Hintergrund tiefgreifender Umwälzungen werden leider verschenkt. *Claus Löser, tip, 9/93*

Die nostalgischen Kriegsende-Erinnerungen Kohlhaases, der hier sein Renommee als Autor vieler guter DEFA-Drehbücher aufs Spiel setzt, hängen sich an die Jugendgefühle, als 1945 die Russen teils Frieden, teils Besatzung brachten – was aber Kalle wenig schert, weil er nur seinen frühlingshaften Drang zu Inge im Kopf (und in der Hose) hat. Das mag als private Erinnerung Kohlhaases seine Richtigkeit haben: Pubertät setzt Zeitgeschichte außer Kraft. Nur: Man glaubt kein Wort, keine Geste. Wie sollte man auch, wenn Kalle und seine Freunde 1945 mit einem Popper-Haarschnitt herumlaufen und sich bewegen wie pomadige Oberschüler der späten Sechziger. Innerliche »Zeit« ist auch äußerlich sichtbar. Hier ist sie nirgends. So bleibt dieser Film ein blutleerer kleiner Langweiler mit schmerzhaft falschem Ton. *Ponkie, AZ, 18.2.93*

Carla Rhode in: Der Tagesspiegel, 17.2.93; Dieter Strunz in: Berliner Morgenpost, 17.2.93

Innocent Prey 418

INNOCENT PREY ***

Video

Regie: Colin Eggleston
Darsteller: P.J. Soles (Cathy), Kit Taylor (Joe), Grigor Taylor (Rick), John Warnock (Phillip), Martin Balsam (Sheriff), Susan Stenmark, Susan Stenmark (Gwen), Richard Morgan (Ted), Debi Sue Voorhous
Drehbuch: Ron McLean
Kamera: Vincent Monton (Farbe)
Musik: Brian May
Schnitt: Pippa Anderson
Produktion: Colin Eggleston für Crystal Film, Australien 1988
Verleih: -/-/-/Ufa Video
Videostart: Mai 1993
Länge: 87 Min. – *FSK:* ab 18 J.

Gattin ertappt den serienkillenden Gemahl beim Morden und flieht vor ihm nach seiner Haftentlassung nach Australien… Unglaubwürdig und voller Klischees.

Klaus Brühne in: film-dienst, 14/93

Die Insel 419

***

Regie: Martin Schaub
Darsteller: Erzähler: John Berger; Mitwirkende: Werner Meile, Hermann Waldburger, Mathias Brülisauer, Elke und Michel Stadler, Fritz Hofstetter, Familie Albert Räss, Johann Koller
Drehbuch: Martin Schaub
Kamera: Hansueli Schenkel; Patrick Lindenmaier (Farbe)
Musik: Paul Giger (ECM)
Schnitt: Rainer M. Trinkler
Produktion: Martin Schaub, Schweiz 1993
Uraufführung: 28.1.1993, Solothurn
Erstaufführung: 17.2.1993, Int. Forum des Jungen Films, Berlin
Verleih: -/-/Martin Schaub
Kinostart: 27.4.1993, Scala Genf
Länge: 75 Min.

Ein Tag aus dem Leben von Leuten, die im appenzellischen Alpsteingebiet Vieh sömmern. Das aus präziser Beobachtung geschilderte Miteinander von Natur, Kreatur und Menschen in einer noch intakten Bergwelt erscheint wie eine friedliche Daseinsinsel inmitten der Hektik unserer Zeit. Stimmungsvolle Bilder und Musik und die Distanz schaffende Erzählung John Bergers, erzeugen einen Erlebnisraum, in den Zuschauerinnen und Zuschauer eigene Erfahrungen, Gedanken und (Gegen-)Bilder einbringen können. *Zoom*

Wie eine Utopie wirkt gegenüber all den düsteren Orten der genannten Filme die bizarre Welt der Schweizer Berge in Martin Schaubs »Die Insel«, eine Welt »zwischen der Erde und den Sternen, von der aus man auf den Regenbogen herabblicken kann«, wie der britische Autor John Berger sagt, der im Film als Erzähler auftritt. Die underdogs mitten in Europa, die Bergbauern, leben noch auf einer rauhen Insel der Seligen.
Hans Schifferle, SZ, 23.2.93

Heinz Kersten in: Der Tagesspiegel, 18.2.93

Insel der geschändeten Frauen 420

CRUEL HORIZON *

Video

Regie: Guy Lee Thys
Darsteller: Bruce Baron (Nick), Jessie Elmido (Mai), Jan de Bruyne (Horst), Len Santos (Mama Thong), François Beukalaers (Mike), Telly Babasa, Marilyn Bautista
Drehbuch: Guy Lee Thys, Léon Lemathieu
Kamera: Alessandro Usai (Farbe)
Musik: Nicholas Lens
Schnitt: Ben Mangelschots
Produktion: Guy Lee Thys für Skyline Films, Belgien/Thailand 1989
Verleih: -/-/-/Summit Video
Videostart: April 1993
Länge: 90 Min. – *FSK:* ab 18 J.

US-Soldat muß seine Geliebte, die er beim Rückzug der Amerikaner 1975 in Saigon im Stich gelassen hat, aus den blutigen Händen brutaler Piraten befreien. Dilettantisch bis ins Mark.

Dieter Krusche in: film-dienst, 12/93

Intent to Kill 421

INTENT TO KILL *

Video

Regie: Charles T. Kanganis
Darsteller: Tracy Lords (Vickie), Angelo Tiffe (Salvador), Scott Patterson (Al), Luis A. Perez (Pablo), Yaphet Kotto (Captain Jackson), Sabrina Ferrand (Maria), Michael Foley (Tom)
Drehbuch: Charles T. Kanganis

Kamera: Ken Blakey (Farbe)
Musik: Luis Febre
Schnitt: Paul G. Volk
Produktion: Joseph Merhi, Richard Pepin für P.M. Ent., USA 1992
Verleih: -/-/-/VMP Video
Videostart: 8.3.1993
Länge: 91 Min.
FSK: ab 18 J.

Gewaltstrotzendes Billigmachwerk mit Ex-Pornodarstellerin als feministisch angehauchte L.A.-Polizistin für besonders hartgesottene Action-Junkies.

Intimate Stranger 422

INTIMATE STRANGER **

Video

Regie: Allan Holzman
Darsteller: Deborah Harry (Cory Wheeler), James Russo (Nick Cassini), Tim Thomerson (Malcolm), Paige French (Meg Wheeler), Grace Zabriskie (Dana P. Ashley)
Drehbuch: Rob Fresco
Kamera: Ilan Rosenberg (Farbe)
Musik: Jonathan Sheffer
Schnitt: Lorraine Salk
Produktion: Yoram Pelman, J.J.Lichauco Pelman für South Gate Ent., USA 1991
Verleih: -/-/-/Highlight Video
Videostart: Mai 1993
Länge: 92 Min. – *FSK:* ab 18 J.; gekürzte Fass. 81 Min. ab 16 J.

Telephonsex-Dame wird am Apparat Zeuge eines Mordes, den ein psychopathischer Sadist an der anderen Leitung begeht. Leidlich spannender Krimi.

Wolfgang Brudny in: film-dienst, 14/93

Into the West 423

INTO THE WEST ****

Regie: Mike Newell
Darsteller: Gabriel Byrne (Papa Riley), Ellen Barkin (Kathleen), Ciarán Fitzgerald (Ossie), Ruaidhrí Conroy (Tito), David Kelly (Großvater), Johnny Murphy (Tracker), Colm Meaney (Barreller), John Kavanagh (Hartnett), Brendan Gleeson, Jim Norton
Drehbuch: Jim Sheridan, nach einer Story von Michael Pearce; David Keating
Kamera: Tom Sigel (Eastman/Technicolor)
Musik: Patrick Doyle
Schnitt: Peter Boyle
Produktion: Jonathan Cavendish, Tim Palmer für Little Bird Prod. mit Parallel Films/Majestic/Miramar/Film Four/British Screen, USA/GB 1992
Verleih: Concorde/-/Monopole Pathé/VCL/Carolco Video
Kinostart: 20.5.1993
Länge: 102 Min. – *FSK:* ab 6, ffr.
FBW: Wertvoll

Der frühere Fahrende Riley lebt mit seinen zwei Buben nach dem Tod seiner Frau als Seßhafter in Dublin. Ein zugelaufener Schimmel bewirkt die dramatisch-märchenhafte Rückkehr der verlorenen Zigeuner-Söhne zu ihren Wurzeln. Ein hervorragend gespielter und malerisch inszenierter Film von atmosphärischer Dichte und zugleich eine Verbeugung vor der Mythenwelt des irischen Kulturraums. *Zoom*

Von ihrem Großvater, einem Landfahrer, erhalten zwei in den Slums von Dublin lebende Kinder einen Schimmel, den die Behörden allerdings nicht dulden. Die Kinder entführen ihr Pferd und begeben sich auf eine abenteuerliche Reise gen Westen.

Frauke Hanck in: AZ, 18.11.93; Thomas Klingenmaier in: Stgt. Zeitung, 19.5.93; Daniel Kothenschulte in: Kölner Stadt-Anzeiger, 22.5.93; Lennart Paul in: Der Tagesspiegel, 22.5.93

›Into the West‹ mit Ellen Barkin.

Intruders – Die Aliens sind unter uns 424
INTRUDERS **

Video

Regie: Dan Curtis
Darsteller: Richard Crenna (Dr. Neil Chance), Mare Winningham (Mary Wilkes), Susan Blakely (Leigh Holland), Daphne Ashbrook (Lesley Hahn), Alan Autry (Joe Wilkes), Ben Vereen (Gene Randall), Steven Berkoff (Addison Leach), Rosalind Chao (Dr. Jenny Sakai), Joseph Cousins, Christian Cousins
Drehbuch: Barry Oringer, Tracy Torme, basierend auf dem Buch »Intruders« von Budd Hopkins
Kamera: Tom Priestley jun. (Farbe)
Musik: Bob Cobert
Schnitt: Bill Blunden
Produktion: Branko Lustig für Osiris Films/Dan Curtis Prod./CBS, USA 1992
Uraufführung: 17.5.1992, CBS
Verleih: -/-/-/Fox Video
Videostart: Januar 1993
Länge: 162 Min. – *FSK:* ab 12 J.

Fast drei Stunden (zweiteiliger TV-Film) unentschlossen wabernder, oberflächlich psychologisierender Science-Fiction-New-Age-Langweiler.

Iran: Days Of Crisis 425
IRAN: DAYS OF CRISIS ****

TV

Regie: Kevin Connor
Darsteller: Daniel Gelin, Valerie Kaprisky, Alice Krige (Parveneh Limbert), George Grizzard, Arliss Howard (John Limbert), Jeff Fahey, Tony Goldwyn, Ronald Guttman, Keith Edwards, Ving Rhames
Drehbuch: Tim Wells, Reg Gadney
Kamera: Carlo Varini (Farbe)
Produktion: Tim Sanders für Consolidated mit Atlantique Prod., USA 1991
Uraufführung: 30.9.1991, TNT TV
Sendetermin: 1.11., 8.11.1993, Nord3, 21.00
Länge: 120 Min.

Der amerikanische Diplomat John Limbert und seine iranische Frau leben in Teheran. Eines Tages bekommen sie die Tyrannei des Schahs persönlich zu spüren: Ein Freund wird von der Geheimpolizei entführt und gefoltert. Als die Polizei dann auch noch auf Demonstranten schießt, kommt es zur Revolution und die Botschaft wird besetzt.
Parveneh Limbert hofft in den USA auf die Freilassung ihres Mannes. Trotz angestrengter diplomatischer Bemühungen schmoren die Geiseln in der Teheraner US-Botschaft, in der sie immer wieder brutal verhört werden.

Iron Heart 426
IRON HEART *

Video

Regie: Robert Clouse
Darsteller: Britton K. Lee (John Keem), Bolo Yeung, Karmen Kruschke, Richard Norton (Milverstead), Joe Ivy, Rob Buckmaster (Stephen), Megan Hughes, Pat Patterson, David Moountain
Drehbuch: Larry Riggins
Kamera: Kent Wakeford (Farbe)
Musik: Tom Gunn
Schnitt: Peter Appleton, Alan Jakubowicz
Produktion: Britton K. Lee für Morning Calm Ent., USA 1991
Verleih: -/-/-/Highlight Video
Videostart: Februar 1993
Länge: 90 Min.
FSK: ab 18 J.

Nur mit seinen beiden Fäusten bewaffnet macht sich der Held dieses unsäglichen Prügelfilms auf den Weg, seine entführte Freundin zu finden und den Tod seines Freunds zu rächen.

J

Jack der Bär 427

JACK THE BEAR

Regie: Marshall Herskovitz

Der Videotitel ist tatsächlich mal richtiger als der Kinoverleihtitel: Trotzdem müssen Sie nachschlagen unter: → ›Mein Vater – Mein Freund‹.

Jagd auf Schmetterlinge 428

LA CHASSE AUX PAPILLONS ****

Regie: Otar Iosseliani
Darsteller: Narda Blanchet (Solange), Pierrette Pompom Bailhache (Valérie, die Haushälterin), Alexandre Tcherkassoff (Henri de Lampadère), Thamara Tarassaschvili (Marie-Agnès de Bayonette), Alexandra Liebermann (Hélène), Lili Ollivier (Olga), Emmanuel de Chauvigny (Pfarrer André), Sacha Piatigorsky (Emir), Anne-Marie Eisenschitz (Marie)
Drehbuch: Otar Iosseliani
Kamera: William Lubschansky (Farbe)
Musik: Nicolas Zourabischvili
Schnitt: Otar Iosseliani, Jocelyne Ruiz, Nathalie Alquier, Ursula West
Produktion: Martine Marignac für Pierre Grise Prod./Sodaperaga/France 3 Cinéma/Metropolis/Best Int. Films mit Centre National de la Cinématographie/Instituto Luce/Canal plus, Frankreich/Italien/BRD 1992
Uraufführung: 5.9.1992, Int. Filmfestspiele Venedig
Erstaufführung: 12.2.1993, Int. Forum des Jungen Films, Berlinale
Verleih: Impuls/filmladen/Columbus/VMP Video
Kinostart: 4.3.1993
Länge: 118 Min. – *FSK:* ab 6, ffr.
FBW: Besonders wertvoll

Zwei alte Damen in einem Schloß in der französischen Provinz bewahren durch Abwehr von Händlern, Maklern und anderen Profitjägern bis zu ihrem Tode ihren Besitz vor dem vorzeitigen Ausverkauf und halten tapfer ihren eigenwilligen Lebensstil gegen allen angeblichen Fortschritt durch. Eine von poetischem Realismus und melancholischer Ironie und Komik durchzogene

East meets West in ›Jagd auf Schmetterlinge‹.

Studie über den Abschied von Lebensformen, die durch Veränderung von Zeit und Gesellschaft überholt scheinen.
Zoom

Heiko R. Blum in: Rheinische Post, 25.6.93; Fritz Göttler in: SZ, 6.3.93; Verena Lueken in: FAZ, 7.9.93; Christiane Peitz in: Die Zeit, 5.3.93; Ponkie in: AZ, 4.3.93; Oliver Rahayel in: Kölner Stadt-Anzeiger, 22.5.93; Carla Rhode in: Der Tagesspiegel, 14.2.93; Christoph Terhechte in: tip, 5/93

Jakub 429
JAKUB ***

Regie: Jana Sevciková
Drehbuch: Jana Sevciková
Kamera: Jaromir Kacer, Miroslav Cvorsjuk, Martin Vadas, Miroslav Halada
Musik: Alan Vitous
Schnitt: Jan Matlach
Produktion: Jana Sevciková für LS Prod., CSFR 1992
Uraufführung: 10.7.1992, Karlovy Vary
Erstaufführung: 13.2.1993, Int. Forum des Jungen Films, Berlin
Verleih: Freunde/-/-
Kinostart: Okt. 1993
Länge: 65 Min.

Dokumentarfilm über das Leben von Siedlern im rumänischen Vagash, einem Dorf an der Grenze, und eine Erinnerung an Jakub Popovic, der in seinem Leben viel erlebt hat.

James Ellroy 430
JAMES ELLROY – DEMON DOG OF AMERICAN CRIME FICTION ***

Regie: Reinhard Jud
Darsteller: Erzähler: Phil Tintner
Drehbuch: Reinhard Jud, Wolfgang Lehner
Kamera: Wolfgang Lehner (Farbe)
Musik: Sam Auinger, Deedee Neidhard
Schnitt: Karina Ressler
Produktion: Reinhard Jud, Wolfgang Lehner für Markus Fischer/ORF, Österreich 1993
Uraufführung: 21.6.1993, AFI Filmfest, L.A.
Erstaufführung: Viennale 1993
Verleih: -/Stöbergasse/-
Kinostart: Oktober 1993
Länge: 89 Min.

Das dynamisch gestaltete Porträt des amerikanischen Kriminalromanautors James Ellroy, der überwiegend in sehr persönlich wirkenden Monologen über sein Leben, die Entstehung und die Hintergründe seiner zehn Bücher (Thema: das »Verbrechen in Los Angeles in den 40- und 50er Jahren«) berichtet, ist mit reichem Bildmaterial aus L.A. zu einer nur teilweise gelungenen Einheit von Analyse und Atmosphäre verschmolzen. Ein eher nicht leicht konsumierbarer Film für erwachsene, speziell interessierte Zuschauer. *multimedia*

Jamon Jamon – Schinken, Schinken 431
JAMON, JAMON ***

Regie: Bigas Luna
Darsteller: Penélope Cruz (Silvia), Javier Bardem (Raúl), Stefania Sandrelli (Conchita), Anna Galiena (Carmen), Jordi Molla (José Luis), Juan Diego (Manuel)
Drehbuch: Cuca Canals, Bigas Luna; Quim Monzo (Dialoge)
Kamera: J.L. Alcaine (Farbe)
Musik: Nicola Piovani
Schnitt: Teresa Font
Produktion: Lolafilms/Ovideo TV, Spanien 1992
Verleih: Delta/-/-
Kinostart: 13.5.1993
Länge: 93 Min. – *FSK:* ab 16, ffr.

Was der exzentrische Regisseur als eine Art spanische Schinken- und Sitten-Anthologie annonciert, ist eine krude Mischung aus Porno, Farce, Melodram und mäßig lustigem Schauerstück aus alten Tagen. Es geht um Stiere, Sex und Fleisch in vielerlei Form und Verpakkung, um iberischen Machismo, Herrenslips und hemmungslose Brunst in karger Landschaft. Erst im lustvoll geschmacklosen Fortissimo der Schlußsequenz findet die intendierte Satire ihren eigenen Stil. *Wolf Donner, tip, 10/93*

Albert Baer in: Rheinische Post, 10.9.93; Peter W. Jansen in: Der Tagesspiegel, 21.5.93

Jason Goes To Hell – Die Endabrechnung 432
JASON GOES TO HELL – THE FINAL FRIDAY *
Video

Regie: Adam Marcus
Darsteller: Kane Hodder (Jason Voorhees), Kari Keegan (Jessica Kimble), John D. LeMay (Steven Freeman), Steven Williams

(Creighton Duke), Steven Culp (Robert Campbell), Erin Gray (Diana Kimble), Rusty Schwimmer, Richart Grant, Leslie Jordan, Billy Green Bush
Drehbuch: Jay Huguely, Dean Lorey, nach einer Story von Adam Marcus
Kamera: William Dill (Deluxe)
Musik: Harry Manfredini
Schnitt: David Handman
Produktion: Sean S. Cunningham für Cunningham Prod., USA 1993
Verleih: -/-/-/Marketing Video
Videostart: Sept. 1993
Länge: 84 Min. – *FSK:* ab 18 J.

Neunter Teil des ultrabrutalen Dauerschlachtfests »Freitag, der 13.« – notdürftigst mit allerlei Mätzchen zu einer Handlung gequält.

Frank Klubertz in: film-dienst, 21/93

Jean Galmot Abenteuerer 433

JEAN GALMOT, AVENTURIER ***

TV

Darsteller: Christophe Malavoy (Jean Galmot), Belinda Becker-Joffe, Roger Hanin, Ute Lemper, Desirée Nosbusch-Becker, Jean-Pierre Bisson, Benoît Régent, Jean-Michel Martial, Ambre Thiaw
Drehbuch: Daniel Saint Hamont, Alain Maline, Anne Théron, Santiago Amigorena
Kamera: Walter van den Ende (Farbe)
Musik: Romano Musumara
Schnitt: Hugues Darmois
Produktion: Ariel Zeitoun für Partner's Prod./UGC/Hachette Première, Frankreich 1990
Erstaufführung: Filmfest München 1991
Verleih: -/-/-/
Sendetermin: 5.4.1993, ARD, 0.30
Länge: 148 Min.

Monumentaler Historienfilm: Jean Galmot war Autor, Goldsucher, Abenteurer, und machte Geschichte als er sich Anfang des 20. Jahrhunderts in Guayana für die Aufhebung der Rassenschranken einsetzte.

Jennifer 8 434

JENNIFER EIGHT ***

Regie: Bruce Robinson
Darsteller: Andy Garcia (John Berlin), Uma Thurman (Helena Robertson), Lance Henriksen (Freddy Ross), Kathy Baker (Margie Ross), Graham Beckel (John Taylor), Kevin Conway (Citrine), John Malkovich (Sgt. Anne)
Drehbuch: Bruce Robinson
Kamera: Conrad L. Hall (Farbe)
Musik: Christopher Young
Schnitt: Conrad Buff
Produktion: Gary Lucchesi, David Wimbury für UIP/Paramount, USA 1992
Uraufführung: 6.11.1992, New York
Verleih: UIP/UIP/UIP/CIC Video
Kinostart: 8.7.1993
Länge: 125 Min. – *FSK:* ab 16, ffr.
FBW: Besonders wertvoll

Mit seinem ersten Hollywoodfilm bereichert der britische Regisseur Bruce Robinson das Krimigenre um eine Variation von Siodmaks Klassiker »Die Wendeltreppe«. Für den ehemaligen Großstadtbullen John Berlin wird die Jagd nach einem Serienkiller, der acht blinde Frauen getötet hat, zu einer Obsession. Robinsons Film ist kein Horrortrip, sondern eine Studie über Vergangenheitsbewältigung. Von Conrad Hall eindrucksvoll im Dauerregen und Schnee fotografiertes Katz-und-Maus-Drama. *Andre Simonoviescz, tip, 14/93*

Sebastian Feldmann in: Rheinische Post, 9.7.93; Sabine Horst in: FR, 8.7.93; Gerhard Midding in: Kölner Stadt-Anzeiger, 10.7.93; Gabriele Riedle in: Der Tagesspiegel, 10.7.93

Jenny küßte mich 435

JENNY KISSED ME **

TV

Regie: Brian Trenchard-Smith
Darsteller: Tamsin West (Jenny West), Ivar Kants (Lindsay Fenton), Deborah-Lee Furness (Carol Grey), Paula Duncan (Gaynor), Mary Ward (Grace), Steven Grimes
Drehbuch: Warwick Hind, Judith Colquhoun, Alan Lake (Dialoge)
Kamera: Bob Kohler (Farbe)
Musik: Trevor Incas, Ian Mason
Produktion: Tom Broadbridge für Nelson Premiere, Australien 1985
Uraufführung: 25.8.1985, Montreal World Film Festival
Sendetermin: 30.6.1993, ORB3, 22.40
Länge: 98 Min.

Süßliche, manieriert gespielte Seifenoper um ein junges, vernachlässigtes australisches Mädchen, das vom Liebhaber der Mutter mit merkwürdiger Obsession geliebt wird. Dekor und Frisuren werden mehr Aufmerksamkeit geschenkt als vernünftiger Charakterzeichnung. *nach Variety*

Spielball eines Schwarzen Witwers: Rebecca De Mornay und Don Johnson.

Jenseits der Schatten 436

SHADOW OF CHINA **

Video

Regie: Mitsuo Yanagimachi
Darsteller: John Lone (Wu Chang/Henry Wong), Koichi Sato (Akira), Sammi Davis (Katharine), Vivian Wu (Moo-Ling), Roy Chiao (Lee Hok Chow), Constantine Gregory (Jameson), Colin George (Burke)
Drehbuch: Richard Maxwell, Mitsuo Yanagimachi, nach der Novelle »Snake Head« von Masaaki Nishiki
Kamera: Toyomichi Kurita (Foto-Kem)
Musik: Yasuaki Shimizu
Schnitt: Sachiko Yamagi
Produktion: Elliott Lewitt, Don Guest für S.H. Prods./Elliott Lewitt Prods., Japan/USA 1990
Uraufführung: 10.3.1993, New York
Verleih: -/-/-/VMP Video
Videostart: 13.9.1993
Länge: 100 Min. – *FSK:* ab 12 J.

Einem erfolgreichen Manager in Hongkong drohen am Gipfel seiner Karriere die Schatten der Vergangenheit einzuholen. Action-Melodram im Dutzendware-Look.

Jenseits der Unschuld 437

GUILTY AS SIN ***

Regie: Sidney Lumet
Darsteller: Rebecca DeMornay (Jennifer Haines), Don Johnson (David Greenhill), Stephen Lang (Phil Garson), Jack Warden (Moe), Dana Ivey (Richterin Tompkins), Ron White (Diangelo), Norma Dell'Agnese (Emily), Sean McCann (Nolan), Luis Guzman (Leutnant Bernhard Martinez), Robert Kennedy
Drehbuch: Larry Cohen
Kamera: Andrzej Bartkowiak (Eastman/Technicolor)
Musik: Howard Shore
Schnitt: Evan Lottman
Produktion: Martin Ransohoff für Hollywood Pic., USA 1993
Erstaufführung: Filmfest München 1993
Verleih: Buena Vista/dto./dto./Buena Vista Home Video
Länge: 107 Min. – *FSK:* ab 16, ffr.
FBW: Wertvoll

Ein Frauenmörder und seine Verteidigerin, der schmierige Gigolo und die kühle, kluge Blondine. Lumet mag Gerichtsfilme und sein Autor hat Vorbilder wie »Zeugin der Anklage« oder »Das Messer« offensichtlich genau studiert. Aber Rebecca DeMornay und Don Johnson agieren wie synthetische Kleiderständer, der Plot bleibt vorhersehbar, die kalte Pracht der Ausstattung scheint die wahre Botschaft zu sein. Gestylte Welten, designte Kunstwesen, Gefühle aus der Retorte. *Wolf Danner, tip, 15/93*

Michael Althen in: SZ, 19.7.93; Fritz Göttler in: Kölner Stadt-Anzeiger, 17.7.93; Otto Heuer in: Rheinische Post, 16.7.93; Rupert Koppold in: Stgt. Zeitung, 15.7.93

Jersey Girl 438

JERSEY GIRL **

Regie: David Burton Morris
Darsteller: Jami Gertz (Toby Mastallone), Dylan McDermott (Sal), Joe Bologna (Bennie Mastaellone), Sheryl Lee (Tara), Aida Turturro (Angie), Joseph Mazzello (Jason), Molly Price, Star Jasper
Drehbuch: Gina Wendkos
Kamera: Ron Fortunato (Technicolor)
Musik: Misha Segal; Steve Bedell
Schnitt: Norman Hollyn
Produktion: Staffan Ahrenberg, Nicole Seguin, David Madden für Electric Pic./Interscope Comm., USA 1992
Verleih: Highlight/-/-/Highlight Video; Titel: Love Crash
Kinostart: 1.10.1992 (geplant, nicht gestartet)
Videostart: Jan. 1994
Länge: 95 Min.

Toby lebt in der Arbeitervorstadt New Jersey. Sie ist intelligent und fühlt sich zu Höherem beufen. Als sie den Yuppie Sal kennenlernt, ist ihr Traum vom Leben in Manhattan nahe. Doch ihre Herkunft holt sie ein.

Jetzt: Noch mehr verrückte Götter 439

CRAZY SAFARI *

Video

Regie: Billy Chan
Darsteller: NIXau (Xixo), Lam Ching Ying (Weiser Mann), Christopher Chan (Sam), Peter Chan (Urahn), Michelle Bestbier, Saul Bamberger
Drehbuch: Barry Wong
Kamera: (Farbe)
Musik: Lowell Lo, John Weddepohl
Produktion: Charles Heung für Wins Movie/Samico Films, Hongkong 1991
Verleih: -/-/-/Ufa Video
Länge: 82 Min. – *FSK:* ab 6 J.

Dritter – und völlig absurder – Teil der Reihe, die mit einer Colaflasche begann. Diesmal wird ein chinesischer Vampir (sic!) über den afrikanischen Buschmännern abgeworfen... Oh, je!

Jimmy Hoffa 440

HOFFA ***

Regie: Danny DeVito
Darsteller: Danny DeVito (Bobby Ciaro), Jack Nicholson (Jimmy Hoffa), Armand Assante (Carol D'Allesandro), J.T. Walsh (Fitzsimmons), John C. Reilly (Pete Connelly), Kevin Anderson (Robert Kennedy), Frank Whaley, John P. Ryan, Robert Prosky, Natalija Nogulich
Drehbuch: David Mamet (auch Ass.Prod.)
Kamera: Stephen H. Burum (Deluxe)
Musik: David Newman
Schnitt: Lynzee Klingman, Ronald Roose
Produktion: Edward R. Pressman, Danny DeVito, Caldecott Chubb für Jersey Films/20th Century Fox, USA 1992
Uraufführung: 25.12.1992, New York
Erstaufführung: 12.2.1993, Int. Filmfestspiele Berlin
Verleih: 20th Century Fox/dto./dto./Fox Video
Kinostart: 4.3.1993
Länge: 140 Min.
FSK: ab 16, ffr.
FBW: Wertvoll

Aus der Perspektive eines (erfundenen) loyalen Anhängers wird die »Biografie« des amerikanischen Gewerkschaftsführers Jimmy Hoffa, der 1975 auf bis heute ungeklärte Weise verschwunden ist, berichtet. Zwar unterschlägt der mit einer historisch unbelegbaren Rahmenhandlung versehene Film die Fakten nicht, verfährt mit ihnen aber nach eigener Willkür, so daß die Figur Hoffas eine pauschale Glorifizierung erfährt. Filmisch geschäftig-aufwendig mit waghalsigen Kamerafahrten und ausgetüf-

Hoch sein Aufstieg, tief sein Fall: Jack Nicholson als ›Jimmy Hoffa‹.

telten Szenenübergängen akribisch inszeniert, aber ohne dramatisches Feuer, das die hintergrundlose Figur zum Leben erwecken könnte. *Zoom*

Michael Althen in: SZ, 8.3.93; Lars-Olav Beyer in: tip, 5/93; Ponkie in: AZ, 4.3.92; Carla Rhode in: Der Tagesspiegel, 13.2.93; Sebastian Feldmann in: Rheinische Post, 5.3.93; Milan Pavlović in: Kölner Stadt-Anzeiger, 6.3.93

John Huston – Filmregisseur und Lebenskünstler 441

JOHN HUSTON: THE MAN – THE MOVIES – THE MAVERICK ****
TV

Regie: Frank Martin
Darsteller: Mit: John Huston, Robert Mitchum (auch Sprecher), Paul Newman, Lauren Bacall, Evelyn Keyes, Arthur Miller, Michael Caine, Anjelica Huston, Danny Huston, Oswald Morris
Drehbuch: Frank Martin, Charles Begelman
Kamera: John Bailey, Harry Dawson (Farbe)
Musik: Steven Goldstein
Schnitt: Robert L. Sinise
Produktion: Joni Levin für Point Blank, USA 1988
Uraufführung: 19.9.1988, Boston Film Festival
Sendetermin: 19.12.1993, ZDF, 0.05
Länge: 118 Min.

(...) Mit Hilfe von Interviews, Äußerungen von Huston selbst, Filmausschnitten und zum großen Teil bisher unveröffentlichten Aufnahmen hat Frank Martin eine faszinierende Dokumentation erarbeitet, durch die der Schauspieler Robert Mitchum quasi als Gastgeber führt. Dieser Film ist die bislang beste, informativste, überraschendste und spannendste Arbeit über Leben, Persönlichkeit und Werk von John Huston. *Pressetext ZDF*

Joy – Tempel der Lust 442

JOY ET LES PHARAONS **
Video

Regie: Jean-Pierre Floran
Darsteller: Zara Whites (Joy/Kleopatra), Philippe Dumond (Walter), Beatrice Valle (Joan), Frank James (Cäsar), Ange Denard (Mark Anton), Roberto Mallone (Roberto)
Drehbuch: Joy Laurey, Alain Kevine
Kamera: Alain Derobe (Farbe)
Musik: Francois Valery, Alain Wisniak
Schnitt: Eva Zora, Elisabeth Servouze
Produktion: Benjamin Simon für ATC 3000/M6 Films, Frankreich 1992
Verleih: -/-/-/VPS Video
Videostart: 24.6.1993
Länge: 77 Min. – *FSK:* ab 18 J.; gekürzte Fass. 60 Min. ab 16 J.

Die Dreharbeiten zu einem Porno dienen diesem Softporno als Handlungsvorwand für verklemmte Kopulationsakrobatik.

Die Jungen von St. Petri 443

DRENGENE FRA SANKT PETRI ***
TV

Regie: Sören Kragh-Jacobsen
Darsteller: Tomas Villum Jensen (Lars Balstrup), Morten Buch Jörgensen (Gunnar Balstrup), Nikolaj Lie Kaas (Otto Hvidmann), Xenia Lach-Nielsen (Irene), Philip Zandén (Jacob Rosenheim), Bent Meiding, Solbjörg Höjfeldt, Helle Merete Sörensen
Drehbuch: Bjarne Reuter, Sören Kragh-Jacobsen
Kamera: Dan Laustsen (Farbe)
Musik: Jacob Roth
Schnitt: Leif Axel Kjeldsen
Produktion: Mads Egmont Christensen für Metronome Prod., Dänemark 1991
Erstaufführung: Nordische Filmtage Lübeck 1992; Filmfest München 1993
Verleih: -/-/-/
Sendetermin: 14.11.1993, Nord3, 15.00
Länge: 110 Min.

Dänische Gymnasiasten als Widerstandskämpfer gegen die deutschen Besatzer. Ihre ersten Aktionen ähneln noch Jungenstreichen, aber als der Arbeitersohn Otto in die Gruppe aufgenommen wird, wandelt sich das Spiel zu bitterem Ernst. Als sich auch noch zwei der Jungen in das selbe Mädchen verlieben, versuchen sie sich in ihrer Rivalität gegenseitig zu übertrumpfen und handeln immer leichtsinniger – bis sie eines Tages in die Falle geraten.
Münchner Filmfest-Illustrierte

Junggesellen aus Leidenschaft 444

BACHELOR GIRL **
TV

Regie: Rivka Hartman
Darsteller: Lyn Pierse (Dot Bloom), Kim Gyngell (Karl Stanton), Jan Friedl (Helen Carter), Bruce Spence (Alistair Dredge jr.), Doug Tremlett (Charles), Ruth Yaffe (Tante Esther), Jack Perry (Onkel Isaac), Monica Maughan

Auf den Spuren von Hoimar von Ditfurth: Richard Attenborough und das Team von ›Jurassic Park‹.

(Sybil), Tim Robertson (Grant), Mark Minchinton (Gazza)
Drehbuch: Rivka Hartman, Maggie Power, Keith Thompson
Kamera: John Whitteron (Farbe)
Musik: Burkhart von Dallwitz
Schnitt: Tony Stevens
Produktion: Ned Lander für Yarra Bank Prod. mit Film Victoria/Australian Film Commission, Australien 1987
Verleih: -/-/-/
Sendetermin: 1.9.1993, 9.10, PRO 7
Länge: 83 Min.

Dot Bloom, eine Schriftstellerin, die für das Fernsehen arbeitet, hat trotz aufdringlicher Vermittlungsversuche ihrer Tante immer noch nicht den Mann für's Leben gefunden. Da taucht eines Tages wie zufällig Karl auf, ein ehemaliger Schulkamerad, und schon scheint sich eine Romanze anzubahnen.

Jurassic Park 445
JURASSIC PARK ***

Regie: Steven Spielberg
Darsteller: Sam Neill (Dr. Grant), Laura Dern (Ellie Sattler), Jeff Goldblum (Dr. Malcolm), Richard Attenborough (John Hammond), Bob Peck (Robert Muldoon), Martin Ferrero (Donald Gennaro), B.D. Wong (Dr. Wu), Joseph Mazzello (Tim), Ariana Richards (Lex), Samuel L. Jackson (Arnold)
Drehbuch: Michael Crichton, David Koepp, nach dem gleichn. Roman von Michael Crichton
Kamera: Dean Cundey (Deluxe)
Musik: John Williams
Schnitt: Michael Kahn
Produktion: Kathleen Kennedy, Gerald R. Molen für Amblin Ent., USA 1992
Uraufführung: 11.6.1992, New York
Verleih: UIP/UIP/UIP
Kinostart: 2.9.1993
Länge: 126 Min. – *FSK:* ab 12, ffr.
FBW: Wertvoll

Kurz vor der Eröffnung inspiziert eine Gruppe von Wissenschaftlern einen gigantischen Dinosaurier-Zoo, den ehrgeizige Gen-Technologen auf einer Costa Ricanischen Insel errichtet haben. Spätestens als sie von gefräßigen Thyrannosauriern mit dem Frühstück verwechselt werden, müssen sie feststellen, daß Ehrgeiz, skrupellose Gewinnsucht, Unwissen, wissenschaftliche Überheblichkeit und Kriminalität im »Jurassic

Park« in eine unausweichliche Katastrophe münden. Nie zuvor hat man im phantastischen Kino eine derart perfekte Tricktechnik zu sehen bekommen; denoch hat das Genre schon weit fantasievollere und poetischere Filme hervorgebracht. *Christoph Terhechte, tip, 18/93*

Peter Buchka in: SZ, 2.9.93; Brigitte Desalm in: Kölner Stadt-Anzeiger, 28.8. und 2.9.93; Sebastian Feldmann in: Rheinische Post, 18.8.93; Ponkie in: AZ, 2.9.93; Michael Simm in: Stgt. Zeitung, 28.8.93

Justiz 446

***

Regie: Hans W. Geißendörfer
Darsteller: Maximilian Schell (Isaak Kohler), Thomas Heinze (Felix Spät), Anna Thalbach (Helene Kohler), Mathias Gnädinger (Kommandant), Norbert Schwientek (Rudolph Stüssi-Leupin), Ulrike Kriener (Ilse Freude), Suzanne von Borsody (Daphne Winter), Hark Bohm (Professor Winter), Carole Piguet, Diethelm Stix
Drehbuch: Hans W. Geißendörfer, nach dem gleichn. Roman von Friedrich Dürrenmatt
Kamera: Hans-Günther Bücking (Farbe)
Musik: Frank Loef
Schnitt: Annette Dorn
Produktion: Hans W. Geißendörfer für GFF mit Luna Film/BR/SDR/DRS, BRD/Schweiz 1993
Verleih: Tobis/Constantin/Rialto
Kinostart: 14.10.1993
Länge: 108 Min.
FSK: ab 12, ffr.
FBW: Wertvoll

Ein prominenter Zürcher Politiker erschießt öffentlich einen Professor, wird rechtens zu lebenslanger Haft verurteilt und engagiert dann einen jungen Anwalt, der ihn – wider alle Vernunft – reinwaschen und damit Licht auf einen mafiosen, soziokulturellen Sumpf werfen soll. Hans W. Geißendöfer hat Friedrich Dürrenmatts komplexe, bitterböse Vorlage in ein zwar sorgfältig inszeniertes, aber filmisch größtenteils konventionelles Drama umgesetzt, das die scharfe Gesellschaftskritik des Originaltextes mit seinen Fragen nach Recht und moralischer Gerechtigkeit etwas vermissen läßt. *Zoom*

Brigitte Desalm in: Kölner Stadt-Anzeiger 16.10.93; Bodo Fründt in: SZ, 15.10.93; Sabine Horst in: FR, 18.10.93; Thomas Klingenmaier in: Stgt. Zeitung, 16.10.93; Christiane Peitz in: Die Zeit, 15.10.93; Ponkie in: AZ, 14.10.93

Maximilian Schell, Anna Thalbach in dem »Oscar-nominierten« ›Justiz‹.

Kadaicha 447

KADAICHA **

Video

Regie: James Bogle
Darsteller: Zoe Carides (Gail Sorensen), Tom Jennings (Matt), Eric Oldfield (Alex Sorensen), Natalie McCurry (Tracey), Fiona Gauntlett (Fizz), Sean Scully (Mr. Fitzgerald), Kerry McKay, Steve Dodd, Deborah Kennedy
Drehbuch: Ian Coughlan
Kamera: Stephen F. Windon (Eastmancolor)
Musik: Peter Westheimer
Schnitt: Andrew Aristedes
Produktion: David Hannay, Charles Hannah für Premiere Film Marketing/Medusa, Australien 1988
Verleih: -/-/-/Fox Video
Videostart: Febr. 1993
Länge: 85 Min. – *FSK:* ab 18 J.

Uralte Zaubersteine, sogenannte »Kadaicha« haben ein Baugrundstück über einem alten Friedhof und eine Gruppe von Jugendlichen mit einem Fluch belegt. Jeder, der einen dieser Steine erhält, muß sterben. *film & fakten*

Kahlschlag 448

***

Regie: Hanno Brühl
Darsteller: Björn Jung (Robin), Natascha Bonnermann (Mascha), Willi Herren (Harry), Miriam Rosenstiel (Claudia), Roman Rien (Kostas), Boris Ciszewski (Sven), Norman Matt (Oliver), Angelika Zielcke (Anne Sarton, Mutter), Wolfgang Krassnitzer (Michel Sarton)
Drehbuch: Dieter Bongartz
Kamera: Reinhard Gossmann (Eastmancolor)
Musik: Piet Klocke
Schnitt: Margot Löhlein
Produktion: WDR mit Arte, BRD 1993
Sendetermin: 17.11.1993, ARD, 22.00
Verleih: KJF/-/-
Länge: 105 Min.

Der Film erzählt vom Ausbruch eines ganz normalen Jugendlichen in die rechte Skinheadszene. Dokumentarisch genau beschreiben der Regisseur und Autor die Rebellion eines sensiblen, einzelgängerischen Jungen gegen Eltern und Schule und seine Flucht in die Kameraderie eines neonazistischen »Kampfbundes«, der Gewalttaten gegen Ausländer verübt, und dessen Opfer er schließlich selbst wird. *Uli Maas*

Kalifornia 449

KALIFORNIA ***

Regie: Dominic Sena
Darsteller: Brad Pitt (Early Grayce), Juliette Lewis (Adele Corners), David Duchovny (Brian Kessler), Michelle Forbes (Carrie Laughlin)
Drehbuch: Tim Metcalfe
Kamera: Bojan Bazelli (Farbe)
Produktion: Aris McGarry, Sigurjon »Joni« Sightvatsson, Steve Golin für Polygram Pic. mit Viacom, USA 1993
Uraufführung: 4.8.1993, Fantasy Filmfest München; 3.9.1993, New York
Verleih: Concorde/Constantin/-/Concorde Video
Kinostart: 25.11.1993
Länge: 118 Min. – *FSK:* ab 18, ffr.

Ein ultra-schwarzer, knochenharter Serienkiller-Thriller. Ein Pärchen, er Journalist, sie Fotografin, folgen quer durch die USA den Spuren legendärer Massenmörder. Um sich den Trip zu finanzieren, laden sie sich ein anderes Paar in ihr Cabrio – mit mörderischen Konsequenzen. *W.O.P. Kistner, AZ, 31.7.93*

Frank Schnelle in: FR, 1.12.93; Christian Seebaum in: Kölner Stadt-Anzeiger, 27.11.93

Kalina Krassnaja – Roter Holunder 450

KALINA KRASSNAJA ****

Regie: Wassili Schukschin
Darsteller: Wassili Schukschin (Igor Prokudin), Lydia Fedossejewa-Schukschina (Ljuba Baikalowa), M. Ryshow (Ljubas Vater), Marija Skwerzowa (Ljubas Mutter), Alexej Wanin (Pjotr), M. Winogradowa (Soja), O. Bystrowa (Jegors Mutter), Shanna Prochorenko (Untersuchungsrichterin), L. Durow, G. Gorbenko
Drehbuch: Wassili Schukschin
Kamera: Anatoli Sabolozki (Farbe)
Musik: Pawel Tschekalow
Schnitt: J. Michailowa
Produktion: Studio Mosfilm, UdSSR 1973
Uraufführung: März 1974, Moskau
Verleih: Progress/-/-
Kinostart: 26.9.1975, 28.10.1993 (WA)
Länge: 107 Min.

1974 wurde »Kalina Krasnaja« in der UdSSR zu einem Volksfilm, und das Ausland war begeistert von seiner urwüchsigen Kraft. Die Geschichte eines

Diebes, der versucht, ein neues Leben auf dem Land als ehrlicher Traktorist anzufangen und von den alten Kumpels erstochen wird, wurde zu einem tragischen sowjetischen Märchen. Auf den Helden ging der Magnetismus der Persönlichkeit Schukschins über, der diese Geschichte schrieb, inszenierte und dann die Hauptrolle spielte – kräftig, frech, sensibel. Doch das Schicksal des Helden holte den Macher ein: Noch im selben Jahr starb Schukschin, 45jährig, und wurde zur Legende.
Oksana Bulgakowa, tip, 8/93

Kalle Stropp und sein Freund Boll 451

KALLE STROPP OCH GRODAN BOLL ***

Regie: Jan Gissberg
Darsteller: Deutsche Sprecher: Friedrich W. Bauschulte (Kalle Stropp), Tom Deininger (Gustav Boll), Santiago Ziesmer (Blech Niklas), Edgar Ott (König), Roswitha Dost (Königin), Dorette Hugo (Prinzessin Zapfelinchen), Jürgen Thormann, Wilfried Herbst, Frank Otto Schenk, Wolfgang Bahro
Drehbuch: Thomas Funck, nach seiner gleichn. Story
Musik: Thomas Funck
Schnitt: Kerstin Hellgren
Produktion: Cinemation mit Sandrew/ Filminstitutet/TV-3/Scansat, Schweden 1992
Erstaufführung: Int. Filmfestspiele Berlin 1992 »Kinderfilmfest«
Verleih: Impuls/-/-/Warner Home Video
Kinostart: 23.9.1993
Länge: 83 Min. – *FSK:* o.A., ffr.

Die Heuschrecke Kalle Stropp und ihr bester Freund, der Frosch Gustav Boll, haben Notsignale vom Volk der Tannenzapfen empfangen. Gemeinsam mit dem aus Schrott zusammengebastelten Roboter Blech Niklas und einem Papagei starten sie eine abenteuerliche Rettungsaktion. Immobilienhaie wollen gnadenlos den Wald abholzen und ein gigantisches Ferienparadies errichten.
AZ, 23.9.93

(...) An Tapferkeit mangelt es ihnen nicht, doch letztlich kämpfen sie vergebens gegen den lahmen Plot und die üblen Gesangseinlagen, die das schwedische Zeichentrick-Duo Jan Gissberg und Thomas Funck ihnen an allen Fronten entgegenwirft. *tip, 20/93*

Silvia Hallensleben in: Der Tagesspiegel, 24.9.93

Kalyi – Zeit der Finsternis 452

***

Regie: Fred Kelemen
Darsteller: Valéria Zsoldas, Lucien Molotov
Drehbuch: Fred Kelemen
Kamera: Fred Kelemen (Farbe)
Musik: Paul Browse, Voov
Schnitt: Fred Kelemen
Produktion: DFFB, BRD 1993
Erstaufführung: Filmfest München 1993
Länge: 80 Min.

Nicht in jedem regennassen Grübel-Dunkelland wartet ein Tarkowski. Dieser Tiefsinn-Kunstquäler malträtiert die große Endzeit-Melancholie (Verlust der Welt, vergebliche Sehnsucht von Mann und Frau zwischen Liebe und Tod): Das Universum im Eimer und das Dekor des Ruins als Kunstgewerbler-Performance. Es knirscht vor feierlichem Avantgarde-Anspruch. *Ponkie, AZ, 26.6.93*

Eine apokalyptische Welt. Dunkle, verlassene Straßen in einer zerstörten Stadt, flüchtende Menschen, Explosionen. In diesem desolaten und vergifteten Universum, in dem die Nacht nicht zu enden scheint, begegnen sich eine Frau und ein Mann und verlieren sich wieder. Sie sind einsam und verzweifelt in dieser Zeit ohne Mitleid, einer Zeit, die bestimmt ist von Kriegen, Katastrophen, sich verhärtendem Materialismus und dem Verlöschen des Wissens. – ›Kalyi – Zeit der Finsternis‹ ist auch ein Film über den Verlust der Welt. Einer Welt, die nur als Sehnsucht existiert, der eine andere in Realität gegenübersteht, die loszuwerden, zu verlassen das Ziel aller Anstrengungen und Wünsche ist. In der einen (ersehnten) Welt kann es keine Realität, in der anderen kein Leben geben‹ (Fred Kelemen). *Katalog Filmfest München 1993*

Karate Fighter 453

THE WAY

*

Video

Regie: Sam Um
Darsteller: C.K. Kim (Min-Suk), Stacy

Lundgren (Crystal), M.G. Lee (Großvater), Mark Kay (Bobby), Shannon Sedwick (Crystals Mutter), Bill Johnson
Kamera: Phil Curry (Farbe)
Musik: Larry Seyer
Schnitt: Mark Gibson, Andy Lundgren
Produktion: Sam Um für Master Film, USA 1991
Verleih: -/-/-/New Vision Video
Videostart: Febr. 1993
Länge: 89 Min. – *FSK:* ab 12 J.

Kurz bevor die begabte Taek-Won-Do-Fighterin ihr Dress frustriert an den Nagel hängt, läuft ihr ein Meister dieser Kampfsportart über den Weg, der sie mit den philosophischen Weihen versieht. Nur für Angehörige der Martial-Arts-Gemeinde.

dkr in: film-dienst, 5/93

Karate Tiger 7 454

TO BE THE BEST *

Video

Regie: Joseph Merhi
Darsteller: Martin Kove, Michael Worth, Brittney Powell, Alex Cord, Stephen V. Leigh
Drehbuch: Michael January
Kamera: Richard Pepin (Farbe)
Musik: John Gonzales
Schnitt: John Weidner, Brian Chambers
Produktion: Joseph Merhi, Richard Pepin für PM Ent., USA 1993
Verleih: -/-/-/Ascot Video
Videostart: 30.8.1993
Länge: 95 Min. – *FSK:* ab 18 J. (geänderte Fass. 78 Min., ab 16 J.)

In Los Angeles wird die Weltmeisterschaft der Kickboxer abgehalten, und diverse Herren der Halbwelt versuchen, diese zu manipulieren. Allerflachster Kampfsportstreifen.

Karate Warrior 4 455

IL RAGAZZO DAL KIMONO DORO *

Video

Regie: Larry Ludman
Darsteller: Ron Williams (Larry), David Warbeck (Vater John), Dorian D. Field (Bruce), Christopher Alan (Greg), Richard Goon
Drehbuch: Olga Pehar
Kamera: Chris Verrillo (Farbe)
Musik: Bigchild/DEAF
Schnitt: Albert Morris
Produktion: Fabrizio De Angelis für Fulvia/ Madison, Italien 1991
Verleih: -/-/-/Madison Video
Videostart: Januar 1993
Länge: 91 Min. – *FSK:* ab 16 J.

Höchst überflüssiges Prügelfilmchen um zwei Jungs, die einen Karatekampf austragen wollen.

Klaus Brühne in: film-dienst, 20/93

Karen McCoy – Die Katze 456

THE REAL MCCOY **

Regie: Russell Mulcahy
Darsteller: Kim Basinger (Karen McCoy), Val Kilmer (J.T. Barker), Terence Stamp (Jack Schmidt), Zach English (Patrick McCoy), Nick Searcy (Roy McCoy), Deborah Hobart (Cheryl), Gailard Sartain (Gary Buckner), Marc Macaulay (Karl), Raynor Scheine (Baker), Dean Rader Duval (Lewis)
Drehbuch: William Davies, William Osborne
Kamera: Denis Crossan (Technicolor)
Musik: Brad Fiedel
Schnitt: Peter Honess
Produktion: Martin Bregman, Willi Bär, Michael S. Bregman für Bregman/Bär Prod., USA 1993
Uraufführung: 10.9.1993, New York
Verleih: UIP/UIP/-/VMP Video
Kinostart: 28.10.1993
Länge: 105 Min. – *FSK:* ab 12, ffr.

Eine Profi-Einbrecherin will nach ihrer Entlassung ehrlich werden. Ein Gangsterboß aber entführt ihren Sohn und zwingt sie, noch einen Coup für ihn zu planen. Ein Drehbuch voll Klischees und Ungereimtheiten und seine überwiegend unoriginelle Umsetzung ergeben einen höchst durchschnittlichen Film, bei dem kaum Spannung aufkommt. *multimedia*

Albert Baer in: Rheinische Post, 29.10.93; Fritz Göttler in: Kölner Stadt-Anzeiger, 30.10.93; Rupert Koppold in: Stgt. Zeitung, 28.10.93; Angela Schmitt-Gläser in: FR, 28.10.93

Karte des menschlichen Herzens 457

MAP OF THE HUMAN HEART ***

Regie: Vincent Ward
Darsteller: Jason Lee Scott (Avik), Anne Parillaud (Albertine), Patrick Bergin (Walter Russell), Robert Joamie (junger Avik), Annie Galipeau (junge Albertine), Clotilde Coureau (Rainee), John Cusack (Kartograph),

Jeanne Moreau (Schwester Banville), Ben Mendelsohn (Farmboy), Jerry Snell (Boleslaw)
Drehbuch: Louis Nowra, Vincent Ward
Kamera: Eduardo Serra (Farbe)
Musik: Gabriel Yared
Schnitt: John Scott, George Akers
Produktion: Vincent Ward, Timothy White für Vincent Ward Prod., Australien/Kanada/GB/Frankreich 1992
Uraufführung: Int. Filmfestspiele Cannes 1992 »Work in Progress«
Erstaufführung: Filmfest München 1993 (neue Fassung)
Verleih: -/-/Rialto
Kinostart: Dez. 1993
Länge: 106 Min.

Avik – halb Inuit, halb Weißer – und die Halbindianerin Albertine lernen sich als Jugendliche in einem Spital in Montreal kennen und lieben, werden getrennt und begegnen sich wieder während des Zweiten Weltkrieges in London, um schließlich für immer getrennte Wege zu gehen. Die ungewöhnliche (Liebes-)Geschichte zweier Außenseiter, die sowohl von den eigenen Leuten als auch von den Weißen ausgegrenzt werden, entwickelt sich anhand archetypischer Situationen mit geradezu kosmischen Bezügen zu einer gewaltigen Natur, zu Liebe, Krieg und Tod. *Zoom*

Kein Engel auf Erden 458

MAN UPSTAIRS ***

Video

Regie: George Schaefer
Darsteller: Katharine Hepburn (Victoria Browne), Ryan ONeal (Mooney), Henry Beckman, Helena Carroll, Brenda Forbes
Drehbuch: James Prideaux
Kamera: Walter Lassaly (Farbe)
Musik: Billy Goldenberg
Schnitt: Dann Cahn
Produktion: Renée Valente für Burt Reynolds Prod., USA 1992
Verleih: -/-/-/PolyGram Video (KK)
Videostart: September 1993
Länge: 90 Min.
FSK: ab 6 J.

Gemütliches Krimikomödchen von entflohenem Sträfling, der im Haus einer alten Dame unterschlüpft. Die Harmlosigkeit der Story trübt die Wiedersehensfreude mit Katherine Hepburn etwas.

Witzischkeit hat seine Grenzen: Hape Kerkeling in ›Kein Pardon‹.

Kein Pardon 459

***

Regie: Hape Kerkeling
Darsteller: Hape Kerkeling (Peter Schlönzke), Heinz Schenk (Heinz Wäscher), Elisabeth Volkmann (Mutter Schlönzke), Margret Homeyer (Oma Schlönzke), Dirk Dautzenberg (Opa Schlönzke), Kurt Weinzierl (Regisseur Bertram), Maren Kroymann (Redakteurin Doris), Annett Kruschke (Ulla), Andrea Heuer, Petra Zieser
Drehbuch: Hape Kerkeling, Achim Hagemann, Angelo Colagrossi
Kamera: Hans-Günther Bücking (auch Co-Regie) (Farbe)
Musik: Achim Hagemann
Schnitt: Clarissa Ambach
Produktion: Horst Wendlandt für Rialto Film, BRD 1992
Uraufführung: 25.2.1993, Berlin
Verleih: Tobis/-/-/Warner Home Video
Kinostart: 25.2.1993
Länge: 97 Min. – *FSK:* o.A., ffr.

Ein junger Mann aus dem Ruhrgebiet macht vorübergehend Karriere bei einem deutschen Fernsehsender. Das Filmdebüt eines neuen Filmkomikers, der Talent zur Verulkung von Spießigkeit und Massenunterhaltung hat, aber insgesamt nicht mehr als Durchschnittsunterhaltung bietet. *multimedia*

Michael Althen in: SZ, 3.3.93; Otto Heuer in: Rheinische Post, 26.2.93; Raimund Hoghe in: Die Zeit, 19.2.93; Thomas Klingenmaier in: Stgt. Zeitung, 26.2.93; Ponkie in: AZ, 25.2.93

Kidnapping of Baby John Doe 460

THE KIDNAPPING OF BABY JOHN DOE **

Video

Regie: Peter Gerretsen
Darsteller: Jayne Eastwood (Joan McWaters), George Millenbach (Barry Reeves), Helen Hughes (Tante Helen), Geoffrey Bowes (Hank Robarts), Janet-Laine Green (Judy Robarts), James Loxley (Dr. Hurford), Vicky Wauchope (Evelyn), Howard Jerome (Richter Cooper), Michael Tait (Dr. Beirne), Jacquie Presly
Drehbuch: Peter Gerretsen
Kamera: Doug Koch (Farbe)
Musik: Heather Conkie
Schnitt: Michael Todd
Produktion: Patricia Gerretsen für Just One Step at a Time Prod., Kanada 1986
Verleih: -/-/-/VPS Video
Videostart: 27.5.1993
Länge: 86 Min. – *FSK:* ab 12 J.

Säuglingsschwester entführt zum Tode verurteiltes, behindertes Baby und leitet heimlich lebensrettende Operation ein. Arg moralischer und wenig differenzierter Beitrag zur Diskussion um die Ethik der Medizin.

Dieter Krusche in: film-dienst, 11/93

Kill Line 461

KILL LINE **

Video

Regie: Richard H. Kim
Darsteller: Bobby Kim (Joseph), Michael Parker (Mark), Wayne Lowery (Luciani), Marlene Zimmermann (Oggie)
Drehbuch: Richard H. Kim
Kamera: Maximo Munzi (Farbe)
Musik: Kelly Bruarly, Patrick Dowling
Schnitt: Randall C. McBride
Produktion: Robert W. Kim für Rocky Group, USA 1987
Verleih: -/-/-/Warner Home Video
Videostart: September 1993
Länge: 89 Min. – *FSK:* ab 18 J.

Brutaler Rachefeldzug eines Mannes, dessen Familie von einigen geldgierigen Einwohnern eines US-Dorfes ermordet wurde. – Spätestens hier ahnt man, warum soviel freie Mitarbeiter beim *film-dienst* die Videofilme beschreiben. Bei weniger müßte der Verlag Schmerzensgeld zahlen.

Georg Röwekamp in: film-dienst, 23/93

Killer Instinct – Im Netz des Todes 462

KILLER INSTINCT *

Video

Regie: David Tausik
Darsteller: Scott Valentine (Tim Casey), Charles Napier (Doogan), Vanessa Angel (Deborah), Talia Balsam (Emma), Dominic Hoffman (Campbell)
Drehbuch: David Tausik
Kamera: Jennifer Stoltz (Farbe)
Musik: Nigel Holton
Schnitt: Rich Gentner, Lorne Morris
Produktion: Mike Elliot für Concorde, USA 1992
Verleih: -/-/-/Columbia TriStar Home Video
Videostart: August 1993
Länge: 83 Min. – *FSK:* ab 18 J. (geänderte Fass. 80 Min. ab 16 J.)

Um bei der Karriere ihres Liebsten ein wenig nachzuhelfen, legt ihm Debbie als Morgengabe den toten Chef in den Kofferaum. Thriller mit magerer Spannungsausbeute.

Rainer Heinz in: film-dienst, 18/93

Der Killer-Kodex 463

KILLER RULES **

Video

Regie: Robert Ellis Miller
Darsteller: Jamey Sheridan (Mark Bridges), Sela Ward (Dorothy Wayne), Peter Dobson (Richard Guinness), Riccardo Garrone (Sabatini), Sam Wanamaker (Gambon)
Drehbuch: Paul Monash
Kamera: Ennio Guarnieri (Farbe)
Musik: Lee Holdridge
Schnitt: John F. Burnett
Produktion: Paul R. Picard für Warner Bros./Raidue, USA 1992
Verleih: -/-/-/Warner Home Video
Videostart: 13.8.1993
Länge: 90 Min. – *FSK:* ab 16 J.

Mafia-Krimi um einen Gelegenheitskiller, der sich verliebt, aber – wer hätte das gedacht? – betrogen wird.

Annette Winter in: film-dienst, 19/93

Kinderspiele 464

****

Regie: Wolfgang Becker
Darsteller: Jonas Knipp (Micha), Oliver Bröcker (Kalli), Burghart Klaußner (Michas Vater), Angelika Bartsch (Michas Mutter), Matthias Friedrich (Peter), Hildegard Wensch

Nur dem Namen nach: ›Kinderspiele‹ mit Jonas Kipp und Oliver Bröcker.

(Michas Großmutter), Johanna Karl-Lory (Kallis Großmutter), Irina Lackmann (Rita)
Drehbuch: Horst J. Sczerba, Wolfgang Becker
Kamera: Martin Kukula (Farbe)
Musik: Christian Steyer
Schnitt: Wolfgang Becker
Produktion: Rudi Kaufmann, BRD 1992
Uraufführung: Filmfest München 1992
Erstaufführung: Filmfestival Max Ophüls Preis 1993
Verleih: Senator/Einhorn/Look Now!
Kinostart: 2.9.1993
Länge: 111 Min.
FBW: Besonders wertvoll

Micha, ein aufgeweckter elfjähriger Junge, wächst in einem von Lieblosigkeit und Gewalt geprägten Elternhaus auf. Als die Mutter mit dem jüngeren Bruder die Familie verläßt, bahnt sich ein Drama an. Mit dieser im Arbeitermilieu der sechziger Jahre angesiedelten Geschichte einer schwierigen Jugend zeichnet Wolfgang Becker ein stimmiges und differenziertes Bild von jenen fatalen Macht- und Gewaltverhältnissen, welche Opfer zu Tätern werden lassen. *Zoom*

»...Auch in seinem zweiten Spielfilm beweist er großes Geschick und Einfühlungsvermögen im Umgang mit Kindern. Die Geschichte von Micha (Jonas Kipp) und Kalli (Oliver Bröcker), die am Ende der Kindheit und dem Beginn der Jugend (oder des Erwachsenwerdens) stehen, ist stimmig und fesselnd, mit hervorragenden Darstellern und Dialogen. ›Kinderspiele‹, so der harmlos klingende Titel, zeigt, wie grausam, gemein und berechnend, aber auch, wie verletzlich, hilflos und einsam Kinder (und Erwachsene) sein können. Hier merkt man gleich, daß da jemand was zu erzählen hat. Und wie es erzählt wird! Das trifft. Szene für Szene. Wie mit einem Hammer. Beckers Film ist im Auftrag des ZDF produziert – es wäre schön, wenn er auch im Kino eine Chance hätte...«
Thomas Reinhardt, Saarbrücker Zeitung

Michael Althen in: SZ, 4.9.93; Albert Baer in: Rheinische Post, 24.9.93; Norbert Grob in: Die Zeit, 3.9.93; Alfred Holighaus in: tip, 18/93; Thomas Klingenmaier in: Stgt. Zeitung, 2.9.93; Angela Schmitt-Gläser in: FR, 2.9.93

King's Ransom: Ticket in den Tod 465
KING'S RANSOM **
Video

Regie: Hugh Parks
Darsteller: Miles OKeefe (Cameron King), Deedee Pfeiffer (Cathy Tracy), Christopher Atkins (Spencer Hepburn), Fred Ottaviano (Sebastian), John J. Polce (Johnny), Michael Kelly
Drehbuch: Paul Stubenrauch, James Ponti
Kamera: Andrew Bieber (Farbe)
Musik: David C. Williams
Schnitt: Mike Palma
Produktion: Wally Parks für Quest Ent., USA 1990
Verleih: -/-/-/Ufa Video
Videostart: Juni 1993
Länge: 97 Min. – *FSK:* ab 16 J.

Spannungslose, läppische Produktion mit dem Minimalmimen Miles OKeefe als Jäger der verlorenen Murmel.

Der Kinoerzähler 466
**

Regie: Bernhard Sinkel
Darsteller: Armin Mueller-Stahl (Kinoerzähler), Martin Benrath (Herr Theilhaber), Andrej Jautze (Paul), Tina Engel (Großmutter), Eva Mattes (Frau Fritsche), Katharina Tanner (Mutter), Udo Samel (Herr Lange), Otto Sander (Salzmann), Sophie Löwe, Harry Baer
Drehbuch: Bernhard Sinkel, nach dem

gleichn. Roman von Gert Hoffmann
Kamera: Axel Block (Farbe)
Musik: Günther Fischer
Schnitt: Heidi Handorf
Produktion: Bernhard Sinkel; Luggi Waldleitner, Eberhard Junkersdorf für Allianz/ABS/Roxy/Bioscop/ZDF, BRD 1992
Uraufführung: 8.9.1993, Festival of Festivals, Toronto
Erstaufführung: Int. Hofer Filmtage 1993
Verleih: Columbia TriStar/-/-
Kinostart: 25.11.1993
Länge: 99 Min. – *FSK:* ab 6, ffr.
FBW: Wertvoll

Die Erinnerungen eines Jungen an seine häusliche Umgebung und vor allem an seinen Großvater, der Stummfilme im Kino begleitet und kommentiert hat und mit der Einführung des Tonfilms arbeitslos wurde.

Die Jury hat sich diese Entscheidung nicht leicht gemacht. Bei aller Anerkennung eines Aufwands, eines Schauplatzes und einer Ausstattung, die an große Babelsberger Zeiten erinnern, sind die Schwächen des Drehbuches (Dialoge u.a.) und die Unsicherheit der Regie nicht zu übersehen. Die Zeitbilder überzeugen nicht überall. Die Authentizität von Ereignissen und Figuren wird nur vorgespiegelt. Die Episoden aus der Nazizeit bleiben unglaubwürdig und sind grobschlächtig umrissen. Die Liebesszenen gleichen banalen Pflichtübungen. Die Perspektive des Jungen wird nicht durchgehalten. Es entsteht das ungute Gefühl, daß sich der Regisseur zu viel vorgenommen hat, ohne in der Lage zu sein, seinen Stoff zu bewältigen.

In der Diskussion wurde die Meinung geäußert, die Story sei verschenkt worden und hätte eine geschicktere Aufarbeitung verdient. Dies um so mehr, als dem Vorhaben eine beträchtliche produktionstechnische, organisatorische sowie Förderungsqualität zur Verfügung stand. *Aus dem Gutachten der FBW*

(...) Bei all seiner Unbeholfenheit, in seinem Versagen noch ist »Der Kinoer-

Leider das Beste am ganzen Film: Das Kino-Plakat zu ›Der Kinoerzähler‹.

zähler« ein Kommentar zur aktuellen Lage des deutschen Films, der nicht nur unter der wirtschaftlichen und technologischen Überlegenheit des amerikanischen Kinos leidet, sondern auch unter der hausgemachten, überall spürbaren kulturellen »Versteppung«. (…)

Sabine Horst, FR, 30.11.93

Andreas Kilb in: Die Zeit, 26.11.93; Steffen Jacobs in: Der Tagesspiegel, 25.11.93; Thomas Klingenmaier in: Stgt. Zeitung, 25.11.93; Oliver Rahayel in: Kölner Stadt-Anzeiger, 27.11.93

Kleine Träume

467
***
TV

Regie: Khaled El Hagar
Darsteller: Tamer Ashraf (Ghareeb), Mervat Amin (Hoda), Salah El Saadani (Mahmoud), Seif Abdel Rahman (Salah), Raga'a Hussein (Samah)
Drehbuch: Khaled El Hagar
Kamera: Samir Bahzan (Farbe)
Musik: Rageh Daoud
Schnitt: Adel Mounir
Produktion: Misr Int., Ägypten 1993
Verleih: -/-/-/
Sendetermin: 17.8.1993, ZDF, 23.25, »Das kleine Fernsehspiel«
Länge: 81 Min.

Der Film erzählt ein entscheidendes Kapitel ägyptischer Geschichte aus der Sicht eines Jungen: Nach nur 38 Stunden endete der Krieg gegen Israel mit einer verheerenden Niederlage. Präsident Nasser erklärte seinen Rücktritt. »Kleine Träume« ist aber weniger eine historische Analyse dieser Zeit, als ein Versuch, dem weit über Ägypten hinausreichenden Phänomen der Führerverehrung mit einer individuellen Geschichte auf die Spur zu kommen.

Pressetext ZDF

Kleines Glück

468
***
TV

Regie: Igor Zaritzky
Darsteller: Marina Krogull (Dorothea Klein), Bernd Bauer (Peter Schwarz), Daniela Beitz (Conny Klein), Franz Wacker (Kommissar), Alfred Cybulska (Dorotheas Kollege)
Drehbuch: Igor Zaritzky
Kamera: Alexander Hanisch (Farbe)
Musik: Klaus Wagner
Schnitt: Susann Lahaye
Produktion: Schramm Film, BRD 1993
Verleih: -/-/-/
Sendetermin: 22.11.1993, ZDF, 0.20, »Das kleine Fernsehspiel«
Länge: 85 Min.

Ein »Kleines Glück« erfahren eine Mutter und Tochter, als in ihr graues, eintöniges Leben ein liebenswerter Mann tritt. Mit dem Nachbarn Peter erleben die beiden, zusammen oder allein, eine schöne Zeit. Bis in der Nähe eine Frauenleiche gefunden wird, und Peter der Verdächtige ist… *AZ*

Das Kloster zum heiligen Wahnsinn

469
ENTRE TINIEBLAS
***
TV

Regie: Pedro Almodóvar
Darsteller: Christina Sánchez Pascual (Yolanda Bell), Julieta Serrano (Mutter Oberin), Marisa Paredes (Schwester Perduta), Lina Canalejas (Schwester Vipera), Carmen Maura (Schwester Damnata), Berta Riaza (Mutter Generale), Manuel Zarzo (Kaplan), Mary Carrillo
Drehbuch: Pedro Almodóvar
Kamera: Angel Luis Fernández (Farbe)
Schnitt: José Salcedo
Produktion: Tesauro, Spanien 1983
Erstaufführung: 14.3.1989, Viennale, Wien
Verleih: -/-/-/
Sendetermin: 25.11.1993, Premiere, 22.40
Länge: 115 Min.

Bolerosängerin Yolanda Bell hängt an der Nadel. Als ihr Freund an einer Überdosis Heroin und Strychnin stirbt, entschließt sie sich, zur Läuterung in ein Kloster einzutreten. Beim Orden der »Demütigen Erlöserinnen« gerät sie allerdings vom Regen in die Traufe: Die Mutter Oberin und ihre Schwestern führen alles andere als ein gottesfürchtiges Leben. Im Konvent wird Schundliteratur unter Pseudonym verfaßt, im Garten läuft ein gezähmter Tiger herum, Drogen machen die Runde und Keuschheit ist ein Fremdwort. Dem Kloster geht es finanziell sehr schlecht. Als eine neue Mutter Generale eintrifft, um Ordnung in den Laden zu bringen, bereiten Yolanda und die Mitschwestern ihr zum Empfang eine Party voller Überraschungen… *Pressetext*

Knock About 470
KNOCK ABOUT *

Video

Regie: Samo Hung
Darsteller: Samo Hung, Yuen Biao, Liang Chia-Jen
Drehbuch: Huang Chik-Chin
Kamera: Lau Kwan-Wai (Farbe)
Schnitt: Chang Xao-Chun
Produktion: Raymond Chows für Golden Harvest mit Paragon Film Prod., Honkong 1979
Verleih: -/-/-/Highlight Video
Videostart: November 1993
Länge: 89 Min. – *FSK:* ab 16 J.

Mühselig auf Komödie getrimmtes, simples Martial-Arts-Movie.

Der Komet im Muminland 471
MOOMIN ***

Regie: Hiroshi Saito
Drehbuch: Lars Jansson, nach dem gleichn. Buch von Tove Jansson
Musik: Vader Abraham (= Pierre Kartner)
Produktion: Dennis Livson für Telecable, Niederlande/Japan 1992
Verleih: FiFiGe/-/-
Kinostart: 4.3.1993
Länge: 76 Min. – *FSK:* o.A., ffr.
FBW: Wertvoll

Das Mumintal und seine Bewohner werden durch einen auf die Erde herabstürzenden Kometen aus dem All bedroht. Wer mit den Büchern von Tove Jansson aufgewachsen ist, wird beim Betrachten der Zeichentrickfassung auf viele alte Bekannte stoßen. Ein originalgetreues Drehbuch tröstet zwar über die etwas plumpe Animation hinweg, doch die Musik von »Vater Abraham« und die penetrante Quieckstimme Mumins sind unentschuldbar.

Carola Rönneburg, tip, 5/93

Komitas 472
***

Regie: Don Askarian
Darsteller: Samvel Ovasapian (Komitas), Onig Saadetian (Terlemesian), Margarita Woskanjan (Schülerin), Rev. Yegishe Mangikian (Katholikos), Rev. Gegham Khatcherian (armenischer Mönch), Sybille Vogelsang (Krankenschwester), Mohammad Tohmasebi, Eskander Abadii, F. Teyra (Musikanten), Kaweh Jaryani
Drehbuch: Don Askanian
Kamera: Jorgos Arvanitis, Martin Gressmann (Farbe und s/w)
Musik: Komitas, Donizetti, Teyra, armenische Volksmusik
Schnitt: René Perraudin, Marion Regentrop
Produktion: Margarita Woskanian Filmprod. mit WDR/SFB/Channel Four/RTSR/RTBF/FFA/FKT/K.j.d.F./Alex Manoogian Cultural Fund, BRD 1988
Verleih: Eigenverleih/-/-
Kinostart: 18.11.1993
Länge: 96 Min.
FBW: Wertvoll

Komitas war ein armenischer Mönch und genialer Komponist (1869-1935). Sein Leben verlief friedlich, bis 1915 die türkische Regierung das armenische Volk systematisch vernichtete. Grausame Verbrechen spielten sich vor Komitas Augen ab: Menschen wurden brutal abgeschlachtet, lebend zerstückelt. Ein schwerer Schock – der Musiker wurde nach den Ereignissen geistig krank. Den Rest seines Lebens verbrachte er in Heilanstalten und komponierte keine einzige Note mehr.

Das Leben des Musikers ist für den armenischen Regisseur Anlaß, die grausame Geschichte seines Volkes filmisch aufzuarbeiten. Kunstvoll reiht er ein inszeniertes Bild an das andere auf fast surrealistische Art: Die Figuren bewegen sich nur träge, schleichen durch den Film. Keine Chance, einen Zusammenhang zu erkennen. Der Zuschauer läßt sich behaglich durch die Schönheiten Armeniens führen und hört das regelmäßige Atmen seines Nachbarn – aber ach, der schläft schon längst. *Zitty, 23/93*

Die Kommilitonin 473
**

Regie: Hubert Pöllmann
Darsteller: Pez Hitzginger (Elivria, die Kommilitonin), Harald Bierlein (Jörg), Johanna Dietrich (Ruth), Leandra Perez Casanova (Graciella), Franz Hörner (Karl), Klaus Walter (Tim), Richard Bayer (Messebesucher), Klaus Mauser, Bernhard Lustig
Drehbuch: Hubert Pöllmann
Kamera: Ludolph Weyer, Klaus Lautenbacher (Farbe)
Musik: Franz Hummel
Schnitt: Karen Goodman

Produktion: Pöllmann Filmprod., BRD 1993
Verleih: AV Film/-/-
Kinostart: 6.5.1993
Länge: 91 Min.

Alkoholkranker Student im 20. Semester greift neben der Wodkaflasche auch noch nach einer »Kommilitonin«, die ihre Brötchen nebenbei als Hostess verdient. Schwangerschaft und BAföG zur selben Zeit – das bringt Probleme und vertreibt jede Studentenseligkeit.

Gegen Ende des drögen Getues starrt Jörg etwas ratlos auf die von ihm erstickte Elvira. Da bleibt nur noch der Starnberger See: Jörg, stets im Besitz blauer Müllsäcke, versenkt das arme Luder. Daß sie bei dieser dilettantischen Entsorgung wieder auftaucht, überrascht nicht. Die Kripo holt den Schnapsbruder ab. Schluß.

Filmemacher Hubert Pöllmann (»Der Lokalpatriot«, »Der Eheberater«) verwechselt Realismus mit Lässigkeit beim Vorstellen seiner Figuren. Deren spannungsloses Alltagsagieren hätte er mit grober Anarchie ins Bild setzen müssen. So ist uns das Pärchen ziemlich wurscht.
Kai Niemeyer, AZ, 6.5.93

Der Kongreß der Pinguine 474
****

Regie: Hans-Ulrich Schlumpf
Darsteller: Erzähler: Peter Schweiger
Drehbuch: Franz Hohler, Hans-Ulrich Schlumpf
Kamera: Pio Corradi, Patrick Lindenmaier, Luc Jacquet (Farbe)
Musik: Sergei Rachmanninow, Camille Saint-Saens, Bruno Spoerri
Schnitt: Fee Liechti
Produktion: Ariane Film, Schweiz 1992
Verleih: -/-/Filmcooperative
Kinostart: Dez. 1993
Länge: 91 Min.

Auf Fahrten in die Antarktis und in ihre Umgebung hat Hans-Ulrich Schlumpf Material gesammelt, um die akute Gefährdung der Region, stellvertretend für das globale Gesamtsystem, reporthaft und märchenartig darzustellen. Ein Kongreß der Pinguine bringt einen »Träumer« dazu, die oberflächliche Faszination des Exotischen aufzugeben und über Gesamtzusammenhänge vor Ort zu reflektieren. Eine semidokumentarische Expedition in die faszinierende Eiswelt, die mehr erhaltenswertes Leben birgt, als die Schulweisheit und die Legendenbildung vermuten läßt; bestechend fotografiert, fast ohne belehrende Allüren sinnhaltig umgesetzt. *Zoom*

Die Konsens-Fabrik: Noam Chomsky und die Medien 475
MANUFACTURING CONSENT: NOAM CHOMSKY AND THE MEDIA ****

Regie: Peter Wintonick, Mark Achbar
Drehbuch: Peter Wintonick, Mark Achbar
Kamera: Mark Achbar, Francis Miquet, Savas Kalogeras, Barry Perles, Norbert Bunge, Kik Tongas, Antonin Lhotsky (Farbe)
Musik: Carl Schultz
Schnitt: Peter Wintonick
Produktion: Peter Wintonick, Mark Achbar, Adam Symansky für Necessary Illusions/National Film Board of Canada, Kanada 1992
Uraufführung: 18.6.1992, Int. Film Festival Sydney
Erstaufführung: 19.2.1993, Int. Forum des Jungen Films, Berlinale
Verleih: Freunde/-/-
Kinostart: 2.4.1993
Länge: 165 Min.

Eine Dokumentation über Rolle, Funktion und Gewicht der Medien in den demokratischen Gesellschaften.
AZ, 3.6.93

Carla Rhode in: Der Tagesspiegel, 20.2.93; Hans Schifferle in: SZ, 9.6.93

Der Konsul 476
KONSUL ***
TV

Regie: Miroslaw Bork
Darsteller: Piotr Fronczewski (Konsul), Maria Pakulnis (Anka), Krzysztof Zaleski (Dicke), Henryk Bista (Lugowski), Jerzy Bonczak (Mitura), Gustaw Lutkiewicz (Richter), Grazyna Kruk, Maciej Goraj, Ryszard Kotys
Drehbuch: Miroslaw Bork
Kamera: Julian Szczerkowski (Farbe)
Musik: Zbigniew Karnecki
Schnitt: Krzystof Oslechi
Produktion: Film Polski, Polen 1989
Uraufführung: 17.9.1989, Int. Filmfestival San Sebastian
Sendetermin: 21.1.1993, BR 3, 23.25
Länge: 100 Min.

Daß sich hinter Silberstein, dem hochangesehenen Konsul von Österreich, der Hochstapler und Betrüger Czeslaw Wisniak verbirgt, macht Schlagzeilen in Polen. In der Gerichtsverhandlung werden die Stationen seiner abenteuerlichen »Karriere« enthüllt, die ihn als Meister der Täuschung und als exzellenten Kenner menschlicher Schwächen ausweisen. *PR Pressetext*

(...) Borks Film ist mit allem Witz und schwarzem Humor eine Liebeserklärung an die Phantasie und die Kraft der subversiven Energie.
Frauke Hanck, Die Welt, 6.9.89

Kriegsende 477
***

Regie: Viola Stephan
Drehbuch: Viola Stephan
Kamera: Pawel Lebeschew (Farbe)
Schnitt: Yvonne Loquens
Produktion: Viola Stephan Filmprod., BRD 1992
Uraufführung: Int. Hofer Filmtage 1992
Erstaufführung: Int. Filmfestspiele Berlin, »Neue deutsche Filme«
Verleih: Freunde/-/-
Länge: 90 Min.

Berlin sei die westlichste Stadt des Ostens und die östlichste Stadt des Westens, schreibt der russische Philosoph Niklaj Berdjajew in den 20er Jahren. »Kriegsende« blickt auf die Versuche, unter den sich wandelnden geschichtlichen Bedingungen in der nunmehr mauerfreien Stadt zurechtzukommen. Die dritte Nachkriegszeit in diesem Jahrhundert. Es ist ein Film über Ankommende, Eingelebte, Abschiednehmende und über die Irritationen einer vernarbten Stadt. *Export Union*

Die Krise 478
LA CRISE
***

Regie: Coline Serreau
Darsteller: Vincent Lindon (Victor), Patrick Timsit (Michou), Zabou (Isabelle), Annick Alane (Victors Schwiermutter), Valérie Alane (Thérèse, Victors Sekretärin), Gilles Privat (Laurent), Christian Benedetti, Michèle Laroque, Nanou Garcia
Drehbuch: Coline Serreau
Kamera: Robert Alazraki (Farbe)
Musik: Sonia Wieder-Atherton
Schnitt: Catherine Renault
Produktion: Alain Sarde für Les Films Alain Sarde/TF1/Eniloc/Leader Cinematografica/ Raidue mit Canal plus, Frankreich 1992
Verleih: Pandora/Stadtkino/Rialto/VCL/ Carolco Video (Videotitel: Der Egoist)
Kinostart: 15.4.1993
Länge: 95 Min. – *FSK:* ab 6, ffr.

Ein erfolgreicher Firmenanwalt wird gleichentags von seiner Frau verlassen und verliert seinen Job. Als er bei Freunden und Bekannten Hilfe und Trost sucht, stößt er überall auf ähnliche Berufs- und Beziehungskrisen. Der zufällige Kontakt mit einem lebenskünstlerischen Arbeitslosen, der sich an ihn wie eine Klette hängt, erschließt ihm allmählich wesentlichere Werte des Daseins und verhilft ihm zu einer anderen Einstellung zu Partnerschaft und Gesellschaft. Die witzig-humorvolle Abrechnung mit Auswüchsen des modernen Individualismus und der politischen Falschmünzerei kann Tempo und Intensität nicht immer durchhalten. *Zoom*

Michael Althen in: SZ, 17.4.93; Thomas Klingenmaier in: Stgt. Zeitung, 14.4.93; Daniel Kothenschulte in: Kölner Stadt-Anzeiger, 17.4.93; Barbara Möller in: Rheinischer Merkur, 23.4.93; Angela Schmitt-Gläser in: FR, 16.4.93

Krush Groove 479
KRUSH GROOVE
**
TV

Regie: Michael Schultz
Darsteller: Blair Underwood (Russell Walker), Sheila E. (Sheila E.), Joseph Simmons (Run), Daryll McDaniels (DMC), Mark Morales, Damon Wimbley, Darren »Buffy« Robinson (The Fat Boys), Jason Mizell (Jam Master Jay), Kurtis Blow, Richard E. Gant
Drehbuch: Ralph Farquhar
Kamera: Ernest Dickerson (Technicolor)
Musik: Run-DMC, Sheila E., The Fat Boys
Schnitt: Alam J. Koslowski, Jerry Bixman, Conrad M. Gonzalez
Produktion: Michael Schultz, Doug McHenry für Crystalite, USA 1985
Verleih: -/-/-/
Sendetermin: 17.9.1993, ZDF, 23.25
Länge: 90 Min.

Musikfilm über eine kleine Plattenfirma, die mit Rap langsam erfolgreich wird.

Der Kühlschrank 480
THE REFRIGERATOR ***

Darsteller: Julia McNeal (Eileen Bateman), David Simonds (Steve Bateman), Angel Caban (Juan, der Klempner), Peter Justinius (Mr. Walters), Jaime Rojos (Paolo), Phyllis Sanz
Drehbuch: Nicholas »Tony« Jacobs
Kamera: Paul Gibson (Farbe)
Musik: Don Peterkofsky, Chris Burke, Adam Roth
Schnitt: P.J. Pesce, Suzanne Pillsbury
Produktion: Christopher A. Oldcorn für Avenue D Films, USA 1991
Erstaufführung: 22.6.1991, Filmfest München
Verleih: Impuls/-/-/Warner Home Video
Kinostart: 25.2.1993
Länge: 88 Min. – *FSK:* ab 16, ffr.

Der 31jährige Debüt-Regisseur beweist Witz und Temperament. Daß seine Geschichte vom allmächtigen Bösen im Alltag des Normalbürgers stark am Vorbild von Horror-Bestsellerautor Stephen King orientiert ist, tut dem erfrischenden Erzählstil keinen Abbruch: Wie der Teufel in Gestalt eines Kühlschrankes ein Yuppie-Ehepaar terrorisiert, ist gruselig amüsant. Cool!

Angie Dullinger, AZ, 22./23.6.81

Kung Fu – Rückkehr der Legende 481
KUNG FU – A LEGEND REBORN **
Video

Regie: Jud Taylor
Darsteller: David Carradine (Kwai Chang Caine), Chris Potter, Ernest Abuba, Lori Hallier, Mark W. Conklin
Drehbuch: Michael Sloan
Kamera: Laszlo George (Farbe)
Musik: Jeff Danna
Schnitt: Bill Goddard, Tom Joerin
Produktion: Susan Murdoch für Warner Bros., USA 1992
Verleih: -/-/-/Warner Home Video
Videostart: Februar 1993
Länge: 89 Min. – *FSK:* ab 18 J.; gekürzte Fass. 87 Min. ab 16 J.

Shaolin-Mönch legt sich mit der chinesischen Mafia an und findet seinen totgeglaubten Sohn wieder. Fader Fernsehfilm als Fortsetzung der TV-Serie »Kung Fu«.

Dieter Krusche in: film-dienst, 8/93

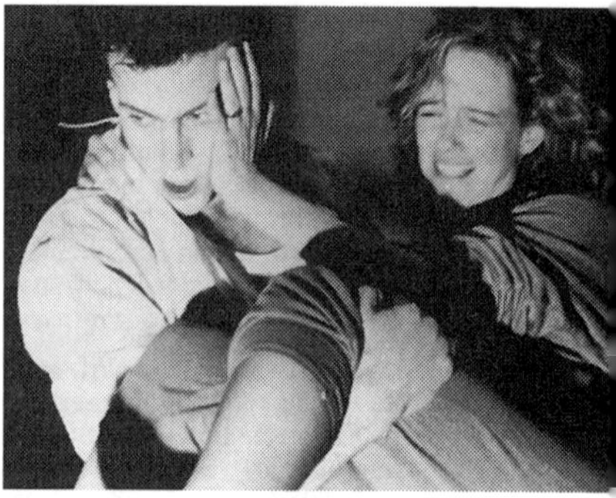

Küchenterror: ›Der Kühlschrank‹.

Eine kurze Geschichte der Zeit 482
A BRIEF HISTORY OF TIME ****

Regie: Errol Morris
Darsteller: Stephen Hawking
Drehbuch: Errol Morris, nach dem gleichn. Buch von Stephen Hawking
Kamera: John Bailey, Stefan Czapsky (Farbe)
Musik: Philip Glass
Schnitt: Brad Fuller
Produktion: David Hickman für Anglia Television, GB 1991
Erstaufführung: 22.2.1992, Int. Filmfestspiele Berlin, »Panorama«
Verleih: Pandora/Filmladen/Filmcooperative/ E.A.T. Mediengruppe
Kinostart: 25.2.1993
Länge: 84 Min. – *FSK:* ab 6, ffr.

Dieser Dokumentarfilm versucht, einerseits Hawkings kosmologische Thesen zu illustrieren, die durch dessen gleichnamigen Bestseller einer breiteren Öffentlichkeit bekannt geworden sind; aber er bringt durch eine Reihe von Interviews vor allem auch Leben und Person des total gelähmten britischen Physikers nahe. Errol Morris ist dabei ein beeindruckendes Zeugnis für die Möglichkeiten des menschlichen Geistes gelungen, das nebenbei deutlich macht, wie nah letztlich die Problemstellungen des Kosmologen jenen einfachen Fragen stehen, die auch uns Normalsterbliche beschäftigen. *Zoom*

Peter Buchka in: SZ, 2.3.93; Frauke Hanck in: AZ, 26.2.93; Ulrich Schnabel in: Die Zeit, 19.2.93

Laafi – Gibt nicht auf, Joe 483
LAAFI – TOUT VA BIEN ***

TV

Regie: S. Pierre Yameogo
Darsteller: Elie Yameogo (Joe), Aline Hortense Zoungrana, Denis Yameogo, Cheick Ali Kone, Abdulaye Komboudri, Laure Kaho, Yolande Belem, Jocelyne Bassolet
Drehbuch: S. Pierre Yameogo
Kamera: Sekou Ouédraogo, Jürg Assler (Farbe)
Musik: Pierre Akendenge, Nick Domby, Jerome Zongo, Abdoulay Cissé
Schnitt: Loredona Cristelli
Produktion: Pierre-Alain Meir, S. Pierre Yameogo für Les Films de l'Espoir/Thelma Film, Burkina Faso/Frankreich/Schweiz 1991
Verleih: -/-/-/
Sendetermin: 25.7.1993, 15.00, 3sat
Länge: 94 Min.

Joe hat die Highschool in Ouagadougou abgeschlossen und möchte eine medizinische Hochschule in Frankreich besuchen. Bei der Anmeldung erfährt er, daß dort kein Platz mehr frei ist. Seine einzige Chance ist es, eine spezielle Erlaubnis vom Regierungsminister zu bekommen.

Das Lächeln des Effendi 484
CHAHATINE WA NOUBALA'A ****

Regie: Asma El Bakri
Darsteller: Salahel Saadani, Abdelaziz Makhyoun, Ahmed Adam, Mahmoud El Guindi, Lola Mahamed
Drehbuch: Asma El Bakri, Hossam Zakareya, nach dem Roman »Mendiants et orgueilleux« von Albert Cossery
Kamera: Ramses Marzouk (Farbe)
Musik: Moustafa Nagui
Schnitt: Rahma Montasser
Produktion: Misr Int./Le Caire-Palmyre, Ägypten 1991
Verleih: -/-/trigon
Kinostart: Okt. 1993
Länge: 90 Min.

Ein ehemaliger Dozent versucht, durch bewußtes Leben in Armut, die Zwänge zu unterlaufen. Seine Randstellung verschafft ihm eine moralische Integrität, die nicht einmal durch einen unmotivierten Mord angetastet wird und letztlich sogar den Ermittlungsbeamten in ihren Bann zieht. In dieser Fabel mischen sich Einflüße der sufischen Lehre, einer asketisch-mystischen Richtung des Islam, mit solchen des französischen Existenzialismus, der den Autor der Romanvorlage geprägt hat. *Zoom*

Die lange Jagd 485
EQUINOXE **

TV

Regie: Arthur Lamothe
Darsteller: Jacques Godin (Guillaume), Ariane Frederique (Nathalie), Marthe Mercure (Rita), Andre Melancon (Bert), Luc Proulx (Arthur), Michel Sabourin (Rosario), Jerry Snell
Drehbuch: Arthur Lamothe, Gilles Carle, Pierre-Yves Pepin
Kamera: Guy Dufaux (Farbe)
Musik: Jean Sauvageau
Schnitt: Francois Gill
Produktion: Nicole Lamothe für Ateliers Audio-Visuel du Quebec, Kanada 1985
Uraufführung: 25.8.1986, World Film Festival Montreal
Sendetermin: 10.10.1993, MDR, 1.50; 5.9.1993, ORB3, 0.35
Länge: 84 Min.

Ein Mann, der nach dem Meineid seines besten Freundes ins Gefängnis wandern mußte, kommt nach Jahren der Abwesenheit in seine kanadische Heimatgemeinde zurück, um sich zu rächen. Schöne Naturaufnahmen und solide Technik können nicht über ein schwaches Drehbuch voller Handlungslöcher hinwegtäuschen. *nach Variety*

Der lange Weg ins Leben 486
THE BROKEN CHORD **

Video

Regie: Ken Olin
Darsteller: Jimmy Smits (David Moore), Kim Delaney, Michael Spears, Frederick Leader-Charge
Drehbuch: Ann Beckett
Kamera: Roy Wagner (Farbe)
Musik: Laura Karpman
Schnitt: Elba Sanchez-Short
Produktion: Alan Barnette für Universal, USA 1991
Verleih: -/-/-/CIC Video
Videostart: 17.3.1993
Länge: 89 Min. – *FSK:* ab 12 J.

Wissenschaftler adoptiert verhaltensgestörten Sohn einer Alkoholikerin und versucht ihm mit seiner Lebensgefährtin den Weg ins Leben zu ebnen. Anrührendes Melodram der gehobenen Klasse.

Jochen Rack in: film-dienst, 8/93

Langer Gang 487

***

Regie: Yilmaz Arslan
Darsteller: Nina Kunzendorf (Nesrin), Dieter Resch (Didi), Martin Seeger (Martin), Marco Neumeier (Junge), Tarik Senouci (Tarik), Alexandra Krieger (Sascha), Juana Volkers (Juana), Agnes Steinacker (Agnes), Hermine Mischon, Andreas Frank
Drehbuch: Yilmaz Arslan
Kamera: Izzet Akkay (Farbe)
Musik: Ralph Graf
Schnitt: Bettina Böhler
Produktion: Katrin Schlösser, Frank Löprich für Ö-Film, BRD 1992
Uraufführung: 29.10.1992, Int. Hofer Filmtage
Verleih: Wild Okapi/-/-
Kinostart: 9.9.1993
Länge: 80 Min. – *FSK:* ab 12, ffr.
FBW: Wertvoll

In seinem Debütfilm schildert Yilmaz Arslan das triste Leben einer Gruppe Behinderter in einem Reha-Zentrum bei Heidelberg. In den gelungenen Sequenzen beklemmend intensiv, in den weniger gelungenen allzu plakativ, läßt der Regisseur die Kamera effektvoll durch die endlosen, verlassenen Gänge der Anstalt fahren, in der die Behinderten – ohne jede Perspektive auf eine Zukunft außerhalb des Zentrums – ihre Tage fristen. *Alexander Musik, tip, 19/93*

Marion Löhndorf in: FR, 7.9.93; Peter W. Jansen in: Der Tagesspiegel, 14.9.93; Angela Schmitt-Gläser in: FR, 25.9.93

Larry 488

****

Regie: Joachim Kreck
Darsteller: Larry Adler
Kamera: Merlyn Davies, Michael Miles, Rüdiger Laske u.a. (Eastmancolor)
Schnitt: Detelina Grigorova-Kreck
Produktion: Joachim Kreck, Detelina Grigorova-Kreck für Joachim Kreck mit Channel 4, BRD 1993
Uraufführung: 1.7.1993, Wiesbaden
Verleih: Kreck/-/-
Kinostart: 31.10.1993
Länge: 95 Min.
FBW: Besonders wertvoll

»Ein sanftes und liebevolles Porträt« (FAZ) über Larry Adler, der als der größte Mundharmonikaspieler der Welt gilt. »Eine faszinierende Hommage, nicht nur an ein großes Instrument, sondern an seinen wahrscheinlich größten Exponenten« (Time Out, London). Eine musikalische Dokumentation und ein starkes Stück Musikgeschichte über einen, der vom Außenseiter zu einem gefeierten Solisten wurde.

Thilo Wydra in: Wiesbadener Kurier, 5.7.93

Laserexil 489

MAXIMUM SECURITY *

Video

Regie: Mike Snyder
Darsteller: Irene Cara (Eva), Peter Kowanko (Eric), Paula Bond (Queenie), Joseph Culp (Terrorist), Luis Vera (Joselito)
Drehbuch: Michele Thyne
Kamera: James Rosenthal (Farbe)
Musik: Kevin Klinger, Bob Mamet
Produktion: John G. Thomas für Vidmark Ent., USA 1989
Verleih: -/-/-/Highlight Video
Videostart: Juni 1993
Länge: 87 Min. – *FSK:* ab 16 J.

Terrorist gelangt mit Freundin auf laserstrahlbewachte Gefängnisinsel, auf der es hoch hergeht. Phantasie- und inspirationsloses Spektakel.

Oliver Rahayel in: film-dienst, 14/93

The Last Blood 490

THE LAST BLOOD **

Video

Regie: Wong Ching
Darsteller: Andy Lau, Alan Tam, Eric Tsang, Yuaku Matsuda
Kamera: Na She Shing (Farbe)
Schnitt: Chiang Kwan Kuen
Produktion: Wallace Cheung für Movie Impact, Hongkong 1990
Verleih: -/-/-/Highlight/Condor Video
Videostart: Juni 1993
Länge: 86 Min. – *FSK:* ab 18 J.

Ein Religionsoberhaupt und eine junge Frau werden von Terroristen schwer verletzt. Um das Leben der beiden zu

Robert Frank im Kreis seiner Freunde.

retten, beginnt für Detektiv Stone ein Unternehmen auf Leben und Tod.

Hongkong-Action-Dutzendware um die Jagd nach dem Spender einer seltenen Blutgruppe in Singapur.

Joe Hill in: film-dienst, 15/93

Last Dance – Tödliche Leidenschaft 491

LAST DANCE *

Video

Regie: Anthony Markes
Darsteller: Cynthia Bassinet (Jamie), Elaine Hendrix (Kelly), Kurt T. Williams (Jim Kenner), Kelly Poole (Rick), Kimberly Speiss (Meryll), Allison Rhea, Erica Ringstorm
Drehbuch: Emerson Bixby
Kamera: Howard Wexler (Farbe)
Musik: Marc David Decker, Duncan Pain
Schnitt: Gary Finlan
Produktion: Anthony Markes für S.B.F., USA 1992
Verleih: -/-/-/Ascot Video
Videostart: Mai 1993
Länge: 80 Min. – *FSK:* ab 18 J.

Bei der Wahl zur »Miss Dance TV« werden die Bewerberinnen durch eine Mordserie dezimiert. Schaurig dümmliches Soft-Erotik-Thrillerchen.

Dieter Krusche in: film-dienst, 12/93

Last Supper 492

LAST SUPPER ***

Regie: Robert Frank
Darsteller: Zohra Lampert, Bill Youmans, Bill Rice, Taylor Mead, John Larkin
Drehbuch: Robert Frank, Sam North, Michael Rovner
Kamera: Kevin Kerslake; Mustapha Barat, Rober Franl (Video) (Farbe)
Schnitt: Jay Rabinowitz
Produktion: Ruth Waldburger, Martin Rosenbaum für Vega/World Wide Int. Television, USA/Schweiz 1992
Verleih: -/-/Filmcooperative
Kinostart: Okt. 1993
Länge: 52 Min.

Der als Fotograf berühmt gewordene Exilschweizer Robert Frank thematisiert in seinem mittellangen Film seine Schwierigkeiten mit der Kommerzialisierung seines Werks und der Legendenbildung um seine Person. Vertreter des

New Yorker Kulturkuchens feiern eine Party zu Ehren eines bekannten Buchautors. Die leeren Gesten der Gäste werden als Hilflosigkeiten einer Konsumwelt entlarvt, ohne die Konstatierung des Unbehagens aber über resignatives Bedauern hinauszuführen. Im Programm zusammen mit Franks sprühendem Erstling »Pull My Daisy« (1959). *Zoom*

Lauf dich warm 493

WARMING UP ***

TV

Regie: Bruce Best
Darsteller: Barbara Stephens (Juliet Cavanagh-Forbes), Henri Szeps (Sgt. Peter Sullivan), Queenie Ashton (Mrs. Marsh), Adam Fernance (Randolph Cavanagh-Forbes), Lloyd Morris (Ox), Tim Grogan (Snoopy), Ron Blanchard (Lennie)
Drehbuch: James Davern
Kamera: Joseph Pickering (Farbe)
Musik: Mike Perjanik
Schnitt: Szolt Kollanyi
Produktion: James Davern für JNP Films, Australien 1984
Sendetermin: 22.9.1993, BR 3, 21.45
Länge: 84 Min.

Nach einer schweren Enttäuschung macht sich die junge Ballettlehrerin Juliet mit ihrem kleinen Sohn auf in die australische Provinzstadt Wilgunya, um dort ein neues Leben zu beginnen. Doch der Start steht unter einem Unstern: die Tanzschule, die sie übernehmen sollte, ist abgebrannt, sie bringt den Sheriff des Ortes gegen sich auf und vermiest einer ganzen Footballmannschaft das Heimspiel. *Pressetext BR 3*

Lauras Schatten 494

I CAN MAKE YOU LOVE ME: **
THE STALKING OF LAURA B... TV

Regie: Michael Switzer
Darsteller: Richard Thomas, Brooke Shields, Viveka Davis, William Allen, Richard Yniguez
Kamera: (Farbe)
Produktion: Joel Fields Prod./Frank Abatemarco Prod./Leonard Hill Films, USA 1993
Verleih: -/-/-/
Sendetermin: 9.9.1993, 21.15, RTL
Länge: 95 Min.

Ob ein TV-Film ein kinomäßiger oder ein fernsehmäßiger Film ist (Betonung auf »mäßig«), ob er sich »TV-Roman« nennt oder Cinéasten-Sargnagel oder nur einfach Tineff-Laden, das kommt so ziemlich auf das gleiche heraus. Daran ändert auch die Spruchbeutel-Reklame mit der neuen RTL-Reihe »Der große TV-Roman« nichts. Der US-Import kochte einen amerikanischen Amokläuferfall (Killer rächt sich für verschmähte Liebe) zum obligaten Psychopathenthriller auf und war weniger ein »großer TV-Roman« als ein gewöhnlicher Angsthammer aus vier Werbeblöcken mit Amoklauf dazwischen.

Ponkie, AZ, 11.9.93

Layla 495

LAYLA, MA RAISON/MAGNUN LAYLA ***

TV

Regie: Taieb Louhichi
Darsteller: Safy Boutella (Qays-Majnun), Anca Nicola (Layla), Tarik Akan (Qays Vater), Fatma Ben Saidane (Die Stumme), Mouna Noureddine (Laylas Mutter), Abderrahmane Al Rachi (Laylas Vater), Fatima Helilou (Qays Mutter), Hichem Rostom (Laylas Ehemann)
Drehbuch: Taieb Louhichi, nach dem gleichn. Roman von André Miquel
Kamera: Ramon Suárez (Farbe)
Musik: Egisto Macchi
Schnitt: Moufida Tiatli
Produktion: Tanit/Centre Algérien pour l'Art/Ben Aknoun Enterpr. mit ATRIA, Algerien 1989
Uraufführung: 14.9.1989, Int. Filmfestspiele Venedig
Sendetermin: 5.6.1993, Eins plus, 22.40
Länge: 107 Min.

Der Dichter Quays ist in dem unaufhörlichen Sehnen nach Liebe und Freiheit von einer schwermütigen Poesie durchdrungen. Er begeht die nicht wiedergutzumachende Sünde, in einem seiner Gedichte den Körper der Frau zu beschreiben, die er liebt. Blind vor Zorn gegen ihn, weist Laylas Vater alle Heiratsanträge des Dichters kategorisch zurück und verfolgt ihn unerbittlich.

Darüber geht Layla zugrunde und auch Quays, ihr »Tor«. Er irrt von Tal zu Tal, halluziniert, ist verfolgt und besessen einzig von Laylas Bild. Ihm entströmen Gedichte von außerordentlicher Schönheit. Sein Ruhm als Poet breitet sich aus über die Wüste. *Pressetext Eins plus*

Leas Hochzeit 496
LEEDVERMAAK ***

TV

Regie: Frans Weisz
Darsteller: Catherine ten Bruggencate (Lea), Pierre Bokma (Nico), Peter Oosthoek (Simon), Kitty Courbois (Ada), Rijk de Gooyer (Zwart), Sigrid Koetse (Duifje), Hugo Haenen (Alexander), Marjon Brandsma, Annet Nieuwenhuijzen, Edwin de Vrice
Drehbuch: Judith Herzberg, Frans Weisz, nach dem gleichn. Schauspiel von Judith Herzberg
Kamera: Goert Giltay (Farbe)
Schnitt: Tom Ruys
Produktion: Gys Veraluys für Riverside/ Toneelgroep Amsterdam Prod., NL 1989
Uraufführung: 24.9.1989, Utrecht, Niederländische Filmtage
Verleih: -/-/-/
Sendetermin: 24.6.1993, SWF 3, 23.15
Länge: 90 Min.

Superb gespielte Adaption eines Theaterstücks, die sich aufgrund des schmalen Budgets fast nur auf die Mittel des Theaters beschränkt. Mittelpunkt und Anlaß ist ein großes Fest, das ein jüdisches Ehepaar zur Hochzeit seiner einzigen Tochter veranstaltet – ein Fest, das gestört, wenn nicht zerstört wird von den Erinnerungen an den Holocaust, von denen jeder auf seine Weise betroffen ist.
nach Variety

Das Leben ist schön 497
THE LAST BEST YEAR ***

TV

Regie: John Erman
Darsteller: Bernadette Peters (Jane Murray), Mary Tyler Moore (Wendy Haller), Brian Bedford (Dr. Sam Castle), Dorothy McGuire (Mrs. Amy Marcus), Chris Walker (Mike), Michael Hogan (Billy Haller), Lawrence Dance (John Dennis), Bathsheba Garnett (Mrs. Morton), Albert Schultz (Peter Hamm), Kate Reid
Drehbuch: David W. Rintels
Kamera: Frank Tidy (Farbe)
Musik: John Morris
Schnitt: Paul La Mastra
Produktion: David W. Rintels Prod. mit W.I.N., USA 1990
Uraufführung: 4.11.1990, ABC
Verleih: -/-/-/
Sendetermin: 6.11.1993, ARD, 14.00
Länge: 92 Min.

Jane Murray, eine sympathische Frau Mitte vierzig, trifft es schwer, als sie erfährt, daß sie unheilbar an Leberkrebs erkrankt ist. In dieser Situation findet sie menschlichen Halt bei einer teilnahmsvollen Psychologin. Mit ihrer Hilfe nutzt sie die letzten Monate, die ihr bleiben, zu einer sinnvollen Aufarbeitung ihres Lebens. *Pressetext ARD*

Lebewohl meine Konkubine 498
BAWANG BIE JL / FAREWELL TO MY CONCUBINE *****

Regie: Chen Kaige
Darsteller: Leslie Cheung (Cheng Dieyi »Douzi«), Zhang Fengyi (Duan Xiaolou »Shitou«), Gong Li (Juxian), Lu Qi (Guan Jifa), Ying Da (Na Kun), Ge You (Master Yuan), Li Dan (Laizi), David Wu (Red Guard), Ma Mingwei, Yin Zhi
Drehbuch: Lilian Lee, Lu Wei, nach einem Roman von Lilian Lee
Kamera: Gu Changwei (Farbe)
Musik: Zhao Jiping; Tang Jirong (Music-Designer der Peking-Oper)
Schnitt: Pei Xiaonan
Produktion: Hsu Feng für Tomson Films mit China Film/Beijing Film Studio, Hongkong/China 1993
Uraufführung: 18.5.1993, Int. Filmfestspiele Cannes
Verleih: Pandora/-/Monopole Pathé
Kinostart: 2.12.1993
Länge: 171 Min. – *FSK:* ab 12, ffr.

Eine Geschichte Chinas von der Zeit der ›Warlords‹ um 1924 bis zum Ende der Kulturrevolution 1977, gespiegelt im Schicksal zweier Stars der Peking-Oper. Historisches Monumentalgemälde und erotisches Kammerspiel in einem, verliert sich Chen Kaiges Darstellung eines epochalen gesellschaftlichen Wandels bei aller Üppigkeit nie in bloßer Schilderung, sondern macht ihn faßbar als Dialektik von Zucht und Züchtigung, von Beherrschung und Befreiung. *Zoom*

Zwei Schauspieler werden über Jahrzehnte zu Stars der Peking Oper in den klassischen Rollen von König und Konkubine. Der ältere heiratet eine Hure, der jüngere, homosexuell, bleibt lebenslang auf den Partner fixiert, flüchtet zu Opium und reichen Gönnern und weigert sich, seine Kunstwelt in Frage zu stellen. Die zwei helfen und denunzieren sich,

Meisterwerk: ›Lebewohl meine Konkubine ‹ von Chen Kaige.

kommen nie voneinander und von den Rollen los. Kaiges spektakuläres Melodram erzählt ein halbes Jahrhundert neuerer chinesischer Geschichte in farbenprächtigen Kompositionen und hochdramatischen Sequenzen.

Wolf Donner, tip, 25/93

Henrik Bork in: Der Tagesspiegel, 1.8.93; Sebastian Feldmann in: Rheinische Post, 3.12.93; Marli Feldvoss in: SZ, 2.12.93 (Interview Chen Kaige); Andreas Kilb in: Die Zeit, 3.12.93 (Interview Chen Kaige); Rupert Koppold in: Stgt. Zeitung, 1.12.93; Christiane Peitz in: Die Zeit, 3.12.93; H.G. Pflaum in: SZ, 3.12.93

Leichtes Fieber eines Zwanzigjährigen 499

HATACHI NO BINETSU ***

Regie: Ryosuke Hashiguchi
Darsteller: Yoshihiko Hakamata (Tatsuru), Masashi Endo (Shin), Reiko Kataoka (Yoriko), Sumiyo Yamada (Atsumi), Koji Sato, Fumiaki Harada, Kota Kusano, Yoichi Kawaguchi
Drehbuch: Ryosuke Hashiguchi
Kamera: Junichi Tozawa (Farbe)
Musik: Kohei Shinozaki, Akira Isono, Ryuji Murayama
Schnitt: Hiroshi Matsuo
Produktion: Akira Ishigaki für PIA/Pony Canyon, Japan 1993
Uraufführung: 12.2.1993, Int. Forum des Jungen Films, Berlin
Verleih: Freunde/-/-
Kinostart: Sept. 1993
Länge: 114 Min.

(...) Tatsuru und Shin, Student der eine, Oberschüler der andere, sind Homosexuelle, die ihr Coming-out hinter sich, die Möblierung ihres Innenlebens jedoch noch vor sich haben. Tagsüber werden sie unterrichtet, nachts lassen sie sich lieben – für Geld. Mädchen, Frauen finden sich ein und zeigen Interesse. Sie stellen das mühsam skizzierte Selbstbild in Frage. Wo endet Freundschaft, wo beginnt Liebe – elementare Fragen dieser Art sind ein Vorrecht der Jugend. (...) *S.J., Der Tagesspiegel, 6.5.93*

Leipzig im Herbst 500

***

Regie: Andreas Voigt
Darsteller: Mitarbeit: Gerd Kroske
Drehbuch: Andreas Voigt, Gerd Kroske
Kamera: Sebastian Richter
Schnitt: Karin Schöning, Manuela Bothe
Produktion: DEFA Studio für Dokumentarfilme, BRD 1989
Uraufführung: 24.11.1989, Int. Dokumentar- und Kurzfilmwoche, Leipzig
Verleih: Basis/-/-/FWU
Kinostart: Dezember 1992
Länge: 52 Min.

Der Film rekonstruiert die Vorgänge zwischen dem 16. Oktober bis 7. November 1989, als sich der Konflikt zwischen der Staatsmacht und den massenhaft aufbegehrenden Bürgern und Bürgerinnen dramatisch zuspitzte und eine blutige Konfrontation nur dank des beherzten Einsatzes angesehener Leipziger Persönlichkeiten verhindert werden konnte... Dem Film gelingt dabei ein denkwürdiges Gemälde, das zum einen die Massendemonstrationen auf der Straße zeigt, zum anderen einzelne Menschen herausgreift, die offen und ungeschminkt von ihren Erfahrungen und Hoffnungen zu sprechen beginnen.

Matthias Loretan, Zoom

Lektionen in Finsternis 501

****
TV

Regie: Werner Herzog
Drehbuch: Werner Herzog
Kamera: Paul Berriff (Farbe)
Musik: Edvard Grieg, Gustav Mahler, Arvo Pärt, Sergej Prokofieff, Franz Schubert, Giuseppe Verdi, Richard Wagner
Schnitt: Rainer Standke
Produktion: Werner Herzog, Paul Berriff für Premiere, BRD 1992
Erstaufführung: Filmfest München 1993
Sendetermin: 27.2.1992, Premiere, 22.25
Länge: 52 Min.

Der Golfkrieg – eine Oper von Richard Wagner. Die Feuerlöscher wie Drachentöter, der Nibelungenhort in der Götterdämmerung verloren – nur Werner Herzog ist imstande, diese Lüsternheit des Untergangs, die Hybris der Technik und die Rache der Natur in ein apokalyptisch raunendes Kunststück von solch gewaltiger Schönheit zu verwandeln. Etwas Perverses hat diese Endzeit-Ästhetik: die Vision eines gemeuchelten Planeten in der Galaxis, versteinernd mit Wagner, Schubert und Verdi. *Ponkie, AZ, 26.6.93*

Leni Riefenstahl 502

Regie: Ray Müller

Siehe: → ›Die Macht der Bilder: Leni Riefenstahl‹.

Lenin, der Herrgott und die Mutter 503

VRACENKY ***

TV

Regie: Jan Schmidt
Darsteller: Michal Pavlata, Jana Svandova, Leos Sucharipa, Oldrich Navratil, Jan Moravek
Drehbuch: Milanz Lezak
Kamera: Jiri Krejcik
Musik: Jiri Sust
Produktion: Barrandov Film Studio, CSFR 1990
Verleih: -/-/-/
Sendetermin: 10.2.1993, ARD, 23.13
Länge: 95 Min.

Der Film erzählt die Geschichte einer Kindheit im stalinistisch geprägten Prag der fünfziger Jahre.

Léolo 504

LÉOLO ****

Regie: Jean-Claude Lauzon
Darsteller: Gilbert Sicotte (Erzähler), Maxime Collin (Léolo), Ginette Reno (Mutter), Julien Guiomar (Großvater), Giuditta Del Vecchio (Bianca), Yves Montmarquette (Vater), Pierre Bourgault, Andrée Lachapelle, Denys Arcand, Roland Blouin
Drehbuch: Jean-Claude Lauzon
Kamera: Guy Dufaux (Farbe)
Musik: Richard Grégoire, Tom Waits, Rolling Stone, Gilbert Bécaud, Ariel Ramirez, Tabrizi Zadeh
Schnitt: Michel Arcand
Produktion: Lyse Lafontaine, Aimée Danis für Les Prod. du Verseau/Flach Film/Le Studio Canal plus mit National Film Board of Canada, Kanada/Frankreich 1992
Erstaufführung: Int. Hofer Filmtage 1992
Verleih: Prokino/-/Filmcooperative/VCL/ Carolco Video
Kinostart: 28.1.1993
Länge: 107 Min. – *FSK:* ab 16, ffr.

Erinnerungen des kanadischen Regisseurs Jean-Claude Lauzon an seine Kindheit in einem Armenviertel Mont-

›Lenin, der Herrgott und die Mutter‹.

Eine ganz normale Kindheit in einer ganz normalen Familie: ›Léolo‹.

réals, wo ihn die erdrückende Enge der Familie und des Milieus ins Schreiben und in den Traum von einem anderen Leben flüchten ließ. Die Erinnerungsarbeit setzt einen rauschhaften Strom von Bildern frei, scheinbar unkontrolliert und voller Verrücktheiten, aber auch voller Wärme und verstörender Schönheit. Eine schonungslose filmische Selbsttherapie, die auch Monstrositäten und Schockmomente birgt. *Zoom, 2/93*

Michael Althen in: SZ, 28.1.93; Anne Frederiksen in: Die Zeit, 5.2.93; Peter W. Jansen in: Der Tagesspiegel, 4.1.93; Patrick Rössler in: Stgt. Zeitung, 3.2.93

Leon the Pig Farmer 505

LEON THE PIG FARMER ***

Regie: Vadim Jean, Gary Sinyor
Darsteller: Mark Frankel (Leon Geller), Janet Suzman (Judith Geller), Brian Glover (Brian Chadwick), Connie Booth (Yvonne Chadwick), David De Keyser (Sidney Geller), Maryam D'Abo (Madeleine), Gina Bellman (Lisa), Sean Pertwee (Keith Chadwick), Bernard Bresslaw (Rabbi Hertzmann), Vincenzo Ricotta
Drehbuch: Gary Sinyor, Michael Normand
Kamera: Gordon Hickie (Rank color)
Musik: John Murphy, David Hughes
Schnitt: Ewa J. Lind
Produktion: Gary Sinyor, Vadim Jean für Leon the Pig Farmer Prod., GB 1992
Uraufführung: 28.8.1992, Edinburgh Int. Film Festival; Int. Filmfestspiele Venedig 1992
Verleih: Delta/-/-
Kinostart: 14.10.1993
Länge: l04 Min. – *FSK:* ab 6, ffr.

Leon Geller führt ein beneidenswertes Leben. Im kontemporären Großbritannien, Ideal einer vulgären Konsumgesellschaft, arbeitet er als Immobilienmakler in der City. Doch Leon erlaubt sich seine Midlife Krise schon als Spät-Twen. Er schmeißt seinen Job, den er realistisch als Betrug ansieht und versucht sich gleichzeitig aus der Umklammerung der orthodoxen jüdischen Familienwelt in Nordlondon zu befreien. Der Film ist dann am überzeugendsten, wenn er die Schmerzen dieser notwendigen Ablösung schildert, doch die

Regisseure haben diesen Prozeß zu oft mit billigen Gags versüßt.
André Simonoviescz, tip, 21/93

Thomas Klingenmaier in: Stgt. Zeitung, 20.11.93

Lethal Fighter 506

NINJA FIGHTER *

Video

Regie: Joseph Wein
Darsteller: Ross Kettle (Joe), Norman Coombes (Kray), David Webb (Pete), Karyn Hill (Dominique), Kimberleigh Stark (Farida)
Drehbuch: Chris Dresser
Kamera: Joseph Wein (Farbe)
Musik: Gus Galbraith
Schnitt: Brian Frost
Produktion: Danny Lerner für Nu World, USA 1991
Verleih: -/-/-/Highlight Video
Videostart: Januar 1993
Länge: 80 Min. – *FSK:* ab 16 J.

US-Martial-Arts-Elite-Duo setzt weltmachtgierigen Industriellen außer Gefecht. Actionware für allerbescheidenste Ansprüche.

Hanna Dütsch in: film-dienst, 8/93

Lethal Lady 507

LETHAL LADY *

Video

Regie: Cory Yuen
Darsteller: Joyce Mina Godenzi (Mina), Samo Hung, Leung Kar Fai, Yuen Wah
Drehbuch: Yuen Kai Chi, Barry Wong
Kamera: Lau Moon Tong, Leung Chi Ming (Farbe)
Musik: Lowell Lo
Produktion: Samo Hung, Chan Pui Wah für Golden Harvest, Hongkong 1990
Verleih: -/-/-/Highlight Video
Videostart: Dezember 1993
Länge: 88 Min. – *FSK:* ab 18 J.

Erst kämpft die Polizistin Mina gegen die Intrigen ihrer Familie und dann gegen die Mörder ihres Mannes. Dümmliches Martial-Arts-Spektakel.

Der letzte Action Held 508

LAST ACTION HERO ***

Regie: John McTiernan
Darsteller: Arnold Schwarzenegger (Jack Slater), F. Murray Abraham (John Practice), Art Carney (Frank), Charles Dance (Benedict), Frank McRae (Dekker), Tom Noonan

›Last Action Hero‹ – Big Mistake?

(Ripper), Robert Prosky (Nick), Anthony Quinn (Vivaldi), Mercedes Ruehl (Mom), Austin O'Brien (Danny Madigan)
Drehbuch: Shane Black, David Arnott, nach einer Story von Zak Penn, Adam Leff
Kamera: Dean Semler (Technicolor)
Musik: Michael Kamen
Schnitt: John Wright
Produktion: Steve Roth, John McTiernan für Steve Roth/Oak Prod., USA 1993
Uraufführung: 18.6.1993, New York
Verleih: Columbia TriStar/dto./20th Century Fox
Kinostart: 7.10.1993
Länge: 130 Min. – *FSK:* ab 12, ffr.

Ein elfjähriger Kino-Fan wird durch die Verwandlungskraft einer magischen Eintrittskarte zum ungleichen Partner seines Superhelden. Arnold Schwarzeneggers Action-Komödie funktioniert besser in der Absicht als in der Realisation. Die Parodie ist zu schwerfällig, so daß der Film nicht richtig abheben kann. Dennoch ist sein Ansatz, Kino-Stunts als Illusion zu markieren und auf die Butrünstigkeit des Genres zugunsten durchschaubarer Action-Tricks zu verzichten, eine sympathische Abweichung vom Klischee. *Zoom*

Albert Baer in: Rheinische Post, 8.10.93; Sabine Horst in: FR, 7.10.93; Rupert Koppold in: Stgt. Zeitung, 7.10.93; Hans Schifferle in: SZ, 12.10.93; Georg Seesslen in: Der Tagesspiegel, 6.10.93

Letzte Bilder eines Schiffbruchs 509
ULTIMAS IMAGENES DEL NAUFRAGIO ***

Regie: Eliseo Subiela
Darsteller: Lorenzo Quinteros (Roberto), Noemi Frenkel (Estela), Hugo Soto (Claudio), Pablo Brichta (José, der Kleingangster), Andres Tiengo (Mario), Sara Benitez (Estelas Mutter), Alicia Aller (Robertos Frau)
Drehbuch: Eliseo Subiela
Kamera: Alberto Basail (Farbe)
Musik: Pedro Aznar
Schnitt: Marcela Saenz
Produktion: Cinequanon/Virrey Olaguer/Feliu, Argentinien/Spanien 1989
Uraufführung: 30.8.1989, Montreal World Film Festival
Verleih: Impuls/-/-/VMP Video
Kinostart: 24.6.1993
Länge: 128 Min. – *FSK:* ab 12, ffr.
FBW: Wertvoll

Roberto, ein kleiner resignierter Versicherungsvertreter, der davon träumt einen Roman zu schreiben, rettet Estela, die sich vor die U-Bahn stürzen will. Als er herausfindet, daß sie eine Nutte ist, die sich so Klienten verschafft, läßt er sich ihr Leben erzählen, um sie zur Heldin seines Romans zu machen. Wie der Zuschauer vom Film, einer stilvollen und bruchlosen Kombination von Neorealismus und Surrealismus, wird auch Roberto von Estelas Familie in den Bann gezogen. Bald schreibt er die »Drehbücher« für die Raubüberfälle von Estelas Bruder José. Ein poetisch-verträumter Film mit einem überraschenden Happy-End.
André Simonoviescz, tip, 13/93

Otto Heuer in: Rheinische Post, 22.10.93; Carla Rhode in: Der Tagesspiegel, 16.2.90

Der letzte Komödiant 510
MR. SATURDAY NIGHT ***

Regie: Billy Crystal
Darsteller: Billy Crystal (Buddy Young, Jr.), David Paymer (Stan Yankelman), Julie Warner (Elaine), Helen Hunt (Annie), Mary Mara (Susan), Jerry Orbach (Phil Gussman), Ron Silver (Larry Myerson), Sage Allen (Mutter), Jason Marsden (Buddy als Kind)
Drehbuch: Billy Crystal, Lowell Ganz, Babaloo Mandel
Kamera: Don Peterman (Technicolor)
Musik: Marc Shaiman
Schnitt: Kent Beyda
Produktion: Billy Crystal für Face Prod./Castle Rock Ent. mit New Line Cinema, USA 1992
Uraufführung: 23.9.1992, New York
Erstaufführung: Filmfest München 1993
Verleih: Jugend/Constantin/-/Starlight Video
Kinostart: 1.7.1993
Länge: 122 Min. – *FSK:* ab 6, ffr.

Das Regiedebüt unseres liebsten Oscar-Präsentators ist eine Komödie mit Tiefgang, mal vor hinreißendem Dialogwitz sprühend, mal vor lauter traurigen Einsichten berührend. Crystal hat sich eine Paraderolle auf den Leib geschrieben, die des altgewordenen Komikers, der noch einmal im Geschäft Fuß zu fassen versucht. In langen Rückblenden wird dabei sein Leben aufgeblättert, eine Biographie im Dienste des Showbiz und auf Kosten derer, die ihn liebten. Schade, daß Crystal für einen Großteil des Films hinter einer Latexmaske verschwindet. Für diesen Part ist er eigentlich noch viel zu jung. *Frank Schnelle, tip, 14/93*

Der letzte Mohikaner 511
THE LAST OF THE MOHICANS ***

Regie: Michael Mann
Darsteller: Daniel Day-Lewis (Hawkeye), Madeleine Stowe (Cora), Russell Means (Chingachgook), Eric Schweig (Uncas), Jodhi May (Alice), Wes Studi (Magua), Maurice Roeves (Colonel Munro), Patrice Chereau (General Montcalm), Edward Blatchford, Terry Kinney
Drehbuch: Michael Mann, Christopher Crowe, nach dem gleichn. Roman von J.F. Cooper und dem Drehbuch der Verfilmung von 1936 von Philip Dunne
Kamera: Dante Spinotti (Farbe)
Musik: Trevor Jones, Randy Edelmann
Schnitt: Dov Hoenig, Arthur Schmidt
Produktion: Michael Mann, Hunt Lowry für Morgan Creek Prod., USA 1992
Uraufführung: 25.9.1992, New York
Verleih: Concorde/-/Rialto/Concorde Video
Kinostart: 14.1.1993
Länge: 112 Min. – *FSK:* ab 16, ffr.

Falkenauge, der Adoptivsohn von Chingachgook, und Uncas, dessen Sohn, retten die beiden Töchter eines Colonels bei einem Überfall der Huronen. Mitten in einem erbitterten Krieg entwickelt

Poesie fürs Album: Madeleine Stowe und Daniel Day-Lewis.

sich eine zarte Liebesbeziehung. Die Neuverfilmung der berühmten Erzählung konstrastiert die Liebesgeschichte mit der brutalen Gewalt, die durch die Kolonialmächte ausgelöst wird, wobei auch die zivilisationskritischen Aspekte der Vorlage sehr konsequent umgesetzt werden. Ein formal durchaus bemerkenswerter gut photographierter und ausgezeichnet gespielter Film.

multimedia

Heiko R. Blum in: Rheinische Post, 15.1.93; Peter Körte in: FR, 13.1.93; H.G. Pflaum in: SZ, 20.1.93

Der letzte Schmetterling 512

THE LAST BUTTERFLY ***

TV

Darsteller: Tom Courtenay (Antoine Moreau), Brigitte Fossey (Véra), Ingrid Held (Michelle), Freddie Jones (Karl Rheinberg), Linda Jablonska (Stella), Milan Knazko (Gruber), Josef Kemr (Stadler), Ludek Kopriva (Laub), Pavel Bobek (Silberstein), Josef Laufer (Petersen)
Drehbuch: Ota Hofman, Karel Kachyna, nach dem Roman von Michael Jacot
Kamera: Jiri Krejcik (Farbe)
Musik: Alex North, Milan Svoboda
Schnitt: Jiri Brozek
Produktion: Steven North für Cinema et Communication/Studio Barrandov/Filmexport Czechoslovakia/HTV Int./Central Television Enterprises, Frankreich/CSFR/GB 1990
Erstaufführung: Filmfest München 1991
Verleih: -/-/-/
Sendetermin: 7.2.1993, ORB3, 20,15; 11.2.1993, BR3, 21.45
Länge: 104 Min.

Ein französischer Star-Pantomime wird 1944 von den Nazis zu Propaganda-Diensten gezwungen. Antoine Moreau versucht, den Spieß umzudrehen, indem er den Rest der Welt pantomimisch darüber informiert, was im III. Reich wirklich gespielt wird.

Die letzten Romantiker 513

THE LAST ROMANTICS ***

TV

Regie: Jack Gold
Darsteller: Ian Holm (Leavis), Sara Kestelman (Queenie), Leo McKern (Sir Arthur Quiller-Couch), Alan Cumming (Tulloch), Rufus Servell (Costain), John Lloyd Fillingham (der junge Leavis), Helga Brindle (die junge Queenie)
Drehbuch: Nigel Williams
Kamera: (Farbe)
Musik: Carl Lewis
Produktion: David M. Thompson, GB 1991
Sendetermin: 18.1.1993, Arte
Länge: 90 Min.

Als 1969 selbst die Elite-Studenten Cambridges unruhig werden, muß der Literaturwissenschaftler Leavis jäh seine sicher geglaubten Grundüberzeugungen über Poesie und Leben neu überprüfen. Eine subtile Analyse des Geflechts von intellektuellen und emotionalen Beziehungen in der Welt der Universitäten, zugleich wehmütiger Abgesang und melancholisches Hohelied auf Hochschultradition, Literatur, Lebensart und Poesie. *Pressetext Arte*

Die letzten Tage der Sowjetunion 514

CRISIS IN THE KREMLIN ***

Video

Regie: Jonathan Winfrey
Darsteller: Robert Rusler (Jack Reilly),

Theodore Bikel (Leo), Denise Bixler (Yanina), Doug Wert (Vlad), Stephan Danailow (Ambrazis), Borris Loukanow (General Chernov), Jocko Rositch (Boris), George Novakow (Vytas), Stoycho Mazgalow
Drehbuch: Jonathan Fernandez, Daryl Haney, Catherine Cyran, nach einer Story von Matt Leipzig
Kamera: Krassimir Kostov, Mike Wojokowski (L.A.) (Foto-Kem)
Musik: Stephan Dimitrow
Schnitt: Nina Gilberti
Produktion: Steven Rabiner für Concorde/ New Horizon, USA 1992
Verleih: -/-/-/CIC Video
Videostart: 6.5.1993
Länge: 86 Min. – *FSK:* ab 16 J.

Achtbarer Spionagereißer um einen jungen Litauer, der nach Berlin flüchtet und sich dort für ein Attentat auf Gorbatschow anheuern läßt. Wendungsreiche Actionstory.

Hannah Dütsch in: film-dienst, 13/93

Die Leute aus dem Wald 515

PEOPLE OF THE FOREST ***

Video

Regie: Hugo von Lawick
Drehbuch: Jane Goodall, Martin Booth
Kamera: Hugo von Lawick (Farbe)
Musik: Jennie Muskett
Schnitt: David Dickie, Revel Fox, Mark Fletcher
Produktion: Hugo von Lawick für The Discovery Channel/The National Geographic Society, USA 1992
Verleih: -/-/-/Taurus Video
Videostart: Januar 1993
Länge: 93 Min.
FSK: ab 6 J.

Kompilation aus Filmmaterial über Schimpansen in einem tansanischen Nationalpark, das die Autorin über 20 Jahren gedreht hat. Für Tier- und Naturfreunde jeden Alters.

Dieter Kruscher in: film-dienst, 8/93

Der Lichtbogen 516

THE ARC ***

TV

Regie: Rob Tregenza
Darsteller: Jason Adams (Jphn Butz), Jennifer Mendenhall (Sally), Brian Hemmingsen (George), John Lescault (Alec), Marty Lodge (Frankie), Hugh Neer (Schrotthändler), TJ Edwards (Vater), James Zidar (Lastwagenfahrer), Kathryn Kelley (Beth), Catherine Fogarty (Mormonin)
Drehbuch: Rob Tregenza
Kamera: Rob Tregenza (Fujicolor)
Musik: George Thomas, Rob Tregenza
Schnitt: Rob Tregenza
Produktion: J.K. Eareckson für Film Four/ Cinema Parallel, USA/GB 1990
Erstaufführung: Int. Filmfestspiele Berlin 1991, »Panorama«
Verleih: -/-/-/
Sendetermin: 14.9.1993, West 3, 23.00
Länge: 96 Min.

(...) Es ist die Geschichte einer Reise, die Geschichte einer Flucht, die Geschichte des Stahlarbeiters John Butz aus Baltimore, dem das Leben aus den Fugen gerät und der als einzige Lösung den Sprung in die Anonymität des Tramps sieht, der ohne Ausweis, ohne Führerschein, ohne Versicherungskarte quer durch Amerika reist. (...)

Berliner Morgenpost, 21.2.91

(...) Immer wieder driftet der Realismus der Geschichte ab ins Traumhafte, ins Surreale, in einen leisen Ton märchenhafter Leichtigkeit. Wie in Rob Tregenzas erstem Film »Talking to Strangers« geht es darum, welches Maß an Verrücktheit sich der Realität abringen läßt. »The Arc« ist eine Geschichte über die Freiheit, zu tun und zu lassen, was man will. Sie endet mit Schüssen, die an »Easy Rider« erinnern.

Anke Sterneborg, Der Tagesspiegel, 19.2.91

Suzan Ayscough in: Variety, 4.11.91

Liebe braucht keine Worte 517

MUSUKO ***

TV

Regie: Yoji Yamada
Darsteller: Rentaro Mikuni (Akio Asano), Masatoshi Nagase (Tetsuo), Emi Wakui (Seiko Kawashima), Ryuzo Tanaka (Tadashi), Miyoki Asada (Toshiko), Mieko Harada (Reiko)
Drehbuch: Yoji Yamada, Yoshitaka Asama, nach der Novelle von Makoto Shiina
Kamera: Tetsuo Takaba (Farbe)
Musik: Teizo Matsumara
Schnitt: Iwao Ishii
Produktion: Shigehiro Nakagawa, Hiroshi Fukazawa für Shochiku Films, Japan 1991
Sendetermin: 20.5.1993, 0.40, ARD
Länge: 120 Min.

Das zeitgenössische Melodram über die Generationskluft im sich immer verändernden Japan gehört thematisch zur selben Tradition wie Ozu's Klassiker »Tokyo Story« von 1953.

Liebe in der Vorstadt 518

L' AMOUR ***

TV

Regie: Philippe Faucon
Darsteller: Laurence Kertekian (Sandrine), Julie Japhet (Martine), Nicolaus Porte (Joel), Mathieu Bauer (Riri), Cylvain Cartigny (Alex), Judith Henry (Sophie), Marina Golovine (Perrine)
Drehbuch: Philippe Faucon
Kamera: Bernard Tiphine (Eastern)
Musik: Benoit Schlosberg
Schnitt: Christian Dior
Produktion: Hubert Balsan für Paris Classics, Frankreich 1990
Uraufführung: 1.9.1990, World Film Festival Montreal
Verleih: -/-/-/
Sendetermin: 30.3.1993, BR3, 22.40
Länge: 80 Min.

Eine Gruppe von Teenagern in einer Pariser Vorstadt: Die letzten Tage des Sommers brechen an. Schule, Lehre oder Arbeitsstelle warten. Das bedeutet aber auch – so für Sandrine und Joel – die Zeit der ersten großen Liebe, die Zeit von Hoffnung und Verzweiflung, Zärtlichkeit und Kummer. *Pressetext BR3*

Liebe und Eis 519

THE CUTTING EDGE ***

Video

Regie: Paul M. Glaser
Darsteller: D.B. Sweeney (Doug), Moira Kelly (Kate), Roy Dotrice (Anton), Terry O'Quinn (Jack), Dwier Brown (Hale)
Drehbuch: Tony Gilroy
Kamera: Elliot Davis (Deluxe)
Musik: Patrick Williams; Ted Sexton, Becky Mancuso (supervision)
Schnitt: Michael E. Polakow
Produktion: Ted Field, Robert W. Cort, Karen Murphy für Interscope Communications Prod., USA 1992
Verleih: UIP (16.7.1992 geplant, nicht erschienen)/Warner Home Video
Kinostart: April 1993
Länge: 101 Min. – *FSK:* ab 6 J.

Ex-Eishockey-Star soll mit exzentrischer Eiskunstlauf-Jung-Diva Paarlauf üben – aus anfänglicher schier unüberwindlicher Abneigung wird natürlich Liebe. Vorhersehbare, aber unter dem Strich angenehme Familienunterhaltung.

Liebe und Gewalt 520

L' AMOUR BRAQUE ***

TV

Regie: Andrzej Zulawski
Darsteller: Francis Huster (Leon), Tcheky Karyo (Mickey), Sophie Marceau (Mary), Christiane Jean (Aglaé), Michel Albertini (André), Roland Dubillard (Commissioner), Jean-Marc Bory (Simon Venin), Said Amadis (Gang leader), Ged Marlon (Gilbert Venin), Serge Spira (Baron)
Drehbuch: Andrzej Zulawski, Etienne Roda-Gil, frei nach dem Roman »Der Idiot« von Fjodor Dostojewski
Kamera: Jean-Francois Robin (Farbe)
Musik: Stanislas Syrewicz
Schnitt: Marie-Sophie Dubus
Produktion: Alain Sarde für Sara Films, Frankreich 1985
Verleih: -/-/-/
Sendetermin: 9.10.1993, 23.45, RTL2
Länge: 100 Min.

Paris im Jahre 1980: Leon verliebt sich in eine junge Pariser Prostituierte und gerät dadurch in eine Blutrache von Unterwelt-Familien. Leon, der größenwahnsinnige Direktor, eröffnet die Geschichte mit einigen Albereien, die jedoch bald eine andere Qualität bekommen. Rauschgift kommt ins Spiel und sexuelle Ausschweifungen. Leon ist »der Idiot«, der keine Grenzen mehr kennt und nicht bereit ist, sich in irgendetwas zu fügen. In Mary, der Prostituierten, hat er eine Frau gefunden, die ihm in nichts nachsteht. *Pressetext RTL2*

Liebe, Sex und heiße Kohle 521

SEX, LOVE AND COLD HARD CASH **

Video

Regie: Harry S. Longstreet
Darsteller: Jobeth Williams, Anthony John Denison, Robert Forster, Eric Pierpoint, Randle Mell, Robert Gossett, Tobin Bell, John P. Connolly, Richard Sarafian
Drehbuch: Harry S. Longstreet
Kamera: Robert Draper (Farbe)
Musik: John M. Keane
Produktion: Renee Longstreet für Universal, USA 1993

Verleih: -/-/-/CIC Video
Videostart: Nov. 1993
Länge: 83 Min. – *FSK:* ab 12 J.

Ex-Gangster und Callgirl bringen auf einem Kreuzfahrtschiff verbrecherischen Anlageberater zur Strecke. Lauwarmer Krimi für Allesseher.

Liebesbrief 522

KOIBUMI **

TV

Regie: Tatsumi Kumashiro
Darsteller: Kenichi Hagiwara (Takehara), Mitsuko Baisho (Etsuko), Keiko Takahashi (Kyoko Takehara), Motoyoshi Wada
Drehbuch: Jun Takada, T. Kumashiro, nach dem Roman von Mikihiko Renjo
Kamera: Yoshihiro Kamazaki (Farbe)
Musik: Takayuki Ihoue
Produktion: Fuji Shochiku/Kosaido Eizo/ Kei Enterprise, Japan 1985
Verleih: -/-/-/
Sendetermin: 11.7.1993, ORB3, 23.05
Länge: 109 Min.

Der bevorstehende Leukämie-Tod seiner alten Freundin läßt einen Künstler Frau und Kind verlassen, um ihr nahe zu sein. Einer warmherzigen, bestechenden Leistung der Hauptdarstellerin steht eine oft deplaziert wirkende, grimassierende Darstellung des Protagonisten gegenüber, die Sympathieprobleme provoziert. *(nach Variety)*

Liebling, jetzt haben wir ein Riesenbaby 523

HONEY, I BLEW UP THE KID ***

Regie: Randal Kleiser
Darsteller: Rick Moranis (Wayne Szalinski), Marcia Strassman (Diane Szalinski), Robert Oliveri (Nick Szalinski), Daniel Shalikar, Joshua Shalikar (Adam Szalinski), Lloyd Bridges (Clifford Sterling), John Shea (Charles Hendrickson), Keri Russell (Mandy Park), Ron Canada (Marshal Brooks), Amy O'Neill (Amy Szalinski)
Drehbuch: Thom Eberhardt, Peter Elbling, Garry Goodrow, nach einer Story von Garry Goodrow sowie Charakteren von Stuart Gordon, Brian Yuzna & Ed Naha
Kamera: John Hora (Technicolor)
Musik: Bruce Broughton
Schnitt: Michael A. Stevenson, Harry Hitner; Tina Hirsch
Produktion: Dawn Steel, Edward S. Feldman für Walt Disney Pic. mit Touchwood Pacific Partners I, USA 1992
Verleih: Buena Vista/dto./dto./Buena Vista Home Video
Kinostart: 28.1.1993
Länge: 89 Min. – *FSK:* ab 6, ffr.
FBW: Wertvoll

Ein mit technischen Experimenten hantierender Erfinder vergrößert seinen kleinen Sohn versehentlich zum 30m-Riesen und hat alle Mühe, ihn wieder auf sein Normalmaß zu reduzieren. Sehr anspruchslose, bescheidene Unterhaltung für Liebhaber von technischen Spielereien, bei der die Tricks gut, aber nicht perfekt sind. *multimedia*

Otto Heuer in: Rheinische Post, 29.1.93; Jochen Metzner in: Der Tagesspiegel, 29.1.93; Kai Niemeyer in: AZ, 28.1.93

Lied der Verbannung 524

KE TU CHIU HEN / SONG OF THE EXIL ***

TV

Regie: Ann Hui
Darsteller: Maggie Cheung (Hueyen), Shwu-Fen Chang (Alko), Lu Shao-fen, Waise Lee
Drehbuch: Wu Nien-jen
Kamera: Chung Chi-man (Farbe)
Schnitt: Wong Yee-shun
Produktion: Jessinta Liu für Cos Group, Hongkong/Taiwan 1990
Uraufführung: 17.4.1990, Int. Film Festival Hongkong
Verleih: -/-/-/
Sendetermin: 30.11.1993, West3, 23.00
Länge: 98 Min.

Hueyen kehrt zur Heirat ihrer Schwester aus London nach Hongkong zurück. Doch kurz nach der Ankunft brechen die alten Konflikte mit ihrer Mutter Alko wieder auf. Zur Überraschung aller einigen sich die beiden wieder und beschließen, nach Japan zu reisen, um dort ihre gemeinsame Vergangenheit kennenzulernen.

Ein Lied für Beko 525

****

Regie: Nizamettin Aric
Darsteller: Nizamettin Aric (Beko), Bezara Arsen (Zinè), Lusika Hesen (Zeyno), Cemale Jora (Cemal)
Drehbuch: Nizamettin Aric, Christine Kernich
Kamera: Thomas Mauch (Farbe)

Musik: Nizamettin Aric
Schnitt: Gaby Wragge, Susann Lahaye, Kerstin Kexel
Produktion: Margarita Woskanian Filmprod. mit WDR, BRD 1992
Uraufführung: Int. Filmfestspiele Venedig 1992
Verleih: MW/DA/-/-
Kinostart: Febr. 1993
Länge: 110 Min.
FBW: Besonders wertvoll

Die Geschichte des jungen Kurden Beko, der aus der Türkei in den kurdischen Teil des Irak und später nach Deutschland flieht, ist eine Erzählung über Mentalität, Kultur und vor allem den Lebenswillen der zersplitterten und unterdrückten kurdischen Bevölkerung. Aric drehte damit den ersten authentisch kurdischen – das heißt auch kurdischsprachigen – Kinofilm, ein mutiges und leidenschaftliches Bekenntnis zur eigenen Identität. *tip, 3/93*

Sebastian Feldmann in: Rheinische Post, 15.10.93; Bodo Fründt in: SZ, 30.3.93; Thomas Klingenmaier in: Stgt. Zeitung, 1.4.93

Ein Lied von kommenden Tagen 526

LES LENDEMAINS QUI CHANTENT ***
TV

Regie: Jacques Fansten
Darsteller: Wojtek Psoniak (Marcel), Anne Marev (Dora), Marilyne Canto (Claire), Thomas Gromb (Thomas), Gilles Segal (Jo), Jean Lescot (Nat), Teodor Komaniecki (Yanek)
Drehbuch: Jean-Claude Grumberg
Kamera: Bernard Zanni (Kodak color)
Musik: Jean-Marie Senia
Schnitt: André Chaudagne
Produktion: Antenne 2/RTBF, Frankreich 1985
Uraufführung: 2.9.1985, Filmfestspiele von Venedig
Sendetermin: 20.2.1993, 22.10, Arte
Länge: 95 Min.

Heiter-nostalgische Komödie um die Slivovitz', eine Familie jüdischer Kommunisten, die unbeirrt an die gerechte Sache des Arbeiterparadieses glaubt, im Paris der 50er Jahre: Ausgerechnet durch den Besuch des Neffen aus der Sowjetunion erhält ihr festgefügtes Weltbild einen irreparablen Sprung. Die Desillusionierung der Kommunisten schildert Fansten ohne Häme, dafür mit viel Komik. Der Titel »Les lendemains qui chantent« greift eine Zeile aus dem in der französischen Linken seit der Résistance populären Lied »Jeunesse« nach Paul Vaillant-Couturier auf. *Pressetext Arte*

Loaded Weapon 1 527

NATIONAL LAMPOON'S LOADED WEAPON 1 ***

Regie: Gene Quintano
Darsteller: Emilio Estevez (Jack Colt), Samuel L. Jackson (Wes Luger), Jon Lovitz (Becker), Tim Curry (Jigsaw), Kathy Ireland (Destiny Demeanor), Frank McRae (Capt. Doyle), William Shatner (Gen. Mortars), Whoopi Goldberg (Sgt. York), F. Murray Abraham (Harold Leacher), Bill Nunn
Drehbuch: Don Holley, Gene Quintano
Kamera: Peter Deming (Deluxe/Film House)
Musik: Robert Folk
Schnitt: Christopher Greenbury; Neil Kirk
Produktion: Suzanne Todd, David Willis für New Line Prod. mit 3 Arts Ent., USA 1993
Verleih: Tobis/Constantin/Rialto/VMP Video
Kinostart: 15.7.1993
Länge: 81 Min. – *FSK:* ab 16, ffr.

Zwei Polizisten verschiedenen Kalibers und Alters auf der Jagd nach einer Rauschgiftdealerbande. Ein billiges Serienfilmchen mit ganz wenigen originellen Einlagen, in dem Schwachsinn und Klamauk dominieren. *multimedia*

Albert Baer in: Rheinische Post, 16.7.93; Steffen Jacobs in: Der Tagesspiegel, 16.7.93; Christian Winterfeld in: Kölner Stadt-Anzeiger, 17.7.93

Die Lok 528

****

Regie: Gerd Haag
Darsteller: Rolf Hoppe (Hans Kastler), Isabel Dotzauer (Chip), Marcus Fleischer (Carlo), Katharina Schüttler (Spange), Christian Kitsch (Bob), Sebastian Kroehnert (Mega), Klaus Mikoleit (Löwe), William Mang (Carlos Vater), Veronika Bayer (Megas Mutter)
Drehbuch: Andreas Engelmann, Hans Gerd Müller, Gerd Haag
Kamera: Reinhard Köcher (Farbe)
Musik: Wolfgang Böhmer
Schnitt: Corina Dietz
Produktion: Gerd Haag für Tag/Traum Prod. mit WDR, BRD 1992
Erstaufführung: Essener Kinderfilmfestival 1992

Verleih: Atlas/Einhorn/Stamm
Kinostart: 1.4.1993
Länge: 83 Min. – *FSK:* ab 6, ffr.
FBW: Besonders wertvoll

Zwei Mädchen und drei Jungen aus dem Ruhrgebiet träumen von einer Fahrt nach Sibirien mit einer selbst hergerichteten Draisine. Ein Lokführer a.D., der mit einer ausgedienten Dampflok ein ähnliches Ziel verfolgt, kommt ihnen anfangs in die Quere, ehe sie gemeinsam an einem Strang ziehen und sich ihr Traum erfüllt. Liebevoll inszenierter Kinderfilm, der durch seine spannende und humorvolle Geschichte Kindern Mut macht, ihrer Phantasie zu vertrauen. *Zoom*

Martin Rabius in: epd Film, 4/93

Lorenzos Öl 529
LORENZO'S OIL ****

Regie: George Miller
Darsteller: Susan Sarandon (Michaela Odone), Nick Nolte (Augusto Odone), Peter Ustinov (Professor Nikolais), Kathleen Wilhoite (Deirdre Murphy), Gerry Bamman (Doctor Judalon), Margo Martindale (Wendy Gimble), James Rebhorn (Ellard Muscatine), Ann Hearn (Loretta Muscatine), Maduka Steady, Zack O'Malley Greenburg
Drehbuch: George Miller, Nick Enright
Kamera: John Seale (Technicolor)
Schnitt: Richard Francis-Bruce, Marcus D'Arcy, Lee Smith
Produktion: Doug Mitchell, George Miller für Universal, USA 1992
Uraufführung: 30.12.1992, New York
Verleih: UIP/UIP/UIP/CIC Video
Kinostart: 22.4.1993
Länge: 116 Min. – *FSK:* ab 12, ffr.
FBW: Wertvoll

Die authentische Geschichte eines an einem mysteriösen Nervenleiden erkrankten todgeweihten Buben, der mehr durch die Beharrlichkeit und Hingabe seiner Eltern als durch ärztliche Kunst am Leben erhalten wird. Der Film fesselt durch seine menschliche Kraft und das Spiel zweier ausgezeichneter Hauptdarsteller. *multimedia*

Lars-Olav Beier in: tip, 9/93; Otto Heuer in: Rheinische Post, 23.4.93; Rupert Koppold in: Stgt. Zeitung, 22.4.93; Hans Schifferle in: SZ, 24.4.93; Angela Schmitt-Gläser in: FR, 26.4.93

Eltern des Jahres: Nick Nolte und Susan Sarandon in ›Lorenzos Öl‹.

Love Field – Liebe ohne Grenzen 530
LOVE FIELD ***

Regie: Jonathan Kaplan
Darsteller: Michelle Pfeiffer (Lurene Hallett), Dennis Haysbert (Paul Cater), Stephanie McFadden (Jonell), Brian Kerwin (Ray Hallett), Louise Latham (Mrs. Enright), Peggy Rea (Mrs. Heisenbuttal), Beth Grant (Hazel), Johnny Ray McGhee (Mechaniker), Cooper Huckabee, Troy Evans
Drehbuch: Don Roos (auch Co.-Prod.)
Kamera: Ralf Bode (auch 2nd unit Regie) (Technicolor/Deluxe)
Musik: Jerry Goldsmith
Schnitt: Jane Kurson
Produktion: Sarah Pillsburg, Midge Sanford für Orion Pic., USA 1992
Erstaufführung: 13.2.1993, Int. Filmfestspiele Berlin
Verleih: Columbia TriStar/-/20th Century Fox/Columbia TriStar Home Video
Kinostart: 8.4.1993
Länge: 104 Min. – *FSK:* ab 6, ffr.
FBW: Besonders wertvoll

Eine naive Provinzschönheit aus Dalles, glühende Verehrerin von Jackie Kennedy, reist zur Beisetzung des ermordeten Präsidenten nach Washington. Sie trifft einen Schwarzen, der mit seiner Tochter auf der Flucht vor der Polizei ist. Nach anfänglichen Mißverständnissen kommen sie sich während der gemeinsamen Flucht näher und verlieben sich ineinander. Eine nostalgisch eingefärbte Liebesgeschichte, die neben einer guten Hauptdarstellerin wenig mehr zu bieten

Vom Miß- zum Vertrauen: Michelle Pfeiffer und Dennis Haysbert in ›Love Field‹.

hat als gepflegte Unterhaltung – immerhin.... *Zoom*

Michael Althen in: Die Zeit, 9.4.93; Brigitte Desalm in: Kölner Stadt-Anzeiger, 10.4.93; Peter Körte in: FR, 14.4.93; Rupert Koppold in: Stgt. Zeitung, 8.4.93; Harald Martenstein in: Der Tagesspiegel, 14.2.93; Ponkie in: AZ, 8.4.93; Hans Schifferle in: SZ, 14.4.93

Love Crash 530a

Siehe: → ›Jersey Girl‹.

Love Games 531

MODERN LOVE **

Video

Regie: Robby Benson
Darsteller: Robby Benson (Greg), Karla DeVito (Billie), Rue McClanahan (Evelyn), Burt Reynolds (Col. Parker), Frnkie Valli (Mr. Hoskins), Louise Lasser (Gregs Mutter), Kaye Ballard, Lou Kaplan, Cliff Bemis, Lyric Benson
Drehbuch: Robby Benson
Kamera: Christopher G. Tufty (Farbe)
Musik: Don Peake
Schnitt: Gib Jaffe
Produktion: Robby Benson für Lyric Films, USA 1989
Verleih: -/-/-/EuroVideo
Videostart: 9.3.1993
Länge: 104 Min.
FSK: ab 12 J.

Harmlose aber recht unterhaltsame Familienkomödie um die alltäglichen Probleme eines jungen Paares.

Loving Lulu 532

LOVING LULU **

Video

Regie: Howard Wexler
Darsteller: Sandahl Bergman (Lulu), Charles Grant (Sam), Charley Hayward (Oliver), Evan C. Kim (Mr. Moto), Elyse Dinh (Kim), Ania Sava, Pat Ast, Bert Remsen
Drehbuch: Linda Ferrero; Dan Wray (zusätzliche Dialoge)
Kamera: Howard Wexler (Deluxe)
Musik: Kevin Klingler
Schnitt: Michael Haight
Produktion: Howard Wexler für MBG/ Starlight-Film, USA 1992
Verleih: -/-/-/Ascot Video
Videostart: 8.4.1993
Länge: 92 Min. – *FSK:* ab 6 J.

Von Impotenz bedrohter Therapiepatient wird von der Gattin seines Seelenklempners für einen Diamantenraub mißbraucht.

Hannah Dütsch in: film-dienst, 10/93

Luba 533

LUBA ****

TV

Regie: Alejandro Agresti
Darsteller: Elio Marchi (Roberto), Bozena Lasota (Luba), Viveca Lindfors (Madame), Adrian Brine (Professor), Alex van der Wyck (Spencer), Michael Matthews (Mike)
Drehbuch: Alejandro Agresti, frei nach einer Kurzgeschichte von Ricardo Piglia
Kamera: Miguel Rodriguez (Farbe)
Musik: Paul M. van Brugge
Schnitt: René Wiegmans
Produktion: Kees Kassander, Denis Wigman für Allarts/First Floor Features, NL 1990
Uraufführung: Festival of Festivals, Toronto 1990
Erstaufführung: Filmfest München 1991
Sendetermin: 23.3.1993, BR 3, 22.40
Länge: 89 Min.

»Der argentinische Regisseur Alejandro Agresti verwebt in seine Geschichte um zwei Liebende, die sich in schwersten Zeiten finden, eine dichte Struktur an Bedeutung und Hintersinn. (...) Auf elegante Weise photographiert und realisiert, ist der Film ein Beweis für Agrestis wachsende Meisterschaft im Umgang mit dem Medium, wobei ihm ein Ensemble großartiger Schauspieler zur Verfügung stand«

Luna Park 534

LUNA PARK ****

Regie: Pavel Lungin
Darsteller: Oleg Borisow (Naum), Andrej Gutin (Andrej), Natalia Jegorowa (Aljona), Nonna Mordjukowa (Die Tante), Mickail Golubowitsch (Der Stumme), Alexander Feklistow (Boris Iwanowitsch), Tatjana Lebedkowa (Prostituierte), Alexander Sawin (Sanjok), Igor Zolotowizky, Rita Gladunko
Drehbuch: Pavel Lungin
Kamera: Denis Jewstignejew (Farbe)
Musik: Isaak Schwartz
Schnitt: Elisabeth Guido
Produktion: Georges Benayoun, Paul Rozenberg für IMA Films/L. Prod./Ciby 2000 mit Canal plus/Blues Films/Centre National de la Cinématographie, Frankreich/Rußland 1992
Uraufführung: 8.5.1992, Int. Filmfestspiele Cannes
Erstaufführung: 29.9.1992, Filmfestival Köln
Verleih: Concorde/-/-//Concorde Video
Kinostart: 11.2.1993
Länge: 106 Min. – *FSK:* ab 16, ffr.
FBW: Wertvoll

Die aktuellste Zustandsmeldung aus Moskau. Ein junger Faschist entdeckt, daß sein Vater Jude ist und will ihn töten. Doch der Betonkopf kapituliert vor der Lebendigkeit und menschlichen Wärme des verschrobenen Alten und wendet sich gegen seine Gang. Eine wüste und dennoch sehr wahrhaftige Ballade, die trotz Lungins barocker Vorliebe für Action dem Zuschauer keine Chance für bequeme Verteufelungen läßt.

Wolfgang Brenner, tip, 5/93

Caroline Fetscher in: Der Tagesspiegel, 13.1.93; Frauke Hanck in: AZ, 11.2.93; H.G. Pflaum in: SZ, 12.2.93; Viola Roggenkamp in: Die Zeit, 26.2.93

Lunatics – Duell der Alpträume 535

LUNATICS: A LOVE STORY *

Video

Regie: Josh Becker
Darsteller: Theodore Raimi (Hank), Deborah Foreman (Nancy), Bruce Campbell (Ray), George Aguilar (Comet), Brian McCree (Presto)
Drehbuch: Josh Becker
Kamera: Jeff Dougherty (Farbe)
Musik: Joseph Lo Duca
Schnitt: Kaye Davis
Produktion: Bruce Campbell für Sam Raimi-Robert Tapert Prod., USA 1991
Verleih: -/-/-/Columbia TriStar Home Video
Videostart: 4.5.1993
Länge: 84 Min.
FSK: ab 16 J.

Zwei die arm im Geiste sind finden zueinander. Schwer erträglicher Fantasy-Klamauk ohne ersichtliche Einfälle.

Russischer Bär mit Mut: Regisseur Pavel Lungin am Set von ›Luna Park‹.

M. Butterfly 536
M. BUTTERFLY ***

Regie: David Cronenberg
Darsteller: Jeremy Irons (Rene Gallimard), John Lone (Song Liling), Ian Richardson (Botschafter Toulon), Annabel Leventon (Frau Baden), Shizuko Hoshi (Comrade Chin), Richard McMillan (Botschafts-Kollege), Barbara Sukow (Jeanne Gallinard), Vernon Dobtcheff (Agent Etancelin)
Drehbuch: David Henry Hwang, nach seinem gleichn. Bühnenstück
Kamera: Peter Suschitzky (Farbe)
Musik: Howard Shore
Schnitt: Ronald Sanders
Produktion: Gabriella Martinelli für Geffen Pic., USA 1993
Uraufführung: 9.9.1993, Festival of Festivals, Toronto
Verleih: Warner Bros./dto./dto./Warner Video
Kinostart: 9.12.1993
Länge: 101 Min. – *FSK:* ab 12, ffr.
FBW: Wertvoll

Ein Buchhalter der französischen Botschaft in China verliebt sich in einen Star der Peking-Oper und wird darüber zum Landesverräter. Erst während des Prozesses, den man dem Paar Jahre später in Paris macht, entpuppt sich die Geliebte als Mann. Eine wahre Geschichte diente als Aufhänger für den ersten größeren Spielfilm Cronenbergs, den man beim besten Willen nicht ins »Horror«-Genre einordnen kann. Gleichwohl sind viele Cronenberg-typischen Merkmale vorhanden. Selbst das Peking der Kulturrevolution, das der Kanadier hier porträtiert, gleicht mehr einem Geisteszustand als einem wirklichen Ort.
Christoph Terhechte, tip, 25/93

Brigitte Desalm in: Kölner Stadt-Anzeiger, 11.12.93; Fritz Göttler in: SZ, 13.12.93; Frauke Hanck in: AZ, 9.12.93; Sabine Horst in: FR, 9.12.93; Andreas Kilb in: Die Zeit, 10.12.93

Mac 537
MAC ***

Regie: John Turturro
Darsteller: John Turturro (Niccolo »Mac« Vitelli), Ellen Barkin (Oona), Michael Badalucco (Vico Vitelli), Carl Capotorto (Bruno Vitelli), Katherine Borowitz (Alice Vitelli), John Amos, Steven Randazzo
Drehbuch: John Turturro, Brandon Cole
Kamera: Ron Fortunato (Technicolor)
Musik: Richard Termini, Vin Tese
Schnitt: Michael Berenbaum
Produktion: Nancy Tenenbaum, Brenda Goodman für Macfilms, USA 1992
Uraufführung: 17.5.1992, Int. Filmfestspiele Cannes, »Directors Fortnight«
Erstaufführung: 3.7.1992, Filmfest München
Verleih: Ascot/Constantin/Rialto
Kinostart: 4.2.1993
Länge: 118 Min. – *FSK:* ab 12, ffr.
FBW: Wertvoll

Queens/New York zu Beginn der 50er Jahre. Nach dem Tod des Familienpatriarchen wird Mac Vitelli zum Oberhaupt der italienischen Einwandererfamilie. Unter Macs Führung macht man sich selbständig, doch sein Arbeitsperfektionismus untergräbt den Familienfrieden. In seinem Erstling zeigt Turturro im Stil der Chronik der frühen italienischen Neorealisten den Umbruch einer Welt. Die frivolen Werte von Greenwich Village setzen sich gegen Biederkeit und Arbeitsmoral des Kleinbürgerlichen durch. *André Simonoviescz, tip, 3/93*

Zusammen mit seinen Brüdern baut Mac das eigene Bauunternehmen auf und er merkt, daß mit dem materiellen Erfolg der Zerfall der familiären Zusammengehörigkeit beginnt. Die persönlichen Träume und Wünsche eines jeden Einzelnen stehen plötzlich über den ursprünglichen Leitmotiven.

Bodo Fründt in: SZ, 10.2.93; Peter W. Jansen in: Der Tagesspiegel, 5.2.93; Thomas Klingenmaier in: Stgt. Zeitung, 6.2.93; Kai Niemeyer in: AZ, 4.2.93; Christian Seebaum in: Kölner Stadt-Anzeiger, 6.2.93

Mach's nochmal Columbus 538
CARRY ON COLUMBUS **

Regie: Gerald Thomas
Darsteller: Jim Dale (Christopher Columbus), Peter Richardson (Bart), Alexei Sayle (Achmed), Sara Crowe (Fatima), Bernard Cribbins (Mordecai Mendozza), Julian Clary (Diego), Richard Wilson (Don Felipe), Keith Allen (Pepi), Nigel Planer, Rick Mayall
Drehbuch: Dave Freeman
Kamera: Alan Hume (Farbe)

Musik: John Du Prez
Schnitt: Chris Blunden
Produktion: John Goldstone für Island World/Comedy House mit Peter Rogers Prod., GB 1992
Verleih: Delta/-/-/Warner Home Video
Kinostart: 7.1.1993
Länge: 91 Min. – *FSK:* ab 12, ffr.

Diese hirnlose und alberne Parodie auf das höfische und religiöse Leben in Spanien und Amerika zur Zeit des Christopher Columbus ist ohne zündenden Witz und dazu grausam synchronisiert.
Ralph Umard, tip

Andreas Austilat in: Der Tagesspiegel, 7.1.93

Die Macht der Bilder: Leni Riefenstahl 539

****

Regie: Ray Müller
Drehbuch: Ray Müller
Kamera: Walter A. Franke, Michel Baudour, Jürgen Martin (Farbe)
Musik: Ulrich Bassenge, Wolfgang Neumann
Schnitt: Beate Köster, Stefan Mothes, Vera Dubsikova
Produktion: Hans-Jürgen Panitz, Jacques de Clercq, Dimitri de Clercq für Omega Film/ Nomad/ZDF/Channel Four/Arte, BRD 1993
Uraufführung: Filmfest München 1993
Verleih: Die Lupe/-/-/VPS Video
Länge: 188 Min. – *FSK:* ab 12, ffr.

Leni Riefenstahl – ein Name, der in Deutschland fast ein Tabu ist. Ray Müllers Annäherung an eine umstrittene Legende wurde für ihn zum Versuch, einander ohne Vorurteile zu begegnen. Zum erstenmal passiert das Leben der nun 90jährigen Diva und Unperson, Tänzerin, Schauspielerin, Fotografin und Filmemacherin aber auch und vor allem hypnotischen Verführerin einer faschistoiden Ideologie Revue. Der suggestivste Propagandafilm aller Zeiten, »Triumph des Willens«, wurde ihr zum Verhängnis. Die Frage nach Schuld oder Mitschuld wird sie bis zu ihrem Tod begleiten. *Schorsch Müller, AZ, 30.6.93*

(...) Doch gerade weil der Film von Leni Riefenstahl dominiert wird, ist er bestes Anschauungsmaterial über den Typus des deutschen Erfüllungsgehilfen *Volker Gunske, tip*

Ponkie in: AZ, 20.1.94

Die Macht der Shaolin 540

MARTIAL ARTS OF SHAOLIN **

Video

Regie: Lau Kar Leung
Darsteller: Jet Lee, Hu Jiang Qiang, Huang Qiu Yan, Ju Cheng-Hui, Yu Hai, Sun Jian-Kiu, Liu Huai-Liang, Ji Chun-Hua
Drehbuch: Yeung Sze-Ping
Kamera: (Farbe)
Musik: James J.S. Wong (Thema-Song)
Produktion: Ann Tse Kai, Lam Ping Kwan, Lu Yin Pei, Wong Ying Cheon für Pearl Rivel, Hongkong 1986
Verleih: -/-/-/Pacific Video
Videostart: 28.12.1992
Länge: 90 Min. – *FSK:* ab 18 J.

Ming, der im Tempel der Shaolin die hohe Kunst des Kung Fu gelernt hat, macht sich auf, den Tod des hingerichteten Vaters zu rächen. Aufwendiger, aber wenig ergiebiger Eastern.

Madame Bäurin 541

***

Regie: Franz X. Bogner
Darsteller: Julia Stemberger (Rosalie), Francis Fulton-Smith (Franz), Hanna Schygulla (Tante Agathe), Franz Xaver Kroetz (Schiermoser), Christine Ostermayer (Frau Rätin), Gundi Ellert (Schiermoserin), Johannes Thanheiser (Großvater), Franziska Stömmer (Großmutter), Toni Berger, Eva Hörbiger
Drehbuch: Franz X. Bogner, nach dem gleichn. Roman von Lena Christ
Kamera: Wolfgang Treu (Farbe)
Musik: Hans-Jürgen Buchner »Haindling«
Schnitt: Elke Schmid
Produktion: Bayerischer Rundfunk, BRD 1992
Uraufführung: Bayerischer Rundfunk
Verleih: Perathon/-/-
Kinostart: 8.7.1993
Länge: 103 Min. – *FSK:* ab 12, ffr.

»Madame Bäurin« hat nicht die tragische Wucht von Lena Christs »Rumplhanni« (1981 hervorragend verfilmt von Rainer Wolffhardt) – aber die Figuren mit denen Franz Xaver Bogner hier Brauchtum und harte Bauernarbeit, Sinnlichkeit und handfestes Nutzdenken vorführt, sind allesamt Originale – ohne daß irgendeine Lederhosenfolklore die Geschichte verjodeln würde. (...)
Eine wunderschön spröd-derbe Brautschaukomödie. *Ponkie, AZ, 8.7.93*

H.G. Pflaum in: SZ, 12.7.93; Thomas Thieringer in: SZ, 22.3.93

Madame l'Eau 542
MADAME L'EAU ****

Regie: Jean Rouch
Darsteller: Damouré Zika, Lam Ibrahim Dia, Tallo Mouzourane, Wineke Onstwedder, Philo Bregstein, Frans Brughuis
Drehbuch: Jean Rouch, Philo Bregstein
Kamera: Jean Rouch (Farbe)
Musik: Tallou Mozourane
Schnitt: Françoise Beloux
Produktion: Menno van der Molen für N.F.I./Sodaperaga/BBC/Comité du Film Ethnographique, Niederlande/Frankreich/Niger 1993
Uraufführung: 2.12.1992, Amsterdam
Erstaufführung: 12.2.1993, Int. Forum des Jungen Films, Berlinale
Verleih: Freunde/-/-
Kinostart: Okt. 1993 – *Länge:* 127 Min.

Den Zusammenhang von Kino und Leben, von Fiktion und Wirklichkeit stellt in eindrucksvoller Weise Jean Roch in »Madame L'Eau« dar, einer späten Vollendung der Ideen der Nouvelle Vague vielleicht. Drei Schwarzafrikaner brechen von Niger nach Holland auf, um dort ein Windrad für ihren Fluß zu bestellen. Der Traum wird wahr: Zusammen mit den Holländern bauen sie zwei Windmühlen auf in ihrer Heimat. Die Geschichte des Films ist den tatsächlichen Ereignissen gefolgt und umgekehrt. Die Produktion des Films hat auch das Bewässerungsprojekt mitfinanziert. Es ist ein magischer Moment, als sich das Windrad dreht und die Afrikaner ihre Felder bewässern können, eines davon mit schwarzen Tulpen.
Hans Schifferle, SZ, 5.5.93

Fritz Göttler in: SZ, 16.2.93 (Festivalbericht)

Made in America 543
MADE IN AMERICA ***

Regie: Richard Benjamin
Darsteller: Whoopi Goldberg (Sarah Mathews), Ted Danson (Hal Jackson), Will Smith (Tea Cake Walters), Nia Long (Zora Mathews), Paul Rodriguez (Jose), Jennifer Tilly (Stacy), Peggy Rea (Alberta), Clyde Kusatsu (Bob Takashima), David Bowe (Teddy), Jeffrey Joseph (James)
Drehbuch: Holly Goldberg Sloan, nach einer Story von Marcia Brandwynne, Nadine Schiff, Holly Goldberg Sloan

Whoopi Goldberg und Ted Danson: ›Made in America‹ – Made for each other.

Kamera: Ralf Bode (Deluxe/Technicolor)
Musik: Mark Isham
Schnitt: Jacqueline Cambas
Produktion: Arnon Milchan, Michael Douglas, Rick Bieber für Regency/Stonebridge/Le Studio Canal Plus./Alcor Films/Kalola Prod., USA 1993
Verleih: Warner Bros./dto./dto./Warner Home Video
Kinostart: 24.6.1993
Länge: 111 Min. – *FSK:* ab 6, ffr.

Sarah legt radelnd ganze Straßenzüge lahm. Währenddessen entdeckt ihre Tochter Zora, daß ihr Vater nicht ihr Vater sein kann. Sie ist ein Samenbank-Kind. Zora gibt sich natürlich nicht mit der Anonymität des Spermalieferanten zufrieden. Die Komödie ruft leider nur ein paar müde Lacher hervor, weil Regisseur Richard Benjamin witzig durchwegs mit schrill, bunt und laut verwechselt.
tip, 13/93

Sebastian Feldmann in: Rheinische Post, 24.6.93; Sabine Horst in: FR, 24.6.93; Thomas Klingenmaier in: Stgt. Zeitung, 24.6.93; Milan Pavlovic in: Kölner Stadt-Anzeiger, 26.6.93; Anke Sterneborg in: SZ, 30.6.93

Made in Spotswood – Die Fabrik der schrägen Vögel 544
SPOTSWOOD ***

Regie: Mark Joffe
Darsteller: Anthony Hopkins (Wallace), Ben Mendelsohn (Carey), Bruno Lawrence (Robert), Alwyn Curtis (Mr. Ball), John Walton, Dan Wyllie, Rebecca Rigg, Toni Collette

Drehbuch: Max Dann, Andrew Knight
Kamera: Ellery Ryan (Farbe)
Musik: Ricky Fataar
Schnitt: Nick Beauman
Produktion: Richard Brennan, Timothy White für Meridian/Smiley Films, Australien 1991
Verleih: -/-/Columbus Film/Atlas Video
Kinostart: Sept. 1992 (CH), März 1993 (Video BRD)
Länge: 97 Min.
FSK: ab 12 J.

Ein Spezialist für Firmensanierung soll in Spotswood, einem Vorort von Melbourne, eine veraltete Mokassinsfabrik analysieren. Als Resultat seiner kühl und unbeteiligt durchgeführten Untersuchung empfiehlt er die Einstellung der unrentablen Produktion und eine massive Personalreduktion. Der Kontakt mit dem väterlichen Firmenpatriarch und der Belegschaft veranlaßt ihn jedoch, die sozialen Folgen seiner Radikalkur zu überdenken und sogar Konsequenzen für sein eigenes Leben zu ziehen. Ein menschlich ansprechender Film mit verhaltener Komik, der für andere Werte als bloße Wirtschaftlichkeit eintritt, dabei die ökonomische Problematik aber wohl doch zu sehr bagatellisiert. *Zoom*

Hannah Dütsch in: film-dienst, 10/93

Made of Steel – Hart wie Stahl 545

FIXING THE SHADOW **

Regie: Larry Ferguson
Darsteller: Charlie Sheen (Dan Saxon), Linda Fiorentino (Renee Jackson), Michael Madsen (Blood), Leon Rippy (Virgil), Rip Torn (Prescott), Courtney Vance (Conroy Price), Rino Thundert (Bogus Charlie), Lindsay Riddell (Marybette)
Drehbuch: Larry Ferguson
Kamera: Robert Stevens (Farbe)
Musik: Cory Lewis, John D'Andrea
Schnitt: Robert C. Jones, Don Brochu
Produktion: John Fiedler, Mark Tarlov für Polar Ent. mit Live Ent., USA 1992
Verleih: Ascot/Constantin/-/VCL/Carolco Video
Kinostart: 22.4.1993
Länge: 101 Min. – *FSK:* ab 18, ffr.

Ein Polizist indianischer Abstammung wird als Undercover-Agent des FBI in eine Motorrad-Gang eingeschleust, deren Anführer mit Waffen und Drogen handelt. Durch ein Kindheitstrauma belastet, gerät er bei diesem Auftrag in Identitätsprobleme. Gut konstruierter harter Actionfilm, der die innere Zerrissenheit eines Menschen reflektiert; gut gespielt und photographiert. *multimedia*

(...) Die Inszenierung bleibt fade und einfallslos, und die Hauptrolle ist völlig fehlbesetzt. *tip, 9/93*

Steffen Jacobs in: Der Tagesspiegel, 22.4.93; Rupert Koppold in: Stgt. Zeitung, 24.4.93; Hans Schifferle in: SZ, 28.4.93; Christian Winterfeld in: Kölner Stadt-Anzeiger, 1.5.93

Maitresse 546

MAITRESSE ***

Regie: Barbet Schroeder
Darsteller: Bulle Ogier (Ariane), Gérard Depardieu (Olivier), André Rouyer (Mario), Nathalie Keryan (Lucienne), Holger Lowenadler (Gautier), Roland Bertin (Mann im Käfig)
Drehbuch: Barbet Schroeder, Paul Voujargol
Kamera: Nestor Almendros (Farbe)
Musik: Carlos d'Alessio
Schnitt: Denise de Casabianca
Produktion: Gaumont/Les Films du Losange, Frankreich 1975
Kinostart: Juni 1993
Uraufführung: 11.2.1976
Länge: 112 Min.

Dank des herrlich ausgelassenen und ungekünstelten Spiels von Bulle Ogier und Gérard Depardieu ist der bereits 1975 entstandene Film Barbet Schroeders – der erst jetzt, im Original mit Untertiteln, ins Kino kommt – mehr als nur ein Sammelsurium sadomasochistischer Praktiken um eine professionelle Domina und ihren Liebhaber. Teilweise von 70er-Jahre-Patina überzogen, nimmt sich »Maitresse« selbst nicht ganz ernst und stellt an die Psychologie seiner Figuren erst gar keine Fragen.
Alexander Musik, tip, 15/93

Holger Kreitling in: Der Tagesspiegel, 20.7.93

Malarek 547

MALAREK: A STREET KID WHO MADE IT *** TV

Regie: Roger Cardinal
Darsteller: Elias Koteas (Victor Malarek),

Nur in der Kleidung angepaßt: Denzel Washington als ›Malcolm X‹.

Kerrie Keane (Claire), Al Waxman (Stern), Daniel Pilon (Max Middleton), Michael Sarrazin (Moorcraft), Kahlil Karn (Gray), Claire Rodger (Mom)
Drehbuch: Avrum Jacobson, nach der Novelle »Hey, Malarek« von Victor Malarek
Kamera: Karol Ike (Farbe)
Musik: Alexandre Stank
Schnitt: Yves Langlois
Produktion: Jamie Brown, Robin Spry für Telescene Films, Kanada 1988
Verleih: -/-/-/
Sendetermin: 1.9.1993, 23.55, VOX; 29.5.1993, 20.15, VOX
Länge: 100 Min.

Der junge Kriminalreporter Malarek findet heraus, daß in einem Jugendgefängnis entsetzliche Mißstände herrschen. Der Film beruht auf wahren Begebenheiten.

Malcolm X 548

MALCOLM X **

Regie: Spike Lee
Darsteller: Denzel Washington (Malcolm X), Angela Bassett (Betty Shabazz), Albert Hall (Baines), Al Freeman jr. (Elijah Muhammad), Delroy Lindo (West Indian Archie), Spike Lee (Shorty), Theresa Randle (Laura), Kate Vernon (Sophia), Lonette McKee, Tommy Hollis
Drehbuch: Arnold Perl, Spike Lee, nach dem Buch »The Autobiography of Malcolm X« von Alex Haley
Kamera: Ernest Dickerson (Duart/Technicolor)
Musik: Terence Blanchard
Schnitt: Barry Alexander Brown
Produktion: Marvin Worth, Spike Lee für 40 Acres & a Mule Filmworks/Marvin Worth Prod., USA 1992
Erstaufführung: 16.2.1993, Int. Filmfestspiele Berlin
Verleih: Tobis/Constantin/Rialto
Kinostart: 4.3.1993
Länge: 201 Min. – *FSK:* ab 12, ffr.

Spike Lee, der engagierteste Vertreter des afro-amerikanischen Films, gestaltet eine sehr persönlich gefärbte Biografie des 1965 ermordeten Politaktivisten Malcolm X. Geschildert wird er als zerrissener Charakter, dem nach einer dramatischen Metarmorphose ein fast guruhaftes Wesen zu eigen wird, und dessen zwiespältige Botschaft vom Recht der Schwarzen auf ihre Rechte im Dilemma zwischen Christentum und Islam schließlich in eine Tragödie mündet, die wiederum einen Kern von Hoffnung in sich birgt. *Zoom, 3/93*

Amiri Baraka in: SZ, 10.3.93; Peter Buchka in: SZ, 4.3.93; Jürgen Koar in: Stgt. Zeitung, 25.11.92; Harald Martenstein in: Der Tagesspiegel, 17.2.93; Ponkie in: AZ, 4.3.93; Willi Winkler in: Die Zeit, 5.3.93

Mandroid 549

MANDROID **

Video

Regie: Jack Ersgard
Darsteller: Brian Cousins (Wade Franklin), Jane Caldwell (Zanna Zimmer), Michael Dellafemina (Benjamin Knight), Curt Lowens (Drago), Patrick Esgard, Coste Constanton, Robert Symonds
Drehbuch: Earl Kenton, Jackson Barr, nach einer Idee von Charles Band
Kamera: Vlad Paunescu (Farbe)
Musik: David Arkenstone
Schnitt: Mark Manos, Barry Zetlin
Produktion: Vlad Paunescu, Oana Paunescu für Full Moon Ent., USA 1993
Verleih: -/-/-/New Vision Video
Videostart: November 1993
Länge: 78 Min. – *FSK:* ab 18 J.

Androiden, die von menschlichen Gedanken gesteuert werden – naives High-Tech-Spektakel.

Manhunt – Eine Stadt sucht den Mörder 550

MANHUNT: SEARCH FOR THE NIGHT STALKER ***

TV

Regie: Bruce Seth Green
Darsteller: A. Martinez (Detective Carrillo), Richard Jordan (Detective Salerno), Lisa Eilbacher, Gerry Bamman, Julie Carmen (Carrillos Frau), Alan Feinstein, Gregory Norman Cruz (Ramirez), Jenny Sullivan, Marisol Reyes, Roger Hampton
Drehbuch: Joseph Gunn
Kamera: Stan Taylor (Farbe)
Musik: Sylvester Levay
Produktion: Joe Fields für Leonard Hill Films, USA 1989
Uraufführung: 12.11.1989, NBC
Sendetermin: 10.1.1993, 20.15, SAT1
Länge: 120 Min.

Spannend und realistisch verfilmte wahre Geschichte des Serienkillers Richard Ramirez, der 1985 in Südkalifornien wütete.

Maniac Cop 3 551

MANIAC COP – BADGE OF SILENCE *

Video

Regie: William Lustig
Darsteller: Robert Davi (McKinney), Gretchen Becker (Kate Sullivan), Caitlyn Dulany (Dr. Susan Fowler), Robert Z'Dar (Matt Cordell), Paul Gleason (Hank Cooney), Jackie Earle Haley, Frank Pesce, Bobby d'Cicco
Drehbuch: Larry Cohen
Kamera: Jacques Haitkin (Farbe)
Musik: Joel Goldsmith
Schnitt: David Kern, Michael Eliot
Produktion: Larry Cohen für Overseas Filmgroup/New Motion, USA 1992
Verleih: -/-/-/New Vision Video
Videostart: Febr. 1993
Länge: 81 Min. – *FSK:* ab 18 J.

Als wenn der Kampf für Recht und Ordnung auf den Straßen New Yorks nicht schon aufregend genug wäre, es muß auch noch ein Zombie-Cop seinen Kollegen ins Handwerk pfuschen. Überflüssige dritte Auflage einer spekulativen Horror-Action-Serie, die Brutalität als unterhaltsamen Markenartikel verkaufen möchte.

Dieter Krusche in: film-dienst, 6/93

Mann beißt Hund 552

C'EST ARRIVÉ PRES DE CHEZ VOUS ***

Regie: Rémy Belvaux, André Bonzel, Benoît Poelvoorde
Darsteller: Benoît Poelvoorde (Ben), Jacqueline Poelvoorde Pappaert (Bens Mutter), Nelly Pappaert (Bens Großmutter), Hector Pappaert (Bens Großvater), Jenny Drye (Jenny), Malou Madou (Malou), Willy Vandenbroeck (Boby), Rachel Deman, André Laime, Edith Lemerdy
Drehbuch: Rémy Belvaux, André Bonzel, Benoît Poelvoorde, Vincent Tavier
Kamera: André Bonzel
Musik: Jean-Marc Chenut
Schnitt: Eric Dardill, Rémy Belvaux
Produktion: Rémy Belvaux, André Bonzel, Benoît Poelvoorde für Les Artistes Anonymes Prod., Belgien 1992
Uraufführung: Int. Filmfestspiele Cannes 1992
Erstaufführung: Int. Hofer Filmtage 1992
Verleih: Pandora/filmladen/Régina Films
Kinostart: 25.3.1993
Länge: 95 Min. – *FSK:* ab 18, nfrr.

Eine Filmequipe begleitet einen Mörder bei seiner Arbeit. Am Anfang eher auf Distanz bleibend, wird das Reportageteam mehr und mehr zum Mittäter der schrecklichsten Morde. Am Schluß werden Equipe und Mörder von einer rivalisierenden Gang in einem Hinterhalt niedergemäht. Der Film, fast ohne Geld hergestellt, aber formal brillant und vielschichtig erzählt, ist eine zynische Parodie aufs ›Reality-TV‹. Durch die spezielle Erzählweise und die unmittelbare Darstellung der Gewalt werden dem Zuschauer vertraute Muster der Distanzierung entzogen. *Zoom*

Peter Buchka in: SZ, 16.5.92; Angie Dullinger in: AZ, 25.3.93; Simone Mahrenholz in: Der Tagesspiegel, 26.3.93; Hans-Joachim Neumann in: Zitty, 6/93; Christiane Peitz in: Die Zeit, 26.3.93

Ein Mann für jede Tonart 553
***

Regie: Peter Timm
Darsteller: Uwe Ochsenknecht (Klaus Klett), Katja Riemann (Pauline Frohmuth), Gudrun Landgrebe (Hella Müller-Lalinde), Henry Hübchen (Georg Lalinde), Maren Schumacher (Uschi), Maria Happel (Walpurgis), Andrea L'Arronge (Irene Klett), Ernst Alisch (Maestro), Gerd Braasch, Volker König
Drehbuch: Hera Lind, Peter Timm, nach dem gleichn. Roman von Hera Lind
Kamera: Fritz Seemann (Kodak)
Musik: Konstantin Wecker
Schnitt: Pia Fritsche
Produktion: Heike Wiehle-Timm für Polyphon/Royal Film, BRD 1992
Uraufführung: 11.2.1993, Massenstart
Verleih: Senator/Constantin/-/EuroVideo
Kinostart: 11.2.1993
Länge: 92 Min. – *FSK:* ab 6, ffr.
FBW: Wertvoll

Eine Sängerin steht zwischen zwei Männern, einem Arzt und einem Musikkritiker. Eine ganz brauchbare deutsche Komödie mit einer guten Hauptdarstellerin. *multimedia*

Angie Dullinger in: AZ, 11.2.93; Fritz Göttler in: SZ, 15.2.93

Wanted! Katja Riemann sucht ›Mann für jede Tonart‹.

Ein Mann läuft Amok 554
AMBITION ***

Video

Regie: Scott D. Goldstein
Darsteller: Lou Diamond Phillips (Mitchell Osgood), Clancy Brown (Albert Merrick), Cecilia Peck (Julie), Richard Bradford (Jordan), Willard Pugh (Freddie), Grace Zabriskie (Mrs. Merrick), Katherine Armstrong (Roseanne), J.D. Cullum (Jack), Haing S. Ngor (Tatay), Maria Rangel
Drehbuch: Lou Diamond Phillips
Kamera: Jeff Jur (Deluxe)
Musik: Leonard Rosenman
Schnitt: Scott D. Goldstein
Produktion: Richard E. Johnson für Spirit, USA 1990
Verleih: -/-/-/Euro Video
Videostart: 9.3.1993
Länge: 95 Min. – *FSK:* ab 18 J.

Erfolgloser Autor benutzt entlassenen Frauenmörder für seine Zwecke, die weit über einen möglichst authentischen Kriminalstoff hinausgehen. Clever konstruierter Thriller, der auf Brutalismen verzichten kann.

Der Mann ohne Gesicht 555
THE MAN WITHOUT A FACE ***

Regie: Mel Gibson
Darsteller: Mel Gibson (McLeod), Nick Stahl (Chuck), Margaret Whitton (Catherine), Fay Masterson (Gloria), Gaby Hoffmann (Megan), Geoffrey Lewis (Chief Stark), Richard Masur (Carl), Michael DeLuise (Douglas Hall)
Drehbuch: Malcolm MacRury, nach dem gleichn. Roman von Isabelle Holland
Kamera: Donald McAlpine (DuArt/Technicolor)
Musik: James Horner, gespielt vom London Symphony Orchestra
Schnitt: Tony Gibbs
Produktion: Bruce Davey für Icon Prod., USA 1993
Verleih: Tobis/Constantin/Monopole Pathé/VMP Video
Kinostart: 25.11.1993
Länge: 115 Min. – *FSK:* ab 6, ffr.

Ein Zwölfjähriger fühlt sich als Außenseiter in der vaterlosen Familie und träumt davon, in die renommierte Militärakademie Holyfield aufgenommen zu werden. Bei einem ehemaligen, durch einen Verkehrsunfall halbseitig verunstalteten Lehrer, findet er Unterstützung und Freundschaft. Eine engstirnige und hysterische Umgebung projiziert auf diese Beziehung aber ein völlig falsches Bild und setzt alle Hebel in Bewegung, um den Kontakt zu unterbinden. Mit diesem Melodrama debütiert Mel Gibson als Regisseur und spielt zugleich die Hauptrolle. Beides gelingt ihm gekonnt, nur wirkt die Geschichte allzu statisch und angestrengt didaktisch, um wirklich zu überzeugen. *Zoom*

Albert Baer in: Rheinische Post, 27.11.93; Angie Dullinger in: AZ, 25.11.93; Bodo Fründt in: SZ, 1.12.93; Sabine Horst in: FR, 3.12.93; Thomas Klingenmaier in: Stgt. Zeitung, 25.11.93; Milan Pavlovic in: Kölner Stadt-Anzeiger, 27.11.93

Manuel 556

LES FILS EMPRUNTE ***

Video

Regie: François Labonté
Darsteller: Francisco Rabal (Juan Alvarez), Nino da Costa (Manuel Estrada), Luiz Saraiva (Vasco Estrada), Isabell Serra (Estella Estrada), Kim Yaroskavskaga
Drehbuch: Gerald Wexler
Kamera: Karol Ike (Farbe)
Musik: Osvaldo Montes
Schnitt: François Gill
Produktion: Francine Forest, Nardo Castillo für Cléo 24/EGM, Kanada 1989
Verleih: -/-/-/Atlas Video
Videostart: Jan. 1993
Länge: 76 Min. – *FSK:* ab 6 J.

Ein junger Portugiese in Kanada: Ärger in der Schule und Probleme im Elternhaus lassen ihn ausreißen. Er findet Unterschlupf bei einem spanischen Schuster, der ihn in Sachen Revolution unterweist und das Lesen beibringt. Realistischer, wenngleich etwas unausgewogener Jugendfilm fernab gängiger Klischees des Genres.

El Mariachi 557

EL MARIACHI ***

Regie: Robert Rodriguez
Darsteller: Carlos Gallardo (El Mariachi), Consuelo Gómez (Domino), Jaime de Hoyos (Bigotón), Peter Marquardt (Mauricio), Reinol Martinez (Azul), Ramiro Gomez (Wirt), Jesus Lopez (Angestellter), Luis Baro, Oscar Fabila, Poncho Ramon
Drehbuch: Robert Rodriguez, Mitarbeit: Carlos Gallardo
Musik: Marc Trujillo, Alvaro Rodriguez, Juan Suarez
Schnitt: Robert Rodriguez
Produktion: Robert Rodriguez, Carlos Gallardo für Los Hooligans Prod., USA 1992
Uraufführung: Sundance Film Festival 1992
Erstaufführung: Filmfest München 1993
Verleih: Prokino/filmladen/-/ Columbia TriStar Video
Länge: 80 Min. – *FSK:* ab 18, ffr.

In einer kleinen Grenzstadt werden ein fahrender Gitarrist und ein Gangster von einem Killerkommando miteinander verwechselt. Die rasante schwarze Komödie ist das mit minimalem Budget gedrehte Erstlingswerk eines jungen Regisseurs, das durch seine außerordentliche Qualität überrascht. Mit einem traumwandlerischen Gefühl für Schnitt, Kamera und Montage variiert und ironisiert er die Kinokonventionen, führt sie damit zu köstlicher Wirkung und macht diese auch gleichzeitig transparent. Ein Genuß für Cineasten. *multimedia*

Angie Dullinger in: AZ, 5.8.93 (Interview); Otto Heuer in: Rheinische Post, 6.8.93; Thomas Klingenmeier in: Stgt. Zeitung, 5.8.93; Oliver Rahayel in: Kölner Stadt-Anzeiger, 7.8.93; Hans Schifferle in: SZ, 5.8.93

Mary's Nachbar 558

THE NEIGHBOR **

Video

Regie: Rodney Gibbons
Darsteller: Linda Kozlowski, Rod Steiger, Ron Lea, Bruce Boa, Sean McCann
Drehbuch: Kurt Wimmer
Kamera: Ludek Bogner (Farbe)
Musik: Milan Kymlicka
Schnitt: Robert Newton
Produktion: Tom Berry für Allegro/Westwind, USA 1993
Verleih: -/-/-/Ascot Video
Videostart: November 1993
Länge: 89 Min. – *FSK:* ab 16 J.

Scheinbar harmloser Frauenarzt entpuppt sich als schizoider Amokläufer. Mitunter etwas holprig inszeniert und mit fortlaufender Handlung immer unlogischer.

Mask of Murder 2 559
DOPPELGANGER **
Video

Regie: Avi Nesher
Darsteller: Drew Barrymore (Holly Gooding), George Newbern (Patrick Highsmith), Dennis Christopher (Dr. Heller), Leslie Hope (Elizabeth), Sally Kellerman (Schwester Jan), George Maharis (Wallace), Carl Bressler (Larry Spaulding), Peter Dobson (Rob), Dan Shor (Stanley White), Sarina S. Grant
Drehbuch: Avi Nesher
Kamera: Sven Kirsten (Farbe)
Musik: Jan A.P. Kaczmarek
Schnitt: Tatjana S. Riegel
Produktion: Donald P. Borchers für ITC Ent. Group, USA 1992
Verleih: -/-/-/Empire Video
Videostart: 1.4.1993
Länge: 100 Min. – *FSK:* ab 18 J.

Unausgeglichene Untermieterin fühlt sich von Doppelgängerin verfolgt und zieht ihren Vermieter in eine verhängnisvolle Psycho-Kiste. Blutiger Horrorthriller.

Daniel Kothenschulte in: film-dienst, 8/93

Masquerade 560
MASQUERADE *
Video

Regie: Silvio Bandinelli, Ernesto de Pascale
Darsteller: Nelly Marie Vickers, Joseph Nassiviera, Teresa Weigel, Frederick Piantadosi, Eva Ostarino
Drehbuch: Silvio Bandinelli
Kamera: Franco Taccola (Farbe)
Musik: Marco Lamioni
Schnitt: Massimo Pratesi
Produktion: Attilio Melara für Star 90, Italien 1992
Verleih: -/-/-/Ufa Video
Videostart: August 1993
Länge: 90 Min. – *FSK:* ab 16 J.

Maskiert hat sich da nur ein Softpornofilm – und zwar als Spionagethriller, doch weder Erotik noch Spannung wollen sich einstellen.

Masterblaster 561
MASTERBLASTER **
TV

Regie: Glenn R. Wilder
Darsteller: Jeff Moldovan (Jeremy Hawk), Donna Rosae (Samantha), Joe Hess (DeAngelo), Peter Lundblad (Lewis), Robert Goodman (Mike), Richard St. George, George Gill, Earleen Carey, Jim Reynolds, Julian Byrd
Drehbuch: Randy Grinter, Glenn R. Wilder, Jeff Moldovan, nach einer Story von Randy Grinter
Kamera: Frank Pershing Flynn (Farbe)
Musik: Alain Salvati
Schnitt: Angelo Ross
Produktion: Randy Grinter für First American Ent., USA 1987
Verleih: -/-/-/
Sendetermin: 17.9.1993, Pro 7
Länge: 84 Min. – *FSK:* ab 18 J.

Im Überlebenscamp macht eine Gruppe Männer den etwas »anderen« Urlaub. Doch bei der Jagd aufeinander mit Attrappen zieht plötzlich ein »Camper« eine echte Waffe...

Max und Jérémie 562
MAX ET JÉRÉMIE ***

Regie: Claire Devers
Darsteller: Philippe Noiret (Max), Christopher Lambert (Jeremie), Jean-Pierre Marielle (Almeida), Christopher Odent (Cohen), Feodor Chaliapin jr. (Marberg), Thierry Gimenez (Richard), Jean-Pierre Miguel (Maubuisson), Jose Quaglio (Agopian), Christine Dejoux (Lisa), Jean-Marc Morel
Drehbuch: Bernard Stora, Claire Devers, nach dem Roman »Max Trueblood and the Jersey Desperado« von Teri White
Kamera: Bruno de Keyzer, Dominique Pinto, Etienne George (Farbe)
Musik: Philippe Sarde
Schnitt: Marie Castro
Produktion: Christine Gozlan für Les Films Alain Sarde/TF1 Film/Gruppo/Bema/Canal plus, Frankreich/Italien 1992
Verleih: Highlight/Constantin/Monopole Pathé/New Vision Video
Kinostart: 25.3.1993
Länge: 110 Min.
FSK: ab 16, ffr.

Der als älterer, distinguierter Herr im Ruhestand lebende Killer Max muß noch einen letzten Auftrag übernehmen, nach dessen Erledigung ihn sein junger Partner Jérémie, ein zu allerhand simplen Späßen aufgelegtes großes Kind, umlegen soll. Zwischen den beiden entwickelt sich so etwas wie eine Vater-Sohn-Beziehung, die trotz Belastungen hält. Spannende und an überraschenden Wendungen reiche Gaunerstory, schauspielerisch hervorragend und mit witzigen Dialogen. Etwas irritierend wirkt die selbstverständliche Komplizenschaft mit dem Verbrechen. *Zoom*

Peter W. Jansen in: Der Tagesspiegel, 25.3.93; Hans Schifferle in: SZ, 31.3.93

Die Mechanik des Wunders 563

****

Regie: Hans-Christian Schmid
Drehbuch: Hans-Christian Schmid
Kamera: Wolfgang Aichholzer; Michael Enzmann
Musik: Norbert Jürgen Schneider
Schnitt: Hans-Christian Schmid
Produktion: HFF, BRD 1992
Uraufführung: Okt. 1992, Festival Int. du Film Documentaire, Nyon
Erstaufführung: Int. Hofer Filmtage Nov. 1992; Int. Dokumentarfilmfestival, Leipzig Nov. 1992
Verleih: HFF/-/-
Kinostart: 28.11.1993
Länge: 84 Min.
FBW: Besonders wertvoll

Dokumentarfilm, der sich mit der religiösen und kommerziellen Maschinerie des Marienwallfahrtsortes Altötting befaßt – eine kommentarlose Materialsammlung zum Thema Religiosität im ausgehenden 20. Jahrhundert, die es dem Zuschauer überläßt, sich eine Meinung zu bilden. *epd-Film, 3/93*

(...) Dabei entlarvt sich vieles von selbst: das hohe Pathos, das Geschäft, die Anachronismen. Als Zuschauer muß man über die vielen, grotesken Ungereimtheiten schmunzeln. Hier steht vieles auf dem Kopf – so wie die Kamele in der mechanischen Krippe.
Main-Echo, Aschaffenburg

Meermans Baumhaus 564

***

Regie: Anna Annegret Pein
Darsteller: David Bibring (Werner Meermann), Elisabeth Goebel (Adele Meermann), Alexander Pelz (Werner, jung), Petra Zieser (Adele, jung)
Drehbuch: Anna Annegret Pein
Kamera: Klaus Brix (Farbe)
Musik: Andreas Völker
Schnitt: Radka Stanek
Produktion: Anna Annegret Pein für Wüste/HR/WDR, BRD 1992
Verleih: Salzgeber/-/-
Kinostart: Okt. 1993
Länge: 62 Min. – *FSK:* ab 6, ffr.
FBW: Wertvoll

Ein altes Ehepaar lebt in einem Pflegeheim und erinnert sich an die eigene Jugend, das Kennenlernen und Stationen des Zusammenlebens.

Mein kleiner Franzose war sehr lecker 565

COMO ERA GOSTOSO O MEU FRANCêS ***

TV

Regie: Nelson Pereira dos Santos
Darsteller: Arduino Colasanti, Ana Maria Magalhaes, Ital Natur, Manfredo Colasanti, Eduardo Imbassahy Filho, José Kleber
Drehbuch: Nelson Pereira dos Santos, Humberto Mauro (Tupi-Dialoge)
Kamera: Dib Lufti (Farbe)
Musik: José Rodrix
Schnitt: Carlos Alberto Camuyrano
Produktion: Nelson Pereira dos Santos, K. M. Eckstein für Barrett/Condor Filmes, Brasilien 1971
Verleih: -/-/-/
Sendetermin: 6.9.1993, 20.40, Arte
Länge: 87 Min.

Brasilien, Mitte des 16. Jahrhunderts. Die Kolonialmächte Portugal und Frankreich bemächtigen sich des Landes, während die Eingeborenenstämme untereinander Krieg führen und bevorzugt gefangene Eindringlinge verspeisen. Eine freche, turbulente Komödie des brasilianischen »Neorealisten« Nelson Pereira dos Santos. *Pressetext Arte*

Mein Leben ist die Hölle 566

MA VIE EST UN ENFER ***

Regie: Josiane Balasko
Darsteller: Josiane Balasko (Leah), Daniel Auteuil (Abar), Richard Berry (Psychiater), Michael Lonsdale (Erzengel Gabriel), Catherine Samie (Flo), Jean Benguigui (Chpil), Luis Rego, Jessica Forde, Catherine Hiegel, Max Vialle
Drehbuch: Josiane Balasko, Joel Houssin
Kamera: Dominique Chapuis (Farbe)
Musik: Les Rita Mitsouko
Schnitt: Catherine Kelber
Produktion: Jean-Claude Fleury für Ciby 2000/TF1/Les Films Flam/G.P.F.I. mit Soficas/Sofiarp/Investimage 3, Frankreich 1991
Verleih: Impuls/-/-

Kinostart: 3.6.1993
Länge: 108 Min. – *FSK:* ab 12, ffr.
FBW: Wertvoll

Eine pummelige, alleinstehende und frustrierte Arzthelferin geht nach längerem Zögern einen Pakt mit einem Teufel ein, den sie allerdings »umfunktionieren« kann.

Thomas Klingenmaier in: Stgt. Zeitung, 3.6.93

Mein Vater – Mein Freund 567

JACK THE BEAR ***

Regie: Marshall Herskovitz
Darsteller: Danny DeVito (John Leary), Robert J. Steinmiller jr. (Jack Leary), Miko Hughes (Dylan Leary), Gary Sinise (Norman Strick), Julia Louis-Dreyfus (Peggy Etinger), Erica Yohn (Großmutter), Art LaFleur (Mr. Festinger), Stefan Gierasch, Andrea Marcovicci, Reese Witherspoon
Drehbuch: Steven Zaillian, nach dem gleichn. Roman von Dan McCall
Kamera: Fred Murphy (Deluxe)
Musik: James Horner
Schnitt: Steven Rosenblum
Produktion: Bruce Gilbert für American Filmworks/Lucky Dog Prod., USA 1991
Uraufführung: 13.2.1993, Int. Filmfestspiele Berlin, »Panorama«
Verleih: 20th Century Fox/-/dto./Fox Video, Titel: Jack der Bär
Kinostart: 27.5.1993
Länge: 97 Min. – *FSK:* ab 12, ffr.
FBW: Wertvoll

Sensibler, tragikomischer und genau beobachteter Film über das Erwachsenwerden. Ein verschlossener Junge versucht, gemeinsam mit seinem kleinen Bruder und dem Vater, einem zwergenhaften, leidlich erfolgreichen Horror-Show-Master mit Alkoholproblemen, das Leben nach dem tödlichen Unfall der Mutter zu meistern. Das gelingt dank des engen Zusammenhalts des Trios trotz zahlreicher Neuröschen und Wehwechen recht gut. Als aber ein niederträchtiger, neonazistischer Nazi das Brüderlein entführt, gerät nicht nur das Familien-Idyll ins Wanken, sondern der komplette Film. Denn plötzlich kippt die sanft-melancholische Initiationsgeschichte um in eine eher dürftige Grusel-Story. (...) *Münchner Stadt-Magazin*

Muttenersatz: Danny De Vito in ›Mein Vater – Mein Freund‹.

Thomas Klingenmaier in: Stgt. Zeitung, 27.5.93; Angela Schmitt-Glaser in: FR, 2.6.93

Meines Bruders Hüter 568

BROTHER'S KEEPER ***

TV

Regie: Joe Berlinger, Bruce Sinofsky
Kamera: (Farbe)
Produktion: American Playhouse/Creative Thinking Int., USA 1991
Verleih: -/-/-/
Sendetermin: 6.2.1993, 20.40, Arte
Länge: 117 Min.

Delbert, Bill, Lyman und Roscoe Ward leben seit ihrer Kindheit auf einer 40 Hektar großen Farm im Herzen des Staates New York. Der jüngste unter ihnen ist 59, der älteste 71 Jahre alt. Die Junggesellen können zum Teil weder lesen noch schreiben und bewohnen zwei Räume in einer verfallenen Hütte. Seit ihrer Kindheit müssen Delbert und Bill im selben Bett schlafen. In der Nacht vom 6. Juni 1990 wird Bill im gemeinsamen Bett tot aufgefunden. Am folgenden Morgen wird Delbert verhaftet und gesteht, seinen Bruder durch Ersticken umgebracht zu haben. Doch während der folgenden 6 Monate beteuert er seine Unschuld und widerruft seine ersten Aussagen. Die 499 Bewohner des Ortes Munnsville glauben, daß Delbert ein Dokument unterschrieben hat, das er nicht lesen konnte. Gemeinsam bereiten sie seine Verteidigung vor und sammeln 10000 Dollar, um die Kaution für die Haftentlassung stellen zu können. Am

18. März 1991 fand die Gerichtsverhandlung statt. Ist Delbert schuldig?
Pressetext Arte

Meister Dachs und seine Freunde 569
ONCE UPON A FOREST ***

Regie: Charles Grosvenor
Deutsche Stimmen: Claus Wilcke Dialog, Bernd Klinsmann Gesang (Cornelius), Anna Riedel (Abigail), Moritz Mattern (Russell), Osan Ünal (Edgar), Magdalena Turba (Michelle), Tobis Kind (Willy), Santiago Ziesmer (Gopher), Hanno Bruhn Dialog/ Gesang (Phineas)
Drehbuch: Kelly Ward, Mark Young, nach einer Geschichte von Rae Lambert
Musik: James Horner
Schnitt: Pat A. Foley
Produktion: David Kirschner, Jerry Mills für Hanna-Barbera Prod., USA 1992
Verleih: 20th Century Fox/dto./dto./Fox Video
Kinostart: 15.7.1993
Länge: 71 Min. – *FSK:* o.A., ffr.

Ein alter Dachs betreut eine Maus, einen Igel und einen Maulwurf. Sie verschaffen ihm heilende Arzneien, als seine kleine Nichte durch einen Giftgasunfall in ein Koma fällt. Ein biederer und gemütvoller Zeichenfilm, der noch solide Handarbeit darstellt. *multimedia*

Heiko R. Blum in: Rheinische Post, 16.7.93; Katja Nele Bode in: AZ, 15.7.93

Mem und Zin – ein kurdisches Märchen 570
MEM U ZIN ***

Regie: Ümit Elçi
Darsteller: Meltem Doganay, Yalçin Dümer, Halil Ergün, Füsun Demirel
Drehbuch: Ümit Elçi, Hamza Özbal, nach einem Buch von Ehmede Xani
Kamera: Salih Dikisç (Farbe)
Musik: Mazlum Cimen
Schnitt: Ismail Kalkan
Produktion: Aksiyon Yapimcilik, S. Kadir Yilmaz, Kurdistan 1992
Verleih: -/-/trigon
Kinostart: März 1993
Länge: 115 Min.

In der tragischen Liebesgeschichte von Mem und Zin, dem Nationalepos der Kurden, spiegelt sich das Jahrtausende alte Schicksal des kurdischen Volkes, das – verteilt auf fünf Staaten – um seine Kultur und Existenz kämpfen muß. In den Schilderungen von Hochzeits- und Begräbnisbräuchen kommt diesem ersten kurdischen Spielfilm ethnographische Bedeutung zu. Nebst der schlichten, doch eindringlichen Inszenierung und der stimmungsvollen Fotografie überrascht vor allem die visionäre Friedensbotschaft. *Zoom, 3/93*

Der Menschenforscher 571
***

Regie: Andrea Gschwendtner
Darsteller: Karl Marcovics (Rudolf Pöch); Sprecherin: Beate Himmelstoß
Drehbuch: Andrea Gschwendtner
Kamera: Markus Dürr (Farbe und s/w)
Musik: Martin Bannert
Schnitt: Andrea Gschwendtner
Produktion: Gloria Burkert, BRD 1992
Uraufführung: Filmfestival Max Ophüls Preis, Saarbrücken 1993
Verleih: HFF/-/-
Kinostart: Juli 1993
Länge: 63 Min. – *FSK:* o.A.
FBW: Besonders wertvoll

Porträt des österreichischen Anthropologen und Ethnologen Rudolf Pöch (1870–1921), der auf umfangreichen Reisen Material über Menschen und Rassen zusammentrug und dessen wissenschaftlichen Ansätze später von den Nazis pervertiert wurden.

Mercedes 572
MARCIDES ***
TV

Regie: Yousry Nasrallah
Darsteller: Yousra (Warda, Afifa), Zaki Abdel Wahab (Noubi), Abla Kamel (Rawheya), Seif Eddine (Mohamed Taher), Menha Batraoui
Drehbuch: Yousry Nasrallah, Sayed Hegab
Kamera: Ramses Marzouk (Farbe)
Musik: Mohamed Nouh
Schnitt: Rachida Abdel Salam
Produktion: MISR Int. Films/La Sept/Paris Classics, Ägypten/Frankreich 1993
Verleih: -/-/-/
Sendetermin: 30.10.1993, 22.05, Arte
Länge: 108 Min.

Gerade zu seiner Familie zurückgekehrt, wird Noubi, der auffallend blonde Sohn einer betuchten Ägypterin, durch einen einflußreichen Expolizisten auf eine verwirrende Suche nach einem Verwandten durch die Millionenstadt geschickt. Dabei gerät er nicht nur dubiosen Geschäftemachern, korrupten Politikern und Drogenkriminellen ins Gehege, sondern findet auch seinen Bruder und die schöne Afifa. *Pressetext Arte*

Merchant of Evil 573

MERCHANT OF EVIL *

Video

Regie: Scott Pfeiffer
Darsteller: Steve Viall (Mike Penny), Tracey Hughes (Erica Henning), James Pfeiffer (Doug Masters), Dawn Denoon (Vanessa Henning), William Smith (Viktor Fornetti), Susan Mannion (Sue Masters)
Drehbuch: Scott Pfeiffer, Marie Ann Whitaker
Kamera: Shahan v. Minassian (Farbe)
Musik: John Seer
Schnitt: Terry Chiappe
Produktion: Scott Pfeiffer für San Rafael Pic., Hongkong/USA 1991
Verleih: -/-/-/VMP Video
Videostart: 8.2.1993
Länge: 86 Min. – *FSK:* ab 16 J.

Billigproduktion um einen Mädchenhändlerring, der von allseitigem Dilettantismus geprägt wird.

Hannah Dütsch in: film-dienst, 8/93

Mighty Ducks – Das Superteam 574

THE MIGHTY DUCKS ***

Regie: Stephen Herek
Darsteller: Emilio Estevez (Gordon Bombay), Joss Ackland (Hans), Lane Smith (Trainer Reilly), Heidi Kling (Casey), Josef Sommer (Gerald Ducksworth), Joshua Jackson (Charlie Conroy), Elden Ratcliff (Fulton Reed), Schaun Weiss (Goldberg), M.C. Gainey (Lewis), Matt Doherty (Les Averman)
Drehbuch: Steven Brill
Kamera: Thomas Del Ruth (Technicolor/Eastman)
Musik: David Newman
Schnitt: Larry Bock, John F. Link
Produktion: Jon Avnet, Jordan Kerner für Walt Disney mit Touchstone Pacific Partners 1, USA 1992
Uraufführung: 2.10.1992, New York
Verleih: Buena Vista/-/dto./Buena Vista Home Video
Kinostart: 8.4.1993
Länge: 104 Min. – *FSK:* o.A., ffr.
FBW: Wertvoll

Ein ebenso dynamischer wie arroganter junger Anwalt wird wegen Alkohol am Steuer zu Sozialarbeit verknurrt. Zum Schrecken des einstigen Eishockey-Kinderstars besteht seine Strafe darin, eine Bande rotzfrecher Kids für die Kinderliga-Meisterschaft zu trainieren, die sein Team denn schließlich auch glorreich gewinnt. Eine typisch amerikanische Erfolgsstory: Wenn man die Leute nur richtig führt und motiviert, kann man mit ihnen jedes Ziel erreichen.
Zoom

Nicht ganz freiwillig gerät ein junger Rechtsanwalt in die vertrackte Situation, aus einer wilden Horde von Kids eine Eishockey-Mannschaft zu formen und sie – nach bitteren Niederlagen – auch zum Sieg zu führen.

Milan Pavlovicz in: Kölner Stadt-Anzeiger, 10.4.93; Patrick Rösler in: Stgt. Zeitung, 10.4.93

Milly... und sowas nennt sich seine Mutter 575

MILLY – MURDER IN LAW **

Video

Regie: Tony Jiti Gill
Darsteller: Marilyn Adams (Milly), Joe Estevez (Bill), Sandy Snyder (Arlene), Darrel Giulbeau (Todd), Debra Lee Giometti (Carmen)
Drehbuch: Tony Jiti Gill, Stephen A. Carter
Kamera: Steve Beer (Farbe)
Musik: Jon McCallum
Schnitt: Beth Conwell
Produktion: Stephen A. Carter für Kartaire/Ullverton, USA 1993
Verleih: -/-/-/Summit Video
Videostart: Juli 1993
Länge: 94 Min. – *FSK:* ab 18 J.

Die böse Schwiegermutter bricht aus der geschlossenen Anstalt aus und terrorisiert die typische US-Durchschnittsfamilie. Oberflächlicher Horrorfilm.

Mission of Justice – Martial Law 3 576

MISSION OF JUSTICE *

Video

Regie: Steve Barnett
Darsteller: Jeff Wincott (Kurt Harris), Brigitte

Nielsen (Dr. Rachel Lakin), Matthias Hues, Luca Bercovici
Drehbuch: Pierre David
Kamera: Peter Fernberger (Farbe)
Schnitt: Brent Schoenfeld
Produktion: Pierre David, Kurt Anderson für Image Org./Westwind Prod., USA 1991
Verleih: -/-/-/Ascot Video
Videostart: Dezember 1992
Länge: 84 Min. – *FSK:* ab 18 J.

»90 Minuten Non-Stop Kickbox- und Karate-Action« droht der Verleih bei der Werbung zu diesem Schlagmichtot-Machwerk. Fehlt nur der Zusatz: »Nicht von Handlung unterbrochen. Aber offensichtlich gibt es immer wieder neue Fans für dumme Kloppereien.

Mistkerle 577

PEAUX DE VACHES ***
TV

Regie: Patricia Mazuy
Darsteller: Sandrine Bonnaire (Annie), Jacques Spiesser (Gérard), Jean-François Stévenin (Roland), Salomée Stévenin (Anna), Laure Duthilleul (Sophie), Yann Dedet (Bérino), Pierre Forget (Armand), Jean-François Gallotte
Drehbuch: Patricia Mazuy
Kamera: Raoul Coutard (Farbe)
Musik: Theo Hakola, Passion Fodder
Schnitt: Sophie Schmit
Produktion: Jean-Luc Ormières für Titane/ La Sept/Sofica Slav II, Frankreich 1988
Uraufführung: Int. Filmfestspiele Cannes 1989, »Un Certain Regard«
Verleih: -/-/-/
Sendetermin: 22.4.1993, ZDF, 0.05
Länge: 82 Min.

(...) Nach zehn Jahren Gefängnis, die er wegen Brandstiftung im elterlichen Gehöft verbüßt hat, kehrt Roland zurück in die Arme des eigentlich Schuldigen, seines Bruders. Regisseurin Patricia Mazuy fächert in ihrem ersten, gleich preisgekrönten Spielfilm die Zwangsläufigkeit auf, mit der das traute Familienleben aus den Fugen gerät, ohne daß es einer der Beteiligten wirklich darauf anlegen würde. (...)

Kein Zweifel, daß der Reiz dieses Films weniger in der Geschichte selber als vielmehr in der filmischen Umsetzung der bedrückenden Atmosphäre ländlicher Enge lag. *cas, Stgt. Zeitung, 25.4.93*

Mit dem Essen kam der Tod 578

MURDER AT THE PTA LUNCHEON ***
TV

Regie: Larry Peerce
Darsteller: Douglas Barr, Jane Carr, Julia Duffy, Morgan Fairchild, Marla Gibbs, David Groh, Ed Marinaro, Robin Mattson, Edie McClurg, Joan van Ark
Drehbuch: Duane Poole, Tom Swale, nach der Novelle von Valerie Wolzien
Kamera: Stan Taylor (Farbe)
Musik: Ron Ramin
Schnitt: Bob Wyman
Produktion: Patricia K. Meyer, Susan Weber-Gold für Von Zerneck Films, USA 1990
Uraufführung: 12.10.1990, CBS
Verleih: -/-/-/
Sendetermin: 1.9.1993, 20.15, PRO 7
Länge: 120 Min.

Spannender Krimi über den Giftmord an der ebenso einflußreichen wie intriganten Präsidentin der Schulkommission in einer scheinbar braven, gutbürgerlichen Gegend. Der untersuchende Detective tut sich mit der Hauptverdächtigen zusammen – aber nicht nur zur Mördersuche.

Mit den Augen des Mörders 579

THROUGH THE EYES OF A KILLER ***
Video

Regie: Peter Markle
Darsteller: Joe Pantoliano (Jerry), Tippi Hedren (Mrs. Bellano), Marg Helgenberger (Laurie), Richard Dean Anderson (Ray), David Marshall Grant (Max), Melinda Culea (Allyson)
Drehbuch: John Pielmeier, nach einer Kurgeschichte von Christopher Fowler
Kamera: Frank Tidy (Farbe)
Musik: George S. Clinton
Schnitt: David Campling
Produktion: Tom Rowe für Motion Pacific/ Morgan Hill Films/Wilshire Court., USA 1992
Verleih: -/-/-/CIC Video
Videostart: Okt.1993
Länge: 91 Min.
FSK: ab 16 J.

Solider TV-Thriller um eine junge Frau, die sich von einem Schreiner ihre neue Wohnung einrichten läßt und sich in ihn verliebt. Bald geschehen mysteriöse Dinge.

Wolfgang Luley in: film-dienst, 21/93

Mit Verlust ist zu rechnen 580

****

Regie: Ulrich Seidl
Darsteller: Paula Hutterová, Sepp Paur, und andere Bewohner der Dörfer Langau und Safov
Drehbuch: Ulrich Seidl, Michael Glawogger
Kamera: Peter Zeitlinger, Michael Glawogger (Farbe)
Schnitt: Christof Schertenleib
Produktion: Lotus-Film, Österreich 1992
Uraufführung: 15.2.1993, Int. Forum des Jungen Films, Berlinale
Verleih: Freunde/Stadtkino/-
Kinostart: März 1993
Länge: 118 Min.

Sepp Paur, ein Witwer aus dem nördlichen Niederösterreich, will wieder heiraten und begibt sich auf Brautschau in das benachbarte tschechische Grenzdorf zu Paula Hutterová. Ulrich Seidls Film balanciert gekonnt zwischen Elementen des Dokumentar- und Spielfilms. Anhand zweier von Sympathie und Verständnis getragener Personenportraits reflektiert er Altersbeziehungen und die veränderten Lebensbedingungen nach der Wende zu Marktwirtschaft und Kapitalismus. *multimedia*

Mitten ins Schwarze 581

***
TV

Regie: Moise Matura
Drehbuch: Moise Matura
Kamera: Peter van den Reek (Farbe)
Schnitt: Mike Shephard
Produktion: Bremer Institut für Film und Fernsehen, BRD 1993
Verleih: -/-/-/
Sendetermin: 21.9.1993, ZDF, 23.00, »Das kleine Fernsehspiel«
Länge: 70 Min.

Die Dokumentation reihte Eigenerfahrungen des schwarzen Filmstudenten Moise Matura aus Simbabwe aneinander: Familienbegegnungen im Umfeld von »gemischten« Ehen, die durch die Hautfarbe in Deutschland Diskriminierungen ausgesetzt sind.

Matura analysiert nichts – er beobachtet nur, fängt Kindermund ein (»Neger«), läßt als Retourkutsche eine schwarze Mutter afrikanische »Werte« gegenüber den europäischen Preisen (Afrikaner human und kinderfreundlich – die Deutschen nur kalte Hundeliebhaber?). Man tauscht Vorurteile aus, interpretiert Generationsblockaden, findet tiefsitzende Mißachtung vor allem der Frauen (in Simbabwe anerkannte Chemie-Ingenieurin – in Deutschland eine »Schwarze«, sonst nichts).
Momentaufnahmen, allzu beliebig vielleicht. Aber für Deutschland wiederum ein Spiegel. *Ponkie, AZ, 23.9.93*

Moebius 582

***

Regie: Matti Geschonneck
Darsteller: Jörg Gudzuhn (Cross), Corinna Kirchhoff (Nadja), Günther Lamprecht (Arnold), Diether Krebs (Wuttke), Hans-Peter Korff (Simon), Tom Pauls (Rothe), Wolf-Dietrich Berg (Becker), Peter Aust (Lagerfeld), Siegfried Kernen, Wolfgang Winkler
Drehbuch: Matti Geschonneck, nach der Kurzgeschichte »A subway named Moebius« von A.J. Deutsch
Kamera: Michael Epp (Farbe)
Musik: Ulrich Gumpert
Schnitt: Marlies Dux
Produktion: Ottokar Runze/Deutscher Fernsehfunk, BRD 1991
Verleih: Progress/-/-
Kinostart: 8.4.1993
Länge: 90 Min.
FSK: o.A., ffr.

»Moebius« gibt vor, ein deutscher Science-fiction-Film zu sein, und stapelt dabei sympathisch hoch, denn der metaphysische Thriller über eine Berliner U-Bahn, die samt Fahrgästen verschwindet, schrammt so hart an der Gegenwart vorbei, daß selbst skeptische Kinogänger nur noch auf die abwiegelnden BVG-Handzettel warten. Großes Schauspieler- und Autorenkino, intelligent, souverän und originell inszeniert. Eine deutsche Rarität.
Wolfgang Brenner, tip, 7/93

(...) Ein bißchen Computerschnickschnack und ein hübsches Mädchen, das sich weder auszieht noch sonst Bedeutendes zur Handlung oder zum Dialog beiträgt, helfen dem müden Film auch nicht auf die Sprünge. (...)
Ulrich von Thüna, epd Film, 4/93

Mom 583
MOM *
Video

Regie: Patrick Rand
Darsteller: Mark Thomas Miller (Clay Dwyer), Jeanne Bates (Emily Dwyer), Mary McDonough (Alice), Art Evans (Lt. Hendrix), Brion James (Nestor Duvalier), Stella Stevens (Beverly Hills), Claudia Christian (Virgina Monroe)
Drehbuch: Patrick Rand, nach einer Story von Kevin Watson und Patrick Rand
Kamera: David Sperling (Foto-Kem)
Musik: Ernest Troost
Schnitt: Patrick Rand
Produktion: Leon Dudevoir für Epic/Smoking Gun Prod., USA 1990
Verleih: -/-/-/Ascot Video
Videostart: 8.4.1993
Länge: 92 Min. – *FSK:* ab 18 J.

Frauenmordender Geist schlüpft in Rentnerin, um in dieser Tarnung weiter seinem blutigen Geschäft nachgehen zu können. Inhomogenes Horror-Psycho-Gebräu.

Mom and Dad save the World 584
MOM AND DAD SAVE THE WORLD **
Video

Regie: Greg Beeman
Darsteller: Teri Garr (Marge Nelson), Jeffrey Jones (Dick Nelson), Jon Lovitz (Todd Spengo), Thalmus Rasulala (Afir), Eric Idle (Raff), Wallace Shawn (Sibor), Dwier Brown (Sirk), Kathy Ireland (Semage), Suzanne Ventulett (Stephanie), Michael Stoyanov
Drehbuch: Chris Matheson, Ed Solomon
Kamera: Jacques Haitkin (Foto-Kem)
Musik: Jerry Goldsmith
Schnitt: W.O. Garret; Michael Jablow
Produktion: Michael Phillips für HBO/Cinema Plus/L.P. & Mercury/Douglas Film, USA 1991
Verleih: -/-/-/VPS Video
Videostart: Februar 1993
Länge: 86 Min. – *FSK:* ab 6 J.

Außerirdischer – vom Planet der Idioten! – verliebt sich in kalifornische Ehefrau und entführt sie samt Gatten. Hochgradig alberne Möchtegern-Parodie auf das Science-Fiction-Genre.

Stefan Lux in: film-dienst, 10/93

Monolith 585
MONOLITH **
Video

Regie: John Eyres
Darsteller: Bill Paxton (Tucker), Lindsay Frost (Flynn), John Hurt (Villano), Louis Gossett Jr. (McCandless »Mac«), Musetta Vander (Katya), Andrew Lamond (Schaefer), Marc Phelay (Rickmann), Paul Canus (Connor), Alex Goana
Drehbuch: Stephen Lister; Eric Poppen
Kamera: Alan M. Trow (Eastman/CFI)
Musik: Frank Becker
Schnitt: Joel Goodman
Produktion: Geoff Griffiths, John Eyres für EGM, USA 1993
Verleih: -/-/-/VPS Video
Videostart: 2.12.1993
Länge: 91 Min. – *FSK:* ab 18 J. (geänderte Fass. 82 Min., ab 16 J.)

Mit Effekten wird nicht gegeizt in dieser SF-Action-Produktion, dafür um somehr bei Einfällen in puncto Plot und Dialoge.

Monty – immer hart am Ball 586
LADYBUGS **
Video

Regie: Sidney J. Furie
Darsteller: Rodney Dangerfield (Monty), Jonathan Brandis (Matthew/Martha), Jackee (Julie Benson), Ilene Graff (Bess), Vinessa Shaw (Kimberly Mullen), Tom Parks (Dave Mullen), Jeanetta Arnett (Glynnis Mullen), Nancy Parsons (Coach Annie), Blake Clark (Coach Bull), Tommy Lasorda (Coach Cannoli)
Drehbuch: Curtis Burch
Kamera: Dan Burstall (Deluxe)
Musik: Richard Gibbs
Schnitt: John W. Wheeler, Timothy N. Board
Produktion: Albert S. Ruddy, Andre E. Morgan für Ruddy & Morgan Prod., USA 1992
Verleih: -/-/-/Concorde Video
Videostart: Jan. 1993
Länge: 86 Min.
FSK: ab 16 J.

Männliches Mauerblümchen ergattert den Trainerposten einer Highschool-Damenfußballmannschaft und will nun allen beweisen, was wirklich in ihm steckt. Nach den üblichen simplen Formeln zubereitete Sportkomödie.

Mood Indigo 587
MOOD INDIGO **
Video

Regie: John Patterson
Darsteller: Tim Matheson (Dr. Peter Hellman), Giancarlo Esposito (Arthur Sistrunk), Alberta Watson, Claudia Christian, Kurt Fuller, Nancy Sorel

Drehbuch: Jacob Epstein, Ken Solarz
Kamera: Shelly Johnson (Farbe)
Musik: Stanley Clarke
Produktion: Alex Beaton, USA 1992
Verleih: -/-/CIC Video
Videostart: Dezember 1993
Länge: 88 Min. – *FSK:* ab 16 J.

Kriminalpsychologe übernimmt den schier aussichtslosen Fall einer psychisch gestörten Gattenmörderin. Durchschnittlicher Fernsehkrimi im Serienformat.

Mord aus Liebe 588

***

Regie: Georg Stefan Troller
Drehbuch: Georg Stefan Troller
Kamera: Wolfgang Dickmann, Jörg Widmer
Musik: Thomas Osterhoff
Schnitt: Clara Fabry
Produktion: Jörg Bundschuh für Kick Film mit BR/WDR, BRD 1993
Erstaufführung: Filmfest München 1993
Verleih: Kick/-/-
Kinostart: Okt. 1993
Länge: 89 Min. – *FSK:* ab 12, ffr.
FBW: Wertvoll

Manchmal hart an der Grenze zur voyeuristischen Persönlichkeitsverletzung, aber auch von schockartiger Faszination: Troller hat Interviews mit Partnermördern (teils in Haft, teils nach der Entlassung) zu einem Kaleidoskop der Gefühlskatastrophen zusammengefügt und mit kühlen, zuweilen fast kaltschnäuzig wirkenden Psycho-Erkenntnissen kommentiert. Liebe und Sexualität (samt Besitzgier, Verlustangst und Selbstvernichtungswut) als zentraler Antrieb für den Augenblick der Zerstörung – eine Dokumentation von zwiespältiger Formbrillanz.

Ponkie, AZ, 26.6.93

(...) Leider werden ihre aufschlußreichen und ehrlichen Berichte durch peinliche Kommentare, überflüssige Bebilderungen und abrupte Schnitte immerfort unterbrochen. Obwohl sich der Regisseur selbst gern reden hört, sind die dem Täter verbleibenden Minuten des Films ein interessantes Dokument.

Anke Leweke, Tip, 21/93

Frauke Hanck in: AZ, 30.6.93 (Interview Troller); Ponkie in: AZ, 5.1.94

Mord eines Jugendlichen auf der Guling-Straße 589

A BRIGHTER SUMMER DAY / GULING JIE SHAONIAN SHA REN SHIJIAN ****

Regie: Edward Yang
Darsteller: Zhang Guozhu (Vater), Elaine Jin (Mutter), Zhang Zhen (Xiao S'ir), Zhang Han, Wang Juan, Lissa Yang, Wang Qizan, Ke Yulan, Tan Zhigang, Tang Xiaocui
Drehbuch: Edward Yang, Yan Hongya, Yang Shunqing, Lai Mingtang
Kamera: Zhang Huigong, Li Longyu (Eastern color)
Musik: Zhang Hongda
Schnitt: Chen Bowen
Produktion: Yu Weiyan für Edward Yang und His Gang Filmmakers Prod., Taiwan 1991
Uraufführung: 27.7.1991, Taipei
Erstaufführung: 20.2.1992, Int. Forum des Jungen Films, Berlin
Verleih: Freunde/-/-
Kinostart: März 1993
Länge: 185 Min.

Eine unabhängige Produktion von epischem Ausmaß, ein Film über das Taiwan der Jahre 1960/61, das sich in der Geschichte eines Jugendlichen widerspiegelt, der ein Schulmädchen umbringt. Edward Yang siedelt seine Geschichte inmitten eines breiten Freskos an, das mit Wärme, Humor, nicht ohne Gewalt, aber mit einer Vielfalt intimer Details gezeichnet ist.

Tony Rayns, Katalog Forum

Ines Lohr in: Der Tagesspiegel, 24.2.92

Mord in der Dämmerung 590

IN THE LINE OF DUTY: THE TWILIGHT MURDERS *** Video

Regie: Dick Lowry
Darsteller: Rod Steiger (Gordon Kahl), Michael Gross (FBI-Agent Richard Mayberly), Christopher Rich (Scott Faul), Gary Basaraba (Leland Wolf), Amy Wright (Karen)
Drehbuch: Michael Petryni
Kamera: Frank Beascoechea (Farbe)
Musik: Mark Snow
Produktion: Pachett-Kaufman Ent./World Int. Network, USA 1991
Verleih: -/-/Screen Ent. (KK)
Länge: 90 Min. – *FSK:* ab 16 J.

Gordon Kahl, ein reaktionärer Fanatiker, wird nach einem Jahr Haft wegen verweigerter Steuerzahlung aus dem Zuchthaus entlassen. Als er später in North Dakota wegen Geheimbündelei und Verstoßes gegen die Bewährungsauflagen wieder festgenommen werden soll, tötet er zusammen mit Gefolgsleuten zwei Polizisten und flüchtet. Bei der Fahndung nach ihm stößt das FBI auf große Schwierigkeiten, da viele Anhänger und Sympathisanten Kahl unterstützen. *Pressetext ARD*

Eine mörderische Freundschaft 591

A TASTE FOR KILLING **

Video

Regie: Lou Antonio
Darsteller: Michael Biehn (Bo), Jason Bateman (Blane), Henry Thomas (Cary), Helen Cates (Tess), Blue Deckert (Elray), Dru Mouser (Caroline)
Drehbuch: Dan Bronson, nach einer Story von Allen Rucker, Hudson Marques
Kamera: Gayne Rescher (Farbe)
Musik: Mark Snow
Schnitt: Gary Griffen
Produktion: Michael S. Murphey für Bodega Bay mit MCA TV Ent., USA 1992
Uraufführung: 12.8.1992, USA TV
Verleih: -/-/-/CIC Video
Videostart: April 1993
Länge: 83 Min. – *FSK:* ab 16 J.

Zwei wohlsituierte Berufssöhnchen sollen sich vor dem Studium auf Ölbohrinsel bewähren, landen aber durch psychopatischen Kollegen in einem Mordfall. Lustlos abgespulter Mini-Thriller, der Klischees bedient, statt Spannung zu erzeugen.

Mörderisches Dreieck 592

DOUBLE JEOPARDY *****

Video

Regie: Lawrence Schiller
Darsteller: Rachel Ward (Lisa Burns), Bruce Boxleitner (Jack Hart), Sela Ward (Karen Hart), Sally Kirkland (Det. Phyllis Camden), Jay Patterson (Assistant D.A.), Whitney Porter (Sascha Hart), Marjorie Hilton (Delia Wilkes), Tony Lynn Bird (Delmy), Bill Osborn (Eddie Brizzard), Denice Duff (Shelly Conaway)
Drehbuch: Craig Tepper, Monte Stettin
Kamera: Peter Sova, Joseph Marquette Jr. (Farbe)
Musik: Edward Artemyev
Schnitt: Paul Dixon
Produktion: Lawrence Schiller, Jeff Morton für CBS, USA 1992
Uraufführung: 1992, Showtime TV
Verleih: -/-/-/Fox Video
Videostart: Juni 1993
Länge: 99 Min. – *FSK:* ab 16 J.

Ehemann wird beim Seitensprung Zeuge eines Mords. Raffinierte Mordintrige als halbwegs spannender TV-Film fürs US-Kabelfernsehen inszeniert.

Peter Strotmann in: film-dienst, 15/93

Morlock – Kinderkram 593

***

Video

Regie: Peter F. Bringmann
Darsteller: Götz George (Carl Morlock), Maddalena Crippa (Anna Martens), Edgar M. Böhlke (Leon Baal), Christia Doermer (Watzek), Muriel Baumeister, Viktoria Brahms
Drehbuch: Axel Götz, Thomas Wesskamp
Kamera: Frank Brühne, Rainer Hartmann (Farbe)
Musik: Paul Vincent Gunia
Schnitt: Annette Dorn, Uta Schmidt
Produktion: Michael Hild für Bavaria im Auftrag von SDR/WDR/RAI II/TF1, BRD 1992
Verleih: -/-/-/Warner Home Video
Videostart: 4.6.1993
Länge: 86 Min. – *FSK:* ab 12 J.

Ein ganzes Bündel an Problemen versucht diese Euro-TV-Produktion aufzuarbeiten: Umweltschutz, Atommüll, Waffenhandel, Wirtschaftskriminalität. Während die Autoren den Überblick verlieren, rückt die besonnene Regie den wie immer präzisen und präsenten Hauptdarsteller als Industrieberater gekonnt ins Licht.

Klaus Brühne in: film-dienst, 3/93

Mortu Nega 594

MORTU NEGA ***

TV

Regie: Flora Gomes
Darsteller: Bya Gomes (Dominga), Tunu Eugenio Almada (Sako), Mamadu Uri Balde, M'male Nhasse, Pedro Da Silva
Drehbuch: Flora Gomes, Manuel Rambault Barcellos, David Lang
Kamera: Dominique Gentil (Farbe)
Musik: Sidonio Pais Quaresma, Djanuno Dábo
Schnitt: Christiane Lack

Produktion: Instituto Nacional de Cinema, Guinea-Bissau 1987
Uraufführung: 29.8.1988, Int. Filmfestspiele Venedig, »Woche der Kritik«
Verleih: -/-/-/
Sendetermin: 4.5.1993, BR3, 22.40
Länge: 85 Min.

In den siebziger Jahren führen die Truppen von Guinea-Bissau die letzten Kämpfe gegen die portugiesische Kolonialmacht. Dominga ist mit einer Gruppe Ziviler auf dem Weg an die Front. Sie will ihren Mann besuchen, trifft ihn und macht sich kurz darauf wieder auf den Heimweg. Der Krieg ist bald zu Ende, doch gilt es, andere Kämpfe durchzustehen, gegen die Trockenheit beispielsweise. Der Film versteht es, sensibel mit Gewalt umzugehen. So kommt der Feind zwar nie ins Bild, ist aber stets anwesend in Form von Hubschraubergeräuschen oder vermimten Straßen. Trotz seines tristen Themas strotzt »Mortu nega« von Lebensfreude und -wille, setzt auf den Zusammenhalt unter den Menschen. *Zoom*

Mr. Babysitter 595

MR. NANNY **

Regie: Michael Gottlieb
Darsteller: Hulk Hogan (Sean Armstrong), Burt Wilson (Sherman Hemsley), Austin Pendleton (Alex Mason sen.), Robert Gorman (Alex Mason jr.), Madeline Zima (Kate Mason), David Johansen (Thanatos), Peter Kent (Wolfgang), Mother Love (Corinne)
Drehbuch: Edward Rugoff
Kamera: Peter Stein (Farbe)
Musik: David Johansen, Brian Koonin
Schnitt: Earl Ghaffari, Michael Ripps
Produktion: Robert Engelman für New Line Cinema, USA 1933
Verleih: Highlight/Constantin/-/Highlight Video
Kinostart: 8.7.1993
Länge: 81 Min. – *FSK:* ab 12, ffr.

Freistilringer betreut als Bodyguard einen verwitweten Erfinder und dessen zwei boshafte Kinder und befreit alle drei aus der Gewalt böser Gangster. Gefährliche Kinderstreiche und abwechslungsreiche Gewalttaten stellen lediglich für einschlägig Abgestumpfte leicht ironisierte harte Unterhaltung dar. *multimedia*

Mr. Baseball 596

MR. BASEBALL ***

Video

Regie: Fred Schepisi
Darsteller: Tom Selleck (Jack Elliot), Ken Takakura (Uchiyama), Aya Takanashi (Hiroko), Toshi Shioya (Yoji), Dennis Haysbert (Max »Hammer« Dubios), Kohsuke Toyohara, Toshizo Fujiwara, Mak Takano
Drehbuch: Gary Ross, Kevin Wade, Monte Merrick, nach einer Story von Theo Pelletier, John Junkerman
Kamera: Ian Baker (Deluxe)
Musik: Jerry Goldsmith
Schnitt: Peter Honess
Produktion: Fred Schepisi, Doug Claybourne, Robert Newmyer für Outlaw/Pacific Artists mit Dentsu, USA 1992
Uraufführung: 2.10.1992, New York
Verleih: UIP (13.5.1993 geplant, nicht gestartet)/CIC Video
Kinostart: Juni 1993
Länge: 104 Min. – *FSK:* ab 12 J.

Angeschlagener Baseball-Crack wird nach Japan verschoben. Nach der Aufarbeitung gegenseitiger Vorurteile kommt es zu großer Verbrüderung. Hübsches, wenngleich nicht allzu intelligentes Match zwischen Sentiment und Augenzwinkern.

Mr. Bluesman 597

**

Regie: Sönke Wortman
Darsteller: Thomas Heinze (Spike), Deborah Falconer (Chloe), Lloyd Bridges (Bronski), Pinkas Braun (Hormann), Eberhard Feik (Joe), Rosel Zech (Frau Neuhaus), Dieter Kirchlechner (Dieter Neuhaus), Rufus Beck (Lentz), Armin Rohde (Tankwart), Marianne Sägebrecht, B.B. King
Drehbuch: Benjamin Taylor, John Salvati
Kamera: Wolfgang Dickmann (Farbe)
Musik: Chris Jones
Schnitt: Jutta Brandstädter
Produktion: Luggi Waldleitner für Roxy Film mit WDR, BR, BRD 1992
Verleih: Tobis/-/-/Starlight Video
Kinostart: 1.4.1993
Länge: 91 Min. – *FSK:* ab 12, ffr.
FBW: Wertvoll

Die Geschichte vom Blues-Pianisten, der ab und zu geklaute Auots nach Italien bringt und sich diesmal mit einer schroffen Lady und einem bitterbösen Gangstersyndikat anlegt, erscheint wie aus Zitaten und Imitationen zusammen-

Die Mischung stimmte nicht: Lloyd Bridges, Marianne Sägebrecht, Thomas Heinze, Deborah Falconer.

geflickt, synthetisch und unglaubwürdig. Schauspieler als wandelnde Klischees, eine Synchronisation wie schlechter Schulfunk, eine Story irgendwo zwischen Thriller, Komödie, Roadmovie und dem Traum vom großen Hollywoodkino. *Wolf Donner, tip, 6/93*

Robin Detje in: Die Zeit, 9.4.93; Otto Heuer in: Rheinische Post, 2.4.93; Harald Martenstein in: Der Tagesspiegel, 1.4.93; Patrick Rösler in: Stgt. Zeitung, 1.4.93; Christian Seebaum in: Kölner Stadt-Anzeiger, 3.4.93

Mrs. Lamberts letzte Reise 598

MRS. LAMBERT REMEMBERS LOVE **

TV

Regie: Charles Matthau
Darsteller: Ellen Burstyn (Lil Lambert), Ryan Todd (Jared), Walter Matthau (Clifford), William Schallert, Kathleen Garrett, Sherry Hursey, Richard Zobel
Drehbuch: Janet Heaney
Kamera: John Connor (Farbe)
Musik: Lee Holdridge
Schnitt: Dennis O'Connor
Produktion: Alan Jacobs, Charles Matthau für RHI Ent., USA 1991
Uraufführung: 12.9.1991, CBS
Verleih: -/-/-/
Sendetermin: 16.5.1993, Vox, 20.15
Länge: 120 Min.

Lil Lambert ist recht betagt und oft verwirrt. Das Jugendamt will ihr deshalb das Sorgerecht für ihren Enkel Jared entziehen. Lils Freund Clifford versucht vergeblich zu vermitteln. Kurz entschlossen verlassen Lil und Jared die Stadt.

Mumie – Tal des Todes 599

THE MUMMY LIVES **

Video

Regie: Garry OHara
Darsteller: Tony Curtis (Aziru/Dr. Mohassid), Greg Wrangler (Dr. Williams), Leslie Hardy (Sandra/Kia), Jack Cohen (Lord Maxton), Muhamed Bakri (Alexatos), Moska Alkelai (Kroll)
Drehbuch: Nelson Gidding
Kamera: Avi Koren (Farbe)
Musik: Dov Selzer
Schnitt: Danny Shik
Produktion: Harry Alan Towers für Global Pic., USA 1993

Verleih: -/-/-/MPC/Cannon Video
Videostart: 1.12.1993
Länge: 93 Min. – *FSK:* ab 16 J.

Tony Curtis als schwacher Aktivposten in einer wirren Fantasy-Mystery-Erotik-Mischung.

Die Muppets Weihnachts-Geschichte 600

THE MUPPET CHRISTMAS CAROL ***

Regie: Brian Henson
Darsteller: Michael Caine (Scrooge) und die Originalstimmen von: Dave Goelz (Charles Dickens, Robert Marley, Honigtau Bunsenbrenner, Betina Cratchit), Steve Whitmire (Rizzo die Ratte, Bean Binny, Bob Cratchit, Beaker, Belinda Cratchit)
Drehbuch: Jerry Juhl, nach den Charakteren des Romans von Charles Dickens
Kamera: John Fenner (Technicolor)
Musik: Miles Goodman; Songs: Paul Williams
Schnitt: Michael Jablow
Produktion: Brian Henson, Martin G. Baker für Jim Henson Prods. für Walt Disney Pic., USA 1992
Verleih: Buena Vista/dto./dto.
Kinostart: 9.12.1993
Länge: 85 Min. – *FSK:* o.A., ffr.
FBW: Wertvoll

Charles Dickens' bereits mehrmals verfilmte Weihnachtsgeschichte vom herzlosen alten Geizhals Ebenezer Scrooge, der sich in einer Weihnachtsnacht zu einem gütigen und hilfsbereiten Menschen wandelt, kommt durch die Muppets-Puppen erneut auf die Leinwand. Neben einem dominierenden Michael Caine als Scrooge werden die übrigen Rollen hauptsächlich von den Muppets gespielt. Aber weder die Songnummern noch das perfekte Dekor, auch nicht Gonzo als kommentierender Erzähler Dickens vermögen den Reiz der Geschichte aufrechtzuerhalten. *Zoom*

Miss Piggy und die Ihren beim Essen.

(…) Inmitten der Dreharbeiten muß Brian Henson jedoch dem religiösen Wahn anheimgefallen sein. Die anarchistische Muppets-Truppe, die eben noch »Obstsaft« auf »Botschaft« reimte, preist Gottes Segen, bis kein Christenauge mehr trocken bleibt. *tip*

Otto Heuer in: Rheinische Post, 10.12.93; Thomas Klingenmaier in: Stgt. Zeitung, 9.12.93

Mutter gesucht 601

ANNI TAHTOO ÄIDIN ***
TV

Regie: Anssi Mänttäri
Darsteller: Kirsikka Tykkyläinen (Anni), Kari Heiskanen (Timppa, der Vater), Susanna Haavisto (Leena), Outi Mäenpäa, Ritva Valkama, Miitta Sorvali
Drehbuch: Anssi Mäantäri
Kamera: Heikki Katajisto (Farbe)
Musik: Asko Mänttäri
Schnitt: Marjo Valve
Produktion: Petra Tarjanne für Reppufilmi, Finnland 1988
Verleih: -/-/-/
Sendetermin: 4.4.1993, MDR, 14.30
Länge: 65 Min.

Wieder einmal sucht ein Kind eine neue Frau für den verwitweten Vater.

Die Mutter meines Freundes 602

ANDRE'S MOTHER ***
TV

Regie: Deborah Reinisch
Darsteller: Sada Thompson (Katherine Gerard), Richard Thomas (Cal Porter), Sylvia Sidney (Mrs. Downs), Richard Venture (Arthur), Haviland Morris (Penny), Arthur Hanket (Joel), Conan McCarty (Kellner), Mark Zeilser (Ballonverkäufer)
Drehbuch: Terrence McNally
Kamera: Bobby Bukowski (Farbe)
Musik: Jonathan Sheffer
Produktion: Deborah Reinisch, Sarah Green für American Playhouse, USA 1989
Uraufführung: 7.3.1990, PBS TV
Sendetermin: 12.6.1993, ZDF, 13.30
Länge: 48 Min.

In dem amerikanischen Melodram einer Totenklage ist der Sohn Andre nie zu sehen, sondern nur in den Erinnerungen der Freunde als überirdisches Wunderwesen an Charme, Talent und Edelmut allgegenwärtig: Die gemeinsamen Trauerfeiern für den an Aids Gestorbenen schwimmen in jenem sentimentalen Pathos, bei dem einem das böse Wort »Aidskitsch« hochkommt. (…)

Ponkie, AZ, 14.6.93

Muttertag III 603

KUUTAMOSONAATTI 2: KADUNLAKAISIJAT **

Video

Regie: Olli Soinio
Darsteller: Mikko Kivinen (Sulo Kyyrölä), Kari Sorvali (Arvo Kyyrölä), Soli Labbart (Älti Kyyrölä), Erkki Pajala (Isä Kyyrölä), Kata Kärkäinen, Matti Tuominen
Drehbuch: Olli Soinio
Kamera: Kari Sohlberg (Farbe)
Musik: Antti Hytti
Schnitt: Irma Taina
Produktion: Heikki Takkinen für Filminor, Finnland 1990
Verleih: -/-/-/VPS Video
Videostart: Jan. 1993
Länge: 81 Min. – *FSK:* ab 16 J.

Finnische Sozial-und Zombie-Groteske über eine höchst psychopathische Sippe, die, halb tot, halb lebendig, aus den abgelegenen finnischen Wäldern nach Helsinki aufbricht. Ziemlich konfus, gegen Ende hin völlig abgedreht und zunehmend sinnlos.

My Indian Boy 604

***

Regie: Karl Schedereit
Darsteller: Joan und Jim Brothers
Drehbuch: Karl Schedereit
Kamera: Karl Schedereit (Farbe)
Musik: Jim Page
Produktion: Karl Schedereit für Omnipix, BRD 1993
Erstaufführung: 15. Biberacher Filmfestspiele 1993
Verleih: Omnipix/-/-
Länge: 76 Min.
FBW: Wertvoll

Eine Lakota-Indianerin fährt im Herbst des Jahres 1992 zusamen mit ihrem 16jährigen Sohn von South Dakota quer durch den Westen der USA nach Kalifornien. Die lange Fahrt benutzt sie, um ihm »ihr« Land, das Land der indianischen Ureinwohner zu zeigen, um ihn zum Indianer zu machen.

Der Mörder und die Lady 605

LOVE ON THE RUN ***

TV

Regie: Gus Trikonis
Darsteller: Stephanie Zimbalist (Diana Rockland), Alec Baldwin (Sean Carpenter), Constance McCashin (Elizabeth Nellison), Howard Duff (Lionel Rockland), Madison Mason (Roy Nellison), Ernie Huson (Lamar), Francine Lembi (Bonnie), Kit LeFever (Cherry), Matthew Cowles (Yancy), Arnold Turner (Rick Wade)
Drehbuch: Sue Grafton, Steven Humphrey (auch Exec.Prod.)
Kamera: Philip Lathrop (Farbe)
Musik: Billy Goldenberg
Schnitt: Fred A. Chulack
Produktion: Jay Benson für NBC Prod., USA 1985
Uraufführung: 21.10.1985, NBC
Verleih: -/-/-/
Sendetermin: 22.8.1993, ARD, 20.15
Länge: 96 Min.

Die junge Anwältin Diana Rockland verliebt sich in ihren Mandanten Sean Carpenter, der im Gefängnis zwei Mithäftlinge getötet hat, als sie ihn umbringen wollten. Als sie erkennt, daß man ihn als kaltblütigen Mörder verurteilen will, verhilft sie ihm zur Flucht und taucht mit ihm unter. Von der Polizei gesucht, geraten sie immer mehr in Bedrängnis. *Pressetext ARD*

Nach der Liebe 606
APRES L'AMOUR ***

Regie: Diane Kurys
Darsteller: Isabelle Huppert (Lola), Bernard Giraudeau (David), Hippolyte Girardot (Tom), Yvan Attal (Romain), Lio (Marianne), Judith Reval (Rachel), Ingrid Held (Anne), Laure Killing (Elisabeth), Mehdi Joossen (Simon), Florian Billon (Olivier)
Drehbuch: Diane Kurys, Antoine Lacomblez
Kamera: Fabio Conversi (Farbe)
Musik: Yves Simon
Schnitt: Hervé Schneid
Produktion: Philippe Lievre für Alexandre Films/TF1/Prodeve mit Canal Plus, Frankreich 1992
Verleih: Concorde/Constantin/Sadfi/VCL/ Carolco Video
Kinostart: 22.7.1993
Länge: 104 Min. – *FSK:* ab 12, ffr.
FBW: Besonders wertvoll

Wie viele Männer braucht die moderne Frau im Sinne der Regisseurin Diana Kurys? Zur Beantwortung der Frage verwickelt sie Isabelle Huppert als erfolgreiche Schriftstellerin Lola in eine Liaison mit einem erfolgreichen Rockmusiker. Ein weiterer erfolgreicher Freiberufler und langjähriger Vertrauter Lolas sowie dessen Frau bringen neue emotionale Wirrungen. »Nach der Liebe« überzeugt durch gute Darstellerleistungen, die über die Durchschnittlichkeit des Filmes hinwegtrösten.

Alexander Musik, tip, 15/93

Michael Althen in: SZ, 23.7.93; Thomas Klingenmeier in: Stgt. Zeitung, 23.7.93; Gerhard Midding in: Kölner Stadt-Anzeiger, 24.7.93; Carla Rhode in: Der Tagesspiegel, 6.7.93; Angela Schmitt-Gläser in: FR, 22.7.93

Nach einer Ewigkeit 607
***

Regie: Michael Bertl
Darsteller: Adam Ganz (Simon Rufer), Marcel Cieslarzyk (David), Petra Barthel (Sabine), Silvester Berger (F. Spenke), Michael Kausch (Gerhardt), Saba Komossa (Angela), Uwe Müller (Therapeut), Renate Siegl, Heike Katzwinkel, Christiane Ziehl

›Nach der Liebe‹ im Karussell der Gefühle: Hippolyte Girardot begehrt Isabelle Huppert.

Drehbuch: Michael Bertl
Kamera: Arthur Ahrweiler (Farbe)
Musik: One Tongue
Schnitt: Mona Bräuer
Produktion: DFFB mit Schramm Film/Koerner & Weber für NDR, BRD 1992
Uraufführung: 30.10.1992, Int. Hofer Filmtage
Verleih: DFFB/-/-
Länge: 75 Min.

Nach mehr als zehn Jahren kehrt der erfolgreiche Pop-Musiker Simon Rufer wieder in seine alte Heimat, in die deutsche Provinz zurück. Ausgebrannt, mutlos und ohne wirkliche Perspektive, möchte er nur eins: in Ruhe gelassen werden.

Rufers einziger Freund ist ein Blinder, der sein seltsames Benehmen toleriert. Erst als ein kleiner pyromanischer Junge in seine Welt eindringt, bricht Rufers Erstarrung auf.

Durch das seltsame Kind erinnert er sich bruchstückhaft an seine eigene, verloren geglaubte Kindheit, an Momente der Geborgenheit und der Zuneigung.

Und dann trifft er zufällig Sabine wieder, seine erste Freundin…

Katalog Hofer Filmtage

Nach Hollywood – Douglas Sirk erzählt 608

***

Regie: Eckart Schmidt
Kamera: Anette Haellmigk, Henrik von Barnekow, Gary Graver (Farbe)
Musik: Raoul Sternberg
Schnitt: Andreas Treske
Produktion: Raphaela-Film für Eckhart Schmidt, BRD 1991
Erstaufführung: Filmfest München 1991
Verleih: Raphaela-Film/-/-
Kinostart: Mai 1993
Länge: 80 Min.

Animierende Dokumentation für Fans von Douglas Sirk: Der 1986 gestorbene Meister des Melodramas (»La Habanera«, »Imitation Of Life«) erzählt über das Star-System und die Filmkultur in Europa und den USA: Anekdoten zwischen Ufa und Hollywood, Bilanz eines Künstlerlebens.

Angie Dullinger, AZ 22.6.91

Nach Kambodscha schwimmen 609

SWIMMING TO CAMBODIA ***

TV

Regie: Jonathan Demme
Darsteller: Spalding Gray, Sam Waterston, Ian Wheeler
Drehbuch: Spalding Gray
Kamera: John Bailey (Farbe)
Musik: Laurie Anderson
Schnitt: Carol Littleton
Produktion: R.A. Shafransky für Cinecom, USA 1987
Verleih: -/-/-/
Sendetermin: 29.9.1993, West3, 22.50
Länge: 87 Min.

Aus der Sicht eines amerikanischen Reporters in Kambodscha redet Spalding über Sextourismus, über die Tragödie im Lande nach der Machtübernahme durch die Roten Khmer und über kleinere und größere Pannen bei den Dreharbeiten.

Der Nachbar 610

***

Regie: Götz Spielmann
Darsteller: Rudolf Wessely (Pawlik), Dana Vavrova (Michaela), Wolfgang Böck (Herbert), Hana Cainer (Agnes), Josefine Pilecky, Silvia Fenz, Maria Singer, Franz Hiller
Drehbuch: Götz Spielmann
Kamera: Peter Zeitlinger (Farbe)
Musik: Michael Hennig
Schnitt: Hubert Canaval
Produktion: Helmut Grasser, Manfred Fritsch, Österreich 1992
Uraufführung: Int. Filmfestspiele San Sebastian 1992
Erstaufführung: Int. Hofer Filmtage 1992; Filmfestival Max Ophüls Preis, Saarbrücken 1993
Verleih: Amazonas/filmladen/-
Kinostart: 16.6.1993 (Österreich)
Länge: 92 Min.

In dieser gelungenen, tristen, aber in ihrer Menschlichkeit sehr berührenden Wiener Millieustudie steht das von Rudolf Wessely eindringlich gespielte Charakterporträt eines einsamen, alternden Mannes mit guten Absichten, aber auch verdrängten Triebwünschen und Aggresionen im Vordergrund. Er verliebt sich in eine schöne, junge Tschechin, die mit ihrem Kind bei seinem Nachbarn, einem Möchtegern-Zuhälter,

Rudolf Wessely in ›Der Nachbar‹.

lebt. Der Film streift etliche soziale und psychologische Probleme und bietet viel Stoff zum Nachdenken. *multimedia*

Die Nacht 611

AL LEIL ***

Regie: Mohamed Malas
Darsteller: Sabah Jazairi, Fares Al Helu, Omar Malas, Maher Sleibi
Drehbuch: Mohamed Malas, Ussama Mohamed, nach dem Roman »L'annonciation sur une ville qui était vivante avant la guerre« von Mohamed Malas
Kamera: Yussef Ben Yussef (Farbe)
Musik: Vahe Demrejian
Schnitt: Kais Al Zubaidi
Produktion: Organisme national du cinéma Maram for cinema/La Sept, Syrien/Libanon/Frankreich 1992
Uraufführung: 5.10.1992, Karthago Filmfestival
Erstaufführung: 15.2.1993, Int. Forum des Jungen Films, Berlinale
Verleih: -/-/Trigon
Kinostart: Okt. 1993
Länge: 115 Min.

Der syrisch-palästinensische Filmautor Mohamed Malas erzählt in seinem autobiografischen Film von der Suche des Sohns nach dem früh gestorbenen Vater, dessen Grab in der von der israelischen Armee zerstörten Stadt Kuneitra liegt. Erinnerungen – eigene und von anderen – fügt Malas zu einem packenden Kaleidoskop aus archaischen, ikonenhaften Bildern und prägnanten Tönen. Geschichte ist in diesem, an den Festivals von Karthago und Freiburg/Schweiz preisgekrönten Film, nicht eine Aneinanderreihung von Fakten, sondern eine sinnliche Verschmelzung von subjektiven Traum- und Erinnerungsbildern. *Zoom*

Eberhard von Elterlein in: Berliner Morgenpost, 17.2.93; Dorothée Kreutzer in: film-dienst, 1/93; Robert Richter in: Neue Züricher Zeitung, 28.1.93

Die Nacht des Jägers 612

NIGHT OF THE HUNTER **

TV

Regie: David Greene
Darsteller: Richard Chamberlain (Harry Powell), Diana Scarwid (Willa Harper), Amy Bebout (Pearl Harper), Reid Binion (John Harper), Ray McKinnon (Ben Harper), Mary Nell Santacroce (Gert Spoon), Burgess Meredith (Birdy), Ed Grady (Walt Spoon)
Drehbuch: Edmond Stevens, nach dem Roman von Davis Grubb
Kamera: Ron Orient (Farbe)
Musik: Peter Manning Robinson
Schnitt: Skip Schoolnik
Produktion: Diana Kerow Prod. mit Königsberg/Sanitsky, USA 1991
Uraufführung: 5.5.1991, ABC
Sendetermin: 10.7.1993, ARD, 22.15
Länge: 95 Min.

Entgegen seinen sonstigen Rollen ist »Dornenvogel« Richard Chamberlain hier ein bestialischer Krimineller. Im Kostüm eines Wanderpredigers terrorisiert er ein Kind, um die Lage eines Geldverstecks zu erfahren. Mittelmäßiges Remake des Kino-Klassikers von 1955.

Eine Nacht im Savoy 613

STOMPING AT THE SAVOY **

Video

Regie: Debbie Allen
Darsteller: Lynn Whitfield (Esther), Vanessa Williams (Pauline), Jasmine Guy (Dorothy), Mario Van Peebles (Walter), Vanessa Bell Calloway (Alice), Michael Warren
Drehbuch: Beverly M. Sawyer
Kamera: Isidore Mankofsky (Farbe)
Musik: Harold Wheeler
Schnitt: Chip Masamitsu
Produktion: Michael OGallant für Universal/Gallant Ent., USA 1992

Verleih: -/-/-/CIC Video
Videostart: 17.3.1993
Länge: 93 Min. – *FSK:* ab 12 J.

Das legendäre »Savoy« als Kulisse für vier schwarze Frauen(schicksale) im New York von 1939. Klischeehaftes Fernsehfilmchen.

Annette Winter in: film-dienst, 8/93

Nächtlicher Tanz 614

GHAMIS ZEKWA ****

Regie: Aleko Zabadse
Darsteller: Surab Begalischwili (Moshe), Amiran Amiranaschwili (Shiba), B. Intzkirwieli, B. Gabisonia, S. Uriadmkopeli, M. Maglakelidse, T. Kuliyewa
Drehbuch: Aleko Zabadse
Kamera: Leri Madschaidse (Farbe)
Musik: Awto Nazaraschwili
Schnitt: Lali Kolhidaschwili
Produktion: Armasi Filmprod. »Chimerioni«, Georgien 1991
Uraufführung: 15.4.1991, Tibliss
Erstaufführung: 17.2.1992, Int. Forum des Jungen Films, Berlin
Verleih: Freunde der Deutschen Kinemathek/-/-
Kinostart: Dezember 1992
Länge: 128 Min.

Ein düsterer, kompromißloser Film über das chaotische Leben in einer georgischen Industriestadt. Moshe und Shiba sind Arbeiter in einem Stahlwerk, ihre Freundschaft ist das einzige konstruktive Element in einer Welt von stummer Verzweiflung und verwirrender Richtungslosigkeit. Nachdem Shiba seine Stiefmutter erwürgt hat, stellt er Moshe vor eine Entscheidung. Fahle Farben signalisieren eine permanente Untergangsstimmung. Zabadses Film erinnert an Bela Tarrs hoffnungslose Stimmungsbilder. *André Simonoviecz, tip*

Heinz Kersten in: Der Tagesspiegel, 25.2.93; Roland Rust in: film-dienst, 12/92

Nackte Sünde 615

A WOMAN WHO SINNED **

TV

Regie: Michael Switzer
Darsteller: Susan Lucci (Victoria Robeson), Tim Matheson (Michael Robeson), Michael Dudikoff (Evan Ganns), Ian Patrick Williams (Alistair), Neil Vipond (Nowak), Patricia Estrin (Jackie), Stuart Nisbet (Richter), Ed Williams (Priester), Dick Miller (Thomas), Steve Prutting
Drehbuch: Denne Petitclerc, nach einer Story von Stu Samuels
Kamera: Denis Lewiston (Farbe)
Musik: David Kurtz
Produktion: , USA 1991
Sendetermin: 17.9.1993, ARD, 20.15
Länge: 90 Min.

Die attraktive Galeristin Victoria Robeson muß für einen flüchtigen Seitensprung teuer bezahlen. Als ihre Freundin Jane, die sie als Alibi für den Ehebruch benutzt, tot aufgefunden wird, gerät Victoria in dringenden Mordverdacht. Da alle Indizien gegen sie sprechen, bleibt ihr nichts anderes übrig, als ihrem Mann die ganze Wahrheit zu gestehen, um einem mörderischen Verwirrspiel zu entkommen. *Pressetext ARD*

Nahaufnahme 616

NAMA-YE NAZDIK ***

Regie: Abbas Kiarostami
Darsteller: Ali Sabzian, Hassan Frazmand, Abolfazl Ahankhah, Hushang Shahai, Mehrdad Ahankhah, Mohsen Makhmalbaf
Drehbuch: Abbas Kiarostami
Kamera: Alireza Zarrindast (Farbe)
Schnitt: Abbas Kiarostami
Produktion: Hassan Aghakarimi für Institut für die geistige Entwicklung für Kinder und Jugendliche, Iran 1990
Erstaufführung: Filmfest München 1990
Verleih: -/-/Cinélibre
Kinostart: März 1993
Länge: 100 Min.

Im Bus erklärt der arbeitslose Ali Sabzian einer ihm unbekannten Frau, er sei der bekannte iranische Filmregisseur Mohsen Makhmalbaf. Unter dem Vorwand, an einem Filmprojekt zu arbeiten, verschafft er sich bei ihrer wohlhabenden Familie Zutritt. Das Familienoberhaupt schöpft Verdacht, so daß der Schwindel entlarvt und Ali vor Gericht gestellt wird. Abbas Kiarostami hat diese wahre Geschichte mit den authentischen Personen auf halbdokumentarische Weise rekonstruiert und bietet einen Einblick in die iranische Gesellschaft. *Zoom*

Tomas Milian, Dennis Hopper.

Nails 617

NAILS ***

Video

Regie: John Flynn
Darsteller: Dennis Hopper (Harry Niles), Anne Archer (Mary Niles), Tomas Milian (Pedro Herrera), David Keith (Noah Owens), Carlos Carrasco (Jose Acosta), Charles Hallahan (Bud Taylor), Jay Acovone (Cap. Evan Graham), Earl Billings (Jack Willis), Cliff DeYoung (Alan Stambusky), Luis Ramos (Ricardo Sanchez)
Drehbuch: Larry Ferguson
Kamera: Mac Ahlberg (Deluxe)
Musik: Bill Conti
Schnitt: Michael N. Knue
Produktion: George W. Perkins für Viacom Pic./Empress, USA 1992
Verleih: -/-/-/VCL/Carolco Video
Videostart: 22.11.1993
Länge: 92 Min.
FSK: ab 18 J.

Eine selten originelle Drehbuchidee (Polizist rächt den Mord an seinem Kollegen), entsprechend konventionell in Szene gesetzt. Aber dank Dennis Hopper als zynisch-harter Cop und der guten Besetzung durchaus akzeptabel.

Naked Obsession 618

NAKED OBSESSION *

Video

Regie: Dan Golden
Darsteller: William Katt (Franklin Carlyle), Rick Dean (Sam Silver), Maria Ford (Lynne Hauser), Wendy MacDonald (Saundra Cartyle), Elena Sahagun (Becky), Roger Craig (Det. Ludlow), Tommy Hinkley (Mitch)
Drehbuch: Robert Dodson, nach einer Story von Dan Golden und Robert Dodson
Kamera: Dick Buckley (Farbe)
Musik: Scott Singer
Schnitt: Gabrielle Gilbert-Reeves
Produktion: Ron Zwang für Concorde/New Horizon, USA 1991
Verleih: -/-/-/Highlight Video
Videostart: 6.4.1993
Länge: 76 Min. – *FSK:* ab 16 J.

Bürgermeister-Kandidat verfällt einer Striptease-Tänzerin und ihrer »Kunst« -ebenso wie der Regisseur, der die Auszieh-Sequenzen nur notdürftig mit etwas Handlung bemäntelt.

Anselm Jungeblodt in: film-dienst, 9/93

Nebenstraßen 619

BACK ROADS ***

TV

Regie: Martin Ritt
Darsteller: Sally Field (Amy Post), Tommy Lee Jones (Elmor Pratt), David Keith (Mason), Miriam Colon (Angel), Michael V. Gazzo (Tazio), Dan Shor (Spivey), M. Emmet Walsh (Arthur), Barbara Babcock, Nell Carter, Ralph Seymour
Drehbuch: Gary Devore
Kamera: John A. Alonzo (Deluxe)
Musik: Henry Mancini
Schnitt: Sidney Levin
Produktion: Ronald Shedlo für Warner Bros., USA 1980
Verleih: -/-/-/
Sendetermin: 26.4.1993, MDR, 00.00; 1.5.1993, ORB3, 0.00
Länge: 94 Min.

Amy und Elmor trampen in Richtung Kalifornien. Sie verlieben sich, doch der erste Riesenkrach bleibt nicht aus.

Nemesis 620

NEMESIS **

Video

Regie: Albert Pyun
Darsteller: Olivier Gruner (Alex Rain), Marjorie Monaghan (Jared), Tim Thomerson (Farnsworth), Cary Hiroyuki-Tagawa (Angie-Liv), Nicholas Guest (Germaine), Merele Kennedy (Max Impact), Yuji Okumoto (Yoshiro Han), Vince Klyn (Michel), Thom Mathews (Marion), Marjean Holden
Drehbuch: Rebecca Charles
Kamera: George Mooradian (Scope)
Musik: Michael Rubini
Schnitt: David Kern, Mark Conte
Produktion: Ash R. Shah, Eric Karson, Tom Karnowski für Greenleaf Prod., USA 1992
Verleih: -/-/-/VPS Video

Videostart: 22.4.1993
Länge: 91 Min. – *FSK:* ab 18 J.

Nicht nur Polizisten, sondern – welch Segen! – auch Politiker sollen im Jahr 2020 durch künstliche »Cyborgs« ersetzt werden. Ein kaltblütiger Undercover-Cop soll Jagd auf Chip-Betrüger und Info-Terroristen machen. Ärmlicher Verwandter von »Blade Runner«.

Netherworld 621

NETHERWORLD

** Video

Regie: David Schmoeller
Darsteller: Michael Bendetti (Corey Thornton), Denise Gentile (Delores), Anjanette Comer (Mrs. Palmer), Holly Floria (Diane Palmer), Robert Sampson (Noah Thornton), Alex Datcher (Mary Monroe)
Drehbuch: Billy Chicago, Charles Band
Kamera: Adolfo Bartoli (Farbe)
Musik: David Brian, Larry Fast
Schnitt: Carol Oblath, Andy Horvitch
Produktion: Thomas Bradford für Full Moon Ent., USA 1991
Verleih: -/-/-/Highlight Video
Videostart: 16.12.1992
Länge: 81 Min.
FSK: ab 18 J.

Im Nachlaß seines verstorbenen Vaters findet Corey den Hinweis auf ein geheimnisvolles Bordell, in dem er den alten Herrn als Untoten wiederfindet. Wenig gelungene Mischung aus Zombie-Horror, schwülem Südstaaten-Sex und handwerklichem Unvermögen.

Neue Nachrichten vom Weltuntergang 622

NOWYJE SWEDENIJA O KONZE SWETA

***

Regie: Boris Kustow
Drehbuch: Waldimir Suworow, Alexej Gromow
Kamera: Boris Kustow (Farbe)
Musik: S. Sidelnikow
Schnitt: Galina Tarik
Produktion: Swerdlowsker Studio ›Ural-Film‹, UdSSR 1991
Uraufführung: 15.7.1991, Moskauer Filmfestival
Erstaufführung: 14.2.1992, Int. Forum des Jungen Films, Berlin
Verleih: Freunde/-/-
Kinostart: März 1993
Länge: 75 Min.

Der Titel ist zynisch, der Film ist es auch. In einer teilweise originellen Montage aus Interviews, historischen und aktuellen Filmdokumenten sowie allegorischem Rollenspiel entwirft Boris Kustow eine bis zum Sarkasmus gehende Analyse des Zeitgeistes im zerfallenden Sowjetreich.
Der Anlaß ist ernst, die filmische Umsetzung amüsant. Scharlatane, Spiritisten und Astrologen sind die Demagogen der Zukunft. In Kustow übermütiger Phantasie gerät dabei Lenin zum Geist einer spiritistischen Séance, Gorbatschow zu einer Marionette der Magier, und ein Mann gibt für 100.000 Dollar eine Zukunftsprognose.

Berliner Morgenpost, 16.2.92

Neues Deutschland 623

**** TV

Regie: Dani Levy (Ohne mich), Maris Pfeiffer (Ein Ort, ein Selbstmord), Gerd Kroske (Kurzschluß), Philip Gröning (Opfer, Zeugen), Uwe Janson (Heilige Kühe)
Drehbuch: Dani Levy, Gerhard Hirsch, Sebastian Richter, Philip Gröning, Jürgen Jürges
Kamera: Charly F. Koschnik (Farbe und s/w)
Produktion: Micha Terjung für COLON Filmprod./WDR/FOOL/Neue Sentimental/ Dokfilm Babelsberg/Philip-Grönig-Filmprod./CAT Features, BRD 1993
Uraufführung: 29.6.1993, Filmfest München
Sendetermin: 3.7.1993, WDR3, 20.15; 3.10.1993, ORB3, 22.20
Länge: 100 Min., 116 mm

Fünf Episodenfilme als unkonventionelle Schnellschüsse aus dem deutschen Herbst 92. Am bösesten Dani Levys »Ohne mich«: makabre jüdische Verfolgungsängste in Berlin – Horrorstudie des Antisemitismus. Schwarze Groteske: Uwe Jansons »Heilige Kühe« (sensationsgeiler Kameramann – mediengeile Neonazis), hämmerndes Interview-Staccato in Grönings »Opfer, Zeugen«, Leipziger Wendesymbolik in Kroskes »Kurzschluß«, Gesinnungskli-

ma in Maris Pfeiffers »Ein Ort, ein Selbstmord«. Fünfmal Denkaufruhr.
Ponkie, AZ, 29.6.93

Fritz Göttler in: SZ, 3.7.93

Neues in Wittstock 624
***

Regie: Volker Koepp
Kamera: Christian Lehmann
Schnitt: Angelika Arnold
Produktion: Defa-Studio für Dokumentarfilme mit La Sept, BRD 1992
Erstaufführung: 12.2.1993, Int. Forum des Jungen Films, Berlinale
Verleih: Filmemacher/-/-
Kinostart: Mai 1993
Länge: 99 Min. – *FSK:* o.A., ffr.
FBW: Wertvoll

Basierend auf Langzeitbeobachtungen von Arbeiterinnen einer Textilfabrik, die bis ins Jahr 1974 zurückreichen und teilweise zitiert werden, wird versucht, den Umbruch in Deutschland an fortgeschriebenen Einzelschicksalen zu dokumentieren.

Heinz Kersten in: Der Tagesspiegel, 12.2.93

Neujahr in New York 625
NEW YEAR'S DAY
***
TV

Regie: Henry Jaglom
Darsteller: Henry Jaglom (Drew), Maggie Jakobson (Lucy), Gwen Welles (Annie), Melanie Winter (Winona), David Duchovny (Billy), Milos Forman (Lazlo), Michael Emil, Donna Germain, Tracy Reiner, Harvey Miller
Drehbuch: Henry Jaglom
Kamera: Joey Forsyte; Hanania Baer (Technicolor)
Schnitt: Henry Jaglom, Ruth Zucker Wald
Produktion: Judith Wolinsky für Jagfilms/Int. Rainbow, USA 1989
Uraufführung: Int. Filmfestspiele Venedig 1989
Verleih: -/-/-/
Sendetermin: 14.1.1993, ZDF, 23.45
Länge: 89 Min.

Drew ist Mitte vierzig, frisch geschieden und steckt tief in der Midlife-Crisis: genau der richtige Zeitpunkt, wie er findet, seine gewohnte Umgebung in Los Angeles zu verlassen, um in New York noch einmal anzufangen und neue Freunde zu finden. Doch als er am Neujahrsmorgen vor seinem Apartment steht, kommt er schneller mit Menschen in Kontakt, als ihm lieb ist. Seine Vormieterinnen haben nämlich die Wohnung noch nicht geräumt. Drew ist gezwungen, mit ihnen den Tag zu verbringen, und so lernt er Luci, Annie und Winona kennen – eine Begegnung, die für alle Beteiligten unvergeßlich bleiben wird. *Pressetext ZDF*

Simone Mahrenholz in: Der Tagesspiegel, 16.1.93

New! Improved! Real-life American Fairy Tale 626
**

Regie: Deborah Magocsi
Darsteller: Jeff Kearney /Captain), Lynn Longo, Greg Zekowski (die feinen Liebenden), Via Lambros (Mia), Tom Arceneau, Matt Bailey (Luv-Patrouille), Grady Shytles (Mias Vater), Lovey Carey (Lovey), Steve Mason (Bob), Jennifer Studebaker
Drehbuch: Deborah Magocsi
Kamera: Mary Ahmann, Greff J. Levine (Farbe)
Schnitt: Deborah Magocsi
Produktion: Deborah Magocsi, Rick Putnam für Rhizomatic Films, USA 1992
Uraufführung: 19.2.1993, Int. Forum des Jungen Films, Berlin
Verleih: Freunde/-/-
Kinostart: Mai 1993
Länge: 90 Min.

Viele Leute halten ihn für einen schwierigen Film, nicht, weil er nicht lustig oder gescheit oder stark ist, sondern weil seine Form und der Gang seiner Handlung nicht in den Rahmen unserer Filmerfahrung passen. Das ist kein Zufall. Der Film greift bewußt bestimmte Sprachmuster unserer Kultur an, weigert sich, bestimmte Begriffe zu akzeptieren, die eine Ideologie stützen. (...)
Deborah Magocsi, Katalog Forum

Night and the City 627
NIGHT AND THE CITY
***

Regie: Irwin Winkler
Darsteller: Robert De Niro (Harry Fabian), Jessica Lange (Helen Nasseros), Alan King (Boom Boom Grossman), Cliff Gorman (Phil Nasseros), Jack Warden (Al Grossman), Eli Wallach (Peck), Barry Primus (Tommy Tessler), Gene Kirkwood (Resnick), Pedro Sanchez (Cuda Sanchez), Gerry Murphy

Drehbuch: Richard Price, nach dem Drehbuch von Jo Eisinger, nach dem Roman von Gerald Kersh
Kamera: Tak Fujimoto (Technicolor)
Musik: James Newton Howard
Schnitt: David Brenner
Produktion: Jane Rosenthal, Irwin Winkler für Tribeca Prod., USA 1992
Uraufführung: 16.10.1992, New York
Verleih: Jugendfilm/Constantin/Monopole Pathé/VCL/Carolco Video
Kinostart: 21.1.1993
Länge: 104 Min.
FSK: ab 12, ffr.

Winkeladvokat Harry Fabian will ins Boxgeschäft einsteigen, um es zu etwas zu bringen. Dazu muß er Geld borgen und verstrickt sich in Handel und Händel aller Art, so daß er bei Freunden und Feinden unter Druck gerät. Seinen guten Absichten zum Trotz wird Fabian schließlich von seinen zwielichtigen Machenschaften eingeholt. Stimmungsvolles Dialogfeuerwerk mit einem hervorragenden Hauptdarsteller, aber reichlich konventioneller und recht spannungsarmer Handlung. *Zoom, 2/93*

Heiko R. Blum in: Rheinische Post, 2.4.93; Fritz Göttler in: Kölner Stadt-Anzeiger, 6.2.93; Anja Henningsmeyer in: Der Tagesspiegel, 4.2.93

Night Crimes 628
NIGHT RHYTHMS **
Video

Regie: Alexander Gregory Hippolyte
Darsteller: Sam Jones, David Carradine, Delia Sheppard, Martin Hewitt
Kamera: (Farbe)
Produktion: Andrew Garroni für Axis Films, USA 1992
Verleih: -/-/-/Splendid Video
Videostart: 15.3.1993
Länge: 95 Min.
FSK: ab 18 J. (gekürzte Fass. 79 Min., ab 16 J.)

Ein Radiosprecher wird von Frauen wegen seiner sexy Stimme geliebt. Als er sich im Studio mit einer Frau einläßt und diese kurz darauf ermordet wird, wird er als Täter verdächtigt. Unaufwendig realisiertes Filmchen mit starkem Hang zu Oberweiten-Erotik über einen Radio-Sexberater, der in einen Mord verwikkelt wird. – In der nächsten Spalte sehen Sie, wie es dem weiblichen Radio-Personal ergeht.

Night Eyes 2 629
NIGHT EYES 2 **
Video

Regie: Rodney McDonald
Darsteller: Andrew Stevens, Shannon Tweed, Tim Russ, Tessa Taylor
Drehbuch: Simon Louis Ward
Kamera: Feliks Parnell (Farbe)
Produktion: Ashok Amritraj für Trimark Pic., USA 1992
Verleih: -/-/-/Splendid Video
Videostart: 7.12.1992
Länge: 93 Min. – *FSK:* ab 16 J.

Zwei Sicherheitsbeamte sollen einen Karriere-Diplomaten beschützen. Einer landet im Bett der Ehefrau, der andere stirbt bei einem Attentat und muß natürlich gerächt werden. Sex & Crime auf drittklassigem Niveau – nicht sonderlich aufregend, aber auch nicht ärgerlich.

Night Line 630
SEXUAL RESPONSE *
Video

Regie: Yaky Yosha
Darsteller: Shannon Tweed (Eve Robinson), Catherine Oxenberg (Kate), Vernon Wells (Philip), Emile Levisetti (Edge), David Kriegel (Peter)
Drehbuch: Brent Morris, Eric Diamond
Kamera: Ilan Rosenberg (Farbe)
Musik: Richard Berger
Schnitt: David H. Lloyd
Produktion: Ashok Amritraj für Vision Int./ Procetec/PTA, USA 1992
Verleih: -/-/-/VMP Video
Videostart: 10.10.1993
Länge: 87 Min. – *FSK:* ab 16 J.

Verheiratete Radio-Sexberaterin erlebt beim Seitensprung ihr blaues Wunder... Spekulativer Erotik-Thriller.

Frank Klubertz in: film-dienst, 21/93

Night Shadow 631
NIGHT SHADOW *
Video

Regie: Randolph Cohlan
Darsteller: Brenda Vance (Alex Jung), Rick Scott (Hitcher), Dane Chan (Tai), Tom Boylan (Adam Newquest), Kato Kaelin (Dean Lesther), Aldo Ray
Drehbuch: Randolph Cohlan, Mark Crowe
Kamera: Sean McLin (Farbe)
Musik: Ken Carlton
Produktion: George Temple für Temple/ Cohlan Prod., USA 1990

Verleih: -/-/-/Summit Video
Videostart: Juni 1993
Länge: 84 Min. – *FSK:* ab 18 J.

Werwolfartige Bestie reißt sich nächtens Menschenfleisch und wird von Reporterin überlistet. Schwache Fast Food-Mischung aus Horror und Action.

Josef Lederle in: film-dienst, 16/93

Niiwam – Der lange Weg 632

NIIWAM ***

TV

Regie: Clarence Thomas Delgado
Darsteller: Samba Wane (Thierno), Rama Thiam (Awa), Abou Camara, Ismaila Cissé, Mamadon Mansour Seye, Ablaye Diop Dany, Sackayna Diayne
Drehbuch: Seynabou Jacot Sall, nach der Erzählung von Dusmane Sembène
Kamera: Guy Chanel, Aziz Latif Balogun (Farbe)
Musik: Aziz Dieng
Produktion: SNPL/Emmanuel Films/Les Ateliers de l'Arche, Senegal/Frankreich 1992
Verleih: -/-/-/
Sendetermin: 18.5.1993, 22.40, BR3
Länge: 85 Min.

Der Fischer Thierno und seine Frau machen sich auf die lange Fahrt nach Dakar, um ihr todkrankes Kind von einem Arzt behandeln zu lassen. Doch es ist zu spät, das kleine Mädchen stirbt. Mit der Leiche des Kindes macht sich Thierno auf die lange Busfahrt quer durch Dakar zum Friedhof, seine Frau bleibt zurück.
Pressetext BR3

Nimm's nicht krumm, Daddy! 633

DADDY DON'T BLUSH AMAMI **

Video

Regie: Bruno Colella
Darsteller: Moana Pozzi (Anna), Novello Novelli (Tullio), Nadia Rinaldi (Mary), Bruno Colella (Grassini), Eugenio Bennato (Gianni), Jeff Blynn (Willy), Flavio Bucci (Pagani)
Drehbuch: Bruno Colella, Giovanni Veronesi, nach einer Idee von Bruno Colella
Kamera: Blasco Giurato (Kokak)
Musik: Giovanni Nuti
Schnitt: Mirco Garrone
Produktion: Galliano Cianca für Metrofilm, Italien 1992
Verleih: -/-/-/VPS Video
Videostart: 12.8.1993
Länge: 91 Min. – *FSK:* ab 16 J.

Die vollbusige Anna verdient, sehr zum Stolz ihres Vaters, ihr Geld beim Film. Daß es freilich Pornos sind, in denen sie ihr Talent zeigt, ahnt der alte Herr nicht. Leidlich unterhaltsames, selten wirklich komisches Softsex-Filmchen mit Italiens Pornostar Nr. 1 in der Hauptrolle.

Ninja Revenge 634

NINJA VENGEANCE *

Video

Regie: Karl R. Armstrong
Darsteller: Stephen K. Hayes, Janet K. Pawlak, Craig Boyett, David Paul Lord, Chuck Scott, William French, Larrie Armstrong
Drehbuch: Karl R. Armstrong, Carrie Armstrong
Kamera: Jaraslov Vodehna (Farbe)
Musik: Matthew Morse
Schnitt: Karl Armstrong
Produktion: Karl R. Armstrong, Carrie Armstrong für Shadow Warrior Prod., USA 1990
Verleih: -/-/-/Ascot Video
Videostart: 24.2.1993
Länge: 84 Min. – *FSK:* ab 16 J.

Ein Ninja-Kämpfer rächt den Tod seines Freundes, der von Mitgliedern des Ku-Klux-Klan ermordet wurde. Kampfsportfutter für Freunde der Billig-Action. Möglicherweise als Double-Features mit vorhergehendem Videofilm gedacht.

Ninja Turtles III 635

TEENAGE MUTANT NINJA TURTLES III – THE TURTLES ARE BACK ... ***

Regie: Stuart Gillard
Darsteller: Elias Koteas (Casey Jones/Wit), Paige Turco (April O'Neil), Stuart Wilson (Walker), Sab Shimono (Lord Norinaga), Vivian Wu (Mitsu), Mark Caso (Leonardo), Matt Hill (Raphael), Jim Raposa (Donatello), David Fraser (Michaelangelo), James Murray (Splinter)
Drehbuch: Stuart Gillard, nach den Charakteren kreiert von Kevin Eastman, Peter Laird
Kamera: David Gurfinkel (Technicolor)
Musik: John Du Prez
Schnitt: William D. Gordean, James R. Symons
Produktion: Thomas K. Gray, Kim Dawson, David Chan für Golden Harvest mit Gery Propper, USA 1992
Verleih: 20th Century Fox/dto./Elite/Fox Video
Kinostart: 29.7.1993
Länge: 95 Min. – *FSK:* ab 6, ffr.

Die dritte Folge der Erfolgsserie führt die Schildkröten per Zeitreise in das mittelalterliche Japan, wo sie mit ihren Kampfsportkünsten Rebellen im Kampf gegen einen tyrannischen Herrscher und dessen englischen Waffenlieferanten beistehen, ehe sie ihre Freundin April ins New York der Gegenwart zurückholen. Eine mittlerweise vertraute, ganz auf jugendliche Zuschauer zugeschnittene Mischung aus meist unblutigen Kampfszenen und wenig originellen Sprüchen.

Zoom

Heiko R. Blum in: Rheinische Post, 31.7.93; Jenny, Nico und Josef Schnelle in: FR, 3.8.93;

Noch mehr Ärger mit Jack 636

FATHER, SON AND THE MISTRESS/ **
FOR RICHER, FOR POORER Video

Regie: Jay Sandrich
Darsteller: Jack Lemmon (Jack Katourian), Talia Shire (Milia), Jonathan Silverman (Michael Silverman), Joanna Gleassu (Irene), Madeline Kahn (Billie)
Drehbuch: Stan Daniels
Kamera: Arthur Albert (Farbe)
Musik: Miles Goodman
Schnitt: Skip Schoolnik
Produktion: Richard Rosenbloom für Citadel Ent., USA 1992
Verleih: -/-/-/VCL/Carolco Video
Videostart: März 1993
Länge: 88 Min. – *FSK:* ab 6 J.

Millionär verschenkt sein Vermögen, um seinen Sohn zu Strebsamkeit zu aktivieren. Außer Jack Lemmon ohne nennenswerte Qualitäten.

Noises off: Der nackte Wahnsinn 637

NOISES OFF ***
Video

Regie: Peter Bogdanovich
Darsteller: Carol Burnett (Dotty Otley/Mrs. Clackett), Michael Caine (Lloyd Fellowes), Denholm Elliott (Selsdon Mowbray/The Burglar), Julie Hagerty (Poppy Taylor), Marilu Henner (Belinda Blair/Flavia Brent), Mark Linn-Baker (Tim Allgood), Christopher Reeve (Frederick Dallas/Philip Brent), John Ritter (Garry Lejeune/Roger), Nicollette Sheridan (Brooke Ashton/Vicki)
Drehbuch: Marty Kaplan, nach dem gleichn. Schauspiel von Michael Frayn
Kamera: Tim Suhrstedt; Don Burgess (2nd unit) (Technicolor)
Musik: Phil Marshall
Schnitt: Lisa Day
Produktion: Frank Marshall für Touchstone/ Amblin Ent. mit Touchwood Pacific Partners I, USA 1992
Verleih: (Warner Bros.)/-/-/Touchstone Home Video
Kinostart: 23.7.1992 (geplant, nicht im Kino gestartet); April 1993
Länge: 104 Min. – *FSK:* ab 12 J.

Über die turbulenten Proben und Auftritte einer in sich heillos zerstrittenen Schauspielertruppe, die mit einer Sexklamotte durch die Vereinigten Staaten tourt. Von Bogdanovich mit leichter Hand und sicherem Gespür für Witz inszeniert, von den Darstellern genüßlich ausgeführt.

Nordkurve 638

***

Regie: Adolf Winkelmann
Darsteller: Renate Krößner (Uschi Klamm), Christian Tasche (Teddy Klamm), Daniel Berger (Clemens Niebisch), Hermann Lause (Heinz Niebisch), Bernd Stegemann (Roland F. Beyer), Rolf Dennemann (Gottschalk), Walter Kreye (Vischering), Michael Brandner (Halbroth), Wolf-Dietrich Berg (Dennemann), Jochen Nickel (Kotter)
Drehbuch: Michael Klaus
Kamera: David Slama (Farbe)
Musik: Piet Klocke
Schnitt: Adolf Winkelmann
Produktion: Christiane Schaefer für Adolf Winkelmann Filmprod. mit WDR, BRD 1992
Uraufführung: 24.9.1992, Filmfestival Köln
Verleih: Nordkurve/-/-
Kinostart: 4.2.1993
Länge: 105 Min. – *FSK:* ab 12, ffr.
FBW: Besonders wertvoll

Samstag im Revier. Die große Sause. Fußball, Gewalt, Sex und Suff. In der Dortmunder Borussen-Arena kulminieren Frust und Fron der vergangenen fünf Arbeitstage. Das Ritual beginnt am Morgen, wenn sich die ersten eintrinken, sich mit Rammeleien und Prügeleien antörnen. Die lokale Vereins-Halbwelt, die Fans, Skins und Hooligans, die heldensüchtigen Mädchen und die genasführte Polizei, Presse und Politik: rund 15 Figuren, ein Mikrokosmos. Aber der Held des Films ist das Fieber

Es lebe der Sport: Fan-Ekstase in der ›Nordkurve‹.

des Tages. Von den Rankünen auf der Ehrentribüne bis zu den Destruktionsorgien in den Katakomben – 100 Minuten Deutschland pur. *Wolf Donner, tip, 6/93*

(...) Adolf Winkelmanns Kapital sind eine Fülle talentierter Schauspieler und trefflicher Ruhrgebietstypen; es gibt viel Tempo und zündende Details. Was fehlt, ist der dramaturgische Bogen. Doch das Tempo insgesamt vermag den Leerlauf zwischendurch zu überspielen.
Heiko R. Blum, Rheinische Post, 5.2.93

Helmut Böttiger in: FR, 10.8.93; Rupert Koppold in: Stgt. Zeitung, 11.6.93

Oberst Delmiro Gouveia 639
CORONEL DELMIRO GOUVEIA ***

Regie: Geraldo Sarno
Darsteller: Rubens de Falco, Nildo Parente, Jofre Soares, José Dumont, Sura Berditchevsky
Drehbuch: Geraldo Sarno, Orlando Senna
Kamera: Lauro Escorel jr. (Farbe)
Musik: J. Lins
Schnitt: Amauri Alves
Produktion: Saruê Filmes, Brasilien 1978
Verleih: Con Film/-/-
Kinostart: November 1992
Länge: 90 Min.

Brasilien am Ende des 19. Jahrhunderts. Im Mittelpunkt der Geschichte, die auf einem authentischen Fall beruht, steht Oberst Gouveia, ein reicher Händler und Exporteur aus Recife.

Vor den politischen Verfolgungen, denen er ausgesetzt ist, flüchtet er sich in den ›Sertao‹, zusammen mit einer Schwiegertochter des Gouverneurs von Pernambuco. Dort errichtet er eine hydroelektrische Fabrik und eine Weberei. Der Erste Weltkrieg behindert den Verkehr der englischen Handelsflotte nach Südamerika und ermöglicht es Gouveia, auf dem brasilianischen Markt mit den englischen Baumwollbaronen zu konkurrieren. Die Baumwollbörse sendet einen Emissär zu Verhandlungen. Gouveia weigert sich, mit den Engländern überhaupt noch zusammenzuarbeiten. Im Jahre 1917 wird er ermordet, seine Fabrik zerstört.

Obsession 640
THE TURN OF THE SCREW **
Video

Regie: Rusty Lemorande
Darsteller: Patsy Kensit (Jenny), Stephane Audran (Mrs. Grose), Julian Sands (Mr. Cooper), Marianne Faithfull (Narrator), Olivier Debray (Quint), Bryony Brind (Miss Jessel), Joseph England (Miles), Claire Szekeres (Flora), Thomas Krygier, Doreen Mantle
Drehbuch: Rusty Lemorande, nach der gleichn. Kurzgeschichte von Henry James
Kamera: Witold Stok (Rank Film)
Musik: Simon Boswell
Schnitt: John Victor Smith
Produktion: Staffan Ahrenberg, Nicole Seguin für Electric Pic./Michael White Prod., GB/Frankreich 1992
Verleih: -/-/-/VCL/Carolco Video
Videostart: Okt. 1993
Länge: 92 Min. – *FSK:* ab 16 J.

Erzieherin soll auf einsamem Schloß zwei merkwürdige Kinder betreuen. Überflüssiges, suggestiv bebildertes Remake von »Schloß des Schreckens« mit Deborah Kerr. Hier spielt Patsy Kensit ihren Part, was dem Film auch nicht gerade nutzt.

Ohne Ausweg 641
NOWHERE TO RUN **

Regie: Robert Harmon
Darsteller: Jean-Claude Van Damme (Sam Gillen), Rosanna Arquette (Clydie), Kieran Culkin (Mookie), Ted Levine (Mr. Dunston), Tiffany Taubman (Bree), Edward Blatchford (Lonnie), Anthony Starke (Billy), Joss Ackland (Franklin Hale)
Drehbuch: Joe Eszterhas, Leslie Bohem, Randy Feldman, nach einer Story von Joe Eszterhas und Richard Marquand
Kamera: David Gribble (Technicolor)
Musik: Mark Isham
Schnitt: Zach Staenberg, Mark Helfrich
Produktion: Gary Adelson, Craig Baumgarten für Adelson/Baumgarten Prod., USA 1993
Verleih: Columbia TriStar/dto./20th Century Fox/Columbia TriStar Home Video (ab 18 J.)
Kinostart: 25.3.1993
Länge: 94 Min.
FSK: ab 16, ffr.

Ein flüchtiger Sträfling kommt einer Frau und ihren Kindern, bei denen er Unterschlupf gefunden hat, gegen eine gewalttätige Baufirma zu Hilfe. Ein äußerst entbehrliches, da zugleich anödendes, reaktionäres und gewalttätiges Actionmovie mit Jean-Claude Van Damme in seiner üblichen Hauptrolle.

multimedia

Fritz Göttler in: SZ, 27.3.93; Frauke Hanck in: AZ, 26.3.93

Der Olympische Sommer 642
***

Regie: Gordian Maugg
Darsteller: Jost Gerstein (Geselle), Verena

Plangger (Witwe), Otto Ruck (Fleischermeister), Johanna Maugg, Gordian Maugg sen. (Bauernehepaar), Daniela Kirsch, Susanne Binninger (Bauernmägde), Helga Kröger, Joachim John, Werner Schmetzer
Drehbuch: Gordian Maugg, nach Motiven der Novelle »Der Geselle« von Günther Rücker
Kamera: Andreas Giesecke
Musik: Heidi Aydt, Frank Will
Schnitt: Monika Schindler, Behzad Beheshtipour
Produktion: Gordian Maugg Film- und Fernsehprod., BRD 1992
Uraufführung: 23.1.1993 Max Ophüls Preis, Saarbrücken
Verleih: Arsenal – *Kinostart:* 21.4.1994
Länge: 84 Min. – *FBW:* Besonders wertvoll

Ein Schlachtergeselle aus Pommern macht sich mit dem Fahrrad auf den Weg nach Berlin, um die Olympiade (1936) mitzuerleben und begegnet einer wohlhabenden Witwe, die ihn in die Geheimnisse der Liebe einweiht.

(...) Die Geschichte ist gewiß sehr tragisch, aber sie würde wohl keinen Hund hinter dem Ofen hervorlocken, wenn Maugg sie nicht so genial inszeniert hätte, nämlich schwarz-weiß und stumm, mit eingesprochenem Text, gedreht mit einer Kamera aus den dreißiger Jahren, zum Teil in falschen Geschwindigkeiten oder mit Standbildern fast ununterscheidbar vermischt mit historischem Bildmaterial. Der »Olympische Sommer« handelt davon, wie unter einer Diktatur auch die scheinbar private Lebensgier zum Verhängnis werden muß.

Harald Martenstein, Der Tagesspiegel, 31.1.93

L' Ombre

643
**

Regie: Claude Goretta
Darsteller: Jacques Perrin (Guillaume), Pierre Arditi (Lavigno), Gudrun Landgrebe (Erika), Maurice Garrel (Benjamin Ramier), Julie Jézéquel (Anne-Marie), Jean-Quentin Chatelain (Rolf), Anouk Grinberg (Juliette), François Germoud (Armand)
Drehbuch: Claude Goretta, Muriel Teodori, Efrem Camerin
Kamera: Pio Corradi, Philippe Cordey (Farbe)
Musik: Pascal und Antoine Auberson
Schnitt: Joële van Effenterre, Catherine Cormon
Produktion: Odessa/J.M.H./Bioskop/FR3/TSR, Schweiz/Frankreich/ BRD 1992
Verleih: -/-/J.M.H.
Kinostart: Juli 1993
Länge: 80 Min.

›Der Olympische Sommer‹ – Aufbruch in ein anderes Leben.

Lockvogel des Todes: Cynda Williams in ›One False Move‹.

Ein Journalist hat dem Abenteuer und damit dem Ruhm entsagt. Nun beschränkt er sich darauf, für einen brillanteren Kollegen Material zu sammeln, das eine rechtsextreme Geheimorganisation belastet. Als aber der Ehebruch seiner Frau seine Familienidylle zerstört, bricht er aus seinem Archiv aus und will es noch einmal wissen. Ein Mann geht seinen Weg – für einmal in Helvetien! Der Traum von Ausbruch und Selbstverwirklichung ist Claude Goretta zu einer recht hilflos inszenierten Männerphantasie geraten. *Zoom*

One False Move 644
ONE FALSE MOVE ***

Regie: Carl Franklin
Darsteller: Bill Paxton (Dale »Hurricane« Dixon), Cynda Williams (Fantasia/Lila), Billy Bob Thornton (Ray Malcolm), Michael Beach (Pluto), Jim Metzler (Dud Cole), Earl Billings (McFeely), Natalie Canerday (Cheryl Ann), Robert Ginnaven, Robert Anthony Bell, Kevin Hunter
Drehbuch: Billy Bob Thornton, Tom Epperson
Kamera: James L. Carter (Farbe)
Musik: Peter Haycock, Derek Holt
Schnitt: Carole Kravetz
Produktion: Jesse Beaton, Ben Myron für IRS Media Prod., USA 1991
Erstaufführung: Int. Hofer Filmtage 1992
Verleih: Delta/Constantin/-
Kinostart: 8.7.1993
Länge: 105 Min. – *FSK:* ab 16, ffr.

Ein Gangstertrio befindet sich auf der Flucht durch den Süden Amerikas. Ihr Weg führt nach Star City, einem Kaff in Arkansas, wo die Flüchtigen von drei Cops erwartet werden. »One false Move« erzählt eine klassische Westerngeschichte im heutigen Amerika mit dem abschließenden Duell im Stil eines Film noir, der zwar noch Gut und Böse kennt, vor allem aber gescheiterte Existenzen. Ganz nebenbei ist Franklins gelungenes Kinodebüt noch ein großartiger Schauspielerfilm, der nur Schritt für Schritt die Abgründe seiner Figuren preisgibt und daraus sehr viel Spannung gewinnt.
Volker Gunske, tip, 14/93

Frank Arnold in: Zitty, 14/93; Frauke Hanck in: AZ, 8.7.93; Steffen Jacobs in: Der Tagesspiegel, 8.7.93; Thomas Klingenmeier in: Stgt. Zeitung, 10.7.93; Milan Pavlovic in: Kölner Stadt-Anzeiger, 9.10.93; Hans Schifferle in: SZ, 14.7.93; Josef Schnelle in: FR, 9.7.93

One-Sided Passion 645
SENZA VERGOGNA *
Video

Regie: Gianni Siragusa
Darsteller: Malisa Longo (Mutter), Christian Borromeo (Andrea), Gabriele Tinti (Vater), Dean Stratford, Rita Silva
Drehbuch: Piero Ragnoli, Gianni Siragusa
Kamera: Memmo Vincioni (Farbe)
Musik: Francesco Pintucci
Schnitt: Piero Regnoli
Produktion: Giacomo Billi für Fuxia Prod., Italien 1986
Verleih: -/-/-/Highlight Video
Videostart: September 1993
Länge: 82 Min. – *FSK:* ab 18 J.; gekürzte Fass. 72 Min. ab 16 J.

17jähriger will sexuelle Erfahrungen sammeln und landet dabei ausgerechnet im Bett seiner Mutter. Nicht einmal notdürftig kaschierter Softporno lausigster Qualität.

Frank Klubertz in: film-dienst, 22/93

Operation Kleinhirn 646

REVENGE OF THE NERDS III: **

THE NEXT GENERATION Video

Regie: Roland Mesa
Darsteller: Robert Carradine (Lewis Skolnick), Curtis Armstrong (Booger), Ted McGinley (Stan Gable), Julia Montgomery (Betty Skolnick), Gregg Binkley (Harold Skolnick), Richard Israel (Ira Pupos), John Pinette, Henry Cho, Chi McBride, Tim Conlow
Drehbuch: Steve Zacharias, Jeff Buhai
Kamera: Zoran Hochstätter (Farbe)
Produktion: Robert Engleman für FNM Films, USA 1992
Verleih: -/-/-/Fox Video
Videostart: Febr. 1993
Länge: 93 Min. – *FSK:* ab 12 J.

Zwei Jungs auf dem College und ihre Erfahrungen mit Frauen, Computern und Studentenvereinigungen. Superharmloses Teeniekomödchen um Streber und Normalschüler.

Operation Lookout 647

OPERATION LOOKOUT ***

Video

Regie: Hil Covington
Darsteller: Bernie Coulson (Brian McNichols), Jill Schoelen (Julie Converse), S. Gordon Liddy (Al Dorn), Seymour Cassel (Ray Rucker), Michael Emil (Prof. Hardwick)
Drehbuch: Hil Covington
Kamera: Peter Warrilow (Farbe)
Musik: James Stemple
Schnitt: Dennis O'Connor
Produktion: Eugene Mazzola, Miles Mogulesco für Moviestore Ent., USA 1991
Verleih: -/-/-/Ascot Video
Videostart: Dez. 1992
Länge: 91 Min. – *FSK:* ab 12 J.

Zeitungsjunge versucht mit seinen Freunden in einer US-Kleinstadt, dort untergetauchten Mafia-Boß dingfest zu machen. Überraschend temporeicher, zügig und mit Humor inszenierter Thriller.

Joe Hill in: film-dienst, 2/93

Organiac 648

SUNSET GRILL **

Video

Regie: Kevin Connor
Darsteller: Peter Weller (Ryder Hart), Lori Singer (Loren), Alexandra Paul (Anita), John Rhys-Davies (Stockton), Stacy Keach (Harrison Shelgrove), Michael Anderson ju.
Drehbuch: Marucs Wright, Faruque Ahmed, nach einer Erzählung von Chip Walters
Kamera: Douglas Milsome (Farbe)
Musik: Ken Thorne
Schnitt: Barry Peters
Produktion: Faruque Ahmed für The Movie Group/New Line Cinema, USA 1992
Verleih: -/-/-/Ascot Video
Videostart: März 1993
Länge: 109 Min. – *FSK:* ab 16 J.

Versoffener Privatdetektiv begibt sich auf die Spur ruchloser Organhändler, die im mexikanischen Ghetto ihr Unwesen treiben. Besetzung Top – Umsetzung Flop.

Frank Klubertz in: film-dienst 9/93

Orlando 649

ORLANDO ****

Regie: Sally Potter
Darsteller: Tilda Swinton (Orlando), Billy Zane (Shelmerdine), Lothaire Bluteau (Khan), John Wood (Erzherzog Harry), Charlotte Valandrey (Sascha), Heathcote Williams (Nick Green/Verleger), Quentin Crisp (Königin Elizabeth I), Dudley Sutton (König James I), Thom Hoffman (Wilhelm von Oranien), Anna Healy
Drehbuch: Sally Potter, nach dem gleichn. Roman von Virginia Woolf
Kamera: Alexei Rodionov (Eastmancolor)
Musik: David Motion, Sally Potter, Bob Last
Schnitt: Herve Schneid
Produktion: Christopher Sheppard für Adventure Pic./Lenfilm/Mikado Film/Rio Film/Sigma mit British Screen, GB/Rußland/Frankreich/Niederlande/Italien 1992
Uraufführung: 7.9.1992, Int. Filmfestspiele Venedig
Verleih: Pandora/filmladen/Rialto
Kinostart: 28.1.1993
Länge: 93 Min. – *FSK:* ab 12, ffr.

Ein englischer Edelmann durchlebt wechselweise als Mann und Frau die vier Jahrhunderte zwischen der höfischen Zeit von Königin Elisabeth I. und dem London des 20. Jahrhunderts. Seine geschlechtsgebundenen Erfahrungen sind ein ironisch-kritisches Spiegelbild der gesellschaftlichen Vorherrschaft des Mannes und des wachsenden emanzipatorischen Bewußtseins der Frau. Mit ästhetischen Bildkompositionen und großer Schauspielkunst gestaltet, ist die Romanverfilmung in der Veranschauli-

»Same person, different sex«: Tilda Swinton nach ihrem Rollenwechsel in ›Orlando‹.

chung der Woolfschen Mann-Frau-Dialektik gelungener als in der Übernahme der Zeitverschachtelungstechnik.

Zoom, 3/93

Angie Dullinger in: AZ, 28.1.93; Christiane Peitz in: Die Zeit, 29.1.93

Ein Ort auf dieser Welt 650

UN LUGAR EN EL MUNDO ****

Regie: Adolfo Aristarain
Darsteller: Jose Sacristan (Hans), Federico Luppi (Mario), Cecilia Roth (Ana), Leonor Benedetto (Nelda), Gaston Batyi (Ernesto), Rodolfo Ranni (Andrada), Hugo Arana (Zamora), Lorena Del Rio (Luciana), Mario Alarcon (Juan)
Drehbuch: Adolfo Aristarain, Alberto Lecchi, nach einer Story von Adolfo Aristarain und Kathy Saavedra
Kamera: Ricardo de Angelis (Farbe)
Musik: Emilio Kauderer
Schnitt: Eduardo Lopez
Produktion: Adolfo Aristarain, Osvaldo Papaleo für Cooperative Prod., Argentinien 1992
Erstaufführung: Filmfest München 1993
Verleih: -/-/Trigon
Kinostart: Dez. 1993
Länge: 120 Min.

Als junger Mann kehrt Ernesto in das Dorf zurück, in dem er die entscheidende Zeit des Übergangs vom Jugendlichen zum Erwachsenen verbracht hat. Er erinnert sich an seine Eltern, aus dem Exil in Spanien zurückgekehrte »Linke«, die ihren Traum von Solidarität und Selbstverantwortung zu verwirklichen suchen, aber an einem Großgrundbesitzer scheitern, der das Land armer Schafzüchter billig zusammenkauft, um ein Wasserkraftwerk zu errichten. Von leiser Trauer gefärbter Film über sozial engagierte Idealisten, die trotz ihres Scheiterns sich selber treu bleiben.

Zoom

Othello 651

OTHELLO ****

Regie: Orson Welles
Darsteller: Orson Welles (Othello), Micheál MacLiammóir (Jago), Suzanne Cloutier (Desdemona), Robert Coote (Rodrigo), Michael Lawrence (Cassio), Hilton Edwards (Brabantio, Desdemonas Vater), Fay Compton (Emilia), Nicholas Bruce (Lodovico), Doris Dowling
Drehbuch: Orson Welles, nach dem gleichn.

Theaterstück von William Shakespeare
Kamera: Anchisi Brizzi, G.R. Aldo, George Fanto, Obadan Troiani, Alberto Fusi *Schnitt:* Jean Sacha, John Shepridge, Renzo Lucidi, William Morton
Musik: Francesco Lavagnino, Alberto Barberis
Produktion: Orson Welles, Michael Dawson, Arnie Saks (Rest.) für Mercury Prod./Castle Hill Prod., Marokko/GB 1952/1992
Uraufführung: 10.5.1952
Erstaufführung: 25.11.1955, 3.6.1993 (WA)
Verleih: Delta/-/Rialto
Länge: 91 Min. – *FSK:* ab 16, ffr.

Orson Welles' Verfilmung von Shakespeares Leidenschaftsdrama: Othello, stolzer Heerführer im Dienst der Republik Venedig, wird Opfer der Intrige Jagos und tötet aus Eifersucht seine über alles geliebte Desdemona. Der in einer rekonstruierten, musikalisch bearbeiteten Fassung wiederaufgeführte Film ermöglicht die faszinierende Wiederbegegnung mit einem Klassiker: Welles verdichtet die Geschichte zu einem expressionistischen Licht- und Schattenspiel um den archaischen Kampf von Gut und Böse. *Zoom*

Mit rüden Schnitten und unmerklichen Kamerabewegungen gelingt es Welles, Shakespeares Stück um den schwarzen Kriegsherren in venezianischen Diensten, der durch eine Intrige zum Mörder seiner geliebten Ehefrau wird, auf kaum mehr als 90 Minuten zu verdichten. (...)
Lars-Olav Beier, tip, 11/93

Heiko R. Blum in: Rheinische Post, 30.7.93; Brigitte Desalm in: Kölner Stadt-Anzeiger, 19.6.93; Rupert Koppold in: Stgt. Zeitung, 3.6.93; Dietrich Kuhlbrodt in: epd Film, 6/93; Ponkie in: AZ, 3.6.93

Out for Blood 652
OUT FOR BLOOD *
Video

Regie: Richard W. Munchkin
Darsteller: Don Wilson (John Decker), Shari Shattuck (Joanna), Michael Delano (Lieutenant Croft), Ron Stedman (Mack), Ken McLead (Blade)
Drehbuch: Richard Pepin
Kamera: Richard Pepin (Farbe)
Musik: Louis Fahre
Schnitt: Paul G. Volks, John Weidner
Produktion: Richard Pepin, Joseph Merhi für P.M. Ent., USA 1992
Verleih: -/-/-/New Vision Video
Videostart: 16.12.1992
Länge: 85 Min. – *FSK:* ab 18 J.

Anwalt und Martial-Arts-Crack rächt als Ein-Mann-Armee den Tod seiner Familie, die von Drogenhändlern ermordet wurde. Nahezu handlungsfreies Selbstjustiz-Machwerk.

Out of Control – Alptraum der Begierde 653
OVER THE LINE **
Video

Regie: Oliver Hellman, Robert Barrett
Darsteller: Lesley-Anne Down (Elaine Patterson), John Enos (Joe Dial), Lady B. Pearl (Kandi), Hugo Napier (James), Carolyn Seymour (Kate Miller), Tomas Arana, Michael Parks, Maurizio Fiorini (McBride), Clyde Barrett (Ray), Roberto Messina (Collins)
Drehbuch: Charles Nichterlein, William Clark
Kamera: Roberto D'Ettore Piazzoli (Farbe)
Musik: Steve Powder
Schnitt: Claude Cutry
Produktion: Perlichka Navratilova für Ovidio Assonitis Prod., USA 1991
Verleih: -/-/-/Warner Home Video
Videostart: September 1993
Länge: 104 Min. – *FSK:* ab 18 J.

Dozentin erliegt bei Gastvortrag im Gefängnis einem gutgebauten Häftling – mit fatalen Folgen. Oberflächlicher Sex- und Gewalt-Streifen voller Klischees.

Outcast 654
OUTCAST *
Video

Regie: Roman Buchok
Darsteller: John Tench (Henry), Peter Read (Drifter), Paul Amato (Sam), Tracey Hoyt (Liza), Christina Kaufmann (Becky)
Drehbuch: Roman Buchok
Kamera: Gilles Corbeill (Farbe)
Musik: Daniel Leblanc, Steve Shelski
Schnitt: Cindy Fret
Produktion: Phillip M. Good für Trans Atlantic Pic./Good Prod., USA 1990
Verleih: -/-/-/New Vision Video
Videostart: Februar 1993
Länge: 94 Min. – *FSK:* ab 18 J.

Eine Welle bizarrer Morde überrollt eine Kleinstadt. Der für die Aufklärung zuständige Polizist bittet das Medium Lisa um Hilfe, denn es scheint so, daß teuflische Kräfte dafür verantwortlich sind. Ein als Kind furchtbar mißhandelter Mann nimmt in diesem Superschmarrn schreckliche Rache.

Panga
655
CURSE III: BLOOD SACRIFICE
*
Video

Regie: Sean Barton
Darsteller: Christopher Lee (Dr. Pearson), Jenilee Harrison (Elisabeth Armstrong), Henry Cele (Mletch), André Jacobs (Geoff Armstrong), Zoe Randall (Anthea Steed), Olivia Dyer (Chloe Steed), Jennifer Steyn (Cindy), Gavin Hood (Robert), Dumi Shongwe (Witchdoctor)
Drehbuch: John Hunt, Sean Barton, nach einer Story von Richard Haddon Haines
Kamera: Phillip Grosvenor (Farbe)
Musik: Julian Laxton, Patric van Blerk
Schnitt: Micki Stroucken
Produktion: Christopher Coy für Epic Prod./Blue Rock mit Screen Media/Threes Comp., USA 1990
Verleih: -/-/-/New Vision Video
Videostart: Februar 1993
Länge: 87 Min.
FSK: ab 16 J.

Eine Ärztin kämpft in Afrika gegen den Aberglauben und gegen die mächtigen Medizinmänner. Vergebens auf Angsterzeugung ausgerichtetes Afrika-Abenteuer um einen abstrusen Aberglauben.

Joe Hill in: film-dienst, 8/93

Der Papagei
656
***

Regie: Ralf Huettner
Uraufführung: Int. Hofer Filmtage 1992
Verleih: Filmwelt/-Einhorn-/-
Kinostart: 6.5.1993
FSK: ab 12, ffr.
FBW: Wertvoll

Lief bereits 1992 im Fernsehen. Deshalb vollständige Angaben und Kritik im Heyne Filmjahrbuch 1993.

Paris erwacht
657
PARIS S'ÉVEILLE
***

Regie: Olivier Assayas
Darsteller: Judith Godrèche (Louise), Jean-Pierre Léaud (Clément), Thomas Langmann (Adrien), Martin Lamotte (Zablonsky), Ounie Lecomte (Agathe), Antoine Basler (Victor), Michèle Foucher, Eric Daviron, Edouard Montoute
Drehbuch: Olivier Assayas
Kamera: Denis Lenoir (Farbe)
Musik: John Cale
Schnitt: Luc Barnier
Produktion: Bruno Pesery für Arena/Christian Bourgois/Films A2/Erre, Frankreich/Italien 1991
Uraufführung: 1.10.1991, Cinema Europa Fest Viareggio
Erstaufführung: Int. Filmfestspiele Berlin 1992
Verleih: NIL/-/Filmcooperative
Kinostart: 24.4.1992 (CH)
Länge: 95 Min.

»On se dèbrouille« könnte das Motto der jungen Leute lauten, die in Paris nirgends wirklich zu Hause sind, weil nur den Angepaßten Reichtum und Erfolg winken. Olivier Assayas zeichnet Lebenswege nach, die sich überkreuzen, parallel laufen und dann wieder – wie die losen Enden seiner Erzählung – auseinanderdriften. Leichthändig und subtil wirkt das Porträt einer Stadt im Aufbruch, das sich wie Teile eines Puzzles aus Worten, Blicken und (rasanten) Fahrten zusammensetzt. Trauer schwingt mit, aber auch trotzige Hoffnung, daß die Kompromisse nicht von Dauer seien. *Zoom, 5/92*

Simone Mahrenholz in: Der Tagesspiegel, 26.2.93

Parpaillon
658
PARPAILLON
***
TV

Regie: Luc Moullet
Darsteller: Rémy Henry, Catherine Michaud, Frank Getreau, Leny Sellan, Brigitte Canaan
Drehbuch: Luc Moullet
Kamera: Jean-Jacques Flori (Farbe)
Schnitt: Cecile Dedugis
Produktion: , Frankreich 1992
Verleih: -/-/-/
Sendetermin: 27.3.1993, Arte
Länge: 85 Min.

Der Col de Parpaillon zählt zu den schwersten Pässen in der Welt des Radsports. Einige Unerschrockene nehmen die Herausforderung an. In seiner Komik dem Stile Jacques Tatis nachempfunden zeichnet der Regisseur eine für französische Verhältnisse geradezu ketzerische Studie der Radfahrbesessenheit seiner Landsleute. *Pressetext Arte*

The Party – Nature Morte

659
**

Regie: Cynthia Beatt
Darsteller: Tilda Swinton, Féodor Atkine, Lutz Weidlich, Isabella Mamatis, Simon Turner, Amira Ghazella, Margaret DeWys, Wolfram Teufel, Martin Wuttke, Mark Reeder
Drehbuch: Cynthia Beatt
Kamera: Elfi Mikesch, Priska Forter
Musik: 'Nature morte' für Horn, Harfe, Perkussion und Streicher von Margaret DeWys
Schnitt: Dörte Völz, Friederike von Norman
Produktion: Alfred Hürmer für alert Film/Neue Filmprod., BRD 1991
Uraufführung: 14.2.1992, Int. Forum des Jungen Films, Berlinale
Verleih: Freunde/-/-
Kinostart: 28.1.1993
Länge: 90 Min.

Nach einem handfesten Krach beschließen Burrs und Queenie eine Party zu geben, man will sich als glückliches Paar feiern lassen. In der aufgemotzten Ansammlung penetrant schwafelnder Szene-Schickis fährt die Kamera von Elfie Mikesch aufgebracht umher. »The Party« ist ein höchst ambitioniertes Schwarzweißmelodram, dessen einziger Verdienst die Inszenierung einer perfekten Belanglosigkeit ist. *tip, 3/93*

Party Party

660
PARTY PARTY
**
Video

Regie: Terry Winsor
Darsteller: Daniel Peacock (Toby), Karl Howman (Johnny), Perry Fenwick (Larry), Phoebe Nicholls (Rebecca), Sean Chapman (Sam Diggins), Caroline Quentin (Shirley), Gary Olsen, Clive Mantle, Kim Thompson
Drehbuch: Daniel Peacock, Terry Winsor
Kamera: Sydney McCartney (Farbe)
Musik: Richard Hartley (consultant)
Schnitt: Eddie Joseph
Produktion: Davina Belling, Clive Parsons für Geneva/Prod. für A & M Films, GB 1983
Verleih: -/-/-/Fox Video
Videostart: Febr. 1993
Länge: 94 Min. – *FSK:* ab 16 J.

Auf einer Sylvesterfeier Anfang der 80er Jahre entwickelt sich zwischen einer Gruppe von Jugendlichen der übliche Reigen von Anziehung und Abstoßung. Leidlich komisch, aber – wenngleich erst 10 Jahre alt – doch schon reichlich angestaubt.

Paso Doble

661
PAS IN DOI
***
TV

Regie: Dan Pita
Darsteller: Claudiu Bleont, Ecaterina Nazare, Petre Nicolae, Anda Onesa, Valentin Popescu, Mircea Constantinescu, Aurora Leonte
Drehbuch: Georg Busecan, Dan Pita
Kamera: Martin Stanciu (Farbe)
Musik: Haydn
Schnitt: Christina Ionescu
Produktion: Romania Film, Rumänien 1985
Uraufführung: 22.2.1986, Int. Filmfestspiele Berlin
Verleih: -/-/-/
Sendetermin: 20.10.1993, West3, 22.45
Länge: 110 Min.

Tragikomödie über Liebesträume und Beziehungsprobleme zweier Freunde. Sie sind Eisendreher und Freizeitsportler, wohnen, arbeiten und singen zusammen. Es kommt zum Krach, als der Fechter dem Boxer die Freundin ausspannt.

Passagier 57

662
PASSENGER 57
***

Regie: Kevin Hooks
Darsteller: Wesley Snipes (John Cutter), Bruce Payne (Charles Rane), Tom Sizemore (Sly Delvecchio), Alex Datcher (Marti Slayton), Bruce Greenwood (Stuart Ramsey), Robert Hooks (Dwight Henderson), Elizabeth Hurley (Sabrina Ritchie), Michael Horse, Marc Macaulay, Ernie Lively
Drehbuch: David Loughery, Dan Gordon, nach einer Story von Stewart Raffill und Dan Gordon
Kamera: Mark Irwin (Technicolor)
Musik: Stanley Clarke
Schnitt: Richard Nord
Produktion: Lee Rich, Dan Paulson, Dylan Sellers für Warner Bros., USA 1992
Uraufführung: 6.11.1992, New York
Verleih: Warner Bros./dto./dto./Warner Home Video (gek. Fassung, 78 Min., ab 16 J.)
Kinostart: 15.4.1993
Länge: 84 Min. – *FSK:* ab 18, ffr.

Durchschnittliches Action-Movie im bewährten, gern kopierten »Stirb langsam«-Stil. Eine Terroristenbande kapert ein Flugzeug, auf dem sich zufälligerweise ein Spezialist für Hijacking befindet. Dieser schafft es, mit Hilfe einer hübschen wie mutigen Stewardess, das Killer-Kommando abzuservieren. Wes-

Hartnäckige Klette: Wesley Snipes in ›Passagier 57‹.

ley Snipes, seit »New Jack City« eines der vielversprechendsten Talente des Black Cinema, zieht sich als heldenhafter Lebensretter souverän aus der Affäre.
Münchner Stadtmagazin, 4/93

(...) Weder besonders spannend noch originell. *Zoom*

Albert Baer in: Rheinische Post, 16.4.93; Thomas Klingenmaier in: Stgt. Zeitung, 17.4.93; Milan Pavlovic in: Kölner Stadt-Anzeiger, 17.4.93

Passion Fish 663

PASSION FISH ****

Regie: John Sayles
Darsteller: Mary McDonnell (May-Alice), Angela Bassett (Dawn/Rhonda), Lenore Banks (Schwester Quick), William Mahoney (Max), Nelle Stokes, Brett Ardoin, Danile Dupont (Therapeuten), Michael Mantell (Dr. Kline), Chuck Cain (Bedienung), Alfre Woodard (Chantelle)
Drehbuch: John Sayles
Kamera: Roger Deakins (Farbe)
Musik: Mason Daring
Schnitt: John Sayles
Produktion: Maggie Renzie, Sarah Green für Atchafalaya Films Inc., USA 1992
Erstaufführung: 19.2.1993, Int. Filmfestspiele Berlin, »Panorama: art & essai«; Filmfest München 1993
Verleih: Concorde/Constantin/Columbus
Kinostart: 16.12.1993
Länge: 136 Min. – *FSK:* ab 12, ffr.
FBW: Besonders wertvoll

Sensibel und humorvoll erzählt John Sayles, der Doyen des amerikanischen Independent-Kinos, die Geschidhte einer Freundschaft zwischen zwei unterschiedlichen Frauen: der durch einen Unfall gelähmten Ex-Fernsehschauspielerin May-Alice und ihrer schwarzen Pflegerin Chantelle. Erfrischend, wie Sayles Frauen jenseits klischierter Weiblichkeitsbilder und Männer in sympathischen Nebenrollen zeigt. Brillant sind die knappen und unverblümten Dialoge, die den Gedanken an bloßes Betroffenheitskino gar nicht erst aufkommen lassen. *Zoom*

Michael Althen in: Die Zeit, 17.12.93; Frank Arnold in: Kölner Stadt-Anzeiger, 18.12.93; Peter Körte in: FR, 16.12.93; Hans Schifferle in: SZ, 17.12.93

Past Midnight 664

PAST MIDNIGHT ***

Video

Regie: Jan Eliasberg
Darsteller: Rutger Hauer (Ben Jordan), Natasha Richardson (Laura Mathews), Clancy Brown (Steve Lundy), Guy Boyd (Scott Catige), Tom Wright (Lee Samuels), Kibibi Monie (Dorothy Coleman), Dana Eskelson, Ted d'Arms, Paul Giamatti
Drehbuch: Frank Norwood
Kamera: Robert Yeoman (FotoKem)
Musik: Steve Bartek
Schnitt: Christopher Rouse
Produktion: Lisa M. Hansen für Cinetel, USA 1992
Uraufführung: 3.5.1992, WorldFest Houston
Verleih: -/-/-/Highlight Video
Videostart: 16.12.1992
Länge: 100 Min.
FSK: ab 16 J.

Sozialarbeiterin rollt den Mord- und Vergewaltigungsfall ihres hochintelligenten Schützlings neu auf und versucht, den wahren Täter zu überführen. Gut gespielter Routine-Thriller, der etwas unter seinem bescheidenen Budget leidet.

Le pays des Sourds 665

***

Regie: Nicolas Philibert
Drehbuch: Nicolas Philibert
Kamera: Frédéric Labourasse (Farbe)
Schnitt: Guy Lecorne, Anja Lüdke
Produktion: Les Films d'Ici/La Sept Cinéma/

Le Centre européen cinématographique Rhones-Alpes, Frankreich 1992
Verleih: -/-/Filmcooperative
Kinostart: Okt. 1993
Länge: 99 Min.

Die Gehörlosen, die der französische Dokumentarfilmer Nicolas Philibert in seinem leisen und eindrücklichen Film über die Welt der Stille porträtiert, sind alles andere als Behinderte oder Benachteiligte. Nie mitleiderheischend oder medizinisch diagnostizierend, zeigt sie der Film mit größter Selbstverständlichkeit bei der Meisterung alltäglicher Situationen und vor allem bei der lustvollen Handhabung ihrer Zeichensprache. Die bildhafte Ausdruckskraft dieser Gebärdensprache erinnert in vielem an eine Zeit, als das Kino selbst noch stumm war und auf seine ureigensten Ausdrucksmittel vertraute. *Zoom*

Perfect Story ... mit Blut geschrieben 666

AMBITION ***

Regie: Scott D. Goldstein

Früherer Videotitel für → ›Ein Mann läuft Amok‹.

Der perfekte Mord 667

DEAD IN THE WATER **

Video

Regie: William Condon
Darsteller: Bryan Brown (Charie Deegan), Teri Hatcher (Laura Stewart), Anne DeSalvo (Olivia Deegan), Seymour Cassel (Lt. Frank Vaness), Veronica Cartwright (Victoria Haines), Anna Thomson
Drehbuch: Eleanor E. Gaver, Robert Seidenberg, Walter Klenhard, nach dem Roman »Web of Murder« von Harry Whittington
Kamera: Paul Murphy (Farbe)
Musik: Philip Griffin
Schnitt: Viginia Katz
Produktion: Michael M. Scott für Kevin Bright Prod./MTE, USA 1991
Verleih: -/-/-/CIC Video
Videostart: 16.12.1992
Länge: 86 Min.
FSK: ab 16 J.

Seine einschlägige Erfahrung in Mordprozessen will ein Anwalt bei der Beseitigung seiner reichen Ehefrau einbringen und schmiedet mit seiner neuen Freundin einen raffinierten Plan. Aus abgegriffenen Kischees zusammengestoppeltes Thrillerchen.

Frank Klubertz in: film-dienst, 2/93

Pervola – Spuren im Schnee 668

PERVOLA ***

TV

Regie: Orlow Seunke
Darsteller: Gerard Thoolen (Simon van Oyen), Hein van der Vlugt (Hein van Oyen), Melle van Essen (Aago), Thom Hoffman (Ron), Jaap Hoogstra (Olga), Jan Willem Hees (van Oyen sen.), Brigitte Kaandorp, Phons Leussig
Drehbuch: Orlow Seunke, Dirk Avelt Kooiman mit Maarten Koopman, Gerard Thoolen
Kamera: Theo Bierkens (Farbe)
Musik: Marten Koopman
Schnitt: Orlow Seunke
Produktion: Jan Kaandorp für Maya Film, Niederlande 1985
Uraufführung: 4.9.1985, Int. Filmfestspiele Venedig
Verleih: -/-/-/
Sendetermin: 4.9.1993, ORB3, 1.20
Länge: 95 Min.

Überzeugende Geschichte eines naiven Mannes, der von seinem verschlagenen Bruder um sein Erbe betrogen wird, bis die Überführung der Leiche des Vaters den Konflikt zum Ausbruch kommen läßt. Eindrucksvoller, psychologisch aufschlußreicher Film mit Thrillerqualitäten und cleverer Schlußpointe.

(nach Variety)

Peter's Friends 669

PETER'S FRIENDS ****

Regie: Kenneth Branagh
Darsteller: Kenneth Branagh (Andrew), Alphonsia Emmanuel (Sarah), Stephen Fry (Peter), Hugh Laurie (Roger), Phyllida Law (Vera), Alex Lowe (Paul), Rita Rudner (Carol), Tony Slattery (Brian), Imelda Staunton (Mary), Emma Thompson (Maggie)
Drehbuch: Rita Rudner, Martin Bergman (auch Co.-Prod.)
Kamera: Roger Lanser (Technicolor)
Schnitt: Andrew Marcus
Produktion: Kenneth Branagh für Renaissance Films mit Film Four, USA 1992
Uraufführung: 6.9.1992, Telluride Film Festivals; Toronto Festival of Festivals 1992

Verleih: Jugendfilm/-/Monopole Pathé
Kinostart: 29.4.1993
Länge: 100 Min. – *FSK:* ab 12, ffr.

Eine Gruppe einstiger Uni-Freunde, die sich auseinandergelebt hat, sieht sich nach zehn Jahren wieder. Am gemeinsamen Neujahrswochenende halten sie Rückschau, entblößen gegenseitig ihre Probleme und Differenzen, zerstreiten sich, raufen sich aber auch wieder zusammen. Als der Gastgeber am Schluß den wahren Grund seiner Einladung bekannt gibt, erhält das bisherige Geschehen eine neue Perspektive. Eine leicht nostalgische (Tragi-)»Comedy of manners« im Stil von »The Big Chill« mit ausgezeichneten Dialogen und einem hervorragenden Ensemble. *Zoom*

Heiko R. Blum in: Rheinische Post, 30.4.93; Peter Buchka in: SZ, 29.4.93; Angie Dullinger in: AZ, 29.4.93; Thomas Klingenmaier in: Stgt. Zeitung, 3.5.93; Josef Schnelle in: FR, 6.5.93

Le petit Prince a dit 670

***

Regie: Christine Pascal
Darsteller: Richard Berry (Adam Leibovich), Anémone (Mélanie), Marie Kleiber (Violette Leibovich), Lucie Phan (Lucie), Mista Préchac (Minerve), Claude Muret (Jean-Pierre), Jean Cuenod, John Gutwirth, Carl Boso
Drehbuch: Christine Pascal, Robert Boner
Kamera: Pascal Marti (Farbe)
Musik: Bruno Coulais
Schnitt: Jacques Comets
Produktion: Robert Boner, Emanuel Schlumberger, Schweiz/Frankreich 1992
Verleih: -/-/Filmcooperative
Kinostart: Januar 1993 (Schweiz)
Länge: 105 Min.

Die zehnjährige Violette ist ein glückliches Scheidungskind. Der Vater, Biologe, bietet ein komfortables Zuhause, die schauspielernde Mutter sorgt in den Ferien für Trubel und Abwechslung. Bei einer Routineuntersuchung entdecken die Ärzte bei Violette einen unheilbaren Hirntumor. Der Vater tritt mit seiner Tochter eine überstürzte Reise an. Was als Flucht vor der Wahrheit anfängt, endet mit einer stillen und traurigen familiären Wiedervereinigung im Angesicht des Todes. Ein ergreifender Film mit wunderbaren Darstellern, dem es gelingt, ein schmerzliches Thema mit großem Einfühlungsvermögen, aber ohne Pathos, Larmoyanz oder Sentimentalität zu behandeln. *Zoom, 1/93*

Pfirsichblütenland 671

ANLIAN TAOHUA YUAN ***

Regie: Stan Lai
Darsteller: Lin Ching-hsia (Yun Zhifan), Ching Shih-chieh (Jiang Bingliu), Lin Li-ching (Frau Jiang), Chen Li-mei (Krankenschwester), Li Li-chun, Ismene Ting, Ku Pao-ming
Drehbuch: Stan Lai, nach seinem Stück »Secret Love for the Peach Blossom Spring«
Kamera: Christopher Doyle (Farbe)
Musik: Fumio Itabashi, Kazutoki Umezu
Schnitt: Chen Po-wen
Produktion: Nai-chu Ding, Wang Ying-hsiang für Performance Workshop/Long Shong Pic., Taiwan 1992
Uraufführung: Sept. 1992, Taiwan
Erstaufführung: 13.2.1993, Int. Forum des Jungen Films, Berlin
Verleih: Freunde/-/-
Kinostart: Nov. 1993
Länge: 107 Min.

Zwei Theatergruppen müssen sich für ihre Proben eine Bühne teilen, auf der abwechselnd Teile der zeitgenössischen Tragödie »Hidden Love« und der klassischen Farce »Peach Land« gespielt werden. Die Zeit ist knapp, im allgemeinen Probenchaos vermischen sich Zeiten, Themen und Stilelemente der beiden Stücke, bald ist nicht mehr ganz klar, wann nun Tragödie und wann Komödie angesagt ist. Stan Lai, künstlerischer Direktor vom Performance Workshop, Taiwans renommiertester Theatertruppe, beklagt in seinem Kinodebüt den Mangel an Übungsräumen für Bühnenschauspieler in seiner Heimat und übt durch Anspielungen auf Ereignisse und Personen des öffentlichen Lebens gleichzeitig verdeckte Kritik an der überholten und bornierten Politik der alten Kuomintang-Kader.
Ralph Umard, Berlinale tip

Das Piano 672

THE PIANO *****

Regie: Jane Campion
Darsteller: Holly Hunter (Ada), Harvey Keitel

Schweigender, aber nicht erloschener Vulkan: Holly Hunter mit Anna Paquin in ›Das Piano‹.

(Baines), Sam Neill (Stewart), Ana Paquin (Fiora), Kerry Walker (Tante Morag), Geneviève Lemon (Nessie), Tungia Baker (Hira), Ian Mune (Reverend), Peter Dennett (1. Seemann), Pete Smith (Hone)
Drehbuch: Jane Campion
Kamera: Stuart Dryburgh (Eastmancolor)
Musik: Michael Nyman
Schnitt: Veronika Jenet
Produktion: Jan Chapman für CYBY, Australien/Frankreich 1993
Uraufführung: Int. Filmfestspiele Cannes 1993
Erstaufführung: Filmfest München 1993
Verleih: Pandora/Stadtkino/-/VCL Video
Länge: 121 Min.
FSK: ab 12, ffr.

Im 19. Jahrhundert kommen die stumme Ada und ihre neunjährige Tochter für eine arrangierte Heirat nach Neuseeland. Für Ada, eine begnadete Klavierspielerin, ist das Instrument Ersatz für ihre Stimme und eine Ausdrucksmöglichkeit ihrer Innenwelt. Ihr künftiger Ehemann erkennt die Bedeutung des Klaviers nicht und läßt es bei Adas Ankunft an der Küste zurück. Sein Nachbar dagegen, der sich in Ada verliebt, merkt, daß der Weg zum Herzen Adas über ihr Klavier führt. Inspiriert von Werken

Emily Brontes und basierend auf einem intelligenten Drehbuch, ist diese pakkende Geschichte von der Selbstfindung einer Frau bestes Kino der Gefühle.
Zoom

Angie Dullinger in: AZ, 12.8.93; Brigitte Desalm in: Kölner Stadt-Anzeiger, 14.8.93; Otto Heuer in: Rheinische Post, 13.8.93; Peter Körte in. FR, 12.8.93

Pimpf war jeder 673
***

Regie: Erwin Leiser
Drehbuch: Erwin Leiser
Kamera: Peter Warneke (Farbe)
Schnitt: Yvonne Loquens
Produktion: E.M.L. Film- und Fernsehprod./ ZDF, BRD 1993
Uraufführung: 13.2.1993, Int. Forum des Jungen Films, Berlin
Verleih: Freunde/-/Erwin Leiser
Kinostart: April 1993 (CH)
Länge: 90 Min.

Erwin Leiser, der als Jude nach dem Novemberpogrom 1938 Deutschland verlassen mußte, befragt anläßlich des 50. Abiturientenjubiläums seine noch lebenden ehemaligen Mitschüler über ihre Erinnerungen an die Nazi-Zeit, die Judenverfolgung und den Krieg. Die Einzelschicksale erweisen sich als repräsentativ für diese Generation und ihren (verdrängenden) Umgang mit den eigenen Erfahrungen und dem Zeitgeschehen. *Zoom*

Carla Rhode in: Der Tagesspiegel, 15.2.93

The Playboys 674
THE PLAYBOYS ****

Regie: Gilles MacKinnon
Darsteller: Aidan Quinn (Tom), Robin Wright (Tara), Albert Finney (Hegarty), Milo O'Shea (Freddie), Niamh Cusack (Brigid), Ian McElhinney (Cassidy), Stella McCusker (Rachel), Niall Buggy (Denzil), Anna Livia Ryan (Vonnie), Alan Devlin (Malone)
Drehbuch: Shane Connaughton, Kerry Crabbe
Kamera: Jack Conroy (Farbe)
Musik: Jean-Claude Petit
Schnitt: Humphrey Dixon
Produktion: William P. Cartlidge, Simon Perry für Green Umbrella Films, USA/Irland 1992
Verleih: Impuls/-/-/VMP Video
Kinostart: 6.5.1993
Länge: 108 Min. – *FSK:* ab 12, ffr.
FBW: Wertvoll

Ein Dorf im Irland der 50er Jahre. Weil sich die junge Witwe Tara Maguire weigert, den Vater ihres Babys zu nennen, fällt sie der moralischen Enge zum Opfer. Als die Theatertruppe »Playboys« ins Dorf kommt, fühlt sich Tara bald zu Tom Casey, einem der Akteure, hingezogen. Doch der Dorfpolizist Hegarty, der Tara abgöttisch verehrt, steht zwischen ihnen. Hervorragend gespielt, fotografiert und erzählt, bleiben der Film und seine Figuren noch lange in Erinnerung. *Alexander Musik, tip, 10/93*

Otto Heuer in: Rheinische Post, 10.6.93; Angela Schmitt-Gläser in: FR, 7.5.93

Police Story 3: Der Super Cop 675
POLICE STORY 3/SUPER COP **
Video

Regie: Stanley Tong (= Tony Kwei Lai)
Darsteller: Jackie Chan (Jackie/Lin Fu Sheng), Michelle Khan (Yang), Maggie Cheung (May), Bill Tung (Onkel Bill), Ken Tsang (Chaibat), Josephine Koo (Cheng), Wong Siu, Philip Chan, Shum Wai
Drehbuch: Edward Tang, Ma Mei-Ping, Lee Wai-Yee
Kamera: Lam Kwok-Wah (Farbe)
Musik: Jonathan Lee (= Lee Chung-Shing)
Schnitt: Cheung Yiu Ling, Cheung Ka-Fei
Produktion: Willie Chan, Edward Tang (= Tang King-Su) für Golden Way/Paragon Films, Hongkong 1992
Verleih: -/-/-/VPS Video
Videostart: 25.3.1993
Länge: 93 Min. – *FSK:* ab 16 J.

Unbedarfte Story über Hongkongs Paradepolizisten Jackie Chan, der den Kopf eines Dealer-Clans jagt. Empfehlenswert für alle, die auf nur durch wenige Handlungsfragmente unterbrochene Action- und Kampfsequenzen stehen.

Dieter Krusche in: film-dienst, 9/93

Posse – Die Rache des Jessie Lee 676
POSSE ****

Regie: Mario van Peebles
Darsteller: Mario van Peebles (Jessie Lee),

Einmal Cowboy spielen: Mario Van Peebles in ›Posse‹.

Stephen Baldwin (Little J), Charles Lane (Weezie), Tiny Lister Jr., (Obobo), Big Daddy Kane (Vater Time), Billy Zane (Colonel Graham), Blair Underwood (Carver), Melvin van Peebles (Pappa Joe), Salli Richardson (Lana)
Drehbuch: Sy Richardson, Dario Scardapane
Kamera: Peter Menzies jr. (Technicolor)
Musik: Michel Colombier
Schnitt: Mark Conte
Produktion: Preston Holmes, Jim Steele für Working Title Films Prod. für Polygram Ent., USA 1993
Uraufführung: 14.5.1993, New York
Verleih: Concorde/Constantin/-/VCL/ Carolco Video
Kinostart: 26.8.1993
Länge: 110 Min. – *FSK:* ab 16, ffr.
FBW: Besonders wertvoll

Mitten im spanisch-amerikanischen Bürgerkrieg im Jahre 1898 flieht eine Handvoll schwarzer Deserteure, ein Weißer ist auch dabei, mit einer Kiste Gold vor dem ebenso raffgierigen wie diabolischen Colonel. Die Flucht führt die Outlaws in den Westen, wo ihr Anführer Jessie Lee noch einige Rechnungen mit den Mördern seines Vaters zu begleichen hat. Regisseur und Hauptdarsteller van Peebles erzählt in »Posse« die vergessene Geschichte des schwarzen Westens. Mit sympathischer Unverschämtheit und großer Eleganz plündert er das Genre, inszeniert aber durch den nicht unerheblichen Farbunterschied einen Western, wie man ihn noch nie gesehen hat. *tip, 18/93*

Otto Heuer in: Rheinische Post, 27.8,93; Steffen Jacobs in: Der Tagesspiegel, 27.8.93; Uwe Mies in: Kölner Stadt-Anzeiger, 28.8.93; Christiane Peitz in: Die Zeit, 27.8.93; Patrick Rössler in: Stgt. Zeitung, 26.8.93

Power Play – In den Fängen der Macht 677

TEAMSTER BOSS: THE JACKIE PRESSER STORY **
Video

Regie: Alastair Reid
Darsteller: Brian Dennehy (Jackie Presser), Jeff Daniels (Noonan), Maria Conchita Alonso (Carmen), Eli Wallach (Bill Presser), Robert Prosky (Maishe), Donald Moffat, Al Waxman, Tony LoBianco, Kate Reid, Brad Sullivan
Drehbuch: Abby Mann, nach dem Buch »Mobbed Up« von James Neff
Kamera: Elemér Ragályi (Farbe)
Musik: Brad Fiedel
Schnitt: Steven Cohen
Produktion: John Kemeny für HBO Pic. mit Abby Mann Prod., USA 1992
Uraufführung: 12.9.1992, HBO
Verleih: -/-/-/Warner Home Video
Videostart: April 1993
Länge: 106 Min. – *FSK:* ab 12 J.

Über die verhängnisvollen Verflechtungen des Führers der amerikanischen Trucker-Gewerkschaft mit der Mafia. Semiauthentisches, gut besetztes Drama vom US-Pay-TV-Sender HBO, fast zeitgleich mit - »Jimmy Hoffa«, von Danny de Vito produziert.

Prager Bettleroper 678

ZEBRACKA OPERA ***

Regie: Jiri Menzel
Darsteller: Josef Abrhám (Macheath), Rudolf Hrusinsky (Lockit), Marián Labuda (Peachum), Libuse Safránková (Jenny), Barbora Leichnerová (Polly), Veronika Freimanová (Lucy), Oldrich Vizner (Jim), Ondrej Vetchy (Jack), Jiri Zahajsky (Harry Filch), Katerina Frybová
Drehbuch: Jiri Menzel, nach dem Schauspiel »Gauneroper« von Václav Havel, nach Motiven von »Beggar's Opera« von John Gay

Kamera: Jaromir Sofr (Farbe)
Musik: Jan Klusák
Schnitt: Jiri Brozek
Produktion: Jiri Menzel, Jan Suster für Barrandov Film/Creative Group »89«, CSFR 1991
Uraufführung: 25.8.1991, Montreal Film Festival
Erstaufführung: 29.9.1992 Filmfest Köln
Verleih: Cine aktuell/Constantin/-
Sendetermin: 3.2.1993, ARD, 23.10
Länge: 95 Min.

Jiri Menzel versucht vergeblich, die Umsetzung einer Bearbeitung von einer modernisierten Fassung der »Beggar's Opera« zu einem ansprechenden Filmkunstwerk zu machen. Das Ergebnis wäre auf einer Theaterbühne besser aufgehoben, aber selbst dort von bescheidener Qualität. *multimedia*

Birgit Eckes in: Kölnische Rundschau, 29.9.92

Primo Baby 679

PRIMO BABY **

Video

Regie: Eda Lever Lishman
Darsteller: Duncan Regehr, Janet-Laine Greene, Esther Purves-Smith, Tim Battle, Jackson Cole
Drehbuch: A.A. Lever
Kamera: David Herrington (Farbe)
Musik: Amin Bhatia, Luciano Giachetta
Schnitt: Rick Benwick
Produktion: Nives Lever, Eric James für Victory Film, Kanada 1991
Uraufführung: 26.8.1990, World Filmfestival Montreal
Verleih: -/-/-/Atlas Video
Videostart: August 1993
Länge: 97 Min. – *FSK:* ab 6 J.

Die herzerwärmende, quälend lange Geschichte von der Freundschaft eines sozial verwahrlosten Mädchens mit einem blinden Pferd (schluchz!).

Prince of the Sun 680

PRINCE OF THE SUN *

Video

Regie: Welson Chin
Darsteller: Cynthia Rothrock (Benchenk), Conan Lee (Tiger), Sheila Chan, Cheng Park Lam, Jeffrey Falcon
Drehbuch: Lawrence Lau, Abe Kwong
Kamera: Cheung Yiu Cho (Farbe)
Musik: Wong Bong
Schnitt: Welson Chin
Produktion: Hoi Wong für Golden Flare Films, Hongkong 1992
Verleih: -/-/-/Starlight Video
Videostart: Dez. 1992
Länge: 83 Min.
FSK: ab 16 J.

Gut und Böse kämpfen um die Seele eines Kindes, die Reinkarnation eines tibetanischen Ordensmeisters. Plumpe Aneinanderreihung von Prügeleien, unterbrochen durch peinliche Übungen in Humor und Plotführung.

Dieter Krusche in: film-dienst, 1/93

Prinz in Hölleland 681

**

Regie: Michael Stock
Darsteller: Stefan Laarmann (Stefan), Michael Stock (Jockel), Wolfram Haack (Firlefanz), Andreas Stadler (Micha), Nils-Leevke Schmidt, Simone Spengler, Harry Baer
Drehbuch: Michael Stock, Wolfram Haack, Stefan Laarmann
Kamera: Lorenz Haarmann (Farbe)
Musik: Alexander Hacke, Chrislo Haas, Tom Stern, »Einstürzende Neubauten«
Schnitt: Uwe Lautenkorn
Produktion: Michael Stock, BRD 1993
Uraufführung: Filmfestival Max Ophüls Preis, Saarbrücken 1993
Verleih: Sputnik/-/-
Kinostart: 26.8.1993
Länge: 90 Min.

Jockel, Stefan und Micha, ein schwules Trio aus einer Kreuzberger Wagenburg, nehmen kein Blatt vor Maul und Schwanz. Michael Stocks roh gefügter, unversöhnlicher Debütfilm um den Heroin-Tod Jockels und das Ende der Wagenburg-Utopie – sympolisch überhöht durch ein kontrapunktisch gesetztes Märchen – überzeugt durch ungekünstelte Darstellung, weniger durch formale Geschlossenheit und Spannungsaufbau. *Alexander Musik, tip, 18/93*

Jan Gympel in: Zitty, 17/93; Frank Noack in: Der Tagesspiegel, 27.8.93; Rupert Koppold in: Stgt. Zeitung, 9.12.93

Prinzessin Aline & die Groblins 682

A HERCEGNÖ ES A KOBOLD **

Regie: Joszef Gémes
Darsteller: Mit den Originalstimmen von: Joss Ackland, Claire Bloom, Roy Kinnear, Sally Ann March

Drehbuch: Robin Lyons, nach dem Roman von George MacDonald
Musik: István Lerch
Schnitt: Magda Hag
Produktion: Robin Lyons für Pannonia Film Studio/Siriol mit S4C Wales/NHK, Ungarn/GB 1992
Verleih: Atlas/Einhorn/Stamm
Kinostart: 23.9.1993
Länge: 81 Min. – *FSK:* o.A., ffr.

Prinzessin Aline und ihr Freund, der Bergarbeitersohn Curdie, machen in letzter Sekunde einen Plan der Groblins zunichte: Die Berggeister wollen auch über die Erdoberfläche die Herrschaft übernehmen. Die eher hausbackene Märchengeschichte ist in einen Zeichentrickfilm von manchmal überschäumender visueller Phantasie umgesetzt worden und spielt sich in einer liebevoll ausgemalten Bilderwunderwelt von verwunschenen Winkeln und labyrinthischen Berghöhlen ab. *Zoom*

Die Prinzessin ist blond, niedlich und langweilig. Ihre Gefährten sind brünett bzw. graublau (eine Katze) und langweilig. Die Widersacher des Trios, sogenannte Felsenmonster, sind ebenso fade. Der Film erschüttert den Glauben an den britischen Humor.
Carola Rönneburg, tip, 20/93

Heiko R. Blum in: Rheinische Post, 24.9.93; Thomas Klingenmaier in: Stgt. Zeitung, 25.9.93

Prison Heat 683
PRISON HEAT *
Video

Regie: Joel Silberg
Darsteller: Rebecca Chambers, Lori Jo Hendrix, Kena Land, Gilya Stern, Toni Naples, Uri Gavriel
Drehbuch: David Alexander
Kamera: Amnon Salomon (Farbe)
Musik: Moshe »Mussa« Nahimas
Schnitt: Danny Shik
Produktion: Allan Greenblatt für Global Pic., USA 1992
Verleih: -/-/-/Condor Video
Videostart: 23.2.1993
Länge: 83 Min.
FSK: ab 18 J.

Vier junge Frauen machen Urlaub in Griechenland und wollen auch die Türkei kennenlernen. An der Grenze wird ihnen Kokain in den Wagen geschmuggelt und sie landen im Frauengefängnis. Läppischer Frauenknastfilm. »Midnight Express« für Spanner.

Private Bodyguard 684
THE HIT LIST **
Video

Regie: William Webb
Darsteller: Jeff Fahey (Charlie Pike), Yancy Butler (Jordan Henning), James Coburn (Peter Mayhew), Michael Beach (Det. Akin), Randy Oglesby (Det. Wilcher), Sherman Howard (J. Bishop), Charles Lanyer (Captain DeBont), Jeff Kober (Stud), Michael Harris (Sunglasses), Tony Amendola (Rabin)
Drehbuch: Reed Steiner
Kamera: John Huneck (Farbe)
Musik: Rick Conrad
Schnitt: Michael Thibault
Produktion: William Webb, Tr Conroy für Westwind Prod., USA 1993
Verleih: -/-/-/VCL Video
Videostart: Sept. 1993
Länge: 93 Min.
FSK: ab 16 J.

In Anlehnung an die Kombination Whitney Houston/Kevin Costner in »Bodyguard« nun die eiligst geklonte Discount-Version: Leibwächter verliebt sich in seine attraktive Klientin und landet in finsteren Unterweltsintrigen. Wenig aufregender US-Kabel-TV-Thriller, der ursprünglich für die Leinwand gedreht wurde.

Probefahrt ins Paradies 685
***

Regie: Douglas Wolfsperger
Darsteller: Barbara Auer (Theresa), Christiane Hörbiger (Schwester Ursula), Mathias Gnädinger (Freddie), Axel Milberg (Pfarrer Strobel), Kristina Walter (Margot Tägermoos), Inge von Ambesser, Karin Nennemann, Klaus Händl, Heinke Hartmann, Miriam Maertens
Drehbuch: Douglas Wolfsperger, Klaus Gietinger mit Tobis Engelsing, Luisa de Martin
Kamera: Jörg Schmidt-Reitwein (Fuji)
Musik: Jürgen Knieper
Schnitt: Corinna Dietz
Produktion: Calypso Film/Bernard Lang AG mit Verena Rudolf/Neue Pathos Film/Steinbock Film/Schweizer Fernsehen DRS/Teleclub AG, BRD 1992
Uraufführung: Int. Hofer Filmtage 1992
Verleih: Arsenal/Einhorn/Bernard Lang

Kinostart: 22.4.1993
Länge: 86 Min. – *FSK:* ab 12, ffr.

Auf einer Pilgerfahrt nach Lourdes gerät der Pfarrer, der die Gruppe leitet, in einen Konflikt, weil seine schwangere Geliebte ihn dazu zwingen will, sich zu ihr und dem Kind zu bekennen. Im Verlauf der Reise zeigt sich, daß die Wallfahrenden herzlich wenig an christlichen Lebensidealen interessiert sind. Die Filmfarce gibt sich als allegorisch verschlüsselten Angriff auf umstrittene Positionen der katholischen Kirche wie den Pflichtzölibat, enthält jedoch zuviele dramaturgische und andere Plattheiten, um ernstgenommen zu werden.
Zoom

(...) Zwischen verständnisvollem Schmunzeln, Ärger über die Platitüden und Aversion gegen diverse Geschmacklosigkeiten hin- und hergerissen, hofft man selbst auf Erlösung in Lourdes. Sie wird einem nicht zuteil. Der Malaisen sind zu viele.
Kai Niemeyer, AZ, 6.5.93

Rupert Koppold in: Stgt. Zeitung, 29.4.93

Protect and Serve 686

TO PROTECT AND SERVE ***

Video

Regie: Eric Weston
Darsteller: C. Thomas Howell (Egan), Lezlie Deane (Harriet), Richard Romanus (Captain Malouf), Zoe Trilling (Beverly), Joe Cortese (Kazinski), Steve Gagnon
Drehbuch: Eric Weston, Freeman King, nach seinem Roman
Kamera: Irv Goodnoff (Farbe)
Musik: Lumiere, Jerry Deaton
Schnitt: Stephen Butler
Produktion: Angela P. Schapiro für Apsicon/Capital Ent., USA 1992
Verleih: -/-/-/New Vision Video
Videostart: April 1993
Länge: 84 Min. – *FSK:* ab 16 J.

Brutale Kollegen eines New Yorker Polizisten prügeln Dieb zu Tode, werden angeklagt, freigesprochen und dann einer nach dem anderen ermordet. Zumeist optisch ambitioniert, gradlinig erzählt und recht spannend. (Wie war das mit Rodney King in L.A.?)
Josef Lederle in: film-dienst, 15/93

Prototype 687

PROTOTYPE **

Video

Regie: Phillip Roth
Darsteller: Lane Lenhart (Chandra Kerkorian), Robert Tossberg (Hawkins Cosslow), Brenda Swanson (Dr. Alexis Zalazny), Paul Coulj (Dr. Taurence Roberts), Mitchell Cox (Ariel), Sebastien Scandiuzzi (Sebastien), Harold Cannon (Pater Delaney), Zach Nesis (Teague), Woon Park (Imperia), Michael White
Drehbuch: Phillip Roth
Kamera: Marc W. Gray (Farbe)
Musik: Emilio Kauderer
Schnitt: Daniel Lawrence
Produktion: Gian-Carlo Scandiuzzi, Phillip Roth für Filmtown Ent. Group, USA 1992
Verleih: -/-/-/VPS Video
Videostart: 4.2.1993
Länge: 94 Min.
FSK: ab 18 J.

Einem Teil der Menschheit wird Mitte des 21. Jahrhunderts Weisheit implantiert (!), doch böse Menschen lassen »Cyborgs« gegen sie antreten. Naiver Science-Fiction-Eintopf.

Frank Klubertz in: film-dienst, 9/93

Der Prozeß 688

THE TRIAL ***

Regie: David Jones
Darsteller: Kyle MacLachlan (Josef K.), Anthony Hopkins (Der Geistliche), Jason Robards (Advokat Huld), Juliet Stephenson (Frl. Bürstner), Polly Walker (Leni), Alfred Molina (Titorelli), Michael Kitchen (Block), Catherine Neilson, Patrick Godfrey
Drehbuch: Harold Pinter, nach dem gleichn. Roman von Franz Kafka
Kamera: Phil Meheux (Farbe)
Musik: Carl Davis
Schnitt: John Stothart
Produktion: Louis Marks für BBC Films/Europanda Ent., GB 1992
Uraufführung: 24.1.1993, Sundance Film Festival, Park City, Utah
Verleih: Kinowelt/Top/-
Kinostart: 13.5.1993
Länge: 120 Min. – *FSK:* ab 12, ffr.

Der Bankbeamte Josef K., der vor einem obskuren Gericht angeklagt wird, wird nach vergeblichen Versuchen, Anklage und Ankläger in Erfahrung zu bringen, in einem Steinbruch hingerichtet. Von Harold Pinter mit großer Werktreue dramaturgisch umgesetzte und von Kyle

MacLachlan eindringlich gespielte Verfilmung des Romans von Franz Kafka.
multimedia

Bodo Fründt in: SZ, 17.5.93; Peter W. Jansen in: Der Tagesspiegel, 27.5.93; Ponkie in: AZ, 13.5.93; o.A. in: Der Spiegel, 19/93

Psycho Cop II 689

PSYCHO COP RETURNS *
Video

Regie: Rif Coogan
Darsteller: Bobby Ray Shafer (Psycho Cop), Barbara Lee Alexander, Julie Strain, Nick Vallelonca, Roderick Darin, Dave Bean
Drehbuch: Dan Povenmire
Kamera: Enak Mada (Farbe)
Musik: Mark David Becker
Schnitt: William G. Bernard
Produktion: David Andriole, USA 1992
Verleih: -/-/-/VMP Video
Videostart: 8.11.1993
Länge: 89 Min. – *FSK:* ab 18 J.

Der Psycho Cop räumt mit allerlei Ganoven auf seine Weise auf. Primitiv bis ins Mark.

Punishment – Spur der Gewalt 690

DONATO & DAUGHTER **
Video

Regie: Rod Holcomb
Darsteller: Charles Bronson (Mike Donato) Dana Delany (Dina Donato), Xander Berkeley, Jenette Goldstein, Louis Giambalvo, Marc Alaimo, Tom Verica, Robert Gossett, Bonnie Bartlett
Kamera: Thomas Del Ruth (Farbe)
Musik: Sylvester Levay
Schnitt: Christopher Nelson
Produktion: Marian Brayton, Anne Carlucci für Multimedia Motion Pic. mit World Int. Network, USA 1993
Verleih: -/-/-/Highlight Video
Videostart: November 1993
Länge: 90 Min. – *FSK:* ab 16 J.

Charles Bronson wärmt in diesem fünfklassigen Film noch einmal seine Rächer-Rolle auf.

Pushed to the Limit 691

PUSHED TO THE LIMIT *
Video

Regie: Michael Mileham
Darsteller: Mimi Lesseos (Mimi), Henry Hayshi (Harry Lee), Verrel Lester Reed jr. (Vern), Barbara Braverman (Mom), Gregg OStirin (John), Michael Foley
Drehbuch: Mimi Lesseos
Kamera: Bodo Holst (Farbe)
Musik: Miriam Cutler
Schnitt: Peter Cohen
Produktion: Stepping Out/Mimi Prod., USA 1991
Verleih: -/-/-/Condor/Cannon Video
Videostart: April 1993
Länge: 84 Min.
FSK: ab 16 J.

Rache und Vergeltung für ihren von Drogendealern ermordeten jüngeren Bruder und ihren schwerverwundeten Geliebten führt eine Martial-Art-Kämpferin in die Downtown von L.A.s Chinatown. Dort rächt Catcherin Mimi auf brutale Weise den Tod ihres Mannes. Ziemlich ekliges Haudrauf-Machwerk.

*

Quick – Die Kopfgeldjägerin 692

QUICK **
Video

Regie: Rick King
Darsteller: Jeff Fahey (Muncie), Teri Polo ((Quick), Robert Davi (Davenport), Martin Donovan (Herschel), Tia Carrere (Janet Sakamoto)
Drehbuch: Frederick Bailey
Kamera: Geza Sinkovics (Foto-Kem)
Musik: Robert Sprayberry
Schnitt: Stan Salfas
Produktion: David Lancaster, USA 1992
Verleih: -/-/-/Starlight Video
Videostart: Juli 1993
Länge: 95 Min. – *FSK:* ab 18 J.

Romanze zwischen biederem Buchhalter und hartgesottener Profikillerin. Unausgegoren und schlampig inszeniert.

Annette Winter in: film-dienst, 20/93

Die Rache des Fährtensuchers 693
OFELAS/VEIVISEREN ****
TV

Regie: Nils Gaup
Produktion: Norwegen 1988
Sendetermin: 1.3.1993, ZDF, 22.15

TV-Titel für: → ›Pathfinder‹. Lief bereits 1988 im Kino. Daher vollständige Angaben und Kritik im Heyne Filmjahrbuch 1989.

Jürgen Richter in: FAZ, 28.2.93

Racheengel 694
L' ANGELO CON LA PISTOLA **
Video

Regie: Damiano Damiani
Darsteller: Tahnee Welch (Lisa), Remo Girone (Kommissar), Eva Grimaldi (Teresa), Nicola D'Eramo
Drehbuch: Damiano Damiani, Dardano Sacchetti, Carla Giulia Casalini, nach einer Story von Mario Cecchi Gori und Damiano Damiani
Kamera: Sebastiano Celeste (Farbe und s/w)
Musik: Riz Ortolani
Schnitt: Antonio Siciliano
Produktion: Mario & Vittorio Cecchi Gori für C.G. Group Tiger Cinematografica/Penta Film Prod., Italien 1992
Verleih: -/-/-/VMP Video
Videostart: März 1993
Länge: 110 Min. – *FSK:* ab 16 J.

Aus Verdrossenheit über Staat, Politik und Polizei töten Barmädchen und Polizist reihenweise Mafia-Größen. Von den sensiblen Porträts, die Damiani von der italienischen und der Ehrenwerten Gesellschaft einst zeichnete, blieb nur ein grober Lynchjustiz-Scherenschnitt.

Radio Bikini 695
RADIO BIKINI ***
TV

Regie: Robert Stone
Kamera: (Farbe)
Produktion: Crossroads Film, GB 1987
Verleih: -/-/-/
Sendetermin: 5.11.1993, 22.10, Arte; 20.2.1993, 20.15, Eins Plus
Länge: 58 Min.

1946, nach der Kapitulation der Japaner, wählte die Amerikanische Marine das Bikini-Atoll für ihre Atomtests aus. Die 162 Bewohner des Atolls müssen auf die Rongerik-Insel umziehen. Sie machen Schlagzeilen, ohne genau zu begreifen warum und ohne zu wissen, daß sie erst 40 Jahre später, wenn überhaupt, in ihre Heimat zurückkehren können. (...) Der Film bringt neben den Augenzeugenberichten eines alten Bewohners des Bikini-Atolls und eines Seemanns unveröffentlichte Archivfilme und Rundfunkberichte, die dem Zuschauer erlauben, die Ereignisse von damals nachzuvollziehen. *Pressetext Arte*

Radio Flyer 696
RADIO FLYER ***

Regie: Richard Donner
Darsteller: Lorraine Bracco (Mutter Mary), John Heard (Daugherty), Elijah Wood (Mike), Joseph Mazzello (Bobby), Adam Baldwin (Stiefvater King), Ben Johnson (Geronimo Bill), Sean Baca, Robert Munic, Tom Hanks
Drehbuch: David Mickey Evans
Kamera: Laszlo Kovacs (Technicolor und s/w)
Musik: Hans Zimmer
Schnitt: Stuart Baird
Produktion: Lauren Shuler-Donner für Stonebridge Prod., USA 1992
Verleih: Columbia TriStar (5.12.1991 geplant, nicht gestartet)/Columbia TriStar Home Video
Kinostart: Juni 1993
Länge: 109 Min. – *FSK:* ab 12 J.

Zwei kleine Jungs basteln an einem Flugzeug, mit dem sie dem ständigen Terror ihres Stiefvaters entkommen wollen. Einem der beiden gelingt die Flucht. Stilistisch uneinheitlicher, aufwendig produzierter Familienfilm mit ungewöhnlichem Schluß.

Klaus Brühne in: film-dienst, 14/93

Rage and Honor 697
RAGE AND HONOR *
Video

Regie: Terence H. Winkless
Darsteller: Cynthia Rothrock (Kris Fairchild), Richard Norton (Preston Michaels), Terri Treas (Rita Carrion), Brian Thompson (Drago), Catherine Bach, Alex Datcher
Drehbuch: Terry Winkless

Kamera: Tom Callaway (Farbe)
Musik: Darryl Way
Schnitt: David Byron Lloyd
Produktion: Donald Paul Pemrick, Kevin Reidy für Copeland/Colichman Prod., USA 1992
Verleih: -/-/-/New Vision Video
Videostart: 9.3.1993
Länge: 85 Min.
FSK: ab 18 J.

Ein Polizeiofficer wird in einen Mordfall verwickelt. Er kann seine Unschuld nur mit Hilfe eines Video-tapes beweisen, das sich im Besitz eines Schülers einer Kampfsportlehrerin befindet. Nicht ernstzunehmendes Martial-Arts-Produkt.

Die Ratte 698
**

Regie: Klaus Lemke
Darsteller: Thomas Kretschmann (Sven), Marco Heinz (Ricki), Andrea Heuer (Barfrau), Ernie Reinhardt (Lollo), Myriam Zschage (Trainerin)
Drehbuch: Frank Göhre, Klaus Lemke
Kamera: Lothar Stickelbrucks (Farbe)
Musik: Ricardo Jervis Lyte, Don Cherry
Schnitt: Monika Schuchard
Produktion: Klaus Lemke für Klaus Lemke Filmprod., BRD 1992
Uraufführung: 28.1.1993 Massenstart
Verleih: Tobis/-/-/Marketing Film Video
Kinostart: 28.1.1993
Länge: 85 Min.
FSK: ab 16, ffr.

Ein junger Teenager bewundert seinen abgewichsten großen Bruder, buhlt um seine Freundschaft, verfolgt ihn bei seinen Streifzügen rund um die Reeperbahn und träumt von Freiheit und Abenteuer. Lemkes neuer Film ist ohne die urwüchsigen Typen, die Rocker, die kernigen Sprüche, die Authentizität, Dramatik und Tragik seines 71er Originals, »Rocker«, nichts als eine langweilige Zurschaustellung ausgelutschter Klischees. *Ralph Umard, tip, 6/93*

(...) Was er denn erzählen will mit dieser »Ratte«, bleibt bis zum Schluß schleierhaft: vielleicht wie leicht es ist, Hamburger Filmfördermittel zu bekommen.
Thomas Klingenmaier, Stgt. Zeitung, 30.1.93

Peter Buchka in: SZ, 3.2.93; Karlheinz Oplustil in: epd Film, 3/93

Fesselnd: ›Red Rock West‹ mit Nicolas Cage und Lara Flynn Boyle.

Red Rock West 699
RED ROCK WEST ****

Regie: John Dahl
Darsteller: Nicolas Cage (Michael Williams), Dennis Hopper (Lyle), Lara Flynn Boyle (Suzanne Brown), J.T. Walsh (Wayne Brown), Timothy Carhart (Deputy Greytack), Dan Shor (Deputy Bowman), Dwight Yoakam, Bobby Joe McFadden
Drehbuch: John Dahl, Rick Dahl
Kamera: Marc Reshovsky (Deluxe)
Musik: William Orvis
Schnitt: Scott Chestnut
Produktion: Sigurjon Sightvatsson, Steve Golin für Polygram/Propaganda Films, USA 1992
Erstaufführung: Filmfest München 1993
Verleih: Concorde/Constantin/-/Concorde Video
Länge: 98 Min. – *FSK:* ab 16, ffr.
FBW: Wertvoll

Michael ist ein Pechvogel: Der Job bei der Marine ist dahin, weil er sich das Knie verletzt hat. Keinen Dollar in der Tasche, wird er auf Arbeitssuche in dem verschlafenen Kaff Red Rock West von einem Barbesitzer mit dem gemieteten Profikiller verwechselt, der dessen Frau Suzanne umbringen soll. Die 15.000 Dollar nimmt Michael erst mal und warnt Suzanne. Die hat einen neuen Mordauftrag für ihn. Als der Profikiller eintrifft (Dennis Hopper in der gewohnten Psychopathen-Rolle), ist in Red Rock West endgültig die Hölle los.

Angie Dullinger, AZ, 1.6.93

(...) Ein Film wie ein Road movie, wie ein Western, wie ein Film noir, aber ganz anders und in seiner verschlungenen Einfachheit sehr packend und unterhaltsam. *tip, 14/93*

Frauke Hanck in: AZ, 8.7.93; Frauke Hartmann in: FR, 10.7.93; Thomas Klingenmaier in: Stgt. Zeitung, 8.7.93; Simone Mahrenholz in: Der Tagesspiegel, 9.7.93

Redheads – In der Schußlinie 700

REDHEADS **
Video

Regie: Danny Vendramini
Darsteller: Claudia Karvan (Lucy), Catherine McClements (Diana), Alexander Petersons (Simon), Mark Hembrow (Brewster), Sally McKenzie (Zelda)
Drehbuch: Danny Vendramini, nach einem Bühnenstück von Rosie Scott
Kamera: Steven Mason (Farbe)
Musik: Felicity Foxx
Schnitt: Marc van Buuren
Produktion: Richard Mason für Beyond/Roxy, Australien 1992
Verleih: -/-/-/Columbia TriStar Home Video
Videostart: November 1993
Länge: 102. Min. – *FSK:* ab 18 J.

Mädchen aus Resozialisierungsheim gerät in den Verdacht, ihren Liebhaber, einen korrupen Advokaten, ermordet zu haben. Umständliche und hilflose Adaption eines Bühnenstücks.

Der Reichseinsatz 701

****
TV

Regie: Wolfgang Bergmann
Drehbuch: Wolfgang Bergmann
Kamera: Rali Raltschew (Farbe und s/w)
Schnitt: Inge Behrens
Produktion: Wolfgang Bergmann für Lichtfilm/Pickup Film/MAP-TV/NDR/WDR/Arte, BRD 1993
Uraufführung: 26.6.1993, Filmfest München
Verleih: Freunde/-/-
Sendetermin: 19.10.1993, Arte, 19.30; 15.11.1993, Nord3, 23.00; 5.12.1993, West3, 23.00
Länge: 114 Min.
FBW: Wertvoll

Die Zwangsvölkerwanderungen des Zweiten Weltkriegs, belegt aus 10 historischen Archiven Europas: Die nach Deutschland gekarrten Arbeitssklaven als Zeitzeugen für eine Menschenrechtsverletzung, in der sich Arier-Rassismus mit Ausbeuter-Nutzdenken traf. Die Dokumentation aus entlarvenden NS-Wochenschauen und den Erinnerungen der zu »Untermenschen« degradierten »Fremdarbeiter« ist ein beklemmender Verdrängungsreport über frühe Wurzeln von Ausländermißachtung.

Ponkie, AZ, 26.6.93

Die Reinkarnation des Khensur Rinpoche 702

THE REINCARNATION OF KHENSUR RINPOCHE ***

Regie: Tenzing Sonam, Ritu Sarin
Drehbuch: Tenzing Sonam
Kamera: Andrew Carchrae (Farbe)
Musik: The Tibetan Institute of Performing Arts/Chaksampa
Schnitt: Paul Shepard
Produktion: Tenzing Sonam, Ritu Sarin für White Crane Films Prod. mit The Meridian Trust, GB/Indien 1991
Verleih: Endfilm/-/Rialto
Kinostart: 14.1.1993
Länge: 63 Min.

Ein Dokumentarfilm über tibetische Mönche und Reinkarnation. Gezeigt wird die Suche und Entdeckung eines spirituell hoch entwickelten Mönches, der nach seinem Tod im Jahre 1985 einige Monate später in Gestalt eines kleinen Jungen wiedergeboren sein soll. Von buddhistischer Gedankenwelt und Mystik vermittelt der konventionell gemachte Film kaum etwas, einen starken Eindruck erhält man dafür von der Uneigennützigkeit, Bescheidenheit und tiefen Gläubigkeit der Mönche.

Dagmar Bäck in: Zitty, 1/93; Bodo Fründt in: SZ, 15.3.93; Patrick Rössler in: Stgt. Zeitung, 16.1.93 Nicolaus Schröder in: FR, 8.1.93

Die Reise 703

EL VIAJE ****

Regie: Fernando E. Solanas
Darsteller: Walter Quiroz (Martin), Soledad

Alfaro (Vidala), Ricardo Bartis (Celador Salas), Cristina Becerra (Violeta), Dominique Sanda (Helena), Marc Berman (Nicolas), Chiquinho Brandao (Paizinho), Carlos Carella, Angela Correa, Liliana Flores
Drehbuch: Fernando E. Solanas
Kamera: Felix Monti, Roberto H. Mateo (Farbe)
Musik: Egberto Gismonti, Astor Piazzola, Fernando E. Solanas
Schnitt: Alberto Borello, Jacqueline Meppiel
Produktion: Envar El Kadri für Cinesur/Les Films du Sud mit Films A2 TVE/Sociedad Estata/Quintero Centenario/Channel Four sowie Tele München/Canal Plus/BIM/Herald Ace/Malo Films/Instituto Nacional de Cinematografica, Argentinien/Frankreich 1992
Uraufführung: ll.1.1992, Int. Filmfestspiele Cannes
Erstaufführung: Filmfest München 1992
Verleih: Concorde/-/trigon/Concorde Video
Kinostart: 15.4.1993
Länge: 139 Min. – *FSK:* ab 12, ffr.
FBW: Besonders wertvoll

Die über zwei Stunden lange Odyssee führt einen Jungen auf der Suche nach dem Vater von Feuerland im Süden Argentiniens quer durch den Kontinent bis nach Mexiko, durch das »braune« Amerika der Indios und der Armen, durch romantische Landschaften, mythische Orte, chaotische Städte, eine monströse Historie. Der Film ist ein Pamphlet und ein Märchen, satirisch und aggressiv, laut, rüde und zornig, eine Initiation und eine Selbstbefragung Lateinamerikas.

Wolf Donner, tip, 9/93

Thomas Klingenmaier in: Stgt. Zeitung, 15.4.93; H.G. Pflaum in: SZ, 16.4.93; Oliver Rahayel in: Kölner Stadt-Anzeiger, 17.4.93; Peter Steinhart in: Rheinische Post, 18.6.93; Karsten Witte in: Die Zeit, 16.4.93

Die Reise der Hyäne 704

TOUKI-BOUKI ***

Regie: Djibril Diop Mambety
Darsteller: Mareme Niang, Ndou Labia alias Christopher Colomb, Magaye Niang, Ousseynou Diop, Moustapha Touré
Drehbuch: Djibril Diop Mambety
Kamera: Georges Bracher, Pap Samba Sow (Farbe)
Musik: mit den Stimmen von Josephine Baker, Mado Robin, Aminata Fall
Schnitt: Siro Asténi
Produktion: Cinegrit, Senegal 1972
Verleih: -/-/Filmcooperative
Kinostart: Februar 1993
Länge: 85 Min.

Nicht so sehr durch seine vielbeachtete formale Eigenwilligkeit besticht dieser Film, sondern vielmehr durch seine politische und soziale Weitsicht. Auf seiner Reise in eine bessere Zukunft, die er in Paris zu finden glaubt und die am Hafen von Dakar endet, erkennt Mory, daß die Annahme einer fremden Identität nie zu einer eigenen führen kann. Mit der Besinnung auf seine eigenen Wurzeln leitet er einen Selbstfindungsprozess ein. Djibril Diop Mambety nimmt damit eine Erkenntnis vorweg, die später für die Eigenständigkeit vieler afrikanischer Menschen und Nationen zentrale Bedeutung erhält. *Zoom*

Die Reise des Löwen 705

**

Regie: Fritz Baumann
Darsteller: Howard Anthony Trott, Irey Trott, Makeba Trott, Tiger, Jewel Burke, Reiner Lauter
Kamera: Volker Tittel (Farbe)
Musik: Roman Bunka
Schnitt: Fritz Baumann
Produktion: Fritz Baumann Filmprod. mit BR, BRD 1992
Uraufführung: Int. Hofer Filmtage 1992
Verleih: Eigenverleih/-/-
Kinostart: 25.2.1993
Länge: 87 Min.

(...) Aus der Überschaubarkeit seines karibischen Lebens gerissen durch die Einladung der in London lebenden Schwester, reist Howard, gelassen aber vorsorglich alles überdenkend, nach Europa und von dort, auf Einladung eines Fotografen, nach Nordafrika und, in eigener Initiative, nach Ghana. In dem verrotteten Fort an der Küste Ghanas, dem Ort, von dem aus die Leidensgeschichte der afrikanischen Sklaven begonnen hatte, fühlt sich Howard endlich befreit. Die Kulturen sind einander fremd, aber die Chemie zwischen den Völkern stimmt.

Howard ist ein Mann der Toleranz, sein Humor voller Humanität. Der sensible Dokumentarist Baumann erzählt die

Geschichte einer bewußten Reise zu den Ursprüngen. Eine Geschichte, die Menschen so sein läßt, wie sie sein wollen.
Angie Dullinger, AZ, 25.2.93

Fritz Göttler in: SZ, 26.2.93; Lennart Paul in: Der Tagesspiegel, 7.5.93

Reise in die Finsternis 706
ROSSO ***
TV

Regie: Mika Kaurismäki
Darsteller: Kari Väänänen (Rosso), Martti Syrjä (Martti), Leena Harjupatana (Maria), Mirja Oksanen, Erzähler: Wolfgang Kaven
Drehbuch: Mika Kaurismäki, Kari Väänänen; Monologe Aki Kaurismäki, Dante Alighieri
Kamera: Timo Salminen (Farbe)
Musik: Marco Cucinatta
Schnitt: Raija Talvio
Produktion: Villealfa Prod. mit Jörn Donner Prod./Arthouse, Finnland 1985
Erstaufführung: 2.11.1985, Nordische Filmtage Lübeck
Verleih: -/-/-/
Sendetermin: 3.6.1993, ZDF, 23.45
Länge: 72 Min.

Rosso, ein sizilianischer Killer in Mafia-Diensten, erhält den Auftrag, seine ehemalige Freundin Maria aus dem Weg zu räumen. Also begibt er sich in Marias Heimatland Finnland, wohin sie auf Druck der Mafia zurückgekehrt war und sucht hier nach der Frau, die er immer noch liebt. Rosso trifft jedoch nur auf Marias Bruder Martti, der sich bereiterklärt, den verschlossenen Fremden zu seiner Schwester zu führen.
Katalog Viennale

Reise nach Trapar 707
**

Regie: Laurent Vivien
Darsteller: Lucien Brest, Sylvain Faysse, Vincent Lefrançois-Mangold, Catherine F. Grigull, Françoise Cactus
Drehbuch: Laurent Vivien
Kamera: Dieter Johannsen
Musik: Benne, Heiner und Martin
Schnitt: Bilbo Calvez
Produktion: Eberhard Bommarius, BRD 1991
Verleih: -/Starkino/-
Kinostart: März 1993
Länge: 89 Min.

Die Geschichte eines Berliner Malers in einer Schaffenskrise wird zu einem Portrait der Künstler-Bohème und Kreuzbergs hochstilisiert. Mangelnde Stringenz, Beliebigkeit der Sequenzenabfolge, willkürlich erscheinende Skurrilitäten und (hoffentlich) unreflektierte Aussagen kennzeichnen diesen Film.
multimedia

Der Reporter 708
THE PUBLIC EYE ***

Regie: Howard Franklin
Darsteller: Joe Pesci (Leon »Bernzy« Bernstein), Barbara Hershey (Kay Levitz), Stanley Tucci (Sal Minetto), Jerry Adler (Arthur Nabler), Jared Harris (Danny), Gerry Becker (Conklin), Dominic Chianese (Spoleto), Del Close (H.R. Rineman), Richard Foronjy (Farinelli), Tim Gamble (Agent Chadwick)
Drehbuch: Howard Franklin
Kamera: Peter Suschitzky (DeLuxe)
Musik: Mark Isham
Schnitt: Evan Lottman
Produktion: Sue Baden-Powell für Robert Zemeckis Prod., USA 1992
Uraufführung: 14.10.1992 New York
Verleih: UIP/UIP/UIP/CIC Video
Kinostart: 4.2.1993
Länge: 98 Min. – *FSK:* ab 12, ffr.
FBW: Wertvoll

Der trickreiche Photoreporter Leon Bernstein bekommt den Auftrag, für

Realismus nach Maß: ›Der Reporter‹ Joe Pesci und Barbara Hershey.

eine Frau, in die er sich verliebt hat, Informationen über einen Gangster zu beschaffen, was für alle Beteiligten gefährlich wird. Als stilistisch hochstehende Hommage an den film noir konzipiert, transportiert der Film außerdem ernsthafte Reflexionen über die Bedeutung des Sehens und Gesehenwerdens, des veröffentlichten Blicks und der Photokunst. *multimedia*

(...) Ganz auf Joe Pesci zugeschnitten, der den scheinbar zynischen Fotoreporter, in Wirklichkeit jedoch sensiblen Bildkünstler differenziert darstellt, verliert der Film ausgerechnet dann an Atmosphäre und Dichte, wenn er sich auf seine Geschichte konzentiert. *Zoom*

Brigitte Desalm in: Kölner Stadt-Anzeiger, 6.2.93; Sebastian Feldmann in: Rheinische Post, 5.2.93; H.G. Pflaum in: SZ, 9.2.93; Josef Schnelle in: FR, 6.2.93

Reporter, Skandale und Brattigans Entdeckung 709
DEAD END BRATTIGAN

Regie: Gus Trikonis

Weiterer Verleihtitel für: → ›Brattigan – Reporter mit Biß‹.

Rexosaurus 710
DR. MORDRID *
Video

Regie: Albert Band, Charles Band
Darsteller: Jeffrey Combs (Dr. Mordrid), Yvette Nibar (Samantha Hunt), Jay Acovone (Tony Gaudio), Keith Coulouris (Adrian), Rick Brinkley (Gunner), Brian Thompson (Kabal), Pearl Shear
Drehbuch: C. Courtney Joyner, nach einer Idee von Charles Band
Kamera: Adolfo Bartoli (Farbe)
Musik: Richard Band
Schnitt: Lauren Schaffer
Produktion: Charles Band für Full Moon Ent., USA 1991
Verleih: -/-/-/Highlight Video
Videostart: 2.11.1993
Länge: 72 Min. – *FSK:* ab 16 J.

Zwei um die Weltmacht kämpfende Zeitreisende duellieren sich im heutigen New York. Dreister Versuch, mit einem blödsinnigen Filmchen kommerziell vom Dinosaurier-Fieber zu profitieren.

Rivalen des Glücks 711
THE CONTENDERS

Regie: Tobias Meinecke

Siehe: → ›Contenders, The – Rivalen des Glücks‹.

Robin Hood – Helden in Strumpfhosen 712
ROBIN HOOD: MEN IN TIGHTS ***

Regie: Mel Brooks
Darsteller: Cary Elwes (Robin Hood), Amy Yasbeck (Maid Marian), Richard Lewis (Prinz John), Roger Rees (Sheriff von Rottingham), David Chappelle (Ahchoo), Mark Blankfield (Blinkin), Tracey Ullman (Latrine), Eric Allan Kramer (Little John), Megan Cavanagh (Broomhilde), Mel Brooks (Rabbi Tuckman)
Drehbuch: Mel Brooks, J. David Shapiro, Evan Chandler, nach einer Story von J. David Shapiro und Evan Chandler
Kamera: Michael D. O'Shea (Deluxe)
Musik: Hummie Mann
Schnitt: Stephen Rivkin
Produktion: Mel Brooks für Brooksfilms Prod. mit Gaumont, USA 1993
Uraufführung: 28.7.1993, New York
Verleih: Columbia TriStar/dto./ 20th Century Fox
Kinostart: 9.12.1993
Länge: 102 Min. – *FSK:* ab 6, ffr.

Liebenswürdige und ironische Verbeugung vor den Robin-Hood-Filmen, bei der Mel Brooks vor allem auf »König der Diebe« mit Kevin Costner schielt. Doch auch der andere »Kevin« und der »Pate« tauchen zwanglos im 12. Jahrhundert mitten im Sherwood Forest auf. Leider wird aus der entspannten Genreparodie durch die deutsche Synchronisation, die nur auf Hauruck-Humor der allerdümmsten Sorte setzt, streckenweise eine witzfreie Blödelnummer.
Volker Gunske, tip, 25/93

Heiko R. Blum in: Rheinische Post, 11.12.93; W.O.P. Kistner in: AZ, 9.12.93; H.G. Pflaum in: SZ, 11.12.93

Robosaurus 713
STEEL JUSTICE *
Video

Regie: Christopher Crowe
Darsteller: Robert Taylor (David Nash), J. A. Preston, Roy Brocksmith, John Finn, Neil Ciuntoli

Narren mit Kappen: Dave Chappelle und ›Robin Hood‹ Cary Elwes.

Drehbuch: Christopher Crowe, John Hill
Kamera: Michael Watkins (Farbe)
Musik: Frank Becker
Produktion: Stephen Lovejoy für Universal, USA 1992
Verleih: -/-/-/CIC Video
Videostart: Dez. 1992
Länge: 86 Min.
FSK: ab 12 J.

Zeitreisender hilft mit seinem stählernen Dinosaurier (!) einem Polizisten im 21. Jahrhundert bei der Arbeit. Krauses Science-Fiction-Elaborat.

Robotjox 2 – Krieg der Stahlgiganten 714

ROBOT WARS *

Video

Regie: Albert Band
Darsteller: Don Michael Paul (Drake), Barbara Crampton (Leda), James Staley (Stumpy), Lisa Rinna (Annie), Danny Kamekona (Wa-Lee), Peter Haskell (Rooney)
Drehbuch: Jackson Barr, nach einer Idee von Charles Band
Kamera: Adolfo Bartoli (Farbe)
Musik: David Arkenstone
Schnitt: Margaret-Anne Smith
Produktion: Keith Payson für Full Moon Ent., USA 1992
Verleih: -/-/-/VPS Video
Videostart: 29.7.1993
Länge: 72 Min.
FSK: ab 12 J.

In ferner Zukunft wird der westlichen Welt ihr gigantischer Kampfskorpion entführt – von Japanern. Schauerliches SF-Spektakel.

Annette Winter in: film-dienst, 18/93

Rock Hudson's Home Movies 715

ROCK HUDSON'S HOME MOVIES ***

Regie: Mark Rappaport
Drehbuch: Mark Rappaport
Kamera: Mark Daniels (Farbe)
Schnitt: Mark Rappaport
Produktion: Mark Daniels für Couch Potato Prod., USA 1992
Uraufführung: Juni 1992, New York
Erstaufführung: 20.2.1993, Int. Forum des Jungen Films, Berlinale
Verleih: Freunde/-/-

Kinostart: Sept. 1993
Länge: 63 Min.

(...) Eine abgründig ironische Kino-Montage. Eine nachträglich bitter komische Sammlung von Filmszenen, die das Insider-Wissen von der Homosexualität des Frauen-Idols Rock Hudson dokumentieren. Eine Lachnummer im Schatten von Aids: Rolle und Maske.
Ponkie, AZ, 23.2.93

Rainer Merkel in: Zitty, 12/93

Rocket Baby Dolls 716
ROCKET BABY DOLLS ***
TV

Regie: Christopher Anderson
Darsteller: Asako Sumii (Asako), Ramon Qanta la Gusta (Niko), Christopher Anderson (Cyrus)
Drehbuch: Christopher Anderson
Kamera: Cyrus Amini, Christopher Anderson
Musik: Franz Schubert, Bob Marley, D. J. 12 and monster mix
Schnitt: Anton Herbert, Christopher Anderson
Produktion: Christopher Anderson für Pow-Wow-Prod. im Auftrag des ZDF, USA/BRD 1993
Verleih: -/-/-/
Sendetermin: 21.12.1993, ZDF, 23.00, »Das kleine Fernsehspiel«
Länge: 90 Min.

(...) Christopher Anderson variiert in seinem Film das biblische Thema der Vertreibung aus dem Paradies. In seinem Entwurf einer Metropole des Schreckens zeigt er, was der Mensch aus der Welt gemacht hat. Seine Bilder sind oft hart, aber auch liebevoll, ja manchmal kitschig. Der Regisseur selbst spielt den Retter des Unschuldsengels aus einem neuen Jahrhundert. Seine Figuren sind ohne hintergründige Psychologie gezeichnet, die Geschichte ist ewig: Liebende auf der Flucht vor den Schrecken der Welt. (...) *Pressetext ZDF*

Rodrigo D. – Zukunft: keine 717
RODRIGO D. NO FUTURO ***

Regie: Victor Manuel Gaviria
Darsteller: Ramiro Meneses, Carlos Mario Restrepo, Jackson Indrián Gallego, Vilma Diaz, Oscar Hernández, Wilson Blandón, Leonardo Favio Sánchez, Irene de Gálvis, John Jairo Gómez, Albeiro Cardona
Drehbuch: Ramó Correa, Juan Guillermo Arredondo, V.M. Gaviria, nach dem Script von Gaviria, Luis Fernando Calderón, Angela Pérez
Kamera: Rodrigo Lalinde (Farbe)
Musik: Germán Arrieta
Schnitt: Victor Manuel Gaviria, Luis Alberto Restrepo
Produktion: Focine, Kolumbien 1989
Erstaufführung: Filmfest Köln 1991
Verleih: Con Film (nicht mehr lieferbar)/-/-
Kinostart: 1992/93
Länge: 90 Min.

Obwohl der Regisseur Victor Manuel Gaviria das Drogenthema kaum berührt, beschönigt der Film nichts, aber er klagt auch nicht plump an. Er zeigt Elend, Verwahrlosung und Tod. Das reicht. In seinen besten Momenten sieht dies beunruhigende Werk wie ein Dokumentarfilm aus. Das ist, in diesem Fall, alles andere als ein Vorwurf.
Kölner Stadt-Anzeiger

Romeo 718
ROMEO ***

Regie: Rita Horst
Darsteller: Monique van de Ven (Anne), Johan Leysen (Matthijs), Ottolien Boeschoten (Nel), Hans Croiset (Dokor), Coby Timp (Anne's Mutter), Bob van den Berg (Anne's Vater), Wick Ederveen, Peter Bolhuis
Drehbuch: Rita Horst
Kamera: Theo Bierkens (Eastmancolor)
Musik: Boudewijn Tarankseen
Schnitt: Ot Louw
Produktion: Frans Rasker für Horizon/ NOS-TV, Niederlande 1990
Verleih: -/Starkino/-
Kinostart: Sept. 1993
Länge: 91 Min.

Aus der Beziehungskrise eines Paares, dessen erstes Kind tot geboren wird, entwickelt sich eine interessante, stimmige, vor allem aber ergreifende psychologische Studie zu den Themen Partnerschaft, Tabuisierung des Todes, Verarbeitung leidvoller Erfahrungen. Der formal sehr straffe und präzise Streifen behandelt die schwierige, heikle Problematik mit viel Einfühlungsvermögen, tiefem Gefühl, aber ohne jede Sentimentalität und beeindruckt mit eindringlichen Darstellerleistungen.
multimedia

Romper Stomper 719

ROMPER STOMPER **

Regie: Geoffrey Wright
Darsteller: Russell Crowe (Hando), Daniel Pollock (Davey), Jacqueline McKenzie (Gabe), Alex Scott (Martin), Leigh Russell (Sonny Jim), Daniel Wyllie, James McKenna, Eric Mueck, Frank Magree
Drehbuch: Geoffrey Wright
Kamera: Ron Hagen (Eastmancolor)
Musik: John Clifford White
Schnitt: Bill Murphy
Produktion: Daniel Scharf, Ian Pringle für Seon Films mit Australian Film/Film Victoria, Australien 1992
Erstaufführung: Int. Hofer Filmtage 1992
Verleih: Delta/Filmhaus/-/Ufa Video
Kinostart: 4.3.1993
Länge: 92 Min. – *FSK:* ab 18, nffr.

(...) So ist auch dieses australische Produkt zu verstehen, das von ein paar »Glatzen« handelt, denen sich ein vergammeltes Mädchen anschließt. Hemmungslos bedient sich Geoffrey Wright in seinem Erstling gängiger Kinoklischees, die er mit den modischen Versatzstücken Gewalt gegen Andersartige und NS-Faszination ausschmückt. Kaum etwas ist davon zu hören, warum Menschen nach rechts driften, von tiefwurzelnden Minderwertigkeitskomplexen, der Angst und der Unsicherheit, die das martialische Gehabe übertünchen soll. Stattdessen serviert uns Wright ein banales Dreiecksdrama und eine klassische »Juvenile Delinquents«-Story vom, einmal beschritten, unaufhaltsamen Weg ins Verderben. Prompt bewirkt der Film genau das Gegenteil der gewollten Wirkung: Skinheadleben, wie Romper Stomper es schildert, besteht aus Suff, willigen Weibern, lauter Musik und rüpeliger Provokation der Gesellschaft, die in massiver Gewalt kulminiert. Das alles ist rasant geschnitten, die Kamera permanent in Bewegung, die brutalen Überfälle wirken wie Videoclips, sind mit fetziger Musik unterlegt und vermitteln, wie geil es ist, seine Macht über wehrlose Opfer auszukosten. *Jan Gympel, Zitty, 5/93*

Sabine Horst in: FR, 22.3.93; Steffen Jacobs in: Der Tagesspiegel, 11.3.93; W.O.P. Kistner in: AZ, 4.3.93; Hans Schifferle in: SZ, 20.3.93

Rosa Heimat – Eine Landillusion 720

**

Regie: Leopold Lummerstorfer
Darsteller: Wolfgang Woisetschläger, Daniela Maier, Peter Lisiak, Dagmar Gilbert, Christian Thannhäuser
Drehbuch: Herbert Papek, Leopold Lummerstorfer
Kamera: Herbert Papek (Farbe)
Schnitt: Herbert Papek, Leopold Lummerstorfer
Produktion: Leopold Lummerstorfer, Österreich 1990
Verleih: -/Star-Film/-
Kinostart: Okt. 1993
Länge: 87 Min.

Eine mit billigsten Mitteln produzierte Dorfgeschichte aus Oberösterreich um unglückliche Liebesbeziehungen, die leider durchaus dilettantisch geraten ist.

Rosen-Emil 721

***

Regie: Radu Gabrea
Darsteller: Dana Vavrova (Lissy), Werner Stocker (Emil), Erich Bar (Palisaden-Karl), Dominique Sanda (Bertha), Udo Jürgen Schenk (Turfkarl), Serge Reggiani (Dr. Levy), Jürgen M. Watzke (Baumüller), Franziska Troegner (Frau Rutsch), Christoph Eichhorn (Spitzmaus), Jaecki Schwarz
Drehbuch: Radu Gabrea, Meir Dohnal, nach dem gleichn. Roman von Georg Hermann
Kamera: Dinu Tanase (Farbe)
Musik: Charles Kalman, Stefan Zorzor
Schnitt: Sophie Coussein, Emanuel DeWit
Produktion: Radu Gabrea, Henri Lange, André Martin für Galla Film/Defa Studio Babelsberg/Molecule/Artimage/ZDF, BRD 1992
Verleih: Senator/-/-
Kinostart: 18.8.1993
Länge: 96 Min. – *FSK:* ab 6, ffr.

(...) Aus der Provinz kommt Hausierer Emil in die Stadt, schlägt sich mit Trittbrettfahrer-Schläue mühsam und mit Strizzi-Charme erfolgreich durch – ein wehmütiges Wiedersehen mit dem begabten Schauspieler Werner Stocker, der Ende Mai an einem Gehirntumor gestorben ist. Lissy, die seelenvolle Dirne, gibt Emil nicht nur ein Zuhause und viel Liebe; sie führt ihn auch als Rosenemil in die rauhe aber herzliche Freundesrunde ein. Ein kleiner Bruch sorgt fürs nötige Kleingeld, alles könnte so idyllisch sein – aber, nein, Emil strebt nach höheren Ehren als Ganove und Liebhaber.

Er hat sich in die Nobelhure Bertha (unfreiwillig komisch in forcierter Selbststilisierung: Dominique Sanda) verknallt, erliegt ihrem Pomp – und erkennt viel zu spät die treue Lissy als wahre Herzensdame. Die sinkt im Todeskampf an Emils Brust. Ach.

Gabrea und seinem Kameramann Dinu Tanase gelingen nostalgische Bilder und bisweilen auch Slapstick-Humor. Die allzu klischeehaften Charaktere lassen aber wahres Interesse nicht zu.

Angie Dullinger, AZ, 19.8.93

Michael Althen in: SZ, 24.8.93; Jan Gympel in: Zitty, 17/93; Thomas Klingenmaier in: Stgt. Zeitung, 26.8.93; Carla Rhode in: Der Tagesspiegel, 19.8.93; Christian Winterfeld in: Kölner Stadt-Anzeiger, 21.8.93

Rossellini, gesehen von Rossellini 722

ROSSELLINI VISTO DA ROSSELLINI ****

Regie: Adriano Aprà
Drehbuch: Adriano Aprà
Schnitt: Gabriella Brunamonti
Produktion: Istituto Luce/Italnoleggio Cinematografico Exec.Prod.: Maurizio Pucciarelli, Italien 1993
Uraufführung: 12.2.1993, Int. Forum des Jungen Films, Berlinale; Filmfest München 1993
Verleih: Freunde/-/-
Kinostart: August 1993
Länge: 62 Min.

Ein Porträt des Regisseurs Roberto Rossellini (1906-1977), zusammengesetzt aus einer Montage von Interviews und Filmausschnitten: von den Anfängen (ein Kurzfilm »Fantasia sottomarina, 1938) bis zu seinem Tode. Seine Filme aus der Kriegszeit, seine Obsession vom Thema des Krieges, die sich in seinen neorealistischen Filmen fortsetzt.

Katalog Forum

Der rote Amerikaner 723

AMERICANO ROSSO ***

TV

Regie: Alessandro D'Alatri
Darsteller: Burt Young (George Maniago), Fabrizio Bentivoglio (Vittorio), Valeria Milillo (Antonietta), Sabrina Ferilli (Zaira), Orsetta De Rossi (Irina), Maria Paola Lucentini (Santina), Eros Pagni (Oscar), Tullia Alborghetti (Elvira)
Drehbuch: Enzo Monteleone, nach dem Roman von Gino Pugnetti
Kamera: Alessio Gelsini (Farbe)
Musik: Gabriele Ducros
Produktion: RAI3/Video, Italien 1991
Verleih: -/-/-/
Sendetermin: 26.5.1993, BR3, 21.45
Länge: 102 Min.

Vittorio liebt die Frauen, seine Arbeit im Eheanbahnungsinstitut seines Onkels weniger. Als ihn dieser vor die Tür setzt, ist Vittorio nicht allzu traurig, zumal ihm der Zufall einen überaus großzügigen Klienten zuführt. George aus Amerika ist reiferen Alters, wohlhabend und auf der Suche nach einer jungen, unschuldigen Braut. Vittorio ist ihm behilflich – er »prüft« die Kandidatinnen auf Herz und Nieren. Das Leben könnte immer so weitergehen, doch dann passiert ein Mord.

Pressetext BR3

Rover & Daisy 724

ROVER DANGERFIELD **

Video

Regie: Jim George, Bob Seeley
Darsteller: im Original mit der Stimme von Rodney Dangerfield
Drehbuch: Rodney Dangerfield, nach einer Geschichte von Rodney Dangerfield, Harold Ramis
Kamera: (Farbe)
Musik: David Newman, Songs: R. Dangerfield, Billy Tragesser
Schnitt: Tony Mizgalski
Produktion: Willard Carroll, Thomas L. Wilhite für Rodney Dangerfield Prod./Hyperion Pic., USA 1991
Verleih: -/-/-/Highlight Video
Videostart: Febr. 1993
Länge: 71 Min. – *FSK:* ab 6 J.

Zeichentrickfilm um einen liebenswerten Mischlingsrüden aus Las Vegas, der nur knapp dem Tod entkommt und auf dem Land ein neues Leben beginnt. Als Großstadthund tut er sich unter Schafen und allerlei Getier allerdings schwer. Aber die Liebe macht alles leichter. Heitere Unterhaltung für einfache Gemüter.

Dieter Krusche in: film-dienst, 8/93

Runaway 725

***

Regie: Claus Strigel, Friedrich Klütsch
Darsteller: Françoise Leone (Lisa), Elisabeth Schraml (Maxie), Ingrid Ollrogge (Christine), Günter Brombacher (Herbert), Benedikt Bassenge (Ralf), Sebastian Deutschmann (Edgar), Michael Gahr (Herr Gassner), Eva Behrmann, Niels Kleffel, Sonja Schenkat
Drehbuch: Friedrich Klütsch, Claus Strigel
Kamera: Carl Friedrich Koschnick (Farbe)
Musik: Ulrich Basenge, Wolfgang Neumann
Schnitt: Claus Strigel
Produktion: DENKmal-Film mit ZDF, BRD 1992
Uraufführung: Int. Hofer Filmtage 1992
Verleih: Denkmal/-/-
Kinostart: 19.5.1993
Länge: 87 Min.
FBW: Wertvoll

Ein pädagogisch aufgezäumter Lehrfilm für Eltern über die Schrecken der Pubertät: »Runaway« ist zwar teilweise ungeniert dilettantisch, hat aber in der Zeigefinger-Funktion seiner Musterfamilie jene naive Frische, die dann wieder heiter stimmt – obwohl Lehrling Lisa mit ihren Sahara-Motorrad-Träumen und Punker-Aggressionsanfällen eine wahre Nervensäge von Kind ist. Wie sie an Drogen gerät und wie die Eltern immer nur auf den äußeren Anschein hereinfallen, sich aber doch auch Einsicht abringen – das ist ein wackeres Entwicklungsdrama (wie von der Drogenberatung). *Ponkie, AZ, 3.11.93*

Eine 16jährige will sich selbständig machen (mit dem Motorrad durch die Wüste fahren), von dem bürgerlichen Mief ihres Elternhauses befreien und gerät in ein Milieu, in Situationen, die eine Drogenkarriere möglich machen.

Frauke Hanck in: AZ, 22.5.93; H.G. Pflaum in: SZ, 21.5.93

Rund um die Liebe 726

***

Regie: Ueli Mamin
Darsteller: Caroline Redl, Stephanie Philipp, Dieter Moor, Jens Schäfer, Stefan Suske
Drehbuch: Irène Rupp, Ueli Mamin
Kamera: Martin Fuhrer (Farbe)
Musik: Giancarlo Nicolai
Schnitt: Collin Games
Produktion: Sandor von Grosz für Alba-Film, Schweiz 1992
Erstaufführung: 21.1.1993, Max Ophüls Preis, Saarbrücken 1993, »Perspektiven«
Verleih: -/Star-Kino/-
Kinostart: Nov. 1993 (A)
Länge: 91 Min.

Die ehemaligen Schulkolleginnen Helene und Christa beziehen gemeinsam eine Wohnung. Doch bald beginnen ihre unterschiedlichen Lebensauffassungen unerträglichen Spannungen in die anfangs perfekte Freundschaft zu bringen. Mit einfachen Mitteln gedrehte, subtile und humorvolle Betrachtung heutiger, zwischenmenschlicher Beziehungen.
multimedia

Die Saat der Erinnerung 727
EL RIGOR DEL DESTINO ***
TV

Regie: Gerardo Vallejo
Darsteller: Carlos Carella, Alejandro Copley, Leonor Manso, Ana Maria Picchio, Victor Laplace, Alberto Benegas
Drehbuch: Gerardo Vallejo
Kamera: Yito Blanc (Farbe)
Schnitt: Luis Mutti
Produktion: Gerardo Vallejo für Vallejo Prod., Argentinien 1985
Erstaufführung: 14.2.1986, Int. Forum des Jungen Films, Berlin
Verleih: -/-/-/
Sendetermin: 18.9.1993, ORB3, 0.00
Länge: 100 Min.

Drei Generationen handeln in diesem Film: der Alte, der ein Leben des Kampfes in der Zucker- und Hungerprovinz Tucumán hinter sich hat, der Sohn, der als Rechtsanwalt für die Zuckerarbeiter stritt, Vertreter jener Generation, die der Gewalt zum Oper fiel, und der Enkel, der von seinem Vater nur ein handgeschriebenes Heft erbte, seine Erinnerungen an die politischen Wirren, und der nun von der Stadt aufs Land zurückkehrt, sozusagen zu seinen Wurzeln. Familiengeschichte als Geschichte des Volks von Tucumán und seiner Kämpfe gegen Unterdrückung und Ausbeutung.
Katalog Forum

Sabine 728
SABINE ***

Regie: Philippe Faucon
Darsteller: Catherine Klein (Agnès), Mark Saporta (Jérome), Sylvia Haunetto (Nicole), Corinne Debonnière (Liliane), Etienne Jullien (Alex), Nora Liman (Nanou), Frank Paitel (Fred), Salvatore Caputo (Marco), Johnn Roch (Mathieu)
Drehbuch: Philippe Faucon, William Kare, nach Agnès l'Herbiers Bericht »La vie aux trousses« von Françoise Hunart
Kamera: Tomasz Cichawa (Farbe)
Musik: Benoit Schlosberg
Schnitt: Christian Dior
Produktion: Humbert Balsan für Ognon Pic./La Sept, Frankreich 1992
Verleih: -/Stöbergasse/-
Kinostart: Sept. 1993
Länge: 87 Min.

Nachdem die junge Agnès von zu Hause davonläuft und kurzes Glück in einer Beziehung zu einem jungen Mann findet, beginnt ihr langsamer, qualvoller Abstieg über Drogen und Prostitution bis hin zur Infektion mit dem HIV-Virus. Philippe Faucons beklemmender, auf Tatsachen beruhender Film zeigt in zwingender Logik die Stationen eines verlorenen Lebens eines Mädchens unserer Tage.
multimedia

Samba Traoré 729
SAMBA TRAORÉ ***

Regie: Idrissa Ouédraogo
Darsteller: Bakary Sangare (Samba), Mariam Kaba (Saratou), Abdoulaye Komboudri (Salif), Irene Tassembedo (Binta)
Drehbuch: Idrissa Ouédraogo, Jacques Arhex, Santiago Amigoréna
Kamera: Pierre Laurent Chenieux, Mathieu Vadepied (Farbe)
Musik: Wasis Diop, Falon Cahen
Schnitt: Joëlle Dufour
Produktion: Sophie Salbot für Les films de la plaine/Les films de l'avenir/Waka Films, Burkina Faso/Frankreich/Schweiz 1992
Uraufführung: 8.10.1992, Carthago Film Festival

›Samba Traoré‹.

Erstaufführung: 12.2.1993, Int. Filmfestspiele Berlin
Verleih: Arsenal/Stadtkino/Filmcooperative
Kinostart: 7.10.1993
Länge: 85 Min.

Samba überfällt eine Tankstelle und kehrt als reicher Mann in sein Dorf zurück. Er gewinnt das Herz einer geliebten Frau, die sich wie er mit schwer verdaulichen Erinnerungen herumquält, mit einer Vergangenheit, welche Samba und seine Frau letztlich einholt. Burkina Fasos bekanntester Regisseur erzählt sparsam, breitet in seiner ohne Pathos bebilderten Filmfabel die Emotionen nicht aus. »Samba Traoré« besticht nicht zuletzt durch schön komponierte Bilder.
Zoom

Michael Althen in: SZ, 26.10.93; Hans Helmich in: Der Tagesspiegel, 19.8.93; Thomas Klingenmaier in: Stgt. Zeitung, 13.11.93; Ponkie in: AZ, 21.10.93; Josef Schnelle in: FR, 26.11.93; Christian Seebaum in: Kölner Stadt-Anzeiger, 30.10.93

Der Sandmann 730
**

Regie: Eckhart Schmidt
Darsteller: Stella Vordemann (Olimpia), Sabrina Paravicini (Clara), Lorenzo Flaherty (Daniel), Erik Schumann (Coppola), John Karlsen
Drehbuch: Eckhart Schmidt, nach einer Erzählung von E.T.A. Hoffmann
Kamera: Johannes Kirchlechner (Farbe)
Musik: Frédéric Chopin, Antonio Vivaldi
Schnitt: Raoul Sternberg (= Eckhard Schmidt)
Produktion: Raphaela Film/Provobis, BRD 1993
Uraufführung: 1.7.1993, München
Verleih: Raphaela/-/-
Kinostart: 1.7.1993
Länge: 104 Min.
FSK: ab 12, ffr.

(...) Daniel (Dämonie in Schwarz: Lorenzo Flaherty) ist hinter der geheimnisvollen Traumfrau her: Olimpia, die Schönste der Schönen (garbohaft göttlich: Stella Vordemann), Tochter des »Sandmann«, des Alptraumgefährten von Daniels totem Vater.
Von seiner Frau will Daniel nichs mehr wissen, und Olimpia wird er später töten: der Vollkommenheitskult und der Besitztrieb zerstören die Liebesobjekte.

Ein Film fürs Auge. Seine literarische Künstlichkeit wirkt oft lähmend langatmig, doch immer dekorativ.
Ponkie, AZ, 1.7.93

Peter Buchka in: SZ, 2.7.93

Sarafina! 731
SARAFINA! **

Regie: Darrell James Roodt
Darsteller: Leleti Khumalo (Sarafina), Whoopi Goldberg (Miss Mary Masombuka), Miriam Makeba (Angelina, Sarafinas Mutter), John Kani (Schuldirektor), Dumisani Dlamini (Crocodile), Mbongeni Ngema (Sabela), Sipho Kunene (Guitar), Tertius Meintjes (Lieutenant Bloem), Robert Whithead (Verhörleiter)
Drehbuch: William Nicholson, Mbongeni Ngema
Kamera: Mark Vicente (Agfa)
Musik: Mbongeni Ngema; Hugh Masekela (Songs); Stanley Myers (score)
Schnitt: Peter Hollywood, Sarah Thomas
Produktion: Anant Singh, David M. Thompson (BBC) für Distant Horizon & Ideal Films mit Videovision/Les Films Ariane/VPI/BBC, Südafrika 1992
Verleih: Senator/-/Rialto/EuroVideo
Kinostart: 8.4.1993
Länge: 115 Min.
FSK: ab 12, ffr.
FBW: Wertvoll

Sarafina, eine Schülerin in Soweto, erlebt, wie zuerst ihre Lehrerin, danach ihre Schulklasse Opfer rassistischer Gewaltherrschaft werden. Schließlich wird sie selbst inhaftiert und gefoltert. Nach der Freilassung beschließt sie, gewaltfrei gegen die Apartheid zu kämpfen. Verfilmung des gleichnamigen Bühnen-Musicals, musikalisch qualitätsvoll, inszenatorisch aber zwiespältig zwischen Realismus und ästhetischer Verfremdung schwankend. *Zoom*

Nach einer Bühnenvorlage (Musical, 1987) entstandener Film über die Apartheid in Südafrika und den Aufstand der Kinder von Soweto, der sich gegen Bespitzelung, Verfolgung und Folter von Polizei und Militär richtete.

Caroline Fetscher in: Der Tagesspiegel, 10.4.93; Fritz Göttler in. SZ, 13.4.93; Daniel Kothenschulte in: Kölner Stadt-Anzeiger, 10.4.93

Sarah zwischen Land und Meer 732

SKYLARK ***

TV

Regie: Joseph Sargent
Darsteller: Glenn Close (Sarah), Christopher Walken (Jacob), Lexi Randall (Anna), Christopher Bell (Caleb), Margaret Sophie Stein
Drehbuch: Patricia Mac Lachlan, nach ihrem gleichn. Roman
Kamera: Michael Fash (Farbe)
Musik: David Shire
Produktion: Self Prod./Trillium, USA 1992
Verleih: -/-/-/
Sendetermin: 3.10.1993, Premiere
Länge: 95 Min.

USA, um 1910: Sarah stammt aus Maine an der Ostküste. Sie hat Jacob geheiratet und folgt ihm auf seine Farm in Kansas – vom Meer in die Prärie. Der Abschied von zu Hause fällt schwer, doch Sarah gewinnt schnell die Zuneigung von Jacobs Kindern Anna und Caleb; und sie hat alle Hände voll zu tun, mit ihrem Mann dem Boden das zum Leben Notwendige abzuringen. Eine langanhaltende Dürre sucht Kansas heim. Als die Schwierigkeiten immer größer werden, schickt Jacob seine Frau und die Kinder vorübergehend zu Verwandten, zurück nach Maine. Sie erwartet inzwischen ein Baby. Als Jacob sie endlich wieder abholt, ist ein für allemal klar, wohin Sarah gehört. Sie trennt sich endgültig von der See und von ihrer alten Heimat. *Pressetext Premiere*

Sarangio 733

***

TV

Regie: Cinzia Bullo
Kamera: Cinzia Bullo (Farbe)
Musik: Pierluigi Petris
Schnitt: Inge Schneider, Simone Klier
Produktion: Deutsche Film- und Fernsehakademie Berlin (dffb), BRD 1993
Verleih: -/-/-/
Sendetermin: 26.10.1993, ZDF, 22.45, »Das kleine Fernsehspiel«
Länge: 70 Min.

Porträt des kleinen, sieben Bewohner zählenden italienischen Bergdorfes über dem Lago Maggiore, das in der Ferienzeit Zuflucht zahlreicher streßgeplagter Familien ist.

Saras Männer 734

TUTTI GLI UOMINI DI SARA ***

TV

Regie: Gianpaolo Tescari
Darsteller: Nancy Brilli (Sara), Giulio Scarpati (Max), Claudio Bigagli (Daniele), Luciano Bartoli (Riccardo), Maurizio Donadoni (Andrea), Silvio Vannucci (Eduardo), Stephane Ferrara (Nicola), Antonella Lualdi (Signora Toscano), Marie Laforét (Saras Mutter)
Drehbuch: Silvia Napolitano
Kamera: Fernando Ciangola (Farbe)
Musik: Antonio Di Pofi
Produktion: Aran/RAIZ/Hamster/Antenne 2, Italien 1992
Verleih: -/-/-/
Sendetermin: 15.12.1993, BR3, 21.45
Länge: 90 Min.

Die hübsche und erfolgreiche Scheidungsanwältin Sara hat sich der Institution Ehe gegenüber immer skeptisch geäußert – bis zu dem Moment, da sie den Börsenmakler Max kennenlernt. Doch kaum hat sie sich zur Heirat entschlossen, beginnt für Sara ein Alptraum. Ein Unbekannter droht sie zu töten, sollte sie heiraten. *Pressetext BR3*

Sargasso Sea – im Meer der Leidenschaft 735

WIDE SARGASSO SEA **

Regie: John Duigan
Darsteller: Rachel Ward (Annette Cosway), Michael York (Paul Mason), Karina Lombard (Antoinette Cosway), Nathaniel Parker (Edward Rochester), Martine Beswicke (Tante Cora), Claudia Robinson (Christophene), Huw Christie Williams (Richard Mason), Casey Berna (Antoinette, jung), Rowena King (Amelie)
Drehbuch: Jan Sharp, Carole Angier, John Duigan, nach dem Roman »Wide Sargasso Sea« von Jean Rhys
Kamera: Geoff Burton (Jaimaica), Gabriel Beristain (GB) (Farbe)
Musik: Stewart Copeland
Schnitt: Anne Goursaud, Jimmy Sandoval
Produktion: Jan Sharp für Laughing Kookaburra Prod., Australien 1993
Verleih: UIP/UIP/-/VMP Video
Kinostart: 10.6.1993
Länge: 99 Min. – *FSK:* ab 12, ffr.

Mitte des 19. Jahrhunderts: Die Beziehung einer in Jamaica aufgewachsenen jungen Frau zu ihrem aus England »importierten« Mann scheitert nach anfänglicher Leidenschaft an Mißverständnissen und kulturellen Unvereinbarkeiten. Der Mann »löst« die Konflikte durch die Rückkehr nach England, die Frau verfällt der Einsamkeit und dem Wahnsinn. Mißglückte Romanverfilmung, die über farbenprächtiger Exotik und Symbolik nie wirklichen Zugang zu den Hauptfiguren findet. *Zoom*

Albert Baer in: Rheinische Post, 10.6.93; Ponkie in: AZ, 9.6.93; Hans Schifferle in: SZ, 15.6.93

Scary – Horrortrip in den Wahnsinn 736

THE VAGRANT **

Video

Regie: Chris Walas
Darsteller: Bill Paxton (Graham Krakowski), Marc McClure (Chuck), Marshall Bell (The Vagrant), Michael Ironside (Det. Ralf Barfuss), Mitzi Kapture (Edie Roberts), Colleen Camp (Judy Dansig), Patrika Darbo (Doattie), Stuart Pankin (Mr. Feemster), Derek Mark Lochran, Mildred Brion
Drehbuch: Richard Jefferies
Kamera: Jack Wallner, John J. Connor (Deluxe)
Musik: Christopher Young
Schnitt: Jay Ignaszewski
Produktion: Gillian Richardson für Brooksfilms Prod. mit Le Studio Canal, USA 1992
Verleih: -/-/-/Fox Video
Videostart: Aug. 1993
Länge: 91 Min. – *FSK:* ab 18 J.

Nüchterner Finanzanalytiker fühlt sich von mysteriösem Penner verfolgt. Als sich eine Mordserie ereignet gerät der Yuppie natürlich selbst unter Verdacht... Arg konstruierter Trip in den Blödsinn.

Schatten der Angst 737

Regie: Konstantin Schmidt

Titel wurde nach der Uraufführung in Hof geändert in: → ›Dunkle Schatten der Angst‹.

Schattenboxer 738

***

Regie: Lars Becker
Darsteller: Diego Wallraff (Eddie), Christian Redl (Rasselin), Ralph Herforth (Guido),

Ganz unten: Diego Wallraff als ›Schattenboxer‹.

Hussi Kutlucan (Tayfun), Alfred Kleinheinz (Timpe), Jale Arikan (Leyla), Nana Abrokwa (Festus), Catrin Striebeck (Joelle), Oliver Stokowski, Volker Bogdan
Drehbuch: Lars Becker
Kamera: Martin Gressmann (Farbe)
Musik: Frank Wulff, Stefan Wulff
Schnitt: Magdolna Rokob
Produktion: Stefan Schubert für Wüste Filmprod. mit NDR, BRD 1992
Uraufführung: Int. Hofer Filmtage 1992
Erstaufführung: Int. Filmfestspiele Berlin 1993, Reihe »Neue deutsche Filme«
Verleih: Kinowelt/Kinowelt/-
Kinostart: 11.3.1993
Länge: 80 Min.
FSK: ab 16, ffr.
FBW: Wertvoll

Ein deutscher Krimi, der Hoffnung macht. Präzise und ökonomisch, mit wunderbarer Lakonie und trockenem Witz erzählt Lars Becker von drei kleinen Ganoven und zwei schäbigen Polizisten, die aneinandergeraten, als das Gangster-Trio einen schwarzen Ex-Häftling befreien will, der nach Ghana abgeschoben werden soll. Die klassische Trennung zwischen Gut und Böse funktioniert nicht mehr in diesem Film, der sich ganz aufs Zeigen ud Erzählen konzentriert und ohne jeden moralisierenden Gestus auskommt. Gelungenes Genrekino mit einer sicheren Regie und überzeugenden Darstellern – was könnte man Besseres über einen deutschen Film sagen? *Frank Schnelle, tip, 6/93*

»...Lars Becker (...) entwirft ein düsteres Stimmungsbild vom Deutschland Anfang der 90er Jahre. Hier zeigt sich der ganz alltägliche Rassismus nicht mehr in dumpfen Parteifloskeln, sondern als Nährboden für bürokratische Blüten und kriminelle Machenschaften. Spannender Ausgangspunkt für einen deutschen Film Noir im Knast- und Kickboxer-Milieu, der nicht nur dank der gut besetzten Typen, sondern durch die cleveren Drehbuchkniffe des Hamburger Krimi-Autors Becker bis zum letzten Moment verblüfft. ...«

Dagmar Zindel, Kölnische Rundschau

Michael Althen in: Die Zeit, 26.3.93; Manfred Hobsch in: Zitty, 5/93; Simone Mahrenholz in: Der Tagesspiegel, 13.3.93; Hans Schifferle in: SZ, 15.3.93

Die Schauspielerin 739

***
TV

Regie: Siegfried Kühn
Darsteller: Corinna Harfouch (Maria Rheine), Andre Hennicke (Mark Lowenthal), Michael Gwisdek (Mario Montegasso), Blanche Kommerell, Jürgen M. Watzke, Martin Brand, Steffen Spira
Drehbuch: Regine Kühn, nach dem Roman »Arrangement with Dead« von Hedda Zinner
Kamera: Peter Ziesche (Farbe)
Musik: Stephan Carow
Schnitt: Brigitte Krex
Produktion: DEFA, DDR 1988
Uraufführung: 9.7.1988, Film Festival Karlovy Vary
Verleih: -/-/-/
Sendetermin: 4.2.1993, Arte, 23.30
Länge: 89 Min.

Das Schicksal der erfolgreichen Schauspielerin Marie Rheine, die 1933 aus Liebe zu einem jüdischen Kollegen vorgibt, selbst von jüdischer Abstammung zu sein.

Der Schein-Heilige 740

LEAP OF FAITH

****

Regie: Richard Pearce
Darsteller: Steve Martin (Jonas Nightingale), Debra Winger (Jane), Lolita Davidovich (Marva), Liam Neeson (Sheriff Will), Lukas Haas (Boyd), Meat Loaf (Hoover), Philip Seymour Hoffman, M.C. Gainey
Drehbuch: Janus Cercone (auch Ass.-Prod.)
Kamera: Matthew F. Leonetti (Deluxe)
Musik: Cliff Edelman
Schnitt: Don Zimmerman, Mark Warner, John F. Burnett
Produktion: Michael Manheim, David V. Picker für UIP/Paramount, USA 1992
Verleih: UIP/UIP/UIP/CIC Video
Kinostart: 1.4.1993
Länge: 108 Min.
FSK: ab 6, ffr.
FBW: Wertvoll

Madame Butterfly: Debra Winger verzaubert Liam Neeson in ›Der Schein-Heilige‹.

Ein Prediger, der ein skrupelloser Betrüger ist, erzeugt mit seinem Riesenunternehmen in einem kleinen Ort der USA mit frommen Sprüchen und ekstatischem Gehabe eine für ihn einträgliche Massenhysterie, gibt aber auf, als ihm eine echte Wunderheilung in die Quere kommt. Ein aufwendiger Film mit interessanten Konfliktansätzen, satirischen Elementen und einem entfesselten Steve Martin in der Hauptrolle. *multimedia*

Albert Baer in: Rheinische Post, 2.4.93; Gunter Göckenjan in: Der Tagesspiegel, 2.4.93; Fritz Göttler in: SZ, 13.4.93

Das Schicksal der Lilian H. 741

**

TV

Regie: Marijan David Vajda
Darsteller: Claudia Michelsen (Lilian Horn), Francis Fulton-Smith (Dr. Sturm), Klaus-Peter Thiele (Kurt Kayser), Lambert Hamel (Polizei-Inspektor Kramer), Manfred Zapatka (Gerichtsmediziner Dr. Kulicke)
Drehbuch: Marie Louise Fischer
Kamera: (Farbe)
Produktion: RTL, BRD 1993
Verleih: -/-/-/
Sendetermin: 23.9.1993, 21.15, RTL
Länge: 95 Min.

Die RTL-»Weltpremieren« sind wahre Landplagen in ihrer Bastelmischung aus Requisitenkrimi und Schnulzenkintopp. Das Kuriose dabei: Im Ensemble finden sich erstklassige Schauspieler, die munter durch drittklassige Melodramatik poltern. In diesem Massenmordheuler, einem wild zusammengeschraubten Liebesmordpolizistenknastanwaltsdetektivschmöker aus der RTL-Reihe »Der große TV-Roman« jagt Lambert Hamel als Kommissar-Bolzen, Manfred Zapatka als Pathologie-Schnösel und Francis Fulton-Smith als in Liebe entbrannter Anwalt der edlen Lilian durch die Abgründe des Lebens, und es ist steinerweichend lachhaft.

Ponkie, AZ, 25.9.93

Schicksalsspiel 742

***

TV

Regie: Bernd Schadewald
Darsteller: Niels-Bruno Schmidt (Roland), Steffen Wink (Manni), Stefan Kukofka (Zocker), Ilja Jens Goldbach (Fetzer), Jan Patrick Voller (Hacki), Marny Bergerhoff (Manuela), Nicolette Krebitz (Conny), Jürgen Vogel (Lalla), Katja Woywood (Sandra), Benno Fürmann (Knacki)
Drehbuch: Bernd Schadewald
Kamera: Klaus Eichhammer (Farbe)
Musik: Loeg Wesselborg
Schnitt: Annemarie Bremer
Produktion: Studio Hamburg, BRD 1993
Uraufführung: 2.7.1993, Filmfest München
Verleih: -/-/-/
Sendetermin: 4.12.1993, Nord3, 20.15
Länge: 88 Min.

Roland ist ein Hardcore-Fan des FC St. Pauli. Für ein wichtiges Spiel folgt er seinem Verein bis ans Ende der Welt. Conny ist ein Mädchen aus Rostock. Wenn sie nicht gerade in der ›Nahkampfdiele‹, der Kneipe ihres Vaters, aushilft, hängt sie rum mit den Fans von Hansa, dem Stolz der ganzen Clique. Bei einem Heimspiel der Rostocker treffen die beiden sich – eine Begegnung, die in beider Umgebung Spuren hinterläßt. Zum ersten Mal in ihrem Leben rückt der Fußball in den Hintergrund.

Katalog Filmfest München 1993

Schiebende Hände 743

TUI SHOU ****

TV

Regie: Ang Lee
Darsteller: Hsiung Lang (Mr. Chu), Lai Wang (Mrs. Chen), Bo Z. Wang (Alex Chu), Deb Snyder (Martha Chu)
Drehbuch: Ang Lee
Kamera: Liang-Chung Lin (Farbe)
Musik: Xiaosong Qu
Schnitt: Ang Lee, Tim Squyres
Produktion: Feng-Chi Jian, Emily Yi-Ming-Liu, Ted Hope, James Schamus, Ang Lee für Central Motion Pic./Good Machine, Taiwan/USA 1991
Erstaufführung: Int. Filmfestspiele Berlin 1992, »Panorama«
Verleih: -/-/-/
Sendetermin: 21.12.1993, West3, 23.00
Länge: 106 Min.

(...) In Ang Lees Film geht es um den pensionierten Tai-Chi-Meister Mr. Chu, der aus China nach Amerika kommt, um bei seinem Sohn den Lebensabend zu verbringen. Es geht um die Probleme eines alten Menschen, sich in einer neuen kulturellen Umgebung, in der Altsein nur zu oft einer Strafe gleichkommt, zurechtzufinden. Ang Lee erzählt seine Geschichte humorvoll und sensibel.

Berliner Morgenpost, 19.2.92

Die Schiffbrüchigen der Liguria 744

LOS NAUFRAGOS DEL LIGURIA ***

TV

Regie: Gabriel Retes
Darsteller: Tina Romero, Ignacio Retes, Maria Jose Garrido, Juan Claudio Retes, Frida Maceira
Kamera: (Farbe)
Produktion: Peliculas Mexicanas, Mexiko 1984
Verleih: -/-/-/

Sendetermin: 10.4.1993, 10.30, MDR; 4.1.1993, 13.25, ORB3
Länge: 98 Min.

Nach dem Schiffbruch der Liguria landen einige Passagiere auf einer unbewohnten Insel und kämpfen um ihr Überleben.

Schlaflos in Seattle 745
SLEEPLESS IN SEATTLE ***

Regie: Nora Ephron
Darsteller: Tom Hanks (Sam Baldwin), Meg Ryan (Annie Reed), Ross Malinger (Jonah Baldwin), Rob Reiner (Jay), Bill Pullman (Walter), Rosie O'Donnell (Becky), Gaby Hoffmann (Jessica), Rita Wilson (Suzy), Victor Garber (Greg), Barbara Garrick (Victoria)
Drehbuch: Nora Ephron, David S. Ward, Jeff Arch, nach einer Story von Jeff Arch
Kamera: Sven Nykvist (Technicolor)
Musik: Marc Shaiman
Schnitt: Robert Reitano
Produktion: Gary Foster für Gary Foster Prod., USA 1993
Uraufführung: 25.6.1993, New York
Verleih: Columbia TriStar/dto./20th Century Fox/Columbia TriStar Home Vodeo

Die beste Medizin: Meg Ryan in ›Schlaflos in Seattle‹.

Kinostart: 16.9.1993
Länge: 105 Min.
FSK: ab 6, ffr.

Die Journalistin Annie lebt in Baltimore, und Sam, der Mann ihrer Träume, ist Architekt in Seattle – am anderen Ende des amerikanischen Kontinents. Beide sind füreinander bestimmt, ohne sich überhaupt zu kennen. Unwahrscheinlich romantische und tränenreiche Geschichten dieser Art erzählte das Hollywoodkino vor allem für das weibliche Publikum, ehe die Soap operas im Fernsehen in den 50ern sie ablösten. Um diese aus der Mode gekommene Lovestory erzählen zu können, verbindet Nora Ephron in ihrem Regiedebüt die herzzerreißenden Liebesgeschichten von damals mit der Familienseligkeit von heute. *Christoph Terhechte, tip, 19/93*

Michael Althen in: SZ, 18.9.93; Albert Baer in: Rheinische Post, 17.9.93; Frauke Hanck in: AZ, 16.9.93; Silvia Hallensleben in: Der Tagesspiegel, 17.9.93; Milan Pavlovic in: Kölner Stadtanzeiger, 18.9.93; Josef Schnelle in: FR, 16.9.93

Schleichende Angst 746
FEAR STALK ***
TV

Regie: Larry Shaw
Darsteller: Jill Clayburgh (Alexandra Maynard), Stephen Macht (Tom Hagar), Sada Thompson (Pearl Maynard), Lynne Thigpen (Barbara), Cheryl Anderson (Sandy), Mary Ellen Trainor (Jennifer), Lorna Luft (Doris), David Kaufman (Danny), Sandy McPeak (Richard Danning), Andrew Divoff
Drehbuch: Ellen Weston
Kamera: Neil Roach (Farbe)
Musik: Fred Karlin
Produktion: Donald March für March Prods./ITC Ent., USA 1989
Uraufführung: 17.12.1989, CBS
Verleih: -/-/-/
Sendetermin: 19.6.1993, ARD, 22.25
Länge: 93 Min.

Für die erfolgreiche Fernsehproduzentin Alexandra Maynard beginnt eine schreckliche Zeit, als ihr die Handtasche mit ihren Papieren gestohlen wird. Der unbekannte Dieb drangsaliert sie fortan in einer Weise, die sie in wachsende Panik versetzt, bis sie die Kraft zum entschlossenen Widerstand findet. *Pressetext ARD*

Der Schlüssel 747
KELID ****

TV

Regie: Ebrahim Foroozesh
Darsteller: Amir Poohassan, Mahnaz Ansarian, Emad Taheri, Fatemah Asar, Emad Taheri
Drehbuch: Abbas Kiarostami
Kamera: Mohammad Aladpoush (Farbe)
Schnitt: Abbas Kiarostami
Produktion: Erfani Farabi für Institut für den Kinder- und Jugendfilm, Iran 1988
Erstaufführung: Int. Filmfestspiele Berlin 1989, »Kinderfilmfest«
Verleih: -/-/-/
Sendetermin: 5.5.1993, West3, 23.00
Länge: 76 Min.

Ein Junge ist allein in der elterlichen Wohnung eingeschlossen und sucht verzweifelt nach dem Wohnungsschlüssel, da aus dem Herd Gas ausströmt und er nicht weiß, wie man es abstellt. Große Spannung mit geringen Mitteln erreicht.

Schreie im Wald 748
IN THE DEEP WOODS ***

TV

Regie: Charles Correll
Darsteller: Rosanna Arquette (Joanna Warren), Anthony Perkins (Privatdetektiv Paul Miller), Will Patton (Joannas Bruder), D. W. Moffett, Christopher Rydell, Harold Sylvester, Kimberly Beck
Drehbuch: Robert Nathan, Robert Rosenbloom, nach dem Bestseller von Nicholas Conde
Kamera: (Farbe)
Musik: Sylvester Levay
Produktion: Frederic Golchan Prod./Leonard Hill Films, USA 1992
Verleih: -/-/-/
Sendetermin: 14.10.1993, 21.15, RTL
Länge: 120 Min.

Die Polizei sucht fieberhaft nach einem Frauenmörder. Eine junge Kinderbuchautorin wird in den Strudel der Ereignisse gerissen. Offenbar hält sie den Schlüssel zur Identität des Killers in ihren Händen. *Pressetext RTL*

Ein schräger Vogel 749
FRAUDS

Regie: Stephan Elliott

Siehe: → ›Frauds – Ein schräger Vogel‹.

Schuld kennt kein Vergessen 750
WOMAN WITH A PAST **

TV

Regie: Mimi Leder
Darsteller: Pamela Reed (Ginny, Dee), Dwight Schultz (Mike), Richard Lineback (Wayne Porter), Carrie Snodgress (Florence), Paul le Mat (Merle), Adam Faraizl (Todd), Nick Stahl (Brian), Danielle von Zerneck (Tammy), Olivia Virgil Harper (Maryellen)
Drehbuch: Robert L. Freedman, Selma Thompson
Kamera: Billy Dickson (Farbe)
Musik: Don Davis
Schnitt: Jacques Toberen
Produktion: Julie Anne Weitz für W.I.N., USA 1991
Uraufführung: 2.3.1992, NBC
Verleih: -/-/-/
Sendetermin: 24.11.1993, ARD, 21.00
Länge: 93 Min.

Dee Johnson, eine allseits geachtete Hausfrau und Geschäftsfrau, wird von ihrer Vergangenheit eingeholt, als eines Tages die Polizei vor ihrer Tür steht und sie verhaftet. In der Untersuchungshaft muß sie ihrem zweiten Mann und ihren Söhnen enthüllen, wie sie auf die kriminelle Bahn geriet, als sie verzweifelt um die beiden Kinder kämpfte, die ihr brutaler erster Ehemann entführt hatte. *Pressetext ARD*

Schulfahrt ohne Wiederkehr 751
VANISHED WITHOUT A TRACE **

TV

Regie: Vern Gillum
Darsteller: Karl Malden (Ed Ray), Julie Harris, Tim Ranson (Fred Woods), Tom Hodges, Travis Fine
Kamera: (Farbe)
Produktion: , USA 1993
Verleih: -/-/-/
Sendetermin: 11.11.1993, 21.15, RTL
Länge: 90 Min.

Nach 23 Jahren unfallfreien Fahrens der Kinderschar wird Ed Ray mitsamt 23 Schülern an Bord von skrupellosen Kidnappern entführt.
Fred Woods und zwei seiner Komplizen sperren die Geiseln in einen LKW-Anhänger, um von den Eltern ein Lösegeld zu erpressen.

Keine Poesie von der Stange: ›Der schwebende Schritt des Storches‹.

Der schwarze Milan 752

MILAN NOIR ***

TV

Regie: Ronald Chammah
Darsteller: Isabelle Huppert (Sarah), Joaquim de Almeida (Tremaine), David Warrilow (Molan), Jean Benguigui (de Giorgi), Hanns Zischler (Hardy)
Drehbuch: Ronald Chammah, Catherine Breillat, Michel Butel, Simon Michael
Kamera: Willy Kurant (Eastmancolor)
Musik: Michel Portal
Schnitt: Geneviève Winding
Produktion: Le Caire-Palmyre/Baccara Prod./CFC-Contact/La Sept/Cofici Films/Les Films du Camélia, Frankreich/Schweiz 1987
Uraufführung: 28.11.1988, Paris
Verleih: -/-/-/
Sendetermin: 19.12.1993, 0.40, ORB3
Länge: 80 Min.

Sarah und Tremaine sind beide 30 Jahre alt. Ihre Liebe auf den ersten Blick wird durch die Vergangenheit von Sarah bedroht. Sie war früher die Geliebte des lange verschwundenen Terroristen Romain, dessen Rückkehr nach Italien bevorsteht, und des Polizisten Moran, der sich noch immer an ihre Fersen heftet und eifersüchtig auf Tremaine ist.

Der schwebende Schritt des Storches 753

LE PAS SUSPENDU DE LA CIGOGNE/TO METEORO VIMA TOU PELARGOU ****

Regie: Theo Angelopoulos
Darsteller: Marcello Mastroianni (Mann), Jeanne Moreau (Frau), Gregory Karr (Reporter), Dora Chrysikou (Kind), Ilias Logothetis (Colonel), Vassilis Bouyiouklakis, Dimitris Poulikakos
Drehbuch: Theo Angelopoulos, Tonino Guerra, Petros Markaris mit Thanassis Valtinos
Kamera: Yorgos Arvanitis, Andreas Sinanos (Farbe)
Musik: Helena Karaindrou
Schnitt: Giannis Tsitsopoulos
Produktion: Bruno Pesery für Arena/Theo Angelopoulos/Griech. Filmzentrum/Vega/Erre mit Canal plus/ERT1/RAIDUE, Frankreich/Griechenland/Schweiz/Italien 1991
Uraufführung: Int. Filmfestspiele Cannes 1991
Verleih: Freunde/-/Filmcooperative
Kinostart: 27.3.1991
Länge: 137 Min.

Theo Angelopoulos' Klimafilm – ganz aus griechischer Sicht – zur Lage Euro-

pas mit ihrem angehaltenen Atem und geschichtlichen Stillstand erzählt von einem Politiker, der seine Welt verlassen hat, um sich an der Nordgrenze Griechenlands unter die Asylsuchenden zu mischen und ein ganz anderer zu werden. Ist er noch ein- und derselbe? Die Frage wird nebensächlich. Gefragt wird stattdessen nach der kollektiven Identität, nach dem Traum, den alle träumen sollten, und ohne den es kein Herauskommen aus dem derzeitigen Zustand gibt. Schwierig, aber hochaktuell.
Zoom, 24/91

(...) Kein leicht zugänglicher Symbolfilm. Seine Metaphern des Unbehaustseins, der Kälte, der Sperren, der Leere haben eine starke Bilderbannkraft – sie drücken sich melancholisch ins Gedächtnis. *Ponkie, AZ*

Peter Buchka in: SZ, 6.10.93; Andreas Kilb in: Die Zeit, 1.10.93; Rupert Koppold in: Stgt. Zeitung, 18.12.92; Dorothée Kreuzer in: film-dienst, 13/91; H.G. Pflaum in: SZ, 15.5.93

Schwellenjahre 754
LES ANNÉES SANDWICHES ***
TV

Regie: Pierre Boutron
Darsteller: Wojtek Pszoniak (Max), Thomas Langmann (Victor), Nicolas Giraudi (Felix), Michel Aumont (Onkel Jean), Clovis Cornillac (Bouboule)
Drehbuch: Pierre Boutron, Jean-Claude Grumberg, nach der Novelle von Serge Lentz
Kamera: Dominique Brabant (Eastmancolor)
Musik: Roland Romanelli
Schnitt: Robert Coursez
Produktion: Philippe Dussart Prod./Hachette Première/La Sept/Société Francaise de Prod. Cinématographique/Films A2 mit Sofica Sofinergie 2/CNC, Frankreich 1988
Verleih: -/-/-/
Sendetermin: 10.5.1993, 20.40, Arte
Länge: 100 Min.

Nach dem Ende des 2. Weltkriegs schlägt sich der 15jährige Victor nach Paris durch. In den Metrogängen lernt er Felix kennen, der sein Freund wird. Bei dem Trödler Max findet er eine Stelle. Glücklich verlebt er die Jahre auf der Schwelle zwischen Kindheit und Erwachsensein.

Schwiegersohn Junior 755
SON-IN-LAW ***

Regie: Steve Rash
Darsteller: Pauly Shore (Crawl), Carla Gugino (Rebecca), Lane Smith (Walter), Cindy Pickett (Connie), Mason Adams (Walter, Sr.), Patrick Renna (Zack), Dennis Burkley (Theo), Tiffani-Amber Thiessen (Tracy), Dan Gauthier
Drehbuch: Fax Bahr, Adam Small, Shawn Schepps, nach einer Story von Patrick J. Clifton, Susan McMartin, Peter M. Lenkov
Kamera: Peter Deming (Technicolor)
Musik: Richard Gibbs
Schnitt: Dennis M. Hill
Produktion: Michael Rotenberg, Peter M. Lenkov für Hollywood Pic., USA 1993
Verleih: Buena Vista/dto./dto.
Kinostart: 19.8.1993
Länge: 95 Min. – *FSK:* ab 6, ffr.

Rebecca nimmt ihren Studienkollegen Crawl aus Los Angeles mit auf die Farm ihrer Eltern nach Süd-Dakota und sorgt für einen »culture clash« in den heimischen vier Wänden. Die Standardsituationen, die sich aus der Landverschickung eines Großstadtmenschen ergeben, spielt der Film vergleichsweise geschickt durch, und die Respektlosigkeit des Helden nimmt zum Glück nur selten debile Züge an.
Lars-Olav Beier, tip, 17/93

Yvonne Rehhahn in: Der Tagesspiegel, 19.8.93

Sechzehn Jahr', blondes Haar 756
TALK 16 ***
TV

Regie: Janis Lundman, Adrienne Mitchell
Kamera: Deborah Parks (Farbe)
Musik: Aaron Davis
Schnitt: Sally Paterson
Produktion: Janis Lundman, Adrienne Mitchell für Black Alley Films, Kanada 1991
Uraufführung: 9.9.1991, Toronto Film Festival
Sendetermin: 31.8.1993, 22.55, Arte
Länge: 110 Min.

Linda, Rhonda, Erin, Helen und Astra sind fünf unvergeßliche junge 16jährige Frauen. Spontan und einnehmend offenbaren sie sich in diesem Film der Kamera und sprechen ohne jede Zurückhaltung über die Themen, die sie berühren: Schule, Sex, Eltern, Alkohol – oder auch die Zukunft. *Pressetext Arte*

Secret Games 757
SECRET GAMES *
Video

Regie: Alexander Gregory Hippolyte
Darsteller: Billy Drago, Martin Hewitt, Michele Brin, Catya Sassoon, Delia Sheppard
Drehbuch: Georges Des Esscintes
Kamera: Thomas F. Denove, Walter Pfister (Farbe)
Produktion: Andrew Garroni, USA 1991
Verleih: -/-/-/Splendid Video
Länge: 93 Min. – *FSK:* ab 18 J. (gekürzte Fass. 82 Min., ab 16 J.)

Sexuell vernachlässigte Architektengattin stillt ihren Nachholbedarf in Luxus-Bordell.

See You In The Morning 758
SEE YOU IN THE MORNING ***
TV

Regie: Alan J. Pakula
Darsteller: Jeff Bridges (Larry Livingston), Alice Krige (Beth Goodwin), Farrah Fawcett (Jo Livingston), Drew Barrymore (Cathy Goodwin), Lukas Haas (Petey Goodwin), David Dukes (Peter Goodwin), Frances Sternhagen (Neenie), Heather Lilly (Robin Livingston)
Drehbuch: Alan J. Pakula
Kamera: Donald McAlpine (Metrocolor)
Schnitt: Evan Lottman
Produktion: Alan J. Pakula für Lorimar Film Ent., USA 1989
Sendetermin: 3.5.1993, 20.15, Premiere
Länge: 119 Min.

Dieses angsterfüllte Melodram handelt in einer Doppel-Autobiographie von einem Psychiater aus Manhattan, der zwischen zwei Hochzeiten und zwei Familien hin- und hergerissen ist.

Sein Name ist Mad Dog 759
MAD DOG AND GLORY ****

Regie: John McNaughton
Darsteller: Robert De Niro (Wayne ›Mad Dog‹ Dobie), Uma Thurman (Glory), Bill Murray (Frank Milo), David Caruso (Mike), Mike Starr (Harold), Tom Towles (Andrew), Kathy Baker (Lee), Derek Anunciation (Shooter)
Drehbuch: Richard Price
Kamera: Robby Müller (Technicolor)
Musik: Elmer Bernstein
Schnitt: Craig McKay, Elena Maganini
Produktion: Barbara De Fina, Martin Scorsese für Martin Scorsese/Barbara De Fina Prod., USA 1993
Erstaufführung: Filmfest München 1993
Verleih: UIP/UIP/UIP/CIC Video
Länge: 96 Min. – *FSK:* ab 16, ffr.
FBW: Besonders wertvoll

Der Chicagoer Polizist und leidenschaftliche Fotograf Dobie rettet bei einem Ladenüberfall zufällig den Mafia-Boss Milo und erhält von dem gerissenen, extravertierten Ganoven und Lebemann die junge Glory als delikates »Geschenk«, auf Zeit und gegen seinen Willen. Es beginnt ein Zweikampf der Charaktere zwischen Recht und Unrecht, bei dem die Frau als Seismograph der jeweiligen Männer-Befindlichkeiten wirkt. Ein spannender, kluger Thriller mit komödiantischen Splittern und erstklassigen Darstellern.
Zoom

Albert Baer in: Rheinische Post, 30.7.93; Fritz Göttler in: SZ, 2.8.93; Norbert Grob in: Die Zeit, 30.7.93; Milan Pavlovic in: Kölner Stadt-Anzeiger, 31.7.93; Angela Schmitt-Gläser in: FR, 29.7.93

Die Serpentintänzerin 760
**

Regie: Helmut Herbst
Darsteller: Karina Fallenstein (Olga), Eva Mattes (Bianca), Ben Becker (Viktor), Wolf-Dieter Spranger (Giovanni), Otto Sander (Clemens Conrad), Lajos Dobák (Baron Bernstock), Janos Bata (August), György Kezdy
Drehbuch: Helmut Herbst, István Kardos
Kamera: Sandor Kárdos (Farbe)
Musik: Claus Bantzer; László Berki und Ensemble
Schnitt: Renate Merck
Produktion: Thees Klahn, Pál Erdös für Dragon-Cine/Thees Klahn/Hetföj Mühlely mit Novoskop/Royal-Film/SWF, BRD/Ungarn 1992
Uraufführung: Int. Hofer Filmtage 1992; Max Ophüls Preis, Saarbrücken 1993
Verleih: Salzgeber/-/-
Kinostart: 21.10.1993
Länge: 86 Min. – *FSK:* ab 12, ffr.

Die Serpentintänzerin ist die Attraktion der landfahrenden Truppe des Doktor Giovanni. Als Viktor, der sich in ein Zelluloid-Bild der Ausdruckstänzerin verliebt hat, mit seinem Kinematographen zu den Schaustellern stößt, kommt es zu Konflikten…

Helmut Herbst entführt den Zuschauer in seinem zweiten Spielfilm zurück ins

Pioniergeist und Amüsement in ›Die Serpentintänzerin‹.

Jahr 1905, in die Zeit, in der die Bilder laufen lernten. Sein liebevoll gestaltetes Werk ist eine Hommage an die jüngste der Künste und gleichzeitig ein wehmütiger Abgesang auf den klassischen Jahrmarkt. *Münchner Stadtmagazin*

Sertschawan – Bei meinen Augen 761
SERTSCHAWAN ***

Regie: Beatriche Michel, Hans Stürm
Drehbuch: Beatrice Michel, Hans Stürm
Kamera: Hans Stürm (Farbe)
Schnitt: Hans Stürm
Produktion: Hans Stürm für Filmkollektiv Zürich, Schweiz 1992
Uraufführung: Int. Filmfestival Locarno 1992
Verleih: Con Film/-/Filmcooperative
Kinostart: Januar 1993, Schweiz
Länge: 90 Min.

»Bacherbi sertschawan« – Willkommen bei meinen Augen. Mit diesem Gruß wurden die Schweizer Dokumentarfilmer von den Kurden der iranischen Provinz West-Aserbaidschan empfangen. Der Blick der Kurden auf den Fremden heißt diesen willkommen. Der Film erwidert diesen Gruß. Die Bilder vom Leben der Kurden lenken unseren von der Bilderflut getrübten, katastrophenmüden Blick auf die Menschen, die wir in den Medien oft nur als anonyme Informationsträger, als Chiffren für Elend und Tod, wahrnehmen. Geprägt von der Präsenz kurdischer Frauen und vom Kurdenepos »Mam û Zin«, erzählt der Film vom Leben, Leiden und Sterben eines unterdrückten Volkes. Kein Dokumentarfilm über die Kurden, sondern ein Gedicht. *Zoom*

Rupert Koppold in: Stgt. Zeitung, 2.10.93

Sex is... 762
SEX IS... ***

Regie: Marc Huestis
Mit: Larry Brinkin, Danny Castellow, Alex Cheé, Wayne Corbitt, Jim Glyer, Bob Hawk
Kamera: Fawn Yakker (Farbe und s/w)
Musik: Mark Cliser, Donna Viscuso, Pussy Tourette, M.J. Lallo, Johny Morales
Schnitt: Lara Mac, Hülafnhildur Gunnarsdottier

Produktion: Lawrence Helman für Outsider, USA 1933
Verleih: Salzgeber/-/-
Kinostart: Dez. 1993
Länge: 80 Min.

Sex is.... »ein grandioses Kaleidoskop schwuler Sexualität, ausgehend von den Erfahrungen der 50er Jahre bis heute« und »eine Offenbarung für homosexuelle Männer und alle, die schon immer mal über ihre sexuellen Kicks reden wollten«. (Werkstattkino)

Shadow Hunter 763

SHADOW HUNTER **

Video

Regie: J.S. Cardone
Darsteller: Scott Glenn (John Cain), Angela Alvarado (Ray Writersinger), Robert Beltram (Frank Tatsoni), George Aguilar (Daniel Nez), Benjamin Bratt (Twobear), Carol Kottenbrook
Drehbuch: J.S. Cardone
Kamera: Michael Cardone (Farbe)
Musik: Robert Folk
Schnitt: Thomas Meshelski
Produktion: Sandstorm Film Prod. für Republic Pic., USA 1992
Verleih: -/-/-/Marketing Film Video
Videostart: Mai 1993
Länge: 94 Min.
FSK: ab 16 J.

Großstadtpolizist ermittelt in Reservat gegen indianischen Serienmörder und wird mit dessen mythischen Kräften konfrontiert. Überraschend spannender Ethno-Thriller.

Wolfgang Brundy in: film-dienst, 17/93

Shambhala 764

***

Regie: Susanne Aernecke
Darsteller: Mit: Lama Zagdsuren, Pakula Rinpoche, Ghombho Rinpoche, Dawaareren, Sosorbaram, Chado Tulku Rinpoche, Ven. Pakula Rinpoche, Khamtul Rinpoche, S. H. Dalai Lama XIV, Bogdho Gegen Jestun Rinpoche
Drehbuch: Michael Görden (und Kommentar)
Kamera: Arno Gmeinwieser (Farbe)
Schnitt: Jutta Neumann
Produktion: Susanne Aernecke für Susanne Aernecke Filmprod. mit SWF, BRD 1992
Uraufführung: 15.12.1993, München
Verleih: endfilm/-/-
Kinostart: 16.12.1993 / 6.1.1994
Länge: 84 Min. – *FSK:* o.A., ffr.

Der Film illustriert die Reise eines mongolischen Mönches nach Shambhala, dem gelobten mystischen Land, in dem es das Wort »Ich« nicht gibt. Ein erkenntnisreicher Film über eine Reise von der Mongolei nach Indien und zugleich eine Reise ins Innere durch eine schöne Welt, in der sich Menschen die Hölle auf Erden bereiten.

Ralph Umard, tip

Alice Agneskirchner in: Der Tagesspiegel, 16.12.93; Anne Frederiksen in: Die Zeit, 24.12.93; Tobias Kniebe in: SZ, 16.12.93

Shanghai Blues 765

SHANGHAI ZHI YE / SHANGHAI BLUES ***

Regie: Tsui Hark
Darsteller: Sylvia Chang (Shu Pei Ling), Kenny Bee (Tung Kwok Man), Sally Yeh (Cha Siu Kiu), Loretta Li
Drehbuch: John Chan, To Kwok-hui, Seto Cheuk-han
Kamera: Ngor Chi-kwan (Farbe)
Musik: James Wong
Schnitt: Chow Sui Sam
Produktion: Nansun Shi, Tsui Hark für Film Workshop, Hongkong 1984
Verleih: -/filmladen/-/VMP Video
Kinostart: 19.7.1993
Länge: 99 Min. – *FSK:* ab 6 J.; ab 16 J. (Wien)

Der junge Soldat Kwok begegnet in den Kriegswirren von Shanghai 1937 der hübschen Shu, und sie schwören sich nach dem Krieg wiederzusehen. Zehn Jahre später wohnen sie, ohne es zu wissen, im gleichen Haus... Vielschichtiges, routiniert inszeniertes Melodram.

Shiva und die Galgenblume 766

***

TV

Regie: Hans Georg Andres, Michaela Krützen
Darsteller: Hans Albers (Kriminalrat Dongen, gen. Shiva), Grethe Weiser, Elisabeth Flickenschildt, O. W. Fischer (Deutsche Stimmen: Manfred Zapatka, Hans Michael Rehberge), Pierre Gaspard-Huit, Margot Hielscher, Mady Rahl, Stanislav Brach
Drehbuch: Hans Rudolf Berndorff, unter Verwendung des gleichn. Spielfilmfragments von 1945
Kamera: Axel Block (Farbe)
Produktion: Joachim Ortmanns, Carl-Ludwig

Rettinger für Lichtblick, BRD 1993
Verleih: -/-/-/
Sendetermin: 27.11.1993, 22.20, Arte
Länge: 76 Min.

Nach 48 Jahren erstmals zu sehen: Hans Albers als Kommissar »Shiva« jagt einen Geldfälscher. Heute erinnern sich Teammitglieder und Stars des letzten, unvollendeten deutschen Farbspielfilms im Krieg an die Riesenproduktion in Prag, die erst durch den tschechischen Austand im Mai 1945 gestoppt wurde.

Pressetext Arte

Shootfighter 767

SHOOTFIGHTER *

Video

Regie: Pat Alan
Darsteller: Bolo Yeung (Shingo), Maryam DAbo (Cheryl), William Zabka (Ruben), Michael Bernando (Nick), Sigal Diamant (Jill), James Pax, Edward Albert
Drehbuch: Judd B. Lynn, Larry Felitz, Peter Shaner
Kamera: Glenn Kershaw (Farbe)
Schnitt: Isaac Sehayek
Produktion: Alan Amiel für A.N.A. Prod., USA 1992
Verleih: -/-/-/Starlight Video
Videostart: Mai 1993
Länge: 80 Min. – *FSK:* ab 18 J.

Karate- und Kickbox-Kämpfe zwischen zwei rivalisierenden Gruppen bis zum Tod des Gegners. Die Zuschauer heizen die Kämpfer noch an und schließen Wetten ab.

Martial-Arts-Film üblicher Sorte: Handlung, Dialoge, Charaktere nicht erkennbar, Blut, Brutalität, Action aufdringlich in Szene gesetzt.

Jochen Rack in: film-dienst, 14/93

Showtime – Hilfe, meine Mutter ist ein Star 768

THIS IS MY LIFE ***

Video

Regie: Nora Ephron
Darsteller: Julie Kavner (Dottie Ingels), Samantha Mathis (Erica), Gaby Hoffmann (Opa), Carrie Fisher (Claudia), Dan Aykroyd (Arnold Moss), Bob Nelson (Ed), Marita Geraghty (Mia Jablon), Welker White (Lynn), Caroline Aaron (Martha Ingels), Kathy Ann Najimy (Angela)
Drehbuch: Nora Ephron, Delia Ephron, nach dem gleichn. Roman von Meg Wolitzer
Kamera: Bobby Byrne (Farbe)
Musik: Carly Simon
Schnitt: Robert Reitano
Produktion: Lynda Obst für Linda Obst Prod., USA 1992
Verleih: -/-/-/Fox Video
Videostart: 22.4.1993
Länge: 90 Min. – *FSK:* ab 12 J.

Alleinerziehende Mutter von zwei Töchtern macht als Alleinunterhalterin Karriere und vernachläßigt dabei ihre familiären Pflichten. Akzeptable Familienerheiterung.

Josef Lederle in: film-dienst, 14/93

Si Mustapha Müller – Kurze Zeit des Ruhms 769

***

Regie: Erika Fehse
Darsteller: Bernd Kuschmann, Matthias Ponnier, Illa Korp
Drehbuch: Erika Fehse
Kamera: Piotr Lenar, Christian Klopp (Farbe und s/w)
Musik: Mike Herting
Schnitt: Renate Herrmann-Hoven
Produktion: Anette Pisacane für Calypso Filmprod. mit WDR, BRD 1992
Uraufführung: 28.3.1992, Hamburg
Verleih: Calypso/-/-
Kinostart: Dez. 1992
Länge: 81 Min.
FBW: Besonders wertvoll

Porträt eines politisch heimatlosen Aktivisten mit geheimnisvoller Vergangenheit, der sich während des Algerienkrieges besondere Verdienste um die Rückführung deutscher Fremdenlegionäre erworben hat.

Sie saß im Glashaus und warf mit Steinen 770

**

Regie: Nadja Seelich
Darsteller: Johana Kohnová, Ludvik Hess, Egon Bondy, Rene Mucha, Ivo Vodsedálek
Drehbuch: Nadja Seelich
Kamera: Bernd Neuburger (auch Co-Regie) (Farbe)
Musik: Zdenek Merta
Schnitt: Eliska Stibrová
Produktion: Lukas Stepanik für Extrafilm, Österreich 1992

Verleih: -/filmladen/-
Kinostart: Januar 1993
Länge: 80 Min.

Ein Portrait Jana Cernas, der Tochter von Franz Kafkas Geliebter Milena Jesenska. Prager Freaks, Dichter und Philosophen erzählten über diese ungewöhnliche Frau und führen uns durch die Kanäle, Kaffeehäuser, Dachböden und Keller, wo sie geschrieben, geliebt und gesoffen hat.

Sie und ich 771

Regie: Peter Stripp

Arbeitstitel siehe: → ›Ich und Christine‹.

Die sieben besten Jahre 772

THE CEMETERY CLUB ***

Regie: Bill Duke
Darsteller: Ellen Burstyn (Ester Moskowitz), Olympia Dukakis (Doris Silverman), Diane Ladd (Lucille Rubin), Danny Aiello (Ben Katz), Lainie Kazan (Selma), Jeff Howell (Paul), Christina Ricci (Jessica), Bernie Casey (John), Alan Manson (Abe Silverman), Sam Schwartz (Irving Jacobs)
Drehbuch: Ivan Menchell, nach seinem gleichn. Schauspiel
Kamera: Steven Poster (Farbe)
Musik: Elmer Bernstein
Schnitt: John Carter
Produktion: David Brown, Sophie Hurst, Bonnie Palef für Touchstone Pic., USA 1993
Verleih: Buena Vista/-/-/Buena Vista Home Video
Kinostart: 8.7.1993
Länge: 106 Min. – *FSK:* ab 6, ffr.
FBW: Wertvoll

Drei befreundete, nicht mehr junge, aber attraktive Witwen stellen sich auf unterschiedliche Weise dem Leben »danach«. Der durchaus nicht geschmacklosen, gefühlsbetonten, zuweilen auch recht witzigen Komödie fehlt es etwas an Tiefgang und einheitlicher, überzeugender Wirkung; die gute Besetzung macht die Geschichte dennoch sympathisch unterhaltsam. *multimedia*

(...) Trotz aufwendiger Recherche steht am Ende ein Film, der Klischees und Stereotypen zementiert, weil Duke seine Witwen wie hirnlose Teenager agieren

Drei Golden Girls: Diane Ladd, Ellen Burstyn, Olympia Dukakis gedenken ihrer ›Sieben besten Jahre‹.

läßt, deren krasser Materialismus, Snobismus und Klassendünkel antisemitische Vorurteile wiederbelebt – auch wenn dies nicht beabsichtigt war.
André Simonoviscz, tip, 14/93

Albert Baer in: Rheinische Post, 9.7.93; Frauke Hanck in: AZ, 8.7.93; Thomas Klingenmaier in: Stgt. Zeitung, 8.7.93; Christian Seebaum in: Kölner Stadt-Anzeiger, 10.7.93;

Silver Fox 773

SAVIOUR OF THE SOUL ***
Video

Regie: Corey Yuen, Jeffrey Lau, David Lai
Darsteller: Andy Lau, Anita Mui (Kenny Bee), Gloria Yip, Aaron Kwok
Drehbuch: Wong Kar Wai
Kamera: Peter Pau (Farbe)
Produktion: Jacky Pang, Hongkong 1992
Verleih: -/-/-/Splendid Video
Videostart: Dezember 1992
Länge: 89 Min.
FSK: ab 16 J.

Es handelt sich um die Adaption eines japanischen Comicbuches, in dem Silverfox, ein Killer aus der Vergangenheit, das Leben einiger exzentrischer Zeitgenossen bedroht. Hemmungslos werden im Film alle populären Genres, Stilelemente und Inhaltsformel des zeitgenössischen Hongkong-Kinos durch den Kakao gezogen, und drei der berühmtesten Stars Ostasiens verulken ihre eigenen Rollenklischees. Der Film ist deutlich geprägt von der modernen Webefilm- und Musikvideo-Ästhetik. *tip, 1/93*

Silverlake Life: The View From Here 774

***
TV

Regie: Tom Joslin, Peter Friedman
Kamera: Tom Joslin, Mark Massi, Elaine Mayes, Peter Friedman (Farbe)
Musik: Lucia Hwong, Fred Gilde
Schnitt: Peter Friedman
Produktion: Tom Joslin, Peter Friedman für Silverlake mit Channel 4/J.P. Weiner, USA 1992
Uraufführung: 25.1.1993, Sundance Film Festival, Park City
Erstaufführung: 20.2.1993, Int. Filmfestspiele Berlin, »Panorama: Dokumente«
Verleih: -/-/-/
Sendetermin: 27.11.1993, 20.40, Arte
Länge: 97 Min.

(...) Die anrührende Freundschaft der beiden Homos aus Los Angeles, Geschichten von Liebe und Solidarität, schildert dieser Dokumentarfilm. Tom Joslin, renommierter Dokumentarfilmer aus den USA, brachte das Aidsprojekt noch selbst auf den Weg: Als die Krankheit begann, entwickelte er das Konzept eines Videotagebuchs, bei dem er und sein Freund abwechselnd hinter der Kamera standen. Nach seinem Tod übernahm Peter Friedman, einer seiner Schüler, Regie und künstlerische Verantwortung für die »Autobiografie eines nahen Freundes«. (...)
Frankfurter Rundschau, 27.11.93

Simple Men 775

SIMPLE MEN ***

Regie: Hal Hartley
Darsteller: Robert Burke (Bill McCabe), William Sage (Dennis McCabe), Karen Sillas (Kate), Elina Löwensohn (Elina), Martin Donovan (Martin), Mark Chandler Bailey (Mike)
Drehbuch: Harl Hartley
Kamera: Michael Spiller (Technicolor)

›Simple Men‹, starke Frauen: Robert Burke und Karen Sillas.

Musik: Ned Rifle
Schnitt: Steve Hamilton
Produktion: Ted Tope, Hal Hartley für Zenith & American Playhouse Theatrical Films mit Fine Line Features/Film Four Intl./BIM/True Fiction Prod., USA 1992
Uraufführung: 11.5.1992, Int. Filmfestspiele Cannes
Verleih: Impuls/Stöbergasse/-/VMP Video
Kinostart: 14.1.1993
Länge: 105 Min. – *FSK:* ab 12, ffr.

Kleine Stolpersteine in der Dramaturgie übersieht man gerne angesichts der mit wohltuender Lakonie und griffigem Dialogwitz erzählten Selbstfindungs-Geschichte zweier ungleicher Brüder auf der Suche nach dem legendären Vater, der sich nach einer kurzen Karriere als Baseball-Star und linksradikaler Volksheld abgesetzt hat.

»Abenteuer oder Romantik gibt es nicht«, klärt der smarte Taugenichts und Pechvogel Bill (zum Verlieben: Robert Burke) den kleinen Studenten-Bruder auf, »es gibt nur Ärger und Sehnsucht, aber Sehnsucht macht Ärger, und dann...« Das soll man aber selbst gesehen haben. *Ponkie, AZ, 13.5.93*

Norbert Grob in: Die Zeit. 15.1.93; W.O.P. Kistner in: AZ, 14.1.93; Albert Baer in: Rheinische Post, 16.4.93; Fritz Göttler in: SZ, 14.1.93; Peter W. Jansen in: Der Tagesspiegel, 15.1.93

Singende Kumpel haben's schwer 776

BERT RIGBY, YOU'RE A FOOL ***
TV

Regie: Carl Reiner
Darsteller: Robert Lindsay (Bert Rigby), Anne Bancroft (Meredith Perlestein), Corbin Bernsen (Jim Shirley), Robbie Coltrane (Sid Trample), Cathryn Bradshaw (Laurel Pennington), Jackie Gayle (I.I.Perlestein), Bruno Kirby (Kyle DeForest), Liz Smith, Lila Kaye, Fanny Carby
Drehbuch: Carl Reiner
Kamera: Jan De Bont (Metrocolor)
Musik: Ralph Burns
Schnitt: Bud Molin; Stephen Myers
Produktion: George Shapiro für Clear Prod., USA 1988
Sendetermin: 21.2.1993, Premiere, 20.15
Länge: 94 Min.

Die Kumpels streiken, die kleine englische Stadt verkommt, seine große Liebe kann er nicht heiraten. Doch weil Bert ein Showtalent ist geht er nach Hollywood und merkt dort, daß seine Karriere nur über Umwege funktioniert.

Singles 777

SINGLES ***

Regie: Cameron Crowe
Darsteller: Campbell Scott (Steve Dunne), Bridget Fonda (Janet Livermore), Kyra Sedgwick (Linda Powell), Matt Dillon (Cliff Poncier), Jim True (David Bailey), Sheila Kelley (Debbie Hunt), Bill Pullman (Dr. Jamison), James Le Gros (Andy), Devon Raymond, Camilo Gallardo
Drehbuch: Cameron Crowe
Kamera: Ueli Steiger (Technicolor)
Musik: Paul Westerberg
Schnitt: Richard Chew
Produktion: Cameron Crowe, Richard Hashimoto für Atkinson/Knickerbocker Films, USA 1992
Uraufführung: 6.9.1992, Montreal World Film Festival
Erstaufführung: 15.2.1993, Int. Filmfestspiele Berlin, »Panorama«
Verleih: Warner Bros./dto./dto./ Warner Home Video
Kinostart: 22.4.1993
Länge: 99 Min. – *FSK:* ab 12, ffr.

Ein paar junge Leute sind auf der Suche nach der großen Liebe. Dabei zucken sie aber ebenso vor Verpflichtungen zurück wie vor der Möglichkeit, verletzt zu werden. Mit zügig montierter Handlung entwirft Cameron Crowe ein nicht unwitziges Graffiti der Single-Szene, das zudem durch den Seattle-Sound passend untermalt ist. Seine ironische Studie über den Beziehungsknatsch der noch nicht 30jährigen mündet jedoch – gegen jede Logik – in ein banales Hollywood-Finale. *Zoom*

Michael Althen in: SZ, 27.4.93; Peter Körte in: FR, 23.4.93; Milan Pavlovic in: Kölner Stadt-Anzeiger, 24.4.93

Sins of the Night – Gefährtin der Nacht 778

SINS OF THE NIGHT *
Video

Regie: Alexander Gregory Hippolyte
Darsteller: Deborah Shelton (Roxanne Flowers), Nick Cassavetes (Jack Nietzsche),

Bindungslos in Seattle: Die ›Singles‹ Bridget Fonda, Matt Dillon, Kyra Sedgwick und Campbell Scott.

Miles OKeefe (Tony Falcone), Matt Roe (Ted Quincy), Richard Roundtree (Les)
Drehbuch: Russell Lavalle
Kamera: Glenn Kershaw (Farbe)
Musik: Ashley Irwin
Schnitt: Kent Smith
Produktion: Andrew Garroni für Alexis/Gernert-Garroni-Hippolyte, USA 1992
Verleih: -/-/-/Columbia TriStar Home Video
Videostart: Dezember 1993
Länge: 86 Min.
FSK: ab 18 J.

Daß »sins« keine »Gefährten« sondern »Sünden« sind, mag man dem Titel dieses Magerpornos mit semiprominenter Besetzung noch nachsehen, nicht jedoch seine ebenso simple wie spekulative Handlung: Ex-Nutte legt sich mit Versicherungsdetektiv, Ex-Ehemann und diversen Gegnern an.

Frank Klubertz in: film-dienst, 23/93

Slacker 779
SLACKER ***

Regie: Richard Linklater
Darsteller: Richard Linklater, Rudy Basquez, Jean Caffeine, Jan Hockey, Stephan Hockey, Mark James, Samuel Dietert, Bob Boyd, Terrence Kirk, Keith McCormack
Drehbuch: Richard Linklater
Kamera: Lee Daniel (DuArt)
Musik: Ed Hall, Keith McCormack u.a.
Schnitt: Scott Rhodes
Produktion: Richard Linklater für Detour Filmprod., USA 1980
Uraufführung: Dallas Filmfestival, 1990; 23.1.1991, Sundance Film Festival, Park City
Erstaufführung: Filmfest München 1990
Verleih: Winn Film/Stadtkino/-
Kinostart: April 1993
Länge: 104 Min.

Vierundzwanzig Stunden im Leben der Stadt Austin, Texas: Man begegnet 100 Leuten aus allen Schichten, Menschen mit verschiedensten Meinungen und Überzeugungen. Studenten, Stadtstreichern, Anarchisten, Musikern, ewigen Hippies und (vornehmlich) neo-nihilistischen No-Wave-Slackers. Dies ist keineswegs ein Dokumentarfilm, sondern ›Meta-Fiktion‹, nicht abgefilmter Alltag, sondern rekonstruierter Alltag.

Steffen Jacobs in: Der Tagesspiegel, 12.6.93; Rupert Koppold in: Stgt. Zeitung, 18.11.93; Hans Schifferle in: SZ, 4.5.93

Sliver 780
SLIVER ***

Regie: Phillip Noyce
Darsteller: Sharon Stone (Carly Norris), William Baldwin (Zeke Hawkins), Tom Berenger (Jack Landsford), Martin Landau (Alex Parsons), Polly Walker (Vida Jordan), Colleen Camp (Judy), Amanda Foreman (Samantha), Nina Foch (Mrs. McEvoy), CCH Pounder (Lt. Victoria Hendrix), Keene Curtis (Gus Hale)
Drehbuch: Joe Eszterhas, nach einem Roman von Ira Levin
Kamera: Vilmos Zsigmond (Deluxe)
Musik: Howard Shore
Schnitt: Richard Francis-Bruce, William Hoy
Produktion: Robert Evans für Robert Evans Prod., USA 1993
Verleih: UIP/UIP/UIP/CIC Video
Kinostart: 19.8.1993
Länge: 106 Min.
FSK: ab 16, ffr.
FBW: Wertvoll

Eine junge Lektorin bezieht ein Appartement in einem Nobelhochhaus (Sliver), wo sich zur Zeit mysteriöse Todesfälle häufen. Zudem »spannt« der Besitzer auch noch per Videokamera in sämtliche Räume. Was sich anfänglich wie eine technisch nachgerüstete Version von Hitchcocks »Rear Window« anläßt, erweist sich aber bald einmal als reichlich müder Thriller-Versatz. Die psychologische Stimmigkeit und damit zuletzt auch die Spannung werden zu offensichtlich dem einzigen Ziel geopfert, das Publikum bei Sharon Stone ein wenig zum Voyeur zu machen. *Zoom*

Michael Althen in: Die Zeit, 20.8.93; Heiko R. Blum in: Rheinische Post, 21.8.93; Fritz Göttler in: SZ, 21.8.93; Milan Pavlovic in: Kölner Stadt-Anzeiger, 21.8.93; Frank Schnelle in: FR, 19.8.93

Sneakers – Die Lautlosen 781
SNEAKERS ****

Regie: Phil Alden Robinson
Darsteller: Robert Redford (Martin Bishop), Dan Aykroyd (Mutter), Ben Kingsley (Cosmo), Sidney Poitier (Crease), River Phoenix (Carl), Mary McDonnell (Liz), David Strathairn (Whistler), Timothy Busfield (Dick Gordon), George Hearn (Gregor), Stephen Tobolowsky (Dr. Brandes)
Drehbuch: Phil Alden Robinson, Lawrence Lasker, Walter F. Parkes

Schnüffler von Format: Robert Redford, Dan Aykroyd und Sidney Poitier als ›Sneakers‹.

Kamera: John Lindley (Deluxe)
Musik: James Horner, Sopransaxophon gespielt von Branford Marsalis
Schnitt: Tom Rolf
Produktion: Walter F. Parkes, Lawrence Lasker für Lawrence Lasker/Walter F. Parkes Prod., USA 1992
Verleih: UIP/UIP/UIP/CIC Video
Kinostart: 28.1.1993
Länge: 125 Min.
FSK: ab 12, ffr.
FBW: Wertvoll

Auf der Jagd nach der geheimnisvollen Blackbox, mit deren Hilfe jedes Computersystem geknackt werden kann, tricksen die Sneakers (fünf Freunde mit Frauenverstärkung) alle aus. Die wichtigen Informationen jedoch holen sich die Hacker auch im Computerzeitalter noch durchaus handfest. Ein gut gemachtes Abenteuer, das die fünf ungleichen Freunde wie einen Bubenstreich erleben. Teils witzig, meist aber belanglos und lauwarm. *Zoom*

Heiko R. Blum in: Rheinische Post, 29.1.93; Bodo Fründt in: SZ, 2.2.93; Carla Rhode in: Der Tagesspiegel, 28.1.93

Sniper – Der Scharfschütze 782
SNIPER **

Regie: Luis Llosa
Darsteller: Tom Berenger (Thomas Beckett), Billy Zane (Richard Miller), J.T. Walsh (Major Chester van Damme), Aden Young (Doug Papich), Ken Radley (El Cirujano), Frederic Miragliotta (Alvarez), Vanessa Steele (Mrs. Alvarez), Carlos Alvarez (Raul Ochoa), Tyler Copin, Teo Gerbert
Drehbuch: Michael Frost Beckner, Crash Leyland
Kamera: Bill Butler (Farbe)
Musik: Gary Chang
Schnitt: Scott Smith
Produktion: Robert L. Rosen für Baltimore Pic., USA 1992
Uraufführung: 29.1.1993, New York
Verleih: UIP/UIP/-/VMP Video (geänd. Fassung, 84 Min., ab 16 J., 22.10.93)
Kinostart: 18.3.1993
Länge: 98 Min. – *FSK:* ab 18, ffr.

Zwei amerikanische Scharfschützen haben in Panama den Auftrag, einen Politiker und dessen Geschäftspartner in einer schwerbewachten Hazienda inmitten des Dschungels zu töten. Ambitionsloser Actionfilm mit schwachem Drehbuch und fehlendem politischen Bezug. *multimedia*

Fritz Göttler in: SZ, 24.3.93; Thomas Klingenmaier in: Stgt. Zeitung, 18.3.93; Constanze Rheinholz in: Der Tagesspiegel, 1.4.93; Ralph Umard in: tip, 6/93

So gut wie Liebe 783

***
TV

Regie: Lynn Hershman
Darsteller: Jeanne Mullis (Valery Vogel), Rinde Eckert (Chip Rosenthal/Barry Rosenthal), Ingrid Hardy (Marie Lang), Michael Edo Keane (Dennis), Jane Caputi (Virtual Reality Experte), Scott Fisher
Drehbuch: Lynn Hershman
Kamera: Kathleen Beeler, Skip Sweeney (Farbe)
Musik: Jim McKee
Schnitt: Lynn Hershman
Produktion: Hotwire Prod./ZDF, BRD 1993
Verleih: -/-/-/
Sendetermin: 9.11.1993, ZDF, 22.45, »Das kleine Fernsehspiel«
Länge: 65 Min.

Kann virtuelle Realität das wahre Leben ersetzen? Mit dieser Frage beschäftigt sich das in Kanada entstandene Video-Fernsehspiel. Eine Wissenschaftlerin verliebt sich in spröden Kollegen und erschafft sich ein virtuelles, aber hübsches Duplikat.

Sofie 784

SOFIE

***

Regie: Liv Ullmann
Darsteller: Karen-Lise Mynster (Sofie), Ghita Nörby (Frederikke, Sofies Mutter), Erland Josephson (Semmy, Sofies Vater), Jesper Christensen (Höjby), Torben Zeller (Jonas), Stig Hoffmeyer (Gottlieb), Henning Moritzen (Frederik), Kirsten Rolffes (Jonas' Mutter)
Drehbuch: Liv Ullmann, Peter Poulsen, nach dem gleichn. Roman von Henri Nathansen
Kamera: Jörgen Persson (Farbe)
Schnitt: Grete Möldrup
Produktion: Lars Kolvig für Nordisk Film/Norsk Film/Svensk Filmindustri/Svenska Filminstitutet, Dänemark/Norwegen/Schweden 1992
Erstaufführung: Filmfest München 1993
Verleih: Impuls/-/-
Länge: 150 Min.
FSK: ab 6, ffr.
FBW: Wertvoll

Die Geschichte einer jungen Jüdin Ende des 19. Jahrhunderts in Dänemark: Ehe mit einem ungeliebten Mann, Glück als Mutter, späte Leidenschaft mit dem Schwager. Ein Film über die Schwierigkeit, Hoffnungen und Träume in der Wirklichkeit wiederzufinden. Liv Ullmanns erste Spielfilmregie ist eine sehr feminine, klare Arbeit, Literaturverfilmung nicht als verstaubter Kostümfilm, sondern konkretes, engagiertes Kino und höchst aktuell zum Thema Fremdenhaß.

Frauke Hanck, AZ, 1.7.93

Angela Schmitt-Gläser in: FR, 28.8.93; Thomas Klingenmeier in: Stgt. Zeitung, 2.9.93; Christian Peitz in: Die Zeit, 6.8.93

Sommer der Liebe 785

***

Regie: Wenzel Storch
Darsteller: Jürgen Höhne (Oleander), Alexandra Schwarzt (Jasmin), Fritzi Korr (Tramperin), Holger Müller (Triebtäter), Iko Schütte (Dealer), Sara Mankau, Frauke Wilhelm, Katja Kiefer, Margret Uhlenbecker, Matze Hänisch
Drehbuch: Wenzel Storch
Kamera: Wenzel Storch (Farbe)
Musik: Diet & Iko Schütte, The Butterflies, The Details
Schnitt: Iko Schütte
Produktion: Wenzel Storch für Wenzel Storch, BRD 1992
Verleih: Eiszeit/-/-
Kinostart: 28.10.1993
Länge: 89 Min.

Mit erstklassigen Laienschauspielern hat Wenzel Storch Leben, Tod und Wiederauferstehung des berühmten Conny Cramer verfilmt. Dieser entwickelt sich im Fortgang der willkürlich durch die 70er Jahre schlingernden Handlung u.a. zu einem übermütig pyromanischen Feuerwerkstechniker, zum Freilandguru, zum Mordopfer und zum Witwentröster. Im Zweifelsfall ist das alles sehr zum Lachen, denn Storch hat es geschafft, den Riesenblödsinn der Flokatiteppichzeit auf eine Weise ins Bild zu bringen, die ebenso liebevoll wie komisch ist. *Gerhard Henschel, tip*

Jan Gympel in: Zitty, 19/93; Georg Seesslen in: Der Tagesspiegel, 30.9.93

Sommerdiebe 786

SARIKAT SAYFEYA/VOLS D'ETE ***

TV

Regie: Yousry Nasrallah
Darsteller: Ahmed Mohamed Ahmad (Yasser als Kind), Chohdi Srour (Yasser als Erwachsener), Hani Hussein (Leil als Kind), Menha Batraoui (Mona), Mona Zakareya (Rima), Abla Kamel (Aicha), Chawki Chamekh (Said), Eva Elias (Soraya), Lili Bellenis (Großmutter), Amira Abdelkader (Dahlia)
Kamera: Ramses Marzouk (Farbe)
Musik: Omar Khayrat
Schnitt: Rahma Montasser
Produktion: Marianne Khoury, Youssef Chahine für MISR/Ministere des Affaires Etrangeres/Ministere de la Culture/CNC, Ägypten 1988
Uraufführung: Int. Filmfestspiele Cannes, 1988
Erstaufführung: Filmfest München 1988
Sendetermin: 22.8.1993, BR3, 23.50
Länge: 102 Min.

Noch ist die von der englischen Kolonisationskultur beeinflußte Szenerie großbürgerlicher Geruhsamkeit trotz Nassers neuer Gesetze 1962 scheinbar intakt. Doch Regisseur und Autor Nasrallah zeigt im Mit- und Durcheinander einer Familie die aufkommenden Strömungen von Liberalität und Feminismus. Die Wirtschaftsprobleme (Baumwoll-Export, Bodenreform) wandeln sich. Der junge Yasser kommt nach 20 Jahren zurück in ein anderes Land.
Kai Niemeyer, AZ, 27.6.88

Sommersby 786a

SOMMERSBY ***

Regie: Jon Amiel
Darsteller: Richerd Gere (Jack), Jodie Foster (Laurel), Lanny Flaherty (Buck), Wendell Wellman (Travis), Bill Pullman (Orin), Brett Kelley (Little Rob), William Windom
Drehbuch: Nicholas Meyer, Sarah Kernochan, nach dem Roman »Die Wiederkehr des Martin Guerre« von Daniel Vigne und Jean-Claude Carrière
Kamera: Philippe Rousselot, Duart Color
Musik: Danny Elfman
Schnitt: Peter Boyle
Produktion: Arnon Milchan Prod.
Verleih: Warner Bros./-/Warner Home Video
Länge: 113 Min. – *FSK:* ab 12, ffr.

Jack Sommersby kehrt aus dem Sezessionskrieg in sein Heim in den Südstaaten zurück; doch er hat sich dermaßen zum Guten gewandelt, daß bald einmal Zweifel an seiner Identität aufkommen. Die romantische Geschichte eines Mannes, der erst in der Haut eines anderen sein wahres Ich findet und der dafür auch bereit ist, die Sühne für fremde Schuld auf sich zu nehmen. Man hätte allerdings vom Autor von »The Singing Detective« eine weniger konventionelle Inszenierung erwarten dürfen. *Zoom*

Die Sonnengöttin 787

***

Regie: Rudolf Thome
Darsteller: Radhe Schiff (Martha Ashberger), John Shinavier (Richard Todd), Susan Chesler (Mädchen ohne Unterkunft), Chico Hamilton (Portier), Robert Rutman (Musiker), Markus Weiss (Franz), Johannes Herrschmann (Fotograf), Hannes Stelzer, Marie Soranno, Janina Szarek
Drehbuch: Rudolf Thome
Kamera: Reinhold Vorschneider (Farbe)
Musik: Chico Hamilton
Schnitt: Dörte Völz
Produktion: Moana Film, BRD 1992
Uraufführung: 30.7.1993, Tarormina Film Festival
Verleih: Prometheus/-/-
Kinostart: 30.12.1993
Länge: 110 Min. – *FSK:* ab 12, ffr.

Rudolf Thome, einer der letzten heute noch Aktiven aus dem Sammelbecken des Jungen Deutschen Films (vor drei-

Jodie Foster und Richard Gere.

Thome's ›Sonnengöttin‹.

ßig Jahren hat er in München mit dem Filmemachen angefangen), auf den Spuren seines Meisters Friedrich Wilhelm Murnau – und dessen Südsee-Klassikers ›Tabu‹. Bei ihm geht es nur von New York an die griechische Küste (mit Zwischenstop in Berlin), dort läßt er dann seine Hauptdarstellerin Radhe Schiff die Reinkarnation einer heidnischen Göttin versuchen, in einem Feuertanz am Meeresstrand. Mythos und Reinkarnation, Liebe (nicht unbedingt auf den ersten Blick) und die Rolle, die das Kino dabei spielt: Wie immer nimmt sich Thome viel, viel Zeit, um die Leute vor seiner Kamera Sachen machen zu lassen, die ihm gefallen und ihn erregen, und die er nicht unbedingt vorhergesehen und -geschrieben hat. Einen Demiurgen-Traum hat Eric Rohmer einmal Murnaus Kino genannt, das gilt auch für Thome: wenn die Natur mitspielt, als wäre sie Teil der Inszenierung.

SZ, 30.12.93

Frank Arnold in: Zitty, 26/93; Frauke Hanck in: AZ, 30.12.93; Deborah Young in: Variety; 1.11.93

Spacecenter Babylon 5 788

BABYLON 5 **

Video

Regie: Richard Compton
Darsteller: Michael OHare (Jeff Sinclair), Tamlyn Tomita (Laurel Takoshima), Jerry Doyle (Michael Garibaldi), Mira Furlan (Botschafterin DeLenn), Andreas Katsulas (Botschafter GKar), Johnny Sekka (Dr. Kyle), Patricia Tallman (Lyta Alexander), Blaire Baron (Carolyn Sykes), John Fleck (Del Varner), Peter Jurasik
Drehbuch: J. Michael Straczynski
Kamera: Billy Dickson (Farbe)
Musik: Stewart Copeland
Schnitt: Robert L. Sinise
Produktion: Douglas Netter für PIN/ Rattlesnake/Synthetic Worlds, USA 1993
Verleih: -/-/-/Warner Home Video
Videostart: 25.6.1993
Länge: 90 Min.
FSK: ab 12 J.

Der Mordanschlag auf einer als Treffpunkt der Wesen verschiedener Welten dienendem Raumstation bedroht den galaktischen Frieden. Simpel gestrickter SF-Film, Pilotfilm zu einer geplanten TV-Serie.

Wolfgang Brudny in: film-dienst, 17/93

Spanish Rose 789

SPANISH ROSE **

Video

Regie: Bob Misiorowski
Darsteller: Michael Paré (Jack), Barbara Carrera (Eva), Michael Ironside (Largo), Lehua Reid (Sandra), Ian Yule (Cullen)
Drehbuch: David Zito, Les Welden, Georg Fernandez
Kamera: Joseph Wein (Farbe)
Musik: Vladimir Horunzky
Schnitt: C. Timothy OMeara
Produktion: Danny Lerner für NU Images, USA 1993
Verleih: -/-/-/VMP Video
Videostart: Dezember 1993
Länge: 93 Min. – *FSK:* ab 18 J. (geänderte Fass. 90 Min., ab 16 J.)

Ehemaliger Zollfahnder verliebt sich in die Frau eines Drogenschmugglers, die er als »Bodyguard« hätte bewachen sollen. Es ist alles zweit- bis drittklassig (Story, Darsteller, Regie), aber in Maßen unterhaltsam und mit etwas Action aufgedonnert.

Spezialeinheit IQ 790

A MIDNIGHT CLEAR **

Video

Regie: Keith Gordon
Darsteller: Ethan Hawke (Will Knott), Gary

Sinise (Vince ›Mutter‹ Wilkins), Peter Berg (Bud Miller), Kevin Dillon (Mel Avakian), Arye Gross (Stan Shutzer), Frank Whaley (Paul ›Vater‹ Mundy), John C. McGinley (Major Griffin), Larry Joshua (Leutnant Ware), Curt Lowens (deutscher Soldat), David Jensen (Sergeant Hunt)
Drehbuch: Keith Gordon, nach dem Roman von William Wharton
Kamera: Tom Richmond (Alpa Cine/CFI)
Musik: Mark Isham
Schnitt: Donald Brochu
Produktion: Dale Pollock, Bill Borden für A&M Prod., USA 1992
Erstaufführung: 26.6.1993, Filmfest München
Verleih: -/-/-/Columbia TriStar Video
Videostart: Sept. 1993
Länge: 108 Min.

Dramatische Episode aus dem 2. Weltkrieg, 1944 in den Ardennen: US-Einheit schließt mit deutschen Soldaten illegalen Nichtangriffspakt. Ehrenwerte, gut besetzte, aber zähe Antikriegsballade.

Das Spiegelbild 791

BODY LANGUAGE **

Video

Regie: Arthur Allan Seidelman
Darsteller: Heather Locklear (Betsy), Linda Purl (Norma), James Acheson (Victor), Edward Albert, Gary Bisig
Drehbuch: Dan Gurskis, Brian Ross, nach einer Story von Dan Gurskis
Kamera: Hanania Baer (Farbe)
Musik: Misha Segal
Schnitt: Bert Glatstein
Produktion: Robert M. Rolsky für Wilshire Court Prod., USA 1992
Uraufführung: 15.7.1992, USA TV
Verleih: -/-/-/CIC Video
Videostart: 1.3.1993
Länge: 90 Min. – *FSK:* ab 16 J.

Karrierefrau in Bedrängnis: ihr Freund beleidigt, ihr Chef ein Lüstling und ihre Assistentin eine Psychopathin. Nicht eben einfallsreicher Fernsehkrimi.

Joe Hill in: film-dienst, 8/93

Spiel der Patrioten 792

THE PRESIDENTS CHILD ***

Video

Regie: Sam Pillsbury
Darsteller: Donna Mills (Elizabeth Hemmings), William Devane (Elliot McSwain), James Read (Senator James Guthrie), Annie Corley (Myra Kelse), Trevor Eve (Paul LaFlore), John Kidwell (Jason Hemming), Nick Tate (Lipton), Joyce Cohen (Lydia Guthrie), Anne Cullimore Decker (Mrs. Pelotti), Michael Flynn (Deacon)
Drehbuch: Edmond Stevens, nach einem Roman von Fay Weldon
Kamera: James Bartle (Farbe)
Musik: J.Peter Robinson
Schnitt: Skip Schoolnik
Produktion: Lauren Film, USA 1992
Uraufführung: 1992 CBS
Verleih: -/-/-/Fox Video
Videostart: 13.5.1993
Länge: 93 Min. – *FSK:* ab 12 J.

Die Saubermannweste der US-Präsidentschaftskandidaten hat einen 8jährigen Fleck: einen unehelichen Sohn. Solider US-TV-Film.

Joe Hill in: film-dienst, 13/93

Spiel mit der Angst 793

REAR VIEW MIRROR ***

TV

Regie: Lou Antonio
Darsteller: Lee Remick (Terry Seton), Michael Beck (Jerry Sam Hopps), Tony Musante (Martino), Don Galloway (Roger Seton), Ned Bridges (Powell)
Drehbuch: Lorenzo Semple jr., nach dem Roman von Caroline B. Cosney
Kamera: Frank Watts (Farbe)
Musik: William Goldstein
Schnitt: David A. Simmons
Produktion: Simon/Asher Ent./Sun Classic, USA 1984
Verleih: -/-/-/
Sendetermin: 10.5.1993, ZDF, 22.15
Länge: 91 Min.

Geschichte einer amerikanischen Durchschnittshausfrau, die in einer extremen Situation ungeahnte Kräfte entwickelt und über sich selbst hinauswächst.

The Spirit of '76 794

THE SPIRIT OF '76 ***

Video

Regie: Lucas Reiner
Darsteller: David Cassidy (Adam-11), Olivia Dabo (Chanel-6), Geoff Hoyle (Heinz-57), Leif Garrett (Eddie), Jeff McDonald (Chris), Liam OBrien (Rodney), Moon Zappa (Cheryl Dickman), Carl Reiner (Dr. Von Mobil), Rob Reiner (Dr. Cash), Tommy Chong
Drehbuch: Lucas Reiner, nach einer Story von Roman Coppola und Lucas Reiner

Kamera: Stephen Lighthill (DeLuxe)
Musik: David Nichtern
Schnitt: Glen Scantleburry
Produktion: Susie Landau, Simon Edery für Commercial Pic./Black Diamond, USA 1993
Verleih: -/-/-/Columbia TriStar Home Video
Videostart: Oktober 1993
Länge: 77 Min.
FSK: ab 6 J.

Wissenschaftler reisen vom Jahr 2176 in die Zeit von 1976, um die verlorengegangene Verfassung zu suchen. Passable Parodie auf die 70er und ihre Verrücktheiten.

Frank Klubertz in: film-dienst, 22/93

Spuren von Rot 795

TRACES OF RED **

Regie: Andy Wolk
Darsteller: James Belushi (Jack Dobson), Lorraine Bracco (Ellen Schofield), Tony Goldwyn (Steve Frayn), William Russ (Michael Dobson), Faye Grant (Beth Frayn), Michelle Joyner (Morgan Cassidy), Joe Lisi (Lt. J.C. Hooks), Victoria Bass (Susan Dobson), Melanie Tomlin (Amanda), Jim Piddock (Mr. Martyn)
Drehbuch: Jim Piddock
Kamera: Tim Suhrstedt (Farbe)
Musik: Graeme Revell
Schnitt: Trudy Ship
Produktion: Mark Gordon für Samuel Goldwyn, USA 1992
Verleih: Columbia TriStar/dto./20th Century Fox/Columbia TriStar Home Video
Kinostart: 12.8.1993
Länge: 105 Min. – *FSK:* ab 16, ffr.

Polizist klärt unter schwierigen Umständen eine Serie von Frauenmorden, die ein angesehener Mann mit Kindheitstrauma begangen hat. Krimi, der mit der breiten Streuung von Verdachtsmomenten arbeitet und mehr solide als spannend wirkt. *multimedia*

Albert Baer in: Rheinische Post, 13.8.93; Bodo Fründt in: SZ, 17.8.93; Patrick Rösler in: Stgt. Zeitung, 14.8.93

Spurlos 796

THE VANISHING ***

Regie: George Sluizer
Darsteller: Jeff Bridges (Barney), Kiefer Sutherland (Jeff), Nancy Travis (Rita), Sandra Bullock (Diane), Park Overall (Lynn), Maggie

Teufel auf Erden: Jeff Bridges in ›Spurlos‹.

Linderman (Denise), Lisa Eichhorn (Helene), George Hearn (Arthur Bernard), Lynn Hamilton (Frau Carmichael), Garrett Bennett
Drehbuch: Todd Graff (auch Co.-Prod.), nach dem Film »Spoorloos« (1988) von George Sluizer und dem Roman »The Golden Egg« von Tim Krabbé
Kamera: Peter Suschitzky (Deluxe)
Musik: Jerry Goldsmith
Schnitt: Bruce Green
Produktion: Larry Brezner, Paul Schiff für Morra/Brezner/Steinberg & Tenenbaum Prod., USA 1993
Verleih: 20th Century Fox/dto./dto./Fox Video
Kinostart: 1.7.1993
Länge: 109 Min. – *FSK:* ab 16, ffr.

Ein junger Mann sucht wie besessen nach seiner vermißten Freundin und weckt damit das tödliche Interesse ihres als Biedermann getarnten, seelisch gestörten Mörders. Das vom Regisseur selbst vorgenommene amerikanische Remake seines holländischen Streifens ›Spoorloos‹ ist ein wenig spannender aber auch formal nicht ganz überzeugender Psychothriller mit Horrorfinale. *multimedia*

Frank Arnold in: Zitty, 13/93; Fritz Göttler in. SZ, 7.7.93; Otto Heuer in: Rheinische Post, 2.7.93; Thomas Klingenmeier in: Stgt. Zeitung, 1.7.93; Angela Schmitt-Gläser in: FR, 2.7.93

Spurlos verschwunden 797

SPOORLOOS ***

Regie: George Sluizer
Darsteller: Bernard-Pierre Donnadieu

(Raymond Lemorne), Gene Bervoets (Rex), Johanna Ter Steege (Saskia), Gwen Eckhaus (Lieneke), Bernadette Le Saché (Simone Lemorne), Tania Latarjet (Denise), Lucille Glenn (Gabrielle), Roger Souza, Caroline Appérré, Pierre Forget
Drehbuch: Tim Krabbé, George Sluizer, nach dem Roman »Het Gouden Ei« von Tim Krabbé
Kamera: Toni Kuhn (Farbe)
Musik: Henny Vrienten
Schnitt: George Sluizer, Lin Friedman
Produktion: Anne Gordon, George Sluizer für Golden Egg Film/MGS Film/Ingrid Prod., Niederlande/Frankreich 1988
Erstaufführung: Filmfest München 1989
Verleih: -/Filmhaus/-
Kinostart: Sept. 1991 (Österreich)
Titel: Spurlos
Länge: 107 Min.

Auf einer Urlaubsreise nach Frankreich verschwindet auf mysteriöse Weise eine junge Frau und nach jahrelangen Nachforschungen auch ihr Freund. Ein belangloser Kriminalfilm, der weder Spannung aufkommen läßt noch andere formale Vorzüge zeigt. *multimedia*

»Dieser rasante Film (...) ist die perfekte Hommage an Alfred Hitchcock: Das Ende übertrifft selbst die denkwürdigen Höhepunkte des Meisters an Gewagtheit. (...) Der Film kann mit allen Zutaten der besten amerikanischen Thriller aufwarten«. *nach Variety*

Stadt der Freude 798

CITY OF JOY **

Regie: Roland Joffé
Darsteller: Patrick Swayze (Max Lowe), Pauline Collins (Joan Bethel), Om Puri (Hasari Pal), Shabana Azmi (Kamla Pal), Art Malik (Ashoka), Ayesha Dharker (Amrita Pal), Santu Chowdhury (Shambu Pal), Imran Badsah Khan (Manooj Pal), Nabil Shaban (Anouar)
Drehbuch: Mark Medoff, nach dem gleichn. Roman von Dominique Lapierre
Kamera: Peter Biziou (Farbe)
Musik: Ennio Morricone
Schnitt: Gerry Hambling
Produktion: Jake Eberts, Roland Joffé für Lightmotive, GB/Frankreich 1992
Erstaufführung: 24.9.1992, Filmfestival Köln
Verleih: Neue Constantin/Constantin/ Monopole Pathé/VCL/Carolco Video
Kinostart: 22.4.1993
Länge: 134 Min. – *FSK:* ab 16, ffr.
FBW: Wertvoll

Ein frustrierter amerikanischer Arzt findet in der Millionenstadt Kalkutta wieder Anschluß an das Leben, indem er einen ausgebeuteten Rikschafahrer zu Selbstbewußtsein und den Ärmsten der Armen rund um eine von einer Europäerin geleitete Krankenstation zur Kraft des Widerstandes gegen einen indischen »Mafioso« verhilft. Das wirklichkeitsnahe, bildstarke Porträt indischen Alltagslebens wird leider von einer mit melodramatischen Klischees überfrachteten Story konkurrenziert. *Zoom*

(...) Kitschiger geht's nimmer. *tip, 9/93*

Heiko R. Blum in: Rheinische Post, 26.4.93; Fritz Göttler in: SZ, 26.4.93; Thomas Klingenmaier in: Stgt. Zeitung, 22.4.93; Christian Seebaum in: Kölner Stadt-Anzeiger, 24.4.93

Stalingrad 799

***

Regie: Joseph Vilsmaier
Darsteller: Dominique Horwitz (Fritz Reiser, Obergefreiter), Thomas Kretschmann (Hans von Witzland, Leutnant), Jochen Nickel (Manfred »Rollo« Rohleder), Sebastian Rudolph (»GeGe« Müller), Sylvester Groth (Otto), Dana Vavrova (Irina), Martin Benrath (General Hentz), Karel Hermanek (Hauptmann Hermann Musk)
Drehbuch: Johannes Heide
Kamera: Joseph Vilsmaier, Rolf Greim, Klaus Moderegger, Peter von Haller (Farbe)
Musik: Norbert J. Schneider
Schnitt: Hannes Nikel
Produktion: Hanno Huth, Günter Rohrbach, Bob Arnold für Royal/Bavaria/B.A./Perathon, BRD 1992
Uraufführung: 21.1.1993, Massenstar
Verleih: Senator/Constantin/Rialto/EuroVideo
Kinostart: 21.1.1993
Länge: 138 Min. – *FSK:* ab 12, ffr.
FBW: Wertvoll

Fünfzig Jahre sind es her, daß mit der Kapitulation der sechsten Armee die Schlacht um Stalingrad zu Ende gegangen ist. Joseph Vilsmaier gibt seinem höchst aufwendigen Film keineswegs das Panorama dieser Schlacht und der Strategie der von der Roten Armee betriebenen Einkesselung. Vielmehr rückt er in die Mitte die Schicksale einer kleinen Truppe, eines Zugs von Sturmpionieren. Indem er diese Soldaten in ihrer

Mit dem Rücken zur Wand: Dominique Horwitz und zwei Todgeweihte aus ›Stalingrad‹.

Menschlichkeit, im Guten wie im Bösen, vorführt, will er das Publikum im Kino mitfühlend engagieren. Was er manifest macht, ist Selbstmitleid, anstatt eine Auseinandersetzung mit der Wirklichkeit des Dritten Reiches zu führen.

Zoom, 2/93

Andreas Klib in: Die Zeit, 22.1.93; Harald Martenstein in: Der Tagesspiegel, 21.1.93; Kai Niemeyer in: AZ, 21.1.93; H.G. Pflaum in: SZ, 21.1.93; Josef Schnelle in: FR, 25.1.93

Stalins Begräbnis 800

POCHORONIJ STALINA ***

TV

Regie: Jewgenij Jewtuschenko
Darsteller: Denis Konstantinow (Schenja), Jewgenij Platochin (Kahlköpfiger), Vanessa Redgrave (Englische Journalistin), Albert Todd (Amerikaner), Marina Kalinitschenko (Elja), Maja Bulgakowa (Stalins Frau), Alexej Batalow (Schenjas Vater), Natalja Koljakanowa (Schenjas Mutter), Swetlana Charitonowa (Schenjas Tante), Jewgenij Jewtuschenko (Bildhauer)
Drehbuch: Jewgenij Jewtuschenko
Kamera: Anatoli Iwanow (Farbe)
Musik: Peter Tschaikowksi, Charles Chaplin, G. Mai
Schnitt: Eleonora Praksina
Produktion: Mosfilm, Rußland/UdSSR 1991
Verleih: -/-/-/
Sendetermin: 7.3.1993, ZDF, 0.05
Länge: 102 Min.

Der Film, der erst im Zuge der Perestroika-Politik in der UdSSR realisiert werden konnte, schildert die historischen Ereignisse aus der persönlichen Sicht des russischen Lyrikers, Erzählers und Filmemachers Jewgenij Jewtuschenko, der 1933 geboren wurde. An Ort und Stelle in Moskau mit Tausenden von Statisten in schwarzweißen Bildern rekonstruiert und mit Dokumentaraufnahmen durchsetzt, wird das totalitäre Zeitalter wieder lebendig: jene hysterische Nacht, als sich die Menschen durch die Straßen schoben und tottrampelten, um einen letzten Blick auf den aufgebahrten Leichnam Stalins zu werfen. Der Film ist ein einziger wütender, zorniger, trauriger, schmerzerfüllter und nachdenklich stimmender Aufschrei gegen Stalin, den Stalinismus und alles, was Menschen im Namen des Diktators anderen Menschen angetan haben. *as/ZDF*

Stau – Jetzt geht's los 801

****

Regie: Thomas Heise
Drehbuch: Thomas Heise
Kamera: Sebastian Richter (Farbe)
Produktion: Ö-Film, BRD 1992
Uraufführung: Filmfestival Max Ophüls Preis, Saarbrücken 1993
Verleih: Eigenverleih/Star Kino/-
Kinostart: Nov. 1993
Länge: 83 Min.

Hautnah beobachtet die Kamera das Leben, die Angehörigen und die Meinungen sechs junger Neonazis und enthüllt dabei verunsicherte, desillusionierte, orientierungslose Jugendliche. Thomas Heises Film ist gleichzeitig ermutigend und bedrückend. Ermutigend, weil sich die gesichtslosen Gewalttäter als eigentlich nur verirrte, hilfebedürftige Menschen herausstellen; bedrückend, weil die Gewalt weitergehen wird, solange es diese Hilfe nicht gibt. *multimedia*

Heiko R. Blum in: Der Tagesspiegel, 25.11.92; Wilfried Geldner in: SZ, 8.6.93; Hans Schifferle in: SZ, 27.2.93; Anke Sterneborg in: SZ, 27.11.92

Stay Tuned 802

STAY TUNED ***

Regie: Peter Hyams
Darsteller: John Ritter (Roy Knable), Pam Dawber (Helen Knable), Jeffrey Jones (Spike), Eugene Levy (Crowley), David Tom (Darryl), Heather McComb (Diane), Bob Dishay, Joyce Gordon, Erik King, Don Calfa
Drehbuch: Tom S. Parker, Jim Jennewein, nach einer Idee von Tom S. Parker, Jim Jennewein, Richard Siegel
Kamera: Peter Hyams (Technicolor)
Musik: Bruce Broughton
Schnitt: Peter E. Berger
Produktion: James G. Robinson für Morgan Creek, USA 1992
Verleih: Concorde/Concorde/Rialto/Concorde Video
Kinostart: 29.4.1993
Länge: 88 Min.
FSK: ab 12, ffr.
FBW: Wertvoll

Für das Mittelstandsehepaar Knable entpuppt sich die Verlockung eines 666 Kanäle empfangenden Fernsehgeräts als Höllentrip. 24 Stunden geht es in ver-

Zum Abschalten: ›Stay Tuned‹ mit John Ritter.

schiedenen virtuellen Wirklichkeiten ums nackte Überleben. Der ansatzweise zivilisationskritische Plot entpuppt sich schnell als Vorwand für pures Oberflächen-Entertainment. *Claus Löser, tip, 9/93*

Otto Heuer in: Rheinische Post, 30.4.93; Peter W. Jansen in: Der Tagesspiegel, 30.4.93; Rupert Koppold in: Stgt. Zeitung, 29.4.93

Der Stein 803

KAMEN ****

Regie: Alexander Sokurow
Darsteller: Leonid Mosgowoj (älterer Mann), Pjotr Alexandrow (junger Mann), V. Semjonow (Kutscher)
Drehbuch: Juri Arabow
Kamera: Alexander Burow
Musik: Tschaikowski, Mozart, Mahler
Schnitt: Leda Semjonowa
Produktion: Juri Torochow für Int. Filmstudio Perm mit Lenfilmstudio, Rußland 1992
Uraufführung: 29.6.1992, Moskau
Erstaufführung: 12.2.1993, Int. Forum des Jungen Films, Berlin
Verleih: Freunde/-/-
Kinostart: Okt. 1993
Länge: 88 Min.

Ein Toter (Anton Tschechow?) kommt in sein zum Museum gewordenes Haus auf der Krim zurück und verblüfft durch sein Verhalten den jungen Nachtwächter.

Alexander Sukurow leistet Trauerarbeit: Tod und Vergänglichkeit, Armut und Elend sind Themen seiner beiden Filme (siehe auch »Elegie aus Rußland«), die wie traumhafte Erinnerungen wirken. (...)

Diese Themen werden in diesem Film in der Geschichte von der Rückkehr eines bärtigen, ärmlichen alten Mannes in sein Haus auf der Krim, unter den verzerrten Bildern der Schwarz-Weiß-Kamera konzentriert. Mit Wind- und Meerrauschen, Eisenbahn- und Vogelgeräuschen werden sie zu atmosphärischen Klangbildern verdichtet und mit dem Spiel von Licht, Schatten und Nebel zur stillen Totenklage vereinigt.
Eberhard von Elferlein, Berliner Morgenpost, 19.2.93

Arpe Caspary in: Der Tagesspiegel, 17.2.93

Stephen King's Golden Tales 804

STEPHEN KING'S GOLDEN TALES **
Video

Regie: Michael Gornick (1), Jodie Foster (2), Frank De Palma (3), Ted Gershuny (4), Richard Friedman (5)
Darsteller: Jeff Conaway, Jillie Mack, Kathy McLain, Dorothy Parke, Marsh Nayyar, Marcia Cross, Patrick Kilpatrick
Drehbuch: Michael McDowell (1), Franco Anurri, Bob Balaban (2), Peter OKeefe (3), Edithe Swensen (4), Art Monterastelli (5)
Kamera: Karen Grossman (Farbe)
Musik: Donald Rubinstein, Erica Lindsay
Schnitt: Deborah Shaffer
Produktion: William Teitler für Laurel/JayGee, USA 1985
Verleih: -/-/-/Madison Video
Videostart: Juni 1993
Länge: 102 Min. – *FSK:* ab 16 J.

Fünf Stories, von denen nur eine (!) von Stephen King adaptiert (die anderen sind Folgen aus einer US-TV-Serie) und eine von Jodie Foster inszeniert wurde.

Frank Klubertz in: film-dienst, 20/93

Stephen King's Stark 805

THE DARK HALF **

Regie: George A. Romero
Darsteller: Timothy Hutton (Thad Beaumont/Stark), Amy Madigan (Liz Beaumont), Julie Harris (Reggie DeLesseps), Michael Rooker (Alan Pangborn), Patrick Brannan (Thad Beaumont als Junge), Larry John Meyers (Doktor Pritchard), Robert Joy (Fred Clawson), Royal Dano (Digger Holt), Glenn Colerider, Kent Broadhurst
Drehbuch: George A. Romero, nach dem Roman »Stark – The Dark Half« von Stephen King
Kamera: Tony Pierce-Roberts (Farbe)
Musik: Christopher Young
Schnitt: Pasquale Buba
Produktion: Declan Baldwin für Orion, USA 1991
Verleih: Columbia TriStar/dto./20th Century Fox/Columbia TriStar Home Video (gek. Fassung 110 Min. ab 16 J.)
Kinostart: 10.6.1993
Länge: 121 Min.
FSK: ab 18, nffr.

Unter dem Pseudonym George Stark schreibt ein Dozent für Literatur an einem amerikanischen College erfolgreiche und brutale Romane über ein

Monster, das Menschen mit einem Rasiermesser umbringt. Von einem Erpresser gezwungen, seine Identität preiszugeben, entschließt er sich, Stark zu begraben und nur noch anspruchsvolle Literatur zu schreiben. Dabei hat er die Rechnung ohne sein inzwischen als Phantomgestalt real ins Leben getretenes, symbiotisch mit seinem Gehirn verbundenes, Pseudonym gemacht, das nun den Autor selbst und seine Familie bedroht. Allzu konventionelle Verfilmung von Kings Erfolgsroman, die nie die Intensität der literarischen Vorlage erreicht. *Zoom*

Fritz Göttler in: Kölner Stadtanzeiger, 12.6.93; Otto Heuer in: Rheinische Post, 10.6.93; Sabine Horst in: FR, 12.6.93; Rupert Koppold in: Stgt. Zeitung, 9.6.93

Stephen King: Das Monstrum – Tommyknockers 806

THE TOMMYKNOCKERS

Siehe: → ›Tommyknockers‹.

Stimmen im Dunkel 807

WHISPERS IN THE DARK ***

Regie: Christopher Crowe
Darsteller: Annabella Sciorra (Ann Hecker), Jamey Sheridan (Doug McDowell), Anthony LaPaglia (Morgenstern), Jill Clayburgh (Sarah Green), John Leguizamo (Johnny C.), Deborah Unger (Eve Abergray), Alan Alda (Leo Green), Anthony Heald (Paul), Jacqueline Brookes (Mrs. McDowell), Gene Canfield (Billy O'Meara)
Drehbuch: Christopher Crowe
Kamera: Michael Chapman (Farbe)
Musik: Thomas Newman
Schnitt: Bill Pankow
Produktion: Martin Bregman, Michael S. Bregman für Paramount Pic., USA 1992
Erstaufführung: 7.8.1992, New York; Filmfest München 1993
Verleih: UIP (12.7.1993 geplant, nicht erschienen)/CIC Video
Kinostart: Juli 1993
Länge: 102 Min. – *FSK:* ab 18 J. (gekürzte Fass. 96 Min., ab 16 J.)

Psychiaterin nimmt sich Arbeit mit nach Hause und schläft mit dem angeblich sadistisch veranlagten Lover ihrer Patientin – Probleme programmiert. Nicht bis zum letzten ausgefeilter, passabel unterhaltsamer Psychothriller.

Storyville 808

STORYVILLE ***

Video

Regie: Mark Frost
Darsteller: James Spader (Cray Fowler), Joanne Whalley-Kilmer (Natalie Tate), Jason Robards (Clifford Fowler), Charlotte Lewis (Lee), Michael Warren (Nathan LeFleur), Michael Parks (Michael Trevallian), Woody Strode (Charlie Sumpter), Piper Laurie (Constance Fowler), Chuck McCann (Pudge Herman), Charles Haid (Abe Choate)
Drehbuch: Mark Frost, Lee Reynolds, nach dem Roman »Juryman« von Frank Galbally & Robert Macklin
Kamera: Ron Garcia (CFI)
Musik: Carter Burwell
Schnitt: B.J. Sears
Produktion: David Roe, Edward R. Pressman für Davis Ent., USA 1992
Uraufführung: 22.1.1992, Sundance Film Festival Park City, Utah
Erstaufführung: Filmfest München 1993
Verleih: -/-/-/Concorde Video
Videostart: Aug. 1993
Länge: 111 Min. – *FSK:* ab 16 J.

In New Orleans kämpft sich ein Advokat mit Politambitionen durch ein Dickicht aus Familienintrigen, Selbstmord und sexuellen Ausschweifungen, in dem sich die Story dann schließlich selbst vollends verheddert. David-Lynch-Lehrling Frost liefert eine unfreiwillige Parodie auf die Werke seines Meisters.

A Stranger among us 809

A STRANGER AMONG US ***

Regie: Sidney Lumet
Darsteller: Melanie Griffith (Emily Eden), Eric Thal (Ariel), John Pankow (Levine), Tracey Pollan (Mara), Lee Richardson (Rebbe), Mia Sara (Leah), Jamey Sheridan (Nick), Jake Weber (Yaakov), David Rosenbaum, Ruth Vool
Drehbuch: Robert J. Averech
Kamera: Andrzej Bartkowiak (Farbe)
Musik: Jerry Bock
Schnitt: Andrew Mondshein
Produktion: Steve Golin, Sigurjon Sightvatsson, Howard Rosenman für Propaganda Films mit Sandollar/Isis, USA 1992
Verleih: -/-/Monopole Pathé
Kinostart: Juli 1993
Länge: 111 Min.

Die kesse New Yorker Polizeidetektivin Emily Eden hat einen Raubmord an einem jüdischen Diamantenhändler aufzuklären. In der chassidischen Gemeinde in Brooklyn, der der Ermordete angehörte, lernt sie eine Welt der Solidarität und Frömmigkeit und in der Zuneigung zu dem angehenden Rabbi Ariel eine Dimension der Liebe kennen, die ihrer bisherigen Lebenserfahrung und Lebenshaltung diametral entgegengesetzt ist. Sidney Lumets Darstellung der Chassidim kommt in ihrer idealistischen Überzeichnung und der Überbetonung von Äußerlichkeiten den fundamentalistischen Sehnsüchten vieler postmoderner Zeitgenossen nicht ohne Opportunismus entgegen. *Zoom*

Streetwise 810

STREETWISE **

Video

Regie: Rafal Zielinski
Darsteller: C. Thomas Howell (Sergeant Teffler), Renée Humphrey (Kyle), Krista Errickson (Marci), David Labiosa (Delphino), Angel Aviles (Pizza-Mädchen)
Drehbuch: Robert Vincent ONeil, Alien Castle
Kamera: Zoltan David (Farbe)
Musik: Jonathan Elias, Alex Lasarenko, Fritz Doddy
Schnitt: Paul Martin Smith
Produktion: Donald P. Borchers für Planet, USA 1992
Verleih: -/-/-/Ascot Video
Videostart: Juni 1993
Länge: 97 Min. – *FSK:* ab 18 J. (geänderte Fass. 90 Min., ab 16 J.)

Wortkarger L.A.-Polizist hilft Mädchen vom Lande bei der Suche nach der Schwester. Profilloser Polizeifilm aus den Versatzstücken Sex und Crime.

Sturmflut 811

***

Regie: John Lionel Bandman
Drehbuch: Ulrich Schröder
Kamera: Bauendistel, Hofer, Mayer (Farbe)
Produktion: Freymuth Schultz für Geo Film für Arctia, BRD 1993
Uraufführung: 17.6.1993
Verleih: Arctia/-/-
Kinostart: 23.9.1993
Länge: 89 Min. – *FSK:* o.A., ffr.
FBW: Wertvoll

Der Film zeigt die einmalige Schönheit und Dramatik einer Landschaft: das Wattenmeer zwischen den Nord- und Ostfriesischen Inseln. Erzählt wird die Geschichte der Halligen, Land, das die Menschen in Jahrhunderten dem Meer abgetrotzt haben, um dennoch bei jeder Sturmflut Gefahr zu laufen, es wieder zu verlieren. *(Presseheft)*

Der Sunset-Killer 3 812

RELENTLESS 3 *

Video

Regie: James Lemmo
Darsteller: Leo Rossi (Sam Dietz), William Forsythe (Walter Hilderman), Robert Costanzo (Roy Kalewsky), Edward Wiley (Lt. Muldowney), Tom Bower (Captain Phelan), Signy Coleman
Drehbuch: James Lemmo, nach den Charakteren von Jack T.D. Robinson
Kamera: Jacques Haitkin (Farbe)
Musik: Scott Grusin
Schnitt: Nina M. Gilberti
Produktion: Paul Hertzberg, Lisa M. Hansen für Cinetel Films, USA 1992
Verleih: -/-/-/Warner Home Video
Videostart: Oktober 1993
Länge: 82 Min.
FSK: ab 18 J.

Polizist jagt Serienmörder, Serienmörder jagt Polizisten – viel Platz für genüßliche Grausamkeiten.

Super Mario Bros. 813

SUPER MARIO BROS. **

Regie: Annabel Jankel, Rocky Morton
Darsteller: Bob Hoskins (Mario Mario), Dennis Hopper (King Koopa), John Leguizamo (Luigi Mario), Samantha Mathis (Daisy), Fiona Shaw (Lena), Fisher Stevens (Iggy), Richard Edson (Spike), Dana Kaminski (Daniella), Mojo Nixon (Toad), Gianni Russo
Drehbuch: Ed Solomon, Parker Bennett, Terry Runté, nach dem Nintendo Computer Spiel und deren Charakteren kreiert von Shigeru Miyamoto, Takashi Tezuka
Kamera: Dean Semler (auch 2nd unit Regie) (Technicolor)
Musik: Alan Silvestri
Schnitt: Mark Goldblatt
Produktion: Roland Joffé, Jake Eberts für Lightmotive/Allied mit Cinergi, USA 1993
Verleih: Highlight/Constantin/Monopole Pathé/Highlight Video
Kinostart: 22.7.1993
Länge: 104 Min. – *FSK:* ab 12, ffr.

Zwei Klempner-Brüder aus New York geraten beim Versuch, eine junge Frau zu retten, in eine unter der Kanalisation der Stadt liegende Gegenwelt, in der zu Menschen entwickelte Dinosaurier sich anschicken, die Welt unter ihre Herrschaft zu bringen. Auf dem beliebten Computerspiel basierendes und von der Ausstattung her an »Blade Runner« erinnerndes Endzeit-Abenteuer, durch dessen hektische Inszenierung viel Spannung verlorengeht und kaum eine Figur Kontur gewinnt. *Zoom*

Otto Heuer in: Rheinische Post, 23.7.93; Thomas Klingenmaier in: Stgt. Zeitung, 24.7.93; Daniel Kothenschulte in: Kölner Stadt-Anzeiger, 24.7.93; Georg Seesslen in: FR, 24.7.93

Superlady 814
SUPERDAME ***
TV

Regie: Vibeke Gad
Darsteller: Pernille Hojmark, Mira Wanting, Marie Schou Nielsen, Maria Louise Sorensen, Jesper Flintso, Tom Soren Gericke, Malene Clante, Anders Gad, Ann Katrine Madsen, Rolf Michael Falck
Drehbuch: Lise Lotte Timmer, Vibeke Gad
Kamera: Ole Schultz (Farbe)
Musik: Hans-Erik Philip
Schnitt: Jorn Tovgaard
Produktion: Alberta A Danmarks Radio, Dänemark 1992
Verleih: -/-/-/
Sendetermin: 9.10.1993, 20.15, WEST 3; 28.9.1993, 22.05, Hessen 3
Länge: 87 Min.

Line arbeitet als Kassiererin in einem Supermarkt und muß sich nebenbei noch um ihre vier Kinder kümmern. Ihrem Mann war das schon zuviel. Er liegt in einer Nervenklinik und kann die Wochenenden nur ertragen, wenn in das entsetzlich chaotische Familienleben ein wenig Ruhe einkehrt.

Surf Ninjas 815
SURF NINJAS **

Regie: Neal Israel
Darsteller: Ernie Reyes jr. (Johnny), Leslie Nielsen (Capt. Chi), Nicolas Cowan (Adam), Rob Schneider (Iggy), John Karlen (Max), Ernie Reyes sr. (Zatch), Neal Israel (Mr. Dunbar), Kelly Hu, Philip Tan, Keone Young
Drehbuch: Dan Gordon
Kamera: Arthur Albert, Victor Hammer (Farbe)
Musik: David Kitay
Schnitt: Tom Walls
Produktion: Evzen Kolar für Evzen Kolar Prod., USA 1992
Verleih: UIP/UIP/-/VMP Video
Kinostart: 12.8.1993
Länge: 87 Min. – *FSK:* ab 12, ffr.

Der junge Taekwondo-Meister Ernie Reyes jr. spielt in diesem exotischen Kinoabenteuer für Kinder einen kalifornischen Beach Boy, der eines Tages erfährt, daß er Thronfolger in einem tropischen Inselreich ist. Zusammen mit einigen Freunden macht sich der Kronprinz auf, um sein Volk aus den Klauen eines schurkischen Tyrannen zu befreien, wobei Ernie ausgiebig Gelegenheit hat, seine beeindruckenden Kampfkünste zu demonstrieren.
Ralph Umard, tip, 17/93

Surviving Desire 816
UN DÉSIR SI VIF ***
TV

Regie: Hal Hartley
Darsteller: Martin Donavan (Jude), Mary Ward (Sophie), Matt Malloy (Henry), Rebecca Nelson (Katie), Julie Sukman (Jill)
Drehbuch: Hal Hartley
Kamera: Michael Spiller (Farbe)
Musik: Ned Rifle
Schnitt: Hal Hartley
Produktion: American Playhouse, USA 1991
Verleih: -/-/-/
Sendetermin: 4.12.1993, 22.10, Arte
Länge: 55 Min.

Fragmente einer Liebesgeschichte zwischen einem jungen Literaturdozenten und seiner Studentin. Ihre Beziehung scheitert nach kurzer Zeit am Egoismus der beiden. *Pressetext Arte*

Sway 817
SEEDPEOPLE *
Video

Regie: Peter Manoogian
Darsteller: Sam Hennings (Tom Baines), Andrea Roth (Tucker Heidi), Dane Witherspone (Brad Yates), Bernard Kates (Doc), David Dunard (Ed Busta), Holly Fields (Kim Tucker), Anne Betancourt, John Mooney
Drehbuch: Jackson Barr
Kamera: Adolfo Bartoli (Deluxe)
Musik: Bob Mithoff

Schnitt: Tom Barrett
Produktion: Anne Kelly für Full Moon Ent., USA 1991
Verleih: -/-/-/Highlight Video
Videostart: Febr. 1993
Länge: 78 Min. – *FSK:* ab 16 J.

Ein Mann kehrt in seinen Heimatort zurück und entdeckt, daß dort Aliens die Macht übernommen haben. Schamlose Kopie von Don Siegels »Invasion of the Body Snatchers« und laut US-Filmkritik mit »einigen der lächerlichsten Monster der Filmgeschichte«.

Klaus Brühne in: film-dienst, 6/93

Swing Kids 818
SWING KIDS **

Regie: Thomas Carter
Darsteller: Robert Sean Leonard (Peter), Christian Bale (Thomas), Frank Whaley (Arvid), Barbara Hershey (Frau Müller), Kenneth Branagh (SS Offizier), Tushka Bergen (Evey), David Tom (Willi), Julia Stemberger (Frau Linge), Jayce Bartok (Otto), Noah Wyle (Emil)
Drehbuch: Jonathan Marc Feldman
Kamera: Jerzy Zielinksi; Tony Spratling (2nd unit) (Technicolor)
Musik: James Horner
Schnitt: Michael R. Miller
Produktion: Mark Gordon, John Bard Manulus für Hollywood Pic. mit Pacific Touchwood Partners 1, USA 1993
Verleih: Buena Vista/dto./dto.
Kinostart: 27.5.1993
Länge: 114 Min. – *FSK:* ab 12, ffr.
FBW: Wertvoll

1939 geraten drei rebellische Jugendliche, Anhänger der von den politischen Machthabern verpönten Swing-Musik, auf unterschiedliche Weise unter den Einfluß des Nazi-Regimes. Unter dem Druck des nahenden Krieges wird der Freundeskreis gespalten, einige treten der Hitlerjugend bei, es kommt zu Konflikten. Der farbige Regisseur Thomas Carter hat in einer Mischung aus Musikfilm und dramatischer Entwicklungsgeschichte eine klischeehafte Sozialtragödie zusammengeschustert, singt ein simples hohes Lied auf Jungmänner-Freundschaft und verwendet den historischen Hintergrund unzulässig verkürzt nur als Rahmen. *Zoom*

(...) Ein dämliches US-Jugendrührstück mit schicken nostalgischen Tanzeinlagen. *Ponkie, AZ*

Fritz Göttler in: SZ, 2.6.93; Otto Heuer in: Rheinische Post, 28.5.93

T-Bone & Wiesel
819

T BONE N WEASEL

**

Video

Regie: Lewis Teague
Darsteller: Gregory Hines (T-Bone), Christopher Lloyd (Weasel), Ned Beatty (Doc Tatum), Larry Hankin (Reverend Gluck), Graham Jarvis (Mr. Fegus), Rip Torn
Drehbuch: Jon Klein, nach seinem Theaterstück
Kamera: Thomas Del Ruth (Farbe)
Musik: Steve Tyrell
Schnitt: Raja R. Gosnell
Produktion: Mark Levinson für Turner Homer Ent./Turner Pic., USA 1992
Verleih: -/-/-/Ascot Video
Videostart: 16.12.1992
Länge: 87 Min.
FSK: ab 12 J.

Schwarz-Weißes Gauner-Duo kommt kurz nach der Entlassung aus dem Knast abermals vom Pfad der Tugend ab. Harm- und bißlose Gaunerkomödie, die fürs US-Kabelfernsehen produziert wurde.

Frank Klubertz in: film-dienst, 2/93

Ta Dona – Es brennt!
820

TA DONA

***

TV

Regie: Adama Drabo
Produktion: Mali 1991
Verleih: -/-/-/
Sendetermin: 9.7.1993, 3 Sat, 22.50

Lief bereits 1991 in den Schweizer Kinos unter dem Titel: → ›Das Feuer‹. Deshalb vollständige Angaben und Kritik im Heyne Filmjahrbuch 1992.

Tabataba
821

TABATABA

***

TV

Regie: Raymond Rajaonarivelo
Darsteller: Francois Botozandry (Solo), Lucien Dakadisy (Lehidy), Soatody (Harondro), Soavelo (Bakanga), Rasoa (Ndridy), Philippe Nahoun (Capitaine), Jacky Guegan (Chef de Canton), Philibert Wang (Mahandry), Juliette (Velo), Julienne (Rahiny)
Drehbuch: Raymond Rajaonarivelo, Robert Archer, Jerome Tonnerre
Kamera: Bruno Privat (Farbe)
Musik: Eddy Louis
Schnitt: Suzanne Koch
Produktion: Jacques Le Glou für Les Films du Volcan/SECAE/La SEPT/C.N.C./Minazara Prod., Madagaskar/Frankreich 1988
Erstaufführung: Filmfest München 1988
Verleih: -/-/-/
Sendetermin: 25.5.1993, BR3
Länge: 84 Min.

Dies ist der erste Film aus der Rieseninsel, deren Bevölkerung sich 1946 gegen die Kolonialmacht Frankreich zur Wehr setzte. Wie kleingestrickt die lokale Rebellion eines winzigen Dorfes verlief, wie der aufgeklärte Lehrer auf der Basis der Kinder Optimismus entwickelt und zum Schluß ein Massaker allem ein Ende macht, das erzählt der Regisseur wie eine Legende. Im Ton elegisch, in den Bildern wunderschön – auf den Gesichtern der alten und jungen Madegassen das Stigma der Passivität.

Kai Niemeier, AZ, 1.7.88

Ein Tag im Tod von Sarajevo
822

UN JOUR DANS LA MORT DE SARAJEVO

***

Regie: Thierry Ravalat, Alain Ferrari
Darsteller: Kommentar: Bernard-Henri Lévy
Kamera: Thierry Ravalat (Farbe)
Schnitt: Yann Kassile
Produktion: Odessa Films mit France 3, Frankreich 1993
Uraufführung: 15.2.1993, Int. Filmfestspiele Berlin (außer Wettbewerb)
Erstaufführung: 9.5.1993, München Arri Kino
Verleih: Bioskop/-/-
Kinostart: 9.5.1993
Länge: 65 Min.

Als Balkan-Pflichtübung ins Programm genommen: Die französische Dokumentation bezeugte das Bürgerkriegselend, wie wir es jeden Tag im Fernsehen erleben – mit einem anklagenden Kommentar, der den Westen zum »Krieg gegen den Krieg« auffordert und verantwortlich macht, durch Nichteingreifen das serbische Morden zu ermöglichen. *Ponkie, AZ, 17.2.93*

Fritz Göttler in: SZ, 19.2.93; Harald Martenstein in: Der Tagesspiegel, 17.2.93

Das Tagebuch der Lady M. 823
LE JOURNAL DE LADY M. ***

Regie: Alain Tanner
Darsteller: Myriam Mézières (Lady M.), Juanjo Puigcorbé (Diego), Félicité Wouassi (Nuria), , Antoine Basler, Carlotta Soldevilla, Nanou, Marie Peyrucq-Yamou, Gladys Gambie, Makeda
Drehbuch: Myriam Mézières
Kamera: Denis Jutzeler (Farbe)
Musik: Arie Dzierlatka
Schnitt: Monica Goux
Produktion: Alain Tanner, Jacques De Clercq, Dimitri De Clercq, Gerardo Herrero, Marta Esteban, Christophe Rossignon für Filmograph/Nomad/Messidor/Les Productions Lanzennec für Cap Prods., Schweiz/Belgien/Spanien/Frankreich 1993
Uraufführung: 31.7.1993, Taormina Film Festival
Verleih: -/-/Filmograph
Kinostart: Sept. 1993
Länge: 113 Min.

Eine Nachtclub-Sängerin verliebt sich in Paris in einen katalanischen Maler, den sie nach leidenschaftlichen Tagen in Spanien wieder verläßt, als sie zufällig erfährt, daß er verheiratet ist. Da sie jedoch ohne ihn nicht leben zu können meint, lädt sie ihn nach Paris ein. Er kommt mit Frau und Töchterchen, worauf sich eine Dreierbeziehung entwikkelt, die sich schließlich auf die beiden Frauen reduziert, bis sich auch deren Wege trennen. In Tanners Film geht es um Begierde, Besitz und Hingabe, um die Lichtjahre zwischen Vernunft und Leidenschaft. Die naturalistisch ausgespielten Sexszenen tragen kaum Wesentliches zum Thema bei. *Zoom*

Talons of the Eagle 824
TALONS OF THE EAGLE **
Video

Regie: Michael Kennedy
Darsteller: Billy Blanks (Taylor Wilson), Jalal Merhi (Michael Reed), James Hong (Mr. Li), Priscilla Barnes (Cassandra), Master Pan Quing Fu (Master Pan), Mathias Hues
Drehbuch: J. Stephen Maunder
Kamera: Curtis Petersen (Farbe)
Musik: VaRouje
Schnitt: Reid Dennison
Produktion: Jalal Merhi für Film One/Shapiro-Glickenhaus Ent., USA 1992
Verleih: -/-/-/Condor/Cannon Video
Videostart: März 1993
Länge: 89 Min. – *FSK:* ab 18 J.; gekürzte Fass. 81 Min. ab 16 J.

Ein schwarzer und ein weißer Polizist verfolgen in Kanada Drogendealer und zeigen ihre Künste in asiatischen Kampftechniken. Wer das 89 Minuten aushält…

Wolfgang Brudny in: film-dienst, 7/93

Tango Mortale 825
TANGO ***

Regie: Patrice Leconte
Darsteller: Philippe Noiret (Der Elegante), Richard Bohringer (Vincent), Thierry Lhermitte (Paul), Miou-Miou (Marie), Judith Godrèche, Carole Bouquet, Jean Rochefort, Michèle Laroque, Maxime Leroux, Laurent Gamelon
Drehbuch: Patrice Leconte, Patrick Dewolf
Kamera: Eduardo Serra (Farbe)
Musik: Angélique Nachon, Jean-Claude Nachon; Chansons interpretiert von Reynaldo Anselmi, Djarby Key
Schnitt: Geneviève Winding
Produktion: Philippe Carcassonne, René Cleitman, Frankreich 1993
Verleih: NIL/Smile/Sadfi
Kinostart: 3.6.1993
Länge: 90 Min.
FSK: ab 12, ffr.
FBW: Wertvoll

Ein Mann, der zwei Menschenleben auf dem Gewissen hat, aber erstaunlicherweise freigesprochen wurde, soll dazu gezwungen werden, eine ungetreue Ehefrau zu killen, wozu es aber nicht kommt. Makabre französische Komödie mit schauspielerischen Glanzlichtern, aber nicht gleichwertigen Leistungen von Drehbuch und Regie. *multimedia*

(…) Was sich zunächst als geballte Macho-Breitseite gegen die Frauen ausnimmt, entpuppt sich als ebenso subtile wie amüsante Abrechnung mit Träumen und Illusionen der Männerwelt – und als wohl bösestes Kino(kunst)stück des Franzosen Patrice Leconte. *Zoom*

Lars-Olav Beier in: FAZ, 4.6.93; Peter Buchka in: SZ, 4.6.93; Sebastian Feldmann in: Rheinische Post, 4.6.93; Thomas Klingenmaier in: Stgt. Zeitung, 3.6.93; Kai Niemeyer in: AZ, 3.6.93; Milan Pavlovic in: Kölner Stadt-Anzeiger, 5.6.93; Helmut Schmitz in: FR, 4.6.93

Tanzen mit Regitze 826

DANSEN MED REGITZE ***

TV

Regie: Kaspar Rostrup
Darsteller: Ghita Norby (Regitze), Rikke Bendsen (Die junge Regitze), Frits Helmuth (Karl Age), Mikael Helmuth (Der junge Karl Age), Henning Moritzen (Borge), Michael Moritzen (Der junge Borge), Anne Werner Thomsen (Ilse), Dorthe Simone Land (Die junge Ilse)
Drehbuch: Kaspar Rostrup, nach einem Roman von Martha Christensens
Kamera: Claus Loof (Eastmancolor)
Musik: Fuzzy
Schnitt: Grete Möldrup
Produktion: Lars Kolvig für Nordisk Film & TV Prod. mit Danish Film Institute, Dänemark 1989
Verleih: -/-/-/
Sendetermin: 17.11.1993, BR3, 22.00
Länge: 90 Min.

Während eines ausgelassenen Sommerfestes in seiner Laube denkt Karl Age an die guten alten Zeiten und insbesondere an das erste Rendezvous mit seiner Frau Regitze zurück.

Target 827

THE ZEUS – TARGET *

Video

Regie: George Pan-Andreas
Darsteller: George Pan-Andreas (Zeus/Zach), Jill Floor (Shannon), Peter Moloha (Target), Cliff Corder (FBI-Boss), Athan Carras (Captain), Mike OShea, Larry Goodhue
Drehbuch: George Pan-Andreas
Kamera: Janusz Sikora (Farbe)
Musik: Voss Woudenberg
Schnitt: George Pan-Andreas
Produktion: George Pan-Andreas, Athan Karras für Cinetrust, USA 1990
Verleih: -/-/-/Marketing Video
Videostart: Februar 1993
Länge: 94 Min. – *FSK:* ab 18 J.

Ein Topagent des CIA tötet bei einer Verfolgungsjagd einen Gangster. Dessen Bruder, ebenfalls Gangster, schwört Rache. Miserabel inszenierter Möchtegern-Action-Thriller.

Klaus Brühne in: film-dienst, 9/93

Tectonic Plates 828

TECTONIC PLATES ***

Regie: Peter Mettler
Darsteller: Marie Gignac, Robert Lepage, Céline Bonnier
Drehbuch: Peter Mettler, nach einem Stück von Robert Lepage
Kamera: Miroslav Baszak, Peter Mettler (Farbe)
Musik: Michel Gosselin, Frédéric Chopin
Schnitt: Mike Munn
Produktion: Rhombus Media Hauer Rawlence, Kanada 1992
Verleih: -/-/Look Now!
Kinostart: Okt. 1993
Länge: 106 Min.

Nach dem Stück »Plaques Tectoniques« des kanadischen Théatre Repère hat der Kanada-Schweizer Peter Mettler eine eigenständige und doch werktreue Filmadaption geschaffen. Vielfältig variiert er das Thema der sich verschiebenden Kontinentalplatten. Im Wechsel zwischen Aufnahmen aus dem Theater und Spielfilmszenen verschmelzen die Medien Theater und Film und verweisen gleichzeitg auf ihren unterschiedlichen Illusionscharakter. Vielfältig variiert er das Grundmotiv (tectonic plates) entlang der Lebensgeschichte einer Malerin. Eine faszinierende Reise in die Welt des Théatres Repère, sinnlich, abwechslungsreich und voller filmischer Überraschungen. *Zoom*

Teenage Bonnie und Klepto Clyde 829

TEENAGE BONNIE AND KLEPTO CLYDE **

Video

Regie: John Shepphird
Darsteller: Maureen Flannigan (Bonnie), Scott Wolf (Clyde), Bentley Mitchum (Kirk), Don Novelo (Sanchez), Tom Bower
Drehbuch: John Shepphird, Steve Jankovski
Kamera: Neal Brown (Farbe)
Musik: Terry Plumeri
Schnitt: Brent White
Produktion: Steve Jankovski für 21st Century Film/Grove Park, USA 1993
Verleih: -/-/-/Columbia TriStar Home Video
Videostart: November 1993
Länge: 86 Min. – *FSK:* ab 18 J.

Der verkorkste Titel deutet es an: eine mindestens ebenso verkorkste »Bonnie-&-Clyde-Variante auf Teenie-Niveau, doch nicht einmal das. Eher eine viertelherzige Studie über zwei juvenile Aussteiger, die kläglich scheitern.

Frank Klubertz in: film-dienst, 23/93

Teresa und die Männer 830

TERESA ***

TV

Regie: Dino Risi
Darsteller: Serena Grandi (Teresa), Luca Barbareschi (Gino), Eros Pagni (Nabucco)
Drehbuch: Bernardino Zapponi, Graziano Diana, Dino Risi
Kamera: Blasco Giurato (Telecolor)
Musik: Claudio Maioli
Schnitt: Alberto Galliti
Produktion: Pio Angeletti, Adriano de Micheli für Int. Dean Film/Reteitalia, Italien 1987
Verleih: -/-/-/
Sendetermin: 30.11.1993, Premiere, 20.15
Länge: 100 Min.

Teresa macht sich nach dem Tod ihres Mannes auf den Weg nach Sizilien. Den Bankdirektor Nabucco hält sie sich warm, den reichen deutschen Baron will sie heiraten aber das Happy-End erleben wir mit einem armen Schlucker.

Terror 2000 – Intensivstation Deutschland 831

**

Regie: Christoph Schlingensief
Darsteller: Margit Carstensen, Peter Kern, Susanne Bredehöft, Alfred Edel, Udo Kier, Arthur Albrecht, Kalle Mews, Brigitte Kausch, Dietrich Kuhlbrodt
Drehbuch: Christoph Schlingensief, Oskar Roehler, Uli Hanisch
Kamera: Reinhard Köcher (Farbe)
Musik: Jacques Arr, Kambiz Giahi (Songs)
Schnitt: Bettina Boehler
Produktion: Christian Fürst für DEM Film mit NDR/WDR, BRD 1992
Erstaufführung: 30.10.1992, Int. Hofer Filmtage
Verleih: DEM/-/-/Filmgalerie 451
Kinostart: November 1992
Länge: 79 Min.

Wie man die ehrenwerte Idee, den neuen deutschen Rechtsruck-Wahnsinn zu karikieren, in den Sand von hemmungs- und sinnlosem Action-Krawall setzt, führt Christoph Schlingensief vor. Tapfer kämpfen Schauspieler wie Peter Kern, Margit Carstensen, Alfred Edel gegen ihren Mißbrauch als Chargen an, aber es hilft nichts. Thema lärmend verfehlt. *AZ, 2.11.92*

Auf so drastisch komische und gnadenlose Weise hat kein Regisseur Höhepunkte der allerjüngsten Geschichte Deutschlands miteinander verbunden: Gladbecker Geiselnehmer, Kolonisation des Ostens mittels Super- und Möbelmärkte, durchgeknallte Nazis, gehetzte Asylbewerber, ein heuchlerischer Innenminister auf Krücken und die Polizei auf verlorenem Posten. Schlingensief berichtet mit Bravour und Härte vom großdeutschen GAU.

Michel Althen in: SZ, 19.4.93; Heiko R. Blum in: Rheinische Post, 26.2.93; Sabine Horst in: epd film, 1/93; Peter Körte in: FR, 21.11.92; Georg Seeßlen in: Der Tagesspiegel, 23.1.93

Terror Within II 832

THE TERROR WITHIN II *

Video

Regie: Andrew Stevens
Darsteller: Andrew Stevens (David Cunningham), Stella Stevens (Kara), Chick Vennera (Kyle), R.Lee Ermey (Von Demming), Burton »Bubba« Gilliam (Dewitt), Clare Hoak (Ariel)
Drehbuch: Andrew Stevens, nach den Charakteren von Thomas M. Cleaver
Kamera: Janusz Kaminski; Jim Mathers (Foto-Kem)
Musik: Terry Plumeri
Schnitt: Brent Schoenfeld
Produktion: Mike Elliott für Concorde Pic., USA 1990
Verleih: -/-/-/Highlight Video
Videostart: Feburar 1993
Länge: 80 Min. – *FSK:* ab 16 J.

Der Kampf unerschrockener Wissenschaftler gegen Mutanten und Viren mit unfreiwillig komischer Hilflosigkeit entwickelt. Eine geheimnisvolle Sekte und teuflische Kräfte sind auch noch mit im Spiel.

Wolfgang Jahnke in: film-dienst, 11/93

Texaco-Illusion 833

LA HORA TEXACO **

TV

Regie: Eduardo Barberena
Darsteller: Orlando Urdaneta, Rubens de Falco, Haydee Balza, Lucia Sanoja
Drehbuch: Ibsen Martinez
Kamera: Ricardo Yonnis (Farbe)
Musik: José Alcalde
Produktion: Pando Toro für Bohemia Films, Venezuela 1985
Uraufführung: 25.11.1985, Rio Film Festival
Verleih: -/-/-/
Sendetermin: 30.8.1993, ORB3, 11.00
Länge: 88 Min.

Auszug aus dem Leben eines Vormannes auf venezuelanischen Ölfeldern, der sich mit sabotierenden Guerillas und den Eheproblemen seines Sohnes herumschlagen muß. Mit oberflächlichen und hölzern dargestellten Charakteren ufert die Story in die verschiedensten Richtungen aus, ohne richtig Sinn zu machen. *nach Variety*

Texas – Doc Snyder hält die Welt in Atem 834

**

Regie: Ralf Huettner, Helge Schneider
Darsteller: Helge Schneider (Doc Snyder), Peter Thoms (Nasenmann), Andreas Kunze (Doc's Mutter), Buddy Casino (Buddy Casino), Michael Habeck (Buckliger), Christa Strobel (Edeldame), Mirjam Wiesemann, Peter Berling, Werner Abrolat, Ludwig Haas
Drehbuch: Helge Schneider, Schringo van den Berg
Kamera: Diethard Prengel (Farbe)
Musik: Helge Schneider
Schnitt: Adriane Traub
Produktion: Hanno Huth für Royal Film Prod., BRD 1993
Uraufführung: 10.11.1993, Essen
Verleih: Senator/Constantin/-
Kinostart: 11.11.1993
Länge: 89 Min. – *FSK:* ab 6, ffr.

(...) Dieser Film ist keine Westernparodie, sondern eine schludrig inszenierte und erbärmlich gespielte Klamotte, die nicht mal den Hauch einer Story entwikkelt und mit Klamauk der dümmlichsten Sorte auf Zuschauerfang gehen will. Selbst für hartgesottene Helge-Schneider-Fans, die sich an dem Ruhrpott-Clown noch nicht sattgesehen haben, dürfte dieser durchgeknallte Blödsinn zur Belastungsprobe werden. Auf dem Plakat lockt der Film mit der Werbezeile »Für eine Handvoll Scheiße«. Damit dürfte wohl alles gesagt sein.

Albert Baer, Rheinische Post, 12.11.93

Claudia Freytag in: Kölner Stadt-Anzeiger, 13.11.93; Rupert Koppold in: Stgt. Zeitung, 13.11.93; Jürgen Müller in: FR, 16.11.93; Ralph Geisenhanslüke in: Der Tagesspiegel, 13.11.93

Texas Ranger 835

TEXAS RANGER

*

Video

Regie: Virgil B. Vogel
Darsteller: Chuck Norris (Walker), Clarence Gilyard (Trivette), Gailard Sartain, Sheree J. Wilson, Marshall Teague
Drehbuch: Louise McCarn
Kamera: Frank Raymond (Farbe)
Musik: Jeff Sturges
Schnitt: Jack Harnish
Produktion: Nancy Bond für Cannon TV, USA 1993
Verleih: -/-/-/Highlight Video
Videostart: September 1993
Länge: 90 Min. – *FSK:* ab 16 J.

Texas Ranger der besonders einfältigen Sorte. Chuck Norris und sein Regisseur haben der Schutztruppe ein negatives Denkmal gesetzt.

Oliver Rahayel in: film-dienst, 21/93

Texas Tenor: The Illinois Jacquet Story 836

TEXAS TENOR: THE ILLINOIS JACQUET STORY

****

Regie: Arthur Elgort
Darsteller: Mit: Walter Blanding jr., Arnett Cobb, Wild Bill Davis, Dorothy Donogan, Dizzy Gillespie, Lionel Hampton, Milt Hinton, Sonny Rollins, Buddy Tate, Clark Terry
Drehbuch: Arthur Elgort
Kamera: Morten Sandtroen
Musik: Illinois Jacquet and Bands
Schnitt: Paula Heredia
Produktion: Ronit Avneri, Arthur Elgort für Arthur Elgort Prod., USA 1992
Uraufführung: 25.4.1992, Houston
Erstaufführung: 16.2.1993, Int. Forum des Jungen Films, Berlin
Verleih: Freunde/-/-
Kinostart: September 1993
Länge: 81 Min.

Gelungenes Porträt über den Saxophonisten Illinois Jacquet und seine Musik.

The Thing 837

SEVERED TIES

*

Video

Regie: Damon Santostefano
Darsteller: Oliver Reed (Hans Vaughan), Elke Sommer (Helena Harrison), Billy Morrisette (Harrison), Garrett Morris (Stripes), Johnny Legend (Prediger), Denise Wallace (Eve), Roger Perkovich, Bekki Vallin, Gerald Shidell, Julian Weaver
Drehbuch: John Nystrom, Henry Dominic, nach einer Story von Damon Santostefano, David A. Casci
Kamera: Geza Sinkovics, Mark Melville (2nd united) (Foto-Kem)

Neuer Mann, neues Kleid: Ellen Barkin am Beginn der Eheschlacht von ›This Boy's Life‹.

Musik: Daniel Licht
Schnitt: Richard Roberts
Produktion: Christopher Webster für Fangoria Film, USA 1991
Verleih: -/-/-/Empire Video
Videostart: 27.5.1993
Länge: 89 Min. – *FSK:* ab 18 J.

Völlig verqueres Gruselfilmchen um Genexperimente eines verrückten Wissenschaftlers, aus der blutigen Horrorküche des Fangoria Magazins.

Joe Hill in: film-dienst, 12/93

This Boy's Life 838
THIS BOY'S LIFE ***

Regie: Michael Caton-Jones
Darsteller: Robert De Niro (Dwight Hansen), Ellen Barkin (Caroline Wolff), Leonardo DiCaprio (Toby Wolff), Johan Blechman (Arthur Gayle), Eliza Doshku (Pearl), Chris Cooper (Roy), Carla Gugino (Norma), Zack Ansley (Skipper)
Drehbuch: Robert Getchell, nach dem gleichn. Roman von Tobias Wolff
Kamera: David Watkin (Technicolor)
Musik: Carter Burwell
Schnitt: Jim Clark
Produktion: Art Linson für Art Linson Prod., USA 1993
Verleih: Warner Bros./dto./Monopole Pathé/ Warner Home Video
Kinostart: 25.11.1993
Länge: 115 Min. – *FSK:* ab 12, ffr.

Erfolglos versucht die geschiedene Caroline Wolff Ende der fünfziger Jahre, sich und ihrem Sohn Toby eine solide Existenz zu schaffen. Als ihr Sohn sich zu einem Kleinkriminellen zu entwikkeln droht, flüchtet sie sich in die Ehe mit Dwight Hanson, der aus Toby einen »richtigen« Mann machen will. Der anfänglich charmante Dwight entpuppt sich jedoch als fiser Tyrann, unter dem besonders Toby zu leiden hat. Robert De Niro spielt Dwight mit gewohnter Bravour, ansonsten ist die Geschichte einer schwierigen Jugend hollywood-amerikanisch konventionell erzählt. *Zoom*

Michael Althen in: SZ, 27.11.93; Frauke Hanck in: AZ, 25.11.93; Christian Seebaum in: Kölner Stadt-Anzeiger, 13.11.93

Tiger Cage 3 839
TIGER CAGE 3 *
Video

Regie: Yuen Wo Ping
Darsteller: Cheung Man, Cheung Leung, Michael Wong, John Cheung

Drehbuch: Anthony Wong
Kamera: (Farbe)
Produktion: Stephen Shin, Hongkong 1992
Verleih: -/-/-/Splendid Video
Videostart: Dezember 1992
Länge: 85 Min. – *FSK:* ab 18 J.

Zwei Detektive zerschlagen mit allen Mitteln ein Gangstersyndikat. Action-Dutzendware aus Hongkong.

Tiger Kid 840

NINJA DRAGONS **

Video

Regie: Joseph Merhi
Darsteller: Ted Jan Roberts (Kevin Ryan), Don »The Dragon« Wilson, Stephen Furst (Bob Ryan), Joseph Campanella (Tony), Billy Hufsey (Guido), Shonda Whipple (Megan Ryan), Pamela Dixon, Sandra Kerns
Drehbuch: Stephen Smoke
Kamera: Ken Blakey (Farbe)
Musik: Jim Halfpenny
Schnitt: Geraint Bell
Produktion: Joseph Merhi, Richard Pepin für PM Ent. Group, USA 1993
Verleih: -/-/-/Ascot Video
Videostart: Juni 1993
Länge: 86 Min. – *FSK:* ab 12 J.

Nach »Karate Kid« und »Karate Tiger« die letzte noch mögliche Titelvariation – und auch sonst ein recht ausgelaugtes Filmchen.

Time Runner 841

IN EXILE *

Video

Regie: Michael Mazo
Darsteller: Mark Hamill (Michael Raynor), Rae Dawn Chong (Karen McDonald), Brion James (Neila), Marc Baur (Freeman), Gordon Tipple (Arnie), J. Gregory MacLaren (Carl)
Drehbuch: Chris Hade, Greg Derochie, Ron Tarront, Ian Bray, Michael Mazo, John Curtis
Kamera: Danny Nowak (Farbe)
Musik: Braun Farron, Robert Smart
Schnitt: Michelle Bjornson
Produktion: Lloyd A. Simandl, John A. Curtis für North American Prod./Excalibur Films, USA 1993
Verleih: -/-/-/Highlight Video
Videostart: Oktover 1993
Länge: 85 Min. – *FSK:* ab 16 J.

Ein von sechs (!) Drehbuchautoren verhunztes, lächerliches SF-Filmchen um eine Zeitreise, die eine Invasion der Erde durch Aliens verhindern soll.

Time Trax – Zurück ins 20. Jahrhundert 842

TIME TRAX – A STRANGER IN TIME **

Video

Regie: Lewis Teague
Darsteller: Dale Midkiff (Lambert), Henry Darrow (Chief), Elizabeth Alexander, Mia Sara, Michael Warren
Drehbuch: Harve Bennett
Kamera: Barry M. Wilson (Farbe)
Musik: Gary McDonald, Laurie Stone
Schnitt: Scott McCennann, David Hugget, Trevor Jolly
Produktion: Harve Bennett, Jeffrey Hayes für Lorimar TV, USA 1992
Verleih: -/-/-/Warner Home Video
Videostart: Febr. 1993
Länge: 88 Min. – *FSK:* ab 12 J.

Besuch aus dem 22. Jahrhundert bekommen 1993 die USA: Wissenschaftler, der das Zeitreiseserum entwickelt hat, will den Präsident ermorden und die Macht übernehmen. »Der Terminator« auf TV-Niveau.

Wolfgang Brudny in: film-dienst, 5/93

Tina – What's Love got to do with it 843

TINA – WHAT'S LOVE GOT TO DO WITH IT ***

Regie: Brian Gibson
Darsteller: Angela Bassett (Tina Turner), Laurence Fishburne (Ike Turner), Vanessa Bell Calloway (Jackie), Jenifer Lewis (Zelma Bullock), Phyllis Yvonne Stickney (Alline Bullock), Khandi Alexander (Darlene),

Tina deep, Ike high: Angela Bassett und Laurence Fishburne in ›Tina...‹.

Pamela Tyson (Leanne), Penny Johnson (Lorraine), Cora Lee Day (Großmutter Georgiana), Sherman Augustus (Reggie)
Drehbuch: Kate Lanier, nach der Autobiographie »Ich, Tina« von Tina Turner und Kurt Loder
Kamera: Jamie Anderson (Technicolor)
Musik: Stanley Clarke; Daniel Allan Carlin (supervisor)
Schnitt: Stuart Pappé
Produktion: Doug Chapin, Barry Krost für Touchstone, USA 1993
Uraufführung: 9.6.1993, New York
Verleih: Buena Vista/dto./dto.
Kinostart: 9.9.1993
Länge: 117 Min. – *FSK:* ab 12, ffr.
FBW: Besonders wertvoll

Verfilmung der bewegten Lebensgeschichte der Rocklegende Tina Turner, die sich von ihrem brutalen Ehe- und Künstlerpartner Ike Turner, mit dem sie in den sechziger Jahren berühmt wurde, trennt und erfolgreich eine Solo-Karriere startet. In rasantem Wechsel von Schauplätzen, Zeitperioden, Kostümen, Musik und Auftritten werden sattsam bekannte Stationen ihres Lebens bloß abgehakt. Der Film lebt einzig von den zum Teil neu aufgenommenen Originalsongs und der Ausstrahlung der Hauptdarstellerin. *Zoom*

Albert Baer in: Rheinische Post, 10.9.93; Fritz Göttler in: SZ, 11.9.93; Thomas Klingenmaier in: Stgt. Zeitung, 9.9.93; Ssirus W. Pakzad in: Az, 9.9.93; Milan Pavlovic in: Kölner Stadt-Anzeiger, 11.9.93; Angela Schmitt-Gläser in: FR, 13.9.93

To The Death 844

TO THE DEATH **
Video

Regie: Darrell James Roodt
Darsteller: John Barrett, Michel Qissi, Robert Whitehead, Michelle Bestbier
Drehbuch: John Golden, Stephen La Rocque
Kamera: Mark Vincente (Farbe)
Produktion: Anant Singh für Tangent Films, USA 1991
Verleih: -/-/-/Condor/Cannon Video
Videostart: 22.12.1992
Länge: 86 Min. – *FSK:* ab 18 J.

Ein ehemaliger Kickbox-Weltmeister nimmt einen letzten entscheidenden Kampf mit seinen Konkurrenten und größten Feind an. Um ein wenig Differenzierung bei Story, Charakteren und Sets bemühter Kickbox-Film.

Tobe Hooper's Living Nightmare 845

TOBE HOOPER'S NIGHTMARE *
Video

Regie: Tobe Hooper
Darsteller: Robert Englund, Zoe Thrilling, William Finlay
Drehbuch: Daniel Matmor, Rom Globus
Kamera: Amnon Solomon (Farbe)
Musik: Dov Selzer
Schnitt: Alan Jakubowicz
Produktion: Harry Alan Towers für Global Pic., USA 1993
Verleih: -/-/-/MPC Video
Videostart: November 1993
Länge: 83 Min. – *FSK:* ab 18 J.

Erbärmliches Horrorspektakel mit Robert Englund (»Freddie Krueger«) als einzige Attraktion.

Tod am Stadtrand 846

RADIKALNI REZ ***
TV

Regie: Dusan Klein
Darsteller: Lubos Pavlovic, Bronislaw Poloczek, Josef Ropog, Monika Zigova, Ilja Racek, Vera Vickova
Drehbuch: Dusan Klein
Kamera: Josef Vanis (Farbe)
Musik: Zdenek Mart
Schnitt: Jiri Brozek
Produktion: Barrandov Film Studio, CSSR 1983
Sendetermin: 4.12.1993, RTL, 4.25
Länge: 86 Min.

Als in einer Zigeunersiedlung ein Mord geschieht, sind es natürlich erst einmal die Zigeuner, denen man die Tat unterschieben will.

Tod im See 847

LAGHI PROFONDI **
TV

Regie: Bruno Soldini
Darsteller: Antonio Ballerio (Romeo), Manuela Beillard (Manuela), Giampaolo Rossi (Polizist), Lidia Costanzo, Germano Diverio, Enrico Maggi, Giovanni Battezzato, Giuseppe Troccoli
Drehbuch: Bruno Soldini
Kamera: Renato Volger (Farbe)
Musik: Daniele Mainardi
Schnitt: Sonia Bertini
Produktion: Radio Televisione Svizzera, Schweiz 1986
Uraufführung: 9.9.1986, Venice TV beim Int. Filmfestival Venedig

Verleih: -/-/-/
Sendetermin: 29.6.1993, ORB3, 23.15; 18.6.1993, MDR, 23.45
Länge: 80 Min.

Eines Tages verschwindet der Geschäftsmann Romeo und hinterläßt seiner Frau Manuela einen Abschiedsbrief. Als Romeos Boot auf dem Comer See gefunden wird, vermutet man, daß er ertrunken ist, doch es besteht kaum Hoffnung, die Leiche zu finden. Aber Manuela hat Zweifel an dem scheinbaren Selbstmord. Deswegen will sie ihren Mann nicht für tot erklären lassen.

Todesschreie 848

DEATH SCREAM ***

TV

Regie: Richard T. Heffron
Darsteller: Raul Julia (Detective Nick Rodriguez), John Ryan (Detective Lambert), Phillip Clark (Detective Bellon), Lucie Arnaz (Judy), Edward Asner (Mr. Singleton), Cloris Leachman (Mrs. Singleton), Art Carney (Mr. Jacobs), Nancy Walker (Mrs. Jacobs), Diahann Carroll (Betty May), Kate Jackson (Carol)
Drehbuch: Stirling Silliphant
Kamera: Gene Polito (Farbe)
Musik: Gil Melle
Schnitt: David Newhouse
Produktion: RSO Film, USA 1975
Verleih: -/-/-/
Sendetermin: 14.10.1993, ZDF, 23.30
Länge: 91 Min.

Eine junge lesbische Frau wird nachts im Treppenhaus eines New Yorker Mietshauses vergewaltigt und ermordet. Niemand von den Mitbewohnern, die ihre verzweifelten Hilfeschreie hören, greift ein. Nur eine Frau kann sich gegen den Widerstand ihres Ehemannes dazu durchringen, anonym die Polizei zu alarmieren.

Detective Rodriguez stößt bei seinen Ermittlungen auf eine Mauer des Schweigens. Mit viel kombinatorischem Spürsinn gelingt es ihm jedoch, nicht nur die anonyme Anruferin, sondern auch weitere Augenzeugen ausfindig zu machen. (...)

Dann wird in einem Supermarkt zufällig ein junger Mann beim Diebstahl erwischt. Rodriguez schafft es mit einem Trick, an die Fingerabdrücke des Diebes zu gelangen. Sein erster Verdacht bestätigt sich bald. *Pressetext ZDF*

Todestraum – Der letzte Zeuge schweigt 849

LIEBESTRAUM ***

Video

Regie: Mike Figgis
Darsteller: Kevin Anderson (Nick Kaminsky), Pamela Gidley (Jane Kessler), Bill Pullman (Paul Kessler), Kim Novak (Lillian Anderssen), Thomas Kopache (Dr. Parker), Catherine Hicks (Mary Parker), Graham Beckel (Sheriff Ricker), Zach Grenier (Barnard Ralston IV), Tom McDermott
Drehbuch: Mike Figgis
Kamera: Juan Ruiz Anchia (Eastmancolor)
Musik: Mike Figgis
Schnitt: Mark Hunter
Produktion: Eric Fellner für Initial Films, USA 1991
Uraufführung: 16.8.1991
Verleih: -/-/-/Warner Home Video
Videostart: 11.6.1993
Länge: 109 Min.
FSK: ab 16 J.

Ein Architektur-Dozent erfährt die grausige Vergangenheit seiner totkranken Mutter, die ihn als Baby gleich nach der Geburt zur Adoption freigegeben hat. Kunstvoll verschachtelter, mal verwirrender, mal faszinierender Psychothriller um einen ungeklärten Mordfall, der nach Jahrzehnten wieder aufgerollt wird.

Todesursache: Agent Orange 850

UNNATURAL CAUSES ***

TV

Regie: Lamont Johnson
Darsteller: John Ritter, Alfre Woodard, John Vargas, John Sayles, Gwen E. Davis
Kamera: (Farbe)
Produktion: ITC/NBC Prod., USA 1986
Verleih: -/-/-/
Sendetermin: 18.7.1993, 19.30, Kabelkanal
Länge: 120 Min.

Beeindruckendes Drama, bei dem Vietnamveteranen einen Giftgasskandal aufdecken.

Tödliche Erinnerungen 851

DUPLICATES **

Video

Regie: Sandor Stern
Darsteller: Gregory Harrison, Kim Greist, Cicely Tyson, Kevin McCarthey, Lane Smith, William Lucking, Scott Hoxby
Drehbuch: Sandor Ster, Andrew Neiderman
Kamera: Tobias Schliessler (Farbe)
Musik: Dana Kaproff
Schnitt: Jere Huggins
Produktion: Robert Rolsky für Paramount Pic., USA 1991
Verleih: -/-/-/CIC Video
Videostart: Dezember 1992
Länge: 87 Min.
FSK: ab 16 J.

Der verschwundene Bruder und der ebenfalls vermißte Sohn einer Frau tauchen plötzlich wieder auf, können sich jedoch an nichts mehr erinnern. Fürs US-Kabelfernsehen produzierter Durchschnittsthriller um ein Wissenschaftsexperiment mit dem menschlichen Gedächtnis.

Tödliche Ernte 852

CHILDREN OF THE CORN II – DEADLY HARVEST **

Video

Regie: David F. Price
Darsteller: Terence Knox (Garett), Paul Scherrer (Danny), Ryan Bollman (Micah), Christie Clark (Lacey), Rosalind Allen (Angela), Ned Romero, Marty Terry, Joe Inscoe, Ed Grady, Wallace Merck
Drehbuch: A.L. Katz, Gilbert Adler, nach einer Kurzgeschichte von Stephen King
Kamera: Levie Isaacks (FotoKem)
Musik: Daniel Licht
Schnitt: Barry Zetlin
Produktion: Scott A. Stone, David G. Stanley für Fifth Avenue Ent./Trans-Atlantic Ent., USA 1991
Verleih: -/-/-/Starlight Video
Videostart: Dez. 1992
Länge: 88 Min.
FSK: ab 18 J. (gekürzte Fass. 83 Min., ab 16 J.)

Die Kinder einer isolierten Bauerngemeinde aus Nebraska beginnen grundlos (!), sich der Erwachsenen zu entledigen. Fortsetzung eines ebenso dümmlichen Films von 1984, vage basierend auf einer Story von Stephen King.

Joe Hill in: film-dienst, 1/93

Tödliche Lüge 853

**

TV

Regie: Ate de Jong
Darsteller: Barbara Auer (Claudia Fischer), Hannes Jaenicke (Dieter Sladko), Lisa Karlström (Stefanie Fischer), Leonard Lansink (Rüdiger von Gutzow), Didi Schaak (Häftling), Waldemar Wichlinski (Häftling), Johannes Raspe (Jakob), Volker Prechtel (Georg), Monika Greving (Clara von Steinsdorff)
Drehbuch: Peter Probst
Kamera: (Farbe)
Produktion: RTL, BRD 1993
Verleih: -/-/-/
Sendetermin: 16.9.1993, 21.30, RTL
Länge: 95 Min.

(...) Diese RTL-Mehrzweckwaffe (eine »Weltpremiere« aus dem RTL-Saftladen »Der große TV-Roman«) funktioniert wie ein riesiger TV-Werbespot: Alles drin, was zieht (erotischer Voyeurs-Talk, Mutter-Tochter-Haßliebe, Mordpsychopath auf der Jagd nach den schweigenden Lämmern, mit einer Spur von »Peeping Tom«) – das Schockergewerbe auf der Schleimspur zur »Verzeih-mir-Show«. An Zugnummern wird nicht gespart: Barbara Auer als Moderatorin der »Domina-Show«, Hannes Jaenicke als mutterverkorkster Lämmerschlächter, der den Sado-Spieß umdreht – sie liefern das gesamte RTL-Einschaltquotenkonzept inklusive Zynismus in Form einer Medienkrimi-Fliegenklatsche. *Ponkie, AZ, 18.9.93*

Norbert Hummelt in: Kölner Stadt-Anzeiger, 19.9.93

Tödliche Sonne 854

NORTHSTAR **

TV

Regie: Peter Levin
Darsteller: Greg Evigan (Major Jack North), Deborah Wakeham (Dr. Alison Taylor), Mitchell Ryan (Evan Marshall), Mason Adams (Dr. Karl Janss), David Hayward (Dr. Bill Harlow), Sonny Landham (Becker), Robin Curtis (Jane Harlow), Richard Garrison
Drehbuch: Howard Lakin
Kamera: Michael Margulies (Farbe)
Musik: Brad Fiedel
Schnitt: Skip Schoolnik, Jack Fegan
Produktion: Howard Lakin für Warner Bros. TV, USA 1986
Uraufführung: 10.8.1986, ABC
Verleih: -/-/-/

Sendetermin: 27.6.1993, ZDF, 0.25
Länge: 66 Min.

Nach einem mysteriösen Unfall im All liegt Astronaut Major Jack North zwei Wochen im Koma. Aus dem Tiefschlaf erwacht, findet er sich plötzlich im Besitz quasi übermenschlicher Fähigkeiten körperlicher und geistiger Natur. Er kann zum Beispiel so schnell laufen, daß es ihm mühelos gelingt, mit einem Motorrad Schritt zu halten, und er rechnet schneller als jeder Computer. Die attraktive Wissenschaftlerin Dr. Alison Taylor untersucht die geheimnisvolle Veränderung Norths mit dem Ergebnis, daß sie durch Sonnenlicht ausgelöst wird. Für Jack bedeutet das: Sonnenlicht aktiviert seine Kräfte, bringt ihn aber auch in Lebensgefahr. (...) *Pressetext ZDF*

Tödliche Täuschung 855
DEADLY DECEPTION *
Video

Regie: J. Anthony Loma
Darsteller: Andrew Stevens (Computer), Clare Hoak (Lolita), Lloyd Bochner (Don Gustavo), Anthony Eisley (Bryan Foster), Joe Maxwell (Jimmy)
Drehbuch: J. Anthony Loma
Kamera: J.G. Galisteo (Farbe)
Musik: Josep Mas Kitflus, Carles Benavent
Schnitt: Teresa Alcocer
Produktion: Carmen P. Pueyo für Golden Sun Prod./TV 3, Spanien 1991
Verleih: -/-/-/VMP Video
Videostart: 13.9.1993
Länge: 92 Min. – *FSK:* ab 16 J.

Die Ermordung eines Geschäftsmannes führt die ermittelnden Polizisten auf die Spur eines Callgirl-Rings, in dem sie auch auf die Tochter des Ermordeten stoßen. Billige Erotik-Thriller-Ware.

Frank Klubertz in: film-dienst, 22/93

Tödliches Trauma 856
PRIME SUSPECT **
Video

Regie: Mark Rutland
Darsteller: Robert F. Lyons (Sheriff), Susan Strasberg (Dr. Celia Warren), Billy Drago (Cyril), Michael Parks (Bill), Tom Breznahan (Tod), Frank Stallone, Doug McClure
Drehbuch: Alex Josephs, Sergei Goncharoff
Kamera: Fernando Arguelles (Farbe)
Musik: Bruce Kimmel
Schnitt: Sergei Goncharoff
Produktion: Alain Silver, Patrick Regan für Premiere Pic., USA 1988
Verleih: -/-/-/Ufa Video
Videostart: Mai 1993
Länge: 86 Min. – *FSK:* ab 18 J.

Zu unrecht des Mordes Verdächtigter muß im Gefängnis-Krankenhaus auf eigene Faust seine Unschuld beweisen. Natürlich glaubt die Psychaterin daran und hilft ihm dabei. Langweilige Bonsai-Version eines altbekannten Themas.

Hannah Dütsch in: film-dienst, 17/93

Todsünde 857
LAKE CONSEQUENCE: A MAN & TWO WOMEN **
Video

Regie: Rafael Eisenman
Darsteller: Billy Zane (Billy), Joan Severance Irene), May Karasun (Grace), Whip Hubley (Jim), Courtland Mead (Christopher)
Drehbuch: Zalman King, Melanie Finn, Henry Cobbold, nach dem Buch von MacGregor Douglas
Kamera: Harry Savides (Farbe)
Musik: George S. Clinton, Joel Iwataki
Schnitt: James Gavin Bedford, Curtis Edge
Produktion: Avram »Butch« Kaplan für Zalman King Collection, USA 1992
Verleih: -/-/-/VCL/Carolco Video
Videostart: 15.11.1993
Länge: 86 Min.
FSK: ab 16 J.

Latent frustrierte Ehefrau stürzt sich in ein unübersehbares erotisches Abenteuer. Gelackt photographiertes Erotikmelodram im »Wilde Orchidee«-Format.

Tokio Dekadenz 858
TOKYO DECADENCE TOPAZ **

Regie: Ryu Murakami
Darsteller: Miho Nikaido (Ai), Sayoko Amano (Saki), Tenmei Kanou, Masahiko Shimada
Drehbuch: Ryu Murakami, nach seiner Erzählung »Topaz«
Kamera: Tadash Aoki (Farbe)
Musik: Ryuichi Sakamoto
Schnitt: Kazuki Katashima
Produktion: Aikoh Suzuki, Tadanobu Hirao, Yousuke Nagata für Melsat/JVD Prod., Japan 1992
Erstaufführung: Int. Filmfestspiele Berlin 1992 »art & essai«

Verleih: Kinowelt/dto./-/VPS Video
Kinostart: 29.7.1993
Länge: 89 Min. – *FSK:* ab 18, nffr.

Immer wieder will man uns suggerieren, daß der japanische Blick auf sexuelle Absonderlichkeiten etwas Besonderes ist – in diesem Fall bleibt nur die Lust der Verweigerung: der japanische Schriftsteller und Regisseur Ryu Murakami (41) reiht Szenen aus dem Leben des 22jährigen Callgirls Ai (bewunderswert gelassen: Miho Nikaido) zum artifiziell arrangierten Reigen der Tristesse. Berührt wird man davon nicht.

Natürlich sind hinter den sadomasochistischen Ritualen, die Ai für ihre verqueren Kunden so rührend gefügig arrangiert, die Einsamkeit und Sehnsucht der Menschen in der Millionenstadt Tokio spürbar; natürlich gibt es gefühlige Momente (Ai träumt sich aus der Wirklichkeit in eine schwärmerische Liebe zu einem unerreichbaren Mann, Ai pflegt die Freundschaft mit der Domina-Kollegin). Dennoch bleibt der Verdacht, daß es Murakami weniger um die Auseinandersetzung mit einer pervertierten Gesellschaft ging als um effektvolle Bilder vom Machtfaktor Sex.

Murakami macht uns zu Voyeuren; gern sind wir es hier aber nicht.

Angie Dullinger, AZ, 30.7.93

Anita Post in: Kölner Stadt-Anzeiger, 31.7.93; Hans Schifferle in: SZ, 30.7.93; Angela Schmitt-Gläser in: FR, 30.7.93; Anke Sterneborg in: Der Tagesspiegel, 18.2.92; Ralph Umard in: tip, 16/93; Karim Zendagui in: Rheinische Post, 13.8.93

Tommyknockers 859

THE TOMMYKNOCKERS **

Video

Regie: John Power
Darsteller: Jimmy Smits (Jim Gardner), Marg Helgenberger (Bobbi), Joanna Cassidy (Sheriff Ruth), Tracy Lords (Nancy), Leon Woods (Hilly), Paul McIver (Davy), John Ashton, E.G. Marshall, Robert Carradine, Cliff DeYoung
Drehbuch: Lawrence D. Cohen, nach einem Roman von Stephen King
Kamera: Danny Burstall, David Eggby (Farbe)
Musik: Christoper Franke
Schnitt: Tod Feuerman
Produktion: Jayne Bieber, Jane Scott für Konigsberg/Sanitzky Prod., USA 1993

›*Tommyknockers*‹.

Uraufführung: 9.,10.5.1993, ABC
Verleih: -/-/-/Warner Home Video
Videostart: Juli 1993
Länge: 171 Min. – *FSK:* ab 16 J.

Unheimliches grünes Leuchten im Unterholz eines Waldes der amerikanischen Provinz sorgt für Aufregung und verändert die Anwohner. Reizlose, überlange (obwohl schon um 70 Minuten gekürzte) Stephen-King-Adaption fürs US-Fernsehen hergestellt.

Joe Hill in: film-dienst, 19/93

Too Beautiful To Die 860

SOTTO IL VESTITO NIENTE 2 *

Video

Regie: Dario Piana
Darsteller: François Eric Gendron, Florence

Guerin, Randi Ingermann, Giovanni Tamberi, Helena Jesus, Norhana Arrifin, Francois Marthouret, Gioia Maria Scola
Drehbuch: Dario Piana, Claudio Mancini, Achille Manzotti, nach einer Story von Achille Manzotti
Kamera: Alan Jones (Farbe)
Musik: Roberti Cacciapaglia
Schnitt: Alessio Mazzoni
Produktion: Achille Manzotti für Gruppe Bema/Reitalia, Italien 1990
Verleih: -/-/-/New Vision Video
Videostart: Januar 1993
Länge: 96 Min.
FSK: ab 18 J.

Top-Mannequins, wilde Orgien und Kokain. – Diesmal findet die »mysteriöse Mordserie« im Werbefilmmilieu statt – doch sterbenslangweilig ist sie und ihre Aufklärung trotzdem. Ex-und-Hopp-Ware.

Daniel Kothenschule in: film-dienst, 8/93

Total Control 861

EMINENT DOMAIN ***

Video

Regie: John Irvin
Darsteller: Donald Sutherland (Jozef Borski), Anne Archer (Mira), Paul Freeman (Ben), Anthony Bate (Kowal), Bernard Hepton (Slowak), Johdi May (Ewa), Pip Torrens (Anton), Françoise Michaud, Yves Beneyton
Drehbuch: Andrzej Krakowski, Richard Gregson
Kamera: Witold Adamek (Eastmancolor)
Musik: Zbigniew Preisner
Schnitt: Peter Tanner
Produktion: Shimon Arama für Harlech Films/A.F.P. Eminent Domain/Stephan Films/UGC Image, Kanada/Israel/Frankreich 1990
Uraufführung: 11.11.1990, London Film Festival
Verleih: -/-/-/VPS Video
Videostart: Febr. 1993
Länge: 102 Min. – *FSK:* ab 12 J.

Polnischer Funktionär wird zum Spielball wechselnder Parteiinteressen und bereitet nach einer Familientragödie die Flucht ins Ausland vor. Halbherziger, nur selten überzeugender Versuch, die repressiven Mechanismen des Kommunismus in Osteuropa nachzuzeichnen und mit den Mitteln des (westlichen) Unterhaltungskinos zu verbinden.

Joe Hill in: film-dienst, 5/93

Tout ca ... Pour ca! 862

TOUT CA ... POUR CA! ***

Regie: Claude Lelouch
Darsteller: Marie-Sophie L., Vincent Lindon, Gérard Darmon, Jacques Gamblin, Evelyne Bouix, Francis Huster, Alessandra Martines, Fabrice Luchini, Charles Gerard, Salome Lelouch
Drehbuch: Claude Lelouch
Kamera: Claude Lelouch (Farbe)
Musik: Francis Lai, Philippe Servain
Schnitt: Helene de Luze
Produktion: Claude Lelouch für Les Films 13/TF1 mit Sofiarp/CNC Rhone-Alpes und Canal Plus, Frankreich 1993
Verleih: -/-/Sadfi
Kinostart: Dez. 1993
Länge: 116 Min.

In seinem 29. Langspielfilm verknüpft Claude Lelouch virtuos die Geschichte dreier kleiner Gauner mit jener eines Richter- und Advokaten-Ehepaares. Beim Prozeß gegen die drei Straffälligen zeigt sich, daß ihre Probleme, die sie zu Delinquenten haben werden lassen, die gleichen sind wie die Eheprobleme ihres Richters und ihres Verteidigers. Streckenweise amüsante, gut gespielte Komödie, deren spielerisch jonglierte Elemente wie ein Uhrwerk so perfekt ineinander greifen, daß die eigentlich angestrebte Reflexion über das, was Paare trennt oder zusammenhält, allmählich ins Hintertreffen gerät. *Zoom*

The Tower 863

THE TOWER **

Video

Regie: Richard Kletter
Darsteller: Paul Reiser (Tony Minot), Susan Norman (Linda), Richard Gant (Wilson), Annabelle Gurwitch (Gaby), Roger Rees (»Littlehill«), Dee Dee Rescher (Gretchen)
Drehbuch: Richard Kletter, John Riley, nach einer Idee von John Riley
Kamera: Bing Sokolsky (Farbe)
Musik: Richard Horrowitz
Schnitt: Bill Johnson
Produktion: Matthew Rushton für FNM/ Catalina, USA 1992
Verleih: -/-/-/Fox Video
Videostart: Februar 1993
Länge: 87 Min. – *FSK:* ab 16 J.

Zwei Menschen im gnadenlosen Kampf mit dem computergesteuerten Sicherheitssystem eines Wolkenkratzers. Ansatzweise spannend und manchmal einfallsreich.

Anselm Jungeblodt in: film-dienst, 8/93

Toxie's letzte Schlacht 864

THE TOXIC AVENGER PART III: *
THE LAST TEMPTATION OF TOXIE

Video

Regie: Michael Herz, Lloyd Kaufman
Darsteller: Ron Fazio, John Altamura (The Toxic Avenger), Phoebe Legere (Claire), Rick Collins (Präsident/Der Teufel), Lisa Gaye (Malfaire), Jessica Dublin (Mrs. Junko)
Drehbuch: Gay Partington Terry, Lloyd Kaufman
Kamera: James London (TVC)
Musik: Christopher DeMarco, nach Antonin Dvorak
Schnitt: Joseph McGirr
Produktion: Lloyd Kaufman, Michael Herz für Troma Inc., USA 1989
Verleih: -/-/-/Ufa Video
Videostart: Juni 1993
Länge: 98 Min. – *FSK:* ab 18 J.

Dritter Teil von »Atomic Hero« und so unsäglich und überflüssig wie seine Vorgänger.

Dieter Krusche in: film-dienst, 13/93

Toys 865

TOYS ***

Regie: Barry Levinson
Darsteller: Robin Williams (Leslie Zevo), Michael Gambon (General Zveo), Joan Cusack (Alsatia Zevo), Donald O'Connor (Kenneth Zevo), Robin Wright (Gwen Tyler), LL Cool J (Patrick Zevo), Donald O'Connor (Kenneth Zevo), Arthur Malet (Owens Owens), Jack Warden (Zevo sen.), Debi Mazar (Schwester Debbie)
Drehbuch: Valerie Curtin, Barry Levinson
Kamera: Adam Greenberg (CFI)
Musik: Hans Zimmer, Trevor Horn
Schnitt: Stu Linder
Produktion: Mark Johnson, Barry Levinson für Baltimore Pic., USA 1992
Erstaufführung: 18.2.1993, Int. Filmfestspiele Berlin
Verleih: 20th Century Fox/dto./dto./Fox Video
Kinostart: 13.5.1993
Länge: 120 Min. – *FSK:* ab 12, ffr.
FBW: Wertvoll

Vor seinem Tod überträgt ein Spielzeughersteller die Leitung der Fabrik seinem

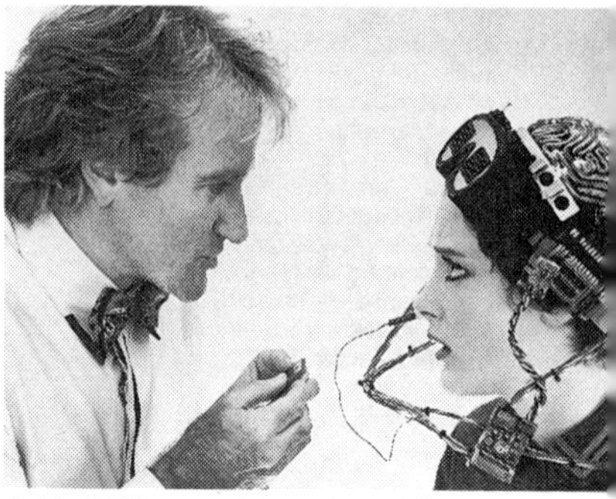

Robin Williams und Joan Cusack.

Bruder. Als Dreisterngeneral hat er jedoch mit Watschelentchen und Knuddelbären wenig am Hut. Stattdessen will er miniaturisierte Hightech-Waffen herstellen. Da springt der Sohn des Firmengründers über seinen kindlichen Schatten und legt dem bösen Onkel das Kriegshandwerk. Vor einer bemerkenswert surrealen Spielzeugkulisse läßt Barry Levinson seine Helden ein bißchen gegen die Autoritäten ödipoussieren, wobei gegen Gewalt in der finalen Zerstörungsorgie doch wieder nur gewalttätige Mittel zum Zug kommen.

Zoom

Rupert Koppold in: Stgt. Zeitung, 13.5.93; Dorothee Nolte in: Der Tagesspiegel, 13.5.93; Ponkie in: AZ, 13.5.93; Angela Schmitt-Gläser in: FR, 19.5.93

Trancers 2010 866

TRANCERS III **

Video

Regie: C. Courtney Joyner
Darsteller: Tim Thomerson (Jack Deth), Melanie Smith, Andrew Robinson, Tony Pierce, Ed Beechner
Drehbuch: C. Courtney Joyner
Kamera: Adolfo Bartoli (Farbe)
Musik: Mark Ryder, Phil Davies
Schnitt: Lauren Schaffer
Produktion: Albert Band für Full Moon Ent., USA 1991
Verleih: -/-/-/Highlight Video
Videostart: April 1993
Länge: 69 Min. – *FSK:* ab 18 J.

Zeitreisender Polizist rettet mit seinem Mutanten-Assi die Welt vor faschistischem Bösewicht. Serienprodukt für anspruchslose Science-Fiction-Fans.

Jochen Rack in: film-dienst, 9/93

Traum ohne Ende 867
SONHO SEM FIN ***

TV

Regie: Lauro Escorel Filho
Darsteller: Carlos Alberto Riccelli (Eduardo Abelin), Debora Bloch, Marieta Severo, Fernanda Torres, Emmanoel Cavalcanti, Imara Reis
Drehbuch: Walter Lima jun., Nelson Nadotti, L.E. Filho
Kamera: Jose Tadeu Ribeiro (Farbe)
Musik: Antonio Adolfo
Schnitt: Gilberto Santeiro
Produktion: Luciola Villela für Cinefilmes/ Embrafilme, Brasilien 1986
Uraufführung: 30.8.1986, World Film Festival Montreal
Verleih: -/-/-/
Sendetermin: 9.12.1993, ORB3, 11.00
Länge: 112 Min.

1924 entschließt sich ein ungestümer junger Mann, seinen Heimatort zu verlassen, um in Rio eine Karriere als Schauspieler zu beginnen.

Der Traum vom großen blauen Wasser 868
***

Regie: Karl Saurer
Drehbuch: Elena M. Fischli
Kamera: Franz Kälin, Erich Langjahr, Hansueli Schenkel (Farbe)
Musik: Mani Planzer und sein Morschach-Blasorchester
Schnitt: Bernhard Lehner
Produktion: Karl Saurer für Karl Saurer Prod., Schweiz 1993
Verleih: -/-/Eigenverleih
Kinostart: Okt. 1993
Länge: 85 Min.

Dokumentarfilm über die in den dreißiger Jahren erfolgte Stauung des Sihlsees bei Einsiedeln (Kt. Schwyz). Der Film webt ein beziehungsreiches Geflecht zwischen altem Foto- und Filmmaterial, heutigen Landschaftsbildern und Berichten von Menschen, die als Kinder mit ihren Familien aus dem Tal wegziehen mußten oder am Bau des Etzelwerkes mitwirkten. Entstanden ist ein facettenreiches Bild dieses Ereignisses und den damit verbundenen Widersprüchen und Konflikten zwischen agrarischer Bergregion und industrialisiertem Unterland, regionalen und nationalen Bestrebungen, ökonomischen und ökologischen Interessen. *Zoom*

The Treasure 869
THE TREASURE *

Video

Regie: Robert Cording
Darsteller: John Weisbarth (Dave), Freddy Rible (Freddy), Frank Jimison (Jonathan)
Drehbuch: Robert Cording, James Kring
Kamera: Ralph Linhardt (Farbe)
Musik: Mark Mercury
Produktion: Robert Cording für Questar Pic., USA 1990
Verleih: -/-/-/New Vision Video
Videostart: Januar 1993
Länge: 90 Min. – *FSK:* ab 12 J.

Reizloser Discount-Schocker um drei Buben, die das Geheimnis eines alten Leuchtturms lüften wollen.

Trespass 870
THE TRESPASS / THE LOOTERS ***

Regie: Walter Hill
Darsteller: Bill Paxton (Vince), Ice T (King James), William Sadler (Don), Ice Cube (Savon), Art Evans (Bradlee), De'Voreaux White (Lucky), Bruce A. Young (Raymond), Glenn Plummer (Luther), Stoney Jackson, T.E. Russell
Drehbuch: Bob Gale, Robert Zemeckis
Kamera: Lloyd Ahern (Deluxe)
Musik: Ry Cooder
Schnitt: Freeman Davies
Produktion: Neil Canton für Canton/ Zemeckis/Gale Prod., USA 1992
Uraufführung: 23.12.1992, New York
Verleih: UIP/UIP/UIP/CIC Video (gek. Fassung, 84 Min., ab 16 J., 15.11.93)
Kinostart: 6.5.1993
Länge: 101 Min.

Zwei Feuerwehrleute stoßen bei einem Einsatz auf Spuren, die zu einem versteckten Schmuckschatz führen. Beim Versuch, in einem Slumquartier die Beute zu bergen, geraten sie ins Kreuzfeuer einer skrupellosen schwarzen Gang. Action-Regisseur Walter Hill möchte zwar den Irrsinn des High-tech-Verbrechens parodistisch entlarven,

Ice Cube, Ice T und ihre Argumente aus ›Trespass‹.

doch liefert er nur eine dramaturgisch verwirrende, abstoßende Gewaltorgie. Unverständlich: In dem mit rassistischen Untertönen operierenden Gangsterdrama machen sogar die schwarzen Rapper Ice T und Ice Cube mit. *Zoom*

Michael Althen in: SZ, 12.5.93; Fritz Göttler in: Kölner Stadt-Anzeiger, 8.5.93; Frauke Hanck in: AZ, 6.5.93; Rupert Koppold in: Stgt. Zeitung, 6.5.93; Angela Schmitt-Gläser in: FR, 11.5.93

Trip nach Tunis 871

***
TV

Regie: Peter Goedel
Darsteller: David Hunt (Archäologe Howard Ingham), Karen Sillas (Ina Pallant), John Seitz (Francis J. Adams), Anders Jensen (Ulrich Klaus Günther), Kathryn Darby (Jill Hennessy)
Drehbuch: Harald Göckeritz, Peter Goedel, nach dem Roman »Das Zittern des Fälschers« von Patricia Highsmith
Kamera: Igor Luther (Farbe)
Musik: Thomas Osterhoff
Produktion: Kick-Film/BR/MDR/ORF, BRD 1993
Verleih: -/-/-/
Sendetermin: 20.11.1993, 22.10, Arte
Länge: 97 Min.

Der Archäologe Howard Ingham reist zu Ausgrabungen nach Nordafrika. Eines Nachts setzt er sich gewaltsam gegen einen vermeintlichen Einbrecher zur Wehr. Das quälende Gefühl, vielleicht einen Mord begangen zu haben, bleibt zunächst ohne äußere Bestätigung. Howard gerät immer tiefer in einen Sog von rätselhaften und unheimlichen Ereignissen. *Pressetext Arte*

Ein Trommler in der Wüste 872

***

Regie: Rolf Lyssy
Darsteller: Michael Bar-Am, Rolf Lyssy, Bewohnerinnen und Bewohner des Kibbuz Dovrat
Drehbuch: Rolf Lyssy
Kamera: Otwar Schmidt (Farbe)
Musik: Michael Bar-Am
Schnitt: Lilo Gerber
Produktion: Rolf Lyssy, Schweiz 1992
Uraufführung: Int. Filmfestival Locarno 1992
Verleih: -/-/Rolf Lyssy
Kinostart: Dez. 1992
Länge: 69 Min.

Rolf Lyssys Film porträtiert seinen Bruder Michael, der die Schweiz vor zwanzig Jahren als Achtzehnjähriger verlassen hat. Heute hat er den Namen Michael Bar-Am angenommen, lebt in Israel im Kibbuz Dovrat und verdient sein Leben als Rhythmiker, Schlagzeuger und Percussionist. Ein Film über einen, der die Zwischenräume und -töne sucht, über die Isoliertheit, die »Randständigkeit« eines Künstlers. Lyssy zögert, sich selber in die Begegnung einzubringen, doch das Bemühen und der Mut, sich öffentlich mit seinem Bruder – und damit mit sich selber – auseinanderzusetzen beeindruckt. *Zoom*

Trucker II 873

SILENT THUNDER
**
Video

Regie: Craig R. Baxley
Darsteller: Stacy Keach (Claude Sams), Lisa Banes (Vi Sams), Tom Bower (Officer Yates), Thomas Wilson Brown (Paul Sams), Sandahl Bergman (Pyhton), Dwier Brown, Lenore

Kasdorf, Deborah Ann Mansy, Tymotha Thurston, Dennis Hayden
Drehbuch: Dennis Shryack, Michael Blodgett
Kamera: John R. Leonetti (CFI)
Musik: Shuki Levy
Schnitt: Richard Bracken
Produktion: Jay Benson für Saban Ent., USA 1992
Verleih: -/-/-/VCL Video
Videostart: 20.9.1993
Länge: 87 Min. – *FSK:* ab 12 J.

Trucker, dessen Sohn von einem Lkw überfahren wurde, macht sich auf die Suche nach dem mörderischen Fahrer, der sich als Truckerin entpuppt. Ungleich spannungsloser als sein Vorgänger »Truck Driver«, mit dem dieser Film nur den (respektablen) Hauptdarsteller gemein hat.

Träume der Angst 874

ILLUSIONS **

Video

Regie: Victor Kulle
Darsteller: Robert Carradine (Greg Sanderson), Heather Locklear (Jan Sanderson), Emma Samms (Laura Sanderson), Ned Beatty (George)
Drehbuch: Peter Colley, nach seinem Bühnenstück
Kamera: George Hoseck (Farbe)
Musik: Robert J. Walsh
Schnitt: Jack Tucker
Produktion: Michael Canale, Gary Preisler für Apricot Enter./Crystal Sky Comm., USA 1992
Verleih: -/-/-/CIC Video
Videostart: Januar 1993
Länge: 99 Min. – *FSK:* ab 16 J.

Nach einem Nervenzusammenbruch versucht eine junge Frau einen Neuanfang mit ihrem Mann in einem abgelegenen Bauernhaus. Mord und Totschlag in einer äußerlich normalen US-Family. Warum es dazu kommt, bleibt völlig unklar.

Annette Winter in: film-dienst, 7/93

Twin Dragons 875

TWIN DRAGONS **

Video

Regie: Tsui Hark (=Xu Ke), Ringo Lam
Darsteller: Jackie Chan (Boomer), Maggie Cheung (Barbara), Teddy Robin (Tyson), Tsui Hark (Automechaniker), Ringo Lam
Drehbuch: Barry Wong, Tsui Hark, Cheung Tung Jo, Wong Yik
Kamera: Wong Wing Hang, Wong Ngor Tan (Farbe)
Musik: Lowell Lo
Schnitt: Mark Che Sin
Produktion: Teddy Robin für Paragon Films/Hongkong Film Directors Guild, Hongkong 1992
Verleih: -/-/-/New Vision Video
Videostart: Januar 1993
Länge: 100 Min. – *FSK:* ab 16 J.

Zwillinge, nach der Geburt getrennt, machen als Gangster und als Dirigent Karriere. Läppische Action-Klamotte, auch wenn es ein Benefiz Film ist, der die Gründung des Regieverbandes in Hongkong finanzieren sollte.

Twist 876

TWIST ***

Regie: Ron Mann
Darsteller: Cholly Atkins, Hank Ballard, Betty (Romantini) Begg, Chubby Checker, Joey Dee, Joe Fusco, Gladys Horton, Janet Huffsmith, Joan »Buck« Keine, Mama Lu Parks & the Parkettes
Kamera: Robert Fresco (Farbe und s/w)
Schnitt: Robert Kennedy
Produktion: Ron Mann für Sphinx Prod., Kanada 1992
Erstaufführung: Int. Filmfestspiele Berlin 1993, »Panorama: Dokumente«
Verleih: Kinowelt/dto./-
Kinostart: 24.6.1993
Länge: 78 Min. – *FSK:* o.a., ffr.

Sieben Lektionen rund um die 60er Jahre und deren unmögliche Tanzmoden. Hauptakteur: der Twist, dieser vulgäre Tanz, den zeitgenössische Wissenschaftler »eine neue wortlose Kommunikation« nannten. Der äußerst subjektive Dokumentarfilm schwelgt mit den Stars von damals in Erinnerungen und läßt sie, inzwischen gealtert und geliftet, noch einmal tanzen. Heitere Pophistorie. *tip, 13/93*

Michael Althen in: SZ, 7.7.93; Stephan Düfel in: Der Tagesspiegel, 25.6.93; Thomas Klingenmaier in: Stgt. Zeitung, 24.6.93; Rainer Merkel in: Zitty, 13/93

Two Evil Eyes 877

DUE OCCHI DIABOLICI ***

Video

Regie: George Romero, Dario Argento
Darsteller: Adrienne Barbeau (Jessica),

Ramy Zada (Dr. Robert Hoffmann), E.G. Marshall (Bankier Pike), Harvey Keitel (Rod Usher), Madeleine Potter (Annabel), Martin Balsam (Mr. Bee), Kim Hunter (Mrs. Bee), Sally Kirkland (Eleonora), Bingo O'Malley, Jeff Howell
Drehbuch: George Romero (erste Episode), Dario Argento, Franco Ferrini (zweite Episode) nach Edgar Allen Poe
Kamera: Peter Reniers (Farbe)
Musik: Pino Donaggio
Schnitt: Pasquale Buba
Produktion: Achille Manzotti, Dario Argento für ADC/Gruppo Bema, Italien 1990
Verleih: -/-/-/New Vision Video
Videostart: Dez. 1992
Länge: 113 Min. – *FSK:* ab 16 J.

Zwei Episoden nach Kurzgeschichten von Edgar Alan Poe. In »Der Fall Vladimir« straft ein Gatte seine untreue Ehefrau und ihren Liebhaber auch noch nach seinem Ableben. Die zweite Episode hat »Die schwarze Katze« zum Vorbild und erzählt von einem Pressefotografen, der mit Vorliebe gräßlich verstümmelte Leichen fotografiert. Eine Leidenschaft, die sich im Privatleben verhängnisvoll auswirkt. (Werkstattkino)

Zwei Filme von Horrorexperten für Horrorexperten: George Romero erzählt vom siechen Gatten Valdemar, dessen Rache noch aus dem Grab die untreue Gattin trifft. Dario Argento erzählt von den perversen Vorlieben eines Pressephotographen. Ein Gruselfest für Fans.

Überleben ist alles: Ethan Hawke, Gian di Donna, John Cassini in ›Überleben!‹.

Überleben! 878

ALIVE ***

Regie: Frank Marshall
Darsteller: Ethan Hawke (Nando Parrado), Vincent Spano (Antonio Balbi), Josh Hamilton (Roberto Canessa), Bruce Ramsay (Carlitos Paez), John Haymes Newton (Tintin), David Kriegel (Gustavo Zerbino), Kevin Breznahan (Roy Harley), Sam Behrens (Javier Methol), Illeana Douglas (Lilliana Methol), Jack Noseworthy
Drehbuch: John Patrick Shanley, nach einem Buch von Piers Paul Read
Kamera: Peter James (Technicolor)
Musik: James Newton Howard
Schnitt: Michael Kahn, William Goldenberg
Produktion: Robert Watts, Kathleen Kennedy für Touchstone und Paramount, USA 1993
Uraufführung: 15.1.1993, New York
Verleih: UIP/UIP/UIP/CIC Video
Kinostart: 13.5.1993
Länge: 127 Min. – *FSK:* ab 12, ffr.
FBW: Besonders wertvoll

Der Absturz eines Flugzeugs mit einer Rugbymannschaft aus Uruguay, das auf dem Weg nach Chile in den Anden zerschellt. In den 70 Tagen bis zur Auffindung der Überlebenden ernährten sie sich vom Fleisch ihrer toten Kameraden. Ein authentisches Geschehen von 1972 ergab nur einen mittelmäßigen Katastrophenfilm, der zwar etwas optische Dramatik vermittelt, aber letztlich an der mangelnden Durchzeichnung der Charaktere scheitert und nicht zu berühren vermag. *multimedia*

Michael Althen in: SZ, 18.5.93; Lennart Paul in: Der Tagesspiegel, 13.5.93

Das Übliche 879

THE USUAL ****

TV

Regie: Eric Tretbar
Produktion: USA 1991
Sendetermin: 7.9.1993, West 3, 23.00

Wird seit 1992 nach dem Start im Forum des jungen Films bei den Berliner Filmfestspielen durch die Freunde der deutschen Kinemathek verliehen. Deshalb vollständige Angaben und Kritik im Heyne Filmjahrbuch 1993.

Ultraviolet – Im Tal des Todes 880

ULTRAVIOLET **

Video

Regie: Mark Griffiths
Darsteller: Esai Morales (Nicholas Walker), Patricia Healy (Kristin Halsay), Stephen Meadows (Sam Halsay), Sorrels Pickard (Country Singer), Louise Baker (Cathi)
Drehbuch: Gordon Cassidy
Kamera: Gregg Heschong (Farbe)
Musik: Ed Tomney
Schnitt: Kevin Tent
Produktion: Catherine Cyran für Concorde, USA 1991
Verleih: -/-/-/CIC Video
Videostart: Febr. 1993
Länge: 75 Min. – *FSK:* ab 18 J.

In der Einsamkeit der Wüste wird das Wiedersehen zwischen Kristin und ihrem Mann durch das Auftauchen eines irren Fremden gestört, der sich als hemmungsloser Mörder entpuppt. Actiondurchsetzter Psychothriller der blutigen Sorte.

Joe Hill in: film-dienst, 4/93

Unberechenbar 881

PERFECT FAMILY **

Video

Regie: E.W. Swackhamer
Darsteller: Bruce Boxleitner (Alan), Joanna Cassidy (Janice), Jennifer ONeill (Maggy), Colby Chester (Sheriff Dennis), Juliana Hansen, Shiri Appleby, Juliana Hansen
Drehbuch: Christian Stoianovich, Phoebe Dorin
Kamera: William Gereghty (Farbe)
Musik: Nicholas Pike
Schnitt: Bernard Gribble
Produktion: Robert M. Rolsky für Paramount, USA 1992
Verleih: -/-/-/CIC Video
Videostart: August 1993
Länge: 89 Min. – *FSK:* ab 16 J.

Alleinerziehende Mutter verliebt sich in den Bruder ihrer Haushälterin – einen psychopathischen Mörder selbstverständlich. In Routine erstarrter Fernsehthriller. Joanna Cassidy hätte in jeder Beziehung mal was besseres verdient.

Anselm Jungeblodt in: film-dienst, 20/93

Der Unbesiegbare – Best of the Best 2 882

BEST OF THE BEST II *

Regie: Robert Radler
Darsteller: Eric Roberts (Alex Grady), Phillip Rhee (Tommy Lee), Ralph Möller (Brakus), Christopher Penn (Travis Brickley), Edan Gross (Walter Grady), Meg Foster (Sue), Sonny Landham (James), Wayne Newton (Weldon), Betty Carvalho (Großmutter), Simon Rhee (Dae Han)
Drehbuch: Max Strom, John Allen Nelson
Kamera: Fred Tammes (Farbe)
Musik: David Michael Frank
Schnitt: Bert Lovitt
Produktion: Peter E. Strauss, Phillip Rhee für Movie Group, USA 1992
Verleih: 20th Century Fox/-/-/Ascot Video
Kinostart: 26.8.1993
Länge: 99 Min. – *FSK:* ab 18, nffr.

In einer Gladiatoren-Disco zahlt der Herausforderer des Chefs und Titelhelden eine Kampfniederlage mit dem Tod. Wer allerdings gewinnt, bekommt den Schuppen obendrauf. Einer verliert, seine Freunde wollen ihn rächen. Die filmischen Mittel reichen von Hauruck bis Haudrauf, um nur die subtilsten zu nennen. *Gunter Göckenjan, tip, 18/93*

Martin Röse in: Rheinische Post, 27.8.93

Und den Weihnachtsmann gibt's doch! 883

YES VIRGINIA – THERE IS A SANTA CLAUS ** Video

Regie: Charles B. Jarrot
Darsteller: Charles Bronson (Frank P. Church), Richard Thomas (John OHenleyn), Massimo Bonetti (Vater Donelli), Edward Asner (Chefredakteur), Tamsin Kelsey
Drehbuch: Val De Crowl, Andrew J. Fenady
Kamera: John S. Bartley (Farbe)
Musik: Charles Bernstein
Schnitt: Dann Cahn
Produktion: Paradigm Ent., USA 1991
Verleih: -/-/-/Concorde Video (KK)
Videostart: Dezember 1993
Länge: 90 Min. – *FSK:* ab 6 J.

Amerikanischer Fernsehfilm über eine arme irische Einwandererfamilie und einen zynischen Journalisten. Langatmig, schwerfällig und allenfalls durch die Mitwirkung von Charles Bronson von gewissem Reiz.

... und der Himmel steht still 884

THE INNOCENT **

Regie: John Schlesinger
Darsteller: Anthony Hopkins (Bob Glass), Isabella Rossellini (Maria), Campbell Scott (Leonard Markham), Ronald Nitschke (Otto), Hart Bochner (Russell), James Grant (MacNamee), Jeremy Sinden (Captain Lofting), Richard Durden, Corey Johnson
Drehbuch: Ian McEwan, nach seinem gleichn. Roman
Kamera: Dietrich Lohmann (Eastmancolor)
Musik: Gerald Gouriet
Schnitt: Richard Marden
Produktion: Norma Heyman, Chris Sievernich, Wieland Schulz-Keil für Lakehard/Sievernich/Defa Studios, GB/BRD 1992
Verleih: Jugendfilm/Constantin/-/VCL/Carolco Video
Kinostart: 16.9.1993
Länge: 116 Min. – *FSK:* ab 16, ffr.

Ein junger britischer Telefontechniker kommt in den fünziger Jahren nach Berlin, um an einem großangelegten Spionageunternehmen teilzunehmen. Bei seinem Aufenthalt in der Stadt lernt er eine Deutsche kennen, doch völlig unerwartet nimmt ihre Beziehung eine gewalttätige Wendung. Über die Fähigkeit, die Psychologie der Figuren und die Entwicklung des Plots geschickt ineinander zu verzahnen, die den Romanautor Ian McEwan auszeichnet, verfügt der Drehbuchautor McEwan nicht im geringsten. Von der literarischen Vorlage von »Unschuldige – Eine Berliner Liebesgeschichte« ist kaum mehr als die äußere Handlung übriggeblieben, und zu allem Überfluß gibt es dann noch ein völlig mißglücktes »Casablanca«-Ende. *Lars-Olav Baier, tip, 19/93*

Frank Arnold in: Zitty, 19/93; Albert Baer in: Rheinische Post, 17.9.93; Daniel Kothenschulte in: Kölner Stadt-Anzeiger, 25.9.93; Harald Martenstein in: Der Tagesspiegel, 17.9.93; Christiane Peitz in: Die Zeit, 24.9.93

... und ewig schleichen die Erben 885

SPLITTING HEIRS **

Regie: Robert Young
Darsteller: Rick Moranis (Henry), Eric Idle

(Tommy), Barbara Hershey (Herzogin Lucinda), Catherine Zeta Jones (Kitty), John Cleese (Shadgrind), Sadie Frost (Angela), Stratford Johns (Butler), Brenda Bruce (Mrs. Bullock), William Franklyn (Andrews), Charubala Chokshi (Mrs. Patel)
Drehbuch: Eric Idle
Kamera: Tony Pierce-Roberts (Farbe)
Musik: Michael Kamen
Schnitt: John Jympson
Produktion: Simon Bosanquet, Redmond Morris für Prominent Features, USA 1992
Verleih: UIP/UIP/UIP/CIC Video
Kinostart: 9.9.1993
Länge: 87 Min. – *FSK:* ab 12, ffr.

Zwei Männer streiten sich um den Titel des 15. Herzogs von Bournemouth: der impertinente Wirbelwind Henry und der unbedarfte, aber zu allen Gemeinheiten fähige kleine Angestellte Tommy. Aber nur Tommy ist der rechtmäßige Erbe von Titel und Vermögen. Damit er seinen Platz auch einnehmen kann, muß er Henry erst einmal aus dem Weg räumen. Über weite Strecken überzeugt der Film aus der Feder des Monthy-Python-Gründers Eric Idle durch gute Ideen und Dialoge. Als gegen Ende hin allerdings die ›special effects‹ überhand zu nehmen drohen, bekommt das der liebevoll konstruierten Geschichte weniger gut.
Alexander Musik, tip, 19/93

(…) Fazit: Hauruck-Humor für Leute, die auch mal gerne unter Niveau lachen.
Angie Dullinger, AZ, 9.9.93

Heiko R. Blum in: Rheinische Post, 10.9,93; Silvia Hallensleben in: Der Tagesspiegel, 10.9.93

Und täglich grüßt das Murmeltier 886

GROUNDHOG DAY ***

Regie: Harold Ramis
Darsteller: Bill Murray (Phil), Andie MacDowell (Rita), Chris Elliott (Larry), Stephen Tobolowsky (Ned), Brian Doyle-Murray (Buster), Marita Geraghty (Nancy), Angela Paton (Mrs. Lancaster), Rick Ducommon (Gus), Rick Overton (Ralph), Robin Duke (Doris)
Drehbuch: Danny Rubin, Harold Ramis, nach einer Story von Danny Rubin
Kamera: John Bailey (Technicolor)
Musik: George Fenton
Schnitt: Pembroke J. Herring
Produktion: Trevor Albert, Harold Ramis für Trevor Albert Prod., USA 1993

Wintermärchen mit Andie MacDowell.

Uraufführung: 12.2.1993, New York
Verleih: Columbia TriStar/dto./20th Century Fox/Columbia TriStar Home Video
Kinostart: 29.4.1993
Länge: 103 Min. – *FSK:* ab 6, ffr.

Phil, ein ruppig-zynischer TV-»Wetterfrosch«, gerät am »Murmeltier-Tag« in eine Zeitfalle, die ihn den Tag seiner Live-Reportage in einem Provinznest immer wieder erleben läßt. Während Personen und Umgebung sich nicht verändern, sammelt der zunächst verzweifelte, dann resignierende Phil Erfahrungen, die ihn zu einem toleranteren Menschen läutern und die Liebe entdecken lassen, worauf er erlöst wird. Der höchst originellen Idee entsprechen weder die nur mäßige Inszenierung noch der reichlich banale Schluß. *Zoom*

Albert Baer in: Rheinische Post, 30.4.93; Sabine Horst in: FR, 4.5.93; Rupert Koppold in: Stgt. Zeitung, 29.4.93; Milan Pavlovic in: Kölner Stadt-Anzeiger, 1.5.93

Eine unheilige Liebe 887

***

Regie: Michael Verhoeven
Darsteller: Timothy Peach (Georg Mittenz-

wey), Heike Falkenberg (Eva Buschbaum), Alexander May (Bischof), Barbara Gallauner (Haushälterin), Robert Giggenbach (Franz), Elena Rublack (Monika), Luise Deschauer (Mutter), Claudia Schlenger (Nachbarin), Andreas Borcherding, Thomas Schmelzer
Drehbuch: Michael Verhoeven
Kamera: Axel de Roche (Farbe)
Schnitt: Barbara Hennings
Produktion: Michael Verhoeven für Sentana Filmprod., BRD 1993
Erstaufführung: Filmfest München 1993
Sendetermin: 11.10.1993, ZDF, 19.30
Länge: 94 Min.

Die Stärke von Michael Verhoevens Film ist zugleich auch seine Schwäche: er ist hautnah an der Realität – und will zur Praxis auch immer gleich These und Gegenthese liefern. Man merkt ihm an, daß er aus vielen Fallstudien zusammengesetzt ist. Die Grunderfahrungen des Konflikts bei priesterlichen Liebesbeziehungen – Heimlichkeit als Dauerstreß der Entdeckungsangst, Erpressung, Gewissensnot, Ausweichen in die Krankheit – erscheinen gebündelt zum exemplarischen Lehrstück:
Der junge Pfarrer, sportbegeistert, engagiert in der Jugendarbeit, entspricht ganz einem modernen Verständnis von Seelsorge. Daß er mit der Kunstlehrerin Eva (Charme der stillen, starken Braven: Heike Falkenberg) ein Verhältnis hat, erscheint völlig »normal«, setzt aber eben eine Kettenreaktion von Tarnungszwängen in Gang. Anfälle von Gastritis plagen ihn, die prüfenden Blicke der Mütter, der Pfarrersköchin, der Schüler wecken in beiden bohrende Schuldgefühle. Und die Schwangerschaft (Pille ist ja vom Papst verboten!) wird zum Prüfstein: Priesteramt – oder ordentliche katholische Familie.
Verhoeven hat keinen aktuellen Sozialstolperstein ausgelassen (Hilfe für den Vorbestraften, tätige Nächstenliebe für Asylanten). Und das Grundsätzliche spitzt er in zwei weinselig gelösten Parallelgesprächen zu: Im Theologen-Männerplausch beim Griechen (Jesuitenwitz: Robert Giggenbach) – beim Weiberratsch im Fernsehturmrestaurant (Cousinenbeistand: Elena Rublack). Hier gewinnt der Zeigestab-Film Grazie und Humor – während das häufige optische Aus-dem-Gleichgewicht-Geraten durch schiefe Seekrank-Bilder allzu penetrante Bleigewicht-Symbolik verbreitet.
Wie das Paar, das die »unheilige Liebe« als heilige Familie legalisieren will, leben wird, wenn es nicht gerade vor einer Marienkapelle romantisch Ringe tauscht, bleibt offen: Die Amtskirche hat ihre eisernen päpstlichen Spielregeln.
Ein respektabler Filmanstoß, um die Spielregeln in Frage zu stellen.
Ponkie, AZ, 13.10.93

Ein unmoralisches Angebot 888
INDECENT PROPOSAL ***

Regie: Adrian Lyne
Darsteller: Robert Redford (John Gage), Demi Moore (Diana Murphy), Woody Harrelson (David Murphy), Seymour Cassel (Mr. Shakelford), Oliver Platt (Jeremy)
Drehbuch: Amy Holden Jones, nach dem Roman von Jack Engelhard
Kamera: Howard Atherton (Farbe)
Musik: John Barry
Schnitt: Joe Hutshing
Produktion: Sherry Lansing für UIP/ Paramount Film, USA 1992
Verleih: UIP/UIP/UIP/CIC Video
Kinostart: 20.5.1993
Länge: 117 Min. – *FSK:* ab 12, ffr.
FBW: Wertvoll

Davis und Diana aus Los Angeles sind glücklich verheiratet, aber im Geschäftlichen ohne Fortune. In Las Vegas verlieren sie auch noch ihr Erspartes, machen dafür die Bekanntschaft eines umwerfend charmanten Ganoven. Der Casanova im weißen Smoking schlägt dem Paar vor, für eine Liebesnacht mit Diana eine Million Dollar zu bezahlen – eine Story, die ähnlich schon »Honeymoon in Vegas« (1992) erzählt hat. Adrian Lyne pappt im Schickimickidrama Zitate aus erfolgreichen Hollywood-Komödien von »The Sting« bis »Pretty Woman« zusammen und sorgt sogar für eine hintergründige Faszination des Verruchten. *Zoom*

Harald Martenstein in: Der Tagesspiegel, 22.5.93;
Milan Pavlovic in: Kölner Stadt-Anzeiger, 22.5.93;
Hans Schifferle in: SZ, 25.5.93

Als korrupt entpuppt: Demi Moore akzeptiert ›Ein unmoralisches Angebot‹.

The Unnamable II 889

THE UNNAMABLE RETURNS **

Video

Regie: Jean-Paul Ouellette
Darsteller: John Rhys-Davies (Professor Warren), Mark Kinsey Stephenson (Randolph Carter), Maria Ford (Alyda), Charles Klausmeyer (Howard), Julie Strain (Unnamable), Richard Domeier (Officer Malcolm)
Drehbuch: Jean-Paul Ouellette, nach der Story »The Unnamable Returns – The Statement of Randolph Carter« von H.P. Lovecraft
Kamera: Greg Gardiner, Roger Olkowski (Farbe)
Musik: David Bergeaud
Schnitt: W.C. Williams
Produktion: Jean-Paul Ouellette für Yankee Classic Pic. mit AM East/New Age Ent., USA 1993
Verleih: -/-/-/VCL Video
Videostart: 23.8.1993
Länge: 99 Min. – *FSK:* ab 16 J.

Studenten wollen das gar schreckliche Geheimnis eines Spukhauses an der Küste von Neuengland lüften... Der übliche Discount-Horror eben.

Unschuldig angeklagt 890

PRESUMED GUILTY ***

TV

Regie: Paul Wendkos
Darsteller: Martin Sheen (Harold Hohne), Brendan Fraser (Bobby McLaughlin), Caroline Kava (Mary Hohne), Janmes Handy (Gerry Duffy), Rebecca Schull (Beverly Rosen), Mark Metcalf (Ron D'Angelo), Christine Dunford (Kathy Panzer), Peter Friedman (Richard Emery), Tristan Tait (Jimmy O'Neil), Bingo O'Malley (Richter Mollen)
Drehbuch: Cynthia Whitcomb
Kamera: Charles Arnold (Farbe)
Musik: Charles Bernstein
Produktion: W.I.N./Meurer Prod., USA 1991
Verleih: -/-/-/
Sendetermin: 21.8.1993, ARD, 22.10
Länge: 94 Min.

Der zwanzigjährige Bobby McLaughlin wird in New York wegen Raubmords zu 15 Jahren Haft verurteilt, obwohl er ständig seine Unschuld beteuert. Auch sein Pflegevater Harold Hohne, mit dem er sich überworfen hat, hält ihn zunächst für schuldig, bis dessen fester Glaube an das amerikanische Rechtssystem nachhaltig erschüttert wird und er entschieden für Bobbys Freiheit zu kämpfen beginnt. *Pressetext ARD*

Der Untergang des goldenen Webstuhls 891

***

TV

Regie: Franz Winzentsen
Darsteller: Hellmuth Costard, Andreas Guelck, Elisabeth Schwarz, Victoria Trauttmansdorff, Fritz Lichtenhan
Drehbuch: Franz Winzentsen, nach der Erzählung »Der Webstuhl« von Hermann Kasack
Kamera: (Farbe)
Produktion: Lichtblick, BRD 1988
Verleih: -/-/-/
Sendetermin: 20.4.1993, 23.30, ZDF
Länge: 92 Min.

Vergeblich und formal akkurat spinnt Franz Winzentsen einen vergilbten Fabelfaden weiter – eine Erzählung des mythisierenden Hermann Kasack, der nach dem Zweiten Weltkrieg zivilisationserschüttert eine Allegorie auf den Zusammenbruch des Dritten Reiches erzählerisch gewebt hat. Aus dieser Fußnote der Literaturgeschichte zwirnt

Winzentsen eine Fortsetzung, auch die in angebräunten Bildern, im gleichen Erzählduktus, angesiedelt in der neudeutschen Provinz. (…)

Leopold Schuwerlack, FR, 22.4.93

Utz
892

UTZ
***

Regie: George Sluizer
Darsteller: Armin Mueller-Stahl (Baron Kaspar Joachim von Utz), Brenda Fricker (Marta), Peter Riegert (Marius Fischer), Paul Scofield (Dr. Vaclav Orlik), Miriam Karlin (Großmutter Utz), Christian Mueller-Stahl (Utz mit 18 Jahren), Jakub Zdenek, Christian Rabe, Caroline Guthrie, Pauline Melville
Drehbuch: Hugh Whitemore, nach dem gleichn. Roman von Bruce Chatwin
Kamera: Gerard Vandenberg (Farbe)
Musik: Nicola Piovani
Schnitt: Lin Friedman
Produktion: John Goldschmidt für Viva Pict. mit NDR/BBC Films/Academy Pic./Cine Electra, GB/BRD/Niederlande 1992
Uraufführung: 18.2.1992, Int. Filmfestspiele Berlin
Verleih: Kinowelt/-/-
Kinostart: 28.1.1993
Länge: 98 Min. – *FSK:* ab 6, ffr.

Politische Veränderungen waren auch Bestandteil der Produktion von ›Utz‹. Zuerst sah's ein bißchen nach kulturbeflissenem Werbefilm für Meißner Porzellan aus – doch die Geschichte eines Sammlers von Meißner Figürchen (hinreißender Exzentriker der Sammelleidenschaft: Armin Mueller-Stahl als Baron Utz), der in Prag nur für diese kleinen Wunderwerke der Meißner Porzellankunst lebt, und noch im Sterben (mitten in der Wende), die staatlichen Museums-Ignoranten um ihr sozialistisches Erbe bringt, blüht schließlich auf zu einem anmutigen Spinnerfilm von altertümlichem Europa-Charme.

Ponkie, AZ, 20.2.92

Volker Baer in: Der Tagesspiegel, 17.2.92; Peter Buchka in: SZ, 16.2.93; Arpe Caspary in: Der Tagesspiegel, 28.1.93; Sebastian Feldmann in: Rheinische Post, 29.1.93

Armin Mueller-Stahl und Peter Riegert in ›Utz‹.

Vari – Eine indische Wallfahrt

893
***

Regie: Henning Stegmüller
Darsteller: Sprecher: Gert Heidenreich
Kamera: Henning Stegmüller (Farbe)
Schnitt: Henning Stegmüller
Produktion: Henning Stegmüller für Adanos Film/WDR/SWF, BRD
Uraufführung: Filmfest München 1990
Verleih: Freunde/-/-
Kinostart: Oktober 1993
Länge: 88 Min.

Mit der Seele suchend, machen sich alljährlich die »Varkaris«, die Pilger, auf, um in Pandhapur in der indischen Provinz Maharashtra ihrem Gott Pandurang zu huldigen. Die beiden Autoren führen ein farbenfrohes, berückendes Spektakel mit ernstem Hintergrund vor. Dies ist mehr als eine Dokumentation. Scheinbar zwanglos wird hier die Information über den religiösen Bereich mit Einblicken in Mentalitäten verknüpft.
AZ, 23.6.90

Vaudeville

894
VAUDEVILLE
***
TV

Regie: Jean Marboeuf
Darsteller: Marie-Christine Barrault (Madeleine), Guy Marchand (Gaston), Roland Giraud (Victor), Jean-Marc Thibault (Pierre), Annie Jouzier (Yvette)
Drehbuch: Jean Marboeuf
Kamera: Gérard Simon
Musik: Sylvain Kassap
Schnitt: Anne-France Lebrun
Produktion: Jean Marboeuf für Les Films du Chantier/Le Ministère de la Culture, Frankreich 1985
Uraufführung: 30.8.1985, Montreal World Film Festival
Sendetermin: 28.6.1993, 20.40, Arte
Länge: 85 Min.

Drei klassische Kinofiguren: der Ehemann, die Frau und der Liebhaber. Der Ehemann sehnt sich nach Freiheit, die Frau nach der großen Liebe und der Liebhaber nach Pantoffeln unterm Sofa. Inszenierung eines kabarettistischen Verwechslungsspiels, komisch und melancholisch zugleich. *Pressetext Arte*

Das verborgene Gesicht

895
GIZLI YÜZ
***

Regie: Ömer Kavur
Darsteller: Zuhal Olcay (Frau), Fikret Kuskan (Fotograf), Savas Yurttas (Uhrmacher), Rutkay Aziz, Sevda Ferdag, Arslan Kacar, Salih Kalyon
Drehbuch: Orhan Pamuk, nach der eigenen Kurzerzählung in »Das schwarze Buch«
Kamera: Erdal Kahraman (Farbe)
Musik: Cahit Berkay
Schnitt: Mevlut Kocak
Produktion: Ömer Kavur, Sadik Deveci für Alfa Film, Türkei 1991
Uraufführung: Int. Filmfestspiele Venedig 1991
Verleih: -/-/trigon-Film
Kinostart: Januar 1993 (CH)
Länge: 115 Min.

Eine Frau entdeckt unter tausenden von Bildern eines Nachtclub-Fotografen das Gesicht aus ihren Träumen. Es gehört einem Uhrmacher, der den Menschen das Geheimnis der Zeit mitteilen will, um ihnen bei ihrer Sinnsuche zu helfen. Als die Frau mit diesem Mann verschwindet, macht sich der junge Fotograf auf die Suche nach ihr. Mit vielen Anklängen an die türkische Tradition des Erzählens und mit starkem Bezug auf den Sufismus, die islamische Mystik, erzählt der Film ein Märchen, das die unscharfe Grenze zwischen Realität, Symbolik, Traum und Mystizismus beschreitet. *Zoom*

Das Verbrechen

896
RYÖ / RUST
***
Video

Regie: Larus Ymir Oskarsson
Verleih: -/-/-/VMP Video

Videotitel für: → »Rost«. Lief unter diesem Titel 1992 in unseren Kinos. Deshalb vollständige Angaben und Kritik im Heyne Filmjahrbuch 1993.

Verdacht auf Mord

897
TAKING CARE
***
TV

Regie: Clarke Mackey
Darsteller: Kate Lynch (Angie), Janet Amos (Marie), Saul Rubinek (Carl), Allan Royal (Dr.

Barton), Sean McCann (Ed), Bernard Behrens
Drehbuch: Rebecca Schechter
Kamera: Keith Hlady (Farbe)
Musik: Jane Fair
Schnitt: Terese Hannigan
Produktion: Pasia Schonberg für Telltales, Kanada 1987
Uraufführung: 14.9.1987, Toronto Festival of Festivals
Verleih: -/-/-/
Sendetermin: 11.2.1993, MDR, 22.45
Länge: 90 Min.

Im Krankenhaus von Downtown sterben innerhalb von 14 Tagen drei junge Mütter im Kindbett. Da Schwester Marie zufällig für die Pflege der drei Mütter zuständig war, wird sie kurzerhand für die Todesfälle verantwortlich gemacht. Sie wird wider besseres Wissen nicht von der Klinikverwaltung entlastet.

Die vergessene Stadt – Butte, Montana 898

***

Regie: Thomas Schadt
Darsteller: Sprecher: Christian Brückner
Kamera: Thomas Schadt; Thomas Keller, Donatello Dubini (Ass.) (Farbe)
Musik: Peter Kowald (Bass), Conrad Bauer (Posaune), Akira Sakata (Saxophon), Jeanne Lee (Gesang)
Schnitt: Christel Maye
Produktion: Thomas Schadt für Odyssee-Film, BRD 1992
Uraufführung: 22.5.1992, Berlin
Erstaufführung: Dokumentarfilmfestival München 1993
Verleih: Wild Okapti/-/-
Kinostart: Sept. 1993
Länge: 87 Min.
FBW: Wertvoll

Filmballade über die sterbende Bergarbeiterstadt Butte in Montana, USA, die um die Jahrhundertwende einen sagenhaften Kupfer-Boom erlebte und später als halbverlassene Geisterstadt nahezu in Vergessenheit geriet.

Hans Schifferle in: SZ, 5.5.93 (Festivalbericht)

Verhängnis 899

DAMAGE ****

Regie: Louis Malle
Produktion: Frankreich/GB 1992
Verleih: Nef2/Smile/Rialto

Vorstart bereits Dezember 1992. Deshalb vollständige Angaben und Kritik bereits im Heyne Filmjahrbuch 1993.

Eine verhängnisvolle Verbindung 2 900

BODY CHEMISTRY 2 – VOICE OF A STRANGER **

Video

Regie: Adam Simon
Darsteller: Gregory Harrison (Dan Pearson), Lisa Pescia (Dr. Claire Archer), Morton Downey Jr. (Charles McGill), Robin Riker (Brenda), Clint Howard (John Larrabee), John Landis (Dr. Edwards), David Sinaiko, Monique Gabrielle, Maria Ford
Drehbuch: Jackson Barr, Christopher Wooden
Kamera: Richard Michalak (Farbe)
Musik: Nigel Holton
Schnitt: Richard Gentner
Produktion: Alida Camp für Concorde, USA 1991
Verleih: -/-/-/Columbia TriStar Home Video
Videostart: 15.12.1992
Länge: 91 Min. – *FSK:* ab 18 J.

Ein Mann zwischen zwei Frauen – auf der Suche nach dem wahren Glück. Probleme gibt es mit seiner Psychologin, die eine eiskalte Sadistin ist. Sex und Gewalt für den weltweiten Video-Spanner Markt.

Verlorene Landschaft 901

***

Regie: Andreas Kleinert
Darsteller: Roland Schäfer (Elias), Friederike Kammer (Mutter, jung), Sylvester Groth (Vater, jung), Christiane Gloger (Mutter, alt), Christoph Engel (Vater, alt), Cornelia Schmaus (Laura)
Drehbuch: Andreas Kleinert
Kamera: Sebastian Richter (Farbe und s/w)
Musik: Brynmor Llewelyn Jones
Schnitt: Helga Gentz
Produktion: Joachim von Vietinghoff, BRD 1992
Uraufführung: Int. Hofer Filmtage 1992
Erstaufführung: Max Ophüls Preis, Saarbrücken 1993
Verleih: Unidoc/-/-
Kinostart: 28.10.1993
Länge: 106 Min.
FBW: Wertvoll

Nach dem Fall der Mauer kehrt ein westdeutscher Politiker an den Ort seiner Kindheit in Ostdeutschland zurück. Die

Begegnung mit dem Gestern wird zum Anlaß einer Auseinandersetzung mit dem Verlust an Menschlichkeit durch den Gang der deutschen Nachkriegsgeschichte. Das Kinodebüt des Autors und Regisseurs Andreas Kleinert verharrt nicht in der Reflexion der Klaustrophobie des DDR-Alltags im Schatten der Mauer, sondern spiegelt gegenwärtiges, gesamtdeutsches Gemüt.

Peter Claus, tip, 22/93

Detlef Esslinger in: SZ, 8.12.92; Leopold Schuwerack in: FR, 8.12.92

Ein Vermieter zum Knutschen 902
THE SUPER ***

Regie: Rod Daniel
Darsteller: Joe Pesci (Louie Kritski), Vincent Gardenia (Big Lou Kritski), Madolyn Smith Osborne (Naomi), Ruben Blades (Marlon), Stacey Travis (Heather), Carole Shelley (Irene Kritski), Kenny Blank (Tito), Paul Benkamin (Gilliam), Beatrice Winde (Leotha)
Drehbuch: Sam Simon
Kamera: Bruce Surtees (Deluxe)
Musik: Miles Goodman
Schnitt: Jack Hofstra
Produktion: Charles Gordon für Largo/JVC Ent., USA 1991
Verleih: 20th Century Fox (angekündigt 30.1.1992, nicht gestartet)/Fox Video
Kinostart: Febr. 1993
Länge: 86 Min. – *FSK:* ab 6 J.

Tyrannischer Hausbesitzer wird vom Gericht dazu verdonnert, für einige Zeit selbst in seinen verlotterten Wohnblock zu ziehen. Gut besetzte, aber etwas schönfärberische, realitätsferne Komödie, die Sozialkritik nur zum Anlaß nimmt, ein paar Gags zu schinden.

Ein verrückter Leichenschmaus 903
PASSED AWAY ***

Regie: Charlie Peters
Darsteller: Bob Hoskins (Johnny Scanlan), Jack Warden (Jack Scanlan), William Petersen (Frank Scanlan), Helen Lloyd Breed (Tante Maureen), Maureen Stapleton (Mary Scanlan), Pamela Reed (Terry Scanlan), Tim Curry (Boyd Pinter), Peter Riegert (Peter Syracusa), Blair Brown, Patrick Breen
Drehbuch: Charlie Peters
Kamera: Arthur Albert (Duart/Technicolor)
Musik: Richard Gibbs
Schnitt: Harry Keramidas
Produktion: Hollywood Pic. mit Touchwood Pacific Partners I Prod.: Larry Brezner, Timothy Marx, USA 1992
Verleih: Warner Bros. (5.11.1992 geplant, nicht gestartet)/Buena Vista Home Video
Kinostart: Mai 1993
Länge: 93 Min. – *FSK:* ab 6 J.

Der Tod des Familienoberhaupts führt die vier erwachsenen Kinder einer irischstämmigen US-Familie wieder zusammen und läßt die Krisen kulminieren. Muntere Komödie mit vorzüglichen Darstellern, der man etwas mehr Biß gewünscht hätte.

Verschwörung der Kinder 904
SUR LA TERRE COMME AU CIEL ***

Regie: Marion Hänsel
Darsteller: Carmen Maura (Maria), Didier Besace (Tom), Samuel Mussen (Jeremy), Jean-Pierre Cassel (Redakteur), André Delvaux (Professor), Serge Henri Valcke (Peter), Pascale Tison (Jane), Pierre Laroch, Francine Blistin, André Debaar
Drehbuch: Marion Hänsel, Paul Le, Mitarbeit Jaco van Dormael, L. van Keebegen
Kamera: Josep M. Civit (Fujicolor)
Musik: Takashi Kako
Schnitt: Susana Rossberg
Produktion: Marion Hänsel für Man's Films/Avanti/Sabre TV/TCHIN TCHIN mit Le Fonds Eurimages du Conseil de l'Europe/ Ministere de la Communaute Francaise de

›Verschwörung der Kinder‹ mit Carmen Maura.

Belgique/Ministerie van Vlaamse/Centre National de Cinematographie Francaise, Belgien/Frankreich/Spanien 1991
Uraufführung: 16.2.1992, Int. Filmfestspiele Berlin, »Panorama«
Verleih: Arsenal/Filmladen/Columbus Film
Kinostart: 4.3.1993
Länge: 80 Min.

Eine Frau wird schwanger und freut sich, aber das Kind will nicht geboren werden in diese Welt der Hektik und Sinnentleerheit – und schlimmer noch: Kein Kind will mehr geboren werden. Zwischen Realsatire und Science-Fiction-Film pendelt sich die radikale Auseinandersetzung mit dem Wert des Lebens ein, wobei die Stärken des Films in der lakonischen Schärfe gewisser Passagen und Dialoge liegen, die Schwächen im gelegentlich fast penetrant gutgemeinten Manifestcharakter. Sympathisch Carmen Maura als alleingelassene Zweiflerin. *Zoom, 11/92*

Fritz Göttler in: SZ, 24.5.93; Thomas Klingenmaier in: Stgt. Zeitung, 11.3.93

Verzaubert 905

***

Regie: Dorothée von Diepenbroick, Jörg Fockele, Jens Golombek, Dirk Hauska, Sylke Jehna, Claudia Kaltenbach, Ulrich Prehn, Johanna Reutter, Katrin Schmersahl
Kamera: Vera von Wilken (Farbe und s/w)
Schnitt: Martina Ebert
Produktion: Trigon Film, BRD 1992
Verleih: Salzgeber/-/-
Kinostart: Jan. 1993
Länge: 89 Min.

Ein Film über die Zeit, als Homosexuelle sich noch nicht »lesbisch« oder »schwul« nannten, sondern »verzaubert« waren. Jahrelang recherchierte eine Gruppe Hamburger Filmemacherinnen, suchte, fand – und befragte Zeitzeuginnen, die die 40er und 50er Jahre in Hamburg erlebten. Höchst unterschiedlich die Erfahrungen, die Lebensgeschichten, die die 60- bis 80jährigen Männer und Frauen Revue passieren lassen: die ersten heimlichen Romanzen, Vorladungen durch die Sittenpolizei und Gestapo, Tarn-Ehen, Rosa Winkel, das nächtliche Treiben zwischen Neustadt und St. Pauli.

Verzauberter April 906

ENCHANTED APRIL ***

Regie: Mike Newell
Darsteller: Miranda Richardson (Rose Arbuthnot), Joan Plowright (Mrs. Fisher), Josie Lawrence (Lottie Wilkins), Polly Walker (Lady Caroline Dester), Alfred Molina (Melleresh Wilkins), Jim Broadbent (Frederick Arbuthnot), Michael Kitchen (George Briggs), Neville Phillips (Vicar), Stephen Beckett (Jonathan), Mathew Radford (Patrick)
Drehbuch: Peter Barnes, nach dem gleichn. Roman von Elizabeth von Arnim
Kamera: Rex Maidment (16mm) (Farbe)
Musik: Richard Rodney Bennett
Schnitt: Dick Allen
Produktion: Ann Scott für BBC Theatrical Films mit Miramax Films/Greenpoint Films, GB 1991
Uraufführung: 6.11.1991, London Film Festival
Verleih: Ascot/Constantin/Elite
Kinostart: 8.4.1993
Länge: 93 Min. – *FSK:* ab 6, ffr.

Im England der 20er Jahre fliehen vier Frauen vor ihren Ehemännern und der wenig anregenden Umgebung auf ein altes Castello in Italien. Der als paradiesisch empfundene Aufenthalt bringt neue Einsichten, aber auch alte: Sehnsucht nach Zuhause. Die verführerisch in Szene gesetzte Landschaft verheißt allzu viel Zauber. Nicht nur die Damen erholen sich, auch die Ehen sind gerettet.
Alexander Musik, Tip, 8/93

Michael Althen in: SZ, 13.4.93; Heiko R. Blum in: Rheinische Post, 28.5.93; Carla Rhode in: Der Tagesspiegel, 10.4.93; Helmut Schmitz in: FR, 8.4.93

Via Monte Napoleone 907

MONTE NAPOLEONE **

TV

Regie: Carlo Vanzina
Darsteller: Renée Simonsen (Elena), Carol Alt (Margherita), Luca Barbareschi (Guido), Fabrizio Bentivoglio (Roberto), Corinne Cléry (Chiara), Marisa Berenson (Fabrizios Mutter), Valentina Cortese (Guidos Mutter)
Drehbuch: Carlo Vanzina, Enrico Vanzina, Jaja Fiastri
Kamera: Luigi Kuveiller (Cinetittà)
Musik: Beppe Cantarelli
Schnitt: Ruggero Mastroianni
Produktion: Mario und Vittorio Cecchi Gori für C. G. Silver Film/Video 80/Reteitalia, Italien 1987
Sendetermin: 8.6.1993, Premiere, 21.00
Länge: 92 Min.

Im Aufbau an Serien wie »Dallas« orientierte seichte Seifenoper aus dem Mailänder Modemilieu über karrierehemmende Schwangerschaften, bedrohte Ehen und besitzergreifende Mütter. Dekor, Bilder und Models sind so schön, daß es letztlich keine Rolle spielt, ob hier Schauspieler agieren oder nicht.

nach Variety

El Viaje 908

EL VIAJE

Regie: Fernando E. Solanas

Siehe: → ›Die Reise‹

Video Blues 909

VIDEO LEVELEZES ***

TV

Regie: Arpád Sopsits
Darsteller: Lajos Ottó Horváth (Gabor), Judit Danyi (Judit), Attila Epres (Janos), Myriam Mezieres (Eva), Eszter Szakács
Drehbuch: Arpád Sopsits, Sándor Fábry, László Garaczi
Kamera: Sándor Kardos (Farbe)
Musik: László Melis
Schnitt: Katalin Kabdebó
Produktion: Hunnia-Film/Option Images/La Sept Cinema/FIFI, Ungarn/Frankreich 1992
Uraufführung: 13.8.1992, Filmfestival Locarno
Verleih: -/-/-/
Sendetermin: 9.2.1993, ZDF, 23.00
Länge: 100 Min.

Der mit seiner Familie in Budapest lebende Janos hat sieben Jahre lang nichts von seinem Bruder Gabor gehört, bis dieser ihm aus Paris einen Video-Camcorder und eine Videokassette schickt. Die Brüder beginnen einen Video-Briefwechsel, auch mit Aufnahmen und Briefen aus der Vegangenheit. Der mysteriöse Tod ihres Vaters wirft Fragen auf, ebenso ihre Beziehung zu Janos' Frau und Sohn.

Videogramme einer Revolution 910

***

Regie: Harun Farocki, Andrei Ujica
Darsteller: Sprecher: Thomas Schultz
Drehbuch: Harun Farocki, Andrei Ujica
Kamera: (Farbe)
Schnitt: Egon Bunne
Produktion: Harun Farocki Filmprod., BRD 1992
Uraufführung: 16.5.1992, Human Rights Watch Filmfestival. N.Y.
Verleih: Basis/-/-
Kinostart: Mai 1993
Länge: 107 Min.

Aus mehreren hundert Stunden Videofilm, die während der rumänischen Revolution im Dezember 1989 entstanden, haben Farocki und Ujica einen knapp zweistündigen Zusammenschnitt gemacht, der mitten in die Revolutionswirren hineinführt. Es beginnt mit der letzten Rede Ceausescus, führt über den Sturm aufs ZK zur Besetzung der Fernsehanstalt und endet mit der Hinrichtung des Ehepaares Ceausescus.

Volker Gunske, tip, 9/93

Michael Althen in: SZ, 1.6.93

Videopoly oder Duponts Verschwinden 911

VIDEOPOLY **

Video

Regie: Walter Deuber, Peter Stierlin
Darsteller: Arnfried Lerche (Wolfgang Dupont), Eva Rieck (Anne Dupont), Elisabeth Volkmann (Dr. Schumann), Hans Korte (Dr. Moorckz), Edi Piccin (Patrick Dupont)
Drehbuch: Walter Deuber, Peter Stierlin
Kamera: Edwin Horak, Marc Schlatter, Daniel Lehmann (Farbe)
Musik: Jonas C. Haefeli
Schnitt: Ruedi Gyhr
Produktion: Peter Christian Fueter für Condor/NDR/DRS, Schweiz 1986
Verleih: -/-/-/Limar Video
Videostart: Juni 1993
Länge: 87 Min.
FSK: ab 12 J.

Ex-Tankerkönig steigt ins Mediengeschäft ein und will mittels Manipulationen unbegrenzte Macht erlangen. Betuliches, wenngleich von ehrenwerten Intentionen getragenes Fernsehfilmchen, das sich ins Videoregal verirrt hat.

Viel Lärm um nichts 912

MUCH ADO ABOUT NOTHING ****

Regie: Kenneth Branagh
Darsteller: Kenneth Branagh (Benedick),

Entzugserscheinungen: Emma Thompson und Kate Beckinsale erwarten Männer in ›Viel Lärm um nichts‹.

Emma Thompson (Beatrice), Michael Keaton (Dogberry), Denzel Washington (Don Pedro), Keanu Reeves (Don John), Robert Sean Leonard (Claudio), Kate Beckinsale (Hero), Richard Briers (Leonato), Brian Blessed (Antonio), Richard Clifford
Drehbuch: Kenneth Branagh, nach dem Theaterstück von William Shakespeare
Kamera: Roger Lanser (Technicolor)
Musik: Patrick Doyle
Schnitt: Andrew Marcus
Produktion: Stephen Evans, David Parfitt, Kenneth Branagh für Renaissance mit American Playhouse/BBC, GB/USA 1993
Erstaufführung: Filmfest München 1993
Verleih: Impuls/Constantin/Monopole Pathé/VMP Video
Kinostart: 2.9.1993
Länge: 111 Min. – *FSK:* ab 6, ffr.
FBW: Besonders wertvoll

Im Parma des 16. Jahrhunderts werden zwei Liebespaare Intrigen ausgesetzt, die sie trennen bzw. zusammenführen. Kongeniale filmische Umsetzung der Shakespearekomödie aus dem Jahre 1598, stilistisch adäquat und werkgetreu bearbeitet von Kenneth Branagh, und beschwingt gespielt von seiner Company und namhaften US Kinostars.

multimedia

Martin Dehlen in: Kölner Stadt-Anzeiger, 4.9.93; Otto Heuer in: Rheinische Post, 3.9.93; Carla Rhode in: Der Tagesspiegel, 2.9.93; Helmut Schmitz in: FR, 3.9.93

Das vierte Gebot 913

HONOR THY MOTHER **

Video

Regie: David Greene
Darsteller: Sharon Gless (Mutter), William McNamara (Chris), Brian Wimmer (Detektiv), Paul Scherrer, Christian Hoff, Jonathan Ward, Suzanne Ventulett, Dion Anderson (Detektiv), Lee Garlington, Matthew Faison
Drehbuch: Richard DeLong Adams, Robert L. Freedman, nach dem Buch »Blood Games« von Jerry Beldsoe
Kamera: Steven Larner (Farbe)
Musik: Peter Manning Robinson
Schnitt: Paul Dixon
Produktion: Harvey Frand für Universal/MCA TV mit Point of View Prod., USA 1992
Uraufführung: 26.4.1992, CBS
Verleih: -/-/-/CIC Video

Videostart: 19.5.1993
Länge: 90 Min. – *FSK:* ab 16 J.

Sohn aus einer gutbürgerlichen US-Familie gerät in den Verdacht, einen Mordanschlag auf seine eigenen Eltern verübt zu haben. Vorgeblich authentisches Familiendrama auf TV-Serienniveau.

Joe Hill in: film-dienst, 12/93

24 Hours to Midnight

914
*
Video

24 HOURS TO MIDNIGHT

Regie: Leo Fong
Darsteller: Bernie Pock (Lester McQueen), Myra (Le Ann Jackson), Cynthia Rothrock (Devon Grady) Stack Pierce (White Powder Chan), Steven Quimby (Stokes)
Drehbuch: Leo Fong
Kamera: Frank Harris (Farbe)
Musik: Dela Casher
Schnitt: Chris Roth
Produktion: Philip Cable für Sunny Film, USA 1991
Verleih: -/-/-/Highlight Video
Videostart: Mai 1994
Länge: 82 Min.
FSK: ab 18 J.

Als der Hauptbelastungszeuge in einem Drogenprozeß brutal ermordet wird, schwört seine Frau blutige Rache. Sie beginnt einen erbarmungslosen Privatkrieg und die Tage des Drogenbosses sind gezählt. Noch ein Martial-Arts-Spektakel von Stümpern geschrieben, inszeniert und gespielt.

W. Jahnke in: film-dienst, 17/93

Vietnam, Ausgangspunkt

915
***
TV

Regie: Robert Kramer
Kamera: (Farbe)
Produktion: USA 1993
Verleih: -/-/-/
Sendetermin: 4.12.1993, 20.40, Arte
Länge: 90 Min.

1969 hatte sich Robert Kramer nach Vietnam begeben und von dort 40 Minuten Schwarzweiß-Film mit dem Titel »People's War« nach Hause gebracht. 23 Jahre später reist er nochmals samt Kamera nach Hanoi, begierig, Bruchstücke dieses Vietnams der 90er Jahre zu sehen, anzutreffen und zu verstehen. Der erste Dialog, den er führt, ist der mit seinem Führer von 1969. Von da an wird der Film nicht mehr aufhören, seine Spur zu verfolgen und sie zu verändern, fasziniert vom Alltag, den er verblüffend einfängt, jenseits aller Gewohnheiten. Es ist eine wahrhaft visuelle Partitur in der Art eines verhaltenen Blues, er vermengt Vergangenheit und Gegenwart, erforscht Erinnerungen, bringt Hoffnungen zur Sprache. *Pressetext Arte*

Les violons du bal

916
****
TV

Regie: Michel Drach
Darsteller: Marie-José Nat (Jeanne), Gabrielle Doulcet (Großmutter), Michel Drach, David Drach, Christian Rist, Nathalie Roussel, Paul Le Person, Yves Afonso, Noëlle Leiris
Drehbuch: Michel Drach
Kamera: Yann Le Masson, William Lubtchansky (Farbe und s/w)
Musik: Jean Manuel de Scarano, Jacques Monty
Schnitt: Geneviève Winding
Produktion: Port Royal/ORTF, Frankreich 1973
Verleih: -/-/-/
Sendetermin: 15.7.1993, Arte, 20.55
Länge: 100 Min.

Ein Regisseur, gespielt von Michel Drach, will einen autobiographischen Film über seine Kindheit im besetzten Frankreich drehen. Als er sein Projekt einem mächtigen Produzenten anbietet, stößt er auf scharfe Ablehnung. Der Film pendelt ständig zwischen der Gegenwart – den Bemühungen um die Durchsetzung des Projekts – und der Vergangenheit – den Erinnerungen des Regisseurs. Michel und seine Familie müssen 1939 Paris verlassen, weil sie Juden sind. Bei der Darstellung der Flucht bis an die Schweizer Grenze geht es weniger um die Rekonstruktion der geschichtlichen Fakten als um die der Gefühle. Es erwies sich als Novum innerhalb des damaligen französischen Filmschaffens, daß die »Feinde« der Opfer in erster Linie Franzosen und nicht so sehr Deutsche waren.

Pressetext Arte

Vollmond in New York 917

FULL MOON IN NEW YORK ***

TV

Regie: Stanley Kwan
Darsteller: Sylvia Chang (Wang Hsiung Ping), Maggie Cheung (Li Feng Jiao), Sichingowa
Drehbuch: Zhong Acheng, Yan Tai On Ping
Kamera: Bill Wong (Farbe)
Musik: Chang-Hung Yi
Schnitt: Steve Wong, Chow Cheung Kan
Produktion: Henry Fong für Shiobu, Hongkong 1989
Uraufführung: 10.2.1990, Int. Filmfestspiele Berlin »Panorama«
Sendetermin: 14.12.1993, West3, 23.00
Länge: 88 Min.

Drei Geschichten in einer: In New York leben drei Emigrantinnen aus Asien – ein Mädchen aus Taiwan, eines aus China und eines aus Hongkong. Alle drei haben mehr oder minder große Anpassungsschwierigkeiten, aber aus unterschiedlichen Gründen. Während Chao Hong mit Thomas, einem assimilierten Chinesen, zusammenlebt, ist Wang Ping unfähig, eine Beziehung einzugehen. Li Feng aus Hongkong ist einfach nur geschäftstüchtig.

Vom Leben Lieben Sterben – Erfahrungen mit Aids 918

***

Regie: Walter Hiller, Manfred Neuwirth
Darsteller: Interviewer: Walter Hiller; Gesprächspartner: Ernst Paar, Irene Müller, Walter Brenner, Wolfgang Reder, Brigitte Holoubek
Kamera: Manfred Neuwirth (Farbe)
Schnitt: Walter Hiller, Manfred Neuwirth
Produktion: Loop/Medienwerkstatt Wien, Österreich 1993
Verleih: -/filmladen/-
Kinostart: Nov. 1993 – *Länge:* 85 Min.

Die Berichte eines (inzwischen verstorbenen) Aids-Kranken und von vier »Begleitern« Infizierter und Sterbender geben erschütterndes Zeugnis von Trauer, Schmerz, Bewältigungsversuchen, Hilflosigkeit angesichts der Fehler und Schwächen mancher Menschen im Umfeld von HIV-Positiven, aber auch viele Hinweise auf sinnvolles helfendes Verhalten, auf ein ungeheures Potential »innerer Wachstumsmöglichkeiten«.

multimedia

W. – Le jeune Werther 919

LE JEUNE WERTHER ***

Regie: Jacques Doillon
Darsteller: Ismaël Jole (Ismaël), Marie-Isabelle Rousseau (Mirabelle), Thomas Bremond (Théo), Miren Capello (Miren), Faye Anastasia (Faye), Pierre Mézerette, Simon Clavière, Sunny Lebrati, Jessica Tharaud, Margot Abascal
Drehbuch: Jacques Doillon
Kamera: Christophe Pollock (Farbe)
Musik: Philippe Sarde
Schnitt: Jacques Doillon
Produktion: Les Films Alain Sarde/Home Made Movies, Frankreich 1992
Uraufführung: 13.2.1993, Int. Filmfestspiele Berlin
Verleih: TiMe/top/-
Kinostart: 30.9.1993
Länge: 94 Min. – *FSK:* ab 12, ffr.
FBW: Besonders wertvoll

Der Selbstmord eines 14jährigen schreckt seine Mitschüler auf: Hatten die Eltern schuld, die Lehrer, oder gar sie selbst? Ismael, der beste Freund des Toten, versucht, dessen unglücklicher Liebe zu einem Mädchen auf den Grund zu gehen und erlebt am eigenen Leib Leidenschaft, Hoffnung und Enttäuschung. Blendend gespielte, sensible Studie der Gefühlswelt Heranwachsender, die sich grundsätzlichen Fragen von Leben und Tod, Liebe und Freundschaft stellt. Trotz mitunter stark stilisierter Dialoge jederzeit glaubwürdig und fesselnd. *multimedia*

(...) Ismael verzehrt sich zutiefst nach dieser Miren, und unter den 14jährigen werden die Herzblutsprüche um romantische Hochgefühle und Grabesleid trotz Friedhofstränenbad gleichsam aseptisch dahergeredet: stilvolles Schmachten in Kinderunschuld – eine Klassenarbeit für die Reifeprüfung. Und so ist es wie immer bei Doillon: Die einen sind entzückt vom gläsernen Manierismus seiner Jugendpsychodramen – die anderen nervt er. Mich nervt er. *Ponkie, AZ, 15.2.93*

(...) Jacques Doillons 16. Spielfilm ist weniger eine moderne Adaption des Goetheschen Sturm-und-Drang-Romans als ein höchstlebendiges Porträt der Pariser Kleinbürgerjugend; so lebendig und so wirklichkeitsnah, daß kinogeschädigte Kritiker argwöhnten,

Rundfunk im Kino: Jugendliche im Dauerdialog in ›Le jeune Werther‹.

Doillon habe aus Kindern Erwachsene gemacht. *Christoph Terhechte, tip,*

Michael Althen in: Die Zeit, 1.10.93; Brigitte Desalm in: Kölner Stadt-Anzeiger. 2.10.93; Heike Kühn in: FR, 22.10.93; H.G. Pflaum in: SZ, 13.11.93; Ponkie in: AZ, 11.11.93; Jan Schulz-Ojala in: Der Tagesspiegel, 14.2.93

Die Wache 920

KARAUL ****

Regie: Alexandr Rogoschkin
Darsteller: Sergej A. Kuprijanow (Andrej Iveren), Alexej I. Buldakow (Promow), Alexej V. Mozrun (Mazur), Alexandr N. Smirnow (Clustow), Taras V. Denisenko (Kortschenjuk), Renat Ibragimow, Dmitris V. Iosifow
Drehbuch: Iwan Loschtschilin
Kamera: Waleri Martynow (Farbe und s/w)
Schnitt: Tamara Denisowa
Produktion: Lenfilm, UdSSR 1990
Uraufführung: Int. Filmfestspiele Berlin 1990
Verleih: -/-/Columbus
Kinostart: Febr. 1991 (CH)
Länge: 96 Min.

In engen, vergitterten Eisenbahnwagen werden Häftlinge, bewacht von einer Sondereinheit der sowjetischen Armee, in ein Straflager transportiert. Ein Vorfall, der sich vor einigen Jahren in den »Inneren Truppen« ereignete, diente dem Film als Vorlage: Ein Rekrut erschoß seine Vorgesetzten, weil er deren dauernde Erniedrigungen nicht mehr aushalten konnte. Der brillante, ein Stück sowjetische Befindlichkeit abbildende Film zeigt die Abfolge militärischer Rituale, deren Hackordnung und Männerwirtschaft, und verläßt dabei die klaustrophobe Atmosphäre der Eisenbahn äußerst selten, um den Blick in die trostlose Weite des sibirischen Winters freizugeben. *Zoom*

Der Film verursacht einem durch die rücksichtslos dargebotene Monotonie seiner Rituale, zunehmend auch durch seine wörtlich zu nehmende Ausweglosigkeit, die den Augen keinen Zentimeter zum Abschweifen gönnt, eine momentweise bis zum Widerwillen gehende Klaustrophobie. (...)
Karina Niehoff, SZ, 14.2.1990

Volker Baer in: Der Tagesspiegel, 13.2.90; Hans-Dieter Seidel in: FAZ, 14.2.90

Die Wahlkämpfer 921

**

Regie: Helmut Grasser
Drehbuch: Helmut Grasser, Hubert Canaval
Kamera: Peter Zeitlinger (Farbe)
Schnitt: Hubert Canaval
Produktion: Helmut Grasser für Allegro-Film, Österreich 1993
Verleih: -/filmladen/-
Kinostart: Juni 1993
Länge: 118 Min.

Dokumentation über Mitarbeiter und Wähler der FPÖ von Jörg Haider. Die gezeigten Interviews geben zwar einen recht guten Einblick in deren Lebenswelten, die ambitionslose Aneinanderreihung der einzelnen Statements läßt jedoch viele Chancen ungenützt und ermüdet mit der Zeit. *multimedia*

Wanderer der Wüste 922

LES BALISEURS DU DÉSERT ***

Regie: Nacer Khemir
Darsteller: Soufiane Makni (Houcine), Nacer Khemir (Lehrer), Sonia Ichti (Tochter des Scheichs), Noureddine Kasbaoui (Gerichtsschreiber), Abdeladhim Abdelhak (Hadj), Hedi Daoud (Scheich), Hassen Khalsi (Polizei-Offizier), Jamila Ourabi, Abdelkarim Hamdi
Drehbuch: Nacer Khemir
Kamera: Georges Barsky (Farbe)
Musik: Fethi Zgonda
Schnitt: Moufida Tlatli
Produktion: Latif-SATPEC/France Média, Tunesien/Frankreich 1984
Verleih: -/-/Trigon-Film
Kinostart: April 1993
Länge: 95 Min.

Ein Lehrer kommt in ein zerfallendes Dorf mitten in der Wüste, in dem sich rätselhafte Dinge abspielen: Die jungen Männer des Ortes werden zu endlos umherirrenden Wüstenwanderern, die Leute im Dorf suchen einen Schatz, träumen von einem verschwundenen Garten. Nacer Khemiers kontemplativer, symbolhafter Spielfilmerstling spricht Themen wie das Fehlen eines Geschichtsbewußtseins, die alles verschlingende Zeit, Heimat und Entwurzelung an, läßt dabei in seiner märchenähnlichen Vielschichtigkeit logisch-intellektuelle Betrachtungen in die Irre laufen. *Zoom*

Walter Ruggle in: Filmbulletin, 1/93

Der Wanderzirkus 923

GANH XIEC RONG ****

Regie: Nguyen Viet Linh
Darsteller: Vien Minh, Be Khuong, Thai Ngan, Cac Son, The Anh
Drehbuch: Pham Thuy Nhan
Kamera: Dinh Angh Dung
Musik: Hoang Hiep
Schnitt: Thien Hu'ong
Produktion: Giai Phong Film Studio, Vietnam 1990
Erstaufführung: 22.2.1991, Int. Filmfestspiele Berlin, »KinderFilmfest«
Verleih: -/-/trigon
Kinostart: Jan. 1993
Länge: 80 Min.

Ein Wanderzirkus kommt in ein kleines, abgelegenes Dorf, für dessen Bewohnerinnen und Bewohner die Beschaffung von genügend Nahrungsmitteln die größte Sorge ist. Bald vergessen die leichtgläubigen Leute die Bewirtschaftung ihrer Felder, um Gold abzubauen, denn der Zirkus will für seinen faulen Trick – er gibt vor, Reis herbeizaubern zu können, bezahlt werden. Der Film gerät zur eindrücklichen Allegorie, kritisiert weniger auf moralische als poetische Art diejenigen, die mittels falscher Versprechungen agieren, und beeindruckt durch trefflich gezeichnete Charaktere und eindringliche Schwarz-Weiß-Bilder. *Zoom, 1/93*

Wanted – Betty Lou, Bewaffnet bis an die Zähne 924

THE GUN IN BETTY LOUS HANDBA ***
Video

Regie: Allan Moyle
Darsteller: Penelope Ann Miller (Betty Lou), Eric Thal (Alex), Alfre Woodard (Ann), Julianne Moore (Elinor), Andy Romano (Herrick)
Drehbuch: Grace Cary Bickley
Kamera: Charles Minsky (Farbe)
Musik: Richard Gibbs
Schnitt: Janice Hampton, Erica Huggins
Produktion: Scott Kroopf für Touchstone, USA 1992
Verleih: -/-/-/Buena Vista Video
Videostart: Mi 1993
Länge: 84 Min.

Gelangweilte Provinzbibliothekarin, der eine Mordwaffe in die Hände fiel, behauptet aus Langeweile, die Täterin zu sein. Überwiegend anspruchslose aber witzige und muntere Krimikomödie mit soliden Darstellerleistungen.

Warheads 925

***

Regie: Romuald Karmakar
Drehbuch: Romuald Karmakar
Kamera: Michael Teutsch, Klaus Merkel, Reiner Lauter, Bruno Affret (Farbe)
Schnitt: Katja Dringenberg
Produktion: Wolfgang Pfeiffer, Anne-Marie Autissier für Max Film/Eurocréation/WDR, BRD/Frankreich 1992
Uraufführung: 14.8.1992, Int. Filmfestspiele Locarno »Woche der Kritik«; 16.2.1993, »Int. Forum des Jungen Films«, Berlinale
Erstaufführung: 28.3.1993, Filmmuseum München
Verleih: Ambush/
Kinostart: 6.5.1993
Länge: 182 Min.

In »Warheads« verbinden sich die Berichte zweier Berufssoldaten mit Aufnahmen aus Trainingcamps und Bildern von Kriegsschauplätzen zu einem dreistündigen Dokumentarfilm. Der Regisseur verzichtet auf moralisierende Standardfragen und erfährt um so mehr über das Wesen des Söldnertums. Durch ihre Selbstdarstellung wird der Arbeit des Soldaten eine monströse Selbstverständlichkeit verliehen.
Anke Leweke, tip, 10/93

Fritz Göttler in: SZ, 5.4.93; Tilman Krause in: Der Tagesspiegel, 17.2.93, 5.5.93; Christian Seebaum in: Kölner Stadtanzeiger, 12.6.93

Warlock: The Armageddon 926

WARLOCK: THE ARMAGEDDON **
Video

Regie: Anthony Hickox
Darsteller: Julian Sands (Warlock), Chris Young (Kenny Travis), Paula Marshall (Samantha Ellison), Steve Kahan (Will Travis), Charles Hallahan (Ethan Larson), R.G. Armstrong (Franks), Nicole Mercurio (Kate), Craig Hurley (Andy), Bruce Glover (Ted Ellison), Dawn Ann Billings (Amanda)
Drehbuch: Kevin Rock, Sam Bernard
Kamera: Gerry Lively (Farbe)
Musik: Mark McKenzie
Schnitt: Christopher Cibelli
Produktion: Peter Abrams, Robert L. Levy für Tapestry, USA 1993

Verleih: -/-/-/Ufa Video
Videostart: Dezember 1993
Länge: 94 Min. – *FSK:* ab 18 J.

Wie ein blödes Brettspiel: Fünf Steine muß der Sohn Satans finden, um die Welt in Finsternis zu hüllen, doch seine Gegner würfeln kräftig mit. Reichlich lächerliche, uneinheitliche Mischung aus diversen Genres – vornehmlich Grusel und Splatter.

Oliver Rahayel in: film-dienst, 23/93

Waterland 927

WATERLAND ***

Regie: Stephen Gyllenhaal
Darsteller: Jeremy Irons (Tom Crick), Ethan Hawke (Mathew Price), Sinead Cusack (Mary Crick), John Heard (Lewis Scott), Cara Buono (Judy Dobson), Grant Warnock (Tom als Jugendlicher), Lena Headey (Mary als Jugendliche), Callum Dixon (Freddie Parr), Sean McGuire (Peter), Ross McCall (Terry)
Drehbuch: Peter Prince, nach dem gleichn. Roman von Graham Swift

Liebe zwischen Ebbe und Flut: Jeremy Irons und Sinead Cusack in ›Waterland‹.

Kamera: Robert Elswit (Farbe)
Musik: Carter Burwell
Schnitt: Lesley Walker
Produktion: Katy McGuinness, Patrick Cassavetti für Palace/Fine Line mit Pandora/ Channel Four/British Screen, GB 1992
Erstaufführung: 19.2.1993, Int. Filmfestspiele Berlin, »Panorama«
Verleih: Concorde/Constantin/Alexander Film/Concorde Video
Kinostart: 17.6.1993
Länge: 95 Min. – *FSK:* ab 16, ffr.
FBW: Besonders wertvoll

Ein melancholisch-zerstreuter Geschichtslehrer weicht vom Lehrplan ab und schildert seiner Klasse nicht die französische Revolution, sondern seine biografischen Erfahrungen aus der Zeit des Zweiten Weltkriegs. Die Rückblendengeschichte um erste Liebe, Mord und Familientragödie ist zwar brillant inszeniert und fotografiert, will aber in die Rahmenhandlung des Films einfach nicht passen – Vergangenheits- und Gegenwartsebene werden nie sinnfällig miteinander verbunden.

Frank Schnelle, 13/93

Frauke Hanck in: AZ, 17.6.93; Otto Heuer in: Rheinische Post, 18.6.93; Tilman Krause in: Der Tagesspiegel, 21.2.93; Hans Schifferle in: SZ, 18.6.93; Angela Schmitt-Gläser in: FR, 18.6.93; Jan Schulz-Ojala in: Der Tagesspiegel, 20.6.93

Weihnachtsgeschenk 928

REGALO DI NATALE ***

TV

Regie: Pupi Avati
Darsteller: Carlo Delle Piane (Santelia), Diego Abatantuono (Franco), Gianni Cavina (Udo), Alessandro Haber (Lele), George Eastman (Stefano), Kristina Sevieri (Martina)
Drehbuch: Pupi Avati
Kamera: Pasquale Rachini (Telecolor)
Musik: Riz Ortolani
Schnitt: Amedeo Salfa
Produktion: Antonio Avati für DueA/D.M.V. mit RAI, Italien 1986
Uraufführung: 31.8.1986, Int. Filmfestspiele Venedig
Sendetermin: 18.12.1989, DRS; 12.12.1993, BR3, 22.15
Länge: 101 Min.

Am Weihnachtsabend treffen sich in einer Bologneser Villa fünf Männer zu einer Pokerrunde: ein gefühlsarmer Junggeselle, ein bankrotter Kinobesit-

Streuner: Wesley Snipes und Woody Harrelson in ›Weiße Jungs...‹.

zer, ein mediokrer Filmkritiker, ein alberner Fernsehpräsentator und der mysteriöse Santelia, den die andern schamlos auszunehmen gedenken. Jeder ist selbstsüchtig auf Gewinn bedacht, von dem er sich eine Veränderung seiner eingefahrenen Situation erhofft. Dritter Film der »Bologneser Trilogie« des Regisseurs, im Gegensatz zu früheren Werken Avatis angelegt als unsentimentales Kammerspiel und psychologisches Charakterdrama. *Zoom*

Weiße Jungs bringen's nicht 929

WHITE MEN CAN'T JUMP ***

Regie: Ron Shelton
Darsteller: Wesley Snipes (Sidney Deane), Woody Harrelson (Billy Hoyle), Rosie Perez (Gloria Clemente), Tyra Ferrell (Rhonda Deane), Cylk Cozart (Robert), Kadeem Hardison (Junior), Ernest Harden jr. (George), John Marshall Jones (Walter), Marques Johnson (Raymond), David Roberson (T.J.)
Drehbuch: Ron Shelton
Kamera: Russell Boyd (Deluxe)
Musik: Bennie Wallace
Schnitt: Paul Seydor
Produktion: David Lester, Don Miller für Twentieth Century Fox, USA 1992
Erstaufführung: Int. Hofer Filmtage 1992
Verleih: 20th Century Fox/-/-/Fox Video
Kinostart: 21.1.1993
Länge: 115 Min.
FSK: ab 12, ffr.
FBW: Wertvoll

Basketball ist der populärste US-Sport und wird von schwarzen Ballartisten dominiert. Eine gute Idee also, anhand einer Gaunerkomödie zu zeigen, was passiert, wenn Weiße an den Ball kommen. Sportfilmspezialist Ron Shelton zeigt, wie sich der kecke Billy (weiß) und der gerissene Sidney (schwarz) gegenseitig übers Ohr hauen, um dann Freunde fürs Leben zu werden. Kein unsympathischer Beitrag zum Verständnis der Rassen, mit gelungenen Spielszenen und frechen Dialogen, aber im Kern ohne tiefergehendes Engagement für die Sache. *Zoom*

Michael Althen in: SZ, 23.1.93; Albert Baer in: Rheinische Post, 22.1.93; Gunter Göckenjan in: Der Tagesspiegel, 22.1.93

Das weiße Zauberpferd 930

INTO THE WEST

Regie: Mike Newell

Deutscher Verleihtitel ab der Wiederaufführung (18.11.93) für → ›Into the West‹.

Wendekreis der Angst 931

CIRCLE OF FEAR **
Video

Regie: George B. Lewis
Darsteller: Michael Woods (Tony), Kay Sandvik (Lisa), Annie Girardot (Countess), Burt Young (Mancini), Carla Cassola (Marco), Philippe Leroy (Chef)
Drehbuch: Dardano Sacchetti
Kamera: Luigi Kuveiller (Farbe)
Musik: Romano Mussolini
Schnitt: Peter Money
Produktion: Theo Grim für P.A.C., Italien 1992
Verleih: -/-/-/VMP Video
Videostart: 11.10.1993
Länge: 91 Min. – *FSK:* ab 16 J.

Drogenboß bedroht Undercover-Agent, Freundin und Ex-Frau, und schreckt auch vor Mord nicht zurück. Uninteressanter Krimi, der sich unerklärlicherwie überflüssigerweise der Mitwirkung von Annie Girardot erfreuen darf.

Wenn die Liebe verbrennt 932

FRAN ***

TV

Regie: Glenda Hambly
Darsteller: Noni Hazlehurst (Fran), Annie Byron (Marge), Alan Fletcher (Jeff), Narelle Simpson (Lisa), Travis Ward, Rosie Logie
Drehbuch: Glenda Hambly
Kamera: Jan Kenny; Yuri Sokol (Farbe)
Musik: Greg Schultz
Schnitt: Tai Tang Thien
Produktion: David Rapsey für Barron Films, Australien 1985
Sendetermin: 26.4.1993, Premiere, 22.10
Länge: 94 Min.

Das Leben der 30jährigen Fran verläuft tragisch: Selbst in einem Heim aufgewachsen, wurde sie von verschiedenen Männern ausgenutzt und brachte drei Kinder zur Welt. Als Ehemann Ray sie wieder einmal in der Kneipe erwischt, verläßt er Fran, die sich daraufhin kopfüber in neue Abenteuer stürzt.

Wes Craven's Night Vision 933

NIGHT VISIONS ***

Video

Regie: Wes Craven
Darsteller: Loryn Locklin (Sally Peters), James Remar (Polizei-Sgt. Tom Mackey), Penny Johnson, Francis X. McCarthy, Mitch Pileggi, Jon Tenney (Polizeifotograf), Bruce Maevittie, Angela Alvarado
Drehbuch: Wes Craven, Thomas Baum
Kamera: Peter Stein (Farbe)
Musik: Brad Friedel
Schnitt: Mark Melnick, James Coblentz
Produktion: Rick Nathanson, Thomas Baum, Marianne Maddalena für Wes Craven Films mit MGM/UA TV, USA 1990
Uraufführung: 30.11.1990, NBC
Verleih: -/-/-/Warner Home Video
Videostart: April 1994
Länge: 91 Min. – *FSK:* ab 16 J.

Rauher Polizist und medial begabte Psychologin stellen einem Serienwürger nach. Hebt sich zumindest passagenweise von der üblichen Horror-Psychothriller-Videoware wohltuend ab.

Anselm Jungeblodt in: film-dienst, 16/93

Wieder Ärger mit Bernie 934

WEEKEND AT BERNIE'S II **

Regie: Robert Klane
Darsteller: Andrew McCarthy (Larry), Jonathan Silverman (Richard), Terry Kiser (Bernie), Tom Wright (Charles), Steve James (Henry), Troy Beyer (Claudia), Barry Bostwick (Hummel)
Drehbuch: Robert Klane
Kamera: Edward Morry III (Deluxe)
Musik: Peter Wolf
Schnitt: Peck Prior
Produktion: Victor Drai; Joseph Perez für Victor Drai Prod., USA 1993
Verleih: Highlight/-/-/Highlight Video
Kinostart: 18.11.1993
Länge: 90 Min. – *FSK:* ab 16, nffr.

»Wer ist denn jetzt der Bernie wieder?« fragte der Produzent seinen Assistenten, der ihm gerade »Bernie – Teil 2« vorgeschlagen hatte. »Na, diese Klamotte mit Strand und Yuppies und dem Toten, auf dem jeder rumtrampelt.« »Und gibt's schon eine Idee?« fragte der Produzent. »Das nicht, aber man könnt' die Sache prima mit unserem Betriebsausflug verbinden.« Und so treibt Bernie nun auf den Jungferninseln sein Unwesen – in einem Film von solch lärmender Leere, daß sogar der Produzent Skrupel bekam, die freilich gleich wieder weggingen.

Rupert Koppold, Stgt. Zeitung, 20.11.93

Die Wiege der Sonne 935

RISING SUN ****

Regie: Philip Kaufman
Darsteller: Sean Connery (John Connor), Wesley Snipes (Web Smith), Harvey Keitel (Tom Graham), Kevin Anderson (Bob Richmond), Cary Hiroyuki Tagawa (Eddie Sakamura), Mako (Yoshida-san), Ray Wise (Senator John Morton), Stan Egi (Ishihara), Stan Shaw (Phillips), Tia Carrere (Jingeo Asakuma)
Drehbuch: Philip Kaufman, Michael Crichton, Michael Backes, nach dem Roman »Nippon-Connection« von Michael Crichton
Kamera: Michael Chapman (Deluxe)
Musik: Toru Takemitsu
Schnitt: Stephen A. Rotter, William S. Scharf
Produktion: Peter Kaufman für 20th Century Fox, USA 1993
Uraufführung: 30.7.1993, New York
Verleih: 20th Century Fox/dto./dto./Fox Video
Kinostart: 11.11.1993
Länge: 126 Min. – *FSK:* ab 16, ffr.
FBW: Wertvoll

Obi Wan Kenobi und sein gelangweilter Schüler: Sean Connery und Wesley Snipes in ›Die Wiege der Sonne‹.

Der japanisch-amerikanische Wirtschaftskrieg sowie der rätselhafte Todesfall einer jungen Frau stehen im Mittelpunkt dieser Romanverfilmung. Im schon als klassisch zu bezeichnenden Meister-Schülerverhältnis versuchen John Connor (schrullig, aber weise) und Web Smith (begabt, aber etwas unkontrolliert) den Fall zu klären. Der entstandene Film ist zwar handwerklich sauber gearbeitet, für seltenere Kingogänger sogar spannend, ansonsten aber reichlich uninspiriert, ansatzweise plagiativ und inhaltlich doch weit an der Oberfläche. *multimedia*

Heiko R. Blum in: Rheinische Post, 12.11.93; Bodo Fründt in: SZ, 15.11.93; Holger Kreitling in: Der Tagesspiegel, 11.11.93; Milan Pavlovic in: Kölner Stadt-Anzeiger, 13.11.93; Ponkie in: AZ, 11.11.93

Wild Angel 936

LOVE IS LIKE THAT **

Video

Regie: Jill Goldman
Darsteller: Jennifer ONeill (Clarissa), Tom Sizemore (Lenny), Pamela Gidley (Eloise), Seymour Cassel (Bud), Margaux Hemingway (Jackie), Rick Edelman (Bubba), Joe Dallesandro (Boss)
Drehbuch: George Gary
Kamera: Gary Tieche (Foto-Kem)
Schnitt: Esther Russell
Produktion: Jonathan Reiss, Matt Devlen für Boomerang Pic., USA 1992
Verleih: -/-/-/Starlight Video
Videostart: 30.8.1993
Länge: 90 Min. – *FSK:* ab 16 J.

Eloise und Lenny, zwei »born loser«, tun sich zusammen, um gemeinsam die Verliererstraße zu gehen. Kleiner, schmutziger Thriller.

Wild Card 937
WILD CARD **

Video

Regie: Mel Damski
Darsteller: Powers Boothe (Prediger), Cindy Pickett (Dana), Terry OQuinn (J.J.Barlow), Rene Auberjonois (Jake), John Lacy (Vollis), Don Hood (Frank), M. Emmet Walsh (Mose)
Drehbuch: Scobie Richardson
Kamera: Peter S. Mackay (Farbe)
Musik: W.G. Snuffy Walden
Schnitt: Maryann Brandon
Produktion: Mel Damski für Univeral, USA 1992
Verleih: -/-/-/CIC Video
Videostart: Juli 1993
Länge: 82 Min.
FSK: ab 16 J.

Einäugiger Pokerspieler will den Todesfall seines Freundes klären. Harmloser Time-Killer für Heavy User.

Wilde Nächte 938
LES NUITS FAUVES ***

Regie: Cyril Collard
Darsteller: Cyril Collard (Jean), Romane Bohringer (Laura), Carlos Lopez (Samy), Corine Blue (Lauras Mutter), Claude Winter (Jeans Mutter), René-Marc Bini (Marc), Maria Schneider (Noria), Clémentine Célarié (Marianne), Laure Favali, Denis D'Archangelo
Drehbuch: Cyril Collard, nach seinem gleichn. Roman; Mitarbeit: Jacques Fieschi
Kamera: Manuel Teran (Farbe)
Musik: René-Marc Bini, Cyril Collard, Corine Blue
Schnitt: Lise Beaulieu
Produktion: Nella Banfi für Banfilm Ter mit Orango Film/La Sept, Frankreich/Italien 1992
Uraufführung: 19.11.1992, Turin Int. Festival of Young Cinema
Erstaufführung: 12.2.1993, Int. Filmfestspiele Berlin, »Panorama«
Verleih: Concorde/Constantin/Monopole Pathé/Concorde Video
Kinostart: 18.3.1993
Länge: 127 Min. – *FSK:* ab 18 ffr.
FBW: Wertvoll

Ein bisexueller Musiker und Filmemacher verliebt sich in eine Siebzehnjährige, sagt ihr aber nicht, daß er Aids-infiziert ist und steckt sie mit dem Virus an. Ein ungezügelter, kraftvoller, authentischer Film, der mit schonungsloser Ehrlichkeit nach dem Umgang mit der Lebens- und Liebessehnsucht und der Präsenz des Todes fragt. *multimedia*

(...) Das rutscht of in parfürmiertes Pathos und radikalen Kitsch weg und bleibt, als Verzweiflungstat, doch imponierend. Ein postmodernes Trio infernal als reichlich synthetische Provokation.
Wolf Donner, tip, 6/93

Michael Althen in: SZ, 18.3.93; Andreas Kilb in: Die Zeit, 19.3.93; Tilman Krause in: Der Tagesspiegel, 21.3.93; Rainer Merkel in: Zitty, 6/93

Wilde Orchidee 3 939
WILD ORCHID III – THE RED SHOE DIARY **

Video

Regie: Zalman King
Darsteller: Brigitte Bako (Alex), David Duchovny (Jake), Billy Wirth (Tom), Bridget Ryan (Marlene), Anna Karin (Heidi)
Drehbuch: Patricia Louisianne-Knop, Zalman King
Kamera: Marc Reshovsky (Farbe)
Musik: George S. Clinton
Schnitt: Heidi Scharfe-Blair
Produktion: David Saunders, Zalman King für Saunders/King Prod., USA 1991
Verleih: -/-/-/VMP Video
Videostart: 16.9.1993
Länge: 101 Min. – *FSK:* ab 16 J.

Glücklich verlobte, gut situierte und auch noch attraktive Frau verfällt den animalischen Reizen eines Schuhverkäufers. Mit gelackter Werbeclipästhetik übersättigter Trivial-Soft-Porno mit Lore-Roman-Moral.

Anselm Jungeblodt in: film-dienst, 8/93

Wildest Dreams 940
WILDEST DREAMS **

Video

Regie: Chuck Vincent
Darsteller: James Davies (Bobby Delaney), Heidi Paine (Dancee), Deborah Blaisdell (Joan Peabody), Ruth Collins (Stella), Jill Johnson (Rachel Richards), Jeanne Marie (Isabelle), Angela Nicholas (Claudia), Scott Baker, Daniel Chapman, Murray Pilch
Drehbuch: Craig Horrall, nach einer Story von Chuck Vincent
Kamera: Larry Revene (Farbe)
Musik: Joe Mennonna
Schnitt: James Davalos
Produktion: Chuck Vincent für Platinum Pic., USA 1987
Verleih: -/-/-/Concorde Video
Videostart: 14.6.1993
Länge: 76 Min. – *FSK:* ab 16 J.

Flaschengeist erfüllt pubertierendem Jüngling drei erotische Wünsche. Unbedarftes Erotikkomödchen.

Wind 941

WIND ***

Regie: Carroll Ballard
Darsteller: Matthew Modine (Will Parker), Jennifer Grey (Kate Bass), Cliff Robertson (Morgan Weld), Jack Thompson (Jack Neville), Stellan Skarsgard (Joe Heiser), Rebecca Miller (Abigail Weld), Ned Vaughn (Charles Moore), Peter Montgomery
Drehbuch: Rudy Wurlitzer, Mac Gudgeon; Story: Jeff Benjamin, Roger Vaughan, Kimball Livingstone
Kamera: John Toll (Technicolor)
Musik: Basil Poledouris
Schnitt: Michael Chandler
Produktion: Mata Yamamoto, Tom Luddy für Filmlink Int./American Zoetrope, USA 1992
Verleih: Tobis/Constantin/-/VMP Video
Kinostart: 10.6.1993
Länge: 126 Min.
FSK: ab 6, ffr.

Ein Liebespaar, das sich dem Hochseesegelsport verschrieben hat, trennt sich nach dem Verlust des American's Cup, holt die begehrte Trophäe aber mit vereinten Kräften wieder zurück in die USA. Während bei den Sportaufnahmen meist kräftige Winde blasen, herrscht bei der Story weitgehend Flaute. Eher für Segelfreunde. *multimedia*

Silvia Hallensleben in: Der Tagesspiegel, 17.6.93; Thomas Klingenmaier in: Stgt. Zeitung, 9.6.93; Milan Pavlovic in: Kölner Stadtanzeiger, 12.6.93; Angela Schmitt-Gläser in: FR, 12.6.93

Wir können auch anders... 942

****

Regie: Detlev Buck
Darsteller: Joachim Król (Rudi Kipp), Horst Krause (Moritz »Most« Kipp), Konstantin Kotljarov (Viktor), Sophie Rois (Nadine), Heinrich Giskes (Kommissar), Lutz Weidlich (Landvermesser), Doris Bierett, Christine Harbort, Hans Martin Stier, Jan-Gregor Kremp
Drehbuch: Ernst Kahl, Detlev Buck
Kamera: Roger Heereman (Eastmancolor)
Musik: Detlef Petersen
Schnitt: Peter R. Adam
Produktion: Boje Buck Prod. mit WDR Prod.: Claus Boje, BRD 1993
Uraufführung: 17.2.1993, Int. Filmfestspiele Berlin
Verleih: Delphi/Einhorn/Filmcooperative/VCL/Carolco Video
Kinostart: 1.4.1993
Länge: 90 Min.
FSK: ab 6, ffr.
FBW: Wertvoll

Ein leicht deppertes Brüderpaar, das sich mit einem Lkw auf der Fahrt in die ehemalige DDR befindet, um das von der Oma geerbte Haus zu übernehmen, wird von einem desertierten Rotarmisten mit Kalaschnikow gezwungen, ihn mitzunehmen. Während sich die drei, die inzwischen von der Polizei als gefährliche Verbrecher verfolgt werden, immer besser verstehen, erscheint ihnen die gesamtdeutsche Umwelt immer feindlicher, so daß sie sich schließlich nach Mütterchen Rußland absetzen. Stellenweise hinreißend ironisches und lakonisches Roadmovie, das auf die Dauer jedoch an Pep und Schwung verliert und etwas eintönig wird. *Zoom*

Sebastian Feldmann in: Rheinische Post, 2.4.93; Norbert Grob in: Kölner Stadt-Anzeiger, 3.4.93; Peter Körte in: FR, 1.4.93; Rupert Koppold in: Stgt. Zeitung, 1.4.93; Harald Martenstein in: Der Tagesspiegel, 18.2.93; H.G. Pflaum in: SZ, 6.4.93; Ulrich Stock in: Die Zeit, 2.4.93

Witchboard 2 – Die Tür zur Hölle 943

WITCHBOARD 2 **

Video

Regie: Kevin S. Tenney
Darsteller: Ami Dolenz (Paige), Christopher Michael Moore (Jonas), Laraine Newman (Elaine), Timothy Gibbs (Mitch), John Gatins (Russel)
Drehbuch: Kevin S. Tenney
Kamera: David Lewis (Farbe)
Musik: Dennis Michael Tenney
Schnitt: Daniel Duncan
Produktion: Walter Josten, Jeff Geoffray für Republic Pic./Blue Rider Pic., USA 1992
Verleih: -/-/-/Ascot Video
Videostart: Aaugust 1993
Länge: 95 Min.
FSK: ab 16 J

Junge Frau erkundet das Geheimnis ihrer Wohnung, in der die Vormieterin zu Tode kam, mit einem Hexenalphabet. Horrorfilmchen von kaum zu unterbietender Einfallslosigkeit. Aber vielleicht gibt es bald einen dritten Teil.

Witchcraft IV 944
WITCHCRAFT IV **
Video

Regie: James Merendino
Darsteller: Charles Solomon (William Spanner), Julie Strain (Belladonna), Clive Pearson (Rob Santara), Jason OGulihur (Hal), Lisa Jay Harrington (Lily Wild)
Drehbuch: Michael Paul Gerard, James Merendino
Kamera: Kevin Morrisey (Farbe)
Musik: Miriam Cutler
Schnitt: Tony Miller
Produktion: Holly MacConkey, Stephen Lieb für Vista Street, USA 1992
Verleih: -/-/-/Madison Video
Videostart: März 1993
Länge: 93 Min. – *FSK:* ab 18 J.

Ein Anwalt wird durch einen Verteidigungsfall an seine Vergangenheit erinnert und in ein mysteriöses Spiel aus Leidenschaft und Gewalt verwickelt. Serienfilmchen um Musiker, Rechtsanwälte und reichlich vom Teufel besessene Figuren mit Penthouse- und Playboy-Modell Julie Strain als durchaus ansehnlichen Lockvogel.

Frank Klubertz in: film-dienst, 10/93

Wo immer Sie ist... 945
WHEREVER YOU ARE ***
TV

Regie: Krzysztof Zanussi
Darsteller: Julian Sands (Julian Castor), Renee Soutendijk (Nina Castor), Vadim Glowna (Deutscher Professor), Milva, Joachim Krol, Tadeusz Bradecki, Maciej Robakiewicz, Maja Komorowska, Maggie O'Neill, Jerzy Nowak
Drehbuch: Krzysztof Zanussi, Michael Hirst
Kamera: Slawawomir Idziak (Farbe)
Musik: Wojciech Kilar
Schnitt: Marek Denys
Produktion: Enzo Peri, Marie Francoise Mascaro für Zespoly Polskich/Gerhard Schmidt Filmprod., Polen/BRD/GB 1988
Uraufführung: 8.9.1988, Toronto Festival of Festivals
Verleih: -/-/-/
Sendetermin: 16.6.1993, West3, 23.00
Länge: 109 Min.

Als der uruguayische Geschäftsmann Julian Castor Probleme bei seiner Arbeit bekommt, reagiert er seine Spannungen an seiner Frau Nina ab. Damit löst er eine private Tragödie aus.

Wolf Mountain 946
THE LEGEND OF WOLF MOUNTAIN **
Video

Regie: Craig Clyde
Darsteller: Bo Hopkins (Ranger Haynes), Mickey Rooney (Jensen), Robert ZDar (Jocko Painter), David Shark (Dewayne Bixby), Don Shanks (Simcoe), Nicole Lund (Kerrie Haynes), Natalie Lund (Maggie Haynes), Jonathan Best, Matthew Lewis, Vivian Schilling
Drehbuch: Craig Clyde, James Hennessy
Kamera: Gary Eckert (Farbe)
Musik: Jon McCallum
Schnitt: Michael OAmundsen
Produktion: Bryce Fillmore für Majestic Ent. mit Wolf Mountain Prod., USA 1992
Verleih: -/-/-/VPS Video
Videostart: 4.11.1993
Länge: 90 Min. – *FSK:* ab 12 J.

Zwei Gangster entführen drei Schulkinder und flüchten mit ihnen in die Berge, wo ihnen der geheimnisvolle Hüter der Berge begegnet. Die Kinder des Produzenten spielen auch mit, hoffentlich wars für die wenigstens spannend.

Das Wunder von Macon 947
THE BABY OF MACON ***

Regie: Peter Greenaway
Darsteller: Ralph Fiennes (Der Sohn des Bischofs), Julia Ormond (Die Tochter), Philip Stone (Der Bischof), Jonathan Lacey (Cosimo Medici), Don Henderson (Der Beichtvater), Jeff Nuttall (Majordomus), Jessica Stevenson, Kathryn Hunter, Gabrielle Reidy, Anna Nieland
Drehbuch: Peter Greenaway
Kamera: Sacha Vierny (Technicolor)
Schnitt: Chris Wyatt
Produktion: Kees Kasander für Allarts/UGC mit Cine Electra/Channel 4/La Sept Cinéma, GB/Frankreich/BRD 1993
Uraufführung: 17.5.1993, Int. Filmfestspiele Cannes (außer Wettbewerb)
Verleih: Pandora/-/-
Kinostart: 11.11.1993
Länge: 122 Min.

Beklemmend wüst sind die Bild-Phantasien des britischen Exzentrikers Peter Greenaway, der sich wieder als orgiastischer Zeremonienmeister entfesselter, düsterer Kräfte erweist. Eine italienische Theatertruppe führt 1650 ein mittelalterliches Mysterienspiel um die Ausbeutung eines Wunderknaben (oh

Peter Greenaway bei den Dreharbeiten zu ›Das Wunder von Macon‹.

Jesus) auf, und die gierigen Zuschauer verwechseln Spiel und Realität. Blutig, blasphemisch, exzessiv: Greenaway was here. *Angie Dullinger, 19.5.93*

(...) Doch Greenaways Manierismus steigert sich schließlich in eine l'art-pour-l'art-Völlerei des pompösen Exhibitionismus, in eine Anspielung, die andere erschlägt. Klerikales Theater-Barock: schwarze Gedanken, rote Gelüste. *Ponkie, AZ, 11.11.93*

Michael Althen in: SZ, 11.11.93; Brigitte Desalm in: Kölner Stadt-Anzeiger, 12.11.93; Ulrich Greiner in: Die Zeit, 12.11.93; Peter Körte in: FR, 11.11.93; Ruprecht Skasa-Weiß in: Stgt. Zeitung, 12.11.93

Yaray Yesso – Der Weg nach vorn

948
***

Regie: Sophie Kotanyi
Drehbuch: Sophie Kotanyi
Kamera: Fritz Poppenberg, Günther Heidrich, Sophie Kotanyi, Ingo Kratisch (Farbe)
Schnitt: Eva Oudova, Eva Schlensag
Produktion: SO-36 Film/ESON-Film, BRD 1991
Verleih: Verleih der Filmemacher/-/-
Kinostart: Dezember 1992
Länge: 88 Min.

»Yaray Yesso« gibt den Dorfbewohnern von Boé das Wort und geht den Wirkungen von Entwicklungshilfe nach. Die Frauen und Männer schildern, wie sie in den letzten sechs Jahren Änderungen in ihrem Alltag erlebt haben. Die neuen ökonomischen Möglichkeiten bringen materielle Güter und neue Konflikte mit sich. Die Dorfältesten debattieren, wie der Einfluß des Geldes die traditionellen Beziehungen in den Familien und im Dorf verändert. *Verleihprogramm*

The Year My Voice Broke

949
THE YEAR MY VOICE BROKE
***

Regie: John Duigan
Darsteller: Noah Taylor (Danny Embling), Loene Carmen (Freya Olson), Ben Mendelsohn (Trevor), Graeme Blundell (Nils Olson), Lynette Curran (Anne Olson), Malcolm Robertson (Bruce Embling), Judi Farr (Sheila Embling), Tim Robertson (Bob Leishman), Bruce Spence (Jonah), Harold Hopkins (Tom Alcock)
Drehbuch: John Duigan
Kamera: Geoff Burton (Farbe)
Musik: Christine Woodruff
Schnitt: Neil Thumpston
Produktion: George Miller, Doug Mitchell, Terry Hayes für Kennedy-Miller, Australien 1987
Erstaufführung: Filmfest München 1989
Verleih: -/-/Rialto
Länge: 103 Min.

1962 in einer Kleinstadt irgendwo in Australien: der 14jährige Danny verliebt sich in Freya, seine Schulfreundin und Spielkameradin aus der Kindheit. Doch sie liebt Trevor, den rauhen Burschen mit dem weichen Kern. Der in Australien mehrfach ausgezeichnete Film hält sich eng an die Konventionen des Teenager-Melodramas. Stellenweise wird jedoch der Rahmen des Genres gesprengt, insbesondere dank dem hervorragenden Spiel der beiden Hauptdarsteller. So wird der Film nicht nur zum idyllischen Portrait vom Ende der Kindheit, sondern ist auch eine teilweise bissige Satire auf die Bigotterie und Kleinkariertheit der Erwachsenen. *Zoom*

Year of the Comet

950
YEAR OF THE COMET
**

Regie: Peter Yates
Darsteller: Penelope Ann Miller (Margaret), Tim Daly (Oliver Plexico), Louis Jordan (Philippe), Art Malik (Nico), Ian Richardson (Sir Mason Harwood), Ian McNeice (Ian), Timothy Bentinck (Richard Harwood), Julia McCarthy (Landlady), Jacques Mathou (Doctor Roget)
Drehbuch: William Goldman
Kamera: Roger Pratt (Rank)
Musik: Hummie Mann
Schnitt: Ray Lovejoy
Produktion: Peter Yates, Nigel Wooli für Castle Rock Ent. mit New Line Cinema, USA 1992
Verleih: Jugendfilm (27.5.1993 geplant, nicht gestartet)/ Starlight Video
Kinostart: Sept. 1993
Länge: 89 Min.
FSK: ab 12 J.

Ziemlich hanebüchene Story um die distinguierte Tochter eines Wein-Auktionärs und einen texanischen Störenfried ohne Manieren, die einer ungemein wertvollen Flasche 150 Jahre alten Weins hinterherjagen. Während dieser Hatz, bei der auch noch eine ganze Menge anderer Gauner mitmachen, verlieben sich die beiden aus unerfindlichen Gründen ineinander und machen so aus der Komödie mit Abenteuer-Touch auch noch eine kitschige Love Story. *Münchner Stadtmagazin*

Frank Klubertz in: Filmdienst, 22/93

Younger and younger 951
**

Regie: Percy Adlon
Darsteller: Donald Sutherland (Jonathan Younger), Lolita Davidovich (Penny), Brendan Fraser (Winston Younger), Julie Delpy (Melodie), Sally Kellerman (Zickzack-Lilian), Linda Hunt (Frances), Pit Krüger (Roger), Nicholas Gunn (Benjamin)
Drehbuch: Percy Adlon, Felix Adlon
Kamera: Bernd Heinl (Farbe)
Musik: Hans Zimmer; Titelsong: Bob Telson, Lee Breuer
Schnitt: Suzanne Fenn
Produktion: Percy Adlon, Eleonore Adlon für Pelemele/BR/Duckster/Leora Prod., BRD 1993
Uraufführung: Filmfestspiele Tokio
Erstaufführung: 30.10.1993, Int. Hofer Filmtage
Verleih: Jugendfilm/-/-
Kinostart: 9.12.1993
Länge: 97 Min.
FSK: ab 12, ffr.
FBW: Wertvoll

Ein weiterer Versuch des Münchners (»Out of Rosenheim«), in Hollywood ähnlich Fuß zu fassen wie Wolfgang Petersen. Donald Sutherland und Lolita Davidovich spielen wie entfesselt und zeigen in schrägen Musicalszenen, worin die Stärke ihres Regisseurs besteht. Der aber hat Angst vor der eigenen Courage und macht aus einer exzentrischen Geschichte einen schlappen Klamauk und aus einer Parodie des Machismo das Märchen einer Liebe nach dem Tod.
Peter W. Jansen, tip

Ponkie in: AZ, 9.12.93; Helmut Schmitz in: FR, 9.12.93

Ein Yuppie steht im Wald 952
OUT ON A LIMB
**

Regie: Francis Veber
Darsteller: Matthew Broderick (Bill Campbell), Jeffrey Jones (Matt/Peter), Heidi Kling (Sally),

Der Yuppie sitzt hier im Wald.

John C. Reilly (Jim jun.), Marian Mercer (Ann), Larry Hankin (Darren), David Margulies (Buchenwald), Courtney Peldon, Michael Monks, Shawn Schepps
Drehbuch: Daniel Goldin, Joshua Goldin
Kamera: Donald E. Thorin; John Stephens (2nd unit) (Deluxe)
Musik: Van Dyke Parks
Schnitt: Glenn Farr
Produktion: Michael Hertzberg für Interscope Comm., USA 1992
Verleih: UIP (2.7.1992 geplant, nicht erschienen)/CIC Video
Kinostart: 6.5.1993
Länge: 79 Min.
FSK: ab 12 J.

Jungbroker gerät in der US-Provinz in einen Hinterhalt und wird einer Telefonnummer beraubt, die 140 Millionen Dollar wert sein soll. Völlig überdrehte, aber kaum jemals komische Verwechslungsfarce.

Z

Zappa 953
ZAPPA ***
TV

Regie: Bille August
Darsteller: Peter Reichhardt (Sten), Adam Tönsberg (Björn), Morten Hoff (Mulle), Solbjörg Höjfeldt, Bent Raahauge
Drehbuch: Bille August, nach dem Roman von Bjarne Reuter
Kamera: Jan Weincke, Sorem Berthelin (Farbe)
Produktion: Per Holst Film, Dänemark 1984
Verleih: -/-/-/
Sendetermin: 5.7.1993, 20.45, Arte
Länge: 100 Min.

Dänemark in den 60er Jahren. Die unschuldige Freundschaft von drei sehr unterschiedlichen 14jährigen Jungen wird zu einer Kraftprobe, die ein fatales Ende nimmt. *Pressetext Arte*

Ein Zauberer an meiner Seite 954
A SAFE PLACE ***
TV

Regie: Henry Jaglom
Darsteller: Tuesday Weld (Susan), Jack Nicholson (Mitch), Orson Welles (Zauberer), Philip Proctor (Fred), Gwen Welles (Bari), Dov Lawrence, Fanny Birkenmier, Rhonda Alfaro
Drehbuch: Henry Jaglom
Kamera: Dick Kratina (Technicolor)
Schnitt: Pieter Bergema
Produktion: BBS, USA 1971
Uraufführung: New York Filmfestival 1971
Verleih: -/-/-/
Sendetermin: 24.1.1993, ZDF, 23.45
Länge: 88 Min.

Ein verspielter, poetischer und zutiefst romantischer Film, geprägt von der Atmosphäre der »flower power«-Ära und zugleich deren kritisches Resümee. Durch einen experimentellen Erzähl- und Montagestil schafft Jaglom eine Balance zwischen Traum und Wirklichkeit, die dem Seelenzustand seiner Heldin perfekt entspricht. Die Geschichte verläuft nicht linear, sondern so sprunghaft wie Susans Emotionen: keine »Story« im herkömmlichen Sinne, sondern eher ein Kaleidoskop der Assoziationen und Erinnerungen. *Pressetext ZDF*

Zauberhafte Zeiten 955
PRELUDE TO A KISS

Regie: Norman Rene

Weiterer Verleihtitel für: → ›Bodyswitch‹.

Das Zebra 956
LE ZEBRE ***

Regie: Jean Poiret
Darsteller: Thierry Lhermitte (Hippolyte), Caroline Cellier (Camille), Christian Pereira (Grégoire), Annie Gregorio (Marie-Louise), François Dyrèk (Alphonse), Carine Lemaire (Nathalie), Walter Allouch (Laurent), Brigitte Chamarande, Samuel Labarthe
Drehbuch: Jean Poiret, Martin Lamotte, nach dem gleichn. Roman von Alexandre Jardin
Kamera: Eduardo Serra (Farbe)
Musik: Jean-Claude Petit
Schnitt: Catherine Kelber
Produktion: Thierry de Ganay für Lambart Prods./TF-I mit Soficas und Canal plus, Frankreich 1992
Verleih: Concorde/Constantin/Sadfi/ Concorde Video
Kinostart: 1.7.1993

Object Of Beauty: Caroline Cellier in ›Das Zebra‹.

Länge: 92 Min. – *FSK:* ab 12, ffr.
FBW: Besonders wertvoll

Ein Anwalt und Familienvater, genannt »Le zèbre« (komischer Kauz) setzt alles daran, um die in Routine erkaltete 15jährige Ehe zu neuem Feuer zu erwecken. Er kann die Ehefrau sogar über seinen Tod hinaus auf Trab halten, womit der Traum ewiger Leidenschaft erfüllt wäre. Die präzis geführten Darstellerinnen und Darsteller können die bloß routinierte Machart der charmanten Komödie nicht ganz vergessen lassen. Zudem macht der originelle Schluß der Romanvorlage im Regiedebüt und zugleich letzten Film des nach den Dreharbeiten verstorbenen populären Jean Poiret einem unpassenden Pathos Platz. *Zoom*

Fritz Göttler in: SZ, 12.7.93; Olaf Haas in: Rheinische Post, 2.7.93; Thomas Klingenmaier in: Stgt. Zeitung, 2.7.93; Daniel Kothenschulte in: Kölner Stadt-Anzeiger, 3.7.93; Simone Mahrenholz in: Der Tagesspiegel, 6.7.93; Ponkie in: AZ, 8.7.93

Zebrahead 957
ZEBRAHEAD ***

Regie: Anthony Drazan
Darsteller: Michael Rapaport (Zack Glass), N'Bushe Wright (Nikki), Paul Butler (Otis Wimms), Deshonn Castle (Dee Wimms), Candy Ann Brown (Marlene), Luke Reilly (Mr. Modell), Dan Ziskie (Mr. Cimino), Kevin Corrigan (Dominic), Lois Bendler (Doninic's Mutter), Marsha Florence (Mrs. Wilson)
Drehbuch: Anthony Drazan
Kamera: Maryse Alberti (Duart)
Musik: Taj Mahal
Schnitt: Elizabeth Kling
Produktion: Jeff Dowd, Charles Mitchell, William F. Willett für Ixtlan Prod., USA 1992
Uraufführung: 18.1.1992, Sundance Film Festival, Park City (Utah)
Verleih: Ascot/-/Elite
Kinostart: 21.10.1993
Länge: 102 Min. – *FSK:* ab 12, ffr.

Der knapp 20jährige, weiße Zack verliebt sich in die schwarze Schönheit Nikki. Die Liaison der beiden bringt Mißtöne in das zuvor friedliche Nebeneinander von Schwarz und Weiß: Die Umgebung ergreift Partei, kommentiert, Neid und Intrigen stören die junge Liebe und führen letztlich zu einer sinnlosen Gewalttat. Anthony Drazans Erstlingswerk erreicht formal noch keine Meisterschaft, besticht aber durch seine Authentizität und Lebendigkeit. Zügig und ohne Polemik erzählt, vermeidet es Drazan in seinem aktuellen und glaubwürdigen Erstling, simple Lösungen anzubieten. *Zoom*

Steffen Jacobs in: Der Tagesspiegel, 28.10.93; Thomas Klingenmaier in: Stgt. Zeitung, 5.1.94

Zeit der Diener 958
CAS SLUHU ***
TV

Regie: Irena Pavlaskova
Darsteller: Ivana Chylkova (Dana), Karel Roden (Milan), Jitka Asterova (Lenka), Miroslav Etzler (Marek), Libor Zidek (Lubos). Eva Holubora (Bohunka), Vilma Cibulkova (Hanka), Petr Cepicky, Kiri Brozek
Drehbuch: Irina Pavlaskova
Kamera: S.A. Brabec (Farbe)
Musik: Jiri Clumecky, Jiri Vesely
Schnitt: Jan Svobada
Produktion: Barrandov, CSFR 1990
Uraufführung: Int. Filmfestspiele Cannes 1990, »Woche der Kritik«
Sendetermin: 6.12.1993, Südwest 3, 21.15; 22.8.1993, ORB3, 23.20
Länge: 115 Min.

Eine Frau richtet sich und ihre Umwelt mit ihrem Egoismus zugrunde. Dana und Lenka sind trotz ihrer Gegensätzlichkeiten Freundinnen. Als Danas Beziehung mit Marek auseinanderbricht, beginnt der Psychoterror um Lenka und deren Freund Milan, die mit ihrem Seelenleid erpreßt werden. Schließlich gewinnt Dana durch Intrigen Milan, doch jetzt entfaltet sich ihr egoistisches und besitzergreifendes Wesen erst richtig.

Zeit der Götter 959
***

Regie: Lutz Dammbeck
Darsteller: Ernst Jünger, Jean Marais, Roger Peyrefitte, Prof. Peter Ludwig, Gustav Stührk
Drehbuch: Lutz Dammbeck
Kamera: Nils Bolbrinker, Thomas Plenert, Eberhard Geick (Farbe)
Musik: J.U. Lensing
Schnitt: Margot Neubert-Maric
Produktion: Lutz Dammbeck für Dammbeck

Alles für die Kunst: ›Zeit der Götter‹ von Lutz Dammbeck.

Filmprod./DEFA Studio für Dokumentarfilme/ SDR, BRD 1992
Uraufführung: 14.2.1993, Int. Forum des jungen Films, Berlin
Erstaufführung: Dokumentarfilm Festival München
Verleih: Sputnik/-/-
Kinostart: November 1993
Länge: 92 Min.
FBW: Besonders wertvoll

Was verstrickte den Bildhauer Arno Breker mit Adolf Hitler? Diese alte Frage nach Kunst und Macht stellt Lutz Dammbeck in seiner Filmcollage »Zeit der Götter« – und findet Antwort in der philosophischen Orientierungslosigkeit der Weimarer Boheme. Die Mythen vom Neuen Menschen nehmen in dem Film allerdings so viel Platz ein, daß kein Platz mehr bleibt für die einfache Frage nach ihrer Entstehung – was leider auch die Mär vom Geheimen Deutschland nach Barbarossa befördert. Trotzdem ein mutiger Versuch und das Beste, was derzeit zum Thema zu sehen ist.
Volker Heise, tip

Jan Gympel in: Zitty, 20/93; Tilman Krause in: Der Tagesspiegel, 1.10.93

Zeit der Unschuld 960
THE AGE OF INNOCENCE ****

Regie: Martin Scorsese
Darsteller: Michelle Pfeiffer (Ellen Olenska), Daniel Day-Lewis (Newland Archer), Winona Ryder (May Welland), Miriam Margolyes (Mrs. Mingott), Richard E. Grant (Larry Lefferts), Alec McCowen (Sillerton Jackson), Geraldine Chaplin (Mrs. Welland), Mary Beth Hurt (Regina Beaufort), Stuart Wilson (Julius Beaufort), Sian Phillips (Mrs. Archer)
Drehbuch: Jay Cocks, Martin Scorsese, nach dem gleichn. Roman von Edith Wharton
Kamera: Michael Ballhaus (Technicolor)
Musik: Elmer Bernstein
Schnitt: Thelma Schoonmaker
Produktion: Barbara De Fina für Cappa/ De Fina Prod., USA 1993
Uraufführung: 26.8.1993, Int. Filmfestspiele Venedig (außer Wettbewerb)
Verleih: Columbia TriStar/Columbia TriStar/20th Century Fox
Kinostart: 18.11.1993
Länge: 136 Min. – *FSK:* ab 6, ffr.
FBW: Besonders wertvoll

Ein begabter Anwalt soll in eine einflußreiche New Yorker Familie einheiraten, wird aber von der Cousine der Braut, einer emanzipierten reifen Frau, die nach einer gescheiterten Ehe in Europa heimgekehrt ist, magisch angezogen. Doch in der brillant inszenierten Leinwand-Adaption von Edith Whartons Roman verhindern die Wächter der sogenannt besseren New Yorker Gesellschaft um 1870 mit raffinierten Machtspielen, daß einer ihrer Hoffnungsträger aus dem rationalen, kapitalistischen Vernunftssystem ausbricht. Genial ist die Kameraarbeit von Michael Ballhaus, bestechend das Spiel der Darstellerinnen und Darsteller. *Zoom*

Brigitte Desalm in: Kölner Stadt-Anzeiger, 20.11.93; Sebastian Feldmann in: Rheinische Post, 19.11.93; Peter W. Jansen in: Der Tagesspiegel, 19.11.93; W.O.P. Kistner in: AZ, 18.11.93; H.G. Pflaum in: SZ, 18.11.93

Der Zementgarten 961
THE CEMENT GARDEN ****

Regie: Andrew Birkin
Darsteller: Andrew Robertson (Jack), Charlotte Gainsbourg (Julie), Alice Coulthard (Sue), Ned Birkin (Tom), Sinead Cusack (Mutter), Hanns Zischler (Vater)

Drehbuch: Andrew Birkin, nach dem gleichn. Roman von Ian McEwan
Kamera: Stephen Blackman (Farbe)
Musik: Edward Shearmur
Schnitt: Toby Tremlett
Produktion: Bee Gilbert, Ene Vanaveski für Neue Constantin Film mit Laurentia/Torii/ZDF, BRD/GB/Frankreich 1992
Uraufführung: 20.2.1993, Int. Filmfestspiele Berlin
Erstaufführung: Filmfest München 1993
Verleih: Neue Constantin/Constantin/Rialto/ VCL/Carolco Video
Kinostart: 12.8.1993
Länge: 105 Min. – *FSK:* ab 16, ffr.
FBW: Besonders wertvoll

Nach dem Tod beider Eltern leben vier Geschwister auf sich allein gestellt in einem abgelegenen Haus – mit der Leiche der Mutter im Keller. Machtkämpfe und die erotische Anziehung zwischen den beiden Ältesten spitzen sich zu. Mit dem Eindringen eines Fremden zerbricht der auf Zärtlichkeit und seelischer Gewalt gründende Zusammenhalt. Eine düstere Geschichte um Pubertät und Geschwisterliebe, Inzest und Tod. Anfangs eher sprunghaft inszeniert, gewinnt der Film in der Folge durch die einfühlende Darstellung und aussagekräftige Bilder.
multimedia

Sebastian Feldmann in: Rheinische Post, 13.8.93; Frauke Hanck in: AZ, 12.8.93; Ponkie in: AZ, 22.2.93, 26.6.93; Georg Seeßlen in: FR, 13.8.93

Zirri – Das Wolkenschaf 962

***

Regie: Rolf Losansky
Darsteller: Babett Ikker (Schiene), Sebastian Senft (Bobby), Martin Müller (Atif), Walfriede Schmitt (Oma), Günter Grabbert (Opa), Karin Düwel (Schornsteinfeger), Dietmar Richter-Reinick (Viehdoktor), Gojko Mitic (Kutscher), Günther Junghans (Feuerwehrhauptmann), Fred Delmare (Schnapsfabrikant)
Drehbuch: Rolf Losansky, nach dem gleichn. Kinderbuch von Fred Rodrian
Kamera: Peter Badel (Farbe)
Musik: Reinhard Lakomy
Schnitt: Ursula Henning
Produktion: DEFA-Studio Babelsberg, BRD 1992

Jugend im Umbruch: Charlotte Gainsbourgh und Geschwister aus ›Der Zementgarten‹.

Uraufführung: Int. Filmfestspiele Berlin 1993, Eröffnungsfilm »Kinderfilmfest«
Erstaufführung: Filmfest München 1993
Verleih: Progress/-/-
Länge: 62 Min.
FSK: o.A., ffr.

In »Zirri« findet Christine bei den Großeltern auf dem Land ein Wolkenschaf – ein Hauch-Wesen, das von Rußwolken aus der Milchstraße geworfen wurde. Der Zuschauer spürt die hehre Absicht (Ruß ist gleich Umweltverschmutzung), und ist trotzdem verstimmt. Denn ein wollweiches Comic-Schaf füllt noch keinen Film. Überdies befrachtet der deutsche Regisseur die dünne Geschichte mit aufklärerischen Botschaften. Was als poetisches Traumstück gemeint war, entpuppte sich leider als flache Posse.
Katja Nele Bode, AZ, 20.2.93

Der zögernde Schritt des Storches 963

LE PAS SUSPENDU DE LA CIGO *****

Regie: Theo Angelopoulos
Produktion: Frankreich/Griechenland/Schweiz/Italien 1991

TV-Titel für: → ›Der schwebende Schritt des Storches‹.

Zucker, Zucker! 964

LE SUCRE ***
TV

Regie: Jacques Rouffio
Darsteller: Gérard Depardieu (Raoul), Jean Carmet (Adrien), Michel Piccoli, Nelly Borgeaud, Georges Descrières, Roger Hanin, Marthe Villalonga, Jean-Paul Muel
Drehbuch: Georges Conchou, Jacques Rouffio
Kamera: René Mathelch (Farbe)
Musik: Philippe Sarde
Produktion: Cinéproduction/SFP/Gaumont, Frankreich 1978
Verleih: -/-/-/
Sendetermin: 9.4.1993, 1.55, RTL
Länge: 100 Min.

Der Ruheständler Adrien und der junge Raoul versuchen gemeinsam, Adriens Geld zurückzugewinnen, das sie zuvor verspekuliert haben. Leicht angejahrte Komödie um die Schwierigkeiten bei Waren-Termingeschäften.

Zum Abschuß freigegeben 965

WITH HOSTILE INTENT **
Video

Regie: Paul Schneider
Darsteller: Melissa Gilbert (Miranda Berkley), Mel Harris (Kathy Arnold), Peter Onorati (Harry McCarthy), Cotter Smith (Rob Arnold), Holland Taylor (Lois Baxter), Daniel von Borgen (Ted Campbell), Kevin Corrigan, Rus Blackwell, Rusty Meyers, Paul Hecht
Drehbuch: Marjorie David, Alison Cross
Kamera: Eric Van Haren Noman (Farbe)
Musik: Dana Kaproff
Schnitt: Andrew Cohen
Produktion: Vanessa Greene für CBS Ent., USA 1993
Verleih: -/-/-/Fox Video
Videostart: Nov. 1993
Länge: 89 Min. – *FSK:* ab 12 J.

Über die Diskriminierung von Polizistinnen durch ihre männlichen Kollegen – nicht unbedingt ein Ausbund an Spannung.

Zurück nach Hause: Die unglaubliche Reise 966

HOMEWARD BOUND: THE INCREDIBLE JOURNEY ***

Regie: Duwayne Dunham
Darsteller: Don Ameche, Georg Thomalla (Stimme von Shadow), Michael J. Fox, Pascal Breuer (Stimme von Chance), Sally Field, Senta Berger (Stimme von Sassy), Robert Hays (Bob), Kim Greist (Laura), Veronica Lauren (Hope), Benj Thall (Peter)
Drehbuch: Caroline Thompson, Linda Woolverton, nach dem gleichn. Roman von Sheila Burnford
Kamera: Reed Smoot (Technicolor)
Musik: Bruce Broughton
Schnitt: Jonathan P. Shaw
Produktion: Franklin R. Levy, Jeffrey Chernov für Walt Disney Pic. mit Touchwood Pacific Partners I, USA 1993
Verleih: Buena Vista/dto./dto.
Kinostart: 5.8.1993
Länge: 83 Min. – *FSK:* ab 6, ffr.
FBW: Wertvoll

Remake des Films »Die unglaubliche Reise« aus dem Jahre 1963 über die Abenteuer von zwei Hunden und einer Katze, die durch die Bergwildnis in ihr Heimathaus zurückkehren. Eine rührende Geschichte um Liebe und Vertrauen zwischen Kindern und Tieren, die durch die Unterschiebung menschlicher

Handlungsmotive und Sprechweisen den zoologischen Aspekt weitgehend vernachlässigt. *multimedia*

Albert Baer in: Rheinische Post, 6.8.93; Frauke Hanck in: AZ, 5.8.93; Christian Winterfeldt in: Kölner Stadt-Anzeiger, 7.8.93

Zwei Körper 967

TWO SMALL BODIES ***

TV

Regie: Beth B
Darsteller: Fred Ward (Lt. Brann), Suzy Amis (Eileen Maloney)
Drehbuch: Neal Bell, Beth B ,nach dem Bühnenstück von Neal Bell
Kamera: Phil Parmet, Holger Fink (Farbe)
Musik: Swans, Michael Gira, Jarboe
Schnitt: Andrea Feige, Melody London
Produktion: Daniel Zuta für Daniel Zuta Filmprod. mit Samsa Film/ZDF/Arte, BRD 1993
Verleih: -/-/-/
Sendetermin: 21.8 1993, Arte, 21.55
Länge: 82 Min.

Eine geschiedene Frau, die in einem Nachtclub arbeitet und mit verschiedenen Männern ausgeht, wird verdächtigt, ihre zwei kleinen Kinder umgebracht zu haben. Ihre Lebensumstände regen die Phantasie des auf ihren Fall angesetzten Polizeibeamten an. Die beiden umkreisen einander in einer ständig steigenden Spirale von Leidenschaft und Haß.

Zwei Witwen für eine Leiche 968

A NOTRE REGRETTABLE ÉPOUX ***

TV

Regie: Serge Korber
Darsteller: Jacqueline Maillan, Alida Valli, Jacques Dufilho, Pierre Tornade, Jean-Pierre Aumont
Drehbuch: Christian Watton
Kamera: Jean Rabier (Farbe)
Schnitt: Marie-Claire Kober
Produktion: TF1/Films du Daunou, Frankreich 1987
Uraufführung: 24.2.1988, Paris
Verleih: -/-/-/
Sendetermin: 10.3.1993, 23.30, ORB3
Länge: 86 Min.

Nachdem ihr Ehemann Alexandre schon 10 Jahre tot ist, findet Hermione heraus, daß er sowohl ein Bigamist als auch ein Gauner war. Außerdem sollen in dem Schloß, in dem sie wohnt, irgendwo Goldbarren versteckt sein. Zusammen mit Romeo und der anderen Witwe Catarina ist sie bemüht, mehr über das Gold herauszufinden.

Zweifelhafte Karriere 969

LE QUATRIEME POUVOIR ***

TV

Regie: Serge Leroy
Darsteller: Philippe Noiret (Yves Dorget), Nicole Garcia (Catherine Carré), Jean Claude Brialy (Fernseh-Intendant), Roland Blanche, Michel Subor
Drehbuch: Yonnick Flot, Serge Leroy
Kamera: André Domage (Farbe)
Musik: Alain Bashung
Schnitt: François Ceppi
Produktion: Jean Kerchner für Films-Compagnie Française Cinematographie Prod., Frankreich 1985
Uraufführung: 28.8.1985 World Film Festival, Montreal
Sendetermin: 16.9.1993, Premiere, 20.15
Länge: 99 Min.

Journalistin und Journalist recherchieren über Waffenschiebereien der französischen Regierung. Die Nachrichtenmoderatorin Catherine bekommt die Meldung, daß ihr Ex-Freund, der Journalist Yves, von dem ausgebrochenen Häftling Marèche als Geisel genommen wurde. Nach seiner Befreiung berichtet Yves in Catherines Fernsehsendung, daß Frankreich illegal Waffen an Guerillas im Vorderen Orient liefert. Ein Minister dementiert, doch Yves bringt Beweise.

Zweimal Texas 970

PICTURE THIS – THE TIMES OF PETER BOGDANOVICH IN ARCHER CITY ***

TV

Regie: George Hickenlooper
Drehbuch: George Hickenlooper
Kamera: Kevin Burget (Farbe)
Musik: Stephen Bruton
Schnitt: Howard Lavick
Produktion: Timothy Bottoms, Sam Bottoms für Kino-Eye American, USA 1991
Uraufführung: Toronto Film Festival 1992
Erstaufführung: 28.6.1993, Filmfest München
Sendetermin: 19.11.1993, ZDF, 0.35
Länge: 53 Min.

Der Dokumentarfilm zeigt den bekannten amerikanischen Regisseur Peter

Bogdanovich, wie er sich an den Film erinnert, der seine Karriere in Gang brachte und sein Leben veränderte: ›The Last Picture Show‹. Zwanzig Jahre nach den Dreharbeiten zu dem berühmten Film ist Bogdanovich in dieselbe emotionale und physische Landschaft zurückgekehrt, um die Fortsetzung Texasville zu drehen.

Die zweite Chance 971

IN THE LINE OF FIRE

Regie: Wolfgang Petersen

Siehe: → ›In the Line of Fire‹.

Die zweite Heimat 972

*****

Regie: Edgar Reitz
Darsteller: Henry Arnold (Hermann), Salome Kammer (Clarissa), Anke Sevenich (Schnüsschen), Daniel Smith (Juan), Michael Schönborn (Alex), Franziska Traub (Renate), Hannelore Hoger (Elisabeth Cerphal), Hanna Köhler (Frau Moretti), Gisela Müller (Evelyne), Michael Seyfried (Ansgar)
Drehbuch: Edgar Reitz
Kamera: Gernot Roll (Teil 1-5), Gerard Vandenberg (6-8), Christian Reitz (9–13) (Farbe und s/w)
Musik: Nikos Mamangakis
Schnitt: Susanne Hartmann
Produktion: Edgar Reitz für Edgar Reitz Prod. mit WDR/HR/NDR/BR/SFB/SWF/BBC/TVE/TV-1/YLE/DR/NRK/ORF, BRD 1992
Uraufführung: 5.- 8.9.1992, Prinzregententheater München; Int. Filmfestspiele Venedig 1992
Verleih: M. Nimmermann/-/-/Atlas Video
Länge: 1.532 Min. – *FSK:* ab 6 J. (1. Teil), ab 12 J. (2.-13. Teil)

Der 26 Stunden lange Film erzählt in dreizehn Kapiteln die zehn Jahre von 1960 bis 1970 am Beispiel einer Gruppe von Studenten und Künstlern in München. Edgar Reitz gelingt es, die persönliche Entwicklung der Protagonisten mit den geschichtlichen Veränderungen glaubhaft zu verknüpfen. Zentrale Figur ist der aus »Heimat« (1984) bekannte Musiker Hermann Simon, dessen Entwicklung vom ehrgeizigen Musikstudenten zum resignierten Berufsmusiker, vom verliebten Jüngling zum gescheiterten Ehemann in der Tradition des Bildungsromans lebensnah und schicksalshaft geschildert wird. *Zoom*

Peter Buchka in: SZ, 10.9.93; Andreas Kilb in: Die Zeit, 11.9.92; 9.4.93; Ponkie in: AZ, 10.9.92

Zwischen Himmel und Hölle 973

TENGOKU TO JIGOKU ****

Regie: Akira Kurosawa
Darsteller: Toshiro Mifune (Kingo Gondo), Kyoko Kagawa (Reiko, seine Frau), Tatsuya Mihashi (Kawanishi, ihr Bruder), Yutaka Sada (Aoki), Tatsuya Nakadai (Inspektor Tokuro), Takashi Shimura (Direktor), Susumu Fujita, Kenjiro Ishiyama
Drehbuch: Ryuzo Kikushima, Hideo Oguni, Akira Kurosawa, nach dem Roman »King's Ransom« von Ed McBain
Kamera: Asakazu Nakai
Musik: Masaru Sato
Schnitt: Akira Kurosawa
Produktion: Tomoyuki Tanaka, Ryuzo Kikushima für Kurosawa Films/Toho, Japan 1963
Uraufführung: 1.3.1963
Verleih: Silver Cine/-/-
Kinostart: 3.6.1993
Länge: 143 Min.

Nach einem Kriminalroman von Ed McBain erzählt der eindruckvollste von Kurosawas »Gegenwartsfilmen« von einem Fabrikanten, der für seinen gekidnappten Sohn ein Lösegeld zahlen soll, das seine Existenz ruinieren würde. Doch die Entführer haben sich geirrt und den Sohn des Chauffeurs erwischt. Ist das Kind eines reichen Mannes so viel wert wie das Kind eines Armen. Diese Frage beherrscht das Kammerspiel, aus dem die erste Hälfte des Films besteht. Der zweite, von Action bestimmte Teil fragt nach dem Motiv des Täters, aus dessen Behausung in der »Hölle« der Großstadt Jokohama sich die Fabrikantenvilla wie der »Himmel« ausnimmt.
Christoph Terhechte, tip, 14/93

Brigitte Desalm in: Kölner Stadt-Anzeiger, 10.7.93; Rupert Koppold in: Stgt. Zeitung, 24.9.93; Holger Kreitling in: Der Tagesspiegel, 10.7.93; Rainer Merkel in: Zitty, 14/93

Zwischen Leben und Tod 974

ABSOLUTE STRANGERS ***

TV

Regie: Gilbert Cates
Darsteller: Henry Winkler (Marty Klein),

Patty Duke (Carol Ray), Richard Kiley, Audra Lindley (Anne Zusselman), Karl Malden (Fred Zusselman), Jennifer Hetrick (Nancy Klein), Cassy Friel (Arielle Klein), Richard Kiley (Dr. R. J. Cannon), Rene Auberjonois (Jack Quinn), Tony Jay (Herb Weisfeld)
Drehbuch: Robert Anderson
Kamera: Mark Irwin (Farbe)
Musik: Charles Fox
Schnitt: Millie Moore
Produktion: Dennis E. Doty für Cates 2, USA 1991
Uraufführung: 14.4.1991, CBS
Verleih: -/-/-/
Sendetermin: 17.11.1993, 20.15, RTL2
Länge: 120 Min.

Der Film basiert auf einem wahren Ereignis. Ein Mann muß sich nach einem schweren Unfall seiner Frau zwischen ihr und dem ungeborenen Kind entscheiden. Verzweifelt versucht er, durch eine legalisierte Abtreibung das Leben seiner Frau zu retten. *Pressetext RTL2*

Zwischensaison 975

HORS SAISON ****

Regie: Daniel Schmid
Darsteller: Sami Frey (Erzähler), Carlos Devesa (Valentin), Maria Maddalena Fellini (Großmama), Ingrid Caven (Lilo), Arielle Dombasle (Frau Studer), Dieter Meier (Max), Ulli Lommel (Professor Malini), Andréa Ferreol (Fräulein Gabriel), Maurice Garrel, Luisa Barbosa, Vittorio Mezzogiorni
Drehbuch: Martin Suter, Daniel Schmid
Kamera: Renato Berta
Musik: Peer Raben
Schnitt: Daniela Roderer
Produktion: Marcel Hoehn für T&C/ Metropolis/Pierre Grise Prod. mit ZDF/DRS/TSI/TSR/Beat Curti
Kinostart: 25.9.1992 (CH), 11.11.1993 (BRD)
Verleih: Salzgeber/-/Columbus
Länge: 95 Min. (Farbe)
FSK: ab 6, ffr.
FBW: Besonders wertvoll

Valentin kehrt an den Ort seiner Kindheit zurück, in ein kurz vor dem Abbruch stehendes Hotel. Dort erinnert er sich an früher, an die Großeltern, Gäste, Angestellten und an große und kleine Gesellschaften des Hotelalltags. Daniel Schmids autobiographischer Film zaubert magische Momente auf die Leinwand, sinniert über Leben und Tod, über Erinnerungen und Träume. »Hors saison« besticht nicht zuletzt durch die wunderbaren Darstellerinnen und Darsteller. *Zoom*

Heiko R. Blum in: Rheinische Post, 7.1.93; Christiane Peitz in: Die Zeit, 26.11.93

12:01 976

12:01 ***

Regie: Jack Sholder
Darsteller: Jonathan Silverman (Barry Thomas). Helen Salter (Lisa Fredericks), Martin Landau (Dr. Thadius Moxley), Nicholas Surovy (Roy Denk), Robin Bartlett (Ann Jackson), Jeremy Piven (Howard Richter), Constance Marie (Joan Zebeo), Glenn Morshower (Det. Kryles), Paxton Whitehead (Dr. Tiberius Scott), Ann Shea (Annette Long)
Drehbuch: Phillip Morton, nach der gleichn. Kurzgeschichte von Richard A. Lupoff
Kamera: Anghel Decca (Farbe)
Musik: Michael Stone (Mischung)
Schnitt: Michael N. Knue
Produktion: Robert J. Degus, Cynthia Hornickel für Fox West Pic. mit New Line Televison/Chanticleer Films, USA 1993
Verleih: 20th Century Fox/-/-
Kinostart: 16.12.1993
Länge: 94 Min.
FSK: ab 12, ffr.
FBW: Wertvoll

Das kommt bekannt vor: Ein junger Mann muß den gleichen Tag immer und immer wieder erleben, bis er nicht nur einen Mord an einer attraktiven Wissenschaftlerin vereiteln kann, sondern auch jenes Experiment verhindert, das die Zeitschleife verursacht hat. Das gleiche Thema wie in »... und täglich grüßt das Murmeltier«, doch keinesfalls nur ein simpler Abklatsch, sondern ein pfiffig inszeniertes Allerlei aus Komödie, Science-Fiction und Krimi.
Jürgen Wimmer

Anke Sterneborg in: SZ, 20.12.93

The Winner is: Clint Eastwood in ›Erbarmungslos‹.

Internationale Filmpreise

The Academy Awards (Oscars) 1993

Mit insgesamt neun Nominierungen war James Ivorys Drama *Wiedersehen in Howards End* ins Oscar-Rennen geschickt worden. Ebenso wie Eastwoods Spätwestern *Erbarmungslos.* Neben diesen beiden wurde auch Al Pacino mit Vorschußlorbeeren bedacht. Gleich zwei Nominierungen konnte er auf sich vereinigen. Als Hauptdarsteller für *Der Duft der Frauen* und für seine Nebenrolle in *Glengarry Glen Ross.* Aus deutscher Sicht erfreulich: Helmut Dietls *Schtonk* ging in der Kategorie »Bester Nichtenglischsprachiger Film« ins Rennen.

Am Abend der Verleihung hatte dann kaum einer mehr Zweifel daran, daß Clint Eastwood der große Gewinner werden würde. Und so kam es dann auch: Für *Erbarmungslos* regnete es Oscars. Das Image eines reinen Kassenmagneten ohne künstlerischen Wert dürfte Eastwood spätestens jetzt abgelegt haben. Und auch die Wahl zum besten Hauptdarsteller beendete eine lange Durststrecke. Al Pacino war achtmal erfolglos nominiert worden. Diesmal erhielt er die Statue und standing ovations. Daß aber Emma Thompson als beste Hauptdarstellerin ausgezeichnet wurde, kam dann doch etwas überraschend. Auch wenn das Time Magazin sie als »Katherine Hepburn unserer Generation bezeichnete«.

Neben James Ivory, der mit *Wiedersehen in Howards End* »nur« dreimal auf dem obersten Treppchen stand, war wohl auch Helmut Dietl enttäuscht. Gegen *Indochine* hatte *Schtonk* keine Chance.

Hier die »Acadamy Awards« im einzelnen:

Bester Film: Nominiert waren *The Crying Game, Eine Frage der Ehre, Wiedersehen in Howards End, Der Duft der Frauen, Erbarmungslos.* Ausgezeichnet wurde ***Erbarmungslos.***

Beste Regie: Nominiert waren Neil Jordan für *The Crying Game*, James Ivory für *Wiedersehen in Howards End*, Robert Altman für *The Player*, Martin Brest für *Der Duft der Frauen*, Clint Eastwood für *Erbarmungslos.* Ausgezeichnet wurde ***Clint Eastwood*** für *Erbarmungslos.*

Beste Schauspielerin: Nominiert waren Catherine Deneuve für *Indochine*, Mary McDonnell für *Passion Fish*, Michele Pfeiffer für *Love Field*, Susan Sarandon für *Lorenzo's Öl*, Emma Thompson für *Wiedersehen in Howards End.* Ausgezeichnet wurde ***Emma Thompson*** für *Wiedersehen in Howards End.*

Bester Schauspieler: Nominiert waren Robert Downey Jr. für *Chaplin*, Clint Eastwood für *Erbarmungslos*, Al Pacino für *Der Duft der Frauen*, Stephen Rey für *The Crying Game*, Denzel Washington für *Malcolm X.* Ausgezeichnet wurde: ***Al Pacino*** für *Der Duft der Frauen.*

Beste Nebendarstellerin: Nominiert waren Judy Davies für *Ehemänner und Ehefrauen*, Joan Plowright für *Verzauberter April*, Vanessa Redgrave für *Wiedersehen in Howards End*, Miranda Richardson für *Verhängnis*, Marisa Tomei für *Mein Cousin Vinny.* Ausgezeichnet wurde ***Marisa Tomei*** für *Mein Cousin Vinny.*

Bester Nebendarsteller: Nominiert waren Jaye Davidson für *The Crying Game*, Gene Hackman für *Erbarmungslos*, Jack Nicholson für *Eine Frage der Ehre*, Al Pacino für *Glengary Glen Ross*, David Paymer für *Mr. Saturday Night*. Ausgezeichnet wurde ***Gene Hackman*** für *Erbarmungslos*

Bestes Original-Drehbuch: Neil Jordan für *The Crying Game*, Woody Allen für *Ehemänner und Ehefrauen*, George Miller, Nick Enright für *Lorenzo's Öl*, John Sayles für *Passion Fish*, David Webb Peoples für *Erbarmungslos*. Ausgezeichnet wurde ***Neil Jordan*** für *The Crying Game*.

Bestes Drehbuch nach einer Vorlage: Nominiert waren Peter Barnes für *Verzauberter April*, Ruth Prawer Jhabvala für *Wiedersehen in Howards End*, Michael Tolkin für *The Player*, Richard Friedenberg für *Aus der Mitte entspringt ein Fluß*, Bo Goldman für *Der Duft der Frauen*. Ausgezeichnet wurde ***Ruth Prawer Jhabvala*** für *Wiedersehen in Howards End*.

Beste Kamera: Nominiert waren Stephen H. Burum für *Jimmy Hoffa*, Tony Pierce-Roberts für *Wiedersehen in Howards End*, Robert Fraisse für *Der Liebhaber*, Philippe Rousselot für *Aus der Mitte entspringt ein Fluß*, Jack N. Green für *Erbarmungslos*. Ausgezeichnet wurde ***Philippe Rousselot*** für *Aus der Mitte entspringt ein Fluß*.

Bester Schnitt: Nominiert waren Frank J. Urioste für *Basic Instinct*, Kant Pan für *The Crying Game*, Robert Leigthon für *Eine Frage der Ehre*, Geraldine Peroni für *The Player*, Joel Cox für *Erbarmungslos*. Ausgezeichnet wurde ***Joel Cox*** für *Erbarmungslos*

Beste Bauten: Nominiert waren Thomas Sanders / Garret Lewis für *Bram Strokers Dracula*, Stuart Graig / Chris A. Butler für *Chaplin*, Luciana Arrighi / Ian Whittaker für *Wiedersehen in Howards End*, Ferdinando Scarfiotti / Linda DeScenna für *Toys*, Henry Bumstead / Janice Blackie-Goodine für *Erbarmungslos*. Ausgezeichnet wurden ***Henry Bumstea***d / Janice Blackie-Goodine für *Wiedersehen in Howards End*.

Beste Original-Musik: Nominiert waren Alan Menken für *Aladdin*, Jerry Goldsmith für *Basic Instinct*, John Barry für Chaplin, Richard Robbins für *Wiedersehen in Howards End*, Mark Isham für *Aus der Mitte entspringt ein Fluß*. Ausgezeichnet wurde ***Alan Menken*** für *Aladdin*.

Bester Song: Nominiert waren Mambo Kings für *Beautiful Maria of my Soul*, Aladdin für *Friend like me*, Bodyguard für *I have nothing*, Bodyguard für *Run to you*, Aladdin für *Whole new World*. Ausgezeichnet wurde ***Aladdin***.

Bester Ton: Nominiert waren *Aladdin*, *Eine Frage der Ehre*, *Der Letzte Mohikaner*, *Alarmstufe Rot*, *Erbarmungslos*. Ausgezeichnet wurde ***Der letzte Mohikaner***.

Beste Sound-Effekte: Nominiert waren *Alien 3*, *Bram Stokers Dracula*, *Der Tod steht ihr gut*. Ausgezeichnet wurde ***Der Tod steht ihr gut***.

Beste Maske: Nominiert waren *Batmans Rückkehr*, *Bram Stokers Dracula*, *Jimmy Hoffa*. Ausgezeichnet wurde ***Bram Strokers Dracula***.

Beste Kostüme: Nominiert waren Eiko Ishioka für *Bram Strokers Dracula*, Sheena Napier für *Verzauberter April*, Jenny Beavan / John Bright für *Wiedersehen in Howards End*, Ruth Carter für *Malcolm X*, Albert Wolsky für *Toys*. Ausgezeichnet wurde ***Eiko Ishioka*** für *Bram Strokers Dracula.*

Bester Nichtenglischsprachiger Film: Nominiert waren *Close to Eden* (Rußland), *Daens* (Belgien), *Indochine* (Frankreich), *A Place in the World* (Uruguay), *Schtonk* (Deutschland). Ausgezeichnet wurde ***Indochine***.

Bester Dokumentarfilm: Nominiert waren *Charging our Minds: The Story of Dr. Evelyn Hooker, Fires of Kuwait, Liberators: Fighting on two Fronts in World War II, Music for the Movies: Bernard Hermann, The Panama Deception.* Ausgezeichnet wurde ***The Panama Deception***.

Bester kurzer Dokumentarfilm: Nominiert waren *At the Edge of Conquest: The journey fo Chief Wai-Wai, Beyond Imagining: Margret Anderson and the Little Review, The Colors of my Father: A Portrait of Sam Borenstein, Educating Peter, When Abortion was illegal: Untold Stories.* Ausgezeichnet wurde ***Educating Peter***.

Bester kurzer Trickfilm: Nominiert waren *Adam, Mona Lisa Descending a Staircase, Reci, Reci, Reci....* (Words, Words, Words,...), *The Sandman, Screen Play.* Ausgezeichnet wurde ***Mona Lisa Descending a Staircase***.

Bester Kurzer Realfilm: Nominiert waren *Contact, Cruise Control, The Lady is Waiting, Omnibus, Swan Song.* Ausgezeichnet wurde ***Omnibus***.

Golden Globes 1993

Die Auszeichnungen werden vergeben von der Vereinigung der Auslandspresse in Hollywood.

Bester Film (Drama): ***Der Duft der Frauen*** von Martin Brest

Beste Darstellerin: ***Emma Thompson*** in *Wiedersehen in Howards End* von James Ivory

Bester Darsteller: ***Al Pacino*** in *Der Duft der Frauen*

Bester Film (Musical oder Komödie): ***The Player*** von Robert Altman

Beste Darstellerin (Musical oder Komödie): ***Miranda Richardson*** in *Verzauberter April*

Bester Darsteller (Musical oder Komödie): ***Tim Robbins*** in *The Player*

Beste Nebendarstellerin: ***Joan Plowright*** in *Verzauberter April*

Bester Nebendarsteller: ***Gene Hackman*** in *Erbarmungslos* von Clint Eastwood

Beste Regie: ***Clint Eastwood*** für *Erbarmungslos*

Bestes Drehbuch: ***Bo Goldman*** für *Der Duft der Frauen* von Martin Brest

Beste Filmmusik: ***Alan Menken*** für *Aladdin*

US-Kritikerpreis

Amerikas führende Filmkritiker haben Clint Eastwooods Western ***Unforgiven*** als besten englischsprachigen Film ausgezeichnet. Die Jury aus 25 Filmkritikern führender Tageszeitungen und Wochenmagazinen sprach dem Western auch die Preise für das beste Drehbuch, den besten Regisseur und den besten Nebendarsteller zu. Bester ausländischer Film wurde ***Die Rote Laterne*** von Zhang Yimou.

Europäischer Filmpreis »Felix« 1993

Bei der Verleihung des »Felix« 1993, Europas Filmpreis von der traurigen Gestalt, feierte sich die Filmbranche mal wieder selbst. Unter Ausschluß der Öffentlichkeit präsentierten die

Macher der Europäischen Filmakademie und ihre Protagonisten die vermeintlichen Höhepunkte des Jahres. Spannender war das nicht, was da Anfang Dezember in Babelsberg über die Bühne ging. Und dies lag nicht nur daran, daß die Jury einen Teil der Preisträger schon vorher bekanntgegeben hatte: **Erika** und **Ulrich Gregor** vom Internationalen Forum des Jungen Films wurden ebenso geehrt wie der russische Filmhistoriker **Naum Kleiman**. Für besondere Einzelleistungen wurden der Schauspieler **Benoit Poelvoorde** für seine Leistung in der belgischen Satire *Mann beißt Hund*, die Produzenten von Neil Jordans *Crying Game*, **Nik Powell** und **Stephen Woolley**, sowie der Regisseur und Autor **Otar Iosseliani** für das Buch seines Films *Jagd auf Schmetterlinge* ausgezeichnet.

Mit geradezu pastoraler Attitüde präsentierte der Schauspieler **Otto Sander** die diesjährigen Preisträger. Da half es auch nichts, daß ihm **Fanny Ardant** zur Seite stand – hölzern und zum Gähnen langweilig blieb die ganze Veranstaltung in der Dekoration eines Kinos mit pseudogriechischer Bühne. Ausgenommen der Auftritt von **Michelangelo Antonioni**. Der große alte Mann des italienischen Films war trotz einer schweren Erkrankung nach Potsdam-Babelsberg gekommen, um die Auszeichnung für sein Lebenswerk in Empfang zu nehmen. Die »standing ovation«, rührten nicht nur ihn zu Tränen.

Mysteriös blieb auch die Entscheidung der Jury, Nikita Michalkows ***Urga*** in der Kategorie »Europäischer Film des Jahres« auszuzeichnen. Denn das Meisterwerk des russischen Regisseurs hatte bereits 1991 neben dem Goldenen Löwen von Venedig noch zahlreiche andere hochkarätige Preise gewonnen und lief erfolgreich sogar in den deutschen Kinos – ihm jetzt, zwei Jahre später, auch noch den Felix zuzuerkennen, dokumentiert die Aktualität des Preises.

Europäische Schauspielerin des Jahres wurde **Maia Morgenstern** für ihre Leistung mit dem rumänischen Film ***La Chéne*** von Lucian Pintilie.

Sally Potters ***Orlando*** holte sich den Sieg in der Kategorie »Junger Film«, den Preis für den besten Schauspieler bekam **Daniel Auteuil** für ***Ein Herz im Winter***. Der »Preis der Internationalen Filmkritik« ging an Michael Hanekes ***Bennys Video***.

Fazit: Mag sein, daß der Zusammenschnitt, den das ZDF den Fernsehzuschauern präsentierte, ein falsches Bild vermittelte. Wenn dies allerdings die Highlights der diesjährigen Europäischen Filmpreisverleihung waren, die da europaweit über den Bildschirm flimmerten, dann hat jede Kleintierzüchter-Ausstellung mehr Esprit. Wim Wenders, Chairman und Festredner der Veranstaltung, sprach davon, die Diagnose für den Kranken sei gestellt – jetzt gehe es an die Therapie, um den europäischen Film gesunden zu lassen. Und diese Forderung wurde dann auch nachhaltig umgesetzt: Die Veranstalter traten eindrucksvoll den Beweis an, daß sie auch als Anästhesisten ihr Geld wert wären.

18. Fränzösischer Filmpreis »César«

»Kunst und Kommerz« hielten sich »besser die Waage, die Angebote aufstrebender und bewährter Cinéasten kommen hier wie dort gleichermaßen zum Zuge«, notierte das Branchenblatt Filmecho / Filmwoche angesichts des diesjährigen Filmangebots bei der 18. César-Verleihung in Paris. Ehrenpräsident der Vergabe war der Don Juan vom Dienst **Marcello Ma-**

stroianni, der für seine Mitwirkung in mehr als 140 Filmen mit einem Ehren-César gewürdigt wurde.
Als großer Sieger ging der wenige Tage vor der Preis-Verleihung an Aids verstorbene Regisseur **Cyril Collard** hervor. Seinen Film ***Les Nuits fauves***, dem eher Außenseiterchancen eingeräumt wurden, wurde der Preis für den besten französischen Film zuerkannt. Und als Novum in den Annalen der César-Akademie: Auch in der Kategorie bestes Erstlingswerk wurde Collard ausgezeichnet.
Der große Verlierer des Abends war **Jean-Jacques Annaud** mit seiner Verfilmung des Romans von Marguerite Duras *Der Liebhaber*. Gleich sechsmal nominiert, erhielt er nur einen César für die beste Musik von Gabriel Yared. Mit über drei Millionen Besuchern war dieser Film der größte französische Kinoerfolg des Jahres – aus der Kategorie für den besten Film wurde er verbannt, da er im Original auf Englisch gedreht wurde.
Etwas besser kam Regis Wagnier weg. Sein Film ***Indochine*** wurde von der französischen Akademie für Filmkunst und Kinotechnik elfmal nominiert. Fünf Preis erhielt er, darunter der César für **Catherine Deneuve** als beste Hauptdarstellerin.
Trotz überraschender Triumphe und dem gewohnten Glamour scheint »der Glanz der goldenen Statuette ein wenig verblaßt«, wie die Filmwoche bemerkte. So sei »die Reichweite des vom zweiten französischen Fernsehen stets mit viel Pomp angekündigten Ereignisses von 33 auf 14 Prozent der TV-Haushalte« geschrumpft.
Und obwohl es am Kinomarkt wieder aufwärts zu gehen scheint: Die Krise im Filmgeschäft bekommen einige, die nicht im Rampenlicht stehen, hautnah mit. Filmtechniker demonstrierten gegen den bevorstehenden Abbruch der französichen Traumfabrik, der Filmstudios von Boulogne-Billancourt vor den Toren von Paris.

Die Preise im einzelnen:

Bester Film (franz. Sprache): ***Wilde Nächte*** von Cyril Collard

Bester franz. Film (andere Sprache): ***Talons aiguilles*** von Pedro Almodovar

Beste Regie: *Claude Sautet* für **Ein Herz im Winter**

Bester Regie-Nachwuchs:
Cyril Collard für *Wilde Nächte*

Beste Darsteller: *Catherine Deneuve* in *Indochine* von Régis Wargnier
Claude Rich in *Le Souper* von Edouard Molinaro

Beste Nachwuchs-Darsteller: *Romane Bohringer* in *Wilde Nächte*
Emmanuel Salinger in *La Sentinelle*

Bestes Drehbuch: *Coline Serreau* für *Die Krise*

Beste Kamera: *Francois Caronné* für *Indochine*

Bester Ton: *Guillaume Sciama* für *Indochine*

Beste Ausstattung: *Jacques Bufnoir* für *Indochine*

Beste Musik: *Gabriel Yared* für *Der Liebhaber*

7. Spanischer Filmpreise »Goya«

Unter dem Vorsitz von **Fernando Rey** wurden der »Goya« in Madrid zum siebtenmal vergeben. Von der spanischen Filmakademie wurde der französische Film ***Indochine*** von Régis Wargnier als bester europäischer Film ausgezeichnet.
Der Goya für den besten in spanischer Sprache produzierten Film ging an den argentinischen Regisseur Adolfo Aristarain für ***Un lugar en mundo***.

Internationale Filmfestivals und Filmtage

43. Internationale Filmfestspiele Berlin

Verstand sich die Berlinale stets als eine Nahtstelle zwischen Ost und West, so setzten die Macher bei der 43. Internationalen Zeichen in Richtung Asien. Einen der Gründe nannte Ulrich Gregor, einer der beiden Berlinale-Leiter. Er habe beispielsweise in China »bemerkenswerte Strömungen« unter den Filmemachern ausgemacht.

Daß am Ende zwei Filme aus den beiden Teilen Chinas einstimmig zu den Siegern gewählt wurden, scheint seiner Einschätzung recht zu geben.

Die Jury, darunter Krystyna Janda, Johanna ter Steege und Susan Strasberg, der in diesem Jahr mit Regisseur Frank Beyer erstmals ein Vorsitzender aus den neuen Bundesländern vorstand, vergaben den Goldenen Bären einstimmig zu gleichen Teilen an *Die Frauen vom See der duftenden Seelen* von Xie Fei (China) und an *Das Hochzeitsbankett* von Ang Lee (Taiwan). Vor allem der Film von Ang Lee gehörte zu den Publikumsrennern – dementsprechend groß war der Beifall bei der Bekanntgabe des Preises.

Bemerkenswert war die starke Präsenz der Europäer, darunter auch kleine Filmländer wie Norwegen, die Niederlande oder Dänemark. Berlinale-Chef Moritz de Hadeln nannte die deutsche Beteiligung »erfreulich«. Das Publikum schien seiner Einschätzung zuzustimmen: Detlev Bucks groteskes Road-Movie *Wir können auch anders...* avancierte jedenfalls zum diesjährigen Publikumsliebling.

Starke Beachtung fanden auch die Beiträge aus Georgien, Israel, Frankreich, Italien, Ungarn, Rumänien und erstmals Burkina Faso. Idrissa Ouedraogos Film *Samba Traoré* erhielt sogar einen silbernen Bären.

Die eigentlichen Stars des Festivals waren aber andere: »Standing Ovations« für zwei Männer, die schillernde Glanzlichter setzten – *Gregory Peck* und *Billy Wilder*. Den ersten Goldenen Bären bekam Gregory Peck für sein Gesamtwerk von Moritz de Hadeln in die Hand gedrückt. Beide Hollywood-Größen verliehen der Berlinale jenen Glanz, der bei internationalen Festivals dazu gehört, wie Champagner und erlesene Häppchen.

Allerdings bemerkte Hans-Dieter Seidel in der FAZ, es genüge nicht, »sich im Glanz vergangener Wilder- und Peck-Taten zu räckeln«. Zu bemängeln sei, daß sich der Wettbewerb »durch den Verzicht auf jeglichen Höhepunkt« auszeichne.

Dabei waren Regisseure wie Jacques Doillons (*Le jeune Werther*), Jonathan Kaplan (*Love Fields*) und Spike Lee (*Malcolm X*) zum Rennen um die »Bären-Auslese« angetreten.

Und seinen mit Spannung erwarteten Film *Jimmy Hoffa* stellte Regisseur Danny DeVito gleich persönlich vor. Der kleine große Mann aus Hollywood war auch der Stargast des ersten Wochenendes.

Daß Hauptdarsteller Jack Nicholson nicht erschienen war, wurde seiner eher skeptischen Haltung gegenüber dem Berliner Publikum und den Kritikern zugeschrieben. Zu oft hatten sie den Star zu heftig kritisiert.

Für manchen war es »nicht nur ein Fest mit 650 Filmen, mit Starauftritten, glücklichen Gewinnern von Goldenen Bären, mit schicken Partys, Blitzlichtgewittern und mit Ehrungen für ehrenwerte Männer«, wie Susanne Weingarten im »Spiegel« schrieb. Für sie hatte das Festival eine Chance vertan, »ernsthafte Bezüge zur politischen Lage« im ehemaligen Jugoslawien herzustellen.

Ob sich die Jury »von dieser Schelte« bei der Vergabe des Silbernen Bären für die beste Regie beeindrucken ließ, bleibt ihr Geheimnis. Jedenfalls wurde der Film des bosnisch-moslemischen Regisseurs Emir Kusturicas *Arizona Dream*, mit dem die Berlinale auch eröffnet wurde, mit dem Spezialpreis der Jury ausgezeichnet.

Ach ja: Fast wäre ein anderer Großer im Rummel untergegangen. King Kong, der verliebte Affe, feierte seinen 60sten. Anläßlich seines Geburtstages war die restaurierte Kopie des Films *King Kong* von Ernest B. Schoedsack und M. C. Cooper zu sehen. Eine fünf Meter hohe King-Kong-Figur vor dem »Zoo Palast« wies den Fans den Weg.

Insgesamt vergab die internationale Jury unter Vorsitz des ostdeutschen Regisseurs **Frank Beyer** folgende Preise:

Goldener Bär: Einstimmig zu gleichen Teilen an die Filme *Die Frauen vom See der duftenden Seelen* von Xie Fei (China) und ***Das Hochzeitsbankett*** von Ang Lee (Taiwan, China)

Silberner Bär: Spezialpreis der Jury: *Arizona Dream* von Emir Kusturica (Frankreich).

Der Preis »Der Blaue Engel« als »Großer Preis der Europäischen Film- und Fernsehakademie« ging an ***Le jeune Werther*** von Jacques Doillon (Frankreich).

Silberner Bär für die beste Regie an den Briten ***Andrew Birkin*** für *The Cement Garden* (Der Zementgarten, Koproduktion Deutschland/Großbritannien/ Frankreich).

Weitere Silberne Bären: ***Die Sonne der Wachenden*** von Temur Babluani (Georgien) und ***Samba Traoré*** von Idrissa Ouedraogo (Burkina Faso).

Silberner Bär für die beste Darstellerin: *Michelle Pfeiffer* in *Love Field* von Jonathan Kaplan (USA).

Silberner Bär für den besten Darsteller: *Denzel Washington* in *Malcolm X* von Spike Lee (USA).

Goldener Bär für den besten Kurzfilm: *Bolero* von Ivan Maximov (Rußland).

Kirchenpreis der internationalen Ökomenischen Jury (mit insgesamt 10 000.– DM dotiert) zu gleichen Teilen an ***Le jeune Werther*** (Frankreich) und ***Der Walzer auf der Petschora*** von Lana Gogoberidse (Georgien).

Fipresci-Preis des internationalen Filmkritiker-Verbandes: ***Gorilla Bathes at Noon*** von Dusan Makavejev und an das Programm »Neue Filme aus China« im internationalen Forum des Jungen Films.

Mit einer **lobenden Erwähnung** mußten sich Detlev Bucks *Wir können auch anders... (Deutschland) und Das Leben, wie von Agfa bezeugt* von Assi Dayan (Israel) zufriedengeben.

Die **Berlinale-Kamera**, die an Persönlichkeiten verliehen wird, die dem Festival eng verbunden sind, wurde in diesem Jahr fünf Schauspielerinnen zuerkannt: ***Victoria Abril*** (Spanien), ***Gong Li*** (China), ***Corinna Harfouch*** (Deutschland), ***Johanna ter Steege*** (Niederlande) und ***Yuliette Binoche*** (Frankreich).

Filmfestival Cannes 1993

Es war eigentlich wie immer: Die einen schwärmten in den höchsten Tönen, die anderen holen sich in Cannes ihre Jahresration Frust: Für Peter Buchka von der Süddeutschen Zeitung war es »eines der besten Festivals, das ich je erlebt habe, auch wenn das alles überragende Meisterwerk bis zum Schluß ausgeblieben ist.« Begründung: »Eine solche Häufung guter bis sehr guter Filme, ein derartiger Reichtum unterschiedlicher Stile und Ausdrucksformen sei selten geworden in einer Zeit, da es bald mehr Festivals als Filme gibt«. Verena Lueken von der Frankfurter Allgemeinen Zeitung dagegen sah das Festival schon am vierten Tag abstürzen: »Jeder, der erwartet hatte, daß im Wettbewerb der immer noch größten und wichtigesten Filmfestspiele der Welt ein zumindest akzeptables Niveau nicht unterschritten werde, wurde enttäuscht.« In den drei Tagen nach der Eröffnung wäre angesichts des völlig uninteressanten Wettbewerbs klar gewesen, daß »der Programmverantwortliche Gilles Jacob und seine Mitarbeiter statt in Frankreich und Italien vielleicht doch besser in den Vereinigten Staaten nach geeigneten Kandidaten für die Goldene Palme gesucht hätten«. Aber gerade den Amerikanern schien der Wind ins Gesicht zu blasen: »Allgemeine Zurückhaltung« wegen gestiegener Kosten konstatierte Bernd Jetschin vom »Filmecho« bei den Film-Firmen. »Sie bringen weniger Mitarbeiter mit als in den Vorjahren und reisen auch früher wieder ab«.

Aus cineastischer Sicht gab es für die einen jede Menge Sehenswertes und Preiswürdiges, die anderen sprachen von Enttäuschungen vor allem aus Europa und den Vereinigten Staaten. Allerdings sei die Rede »plötzlich vom asiatischen Kino«, so Verena Lueken. Daß dann Chen Kaige mit seinem Film *Lebe wohl meine Konkubine* zusammen mit Jane Campions *Piano* in den Mittelpunkt rückten, war also zu erwarten. Kaige und Campion erhielten zu gleichen Teilen die Goldene Palme.

»Gelassener konnte man selten einer Preisverleihung entgegensehen«, notierte Peter Buchka. Und man müsse dem Preisgericht attestieren, sich angesichts der vielen auszeichnungswürdigen Filme »salomonisch aus der Affäre gezogen zu haben.«

Aus deutscher Sicht erfreulich: Wim Wenders *In weiter Ferne, so nah!* wurde von der Jury mit dem Großen Preis ausgezeichnet.

Das Fazit von Verena Lueken dagegen fiel weit ernüchternder aus: Cannes hätte einen deutlichen Schwerpunkt auf ein weithin konsensfähiges Kunstkino gesetzt, das in ganz Eropa für die Fernsehanstalten und als Kinoproduktion für den Export geeignet sein solle, das niemanden störe, aber auch niemand wirklich brauche. »Cannes fördert die europazentrierte Protektion und setzt auf den hausgemachten Mainstream. Glaubte noch irgendwer an Originalität und Experiment wie vor fünfundzwanzig Jahren, dann wäre es Zeit für einen neuen, großen Knall.«

Die Preise im einzelnen:

Goldene Palme: ***The Piano*** (Jane Campion); ***Bawang Bieji*** Lebe wohl meine Konkubine (Chen Kaige)

Preis für die beste Regie: ***Mike Leigh*** für *Naked*

Großer Preis der Jury: ***In weiter Ferne, so nah!*** von Wim Wenders

Beste Darstellerin: ***Holly Hunter*** für *Piano*

Bester Darsteller: ***David Thewlis*** für *Naked*

Preis der Jury: ***Hsimeng Rensheng*** (Hou Hsiao Hsien); ***Der Puppenspieler; Raining Stones*** (Ken Loach)

Goldene Palme Kurzfilm: ***Coffee and Cigarettes*** von Jim Jarmush

Camera d'Or: ***Mui Du Du Xanh*** von Tran Anh Jung

Lobende Erwähnung für ***Friends*** von Elaine Proctor

Großer technischer Preis: ***Jean Gargonne*** und ***Vincent Arnardi*** für *Mazeppa*

Lobende Erwähnung für den Kurzfilm ***The Singing Trophy*** von Grant Lahood

FIPRESCI-Preis: ***Bawang Bieji*** von Chen Kaige

46. Filmfestival Locarno 1993

Mit einer neuen Rekordzahl an Besuchern ging das 46. Filmfest in Locarno zu Ende: Mehr als 100 000 Kino-Fans pilgerten zum zweitältesten europäischen Filmfestival. Erfolgreich aus deutscher Sicht war Schauspieler André nach Venedig Eisermann, der in Kaspar Hauser – Verbrechen am Seelenleben eines Menschen mit dem bronzenen Löwen für seine Leistung ausgezeichnet wurde. Der Film von Peter Sehr, der schon beim »Filmfest München« auffiel, wurde auch mit dem »C.I.C.A.E.-Preis« belohnt. Einer der Verlierer von Locarno war sicherlich Regisseur Jacques Doillon, dessen *Un homme à la mer* »gnadenlos ausgepfiffen wurde«, wie das »Filmecho« bemerkte. Die »Welturaufführung« von Doillons »weinerlicher Beziehungskisten-Aufarbeitung« sei sogar ein »Fauxpas« gewesen, konstatierte Wilfried Geldner von der Frankfurter Allgemeinen Zeitung. Nicht ganz so einhellig war die allgemeine Bewertung des Wettbewerbs: Das »Filmecho« stellte hier eine deutlich höhere Qualität fest. Generell sei das Festival »mit einer positiven Gesamtbilanz für Direktor Marco Müller« zu Ende gegangen. Wilfried Geldner hielt dagegen, »daß der Wettbewerb der (möglichst) jungen Filmemacher den Zuschauern und Veranstaltern Sorge bereitet«. Aber das sei nicht neu. Allerdings gefährdeten »Fehlprogrammierungen« das Bild, das sich der Fremde von Locarno mache: »ein eher unbeschwertes Festival an der Grenze zu den Ferien zu sein.«

Die Preise im einzelnen:

Goldener Leopard: ***Azghyhin Ushtykzyn'Azaby*** von Ermek Shinarbaev (Kasachstan)

Silberner Leopard: ***Zghvardze*** von Dito Tsintsadze (Georgien)

Bronzener Leopard: ***Travolta et moi*** von Patricia Mazuy (Frankreich)

Bronzener Leopard: ***André Eisermann*** für seine Rolle im Film *Kaspar Hauser – Verbrechen am Seelenleben eines Menschen* von Peter Sehr (Deutschland)

Bronzener Leopard: ***Valeria Bruni-Tedeschi*** für ihre Rolle im Film *Les gens normaux n'ont rien d'exceptionel* von Laurence Ferreira Barbosa (Frankreich)

C.I.C.A.E.: ***Kaspar Hauser – Verbrechen am Seelenleben eines Menschen*** von Peter Sehr (Deutschland)

41. Filmfestspiele San Sebastian

»Wie schlecht muß ein spanischer Film eigentlich sein, um in San Sebastian keinen Preis zu gewinnen?« fragte Stefan Lux im Branchenblatt Filmdienst und lieferte die Antwort

gleich mit: »Drei Versuche, drei Treffer – Heimspiele eben.«
Nach seiner Ansicht lag beim Wettbewerbsprogramm der Schwerpunkt im Themenkreis »Flucht und Exil«, ein Thema, das auch Konstantin Schmidt in *Dunkle Schatten der Angst* aufgegriffen hat.
Internationale Stars wie Robert Mitchum, Rosanna Arquette oder Cybill Sheperd gaben sich in San Sebastian die Ehre und dem Festival damit den Glanz, auf den nur ungern verzichtet wird.
Prunkstück des Festivals sei aber einmal mehr die »Offene Zone«, »die neben dem lateinamerikanischen Filmschaffen bevorzugt künstlerische Höhepunkte anderer Festivals vorstellt.«
Fazit: »Attraktive Filme« hätte San Sebastian zu bieten gehabt, und »auch über mangelndes Publikumsinteresse brauchte man nicht zu klagen.«
Allerdings täte es der »Dramaturgie eines international renommierten Festivals gut, mehr Gewicht auf ein künstlerisch hochwertiges Wettbewerbsprogramms zu legen.« Interessante Retrospektiven und »Neben«-Sektionen seien sicherlich »verdienst- voll, auf die Dauer aber nicht genug«.

Die Preise von San Sebastian im einzelnen:

Die internationale Jury verlieh den Hauptpreis **Die goldene Muschel** zu gleichen Teilen an die Filme ***Principio y Fin*** von Arturo Ripstein (Mexiko) und ***Sara*** von Dariush Mahrjui (Iran).

Silberne Muscheln erhielten ***Philippe Lioret*** als bester Regisseur für *Tombés du Ciel*, ***Niki Karimi*** als beste Darstellerin in *Sara* und ***Juan Echanove*** als bester Darsteller in *Madregilda* von Francisco Regueiro (Spanien).

Einen **Ersten Spezialpreis** erhielt ***Huevos de Oro*** von Bigas Luna für »erzählerische Persönlichkeit« und »fotografische Qualitäten«.

Eine **spezielle Erwähnung** ging an ***El Aliento del Diablo*** von Paco Lucio (Spanien).

Die Jury der Internationalen Katholischen Organisation für Film- und AV-Medien (OCIC) vergab ihren Preis an den französischen Beitrag ***Tombés du Ciel*** von Philippe Lioret.

50. Filmfestspiele Venedig

Halalie zur Löwenjagd am Lido: Große Tiere, vornehmlich aus Hollywood, gehören zum Filmfestival Venedig wie die auf Stars wartenden Fotografen. Und wie immer war die Aussicht auf Jagdglück groß: Michelle Pfeiffer, Martin Scorsese, John Malkovich, Tina Turner – wenn auch nur für ein knappes Viertelstündchen – Heulboje Madonna oder Wolfgang Peterson gaben sich die Ehre, wenngleich sie gegen die eigentlichen Stars in der Manege recht mickrig wirkten: Steven Spielbergs Dinos feierten in der Lagunen-Stadt ihre Italien-Premiere.
Aber nicht nur Show und Cineastisches, sondern auch Politisches stand auf der Tagesordnung des Festivals: Über 200 Filmschaffende aus zahlreichen Ländern haben die »Erklärung von Venedig« verabschiedet – bekanntgegeben wurde sowohl die Gründung eines »Internationalen Gerichtshof für Autorenrechte« als auch eine »Internationale Union der Filmautoren«. Ziel ist es, die Urheberrechte der Filmautoren besser zu schützen. Die Erklärung richtet sich in erster Linie gegen die geplante Beschnei-

dung der Autorenrechte im Rahmen des GATT. Was die filmischen Glanzlichter betraf, so setzten die Robert Altman mit seinem Epos *Short Cuts* und Krzysztof Kieslowski mit seiner französischen Produktion *Trois Coleurs: Bleu* – beide teilten sich den Goldenen Löwen.
Darüber hinaus notierte das Branchenblatt Filmecho / Filmwoche eine »große Präsenz des US-Kinos«, was aber dem Festival einigen Glanz eingetragen hätte.
Ganz anderer Meinung war allerdings Verena Lueken von der FAZ. Allein die Filme von Altman und Kieslowski hätten dazu geführt, »die Depression nach den viel zu langen zwölf Tagen angesichts des schwachen Festivals nicht zu vertiefen.«

Die Preise im einzelnen:

Goldener Löwe: ***Short Cuts*** von Robert Altman (USA), ***Trois Coleurs: Bleu*** von Krzysztof Kieslowski (Frankreich / Polen)

Spezialpreis der Jury: ***Bad Boy Bubby*** von Rolf de Heer (Australien)

Silberner Löwe: ***Kosh ba Kosh*** von Bakhliyar Khudojnazarov (Tadschikistan); ***Coppa Volpi*** für beste Darstellerin (Hauptrolle) ***Juliette Binoche*** in Kieslowskis *Trois Coleurs: Blau*; ***Coppa Volpi*** für besten Darsteller; ***Fabrizio Bentivoglio*** in *Un'anima divisa in due* von Silvio Soldini

Darstellerpreise (Nebenrolle): ***Anna Bonaiuto*** in *Dove siete? Io sono qui* von Liliana Cavani, Marcello Mastroianni in *Un, deux, trois soleil* von Bertrand Blier; ***Coppa Volpi*** »Speciale« für das gesamte Schauspieler-Team von *Short Cuts*

Osella in Gold: Slawomir Idziak für die Photografie in *Trois Coleurs: Blau*

Osella in Gold: ***Cheb Kahled*** für die Musik in *UN, deux, trois... soleil* von Bertrand Blier

Spezial-Löwen: Vier weitere »Goldene Löwen« gingen an ***Steven Spielberg*** (USA), ***Roman Polanski*** (Frankreich), ***Robert De Niro*** (USA) und ***Claudia Cardinale*** (Italien)

13. Panafrikanisches Film- und Fernsehfestival Burkina Faso

»Eine Verdreifachung auf rund 5000 Fachbesucher konnte das 13. Panafrikanische Film- und Fernsehfestival »FESPACO« in Quagadougou diesem Jahr vorweisen«, wie »Filmecho / Filmwoche« hochrechnete.
Zu sehen gab es – natürlich – neben *Samba Traore* auch *Gito l'ingrat* aus Burundi von Leonce Ngabe. Favorit beim Publikum sei die Komödie *Wendemi* von Pierre Yameogo aus Burkina Faso gewesen, der wahre Lachsalven bein Publikum auslöste.
Lachen konnte auch Roger Gnoan M'Bala: Er gewann mit seinem ***Au nom de Christ*** den *Goldenen Hengst von Yennenga* – ein Pferd, das dem Regisseur an diesem Abend immerhin 70 000 DM erlief.
Die Jury der Internationalen Katholischen Organisation für Film und AV-Medien (OCIC) verlieh ihren Preis an ***Yelema*** von Mamo Cisse aus Mali.
Die Dominanz französischsprachiger Länder konnte allerdings auch Festival-Chef Filip Sawadogo nicht durchbrechen: Im Wettbewerb der abendfüllenden Filme waren nur zwei Filme aus dem englischsprachigen Bereich zu sehen. Aus einem portugisischsprachigen Land kam gar nur ein Beitrag.

»Gemeinsam ist derzeit fast allen afrikanischen Filmländern die Abhängigkeit von den westlichen Industrieländern«, so das »Filmecho«. Filme könnten nur noch mit Zuschüssen der früheren Kolonialmächte produziert werden, und um an die begehrten Subventionen aus Europa besser heranzukommen, hätten die meisten führenden Filmemacher Afrikas mittlerweile Büros in London, Paris oder Brüssel eröffnet.

19. Festival du Cinema Americaine Deauville

Im Honoratioren-Jet-Set des späten 19. Jahrhunderts spielte das französische Deauville etwa die gleiche Rolle wie Nizza, Cannes, Biarritz oder Saint-Tropez.

Zwar ist es mit dem Glanz des mondänen Badeortes in der Normandie heuer nicht mehr weit her – einmal im Jahr allerdings funkeln immer noch zahllose Sterne und Sternchen am Himmel des Films in Frankreichs Norden. Dann nämlich, wenn Hollywoods Prominenz der Grande Nation die Ehre gibt: Tom Cruise, Sydney Pollack, Jessica Lange, Wolfgang Petersen, John Malkovich und Meg Ryan kamen diesmal nach Deauville, dem französischen Schaufenster der amerikanischen Traumfabrik.

Zu sehen gab's die Box-Office Hits *Jurassic-Park, Die Firma, Schlaflos in Seattle* oder *Die zweite Chance*. Beklatscht wurden auch *Das Hochzeitsbankett*, Ang Lees erfrischend bissige Komödie um sexuelle Tabuthemen, Generationskonflikte und gutbürgerlicher Verlogenheit. Für Dieter Oswald vom Filmecho war der mysteriöse Krimi *Public Acces* des 26jährigen Bryan Singer *die ganz große Entdeckung dieses Festivals*. Rund 30 Studio- und Independent-Produktionen sowie zwei Retrospektiven waren zu sehen und sorgten für reges Medien- und Faninteresse.

25. Internationales Dokumentarfilmfestival Nyon

Die Ökumenische Jury zeichnete ex aequo die Filme ***Asmara*** von Paolo Poloni (Schweiz) und ***Belovy*****/*****Die Below*** von Victor Kosakovsky aus.

Eine **Lobende Erwähnung** erhielt der tschechische Film ***Rekni me neco o sobe, René*****/*****Erzähl mir etwas über Dich, René*** von Helena Trestikovà.

Internationales Festival des Fantastischen Films Porto

Beim Internationalen Festival des Fantastischen Films im portugiesischen Porto ist der Film ***Braindead*** des Neuseeländers Peter Jackson mit dem Großen Preis ausgezeichnet worden. ***Braindead*** hatte schon beim Festival des Phantastischen Films im französischen Avoriaz den Wettbewerb gewonnen. Die Jury hat den Film auch für die besten »Special Effects« ausgezeichnet.

Der Preis für die beste Regiearbeit ging an den Kanadier Jean-Claude Lauzon für seinen Film ***Léolo***, dem die Kritiker sehr viel Poesie und einen hervorragenden Schnitt bescheinigten. Unter den etwa dreißig im Wettbewerb präsentierten Arbeiten herrschten amerikanische Horrorfilme vor. Dennoch ging auch der Sonderpreis der Jury nicht in die USA: Prämiiert wurde ***Angel de fuege*** (Feuerengel) der 32jährigen Regisseurin Dana Rotberg aus Mexiko.

22. Internationales Filmfestival Rotterdam

Das Konzept von Festivalleiter Emile Fallaux und seinem Team, künstlerisch anspruchsvolle Filme dem Publikum zu präsentieren, scheint aufzugehen: Rund 110 000 Karten wurden in zwölf Tagen beim 22. Internationalen Film Festival Rotterdam verkauft – was einem 20prozentigen Besucherzuwachs entspricht.

Zu sehen gab es 200 Spiel-, Dokumentar- und Kurzfilme, darunter 40 Weltpremieren und 44 internationale und europäische Premieren. Retrospektiven über Abel Ferrara und Michael Haneke, zahlreiche unabhängige Produktionen, Komödien aus Iran und Ägypten oder eine Hommage an den im vergangenen Jahr in Jerusalem verstorbenen Wim van Leer fanden den Zuspruch des Publikums.

Dies gilt auch für Aktivitäten und Initiativen, die nicht nur auf die Dauer des Festivals beschränkt bleiben. Der »Hubert Bals Fund« fördert durch eine finanzielle Unterstützung die Filmproduktion in Entwicklungsländern. Und das »Limits of Liberty«-Programm kümmert sich, in Zusammenarbeit mit Menschenrechts Organisationen wie Amnesty International oder PEN international, um Produktionen, die einer Zensur unterliegen.

Obwohl Rotterdam auf einen offiziellen Wettbewerb verzichtet, werden dennoch Preise vergeben. Einer der Gewinner war Rosa von Praunheim. Sein Dokumentarfilm ***Ich bin meine eigene Frau*** wurde von der Jury der internationalen Filmkritik (**FIPRESCI**) ausgezeichnet.

Den Preis der holländischen Filmkritik erhielt Ruud Moster für ***Observations***.

Erfreulich war die Präsenz deutscher Filme. Allen voran Edgar Reitz' Mammutwerk *Die Zweite Heimat.*

29. Solothurner Filmtage

Auch 1993 ist das Festival an der Aare von einheimischen Kinogängern und Filmfreaks angenommen worden. Dies lag sicher auch daran, daß durch die Verteilung auf sechs statt bisher drei Spielstätten dem Publikum mehr Komfort geboten werden konnte. Aus etwa 200 Meldungen hatte Festivalleiter Ivo Kummer 96 Produktionen ausgewählt, wobei die breite Palette an Dokumentarfilmen »nach wie vor das solide Fundament der Filmtage« bildete, wie Peter Strotmann vom »film-dienst« feststellte. Hier sei die Wetterlage »einigermaßen stabil«. Dagegen bleibe das Spielfilmklima wechselhaft, »insbesondere bei der großen, international konkurrenzfähigen Produktion sind die Aussichten nach wie vor düster.«

Dabei wirkt sich das »Nein« der Schweiz zum EWR-Beitritt für die Filmschaffenden nicht gerade günstig aus. So seien die Eidgenossen durch ihr plebiszitäres Nein offiziell aus dem MEDIA-Programm der EU ausgeschlossen worden. Und »dadurch ist auch der Geldfluß durch das Verleihförderungsprogramm EFDO gekappt, der im letzten Jahr mit Zuschüssen von über 800 000 Franken den Verleih von rund 25 Filmen in der Schweiz erst mögich gemacht hat«, rechnete Strotmann vor.

Neben Peter Mettlers *Tectonic Plates*, Daniel Schmids *Hors Saison* oder Beat Lottaz' *Kleine Erpresserin*, ein Film, der zu einem der Publikumsfavoriten wurde, waren auch vier Sonderprogramme zu sehen: Kinder- und Jugendfilm, Neuer ungarischer Film, Kurzfilme aus Nordeuropa und Fernsehproduktionen – »eine willkommene Entzerrung« des dichtgedrängten Programms.

9. Filmfestival Troia

Die Jury der Internationalen Katholischen Organisation für Film und AV-Medien (OCIC) vergab ihren Preis beim 9. Filmfestival im portugiesischen Troia an den isländischen Film ***Ingalo*** von Asdis Thoroddsen. Begründung: »In klarer Form zeigt der Film die Bemühungen und Kämpfe einer jungen Frau, die sich in einer aggressiven Gesellschaft für ihr Leben, ihre Familie und die Gemeinschaft einsetzt.« Eine »lobende Erwähnung« erhielt der Film ***Gito l'Ingrat*** von Leonce Ngabo aus Burundi. Schwerpunkt des Festivals waren Filme, die Menschlichkeit und soziale Werte thematisierten.

Österreichische Filmtage Wels

Die Filmtage in Wels begreifen ihre Macher als »alljährliche Werkschau und Festival des österreichischen Filmschaffens.« Geht es nach dem Willen von Festivalchef Reinhard Pyrker, dann sollen sich Publikum, Regisseure, Kritiker und Fachgäste aus ganz Europa in der Messestadt über das Film- und Videogeschehen in Österreich informieren. Über 70 Spiel-, Dokumentar-, Zeichentrick- und Avantgardefilme von mehr als 40 Produzenten und Verleihern aus dem In- und Ausland wurden den rund 10 000 Besuchern vorgestellt. Ergänzend dazu gab es die Sonderschau »Hommage Peter Kern«. »Tribute to Oskar Werner«, »40 Jahre Wiener Filmhochschule«, »10 Jahre experimenteller Wiener Trickfilm« und natürlich wieder zwei hochdotierte Preise: Der mit 20 000 DM ausgestattete *Preis der österreichischen Film Tage*, die höchstdotierte Filmauszeichnung des Landes, ging diesmal an ***Mit Verlust ist zu rechnen*** von Ulrich Seidl. Den **Dokumentarfilmpreis**, immerhin 7000,– DM, erhielt Nadja Seelich für ihren Streifen ***Sie saß im Glashaus und warf mit Steinen.*** Hoffentlich macht die Politik diesem sympatischen Festival nicht den Garaus.

31. Viennale Internationale Filmfestwochen Wien

Erstmals war die gesamte Innere Stadt Schauplatz für die Viennale. Das Hauptprogramm umfaßte 88 Österreich-, Europa- und Weltpremieren internationaler Filme, davon 69 Lang- und 19 Kurzfilme. Zu sehen gab es Produktionen der Major-Studios, darunter David Cronenbergs ***M. Butterfly***, oder ***The Thing called Love*** von Peter Bogdanovich als internationale Premiere.

In der Sparte des »Unabhängigen Kino« der englischsprachigen Länder stand unter anderem das Regiedebüt von Nick Gomez ***Laws of Gravity*** auf dem Programm. Das »Europäische Autorenkino« vertraten Kenneth Loach, Olivier Assayas, Derek Jarman oder Otar Iosseliani. Stark vertreten das britische Kino mit Ken Loach, Mike Leigh, Peter Greenaway und Derek Jarman, Peter Kern. Und Österreich? »Alles, was man sich zwischen Peter Patzaks Kammerspiel-Satire ***Es lebe die Liebe, der Papst und das Puff***, Hans Scheugls experimentellem Filmessay ***Rutt Deen*** und den überbordenen Kurz-Juwelen der Mara Mattuschka vorstellen kann.« Vervollständigt wurde das eh' schon dicht gedrängte Programm durch zahlreiche Dokumentarfilme, einer Würdigung für den Meister des europäischen Horrorfilms **Dario Argento** und Filme aus Lateinamerika und Afrika. Also auch in diesem Jahr war die »Viennale« das beste Argument für eine Reise nach Wien.

Filmfestivals und Filmtage in Deutschland

9. Tage des unabhängigen Films Augsburg

Augsburg sei auch im neunten Jahr seines Bestehens ein »Provinzfestival« geblieben. Man komme wegen der Filme, und um zu sehen, statt gesehen zu werden, konstatierten die Macher des Augsburger Festivals, ignorierend, daß es eigentlich bei anderen Festivals auch nicht wesentlich anders ist. Überschrieben waren die Veranstaltungsreihen mit »Zwischen den Welten – Unabhängige Filmarbeit in fünf Kontinenten«. Eine bemerkenswerte Vielfalt an Dokumentar- und Spielfilmen war in Augsburg zu sehen, darunter Werke aus Iran, Kanada, Australien, Bulgarien, Japan oder dem Senegal. Eine **Werkschau** des 1992 verstorbenen Porträtfilmers **Christian Blackwood**, eine Länderreihe aus aktuellen Kurz-, Dokumentar- und Spielfilmen zum Thema Irland, eine **Alexander Hammid**-Retrospektive und ein »Internationales Arbeitstreffen der Filmstudenten« vervollständigten das dichtgedrängte Programm.

15. Biberacher Filmfestspiele

»Volle Ränge trotz Krisenstimmung« titelte das Filmecho angesichts der 15. Internationalen Filmfestspiele in Biberach. Denn es sei Festivalmanager Adrian Kutter zu verdanken, daß »die Creme der aktuellen deutschen Filmproduktionen« vorgestellt wurde. Publikumsfavorit, so das Branchenblatt, sei Peter Sehrs grandioser *Kaspar Hauser* gewesen. Ein weiterer Höhepunkt – neben dem Film *Der olympische Sommer*, die mit dem Bundesfilmpreis ausgezeichnete Abschlußarbeit des Kasseler Filmstudenten Gordian Maugg – auch der Film *Der Kinoerzähler* von Bernhard Sinkel, der mit dem C.I.C.A.E.-Preis der Kinojury belohnt wurde und wohl in Biberach seine meisten Besucher fand.
Im Mittelpunkt der Diskussionen stand der »kranke deutsche Film«, eine Bezeichnung, die Filmemacher Nico Hoffmann so nicht stehen lassen wollte. Er habe sich über das »permanente Herunterdiskutieren« geärgert, so Stefan Gehrke im Filmecho. Für Adrian Kutter ist (und bleibt hoffentlich) das Biberacher Festival ein »Exot in der Kinolandschaft«.

7. Filmfest Braunschweig

Im siebten Jahr seines Bestehens reichte das Filmangebot in Braunschweig von Indien bis Amerika, von Burkina Faso bis Kanada. *Der Duft der grünen Papaya* von Tran Anh Hung war während des vier Tage dauernden Festivals ebenso zu sehen, wie Robert Altmans hochgelobter Streifen *Short Cuts* oder Michael Verhoevens *Die unheilige Liebe*. Darüber hinaus widmete das Filmfest **Frank Beyer** eine Werkschau.

4. Internationales Frauenfilmfestival in Dortmund

Überschrieben war das 4. Internationale Frauenfilmfestival mit »Die subversive Kraft des Lachens« – ein Motto, das, so die Veranstalterinnen, »natürlich auch im Rahmenprogramm

des Festivals einen breiten Raum einnimmt«. Zu sehen gab's unter anderem die Uraufführung von *Greener Fields*, eine Produktion der Amerikanerin Cathy Joritz, die Dortmund zu ihrer Wahlheimat gemacht hat.
Insgesamt waren rund 100 Filme und Videos, darunter zwölf deutsche Erstaufführungen und drei Welt-Premieren. Rund 7.000 Gäste nahmen am Festival teil, das trotz aller lobender Worte auch Kritik einstecken mußte. So waren kritische Worte zur Kinotechnik und zu den Vorführräumen zu hören – Mankos, die für ein Festival eigenlich unverzeihlich sind.

Kinderfilm- und Kinderfernseh-Festival in Gera

»Der Goldene Spatz fliegt wieder«, titelte Reinhard Kleber im »Filmecho«, »der Fortbestand des traditionellen Kinderfilmfestivals im thüringischen Gera scheint nun auf Dauer gesichert.« Der Grund: Die Stadt, das Zweite Deutsche Fernsehen, der Mitteldeutsche Rundfunk und der Fernsehsender RTL gründeten eine Stiftung, die die Veranstaltung künftig tragen soll. Gesamtetat des Festival 1993 – eine halbe Million Mark.
Daß der Sperling dennoch nicht recht flügge sei, liege allerdings daran, daß der Kinderfilm nach wie vor »das Stiefkind unserer Filmförderung ist«, so Heinz Kersten im Berliner »Tagesspiegel«. Denn »solange die Arbeit im und für den Kinderfilm eine gehobene ABM-Maßnahme bleibt, so lange wird sich die Situation des deutschen Kinderfilms nicht verbessern« – so jedenfalls eine der Thesen, die in Gera zu hören war.
45 Spielfilme und Fernsehbeiträge konkurrierten im Wettbewerb um die Trophäe eines »Goldenen Spatz«, die erstmals von einer dreißigköpfigen Kinder-Jury von Neun- bis Dreizehnjährigen aus allen Bundesländern verliehen wurde.
Und die jungen Juroren sorgten auch gleich für eine Überraschung. Sie teilten nämlich den Hauptpreis in der Kategorie Kino- und Fernsehfilm zwischen zwei Filmen auf: ***Das Heimweh der Walerjan Wrobl*** (1991) von Rolf Schübel wurde ebenso mit einem Flattermann ausgezeichnet wie Gerd Haags ***Die Lok*** (1992). Schübels Film um einen jungen polnischen Zwangsarbeiter, der im Krieg ein Opfer barbarischer NS-Justiz wurde, erhielt auch den Hauptpreis der Fachjury.
Mit dem von der »Ostthüringer Zeitung« gestifteten Förderpreis, der außerhalb des Wettbewerbs vergeben wurde, wurden frühere Arbeiten des Defa-Regisseurs **Rolf Losansky** ausgezeichnet.
Einen »Goldenen Spatz« von der Kinderjury erhielt auch Regisseur Herrmann Zschoche und seine Autorin Gabriele Herzog für ihren Kurzfilm ***Erste Begegnung***. Die Fachjury entschied sich in der Sparte Kurzspielfilm für Brigitta Dresewskis ***Das geborgte Gesicht***.
Fazit: »Kontinuierliche Kinderfilmarbeit sind leider noch Ausnahmeerscheinungen«, wie Heinz Kersten bedauernd feststellte. Dabei sei auch in diesem Genre das große Geschäft zu machen. Kinderfilme würden oft zu Klassikern, (*Bambi*, *Der Zauber von Oz*), und schon allein deshalb lohne sich der Einsatz großer Mittel (Prinzip Hoffnung).

27. Internationale Hofer Filmtage

Mehr als 50 Produktionen und rund 30 Kurzfilme präsentierten sich diesmal auf den Hofer Filmtagen. Dieses Festival, das »irgendwo zwischen

Familientreffen der deutschen Filmbranche und internationalem Kinofestival« angesiedelt sei, wie das Filmecho notierte, war vor allem im internationalen Programm mit Highlights gespickt. Filme von Robert Altman und Mel Brocks waren ebenso zu sehen wie *Naked* von Stephen Frears. Ihm war auch die diesjährige Retrospektive gewidmet.
Sprach Festivalbegründer Heinz Badewitz vor Jahresfrist noch von »einem guten, spannenden Jahrgang«, so folgte dem Höhenflug ein Jahr später »die Bauchlandung«, wie Hans-Dieter Seidel von der FAZ feststellte. »Die etablierten Namen enttäuschten, und jene, die sich erst einen Namen machen müssen, standen dabei nicht nur einander, sondern auch sich selber im Weg.« Seidel machte ein »schier zwanghaftes Vermeiden brennender Gegenwartsthemen« aus – eine ernüchternde Erkenntnis, denkt man an das Jahr zuvor. Denn da hatte sich noch deutsch-deutsche Aktualität in den Filmen widergespiegelt.
Der Filmpreis der Stadt Hof ging in diesem Jahr an Werner Herzog.
Der **Kodak-Nachwuchspreis** wurde an Tom Tykwer für ***Die tödliche Maria*** verliehen. Zum ersten Mal wurden auch herausragende Leistungen im Bereich des Filmverleihs prämiert.
Die **Preise des BMI**, dotiert mit jeweils 50 000,– DM, erhielten ***Die Lupe*** in Göttingen und die ***Pandora Film***, Frankfurt.

19. Internationales Kinderfilmfestival Frankfurt am Main

Im Wettbewerb um LUCAS, den weltweit einzigen Filmpreis, der von Kindern und Erwachsenen gemeinsam vergeben wird, standen beim 19. Internationalen Kinderfilmfestival neue Filme aus aller Welt, darunter zahlreiche deutsche Erstaufführungen, im Mittelpunkt. Beim Festival, das vom Deutschen Filmmuseum und dem Kinder- und Jugendfilmzentrum der Bundesrepublik veranstaltet wird, waren neben dem Wettbewerbsprogramm auch eine Abendreihe mit sowjetischen Kinder- und Jugendfilmen und eine Spezialreihe für Kinder zu sehen.
Der »emotional und visuell schlüssigste Film« unter den vierzehn neuen Wettbewerbsbeiträgen sei Dietrich Mangolds *Moritz* gewesen, so Eva-Maria Lenz von der FAZ – den **LUCAS** gewannen allerdings andere. Die kanadische Produktion ***Ganesh*** von Regisseur Giles Walker und Varis Braslas Film ***Aufregung um Weihnachten***.

36. Leipziger Festival für Dokumentar- und Animationsfilme

Die Internationale Jury des Festivals vergab die **Goldene Taube** an ***Leben und Sterben in Sarajevo***.
Zu gleichen Teilen erhielten ***Kolyma, Woina posle Woina Kolyma, Krieg nach dem Krieg*** von Michail M. Michejew (Rußland) und ***Moksha Salvation*** von Pankaj Butalia (Indien) eine **Silberne Taube**.
Die **Goldene Taube** für den besten Animationsfilm ging an ***Traum eines lächerlichen Menschen*** von Aleksandr Petrow (Rußland).
Ehrendiplome erhielten ***Balagan*** von Andreas Veiel, ***Die Wismut*** von Volker Koepp und ***Meine Sterne und meine Himmel*** von Ralf Zöller (alle Deutschland).
Die Ökumenische Jury vergab ihren Preis ebenfalls an den Videofilm ***Leben und Sterben in Sarajevo*** von Radovan Tadic (Frankreich).

Eine **Lobende Erwähnung** erhielt der Film ***Serije Zweti Graue Blumen*** von Wachtang Mikeladse (Rußland).
Eine weitere *Lobende Erwähnung* sprach die Jury dem Streifen ***Isingiro Hospital*** von Hillie Molenaar (Niederlande) aus.
Den **Egon-Erwin-Kisch-Preis** für den besten publizistischen Beitrag erhielt ***Lebensmüll Boca de Lixo*** von Eduardo Coutinho (Brasilien).
Den **Sonderpreis** des Bundesinnenministeriums für Umwelt, Naturschutz und Reaktorsicherheit ging an ***Die Wismut***.

35. Nordische Filmtage Lübeck

Rund 100 Produktionen aus den Nordischen Ländern, dem Baltikum und Schleswig-Holstein wurden bei den diesjährigen Nordischen Filmtagen in Lübeck gezeigt – ein Mammutprogramm für vier Tage.
Erstmals wurde ein Drehbuchpreis der European Script Fund verliehen. Mit dem Preis, der mit etwa 4.000,– DM dotiert ist, soll einem Autor oder eine Autorin die Chance gegeben werden, an einem international hochrangigen Drehbuch-Workshop von SOURCES teilzunehmen.
Diese Amsterdamer Organisation hat sich zur Aufgabe gesetzt, den Standard europäischer Film- und Fernsehproduktionen zu heben. Bekommen hat ihn der 32jährige Kieler Regisseur und Drehbuchautor Michael Mienso-pust.
Die begehrteste Auszeichnung, der **NDR-Förderpreis**, ging diesmal zu gleichen Teilen an den schwedischen Film ***Mein großer dicker Vater*** von Kjell Ake Andersson und an ***Und wer hat auf Wiedersehen gesagt*** des litauischen Regisseurs Andrius Siusa. Der mit 25.000,– DM dotierte Preis wurde in Lübeck bereits zum vierten Mal vergeben.
Erfolgreich auch der finnische Film ***Der verlorene Sohn*** von Veikko Aaltonen – denn er erhielt gleich zwei Auszeichnungen: Den Publikumspreis »Lübecker Filmlinse« und den Preis der baltischen Jury.
Der erstmals ausgeschriebene Kinderfilmpreis der Nordischen Filminstitute ging an den norwegischen Film ***Kalle und die Engel*** von Ole Björn Salvesen.
Den Dokumentarpreis der IG Metall Lübeck wurde **Philippe Macasdar** für seine Regiearbeit in ***Benno Besson*** und **Axel Brandt** für seine Kameraführung verliehen.

5. Kinofest Lünen

Im November 1993 fand am Rande des Ruhrgebiets, zum vierten Mal das Kinofest Lünen statt. Nach dem bewährten Konzept der letzten Jahre ging es auch in diesem Jahr darum, die Filmkultur einer Region, zu der etliche Gemeinden gehören die seit Jahren kinolos sind, zu stärken. Neben neuen deutschen Produktionen, die auf Festivals Aufsehen erregt haben, aber zumeist noch ohne Verleih sind, wird das Programm durch ein gezieltes Angebot für Kinder und Jugendliche, Retrospektiven und Sonderprogramme ergänzt. In Lünen wurden Filme entdeckt, die später Preise gewannen oder sonst bekannt wurden. So etwa im ersten Kinofestjahr die Filme von Christoph Schlingensief, 1991 ***Karniggels*** (Detlef Buck) und ***Im Kreise der Lieben*** (Hermine Huntgeburth) oder 1992 der erste und einzige Film von John Cage des Münchner Henning Lohner ***One 11 and 103*** sowie 1993 Adolf Winkelmanns ***Nordkurve***.

Ein besonderes Augenmerk liegt jeweils bei der Präsentation des Filmlandes Nordrhein-Westfalen. Ein Fachseminar und eine Matinéeveranstaltung am Sonntagvormittag ist einem speziellen mit der Region verknüpften medienpolitischen Thema gewidmet. Im Jahr 1991 diskutierten beispielsweise Kinobesitzer, Regisseure und Verbandsvertreter mit dem Publikum über die »Zukunft des Kinos« unter besonderer Berücksichtigung des geplanten Baues eines Multiplexkinos 10 km von Lünen entfernt. 1993 kamen zahlreiche Ruhrgebietsgrößen wie Dieter Pfaff, Ralf Richter, Peter Lohmeyer, Nina Petri in der Lichtburg in Lünen zusammen, um unter dem Stichwort »Drehort im Revier: Nie wieder Kohle?« um die Perspektiven dieser Region zu debattieren.
Dem Initiator des Kinofestes, dem Recklinghäuser Kinobesitzer Gerd Politt und seinen Mitstreitern ist in Lünen etwas gelungen, was dem deutschen Film vielerorts fehlt: Mit Begeisterung und Professionalität den deutschen Film ohne Klagen in der Region zu positionieren.

3. Internationale Filmfestspiele Magdeburg

Zum Abschluß der dritten Internationalen Filmfestspiele in Magdeburg sind die folgenden Preise vergeben worden:
Einen »Magdeburger Otto in Steinguß« für den besten Spielfilm erhielt die kanadische Filmemacherin Penelope Buitenhuis für ihren Debütfilm ***Trouble***.
Als bester Kurzfilm wurde das Erstlingswerk ***Frieda*** der Wiesbadener Regisseurin Petra Misovic ebenfalls mit dem undotierten Ehrenpreis ausgezeichnet.

42. Internationales Film Festival Mannheim

Die herausragende Nachricht zuerst: Die Zukunft des Mannheimer Filmfestivals scheint gesichert. Nach dem Vorschlag von Baden-Württembergs Kulturministerin Brigitte Unger-Soyka soll das Land künftig die Hälfte des Zuschußbedarfes übernehmen. Dies würde, so die Ministerin beim Auftakt des Festivals, eine Verdopplung des bisher im Haushalt veranschlagten Landeszuschusses von bisher 300 000 auf 600 000 DM bedeuten. Doch damit nicht genug: Zum kommenden Filmfestival will auch die Stadt Heidelberg einen jährlichen Zuschuß in Höhe von DM 200 000 DM beisteuern – so ist es nur recht, aber nicht gerade billig, daß das Festival ab 1994 einen neuen Namen erhält: *Internationales Film Festival Mannheim/Heidelberg* wird dann auf den Plakaten zu lesen sein, und der Etat dürfte rund 1,2 Millionen DM betragen.
25 neue Spielfilme und Filmessays, darunter Werke von Stephen Frears, Sam Shepard, Robert Altman oder Costa-Cavras, sowie 23 Kurzfilme aus 23 Ländern waren zu sehen. Dazu eine Sonderreihe mit Ingemar Bergman-Filmen, ein *Türk-Film-Festival*, tägliche Mitternachtsgespräche und und und – ein Mammutprogramm auch für die fünfköpfige Jury.
Der mit 30 000 DM dotierte **Große Preis** ging an ***Die verbotene Expedition*** des niederländischen Regisseurs Peter Delpeut. Die Jury würdigte den Film als *reale und zugleich fiktive Abenteuergeschichte und überzeugendes Beispiel für eine kreative Erzähltechnik.*
Der mit 10 000 DM dotierte **Spezialpreis** in memoriam Rainer Werner Faßbinder ging an ***Verdunkelung in***

Tallin von Illka Järvilaturi (Estland / Finnland). Ebenfalls mit 10 000 DM ausgeschrieben war der **Dokumentarfilmpreis** des Süddeutschen Rundfunks. Er wurde der Schweizerin Edna Politi für ***Das Quartett der Möglichkeiten*** verliehen.
Der **Kurzfilmpreis** ging an den französischen Beitrag ***Reste*** von Marie Vermillard.
Der **Publikumspreis** ging zu gleichen Teilen an ***Public Access*** von Brian Singer (USA) sowie an ***Russian Pizza Blues*** von Michael Wikke und Steen Rasmussen aus Dänemark, der auch von der Internationalen Filmkritik (FIPRESCI) ausgezeichnet wurde.
Die Jury der **Katholischen Filmarbeit** vergab ihren Preis an den kanadischen Beitrag ***Tectonic Plates*** von Peter Mettler. Eine **Lobende Erwähnung** sprach die Jury für ***The Mozart Bird*** von Ian Kerkhof aus den Niederlanden aus.
Fazit: Das Vorhaben, Filme zu präsentieren, die gleichsam wie Daumenabdrücke Zeichen setzen, ist den Machern des 42. Internationalen Film Festivals Mannheim gelungen. Viele der Festival-Werke konnten durch Individualität, künstlerischem Anspruch und sehenswerter Qualtiät überzeugen.
Kleine Ausrutscher waren da leicht zu verschmerzen: Überflüßig und ärgerlich war die Podiumsdikussion zur Medienausbildung an der Filmakademie Ludwigsburg. Professor Albrecht Ade von der Akademie pries in einem nur schwer zu stoppenden Redeschwall die Vorzüge seiner Institution, Laurens Straub – der ein paar Wochen später als Juror bei der Felix-Verleihung schon seinen nächsten Auftritt hatte – Nico Hofmann und Festivaldirektor Kötz kamen kaum zu Wort. Die Chance, von Fachleuten beispielsweise etwas über die mögliche Bewältigung der deutschen Film-Misere oder das Verhältnis und die Zusammenarbeit von Filmakademie und Mannheimer Festival zu erfahren, wurde vertan. Statt dessen eitle Selbstbespiegelung und wenig Notierenswertes.

Filmfest München 1993

Bereits zum elften Mal ging das Filmfest München 1993 über die Bühnen der zehn Lichtspielhäuser vom Arri-Kino bis zum Theatiner Film – »zweifellos hat die achttägige Veranstaltung ihren Platz in der inflationären Festivallandschaft gefunden«, wie Günter Jurczyk vom Berliner »Tagesspiegel« feststellte. Allerdings: »Zur ersten Garde internationaler A-Festivals wird das Filmfest wahrscheinlich nie gehören. Dazu fehlen die spektakulären Weltpremieren mit ihren Mega-Stars und ihrem beinharten Messe-Rummel.«
Was die Programmvielfalt anbelangt, brauchen sich die Macher um Festival-Chef Eberhard Hauff jedoch nicht zu verstecken: Mit *648 Stunden Liebe, Haß und Leidenschaft* war das Festival überschrieben, als eine cineastische Reise durch rund 150 Spiel- und Dokumentarfilme. Fester Bestandteil des Münchner Filmfestes war auch diesmal wieder das Kinderfilmfest, bei dem es 14 Filme zu sehen gab.
Zu den Höhepunkten, neben den Großen Premieren zählte auch die neue Reihe unter dem Titel ***High Hope***s. Hier soll dem aussichtsreichen Nachwuchs eine Plattform geboten werden.
Auch mit ihrer Entscheidung, auf den chinesischen Film zu setzen, lag das Münchner Filmfest goldrichtig: Venedig, Berlin oder Cannes präsentierten mehrere Preisträger aus diesem Land und mit der ***Werkschau »Neues Chinesisches Kino«*** wurde ein Einblick in den Alltag des sozialistischen Chi-

na der 80er und 90er Jahre vermittelt. Wegweisend wurde diese einmalige Zusammenstellung des neueren chinesischen Filmschaffens von Klaus Eder in Zusammenarbeit mit dem British Filminstitut geplant und nach München auch in London und an anderen Orten gezeigt.
Ebenfalls ein festes Forum in München hat der »Neue Deutsche Film«. Unter anderem präsentierte sich Werner Herzog mit zwei Dokumentarfilmen, Fred Kelemen mit seinen ersten Spielfilm *Kalyi – Zeit der Finsternis*, Peter Sehr präsentierte die Uraufführung seines *Kaspar Hauser*-Films und Dagmar Benke zeichnete die Lebensläufe der *Zwei Männer* nach und vier junge Filmemacher ihr *Neues Deutschland*.
Im Mittelpunkt der meisten deutschen Produktionen stand die Auseinandersetzung mit der gesellschaftlichen Realität.
Eine Besonderheit gab es im »Independent-Programm«. In der ***»Early Black Cinema«***-Reihe waren längst vergessene Werke aus den zwanziger, dreißiger und vierziger Jahren zu sehen, die farbige Regisseure unter hohem finaziellem Risiko produziert hatten: Filme aller Genres, in denen unter anderem Lena Horne, Bessie Smitth, Nat King Cole oder der damals erst siebenjährige Sammy Davis jr. ihren Auftritt hatten.
Das **11. Kinderfilmfest**, eine Sektion des Filmfest, präsentierte neben zahlreichen Münchner Erstaufführungen auch Kinderfilme aus China – summa summarum »1.250 Minuten zwischen Phantasie und Wirklichkeit«.
Die Mehrzahl der in München gezeigten Filme komme nie in unsere Kinos, bedauerte Günter Jurczyk im »Tagesspiegel«. Schon allein deshalb komme den Festivals in Berlin, Hof oder eben München eine ständig wachsende Bedeutung als rettende Oase zu. »Sie müssen die wichtigste vermittelnde Rolle zwischen dem engagierten, unangepaßten Film und seinem Publikum übernehmen. Das Filmfest München hat diese Rolle überzeugend ausgefüllt.«

Preise und Auszeichnungen:

Der Regie-Förderpreis der Hypo-Bank für den deutschen Film dotiert mit 60 000 DM ging an **Dani Levy** (***Ohne mich***, Episode in *Neues Deutschland*)

One-Future-Filmpreis dotiert mit 10 000 DM: Tony Catlif für ***Latcho Drom***

Deutscher Jugend-Video-Preis, Preisträger Videos für Jugendliche: ***Boyz' N the Hood, The Cryin' Game, Bob Roberts***

Videos für Kinder: ***Valby – Das Geheimnis im Moor, Das Geheimnis, Nils Karlson Däumling***

Malboro-Independent-Preis: Jed Riffe für ***Ishi, the last Yahi***

13. Internationales Festival der Filmhochschulen München

Alljährlich versammeln sich die Hoffnungsträger der Filmschulen von Helsinki bis Rom, von Tiflis bis Tel Aviv in München mit ihren Filmdosen im Gepäck, um sich untereinander und mit der Öffentlichkeit auszutauschen. 33 Schulen aus 24 Ländern nahmen diesmal teil, wobei der Schwerpunkt traditionsgemäß auf den Talentschmieden Ost- wie Westeuropas lag – schließlich hat die Teilnahme der Osteuropäer vom Balkan bis zum Kaukasus schon seit dem ersten Festival Schule gemacht.

Filme mit »rätselhafter Prosa« gebe es diesmal zu sehen, so Festivalleiter Wolfgang Längsfeld, und die Chancen seien groß, wieder cineastische Entdeckungen zu machen. »Auch und vor allem bei den Australiern, die heuer als *Special Guests* gleich dreizehn Produktionen ins Rennen schickten«, wie W.O.P. Kistner in der Müncher Abendzeitung notierte.
Das Programm jedenfalls schien beim Publikum gut anzukommen. Das Arri-Kino war zumeist ausverkauft und somit nicht nur Magnet für die Branche, die sich über den Stand des Nachwuchses informierte.
»Das Festival bot in diesem Jahr wieder eine hervorragende Mischung aus Experiment, Professionalität und Kreativität«, wie das Filmecho konstatierte. Und der besonders in Europa hochverehrte **Samuel Fuller** kam, um eine »Meisterklasse« zu leiten.

Die Internationale Studentenjury unter Vorsitz von **Wim Wenders** vergab folgende Preise:

Animation: ***Little Fellow*** (Georgien); Regie: Amiran Chikhinashvill, Georgian State Institue for Theatre and Film

Lobenden Erwähnugen für: ***The Life of Plant*** (Bulgarien) Regie: Vladimir Shiskov, Nationale Akademie für Theater und Kino, Sofia

Silken Lines and Silver Hooks (GB) Regie: Alison Pook, National Film and Television School, Beaconsfield

Dokumentarfilme: ***Madame le Murie*** (CSFR); Regie: Petr Vaclav, Musische Akademie, Prag.

Lobende Erwähnungen für: ***God's Alcatraz*** (GB); Regie: Boris Stout, National Film and Television School, Beaconsfield.
The Survivor (GB) Regie: Luca Masnata, London International Film School

Spielfilm: ***Albatross*** (Finnland); Regie: Juha Koiranen, University of Industrial Arts, Helsinki.
Last Round (Dänemark); Regie: Thomas Vinterberg, Dänische Filmschule Kopenhagen.
Caravan (Finnland); Regie: Perttu Leppä, University of Industrial Arts, Helsinki

Lobende Erwähnungen für: ***Der Fensterputzer*** (Deutschland); Regie: Veit Helmer, Hochschule für Fernsehen und Film, München.
Horror Vacui (Niederlande); Regie: Boris Paval Conen, Niederländische Film- und Fernseh-Akademie Amsterdam.

Interessantestes Schulprogramm: Das »Bronzene Fohlen« an die Deutsche Film- und Fernsehakademie, Berlin

Lobende Erwähnungen für: Jerusalem Film and Television School und Tel Aviv Unviversity
Weitere Preise gingen an die ungarische Filmschule Budapest für die Filme ***Dawn***; Regie: Pados Gyuia
The lost Movie; Regie: Fésös Andràs.

Specialpreis der Drehbuchwerkstatt München an: ***Caravan***; Regie: Perttu Leppä, University of Industrial Arts, Helsinki

Nachwuchs-Filmpreis der Münchner Produzenten an: ***Last Round***; Regie Thomas Vinterberg, Dänische Filmschule.

8. Internationales Dokumentarfilmfestival München

Frauen böten nicht genug Widerstand, wenn die ökonomischen Mittel knapper würden, bemängelte die Leiterin des Internationalen Dokumentarfilmfestival München in der Süddeutschen Zeitung. »Sie lassen sich als erste zurückdrängen. Unser Programm ist aber der beste Beweis, daß es ein reichhaltiges Angebot an Frauenfilmen gibt, wenn man die Augen offenhält.« Über die Leinwände liefen 53 Filme aus 16 Ländern, die Regionalschau »Neue Filme aus Bayern« war mit 25 Filmen und 15 Videos vertreten. Themenschwerpunkte waren u. a. Frauen, Dritte Welt, Israel / Palästina, Nationalsozialismus, Ökologie und Wissenschaft – ein Programm das bewies, »daß Dokumentarfilm spannender sein kann als Fiktion oder Reality-TV«, wie Margret Köhler im »Film-Dienst« notierte.

39. Internationale Kurzfilmtage Oberhausen

»Eine überraschend breite und lebhafte Resonanz vor allem aus dem westlichen Ausland und aus Osteuropa, die jeden Rahmen sprengt«, verzeichneten die Organisatoren der 39. Internationalen Kurzfilmtage in Oberhausen. Vielleicht lag's daran, daß erstmals im Internationalen Wettbewerb gleichberechtigt neben Kurzfilmen Videobeiträge in den Formaten S-VHS, U-matic high / low und Betacam SP in einer Länge bis zu 35 Minuten zugelassen waren. Aus 1500 Einsendungen, darunter Beiträge aus Japan, Mozambique, Zimbabwe, mußten 58 Kurzfilme und 18 Videos aus 36 Ländern für den Internationalen Wettbewerb ausgewählt werden. Im Deutschen Wettbewerb war der Andrang ebenfalls beachtllich: Von 650 eingesendeten Arbeiten waren 30 Film- und 10 Videobeiträge zu sehen. Schwerpunktthema war diesmal die »Konfrontation der Kulturen« – vor dem Hintergrund eskalierender Gewalt, tiefgreifender Verunsicherung und Angst vor dem Fremden ein Thema von akuter Sprengkraft.

Der **Große Preis** der Stadt Oberhausen ging an ***Sylvester*** von Jochen Kuhn.
Der Preis der AG der **Filmjournalisten** für den besten deutschen Kurzfilm ging an ***Joanes Gesetz*** von Dominique Andreas Faie und Dobrivoie Kerpenisan.
Die Jury der **Katholischen Filmarbeit** in Deutschland verlieh ihren Preis an ***Lents que nous sommes*** von Vivianne Perelmuter.
Lobende Erwähnungen erhielten die Filme ***Passage à l'acte*** von Martin Arnold und ***Zefiro Torna or Senes from the Life of George Maciunas*** von Jonas Mekas.
Für Harald Zander kam der pointierteste und witzigste Film aus Österreich. In *Passage à l'acte* liefen »wie an einem Schneidetisch einzelne Sekundenbruchteile der Handlung vor und zurück«, und es entstünden rhythmische Geräusche und Bewegungsfragmente, »die große Heiterkeit auslösen und zugleich die Herrschaftsstrukturen der Familie entlarven.«

Potsdamer Filmfest 4

»Zu hoffen ist, daß es den jungen Potsdamer Filmfreaks gelingt, mit ihrer neuen Festivalkonzeption ›Europäischer Salon für Liebhaber des jungen Films‹ frischen Wind in die inzwischen behäbig gewordene Festivallandschaft zu bringen« – so jedenfalls der Wunsch der Potsdamer Morgenpost für ein Festival, das in diesem Jahr unter der neuen Leitung von Irina Knochenhauer einen neuen Anfang wagen wollte.
65 Filme waren im Hauptprogramm zu sehen, und dem Sieger winkten 50 000 DM.

Die teilten sich dann Arpad Sopsits aus Ungarn mit ***Video Blues*** und Thomas Harlan mit seinem Film ***Souvernance***.
Der Preis in der Kategorie **Kurzfilm** in Höhe von 5.000 DM ging an den niederländischen Film ***Wanna Get In On It?*** von Rene Hazekamp.
Für seinen Dokumentarfilm bekam der Ukrainer Sergej Bukowski mit ***Znak Tire*** 10 000 DM.
Lobende Erwähnungen bekamen ***Der Menschenforscher*** von Andrea Gschwendtner und der bulgarische Film ***Zitadelata*** von Wladimir Andrejew.
Die mit einem regionalen Lizenzankauf verbundenen 10 000 DM für den **besten Studentenfilm** erhielt ***Walter i Amalia*** von Alexej Zernov aus Rußland.

Max Ophüls Preis Saarbrücken 1993

20 Filme wurden zum Wettbewerb um die Vergabe des Max Ophüls-Preises 1993 nominiert, darunter zwei aus Luxemburg, zwei aus der Schweiz, vier aus Österreich und zwölf aus Deutschland. 15 deutsche Erstaufführungen in diesem Programm waren gleichzeitig für den Filmpreis des Saarländischen Ministerpräsidenten nominiert. Ein weiteres Schmankerl für die Cineasten: Zehn Uraufführungen sollten »für einer aufregende Premierenstimmung in den Festivalkinos sorgen«, so der Wunsch der Veranstalter.
In diesem Jahr stand das Festival unter einer neuen Leitung: Nach nur zweijähriger Tätigkeit hatte Martin Rabius als Festivalchef sein Amt an **Christel Drawer** abgegeben. Die Redakteurin war bereits seit 1986 für den Max-Ophül-Preis tätig, und sie hatte gleich ein paar wesentliche Neuerungen im Gepäck: Der Teilnehmerkreis für den Wettbewerb wurde um ein viertes Land, Luxemburg, erweitert. Mit insgesamt sechs Spiel- und vier Kurzfilmen sollte das Großherzogtum dem Publikum als Film- und Produktionsland nähergebracht werden. Das gelang auch, für viele waren die Filme aus Luxemburg die große Entdekkung. Gegenüber dem deutschen TV-Autoren-Bewußtseins-Film wirkten sie wie bestes europäisches Kino. Neu war auch eine Reihe, die den Titel »Perspektiven des jungen deutschen Films« trägt.
Zu sehen gab es in dieser Reihe unter anderem ***Die Honigkuckuckskinder***, ***Nordkurve*** oder ***Stau*** – Produktionen, die auch politische Themen aufgreifen, aber aufgrund der Bestimmungen nicht für den Wettbewerb zugelassen werden konnten.
Für Margret Köhler vom »Film-Dienst« war ein dominierendes Thema vieler Filmer »die kleinen Fluchten von Jugendlichen aus der Trostlosigkeit eines langweiligen Alltags«. Allerdings verlangten einige deutsche Filme im Wettbewerb »sehr viel Toleranz und Geduld von den Zuschauern, die nicht selten in Scharen den Saal verließen«.
Ein großer Erfolg sei dagegen die Eröffnung des Festivals mit dem luxemburgischen Film ***Les sept Pèches capitaux*** gewesen. Generell attestierte Margret Köhler dem Filmfestival »Max Ophüls Preis 1993« »wenig »Kinogefühl«, wie sie ihren Artikel für das Branchenblatt überschrieb.

Max-Ophüls-Preis für den besten Film ***Hochzäitnuecht*** (Hochzeitsnacht) von Pol Cruchten (Luxemburg)

Preis des saarländischen Ministerpräsidenten: *Frankie, Jonnie und die anderen* (Schattenkämpfer) von Hans-Erich Viet (Deutschland)

Darstellerpreise gingen an: ***Anna Thalbach*** in *Zärtliche Erpresserin* (Deutschland / Schweiz) ***Til Schweiger*** in *Ebbys Bluff* (Deutschland)

Den Förderpreis der Jury erhielt ***Durst*** von Martin Weinhart (Deutschland)

Der Interfilmpreis ging an *Langer Gang* von Yilmaz Arslan (Deutschland)

Die Leserjury der »Saarbrücker Zeitung« wählte ***Dammentour*** (Damenwahl) von Paul Scheuer (Luxemburg) und den **Publikumspreis** erhielt ***Krücke*** von Jörg Grünler (Deutschland)

Der Kurzfilmpreis ging an ***Ruhestörung*** von Nikolaus Remy (Deutschland)

3. FilmKunstFest Schwerin

Überschrieben war das 3. FilmKunstFest Schwerin mit »Gegen Intoleranz und Gewalt«. Dieses Motto und ein breitgefächertes Filmprogramm zog das Publikum in die Kinos. Elf sozial und politisch engagierte Filme hatten sich für den von der Bundeszentrale für politische Bildung ausgeschriebenen Spielfilmwettbewerb beworben.
Den ersten Preis, jeweils fünf Kinokopien, erhielten gleich zwei Filme: Dusan Makavejevs ***Gorilla Bathes at Noon*** und Andreas Kleinerts ***Verlorene Landschaft***.
Darüber hinaus gab es auch einen Kurzfilmwettbewerb, bei dem ***Remedio*** von Walburg von Waldenfels mit dem ersten, ***Moment Musicale*** von Heinz Brinkmann mit dem zweiten Preis ausgezeichnet wurde.
Weitere Programmpunkte: Das »Forum Deutscher Film gegen Faschismus und Gewalt«, eine Dokumentarfilmreihe, eine Christoph-Schlingensief-Reihe, aktuelle Spielfilme außer Konkurrenz, Sonderprogramme mit von Länderfilmförderungen unterstützten Filmen und die Vorstellung der dänischen Videowerkstatt – ein Mammutprogramm, das nicht bei allen auf pure Gegenliebe stieß. So notierte Margret Köhler im film-dienst, daß »etwas weniger mehr gewesen wäre«. Dennoch hätte das regional wichtige Festival »seine Kinderkrankheiten abgelegt und sich etabliert«.

16. Internationale Grenzland-Filmtage Selb

Die Sinnhaftigkeit des Namens Grenzland-Filmtage sei in den vergangenen Jahren angesichts fallender Grenzen oft in Frage gestellt worden, so die Organisatoren der Selber Filmtage. Aber »so schnell alte Grenzen verschwanden, wurden auch neue errichtet« – von daher dürfte dieses Filmfestival noch eine lange Zukunft haben.
Die **Werkschau** war diesmal dem exil-serbischen Regisseur **Dusan Makavejev** gewidmet. Makavejev galt bereits 1965 nach seinem Spielfilmdebüt *Der Mensch ist kein Vogel* als originellster Vertreter des jugoslawischen Kinos. Makavejevs neuestes Werk *Gorilla bathes at noon* wurde 1992 in Berlin gedreht und erlebte seine Premiere im Rahmen der Berliner Filmfestspiele 1993. Prompt wurde der Film dort mit dem Internationalen Kritikerpreis ausgezeichnet und ist seitdem Gast bei vielen Festivals.
Über die Makevejev-Werkschau hinaus wurden weitere Filme aus dem ehemaligen Jugoslawien vorgestellt: Krsto Papic mit *Die Geschichte aus Kroatien*, Werke vom Slowenen Filip Robar-Dorin oder des makedonischen Regisseurs Stole Popov.

Auch ein traditioneller Gast durfte dieses Jahr nicht fehlen: Ungarische Filme waren beim Selber Festival immer gern gesehen, diesmal waren György Szomjas und Tibor Klöpfler mit von der Partie.
Weitere Programmschwerpunkte: Ferdinand Diel, der 1992 verstorbene Pionier des Puppentrickfilms und Vater von »Mecki«, wurde für seine langjährige Arbeit mit einer kleinen Auswahl seiner besten Filme gewürdigt.
Fester Bestandteil waren wie jedes Jahr auch diverse Dokumentarfilme. Unter anderem zeichnete Andreas Voigt ein Portrait des Grenzgebiets an der Oder und Neiße, und Wenzel Storch brachte seinen Hippiefilm *Sommer der Liebe* mit nach Oberfranken.

10. Französische Filmtage Tübingen

Die Tübinger Filmtage-Truppe um Michael Frederici und Dieter Betz wird wohl die Ohren gespitzt haben, als in Mannheim Baden-Württembergs Kulturministerin Brigitte Unger-Soyka eine Verdoppelung des Landeszuschusses in Aussicht stellte – denn neben dem Mannheimer Festival würde diese Aufstockung zu gleichen Teilen auch dem Stuttgarter Trickfilmfestival und den Tübingern zugute kommen. Es wäre ihnen jedenfalls zu wünschen, denn was die rund 40 Kino-Idealisten seit zehn Jahren auf die Beine stellen, hat Hand und Fuß und zieht das Publikum in Scharen an. Mehr als 12 000 frankophile Cineasten drängten in die Lichtspielhäuser, in denen rund 130 Werke über die Leinwand flimmerten. Und die Franzosen wissen, was sie am Tübinger Festival haben: Sie schickten in diesem Jahr ihren 25jährigen Star Sandrine Bonnaire an den Neckar, obwohl sie zu dieser Zeit als »Jeanne d'Arc« vor der Kamera stand.
Jean-Pierre Melville war eine **Retrospektive** gewidmet, »Filme aus der Karibik« und »Avantgarde der 20er Jahre« waren ebenfalls zu sehen. Höhepunkte des Festivals waren die Weltpremiere des Doku-Dramas *Les Mots Perdus* des Kanadiers Marcel Simard und *Riens du tout* von Cédrice Klapisch – die Kaufrausch-Farce avancierte zum Publikumsliebling und kassierte auch die 10 000 DM Preisgeld des Zigaretten-Sponsors.
Sollte die Ankündigung Unger-Soykas, die Mittel aufzustocken, wahr werden, dann könnten große Pläne in Tübingen realisiert werden: Quebec würde die Hölderlin-Stadt gerne als kanadisches Kino-Schaufenster nutzen. Und die französische Independent-Vereinigung ACI wäre in der schwäbischen Kreisstadt gerne exklusiv vertreten.

19. Internationales Filmwochenende Würzburg

Das Internationale Filmwochenende Würzburg knüpfte auch bei seiner 19. Auflage an das bewährte Konzept der letzten Jahre an – der Kontakt zwischen Publikum und Film wird in Würzburg nach wie vor gepflegt, und das Festival bemüht sich seit jeher mit Erfolg darum, »durch eine attraktive Mischung aus aktuellen und historischen Filmwerken jene Art von Kino zu retten und präsentieren, die vom Markt regelmäßig übergangen wird«, so die Süddeutsche Zeitung.
Zwei Hommages bildeten die Schwerpunkte der diesjährigen Veranstaltung: Anläßlich seines 60. Geburtstages wurde **Jean-Marie Straub** mit einer von ihm getroffenen Werkauswahl geehrt. Die zweite Hommage galt dem Nestor der deutschen

Filmkomponisten, Hans-Martin Majewski. Daneben widmeten sich kleine Länderreihen dem russischen Produktionsstudio Kurier sowie jungen französischen Regisseuren. Neueste Filme aus Deutschland und den USA waren ebenso zu sehen wie Werke des unabhängigen italienischen Films.

Claudia Wefel von der FAZ jedenfalls machte Organisator Berthold Kremmler und seiner Mannschaft Mut für die kommenden neunzehn Jahre:

»Würzburg ist ein kleines, aber feines Festival. Trotz harter Zeiten für den internationalen Autorenfilm und einer geradezu inflationären Filmfestvermehrung, die den Kampf um die Ware Film immer schwieriger werden läßt, behauptet die ›Filminitiative Würzburg‹ tapfer ihren Platz.«

Premiere in München: ›Kurzschluß‹ von Gerd Kroske, Episode aus ›Neues Deutschland‹.

Deutsche Filmpreise und Auszeichnungen

Deutscher Filmpreis 1993

Das **Filmband in Silber** erhielten ***Wir können auch anders…*** von Detlef Buck; ***Kleine Haie*** von Sönke Wortmann; ***Der olympische Sommer*** von Gordian Maugg.
Das **Filmband in Gold** für hervorragende Einzelleistungen erhielten ***Barbara Auer*** für ihre schauspielerische Leistung in *Meine Tochter gehört mir*, ***Heike Bauersfeld*** für die Ausstattung in *Krücke*, ***Heinz Hoenig*** für seine Darstellung der Titelfigur *Krücke*, ***Ernst Kahl, Detlev Buck*** für das Drehbuch zu *Wir können auch anders…*, ***Renate Krößner*** für ihre darstellerische Leistung in *Nordkurve*, ***Detlef Petersen*** für die Filmmusik zu *Wir können auch anders…*, ***Gernot Roll*** für seine Kameraarbeit in *Krücke*, *Kleine Haie* und *Meine Tochter gehört mir*, ***Adolf Winkelmann*** für den Filmschnitt und die Regie zu *Nordkurve*.

Filmbänder in Gold für herausragende Verdienste um den deutschen Film erhielten ***Erwin Geschonneck***, Schauspieler; ***Enno Patalas***, Filmkritiker und Historiker, Leiter des Münchner Filmmuseums; ***Liselotte Wilhelm***, Kinobesitzerin.

Bayrischer Filmpreis

Joseph Vilsmaiers ***Stalingrad*** war der Hauptgewinner beim Bayrischen Filmpreis. Der Film wurde mit dem mit 500 000 DM dotierten **Produzentenpreis** ausgezeichnet, der an ***Bob Arnold, Günter Rohrbach, Joseph Vilsmaier*** und ***Hanno Huth gingen.***

An den Regisseur gingen auch die Preise für die Gesamtkonzeption und Kamera. Dieser Preis ist ebenso wie der für den Schnitt von ***Hannes Nikkel*** mit 50 000 DM dotiert.
Mit dem **Dokumentarfilmpreis** (50 000 DM) wurde Heiner Stadler für *Das Ende einer Reise* ausgezeichnet.
Den **Regiepreis bekam** ***Helmut Dziuba*** für *Jana und Jan* und ***Juraj Herz*** für den besten Kinderfilm *Die dumme Augustine*.
Als Schauspieler wurden ***Jürgen Vogel, Kai Wiesinger*** und ***Gideon Burkhardt*** für ihre Darstellung in *Kleine Haie* ausgezeichnet (je 20 000 DM).
Den **Ehrenpreis** erhielt ***Martin Benrath***.

Hessischer Filmpreis

Der »Hessische Filmpreis«, der vom Hessischen Ministerium für Wissenschaft und Kunst bereits zum vierten Mal vergeben wurde, ging an den Spielfilm *Krücke* von Jörg Grünler. Der Preis ist mit 150 000 DM dotiert.
In der Sparte **Dokumentarfilm** wurde Wolfgang Bergmanns ***Der Reichseinsatz*** über sowjetische Zwangsarbeiter während des Dritten Reiches ausgezeichnet (100 000 DM).
Bester Kurzfilm wurde Stephan Puchners ***Der Sortierer*** (50 000 DM).
Auszeichnungen für Einzelleistungen gingen an ***Martina Fluck*** für Idee, Recherche und Drehbuch zu dem Film *Mein Traum, meine Liebe, meine Hoffnung*, ***Renan Demirkan*** für herausragende Leistung in *Auge um Auge* von Mansour Ghadarkhah und

an ***Gordian Maugg*** für die künstlerische und filmische Gestaltung des Films *Der olympische Sommer*.
Der mit 15.000 DM verbundene **William Dieterle-Preis 1993** der Stadt Ludwigshafen am Rhein ging an den Regisseur ***Gordian Maugg*** für seinen Spielfilm *Der Olympische Sommer*, der mit 5000 DM dotierte **Sonderpreis** an ***Nina Gladitz-Perez Lorenzo*** für ihren Dokumentarfilm *Perlasca*.
Den mit 25.000 DM dotierten **Otto-Sprenger-Preis 1993** erhielt der Filmkomponist ***Tamás Kahane*** aus Berlin.

Preis der deutschen Filmkritik

Die Arbeitsgemeinschaft der Filmjournalisten vergab ihren Preis in der Sparte **Spielfilm** an **Wolfgang Bekker** für seinen Film *Kinderspiele*. Der Film erhielt bereits 1992 beim Filmfest München den »Regie-Förderpreis der Hypobank«. Begründung: »Der Film untersucht die abgestuften Formen von Gewalt und Repression innerhalb der Familie und deren gesellschaftlichen Umfeld; dennoch wahrt er die Balance zwischen ernsten und tragischen Momenten einerseits und heiteren und komischen Situationen andererseits.« Hervorzuheben sei auch die gute Schauspielerführung.
Dokumentarfilm-Preis: Die Jury der Arbeitsgemeinschaft vergab den Preis in der Sparte **Dokumentarfilm** an ***Die Wismut*** von Volker Koepp.
Der **Förderpreis der deutschen Filmkritik 1993** in der Sparte Dokumentarfilm ging an ***Der geflüsterte Film*** von Nina Rippel.

Gilde-Filmpreis

Preis in Gold für einen deutschen Film: ***Schtonk*** von Helmut Dietl

Preis in Gold für einen ausländischen Film: ***Wiedersehen in Howards End*** von James Ivory

Preis in Silber für einen deutschen Film: ***Ein Mann für jede Tonart*** von Peter Timm

Preis in Silber für einen ausländischen Film für ***Delicatessen*** von Jeunet und Caro.

Filmpreis der Landeshauptstadt München

Zum ersten Mal wurde der mit 15.000 DM dotierte Filmpreis der Landeshauptstadt München vergeben. Bekommen hat ihn ***Herbert Achternbusch***.
Mit diesem Filmpreis soll in Zukunft jährlich Persönlichkeiten ausgezeichnet werden, die »hervorragende Leistungen auf dem Gebiet des Films erbracht« und »damit zum Ruf Münchens als Filmstadt beigetragen haben.«

Ernst-Lubitsch-Preis

Mit dem Ernst-Lubitsch-Preis der Berliner Filmjournalisten wurde der Film-, Fernseh- und Bühnendarsteller, Entertainer und Sänger **Harald Juhnke** ausgezeichnet. Er erhielt den Preis für seine Rolle in Harald Dietls Komödie ***Schtonk***.

Murnau-Filmpreis 1993

Der »Murnau-Filmpreis« ging an den französischen Kameramann **Henri Alekan**, der unter anderem ***Die Schöne und das Biest, Der Stand der Dinge*** oder ***Der Himmel über Berlin*** fotografierte. Dieser Preis wird alle zwei Jahre verliehen und ist mit 15000 Mark dotiert. Bisher wurden Erich Rohmer und Wim Wenders ausgezeichnet.

Filmliteratur

Neuerscheinungen deutschsprachiger Filmliteratur

Der Filmbuch-Jahrgang 1993 – er war nicht besser und nicht schlechter als die Jahre zuvor. Verzichtet haben wir diesmal allerdings auf die Auflistung der sogenannten »Romane zum Film«. Sie sind die uninteressanten Lese-Fast-Food-Produkte einer schmarotzenden Film-Verwertungsliteratur und bloß Blähstoff für die Statistik. Was nicht heißt, daß von den über 130 Titeln, die wir in unsere Buchliste aufgenommen haben, jeder lesenswert ist. Herausragendes steht wie immer neben literarischem Mittelmaß; Filmtheorie neben Kinoklatschgeschichten.

Aber das ist kein Grund, um hier einmal mehr über den Qualitätsmangel und die Krise der deutschen Filmliteratur zu lamentieren. Statt dessen lieber ein »Lob der Kontinuität« für all die Verlage, die seit Jahren Filmliteratur zum Bestandteil ihres Programms gemacht haben, trotz aller Schwierigkeiten auf dem Buchmarkt.

Seit 1984 gibt zum Beispiel der Heyne Verlag seine informative »Filmbibliothek«-Reihe heraus. Der wiedererstandene Henschel Verlag hat 1993 gleich mit mehreren bemerkenswerten Publikationen auch sein Filmliteratur-Comeback. Und das Wagnis eines filmhistorischen Jahrbuchs »zur Erforschung des Frühen Films« nimmt z. B. der Verlag Stroemfeld/Roter Stern auf sich: »KINtop« bringt Licht ins Dunkel der Anfänge der Kinemathographie. Es gibt sie also die Verleger, die dem Filmbuch und seinen Autoren eine Chance geben. Wie sonst könnte uns Cornelius Schnauber auf seine »Spaziergänge durch das Hollywood der Emigranten« mitnehmen? Von den Nazis vertrieben, arbeiteten zwischen 1933 und 1952 über 1500 deutsche und österreichische Emigranten in Hollywood, berichtet Schnauber. Und der Autor lädt ein zu einer Besichtigungstour vorbei an den Wohnsitzen von Brecht und Wyler, Zinnemann, Wilder und vielen anderen. Um Einblicke in die deutsche Film-Geschichte jener Jahre bemüht sich auch der Filmemacher und Kritiker Hans-Christoph Blumenberg in »Das Leben geht weiter«. »Den letzten Film des Dritten Reichs«, das heißt Akten, Produktionsnotizen und einige Standfotos von Wolfgang Liebeneiners verschollenem Film »Das Leben geht weiter« hat er entdeckt. Doch Blumenbergs Spurensuche und seine vorgebliche Aufarbeitung der historischen Zusammenhänge entpuppen sich bei der Lektüre leider nur als eine feuilletonistisch aufgeblähte Fußnote zur Geschichte des Films unter der NS-Diktatur.

Wie man Film- und Zeit-Geschichte fesselnd und informativ verknüpft beweist dagegen die im Metzler Verlag erschienene erste »Geschichte des Deutschen Films«. Das wichtigste und schönste Filmbuch 1993. Ein Arbeits-, Lese- und Schaubuch. 17 namhafte deutsche Filmpublizisten befassen sich in ihren teilweise sehr eigenwilligen Handschriften mit Epochen und Themen des Deutschen Films von 1895 bis heute.

Wer sich jedoch mit dem Lesevergnügen allein nicht zufrieden geben will, der kann sich jetzt, wie schon die Film-Fans vor 50 Jahren, hemmungslos kulinarischen Kinogenüssen hingeben. »Das Vom Winde Verweht-« und »Das Casa-

blanca-Kochbuch« läßt die Liebe zum Kino buchstäblich durch den Magen gehen. Beide Rezeptbücher sind liebevoll den amerikanischen Originalen nachempfunden, die damals zu den Filmpremieren erschienen sind.
Kultfilme, Stars und Mythen des Kinos – sie lieferten auch 1993 den Stoff für die attraktiven Hochglanzprodukte auf dem Filmbuchmarkt: Die prachtvollen Starfotoalben und die zahlreichen Biographien. Das ewige Leben zwischen zwei Buchdeckeln. Das neueste von Marilyn darf dabei natürlich nicht fehlen! Donald Spoto rückt in der bislang sorgfältigsten Monroe Biographie alle Spekulationen über das Leben und Sterben der Leinwandgöttin zurecht. Und Bill Morris erträumt dem geneigten Leser in seinem Roman »Biographie eines Buick«, den Mythos Marilyn als handfeste Pin Up-Phantasie:
An ihrem Hochzeitstag bleichte Marilyn Monroe als erstes ihre Schamhaare mit einer in Peroxid getunkten Zahnbürste. Obwohl sie Reportern einmal gesagt hatte, sie fühlte sich gern »überall blond«, vergaß sie zu erwähnen, daß mit »überall« auch der Keil lästiger dunkler Locken zwischen ihren Beinen gemeint war. Am Tag ihrer Hochzeit tunkte sie eine Zahnbürste in eine Flasche Wasserstoffperoxid und betupfte und bestrich dann die Mähne, bis diese einheitlich locker blond war. Marilyn Monroe war wild entschlossen, überall blond zu sein, wenn sie an diesem Abend von ihrem zweiten Ehemann, dem berühmten Yankee Clipper Joe DiMaggio, über die Türschwelle getragen wurde.
So viel zu Marilyn Monroe und zum Filmbuch-Jahrgang 1993.

Viel Spaß beim Lesen. *Rolf Selas*

1. Film-Geschichte und -Theorie, Genre

Michael Barchet, Maria Diedrich, Walter Hölbling (Hrsg.): Der Krieg der Bilder. Ausgewählte Dokumentarfilme zum Zweiten Weltkrieg und zum Vietnamkrieg. Wissenschaftlicher Verlag, Trier.

Jürgen Becker (Hrsg.): Musik im Film. VI. Münchener Symposium zum Film-Medienrecht. Nomos Verlagsgesellschaft, Baden-Baden.

Helga Belach, Wolfgang Jacobsen (Hrsg.): CinemaScope. Zur Geschichte der Breitwandfilme. Stiftung Deutsche Kinemathek und Wissenschaftsverlag V. Spiess, Berlin.

Jan Berg (Hrsg.): Am Ende der Rolle. Diskussion über den Autorenfilm. (Dokumentation eines Symposiums der Murnaugesellschaft.) Schüren Presseverlag, Marburg.

Hans-Christoph Blumenberg: Das Leben geht weiter. Der letzte Film des Dritten Reichs. Rowohlt Verlag, Berlin.

Hans Borgelt: Die Ufa ein Traum. 100 Jahre deutscher Film. edition q Verlags-GmbH, Berlin.

Angelika Breitmoser-Bock: Bild, Filmbild, Schlüsselbild. Zu einer kunstwissenschaftlichen Methodik der Filmanalyse am Beispiel von Fritz Langs Siegfried. Schaudig/Bauer/Ledig, München.

Jerome Charyn: Movieland. Hollywood und die große amerikanische Traumkultur. Claassen Verlag, Hildesheim.

Wolf Donner: Gegenkurs. Ausgewählte Kino-Texte (1983–1992). Verlag Klaus Stemmler, Berlin.

Ulrich Ehlers, Hauke Lange-Fuchs (Hrsg.): … am liebsten sehe ich lustige Filme. Lachen im Kinderfilm. BJF-Katalog 1993. Bundesverband Jugend und Film e.V., Frankfurt.

Gustav Ernst, Georg Haberl, Gottfried Schlemmer (Hrsg.): Film Kritik Schreiben. Europa Verlag, Wien.

FilmExil, Heft 2. Max Ophüls). Hrsg.: Stiftung Deutsche Kinemathek. Edition Hentrich, Berlin.

Jakob Grau: Kino der 50er Jahre. Das City-Kino in Dortmund-Hombruch. Schack-Verlag, Dortmund.

Hilmar Hoffmann: Mythos Olympia. Autonomie und Unterwerfung von Sport und Kultur. Aufbau Verlag, Berlin.

Wilhelm Hofmann (Hrsg.): Filmwelten. Beiträge zum Verhältnis von Film und Gesellschaft. Schuch-Verlag, Weiden.

Heidi Hutschenreuther, Claudia Schurian (Hrsg.): Feministische Streifzüge durchs Punkte-Universum. Medienkunst von Frauen. edition filmwerkstatt, Essen.

Wolfgang Jacobsen, Anton Kaes, Hans Helmut Prinzler (Hrsg.): Geschichte des deutschen Films. Verlag J. B. Metzler, Stuttgart.

Micaela Jary: Traumfabriken made in Germany. Die Geschichte des deutschen Nachkriegsfilms 1945–1960. edition q Verlags-GmbH, Berlin.

Klaus-Ove Kahrmann, Ulrich Ehlers, Hauke Lange-Fuchs (Hrsg.): Teenie-Kino. Filmarbeit zwischen Kindheit und Jugend. Bundesverband Jugend und Film, Frankfurt.

Ernst Karpf, Doron Kiesel, Karsten Visarius (Hrsg.): Wegen dieses Krieges. Perspektiven des israelischen Films. Schüren, Marburg.

Bernhard Kempen, Thomas Deist: Das Dinosaurier Filmbuch. Verlag Thomas Tilsner, München.

Kinoschriften. Jahrbuch der Gesellschaft für Filmtheorie, Band 3. Hrsg. Gesellschaft für Medien und Film. VWGÖ-Verlag, Wien.

KINtop – Jahrbuch zur Erforschung des frühen Films. (Beiträge zum Kino bis 1918). Verlag Stroemfeld/Roter Stern, Basel/Frankfurt.

Ulrich J. Klaus: Deutsche Tonfilme – Band 4. Jahrgang 1933. Ulrich J. Klaus Verlag, Berlin.

Dominique Lebrun: Von Europa nach Hollywood. Die Europäer im amerikanischen Kino. Henschel Verlag, Berlin.

Günter H. Lenz (Hrsg.): Afro-Amerika im amerikanischen Dokumentarfilm. Wissenschaftlicher Verlag, Trier.

Elisabeth Lutz-Kopp: Nur wer Kind bleibt… Erich-Kästner-Verfilmungen. Bundesverband Jugend und Film, Frankfurt.

Thomas Meder: Vom Sichtbarmachen der Geschichte. Der italienische »Neorealismus«, Rossellinis PAISA und Klaus Mann. Trickster Verlag, München.

Jürgen E. Müller, Markus Vorauer (Hrsg.): Blick-Wechsel. Tendenzen im Spielfilm der 70er und 80er Jahre. Nodus Publikationen, Münster.

Barbara Naumann (Hrsg.): Vom Doppelleben der Bilder. Bildmedien und ihre Texte. Wilhelm Fink Verlag, München.

Hans Günther Pflaum, Hans Helmut Prinzler: Film in der Bundesrepublik Deutschland. Carl Hanser Verlag, München. Erweiterte Neuausgabe 1992.

Karsten Prüßmann: Die Dracula-Filme von Friedrich Wilhelm Murnau bis Francis Ford Coppola. Heyne Verlag, München.

Uwe Richterich: Die Sehnsucht zu sehen. Der filmische Blick auf dem Theater. Robert Wilsons THE CIVIL WARS. Peter Lang Verlag, Frankfurt.

Florian Rötzer, Sara Rogenhofer (Hrsg.): Kunst machen? Gespräche über die Produktion von Bildern. Reclam Verlag, Leipzig.

Cornelius Schnauber: Spaziergänge durch das Hollywood der Emigranten. Arche Verlag.

Jörg Schöning (Red.): London Calling. Deutsche im britischen Film der dreißiger Jahre. CineGraph Buch, edition text + kritik, München.

Gernot Stegert: Filme rezensieren in Presse, Radio und Fernsehen. TR-Verlagsunion, München.

Dora Traudisch: Mutterschaft mit Zuckerguß? Frauenfeindliche Propaganda im NS-Spielfilm. Centaurus, Pfaffenweiler.

Holger Twele (Hrsg.): Kinderkino in Europa. Bundesverband Jugend und Film, Frankfurt.

2. Handbücher, Nachschlagewerke, Kataloge

Austrian Films 1992/93. Austrian Film Commission, Europa Verlag, Wien.

Armand Dupont: Die 100 besten erotischen Filme. Heyne Verlag, München.

Ronald M. Hahn: Die Star Trek Filme. Heyne Verlag, München.

Roland M. Hahn: Das Heyne Lexikon des erotischen Films. Heyne Verlag.

Lothar R. Just: Film-Jahrbuch 1993. Alle Erstaufführungen im Kino, Fernsehen, Video. Deutschland, Schweiz, Österreich. Heyne Verlag, München.

Swiss Film 1993. Schweizerisches Filmzentrum, Zürich.

Alfred Krautz (Hrsg.): Encyclopedia of Film Directors in the United States and Europa. Band 1: Comedy Films to 1991. K. G. Saur, München.

Stephen Locke, Ellen Wietstock u. a.: Das Media Handbuch. Media Desk. Hamburg.

Horst Schäfer, Walter Schobert (Hrsg.): Fischer Film Almanach 1993. Filme, Festivals, Tendenzen. Mit Video-Erstaufführungen. Fischer Verlag, Frankfurt.

Hans-Ulrich Schlumpf (Hrsg.): Filmkatalog der schweizerischen Gesellschaft für Volkskunde. (Enthält viele der wichtigsten schweizer Dokumentarfilme der letzten Jahrzehnte). Verlag der Schweizerischen Gesellschaft für Volkskunde, Basel.

tip. Filmjahrbuch Nr. 9 – Daten, Berichte, Kritiken. Verlag Klaus Stemmler, Berlin.

3. Filmpraxis und Filmindustrie

Adreßbuch Film und Fernsehen Nordrhein-Westfalen. Filmstiftung NRW, Düsseldorf.

Hans Beller (Hrsg.): Handbuch der Filmmontage. Praxis und Prinzipien des Filmschnitts. TR-Verlagsunion, München.

Bundesverband der Fernseh- und Filmregisseure in Deutschland e.V. (Hrsg.): Regie Guide 93/94. Bundesverband, München.

Björn Frank: Zur Ökonomie der Filmindustrie. Vergleich der Strukturen der Filmindustrie in den USA und Europa.
S & W Steuer- und Wirtschaftsverlag, Hamburg.

Andreas Manthey: Die Filmrechtsregelungen in den wichtigsten filmproduzierenden Ländern Europas und den USA. Nomos Verlagsgesellschaft, Baden-Baden.

Paula K. Read, Anja Bartsch: Film Talk. Film Wörterbuch. Verlag für Medien Literatur, Hamburg.

4. Autobiographien, Biographien, Monographien

a) Regisseure

Lars Ahlander (Hrsg.): Gaukler im Grenzland. Ingmar Bergman. Henschel Verlag, Berlin.

Lars-Olav Baier, Gerhard Midding: Teamwork in der Traumfabrik. Werkstattgespräche. Henschel Verlag, Berlin.

Christiane Barchfeld: Filming by Numbers: Peter Greenaway. Ein Regisseur zwischen Experimentalkino und Erzählkino. Gunther Narr Verlag, Tübingen.

Tony Crawley: Steven Spielberg. Heyne Verlag, München.

Gundolf S. Freyermuth: Der Übernehmer, Volker Schlöndorff in Babelsberg. Ch. Links Verlag, Berlin.

Heiner Gassen (Red.): 4 Tendenzen des französischen Kinos. Daney, Rohmer, Miller, Annaud. CICIM/ Institut Français de Munich, München.

Kinematograph Nr. 8: Sergej Eisenstein im Kontext der russischen Avantgarde 1920–1925. (Katalog zur Ausstellung). Deutsches Filmmuseum, Frankfurt.

Kay Kirchmann: Stanley Kubrick. Das Schweigen der Bilder. Hitzeroth, Marburg.

Andrea Lang, Bernhard Seiter (Hrsg.): John Cassavetes. DirActor. PVS Verleger, Wien.

Marta Mierendorff: William Dieterle. Der Plutarch von Hollywood. Henschel Verlag, Berlin.

Almut Oetjen, Holger Wacker: Organischer Horror. Die Filme des David Cronenberg. Corian-Verlag, Meitingen.

Rosa von Praunheim: 50 Jahre pervers. Die sentimentalen Memoiren des Rosa von Praunheim. Kiepenheuer & Witsch, Köln.

Reinhold Rauh: Edgar Reitz. Film als Heimat. Heyne Verl., München.

Frank Schnelle (Hrsg.): Alfred Hitchcocks PSYCHO. Verlag Robert Fischer & Uwe Wiedleroither, Stuttgart.

Frank Schnelle (Hrsg.): Hollywood Professional. Jack Arnold und seine Filme. Verlag Robert Fischer & Uwe Wiedleroither, Stuttgart.

Frank Schnelle (Hrsg.): Die Spielberg-Factory. Kindheitsträume im Kino. Heyne Verlag, München.

Will Tremper: Meine Wilden Jahre. Ullstein Verlag, Berlin.

Wim Wenders: Electronic Paintings. Aquarelle, Zeichnungen, Collagen. Verlag der Autoren, Frankfurt.

b) Schauspieler

Adieu Audrey. Photographische Erinnerungen an Audrey Hepburn. Schirmer/Mosel Verlag, München.

Matthias Biskupek: Karl Valentin. Eine Bildbiographie. Gustav Kiepenheuer Verlag, Leipzig.

Matias Bleckman: Harry Piel. Ein Kino-Mythos und seine Zeit. Filminstituit Düsseldorf, Düsseldorf.

Christian Blees: Laurel & Hardy. Ihr Leben, ihre Filme. Trescher Verlag, Berlin.

Heiko R. Blum: Manfred Krug. Heyne Verlag, München.

Hans-Michael Bock, Wolfgang Jacobsen (Hrsg.): Film-Materialien, Bd. 4: Olga Tschechowa; Bd. 5: Phil Jutzi. CineGraph/Stiftung Deutsche Kinemathek, Hamburg/Berlin.

Peter W. Engelmeier: Hinter den Kulissen. Stars bei der Arbeit. Werkfotos aus fünf Jahrzehnten Kinogeschichte. Augustus Verlag, Augsburg.

Edward Z. Epstein, Joe Morella: Mia Farrow. Biographie. Beltz Quadriga, Weinheim.

Michael Esser (Hrsg.): Gregory Peck. Hommage. Stiftung Deutsche Kinemathek, Berlin.

Quentin Falk: Anthony Hopkins. Heyne Verlag, München.

Barbara Felsmann, Karl Prümm: Kurt Gerron – gefeiert und gejagt. Edition Hentrich, Berlin.

Robert Fischer: Jodie Foster. Heyne Verlag, München.

Rolf Giesen: Die großen Filmkomiker. Von 1945 bis heute. Heyne Verlag, München.

Ezra Goodman: Humphrey Bogart. Porträt einer Kinolegende. Heyne Verlag, München.

Lawrence Grobel: Gespräche mit Marlon Brando. Beltz Quadriga, Weinheim.

Johannes Heesters: Ich bin gottseidank nicht mehr jung. edition ferenczy bei Bruckmann, München.

Mathilde Hochkofer: Marcello Mastroianni. Das süße Leben. Beltz Quadriga, Weinheim.

Annemarie Hürlimann, Alois Martin Müller (Hrsg.): Film Stills. Emotions made in Hollywood. Edition Ganz, Stuttgart.

George Hurell: Hollywood Glamour Portraits. Schirmer/Mosel Verlag, München.

Joe und Jay Hyams: James Dean. Der einsame Rebell. (Eine persönliche Erinnerung.) vgs – verlagsgesellschaft, Köln.

Wolfgang Jacobsen (Hrsg.): Conrad Veidt. Lebensbilder. Argon Verlag, Berlin.

Micaela Jary: Ich weiß, es wird einmal ein Wunder gescheh'n. Die große Liebe der Zarah Leander. edition q Verlags-GmbH, Berlin.

Robyn Karney: Audrey Hepburn. Ihr Leben in Bildern. Heyne Verlag

Brent Maddock: Die Filme von Jacques Tati. Heyne Verlag, München.

Greil Marcus: Dead Elvis. Meister. Mythos. Monster. Rogner & Bernhard bei Zweitausendeins, Hamburg.

Bernhard Matt (Hrsg.): Chaplin. Charlie Chaplin – Sein Leben in Bildern und Anekdoten. Heyne Verlag, München.

Constantin Petru: Marlene Dietrich. Realität. Die letzten Jahre in Paris. Betzel Verlag, Hamburg.

Marianne Sägebrecht: Ich trau' der Zukunft. Herbig Verlag, München.

Frank Schnelle: Tom Cruise. Heyne Verlag, München.

Donald Spoto: Marilyn Monroe. Die Biographie. Heyne Verlag, München.

Bert Stern: Marilyn Monroe. The Last Sitting. 101 ausgew. Photographien. Schirmer/Mosel, München.

Andrea Thain, Norbert Stresau: Audrey Hepburn. Aristokratin der Leinwand – Fair Lady des Films. Heyne Verlag, München.

Christian Braad Thomsen: Rainer Werner Fassbinder – Leben und Werk eines maßlosen *Genies*. Rogner & Bernhard bei Zweitausendeins, Hamburg.

Gerhard Tötschinger: Christiane Hörbiger. Ein Portrait aus der Nähe. Verlag Langen Müller, München.

Gisela Uhlen: Meine Droge ist das Leben. Beltz Quadriga, Weinheim.

Odette Ventura: Das Leben des Lino Ventura. Beltz Quadriga, Weinheim/Berlin.

Ilse Werner: Fotos aus meinem Privatarchiv. Erlebnisse mit Prominenten. Verlag Michael Jung, Kiel.

Cornelia Zumkeller: Tracy & Hepburn. Eine Liebesgeschichte. Heyne Verlag, München.

Meinolf Zurhorst: Robert De Niro. Heyne Verlag, München.

Meinolf Zurhorst: Richard Gere. Heyne Verlag, München.

5. Film und Literatur

Giovanni Arpino: Der Duft der Frauen. Heyne Verlag, München.

George Baxt: Mordfall für Alfred Hitchcock. Kriminalroman. Heyne Verlag, München.

Chabon, T. C. Boyle, Sam Shepard u. a.: Kalifornien erzählt. (Anthologie mit 22 Shortstories.) Fischer Verlag, Frankfurt.

J. M. Dillard: Auf der Flucht. Heyne Verlag, München.

Alex Haley: Malcolm X. Die Autobiographie. Heyne Verlag, München.

Isabella Holland: Der Mann ohne Gesicht. Heyne Verlag, München.

Bill Morris: Biographie eines Buick. (Roman über Amerikas 50er Jahre.) Albrecht Knaus Verlag,

Jean Renoir: Das Verbrechen des Engländers. Eine Erzählung vom Landleben. (Das letzte literarische Werk des Regisseurs.) Verlag Das Arsenal, Berlin.

Ross Thomas: Voodoo & Co. (Mord in der Glitzerwelt Hollywoods) Roman. Heyne Verlag, München.

Sam Toperoff: Marilyn – die Frau, die zur Legende wurde. Roman. Bastei Lübbe Verlag, Bergisch-Gladbach.

Kathy Tyers: Star Wars – Der Pakt von Bakura. vgs – verlagsgesellschaft, Köln.

Andy Warhol/Truman Capote: Ein Sonntag in New York. (Warhol und Capote unterhalten sich: über Hunde, die Rolling Stones, Hollywood-Filme… Das Gespräch entstand 1973.) Gatza.

Hanns Zischler: Tagesreisen. Texte des Schauspielers u. a. über Beuys und Godards ALLEMAGNE NEUF ZERO, Merve Verlag, Berlin.

6. Das Buch zum Film

(Drehbücher, Produktionsnotizen, Gespräche, Kommentare)

Herbert Achternbusch: Ich bin da. ich bin da. Drehbuch zum Film, hektographiert, numeriert und handsigniert, Text und Zeichnungen. Filmwelt-Verleih, München.

Eberhard und Jannet Fechner: Die Grunewaldvilla. Roman nach dem Drehbuch des Fernsehfilms. Beltz Quadriga, Weinheim/Berlin.

Peter Greenaway: Das Wunder von Macon. Ein Film. Rogner & Bernhard bei Zweitausendeins, Hamburg.

Ernst Kahl: WIR KÖNNEN AUCH ANDERS… Ein Film von Detlev Buck. Semmel Verlach, Kiel.

Spike Lee, Ralph Wiley: Malcolm X. Der Film und die Legende. (Drehbuch und Entstehungsgeschichte des Films.) Bastei/Lübbe, Bergisch-Gladbach.

Monty Python's Flying Circus: Sämtliche Worte Band 1 und 2. Haffmanns Verlag, Zürich.

Edgar Reitz: Die zweite Heimat. Chronik einer Jugend. Drehbuch. Goldmann, München.

Jean-Paul Sartre: Freud. Das Drehbuch. Rowohlt Verlag, Reinbek.

Don Shay, Jody Duncan: Jurassic Park – Das offizielle Buch zum Film. Droemer Knaur, München.

Andrej Tarkowskij: Der Spiegel. Die Novelle und das Arbeitstagebuch zum Film. Ullstein Verlag, Berlin.

Michael Töteberg (Hrsg.): Edgar Reitz. Drehort Heimat. Arbeitsnotizen und Zukunftsentwürfe. Verlag der Autoren, Frankfurt.

7. Varia

Das Casablanca Kochbuch. Kunstverlag, Weingarten.

Diederichsen, Dormagen, Penth & Wörner: Das Madonna-Phänomen. Klein Verlag.

Das Vom Winde verweht-Kochbuch. Kunstverlag, Weingarten.

Institut Jugend Film Fernsehen (Hrsg.): Gewalt. Eine Gesellschaft unter Druck. KoPäd Verlag, München.

Erwin Leiser: Gott hat kein Kleingeld. Erinnerungen. Kiepenheuer & Witsch, Köln.

Berndt Schulz: Kochen wie im Kino. Rasch und Röhring, Hamburg.

Christof Leistl: Werkstattkino. Fotografien mit Texten von Thomas Gaschler. Edition Belleville, Farin Verlag, München.

Singvogel im Käfig: Karen-Lise-Mynster (Mitte) als ›Sofie‹ im Korsett der Konventionen.

Hit-Box: Die 100 erfolgreichsten Filme

Erhebungszeitraum vom 26.11.1992 bis 24.11.1993

Titel	Verleih	Besucher	FE	Start
Jurassic Park	UIP	9 019 148	3 497 352	02.09.93
Bodyguard	Warner	6 262 274	2 343 605	07.01.93
Die Schöne und das Biest	Warner	5 143 508	1 955 003	26.11.92
Sister Act	Buena Vista	4 955 304	2 085 642	26.11.92
Kevin – Allein in New York	Fox	4 477 843	1 524 243	10.12.92
Hot Shots 2	Fox	4 305 550	1 668 487	23.09.93
Das Dschungelbuch (WA)	Buena Vista	4 098 131	1 319 965	25.03.93
Dennis	Warner	3 913 085	1 599 776	08.07.93
Ein unmoralisches Angebot	UIP	3 458 170	1 513 455	20.05.93
Sommersby	Warner	3 009 314	1 216 303	18.03.93
Cliffhanger	Columbia	2 227 027	1 013 489	29.07.93
Made in America	Warner	2 225 870	999 859	24.06.93
Das Geisterhaus	Neue Constantin	2 170 265	1 013 065	21.10.93
Die Firma	UIP	2 167 691	970 420	14.10.93
Und täglich grüßt das Murmeltier	Columbia	2 156 208	1 083 085	29.04.93
Der Tod steht ihr gut	UIP	2 124 879	997 809	17.12.92
Bram Stoker' Dracula	Columbia	2 086 460	1 012 149	11.02.93
Falling Down	Warner	1 925 088	887 188	03.06.93
Auf der Flucht	Warner	1 859 467	873 389	16.09.93
Schlaflos in Seattle	Columbia	1 768 498	851 856	16.09.93
Sliver	UIP	1 539 330	698 600	19.08.93
Sneakers – Die Lautlosen	UIP	1 442 349	752 033	28.01.93
Das Piano	Pandora	1 430 687	725 503	12.08.93
Last Action Hero	Columbia	1 366 251	590 711	07.10.93
In the Line of Fire	Columbia	1 360 704	632 335	28.10.93
Eine Frage der Ehre	Columbia	1 326 407	574 557	14.01.93
Stalingrad	Senator	1 318 588	484 968	21.01.93
Forever Young	Warner	1 313 146	520 730	08.04.93
Ein ganz normaler Held	Columbia	1 303 700	570 423	04.03.93
Liebling, jetzt...Riesenbaby	Buena Vista	1 206 926	440 621	28.01.93
Ein ehrenwerter Gentleman	Buena Vista	1 147 010	524 852	11.03.93
Alarmstufe: Rot	Warner	1 129 214	445 948	25.02.93
Bambi (WA)	Buena Vista	1 062 421	371 150	17.06.93
Ohne Ausweg	Columbia	1 012 023	386 090	25.03.93
Abgeschminkt	TiMe	964 714	382 294	10.06.93
Der Duft der Frauen	UIP	930 337	425 369	04.03.93
Grüne Tomaten	Senator	912 864	335 388	03.09.93
Fortress – Die Festung	Columbia	872 252	388 682	24.06.93
Der letzte Mohikaner	Concorde	829 742	392 118	14.01.93
Loaded Weapon 1	Tobis	810 507	394 532	15.07.93
Aus der Mitte entspringt ein Fluß	Scotia	748 084	396 531	06.05.93
Dave	Warner	729 929	367 767	29.07.93
Singles – Gemeinsam einsam	Warner	655 379	297 642	22.04.93
Jenseits der Unschuld	Buena Vista	635 647	322 143	15.07.93
Zurück nach Hause...	Buena Vista	625 461	240 893	05.08.93
Wir können auch anders...	Delphi	620 013	328 592	01.04.93
Viel Lärm um nichts	Impuls	587 492	326 543	02.09.93
Hape Kerkeling	Tobis	568305	272 514	25.02.93
Armee der Finsternis	Senator	551 029	249 517	22.04.93

Titel	Verleih	Besucher	FE	Start
Die Wiege der Sonne	Fox	535 258	260 665	11.11.93
Schwiegersohn Junior	Buena Vista	518 805	207 389	19.08.93
Stephen Kings Stark	Columbia	506 779	242 005	10.06.93
Verhängnis	NEF 2	506 407	288 260	10.12.92
Ein Mann für jede Tonart	Senator	455 940	237 462	11.02.93
Texas – Doc Snyder hält…	Senator	452 394	204 711	11.11.93
Überleben!	UIP	423 120	194 362	13.05.93
Bitter Moon	Scotia	410 765	252 142	07.01.93
Wiedersehen in Howards End	NEF 2	375 320	173 173	29.10.92
Ein Cop und ein Halber	UIP	367 788	130 406	01.07.93
Friedhof der Kuscheltiere II	UIP	367 763	148 762	19.11.92
Aladdin	Buena Vista	362 938	167 487	18.11.93
Die Besucher	Scotia	353 995	116 814	20.05.93
Ninja Turtles III	Fox	343 260	139 590	29.07.93
Tina – What's Love got…	Buena Vista	341 064	182 099	09.09.93
Leolo	Prokino	325 421	157 698	07.01.93
Das kleine Gespenst	Filmwelt	325 305	–	29.10.92
Boomerang	UIP	312 547	92 383	01.10.92
Das Hochzeitsbankett	Kinowelt	306 334	167 344	07.10.93
Super Mario Bros.	Highlight	305 643	79 103	22.07.93
Passagier 57	Warner	305 504	138 773	15.04.93
Benny & Joon	UIP	294 087	176 204	22.07.93
Orlando	Pandora	293 784	135 063	28.01.93
Ehefrauen und Ehemänner	Columbia	280 572	170 297	25.02.93
Eine Klasse für sich	Columbia	277 345	142 580	26.11.92
Dragon – Die Bruce Lee Story	UIP	257 679	122 452	17.06.93
Bittersüße Schokolade	Ascot	255 332	98 192	26.08.93
Meh' Geld	Columbia	251 581	128 861	12.11.92
Meister Dachs und seine Freunde	Fox	238 451	74 636	15.07.93
Candymans Fluch	Columbia	227 287	107 323	07.01.93
Weiße Jungs bringen's nicht	Fox	226 791	134 334	21.01.93
Universal Soldier	Columbia	222 184	73 097	29.10.92
Ein Concierge zum Verlieben	UIP	219 853	118 779	04.11.93
Karen McCoy – Die Katze	UIP	202 773	94 135	28.10.93
Kleine Haie	Scotia	197 457	107 445	03.09.92
Weiblich, ledig, jung sucht…	Columbia	189 180	51 868	01.10.92
Blade Runner (DC)	Warner	181 192	48 677	01.04.93
Mighty Ducks	Buena Vista	179 421	52 701	08.04.93
Erbarmungslos	Warner	173 584	–	24.09.92
Gewagtes Spiel	Buena Vista	170 597	74 485	06.05.93
Swing Kids	Buena Vista	166 931	104 224	27.05.93
Body of Evidence	Neue Constantin	165 089	79 125	08.04.93
Wilde Nächte	Concorde	154 898	82 794	18.03.93
Peter's Friends	Jugendfilm	153 220	62 347	29.04.93
Jennifer 8	UIP	151 705	89 198	08.07.93
Der Schein-Heilige	UIP	151 100	86 019	01.04.93
Braindead	Senator	146 179	73 527	12.08.93
Mein Bruder Kain	UIP	145 158	84 439	17.12.92
Strictly Ballroom	Senator	144 919	60 928	05.11.92
Hexina	Columbia	140 465	56 473	13.05.93
The Crying Game	Senator	134 490	48 161	10.12.92

Mit freundlicher Genehmigung des Film-Fachblattes FILMECHO/FILMWOCHE

Verstorbene Filmschaffende 1993

A

Ameche, Don
(85) 31.5.1908 bis 6.12.1993
Als Dominic Felix Amici geborener Filmschauspieler, der dank sonorer Stimme auch im Rundfunk große Popularität erlangte. Sein Erscheinungsbild und Auftreten wies ihn als Gentleman aus – eine Rolle, die er auch im Film zu spielen verstand. In intelligenten Komödien wie *Midnight/Enthüllung um Mitternacht*, 1939 und Ernst Lubitschs Klassiker *Heaven Can Wait/Ein himmlischer Sünder*, 1943 schien er am besten aufgehoben, aber er überzeugte auch in anderen Genres. Nach dem Auslaufen seines Studiovertrages 1948 lag seine Filmkarriere bis auf kleinere Auftritte unverständlicherweise für Jahrzehnte auf Eis, bis er in John Landis' *Trading Places/Die Glücksritter*, 1983 für Ray Milland einsprang und seitdem einen zweiten beruflichen Frühling erlebte. Sein vitaler Pensionär in *Cocoon*, 1985 brachte ihm sogar einen Oscar ein, und bis zuletzt profitierte er vom Aufwind dieser beiden Welterfolge. Einen Monat vor seinem Tod beendete er als Ray Liottas Vater seinen letzten Film *Corinna, Corinna.*

Ames, Leon
(90) 20.1.1903 bis 12.10.1993
Amerikanischer Charakterdarsteller, der in *Murders In The Rue Morgue*, 1932 debütierte und bis in die 80er Jahre hinein u. a. *Peggy Sue Got Married/Peggy Sue hat geheiratet*, 1986 im Film zu sehen war. Häufig spielte er den vermögenden Gentleman oder später den gutmütigen Vater, wie etwa als Familienoberhaupt in *Meet Me In St.Louis*, 1944. Eine glückliche Fügung trieb ihn in zwei Filme der bildschönen, noch blutjungen Elizabeth Taylor, mit der er in *A Date With Judy/Wirbel um Judy*, 1948 bei Kerzenlicht sogar Händchen halten durfte. Daneben gebührt ihm auch die Ehre, 1933 zusammen mit 18 Kollegen die ›Screen Actors Guild‹, die erste Schauspielergewerkschaft, mitgegründet zu haben.

Anthony, Joseph
(80) 24.5.1912 bis 20.1.1993
Amerikanischer Kleindarsteller und erfolgreicher Broadwayregisseur, der in seinen wenigen Filminszenierungen vorwiegend auf Bühnenvorlagen zurückgriff. Glänzende Schauspielerführung kennzeichnet somit sein Debüt *The Rainmaker/Der Regenmacher*, 1956 und auch die in kurzer Zeit folgenden *The Matchmaker/Die Heiratsvermittlerin*, 1958; *Career/Viele sind berufen*, 1959 und *All In A Night's Work/Alles in einer Nacht*, 1960. Seiner Lieblingsdarstellerin Shirley MacLaine übertrug er in den drei zuletzt genannten Filmen die Hauptrolle.

Ardolino, Emile
(50) gest. 20.11.1993
Amerikanischer Regisseur und Produzent von Dokumentarfilmen, der in den 70er Jahren mit seinen TV-Tanz-Dokumentationen Furore machte und für sein Tänzerporträt *He Makes Me Feel Like Dancin'* 1983 mit dem Oscar ausgezeichnet wurde. Dieser Überraschungserfolg öffnete ihm auch Hollywoods

Türen, die er mit seinen Filmdebüt *Dirty Dancing*, 1987 weit aufstieß. In der Unterhaltungsmetropole traf er die richtigen Töne, wie seine beiden folgenden Hits *Three Men And A Little Lady/Drei Männer und eine kleine Lady*, 1990 und vor allem *Sister Act*, 1992 eindrücklich unter Beweis stellten. Sein letzter Kinofilm, eine Interpretation von Tschaikowskys Ballett *Der Nußknacker*, bedeutete eine eher gescheiterte Rückkehr zum geliebten Tanzgenre. Er starb an AIDS.

B

Bagdadi, Maroun
(42) 1951 bis 10.12.1993
In Beirut geborener Filmregisseur, der in seinen Dokumentationen, Kurz- und Spielfilmen immer wieder die politisch chaotische Situation seines Landes beleuchtete. Nachdem er 1980 in Francis Coppolas ›Zoetrope Studios‹ ein Ausbildungsprogramm absolviert hatte, inszenierte er 1982 seinen ersten Spielfilm *Petites Guerres*, doch erst seine dritte, auch selbst adaptierte Eigeninszenierung, der Politthriller *Hors La Vie/Nacht ohne Ende*, 1991 fand auch den Weg in deutsche Kinos. Bagdadis Entwicklung war vielversprechend, wie auch sein letzter, erstklassig realisierter Genrebeitrag *La Fille De L'Air*, 1992 bewies. Hollywood hatte schon ein Auge auf ihn geworfen, doch sein geplantes US-Debüt *The Last Pimp* bleibt unrealisiert. Ein unglücklicher Sturz in einen Aufzugsschacht beendete frühzeitig sein Leben.

Bakewell, Billy
(84) 2.5.1908 bis 15.4.1993
Amerikanischer Kleindarsteller, der in 23 Stumm- und 114 Tonfilmen an der Seite großer Hollywood-Prominenz zu sehen war, u. a. in *All Quiet On The Western Front/ Im Westen nichts Neues*, 1929/30; *The Farmer's Daughter/Die Farmerstochter*, 1947 und *The Big Fisherman/Der Fischer von Galiläa*, 1959. In *Gone With The Wind/ Vom Winde verweht*, 1939 ritt er als Offizier während der Belagerung von Atlanta einen Schimmel und tauchte wie Ward Bond oder Yakima Canutt in den Endcredits auf.

Ballard, Lucinda
(87) gest. 19.8. 1993
Amerikanische Kostümbildnerin, die vorwiegend im Theater Auszeichnungen sammelte, aber auch seltene Ausflüge ins Filmgeschäft unternahm. Ihre Arbeit an *A Streetcar Named Desire/Endstation Sehnsucht*, 1951 wurde mit einer Nominierung für den Oscar belohnt, den dann – wie so oft – Edith Head für Liz Taylors Garderobe in *A Place In The Sun/Ein Platz an der Sonne* gewann.

Bayrhammer, Gustl
(71) gest. 24.4.1993
Gemütlich-brummiger deutscher Schauspieler, der am Theater über sein Komödienstadl-Image hinaus auch in dramatisch anspruchsvollen Rollen zu überzeugen wußte, aber seine Popularität weitgehend seinen verschmitzten, bayerisch-grantigen TV-Figuren verdankte. Der Film vernachläßigte den Mimen mit Ausnahme von sporadischen Gastauftritten, unter anderem *Der Sternsteinhof*, 1975 fast völlig. Ein liebenswerter Schreinermeister, den Bayrhammer 1980 in *Meister Eder und sein Pumuckl* erfolgreich in die Kinos führte, wurde in den letzten Jahren sein Rollenvermächtnis.

Beyer, Uwe (48) gest. 15.4.1993
Deutscher Hammerwerfer, der bei der Olympiade in Tokio die Bronzemedaille im Hammerwerfen gewann und infolgedessen für tauglich befunden wurde, 1966 in *Die Nibelungen – Teil 1: Siegfried von Xanten* den gleichnamigen germanischen Superhelden zu verkörpern. Glücklicherweise beließ es der Drachentöter bei diesem, seinem einzigen Kinoausflug.

Bissell, Jennifer Raine
(60) gest. 5.1.1993
Englische Schauspielerin, die seit ihrem US-Debüt in Shirley Temples *The Little Princess/Die kleine Prinzessin*, 1939 bis in die 60er Jahre hinein in Nebenrollen in Hollywoodproduktionen u. a. *The Scarlett Coat/Der scharlachrote Rock*, 1955 zu sehen war. Der vielseitige Charakterdarsteller Whit Bissell war ihr langjähriger Ehemann.

Bixby, Bill (59) 1934 bis 21.1.1993
Amerikanischer TV-Schauspieler und -Regisseur, der trotz großer Fernseherfolge in beiden Funktionen nie den Sprung ins Filmgeschäft schaffte. Dort blieb es bei kleineren Auftritten u. a. in *Lonely Are The Brave/Einsam sind die Tapferen*, 1961 oder *Irma La Douce/Das Mädchen Irma La Douce*, 1962.

Blech, Hans-Christian
(78) 20.2. 1915 bis 5.3.1993
Ein unverwechselbarer Charakterkopf und eine rauhe, nachdrückliche Stimme kennzeichneten diesen deutschen Schauspieler, der Bühne und Film gleichermaßen zu seinem Metier machte. Sein Debüt war eine verheißungsvolle Studie eines Raubmörders im Nachkriegsklassiker *Affäre Blum*, 1949, der er in der *08/15*-Trilogie, 1954/55 ein ebenso eindrucksvolles Porträt eines sadistischen Opportunisten folgen ließ. Seit Anatole Litvaks *Decision Before Dawn/Entscheidung vor Morgengrauen*, 1951 arbeitete Blech auch immer wieder international, im Falle Hollywoods zumeist als sturer deutscher Landser. In den 70er Jahren bewahrten ihn deutsche Jungfilmer vor der künstlerischen Einbahnstrasse, indem sie seiner Präsenz vielfältige Ausdrucksmöglichkeiten in Filmen wie *Falsche Bewegung*, 1974 oder *Messer im Kopf*, 1978 boten. Eine seiner letzten großen Rollen fand der ›deutsche Jack Palance‹ in Reinhard Münsters Genthriller *Der achte Tag*, 1990.

Bochmann, Werner
(93) 17.5.1900 bis Juni 1993
Deutscher Komponist, der zu über 120 Filmen Hintergrundmusik wie auch Schlager beisteuerte. Seine größten Erfolge fallen in die 30er und 40er Jahre u. a. *Quax, der Bruchpilot*, 1941; *Die Feuerzangenbowle*, 1944, aber auch nach dem Krieg galt er dank unzähliger Heimatschnulzen als dauerbeschäftigt. Sein ohne Murren hingenommener Einsatz an der deutschen Unterhaltungsfront blieb nicht ohne Folgen: 1967 erhielt er für sein Gesamtwerk das Filmband in Gold.

Bouygues, Francis
(70) gest. 24.7. 1993
Französischer Baumillionär, der sich 1990 mit der Gründung der Filmproduktionsgesellschaft ›CIBY 2000‹ ein eigenes, aufwendiges Steckenpferd leistete, das unablässig Geld in anspruchsvolle Großprojekte internationaler Filmemacher pumpte. Nach mäßiger Anlaufphase mit enttäuschenden Ergebnissen u. a. für David Lynchs *Twin Peaks: Fire Walks With Me/Twin Peaks – Der Film*, 1992 oder Pedro Almodóvars *Tacones*

Lejanos/High Heels, 1991 trug das Engagement von Bouygues in diesem Jahr mit Jane Campions *The Piano/Das Piano*, 1993 erstmals Früchte.

Bridges, James (57) gest. 6.6.1993 Amerikanischer Drehbuchautor u. a. *The Appaloosa/Südwest nach Sonora*, 1965, der seine ersten Gehversuche im Filmgeschäft als Darsteller unternahm. Seit Barbara Hersheys früher Glanznummer *The Babymaker*, 1970 inszenierte er auch selbst, zumeist nach eigenen Drehbüchern. Nach durchgängig überzeugenden Filmen wie *The Paper Chase/Zeit der Prüfungen*, 1973 oder *The China Syndrome*/Das China Syndrom, 1977 (Oscarnominierung) erwies sich sein blasser *Urban Cowboy*, 1980 zwar kommerziell als Hit, aber künstlerisch als Fluch, weil er mit seinen Hauptdarstellern, Debra Winger und John Travolta, auch seine nächsten beiden Filme, *Mike's Murder*, 1984 und *Perfect*, 1985, inszenierte, deren Flop seine Karriere praktisch beendete. Seine Verfilmung des Szeneromans *Bright Lights, Big City/Die grellen Lichter der Großstadt*, 1987 war ein künstlerisches Lebenszeichen, das aber an den Kinokassen keine Entsprechung fand.

Brocco, Peter 89) gest. 3.1.1993 (Amerikanischer Bühnen-, TV- und Filmschauspieler, der seit dem frühen Tonfilm in mehr als 80 Filmen mitwirkte, darunter *Spartacus*, 1959/60; *One Flew Over The Cuckoo's Nest/Einer flog übers Kuckucksnest*, 1975 oder *The War Of The Roses/Der Rosenkrieg*, 1989. Seine liberale politische Einstellung und die anschließende Verbannung auf die ›Schwarze Liste‹ verhinderte ein noch umfangreicheres Œuvre.

Bromberger, Herve
(75) 1918 bis 23.11.1993 Französischer Filmregisseur, der als Assistent von Jean Cocteau und Hennri Decoin das Handwerk erlernte, das er aber manchmal, etwa in *Nagana*, 1955 schlicht zu vergessen schien. Dank ansprechender Leistung bei der Realisierung von *Les Fruits Sauvages/Wilde Früchte*, 1953 oder *Les Loups Dans La Bergerie/Sie hassen und sie lieben*, 1959 galt er aber in manchen Kritikerzirkeln als Inspirationsquelle für führende Filmemacher der Nouvelle Vague.

Brusati, Franco
66) 4.8.1922 bis 28.2.1993 (Italienischer Bühnen- und Filmautor, der das Filmhandwerk bei René Clair u. a. erlernte, bevor er an einer Vielzahl von Drehbüchern mitwirkte, u. a. an Franco Zeffirellis Version von *Romeo und Julia*, 1967. Sein eigener Regisseur seit 1956, blieb er hierzulande in dieser Funktion weitgehend unbekannt, obwohl seine besten, mit einer tiefen menschlichen Komponente versehenen Filme internationale Anerkennung fanden. *Pane Et Cioccolata/Brot und Schokolade*, 1973 erhielt bei den Filmfestspielen von Berlin den Goldenen Bären, während *Dimenticare Venezia/Vergiß Venedig*, 1979 sogar für den Oscar nominiert war, aber dann gegen Schlöndorffs *Die Blechtrommel* unterlag.

Budd, Roy 46) gest. 7.8.1993 (Englischer Musiker und Komponist, der seit *Soldier Blue/Wiegenlied vom Totschlag*, 1970 auch erfolgreich Filmmusiken schrieb. Seine Stärke waren temporeiche Actionscores, vor allem für Produzent Euan Lloyd u. a. *The Wild Geese/Die Wildgänse kommen*, 1977, doch erreichte er nie die Popularität großer Zeitgenossen, wie etwa Jerry Goldsmith. Die letzte und nach eigener Einschätzung auch wichtigste Arbeit Budds, der acht Jahre mit Caterina Valente den Trauring trug, war die musikalische Vertonung des Stummfilmklassikers *The Phantom Of The Opera.*

Burgess, Anthony
(76) gest. 25.11.1993
Englischer Journalist und Autor von gut 50 Büchern, dessen hochgeachtetes Meisterwerk *A Clockwork Orange/Uhrwerk Orange* von Stanley Kubrick 1971 kongenial und seiner Zeit weit voraus für den Film umgesetzt wurde. Schon dort zeigte sich Burgess' Talent in der Beherrschung und Schöpfung von Sprache, das ihn schließlich auch das Urzeitgestammel in Jean-Jaques Annauds *La Guerre Du Feu/Am Anfang war das Feuer*, 1980 mit wissenschaftlichem Ehrgeiz kreieren ließ.

Burr, Raymond
76) 21.5.1917 bis 12.9.1993
(Schwergewichtiger kanadischer Schauspieler, den Anatole Litvak zum Theater brachte und der seit 1946 auch zahllose Filmrollen spielte. Wie Sidney Greenstreet oder später Victor Buono war er dank seiner Körpermasse auf Bösewichte abonniert, selbst wenn sie, wie im Falle seines herzlosen Anklägers in *A Place In The Sun/Ein Platz an der Sonne*, 1950, auf der Seite des Rechts standen. Unvergessen bleibt vor allem sein unsicherer und doch extrem gefährlicher Mörder Lars Thorwald in Alfred Hitchcocks *Rear Window/Das Fenster zum Hof*, 1954, der selbst aus beträchtlicher Entfernung das Gruseln lehrte. Weitaus größere Popularität erlangte Burr aber mit seinen beiden TV-Paraderollen, *Perry Mason*

Raymond Burr als Chef Ironside.

1957–65) und *Ironside/Der Chef (1967–74),* die ihn in Umkehr seines Filmimages auf die Seite des Gesetzes führten. Privat war sein Leben von Tragödien gezeichnet: Zwei seiner drei Frauen wie auch sein einziges Kind riß der Tod früh an sich.

C

Cahn, Sammy
(79) 18.6.1913 bis 15.1.1993
Als Samuel Cohen geborener amerikanischer Songtexter, der vor allem durch seine Zusammenarbeit mit dem Komponisten James Van Heusen bekannt wurde. Das Duo war mit *The Tender Trap, My Kind Of Town, Come Fly With Me* u.v.a. lange Zeit Frank Sinatras größte Hitfabrik und wurde für die Filmsongs *High Hopes, All The Way* und *Call Me Irresponsible* dreimal mit

dem Oscar ausgezeichnet. Sinatras Evergreen *Three Coins In The Fountain* entstand dagegen zusammen mit Jule Styne und brachte Cahn seinen vierten Oscar ein.

Cantinflas
(81) 12.8.1911 bis 20.4. 1993
Als Mario Moreno Reyes geborener mexikanischer Tänzer, Komiker und Schauspieler, dessen angeschminkter Schnurrbart, schiefer Hut und kaum der Schwerkraft trotzenden Hosen zum Markenzeichen eines Typs wurden, der in 49 Filmen den Kampf des kleinen Mannes gegen die Autoritäten führte. Den Weg in die deutschen Kinos fanden lediglich seine zwei aufwendigen Hollywood-Ausflüge. Sein Passepartout in *Around The World In 80 Days / In 80 Tagen um die Welt*, 1956 schien eine internationale Karriere einzuläuten, die aber mit dem Kapitalflop *Pepe / Pepe- Was kann die Welt schon kosten?*, 1960 schon wieder ihr Ende fand. Wohl auch, weil seine durchgedrehte Maschinengewehr-Sprache nur im Heimatland richtig eingesetzt werden konnte.

Carey, Joyce
(94) 30.3.1898 bis 28.2. 1993
Als Joyce Lawrence geborene englische Bühnenschauspielerin, die 1921 im Stummfilm debütierte und in den 40er und 50er Jahren sehr häufig vornehmen Gesellschaftsdamen Gestalt verlieh. Mit Noel Coward verband sie eine langjährige Freundschaft, die schließlich auch zu ihren drei bekanntesten Filmen führte. So drehte sie mit Autor Coward und Regisseur David Lean *In Which We Serve*, 1942; *Blithe Spirit / Geisterkomödie*, 1944 und *Brief Encounter / Flüchtige Begegnung*, 1947, wo sie hinter dem Tresen der liebestiftenden Bahnhofskneipe stand.

Carroll, Janice (61) gest. 10.9.1993
Amerikanische Schauspielerin, die als Tänzerin im Showgeschäft begann, mit Fred Astaire in *Daddy Longlegs / Daddy Langbein*, 1955 übers Parkett fegte und danach neben ihrer Arbeit für Bühne und Fernsehen immer wieder in Filmen auftauchte, u. a. in den Komödien *April Fools / Ein Frosch in Manhattan*, 1968 und *The End / Nobody Is Perfect*, 1977 – beide an der Seite Myrna Loys.

Cerf, André (92) gest. 6.12.1993
Trotz Lehrmeistern wie Jean Renoir, René Clair oder Anatole Litvak, denen er assistierte, blieb dieser französische Filmregisseur, der im Stummfilm auch Schauspielerfahrung gesammelt hatte, ein weithin unbeschriebenes Blatt. Sein Spielfilmdebüt erfolgte 1947 mit der Gangsterkomödie *Si Jeunesse Savait*, der ein Jahr später die schwarze Komödie *La Veuve Et L'Innocent / Die Guillotine ist weg* folgte. Sie blieb sein größter Erfolg und der einzige Film Cerfs, der auch den Weg nach Deutschland, wenn auch nur ins Fernsehen, schaffte.

Clayworth, June gest. 1.1.1993
Amerikanische Bühnen- und Filmschauspielerin, die seit ihrem Debüt in William Wylers *The Good Fairy*, 1935 in insgesamt 20 Filmen auftrat. Die meisten, darunter auch Sidney Sheldons Regiepremiere *Dream Wife / Du und keine andere*, 1953, sind heute vergessen.

Collard, Cyril (35) gest. 5.3.1993
Französischer Autor, Musiker und Regisseur, der mit seinem ungemein vitalen Kinoerstling *Les Nuits Fauves / Wilde Nächte*, 1993 in Frankreich Furore machte, wo er dieses Jahr vier der begehrten Cesars gewinnen konnte. Diesen Triumph hat das Multitalent, mehr-

maliger Regieassistent Maurice Pialats, nicht mehr miterlebt. Mit Sandrine Bonnaire inszenierte er auch den Videoclip zu seinem Song *Maria Teresa*, den er mit seiner Gruppe ›CYR‹ eingespielt hatte. Zwei Romane, *Condamne Amour*, 1987 und *Les Nuits Fauves*, 1989, komplettieren das Werk des Franzosen, der an AIDS verstarb.

Connor, Kenneth
(75) 1918 bis 28.11.1993
Schmächtiger, auf schüchtern-schrullige Figuren festgelegter englischer Filmkomiker, der seit *Carry On Sergeant/Kopf hoch – Brust raus*, 1958 zum fixen Ensemble der erfolgreichen, 29 Folgen umfassenden *Carry-On*-Blödel-Serie gehörte. Eine Mitwirkung im bislang letzten Teil dieser Endlos-Klamotte, *Carry On Columbus/Mach's noch einmal, Kolumbus*, 1992, lehnte er aber ab.

Constantine, Eddie
(75) 28.10.1917 bis 25.2.1993
Unverwüstlicher, pockennarbiger, in Los Angeles geborener Schauspieler, der in Europa zu einer Kultfigur avancierte. Eine dreijährige Gesangsausbildung in Wien führte zu keinen unmittelbaren Ergebnissen, aber seine Freundschaft mit Edith Piaf startete später seine Karriere als Chansonnier in Frankreich. 1953 erfolgte schließlich mit *La Mome Vert-De-Gris/Im Bann des blonden Satans* der Startschuss seiner Laufbahn als lässiger, zupakkender, Whiskey-verliebter Draufgänger und Frauenheld Lemmie Caution, dem zahllose ähnlich gelagerte Streifen mit anderen Rollennamen folgten. In oft anspruchslosen, aber unterhaltsamen Filmen wie *L'Homme Et L'Enfant/Gangster, Rauschgift und Blondinen*, 1956 entwickelte sich Constantine zum Geburtshelfer eines interaktiven Kinos, in dem der Zuschauer seine bislang passive Rolle aufgab. (Vielleicht ist das aber auch nur im Münchner Arri-Kino der Fall gewesen) Nach Jean-Luc Godards Abgesang an das ›Eddie‹-Image *Alphaville*, 1965 kam die Karriere etwas ins Stottern, bis sie dank deutscher Filmemacher wie Fassbinder u. a. *Warnung vor einer heiligen Nutte*, 1970 einen Initialschub in Richtung Charakterfach bekam.

Corbett, Glenn
(59) 1934 bis 16.1. 1993
Amerikanischer Schauspieler, der trotz beachtlicher Ausstrahlung und guten Aussehens nie den Sprung in die erste Garde schaffte. Am auffallendsten waren seine beiden Auftritte an der Seite John Waynes in *Chisum*, 1970 und *Big Jake*, 1971, vor allem aber als ältester Sohn James Stewarts in Andrew McLaglens Klassewestern *Shenandoah/Der Mann vom großen Fluß*, 1965. Sam Fuller erinner-

Haudegen und Charakterdarsteller Eddie Constantine.

te sich seiner, als er 1972 mit ihm in der Hauptrolle den Tatort *Tote Taube in der Beethovenstraße* inszenierte.

Corti, Axel
(60) 1933 bis 29.12.93
In Paris geborener, in Österreich arbeitender Journalist, Drehbuchautor, Theater- und TV-Regisseur, der sich mit einschmeichelnder Stimme und ironischen Kommentaren im Rundfunk als Poet mit Niveau Geltung verschaffte. Seine Regie bei Hans Mosers letztem Film *Kaiser Joseph und die Bahnwärtertochter*, 1962 verrät noch nichts vom späteren Corti, dessen Medium das Fernsehen wurde, wo er sowohl in Dokumentationen wie auch in ausgezeichneten TV-Filmen politisches Herz verriet. *Welcome in Vienna*, 1985, der Abschluß einer sensiblen TV-Trilogie, machte ihn international bekannt, führte zu seinem einzig echten Kinofilm der 80er Jahre *La Putain Du Roi/Die Hure des Königs*, 1990, der unverständlicherweise von der Kritik vernichtet wurde und Corti sichtbar verbittern ließ.

Cusack, Cyril
(82) 26.11.1910 bis 7.10.1993
In Südafrika geborener, im Alter von sechs Jahren nach Irland ausgewanderter Theater- und Filmschauspieler, der dank über 100 Bühnenrollen zu den bekanntesten Akteuren seiner Wahlheimat zählte. Im Film machte er sich als vielseitiger Charakterdarsteller einen Namen u. a. in *Odd Man Out/Ausgestoßen*, 1946; *The Spy Who Came In From The Cold/Der Spion, der aus der Kälte kam*, 1965. Unvergeßlich bleiben sein Waffenschmied in *The Day Of The Jakkal/Der Schakal*, 1973 und vor allem sein charismatisch-gefährlicher Feuerwehrhauptmann in *Fahrenheit 451*, 1966. Alle vier Töchter Cusacks arbeiten heute als Darstellerinnen. Die bekannteste, Sinead, ist seit langem mit Jeremy Irons verheiratet.

D

Dancigers, Georges
(85) 1908 bis 1.11.1993
In Rußland geborener, seit 1934 tätiger Filmproduzent, der 1945 zusammen mit dem ebenfalls 1993 verstorbenen Alexandre Mnouchkine ›Les Films Ariane‹ gründete. Für diese renommierte Gesellschaft produzierte er eine Vielzahl von populären, oft auch künstlerisch wertvollen Filmen, u. a. Jean Cocteaus *L'Aigle A Deux Têtes/Der Doppeladler*, 1948; Christian Jaques *Fanfan La Tulipe/Fanfan, der Husar*, 1951 und Alain Resnais' *Stavisky*, 1974.

Davis, Robert (76) gest. 18.7.1993
Amerikanischer Charakterdarsteller, der über 50 Jahre in einer Vielzahl von Theater-, Film- und TV-Produktionen zu sehen war. Der Schwerpunkt seiner Filmarbeit lag in den 40er und 50er Jahren, als er in kleineren Rollen in großen Filmen auftauchte, u. a. in *Knock On Any Door/Vor verschlossenen Türen*, 1949; *No Way Out/Haß ist blind*, 1950 oder *The Glenn Miller Story/Die Glenn Miller Story*, 1954. In deutschen Kinos präsentierte er sich zuletzt mit *To Sleep With Anger/Zorniger Schlaf*, 1990.

Derita, Curley Joe
(83) gest. 3.7. 1993
Amerikanischer Komiker, der Ende der 50er Jahre zum derben Klamauktrio ›The Three Stooges‹ stieß, das seit 1923 im Variete und später in Hollywood seine albernen Späße trieb. Der Stern der Komiker

sank Mitte der 60er Jahre nach einer Reihe nur wenig erfolgreicher Langfilme u. a. *Snow White And The Three Stooges*, 1961 und *The Outlaws is Coming*, 1964.

Desmond, Florence
(87) 1905 bis 16.1.1993
Englische Tänzerin und gefeierte Parodistin, die von Greta Garbo bis Noel Coward kaum einen prominenten Namen für ihre Imitationen verschonte. Ihr Erfolg führte auch zu größeren Filmrollen, in denen sie bisweilen auch dramatisches Talent beweisen mußte, u. a. *Accused / Im Banne der Eifersucht*, 1936 mit Douglas Fairbanks jr. oder *Three Came Home / Drei kehrten heim*, 1950 an der Seite von Claudette Colbert.

Douglas, Gordon
(84) 5.12.1909 bis 30.9.1993
Amerikanischer Filmregisseur, der in den frühen 20er Jahren erste Stummfilmerfahrungen machte, im folgenden Jahrzehnt für Hal Roach insgesamt 30 Filme aus der Reihe *Our Gang / Die kleinen Strolche inszenierte, von denen Bored Of Education* 1936 sogar einen Kurzfilm-Oscar erhielt. Douglas galt lange als profilloser, wenn auch zuverlässiger Handwerker, und doch hat er in beinahe jedem Genre zumindest einen äußerst beachtlichen Film abgeliefert. *Them / Formicula*, 1954 kann sich als Science-fiction-Film auch heute noch sehen lassen; *Yellowstone Kelly / Man nannte ihn Kelly*, 1959 gehört zu den schönsten, wenn auch eher unbekannteren Edelwestern. *Robin And The Seven Hoods / Sieben gegen Chicago*, 1964 bietet einen der unterhaltsamsten Auftritte des ›Rat Packs‹ und *The Detective / Der Detektiv*, 1967 lieferte Frank Sinatra einen perfekten Rahmen für eine seiner überzeugendsten Figuren.

E

Edel, Alfred (61) 1932 bis 1993
›Dienstältester Mitarbeiter des jungen deutschen Films‹ lautete die Personenbeschreibung dieses Mannes, der ohne Schauspielausbildung zu den schillerndsten Figuren des Deutschen Films gehörte. Seit seinem Debüt in Alexander Kluges *Abschied von Gestern*, 1966 etablierte er sich als amüsanter Selbstdarsteller in Filmen von Kluge, Herzog u. a. *Jeder für sich und Gott gegen alle*, 1974 oder zuletzt Christoph Schlingensief u. a. *Terror 2000 – Intensivstation Deutschland*, 1992. Da wirkte es fast wie ein Lebensfazit, als ihn Edgar Reitz in *Die zweite Heimat* direkt neben einem Filmkunsttheater in Eiseskälte entschlafen ließ.

Englund, Kenneth
(82) 6.5.1911 bis 10.8.1993
Amerikanischer Drehbuchautor, der nach journalistischem Karrierebeginn seit 1937 in Hollywood, vornehmlich als Komödienautor arbeitete. Die meisten der von ihm geschriebenen Filme u. a. *The Vagabond King / König der Vagabunden*, 1955 sind heute mit Recht vergessen. Ausnahme: Seine mit Everett Freeman verfaßte Vorlage für Danny Kayes Klassiker *The Secret Life Of Walter Mitty / Das Doppelleben des Herrn Mitty*, 1947.

F

Feld, Fritz
(88) 5.10.1905 bis 18.11.1993
Als Friedrich Veilchenfeld in Berlin geborener, Anfang der 20er Jahre in die USA emigrierter Schauspieler, der es in kleinen, oft komisch und klischeehaft angeleg-

ten Charakterrollen auf über 420 Filmauftritte brachte. Wie sein Landsmann Sig Ruman gab er in Hollywood bevorzugt die Karikatur des etwas exzentrischen Deutschen u. a. in *Bringing Up Baby/Leoparden küßt man nicht*, 1938 zum besten. Sein Markenzeichen, das überlaute Zungenschnalzen, konservierte er bis in die 70er Jahre hinein u. a. in *The World's Greatest Lover/Der größte Liebhaber der Welt*, 1977.

Fellini, Federico

(73) 20.1.1920 bis 31.10.1993

›König von Cinecitta‹, ›Magier des Kinos‹ – dieser Titan des italienischen Films führte viele Etiketten, und jede war zu Recht vergeben. In seinen Anfangsjahren führte er ein nomadenhaftes Berufsleben, bis ihn Roberto Rossellini für den Film entdeckte. Bei dessen neorealistischen Meisterwerken *Roma Citta Aperta/Rom, offene Stadt*, 1945 und *Paisa*, 1946 fungierte der Filmnovize als Regieassistent und Co-Autor. Fünf Jahre später inszenierte er bereits seinen ersten, komplett eigenverantwortlichen Film, doch *Lo Sceicco Bianco/Die bittere Liebe* blieb unbeachtet. Dann aber folgte ein Meisterwerk dem anderen. *La Strada*, 1954 machte ihn, seine Frau Giulietta Masina, mit der er 50 Jahre verheiratet war, und Komponist Nino Rota, beide wichtige Säulen seines Erfolgs, weltbekannt und erhielt den Oscar als bester fremdsprachiger Film – der erste überhaupt in dieser neugeschaffenen Kategorie. Drei weitere sollten folgen, für *Le Notti Di Cabiria/Die Nächte der Cabiria*, 1957; *Otto E Mezzo/Achteinhalb*, 1962 und *Amarcord*, 1973. Mit Marcello Mastroianni hatte Fellini seit *La Dolce Vita/Das süße Leben*,

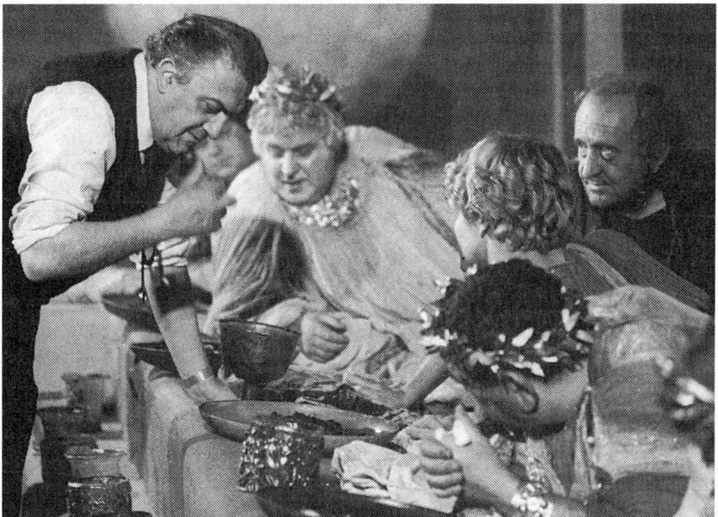

Federico Fellini am Set von ›Satyrikon‹.

1957 sein filmisches Alter ego gefunden, dem er bis in die 80er Jahre hinein treu blieb. Vom konventionellen Erzählkino entfernte er sich seit Mitte der 60er Jahre immer mehr, reizte dagegen im Dekor die Möglichkeiten des Mediums voll aus. Sein *Il Casanova De Fellini/Fellinis Casanova*, 1976 bleibt das herausragende Testament für die von ihm selbst geschaffene Kunstform des ›Fellini-Films‹.

Ford, Constance
(69) gest. 26.2. 1993
Amerikanische Schauspielerin, die neben ihren zahllosen Auftritten am Broadway u. a. *See The Jaguar* mit James Dean auch in einer Vielzahl Filme, vornehmlich in Nebenrollen mitwirkte. Unter diesen finden sich Sandra Dees Schnulzenklassiker *A Summer Place/Die Sommerinsel*, 1959, aber auch Richard Brooks großer Western *The Last Hunt/Die letzte Jagd*, 1955 sowie Hal Bartletts ungewöhnlicher Psychiatriefilm *The Caretakers/Frauen, die nicht lieben dürfen*, 1962.

Flemming, Charlotte
(72) 1920 bis 3.3.1993
Deutsche Kostümbildnerin, die sich mit ihren Kreationen für Bühne, Fernsehen wie auch für den Film einen großen Namen schaffen konnte. Ein Filmband in Gold war 1976 der Lohn für ihre Arbeit in zahllosen Filmen von Harald Braun, Kurt Hoffman u. v. a. Internationale Anerkennung fand sie, als renommierte Regisseure sie in ihren in Deutschland gedrehten Projekten beschäftigten, so Bob Fosse für *Cabaret*, 1971; Ingmar Bergman für *Das Schlangenei*, 1976 und Billy Wilder für *Fedora*, 1977.

Frank, Christopher
(50) 5.12.1942 bis 20.11.1993
In England geborener, aber in Frankreich beheimateter Romancier und Drehbuchautor u. a. *Le Mouton Enrage/Das wilde Schaf*, 1973, der vor allem Alain Delon einige starke Figuren auf den Leib schrieb, etwa *Attention, Les Enfants Regardent/Der unheimliche Fremde*, 1977. Mit der Verfilmung seines Liebesromans *Josepha* debütierte er 1981 auch als Regisseur, doch die folgenden Filme wie Valerie Kapriskys Nacktshow *L'Annee Des Meduses/Teuflische Umarmung*, 1984 verfehlten die Qualität seines sensiblen Erstlings. Kurz nach Beendigung der Dreharbeiten zu *Elles N'Oublient Jamais*, einer schwarzen Komödie mit Maruschka Detmers und Thierry Lhermitte, verstarb er.

Frohriep, Jürgen
(65) 28.4.1928 bis 21.7.1993
Deutscher Schauspieler, den DEFA-Regisseur Konrad Wolf für sein KZ-Drama *Sterne*, 1958 entdeckte. Danach wurde er festes Mitglied der DEFA und war seitdem in vielen ihrer Produktionen zu sehen. In einer ihrer bekanntesten, Heiner Carows *Die Legende von Paul und Paula*, 1973 mußte er sich mit einer Nebenrolle zufriedengeben.

Fuchs, Daniel (84) gest. 26.7.1993
Amerikanischer Romancier, den der Mißerfolg seiner in den 30er Jahren erschienen Roman-Trilogie über seine Kindheit in Brooklyn zum Schreiben von Drehbüchern brachte. Den größten Erfolg verzeichnete er aber nicht mit einem kompletten Skript, sondern der Originalstory zum wohl besten Doris-Day-Film *Love Me Or Leave Me/Tyrannische Liebe*, 1955, die bei der Oscarverleihung sogar über Nicholas Rays Vorlage zu *Rebel Without A Cause/Denn sie wissen nicht, was sie tun* triumphierte. Elemente aus seinem Oscarerfolg fin-

den sich auch im Melodram *Jeanne Eagels/Ein Herzschlag bis zur Ewigkeit*, 1957, an dessen Buch auch John Fante, der renommierte Romancier, mitwirkte.

G

Garvarentz, Georges
(61) gest. 19.3. 1993
In Griechenland geborener Komponist, der durch seine mehr als 30 Jahre überspannende Zusammenarbeit mit Charles Aznavour berühmt wurde. Konsequenterweise war dann auch seine erste Filmmusik im Aznavour-Streifen *Un Taxi Pour Tobrouk/Taxi nach Tobruk*, 1960 zu hören, der bis zu der französischen Großproduktion *Petain*, 1993 noch eine Vielzahl Aufträge folgen sollten. Herausragendes war selten darunter, aber Garvarentz ordnete sich stets bescheiden dem Sujet unter, sei es in verkrampft frivolen Dramen wie *Douce Violence/Sie nennen es Liebe*, 1961 oder knallbunten Abenteuerfilmen wie *The Southern Star/Stern des Südens*, 1968.

Gibbins, Duncan
(41) gest. 3.11.1993
Englischer Drehbuchautor und Filmregisseur, der sich mit Musikvideos einen Namen machte. Sein hierzulande nur auf Video veröffentlichtes Filmdebüt *Fire With Fire*, 1986 berechtigte zu Hoffnungen, die er mit dem Actionreißer *Eve Of Destruction/Eve 8 – Außer Kontrolle*, 1990 nur teilweise rechtfertigen konnte. Das Leben seiner Katze war ihm wichtiger als das eigene. Beim Versuch, sie aus dem Flammeninferno Malibus zu befreien, fand er tragisch den Tod.

Gilliatt, Penelope (61) gest. 4.5.1993
Als Penelope Conner geborene englische Schriftstellerin und Filmkritikerin, die von 1968 bis 1979 zusammen mit Amerikas Vorzeigekritikerin Pauline Kael im ›New Yorker‹ Regisseuren das Fürchten lehrte. In diese Zeit fällt auch ihr einziges, aber sofort für den Oscar nominiertes kontroverses Drehbuch zu John Schlesingers *Sunday, Bloody Sunday*, 1970, das sie aus einem ihrer insgesamt fünf Romane entwickelte. Gilliat, die eine Zeitlang mit dem großen Dramatiker John Osborne verheiratet war, verfaßte auch zahlreiche Kurzgeschichten sowie zwei ausführliche Studien über Jean Renoir und Jacques Tati.

Gish, Lillian
(96) 14.10.1896 bis 27.2.1993
Amerikanische Schauspielerin, die sowohl auf der Bühne als auch im Film Maßstäbe setzte. Ihre Jugendfreundin machte sie mit D. W. Griffith bekannt, der mit ihr gut 40 Filme drehen sollte, darunter die Klassiker *The Birth Of A Nation/Geburt einer Nation*, 1915; *Intolerance*, 1916 oder *Way Down East*, 1920. Aus letzterem Jahr stammt ihre einzige, heute verschollene Regiearbeit *Remodeling Her Husband* mit ihrer jüngeren Schwester Dorothy in der Hauptrolle. Gishs fragile, unschuldige Erscheinung kontrastierte stets mit ihrem starken, unbezähmbaren Willen – beruflich als auch privat. Ihr ausgepägtes Selbstbewußtsein, der Drang nach neuen Herausforderungen führte schließlich Anfang der 20er Jahre zur Trennung von Griffith. Nach dem Tod des Stummfilms schwor Gish dem Kino ab und setzte ihre Erfolge am Theater fort. Seit 1942 beehrte sie den Tonfilm mit sporadischen, aber unvergeßlichen Nebenrollen. Nur in ihrer Nähe fühlte man die beiden

Lillian Gish mit Bette Davis in ›Whales of August‹.

vor Robert Mitchum flüchtenden Kinder in *Night Of The Hunter/Die Nacht des Jägers*, 1955 geborgen und sicher. Ein gütiger Fels also, der 1970 einen Ehrenoscar erhielt, nachdem es bis dato lediglich zu einer Nominierung für *Duel In The Sun/Duell in der Sonne*, 1946 gereicht hatte. Ihr aufregendes Leben zeichnete sie 1969 in ihren Memoiren ›The Movies, Mr.Griffith And Me‹ unterhaltsam nach und verabschiedete sich 1987 mit *The Whales Of August/Wale im August* für immer von einem Medium, das sie entscheidend mitgeprägt hatte.

Golding, William
(81) 19.9.1911 bis 19.6.1993
Hochgeschätzter englischer Romancier, der nicht nur mit dem Literatur-Nobelpreis ausgezeichnet wurde, sondern dem auch die seltene Ehre zuteil wurde, zwei gelungene Filmversionen seines berühmtesten Buches zu erleben. Peter Brook inszenierte 1963 *Lord Of The Flies/Herr der Fliegen;* Harry Hook 1988 das in Farbe gedrehte Remake.

Gori, Mario Cecchi
(73) gest. 5.11.1993
Italienischer Filmproduzent, der wie Dino de Laurentiis 1948 ins Filmgeschäft einstieg und zusammen mit Sohn Vittorio an die 300 Filme, zumeist Komödien produzierte, u. a. Dino Risis *Il Sorpasso/Verliebt in scharfe Kurven*, 1962. In den letzten Jahren stieg der künstlerische Anspruch des Produzentenduos erheblich. So entstanden u. a. Fellinis *La Voce Della Luna/Die Stimme des Mondes*, 1990 und Gabriel Salvatores oscargekrönter *Mediterraneo*, 1991 unter dem Banner der Goris, die seit ihrer Zusammenarbeit mit Berlusconis ›Penta Film‹ 1989 auch US-Produktionen wie Robert De Niros Regiedebüt *A Bronx Tale*, 1993 mitfinanzierten.

Granger, Stewart
(80) 6.5.1913 bis 16.8.1993
Als James Lablanche Stewart geborener gutaussehender und charmanter englischer Schauspieler, der nach seinem Filmdebüt 1934 in den 40er Jahren Englands Frauen eroberte, die ihm sogar den italienischen Teufelsgeiger in *The Magic Bow/Paganini*, 1946 abnahmen. Als römischer Offizier Apollodorus machte er in *Caesar and Cleopatra/Caesar und Cleopatra*, 1946 Vivien Leigh schöne Augen, aber an den heimischen Herd entführte er Jean Simmons, die in der Shaw-Verfilmung noch an der Harfe saß, ab 1950 aber zehn Jahre lang Grangers Leben teilte. Im selben Jahr feierte er als Großwildjäger in *King Solomon's Mines/König Salomons Diamanten* sein triumphales Hollywood-Debüt, dem sich in den 50er Jahren große Erfolge als Degenartist u. a. *Scaramouche/Scaramouche, der galante Marquis*, 1952 oder Trapper u. a. *The Last*

Hunt/Die letzte Jagd, 1956 anschlossen. Unverständlich, daß er nach 1960 nur noch in Europa passende Rollen angeboten bekam u. a. mit grauen Schläfen auch in drei Karl-May-Verfilmungen, etwa *Unter Geiern*, 1964. Seine durch aufwendigen Lebenswandel verursachte permanente Geldnot trieb in zuletzt auch in die Untiefen deutscher Seifenopern *Die Guldenburgs*). Seine 1980 erschienene Autobiographie ›Sparks Fly Upwards‹ legt nahe, daß er auch dieses Opfer mit gleichgültiger Lässigkeit ertragen hat.

Gunn, Moses
(64) 2.10.1929 bis 16.12.1993
Amerikanischer Schauspieler, der seit Anfang der 60er Jahre zunächst im Theater reüssierte, dann auch im Film, zumeist in kleineren, aber prägnanten Rollen Fuß fassen und schließlich auch im TV u. a. *Roots* seine Klasse beweisen konnte. Seinen vordergründig auffälligsten Part gab ihm wohl *Shaft*, 1970, während seine Rollen aus *The Great White Hope/Die große weiße Hoffnung*, 1970 oder *Ragtime*, 1981 zwar kleiner angelegt, die Filme aber eindeutig besser waren.

Stewart Granger

Gwynne, Fred
(66) 10.7.1926 bis 2.7.1993
Amerikanischer Schauspieler und Vollblutkomödiant, dessen Wärme, sonore Stimme und Knautschmimik sich in seinem TV-Hit *The Munsters* einprägte, wo er als sympathisches Frankenstein-Monster Glanzleistungen bot. Bedauerlicherweise wußte der Film nach seinem Debüt in *On The Waterfront/Die Faust im Nacken*, 1954 wenig mit ihm anzufangen. Sein Glanzauftritt im Duo mit Bob Hoskins in Francis Coppolas *The Cotton Club/Cotton Club*, 1984 beweist, was dem Kino dadurch entgangen ist. In seiner letzten Rolle versuchte er als Richter in *My Cousin Vinnie/Mein Vetter Vinnie*, 1992 Joe Pesci Manieren beizubringen.

H

Harvey, Stephen (43) gest. 1.1.1993
Amerikanischer Journalist und Filmhistoriker, der eine Reihe ausgezeichneter Filmmonographien verfaßte, darunter 1989 die wohl definitive über Vincente Minnelli ›Directed By Vincente Minnelli‹. Er starb an AIDS.

Haver, Ronald
(54) gest. 18.5.1993 Amerikanischer Filmjournalist und Filmhistoriker, dessen monumentale Studie ›David O'Selznick's Hollywood‹, 1980 zu den informativsten und prachtvollsten Filmbüchern überhaupt gezählt werden darf. Auch als Restaurator konnte er sich auszeichnen, als er Anfang der 80er

Jahre George Cukors Klassiker *A Star Is Born/Ein neuer Stern am Himmel*, 1954 um 20 weitere, ehemals der Schere zum Opfer gefallene Minuten erweiterte. Den aufwendigen Prozeß beschrieb er spannend in seinem 1988 erschienenen Buch ›A Star Is Born‹.

Haworth, Edward S.
(76) 1918 bis 18.2.1993
Amerikanischer Designer von Rang, der seinen Zenith in den 50er Jahren erreichte, als er für *Marty*, 1955 und *Some Like It Hot/Manche mögens heiß*, 1959 Nominierungen zum Oscar erhielt, den er für *Sayonara*, 1957 gewann. Ebenfalls preisverdächtig, wenn auch nicht ausgezeichnet erschien der Academy auch seine Ausstattung für *The Longest Day/Der längste Tag*, 1961 sowie *What A Way To Go/Immer mit einem anderen*, 1964. Auch abseits seiner Auszeichnungen finden sich bemerkenswerte Arbeiten, etwa Alfred Hitchcocks *Strangers On A Train/Der Fremde im Zug*, 1951. Mit Sam Peckinpah verband ihn in den 70er Jahren ein starkes berufliches Band, u. a. bei *Getaway*, 1972.

Hayes, Helen
(92) 10.10.1900 bis 17.3.1993
›First Lady des amerikanischen Theaters‹ war der Ehrentitel dieser Bühnenlegende, die mit fünf Jahren am Broadway debütierte und sich erst 66 Jahre später, nach unzähligen hochgerühmten Rollen vom Theater zurückzog. Ihre immer wieder von langen Pausen unterbrochene Hollywoodkarriere begann, als ihr Mann, Autor Charles MacArthur
The Front Page), in die Filmmetropole umzog und sie schon kurz darauf für *The Sin Of Madelon Claudet*, 1931 einen Oscar gewann. Ein Jahr später spielte sie ihre Lieblingsrolle, die warmherzige Krankenschwester aus Frank Borzages Hemingway-Verfilmung *A Farewell To Arms*. Nach 1935 zog sie sich, von wenigen Nebenrollen abgesehen, aus dem Filmgeschäft zurück, um sich dann 1956 mit einem berührenden Auftritt als Zarin-Mutter in *Anastasia* mit einem Paukenschlag zurückzumelden. Ihre warmherzige Ausstrahlung brachte ihr 1970 nach elfjähriger Filmpause für *Airport* einen weiteren Oscar (Nebenrolle) ein. Eine verbitterte alte Gräfin, die Jungstar Jodie Foster in *Candleshoe/Abenteuer auf Schloß Candleshoe*, 1977 das Leben schwermachte, bedeutete schließlich Hayes' Abschied vom Film. Ihr ereignisreiches Leben zeichnete die First Lady 1968 in ihrer Autobiographie ›On Reflection‹ nach. Schauspieler James MacArthur ist ihr Adoptivsohn und galt vor seiner TV-Karriere als hoffnungsvoller Filmnachwuchs.

Hepburn, Audrey
(63) 4.5.1929 bis 20.1.1993
In Brüssel als Edda van Heemstra Hepburn-Ruston geborene Schauspielerin, die mit ihrer fragilen, fast knabenhaften Figur zum Gegenentwurf von Hollywoods Sexbomben der 50er Jahre wurde. Ihre beispiellose Karriere verdankt sie zu großen Teilen ihrem unwiderstehlichen Charme und ihrer Anmut, die ihr großes darstellerisches Potential oft in den Hintergrund drängten. Minirollen in englischen Komödien führten 1951 zur Titelrolle in der Broadwayinszenierung von Colettes *Gigi*. Ihr amerikanisches Filmdebüt *Roman Holiday/Ein Herz und eine Krone*, 1953 brachte ihr ihren ersten und einzigen Oscar ein, dem allerdings vier weitere Nominierungen für *Sabrina*, 1954; *The Nun's Story*/Geschichte einer

Audrey Hepburn

Nonne, 1959; *Breakfast At Tiffany's*/Frühstück bei Tiffany, 1961 und *Wait Until Dark/Warte, bis es dunkel ist*, 1967 folgen sollten. Nach einer neunjährigen Pause ließ sie sich 1976 zu einer kurzfristigen Rückkehr zum Film bewegen, von dem sie sich nahezu prophetisch als Engel in *Always*, 1989 endgültig verabschiedete. Ihr langjähriges Engagement für die UNICEF bewies, daß diese Märchengestalt sehr wohl auch in der Realität erfolgreich zu wirken wußte.

Hersey, John

(78) 17.6.1914 bis 24.3.1993

Mit dem Pulitzer-Preis ausgezeichneter amerikanischer Journalist und Autor von mehr als 20 Büchern, dessen Erlebnisse als Kriegsberichterstatter sich in vielen seiner Werke niederschlugen. Zwei dieser packenden Stoffe, *A Bell For Adano*, 1945 und *The War Lover/Wir alle sind verdammt*, 1961, fanden auch den Weg auf die Leinwand.

Heyes, Douglas

(73) 1923 bis 8.2. 1993

Amerikanischer Drehbuchautor und Regisseur, dem die Ehre gebührte, John Jakes' Bürgerkriegsschnulze *North And South/Fakkeln und Sturm* für eine 24stündige TV-Miniserie aufgearbeitet zu haben. Ein episches, aber gnädigerweise kürzeres Vorhaben war auch seine Adaption von Alistair MacLeans gleichnamigem Bestseller für John Sturges' *Ice Station Zebra/Eisstation Zebra*, 1967. Seine anderen sporadischen Kinoarbeiten u. a. *Kitten With A Whip/Das Mädchen mit der Peitsche*, 1964 oder *Beau Geste/Drei Fremdenlegionäre*, 1966, für die er als Regisseur und Autor verantwortlich zeichnete, hinterließen dagegen geringere Spuren.

Honda, Inoshiro

(81) 7.5.1911 bis 28.2.1993

Japanischer Produzent und Regisseur, der aus einem Gummimonster ein japanisches Kulturheiligtum schuf. Gojira/Godzilla, 1954 die Geschichte eines durch Atomtests aufgeschreckten Supermonsters, war Hondas dritter Film und sein Kommentar zur Tragödie von Hiroshima. Das Publikum übersah solche politischen Implikationen zugunsten einer naiven, aber ungemein unterhaltsamen Spielhandlung, die Honda in seinen insgesamt 23 Science-fiction-Filmen auch außerhalb der Godzilla-Figur, u. a. *Kaitei Gunkan/U 2000 – Tauchfahrt des Grauens*, 1964 nur unwesentlich variieren mußte. Nachdem Japans liebenswerter Gummimonsterzoo Mitte der 70er an Faszination verlor, zog sich Honda aus dem Regiefach zurück, assistierte aber seinem langjährigen Freund Akira Kurosawa nach dessen *Kagemusha/Kagemusha – Der*

Schatten des Kriegers, 1980 bei allen Filmen in den verschiedensten Funktionen.

Howard, Cy

(77) 1915 bis 29.4.1993

Als Seymour Horowitz geborener amerikanischer Komödienautor, der Komikern wie Jack Benny Gags auf den Leib schrieb. Eine seiner populären Rundfunksendungen, *My Friend Irma*, schrieb er 1949 zu einem Drehbuch für Dean Martin und Jerry Lewis um, für die er zwei weitere Skripts folgen ließ. Nach einem längeren Gastspiel beim US-Fernsehen kehrte Howard 1956 mit dem eher mäßigen Drehbuch zu *Marriage On The Rocks/Dreimal nach Mexiko* ins Filmgeschäft zurück. Sein Regiedebüt *Lovers And Other Strangers/Liebhaber und andere Fremde*, 1970 erwies sich als sein bei weitem größter Erfolg, den er nicht wiederholen konnte. Sein letztes Drehbuch zum Klamaukfilm *Won Ton Ton, The Dog Who Saved Hollywood/Won Ton Ton ... der Hund, der Hollywood rettete*, 1975 ließ weder Hollywood noch die Filmkarriere dieses Autors, der einst mit Filmstar Gloria Grahame verheiratet war, unversehrt.

Huber, Gusti

(78) 27.7.1914 bis 12.7.1993

Österreichische Theaterschauspielerin, die seit ihrem Filmdebüt *Savoy Hotel 217*, 1936 in einer Reihe melodramatischer Rollen zu sehen war. Ihre Titelrolle in *Gabriele Dambrone*, 1944 war ihr letzter wirklich auffallender Auftritt im deutschen Film, bevor sie in die USA emigrierte. Dort spielte sie vornehmlich Theater oder gab Gastspiele im US-Fernsehen. Ihre einzige US-Filmrolle blieb Anne Franks Mutter in *The Diary Of Anne Frank/Das Tagebuch der Anne Frank*, 1959 – eine Figur, die sie schon am Broadway zum Leben erweckt hatte. Hubers Tochter Bibi Besch ist ebenfalls Schauspielerin, der aber in puncto Popularität längst von Hubers Enkelin Samantha Mathis, zuletzt Hauptrolle in Peter Bogdanovichs *A Thing Called Love*, 1993, der Rang abgelaufen wurde.

Hughes, Dorothy

(88) gest. 6.5.1993

Amerikanische Kriminalschriftstellerin, die zwei ihrer drei verfilmten Romane recht brauchbar für die Kinoleinwand umgesetzt noch erleben durfte. Robert Montgomery spielte in und inszenierte *Ride The Pink Horse/Reite auf dem rosa Pferd*, 1947; Nicholas Ray führte Regie bei Bogarts *In A Lonely Place/Ein einsamer Ort*, 1950.

J

Johann, Zita

(89) 1904 bis 24.10. 1993

Brünette Schauspielerin, die in den frühen 30er Jahren eine etwas blasse, aber doch vielbeschäftigte ›leading lady‹ abgab, so etwa als Eifersuchtsobjekt zwischen Edward G.Robinson und Richard Arlen in Howard Hawks' *Tiger Shark/Tiger Hai*, 1932. Ihre weitaus bekannteste Rolle spielte sie aber im Horrorklassiker *The Mummy/Die Mumie*, 1933, in dem ihr Boris Karloff als wiederbelebter Mullwickel Im-hotep mit großer Hartnäckigkeit nachstellte, sah er doch in ihr die Reinkarnation einer einst geliebten Prinzessin.

Jordan, Richard

(56) gest. 30.8. 1993

Vielseitiger amerikanischer Schauspieler, der auf der Bühne, im Fernsehen wie auch im Filmgeschäft gleichermaßen Erfolge aufzuweisen hatte. Seine beste Zeit hatte er in den 70er Jahren, als er wegen seines guten Aussehens und seines Charmes gerade zwielichtigen Charakteren Charisma verlieh. 1970 debütierte er in *Lawman*, machte Jagd auf Michael York in *Logan's Run/Flucht ins 23. Jahrhundert*, 1976 und zeigte in Woody Allens *Interiors/Innenleben*, 1978 seine darstellerische Kompetenz, die andere Regisseure selten zu nutzen verstanden. Danach fand Jordan sich häufig in Schurkenrollen wieder u. a. als Serienmörder in *The Mean Season/Das mörderische Paradies*, 1984. Zuletzt tyrannisierte er Mario Van Peebles in dessen Western *Posse*, 1993.

K

Kanin, Michael
(83) 1.2.1910 bis 12.3.1993
Jüngerer Bruder des renommierten Autors und Regisseurs Garson Kanin, dessen Qualitätsstandard er in seinen Drehbüchern trotz eines Oscars als Co-Autor von *Woman Of The Year/Die Frau, von der man spricht*, 1942 selten erreichen konnte. In Zusammenarbeit mit seiner Frau Fay spezialisierte er sich auf meist harmlos-vergnügliche Komödien u. a. *The Teacher's Pet/Reporter der Liebe*, 1957, adaptierte aber auch sein eigenes, sich an Akira Kurosawas *Rashomon* anlehnendes Bühnenstück für Martin Ritts Verfilmung *The Outrage/Carrasco, der Schänder*, 1964.

Keeler, Ruby
(83) 25.8.1909 bis 28.2.1993
Amerikanischer Musicalstar, die nach eigenen Aussagen weder als Darstellerin, Sängerin oder Tänzerin Besonderes zu leisten wußte, aber dennoch in den 30er Jahren dank eines pausbäckigen Unschuldscharmes zu den Großen Hollywoods zählte. Ehemann Al Jolson, Protagonist des ersten Tonfilmes *The Jazz Singer*, 1927, vermittelte ihr die Hauptrolle eines naiven, karrierehungrigen Chorus-Girls in *42nd Street* im Jahre 1933. Ähnlich gelagerte Hauptrollen mit Partner Dick Powell und unter Choreograph Busby Berkeley folgten, unter anderem *Footlight Parade/Parade im Rampenlicht*, 1933 und *Dames/Broadway-Show*, 1934. Begleitet von einer bröckelnden Ehe, begann Ende der 30er Jahre ihr Stern zu sinken, bis sie sich 1941 fast gänzlich ins Privatleben zurückzog.

Klos, Elmar 1910 bis 19.7.1993
Tschechischer Autor und Filmregisseur, der bereits im Stummfilm an Drehbüchern mitgewirkt hatte, aber erst durch seine Partnerschaft mit Co-Autor und Co-Regisseur Ján Kadár künstlerisch richtig aufblühte. Seit 1952 inszenierten die beiden gemeinsam, aber erst ihre politisch engagierten, in den 60er Jahren entstandenen Arbeiten machten sie auch international bekannt. Nach *Obzalovany/Der Angeklagte*, 1964 drehten sie die kontroverse Kriegszeitstudie *Obchod Na Korze/Das Geschäft an der Hauptstrasse*, 1965, die bei der Oscarverleihung in der Sparte fremdsprachiger Film u. a. Vittorio de Sicas Vollblutkomödie *Matrimonio All 'Italiana/Hochzeit auf italienisch* aus dem Felde schlug. Als nach dem Prager Frühling in der Heimat die Eiszeit wieder einsetzte, wurde Klos ein Opfer seines Widerspruchsgeistes und konnte keinen Film mehr inszenieren.

L

Lamont, Charles
(98) 15.5.1895 bis 12.9.1993
Amerikanischer Filmregisseur, der nach einer gescheiterten Darstellerkarriere ab 1923 mehr als 100 Filme – zumeist Komödien – inszenierte. Seit 1939 war er Vertragsregisseur bei Universal, ein Experte für schnell gedrehte, unaufwendige B-Pictures. Viele Klamotten für das Komikerduo Abbott & Costello u. a. *Abbott & Costello Meet The Invisible Man/Der Unsichtbare trifft Abbott und Costello*, 1951 gingen auf sein Konto, ebenso komödiantisch gefärbte Western u. a. *Frontier Gal/Die Herberge zum roten Pferd*, 1945 und bonbonbunte Arabienschnulzen u. a. *Flame Of Araby/Die Flamme von Arabien*, 1951. Symptomatisch für seine Karriere war auch sein letzter Film *Francis In The Haunted House*, 1956, in dem Mickey Rooney mit dem berühmten quasselnden Esel Francis parlierte.

Landau, Ely A. (73) gest. 4.11.1993
Amerikanischer TV-Produzent, der seit den 60er Jahren auch vereinzelt für die große Leinwand produzierte, u. a. zwei wenig erfolgreiche Streifen mit Katherine Hepburn *The Long Day's Journey Into Night*, 1962 und *The Madwoman Of Chaillot*, 1969. Beide Filme basierten auf bekannten Bühnenstücken – eine Vorliebe, die auch in den weiteren anspruchsvollen Produktionen Landaus u. a. *The Iceman Cometh*, 1973 (mit Lee Marvin) deutlich wurde.

Ledoux, Fernand
(96) 24.1.1897 bis 21.9.1993
In Belgien geborener Schauspieler, der mit seinen zahllosen Theaterrollen und gut 150 Filmauftritten zu den meistbeschäftigsten Darstellern Frankreichs gehörte, dessen Gesicht aber nur wenige sich einzuprägen vermochten. Seit seinem Debüt 1919 spielte er Nebenrollen unter großen Regisseuren, u. a. in Jean Renoirs *La Bete Humaine/Bestie Mensch*, 1939; *Les Miserables/Die Miserablen*, 1957 – wiederum mit Jean Gabin, oder Henri Georges Clouzots *La Verite/Die Wahrheit*, 1960. Seine letzte Rolle, eine größere, gab ihm Henri Verneuil in seinem Politthriller *Mille Milliards De Dollars/Tausend Milliarden Dollar*, 1982.

Lee, Brandon (28) gest. 31.3.1993
Amerikanischer Schauspieler, der acht Jahre alt war, als er seinen Vater, die Martial-Arts-Legende Bruce Lee, unter mysteriösen Umständen verlor. Nachdem er einen Großteil seiner Jugend in Hongkong verbracht hatte, schien er jetzt in den USA in die Fußstapfen des übermächtigen Vorbildes treten zu können. In seinen zwei Hauptrollen in *Showdown In Little Tokyo*, 1991 und *Rapid Fire/Rapid Fire – Unbewaffnet und extrem gefährlich*, 1992 bewies Lee durchaus Charisma. Ein tödlicher Unfall bei den Dreharbeiten zu seinem letzten Film *The Crow*, 1993 beendete sein Leben just in dem Moment, in dem die Todesszene seiner Figur gedreht werden sollte.

Leroy, Serge (62) gest. 27.5.1993
Französischer Regisseur, der sich in seinen neun Filmen um spannendes Genrekino, oft auch mit politischen Untertönen, verdient machte. In Atmosphäre, Dramaturgie und guter Schauspielerführung oft an Yves Boisset erinnernd, konnte er doch nie dessen Popularität erringen. Sein Regiedebüt *Le Mataf/Gefährlicher Partner*, 1972

und sein Psychothriller *L'Homme Qui Nous Suit/Der Schatten, der uns folgte*, 1976, bei denen er auch das Drehbuch mitverfaßte, sind mustergültige Vertreter spannender Kinounterhaltung.

Löck, Carsta
(90) 28.12.1902 bis 19.10.1993
Deutsche Bühnenschauspielerin, die seit 1933 auch in mehr als 100 Filmen, zumeist in kleinen Charakterrollen, auftrat. Am besten in Erinnerung blieb dabei ihre gewitzte Erzieherin Ida Jungmann, die in Alfred Weidenmanns *Die Buddenbrooks*, 1959 sämtliche Kinder von Thomas Manns Patrizierfamilie dem Erwachsenenleben zuführte.

London, Roy (50) gest. 8.8.1993
Amerikanischer Schauspieler und Autor, der für Patrick Swayzes Familiendrama *Tiger Warsaw/Dirty Tiger*, 1987 das Drehbuch schrieb, in den 80er Jahren aber vornehmlich als Schauspiellehrer bekannt wurde. Noch bei der diesjährigen Verleihung der MTV-Movie-Awards bedankte sich bei ihm tränenreich Sharon Stone – neben Geena Davis, Michelle Pfeiffer oder Julie Warner eine seiner prominentesten Schülerinnen. Sein Regiedebüt *Diary Of A Hitman/Keiner kommt hier lebend raus*, 1992, in dem mit Sherilyn Fenn und Lois Chiles zwei weitere seiner Studentinnen auftraten, blieb weitgehend unbeachtet.

Loy, Myrna
(88) 2.8.1905 bis 14.12.1993
Als Myrna Williams geborene Filmschauspielerin, die von ihrem Debüt 1925 bis zu ihrem Durchbruch 1934 in insgesamt 63 Filmen zu sehen war, nicht selten als exotisch angehauchter oder komplett orientalischer Typ u. a. *The Mask Of Fu Manchu/Die Maske des Fu Manchu*, 1932. Mit ihrer Darstellung der sinnlichen, geistreichen und trinkfesten Nora Charles im Klassiker *The Thin Man/Mordsache »Dünner Mann«*, 1934 fand sie ihre Rollennische und ihr seitdem bevorzugtes Genre – die Komödie. Mit Kollege William Powell bildete sie in 13 Filmen ein ungemein witziges, harmonisches Team. Nach dem Krieg, wo ihre langjährige Arbeit für das Rote Kreuz begann, rutschte sie problemlos in Mutterrollen hinein, glänzte im Meisterwerk *The Best Years Of Our Lives/Die besten Jahre unseres Lebens*, 1946 sowohl komödiantisch als auch dramatisch. Seit *Midnight Lace/Mitternachtsspitzen*, 1960 – sie spielte Doris Days Tante – beließ sie es im Film bei sporadischen Gastauftritten, zuletzt in Sidney Lumets Flop *Just Tell Me What You Want/Sag' mir, was Du willst*, 1980.

M

MacDonald, Richard
(74) gest. 29.5. 1993
Englischer Ausstatter, der nach einer Begegnung mit Joseph Losey 1963 eher zufällig zum Film kam, dann aber zu den Größten seines Fachs heranreifte. Mit Losey u. a. *Modesty Blaise/Modesty Blaise – die tödliche Lady*, 1965; John Schlesinger u. a. *Far From The Madding Crowd/Die Herrin von Thornhill*, 1967 und Norman Jewison u. a. *Jesus Christ Superstar*, 1972 verband ihn langjährige Arbeitsbeziehungen. Noch zu entdecken ist sein schönes Set für die Steinbeck-Verfilmung *Cannery Row*, 1982.

MacDougall, Roger
(82) gest. 27.5. 1993
Schottischer Bühnen- und Dreh-

buchautor, der seit 1938 sporadisch für den Film, zumeist Komödien, schrieb u. a. *The Mouse That Roared/Die Maus, die brüllte*, 1959 ; *A Touch Of Larcency/Hochverrat mit Hindernissen*, 1959. Seinen größten Erfolg verzeichnete er aber als einer der drei Autoren des satirischen Hits der Ealing Studios, *The Man In The White Suit/Der Mann im weißen Anzug*, 1952, dem er nichts Gleichwertiges mehr folgen lassen konnte.

Mackendrick, Alexander
(81) 1912 bis 22.12.1993
Amerikanischer Filmregisseur, der nur acht Filme inszenierte, davon lediglich drei in seiner Heimat. Seinen Ruhm begründete er in England, wo er als Cartoonzeichner und Drehbuchautor u. a. *Saraband For Dead Lovers/Königsliebe*, 1948 begann. 1949 debütierte er mit der selbstironischen, geistreichen Komödie *Whiskey Galore/Freut euch des Lebens* als Regisseur, schloß sich dann den ›Ealing Studios‹ an, wo er seine Paradefilme *The Man In The White Suit/Der Mann im weißen Anzug*, 1951 und *The Ladykillers/Ladykillers*, 1955 in Szene setzte. Im gleichen Jahr, nach dem Verkauf des Studios an die BBC, siedelte er in die USA um, wo ihm 1957 mit *Sweet Smell Of Success/Dein Schicksal in meiner Hand* ein bestechendes, aber kommerziell gescheitertes Korruptionsmelodram gelang. Danach drehte er nur noch drei Filme – sein letzter, *Don't Make Waves/Die nackten Tatsachen*, 1966, bleibt auch sein einzig durchschnittlicher. Den Rest seines beruflichen Lebens verbrachte er als Filmdozent in Kalifornien.

Mankiewicz, Joseph Leo
(83) 11.2. 1909 bis 5.2.1993
Amerikanischer Drehbuchautor,

Joseph L. Mankiewicz

Produzent und Regisseur, der in 40 Jahren Tätigkeit im US-Film in allen drei Funktionen Herausragendes leistete. Sein Bruder Herman, späterer Co-Autor von *Citizen Kane*, holte ihn 1929 nach Hollywood, wo er binnen weniger Jahre zum gefragten Autor aufstieg. Seit 1935 wirkte er auch als Produzent für MGM – eine Zusammenarbeit, die in den beiden Katharine-Hepburn-Klassikern *The Philadelphia Story/Die Nacht vor der Hochzeit*, 1940 und *Woman Of The Year/Die Frau, von der man spricht*, 1942 gipfelte. Nach seinem Wechsel zur 20th Century Fox begann das geistreiche, für seine geschliffenen Dialoge gerühmte Multitalent mit der Inszenierung eigener Drehbücher. In dieser Doppelfunktion setzte er sich selbst ein Denkmal, als er für *A Letter To Three Wives/Ein Brief an drei Frauen*, 1949 und *All About Eve/Alles über Eva*, 1950 jeweils zwei Oscars mit nach Hause nahm. Der langjährige Präsident der Directors Guild Of America war mit Ausnahme der Science-fiction in allen Genres zuhause. Nach dem Debakel von *Cleopatra*, 1963 brökelte sein bislang untadeliger Ruf, aber sein Zwei-Personen-Krimi *Sleuth/Mord mit kleinen Fehlern*, 1972 bedeutete eine Rückkehr zur alten Form, wenn auch nicht zu weiteren Projekten. Sein Sohn Tom ist ebenfalls Drehbuchautor und Regisseur mäßig erfolgreicher Komödien u. a. *Dragnet/Schlappe Bullen beißen nicht*, 1986.

McFarland, George E.
(64) 2.10. 1928 bis 30.6.1993
Als Spanky McFarland bekannt gewordener amerikanischer Kinderstar, der als Dickerchen in der populären Hal-Roach-Reihe *Our Gang/Die kleinen Strolche* in den 30er Jahren enorme Popularität erreichte. Neben diesen Slapstick-Klassikern trat er auch in wenigen anderen Filmen auf u. a. in *Trail Of The Lonesome Pine*, 1936 und Fritz Langs *Woman In The Window/Gefährliche Begegnung*, 1944, wo er als Pfadfinder auch seine letzte Rolle spielte.

Margolin, Janet
(50) 25.7.1943 bis 17.12.1993
Amerikanische Filmschauspielerin, der trotz äußerlicher wie darstellerischer Qualitäten nie der Sprung in die erste Riege gelang. Ihr verstörter Teenager in *David und Lisa*, 1962 , ihre ängstliche Jüdin in Bernhard Wickis *Morituri*, 1964 – auffallende Talentbeweise einer Darstellerin, die auch in Komödien überzeugen konnte, u. a. als Woody Allens Freundin in dessen Regiedebüt *Take The Money And Run/Woody, der Unglücksrabe*, 1969. Doch in den 70er Jahren verschlug sie es zunehmend ins TV, bis sie 1979 mit Jonathan Demmes Thriller *Last Embrace/Tödliche Umarmung* noch einmal eine große Kinochance erhielt. Dessen kommerzieller Einbruch beendete jedoch weitere Kinoträume. Ihrem Mann sollte es ähnlich ergehen: Als »Nachfolger« Peter Sellers' scheiterte Ted Wass in *The Curse Of The Pink Panther/Der Fluch des rosaroten Panthers*, 1983 kläglich.

Matray, Maria
(86) 14.7.1907 bis 30.10.1993
Als Maria Stern geborene deutsche Schauspielerin, die nach Ausbildung unter Max Reinhardt 1926 für den Film entdeckt wurde, aber bereits 1934 mit ihrem Mann in die USA emigrierte. An seiner Seite wirkte sie zunächst als Choreographin, bevor sie 1946 mit *Murder in The Music Hall* ihr erstes eigenes Drehbuch verfilmt sah. Nach ihrer Rückkehr nach Deutschland schrieb sie auch Skripts für das heimische Unterhaltungskino u. a. *Die schöne Lügnerin*, 1959, um sich dann seit 1960 fast ausschließlich als profilierte TV-Autorin auszuzeichnen.

Mnouchkine, Alexandre
(85) gest. 3.4.1993
In St.Petersburg geborener Titan der französischen Filmindustrie, der seit den 30er Jahren als Produzent für mehr als 60 Filme verantwortlich zeichnete, darunter Jean Cocteaus, später von Michelangelo Antonioni wiederaufbereiteter Klassiker *L'Aigle A Deux Têtes/Der Doppeladler*, 1948 oder *Fanfan La Tulipe/Fanfan, der Husar*, 1951. Mnouchkines Gesellschaft ›Les Films Ariane‹ verband auch eine langjährige Partnerschaft mit Philippe de Broca u. a. *L'Homme De Rio/Abenteuer in Rio*, 1963 und Claude Lelouch. Zwei der von ihm co-produzierten Filme, *Preparez Vos Mouchoirs/Frau zu verschenken*, 1977 und *Nuovo Cinema*

Paradiso/Cinema Paradiso, 1989, erhielten den Oscar als bester fremdsprachiger Film des Jahres. Tochter Ariane, Namensgeberin seiner Produktionsgesellschaft, ist als Theatergründerin und Regisseurin u. a. *Molière*, 1978 bekannt.

Morrow, Jeff
(80) 13.1.1913 bis 26.12.1993
Amerikanischer Schauspieler, der sich am Broadway einen Namen gemacht hatte, bevor er in den 50er Jahren Hollywoods Lockruf erlag. Große Rollen blieben ihm dort zwar verwehrt, aber an der Seite Rock Hudsons in *Captain Lightfoot/Wenn die Ketten brechen*, 1955 konnte er zumindest sein gutes Aussehen ins Gefecht führen. Kultstatus erreichte er allerdings mit dem Science-fiction-Klassiker *This Island Earth/Metaluna IV antwortet nicht*, 1955, wo er den weißhaarigen, sympathischen Alien mit Billy-Idol-Frisur zum besten gab.

Murphy, Richard
(81) 1912 bis 19.5. 1993
Amerikanischer Drehbuchautor, der in seinen besten Arbeiten politisches Engagement und Biß spüren ließ. Für Elia Kazan schrieb er die packende Justizattacke *Boomerang/Bumerang*, 1946 Oscarnominierung) und den Thriller *Panic In The Streets*/Unter Geheimbefehl, 1950; für Robert Wise den Kriegsfilm *Desert Rats/Die Wüstenratten*, 1953 (Oscarnominierung) sowie für Orson Welles *Compulsion/Der Zwang zum Bösen*, 1959. Von seinen beiden selbstinszenierten Filmen zeigt nur *Three Stripes In The Sun/Für Amerikaner verboten?*, 1955 gewohntes, wenn auch rührselig verpacktes Engagement.

Myers, Stanley (63) gest. 9.11.1993
Englischer Filmkomponist, der mit seinem Score zu Michael Ciminos *The Deer Hunter/Die durch die Hölle gehen*, 1978 und dem berührend-zärtlichen Instrumental *Cavatina* international bekannt wurde. Myers Gespür für Melodie zeichnete auch *The Honorary Consul/Der Honorarkonsul*, 1983 aus, aber er verstand es auch, aktuelle musikalische Strömungen zu verarbeiten, so u. a. in Stephen Frears *My Beautiful Laundrette/Mein wunderbarer Waschsalon*, 1986. Eine seiner besten, leider überhörten Partituren schrieb er für Nicholas Roegs Roald-Dahl-Verfilmung *The Witches/Hexen hexen*, 1989.

N

Nardi, Tonino (54) gest. 24.10.1993
Italienischer Kameramann, der noch nicht die Bekanntheit seiner Landsleute Giuseppe Rotunno, Vittorio Storaro oder Luciano Tovoli erreicht hatte, aber sich schon bei Peter Del Monte oder Daniele Luchetti als Könner ausgewiesen hatte. Für Gianni Amelio führte er fünfmal die Kamera, u. a. *Il Ladro Di Bambini/Gestohlene Kinder*, 1991 und *Porte Aperte/Offene Türen*, 1990, für dessen Bilder er mit dem ›Felix‹ ausgezeichnet wurde.

Negulesco, Jean
(93) 29.2.1900 bis 18.7.1993
In Rumänien geborener, 1927 in die USA emigrierter Maler und Filmregisseur, der zu den großen Hollywoodroutiniers gezählt werden darf. Nachdem er schon in vielen Tätigkeiten im Filmgeschäft gewirkt hatte, inszenierte er mit *Singapore Woman* 1941 seinen ersten Spielfilm. Als engagierter Visualist stand ihm die Optik oft näher als der Inhalt seiner Filme, der vor allem in den 50er Jahren häufig ins Übermelodramatische abdriftete.

Kriminal, Abenteuerfilm, Musical und Melodram – in diesen Bereichen hatte Negulesco seine größten Erfolge. Darunter fallen *Johnny Belinda/Schweigende Lippen*, 1947; *Titanic/Der Untergang der Titanic*, 1953; *How To Marry A Millionaire/Wie angelt man sich einen Millionär?*, 1953 oder *Daddy Longlegs/Daddy Langbein*, 1955. Nach *The Rains Of Ranchipur/Der große Regen*, 1955 konnte er an seine früheren Hits nicht mehr anschließen. Sein für den Iran gedrehter Abenteuerfilm *The Invincible Six/Die schmutzigen Helden von Yucca*, 1969 bedeutete seinen Abschied vom Filmgeschäft. Seitdem lebte er wieder in Europa und widmete sich seiner alten Liebe, der Malerei.

Newman, Walter Brown
(77) gest. 14.10.1993
Amerikanischer Drehbuchautor, der häufig im Team mit einem Co-Autoren für die Vorlage einiger bemerkenswerter Filme verantwortlich zeichnete. Mit Billy Wilder schrieb er dessen zynisches Sensationsdrama *Ace In The Hole/Reporter des Satans*, 1951; für Otto Preminger adaptierte er Nelson Algrens Drogenreißer *The Man With The Golden Arm/Der Mann mit dem goldenen Arm*, 1956. Für seine prächtige Westernparodie *Cat Ballou/Cat Ballou – hängen sollst du in Wyoming*, 1964 gab's eine Oscarnominierung, wie auch für Robert Mulligans dramatisches Familienporträt *Bloodbrothers/Heißes Blut*, 1978. In beiden Fällen mußte er berühmten Namen den Vortritt lassen: Robert Bolt und Oliver Stone.

Norman, Leslie
(81) 1911 bis 18.2.1993
Englischer Produzent und Regisseur, der seine Karriere als Cutter begann und in den 50er Jahren für die Ealing Studios u. a. die Genreklassiker *Where The Vultures Fly/Schwarzes Elfenbein*, 1951 und *The Cruel Sea/Der große Atlantik*, 1952 produzierte. Seine Eigeninszenierungen für das gleiche Studio u. a. *The Night My Number Came Up/Sie waren 13*, 1955 oder *The Shiralee/Kostbare Bürde*, 1957 sind zumeist ebenso sehenswert, wenn auch fast vergessen. In den späten 60er Jahren wechselte er zum Fernsehen und war dort die treibende Kraft hinter Roger Moores Kultserie *The Saint/Simon Templar.* Normans Sohn Barry ist Englands bekanntester TV-Filmjournalist.

Nurejew, Rudolf
(54) 17.3.1938 bis 6.1.1993
Russischer Ballettstar, der sich 1961 unter dramatischen Umständen in den Westen absetzte und 15 Jahre später in der Titelrolle von *Valentino*, 1976 erstmals zu Hollywood-Filmehren gelangte. Trotz beträchtlichem Charisma scheiterte mit *Exposed*, 1983 auch sein zweiter Versuch, im US-Film Fuß zu fassen. Zwei andere russische Ballettgrößen, Mikhail Baryshnikow *The Turning Point/Am Wendepunkt*, 1976) und Alexander Godunov *Witness/Der einzige Zeuge*, 1986), folgten seinem Beispiel mit größerem Erfolg.

Nussbaum, Raphael
(61) gest. 23.2.1993
Deutscher Autor, Produzent und Filmregisseur, der 1939 mit seiner Familie nach Jerusalem floh und später in den USA das Filmhandwerk erlernte. Seine später für deutsche Produzenten gedrehten Streifen u. a. das Wüstenabenteuer *Brennender Sand*, 1959/60 hinterließen ebenso wenig Spuren wie seine oft unabhängig produzierten

US-Produktionen, die selbst in Videotheken eher Ladenhüter waren, u. a. Frank Stallones *W.A.R. Women Against Rape)*, 1986. Lediglich einige seiner Dokumentarfilme u. a. *Vom Zaren bis Stalin*, 1961 sind heute noch erwähnenswert.

Nyby, Christian

(80) 1919 bis 17.9. 1993

Amerikanischer Cutter von Filmklassikern wie *The Big Sleep/Der tiefe Schlaf*, 1946 oder *Red River*, 1948 Oscarnominierung), der mit seinem bevorzugten Regisseur Howard Hawks zusammen den Science-fiction-Klassiker *The Thing/Das Ding aus einer anderen Welt*, 1951 inszenierte. Nybys weitere Regieleistungen u. a. *Young Fury/Revolverhelden von Fall River*, 1964 lassen vermuten, daß seine Beteiligung an diesem Teamwork allenfalls mental gewesen sein kann. Im US-TV allerdings galt er als guter Handwerker.

P

Philbin, Mary

(89) 16.7.1903 bis 7.5.1993

Amerikanischer Stummfilmstar, deren Filme seit ihrem Debüt 1921 mit Ausnahme ihres größten Erfolges heute vergessen sind: In der berühmtesten Version des Gruselklassikers *The Phantom Of The Opera* war sie 1925 das geplagte Opfer von Lon Chaneys Begierde. Wie für viele andere Stummfilmgrößen bedeutete die Geburt des Tonfilms auch für sie das Ende ihrer Filmkarriere.

Phoenix, River

(23) 23.8.1970 bis 1.11.1993

Amerikanischer Schauspieler, der seit seinem Filmdebüt *Explorers*, 1985 als eine der größten Nachwuchshoffnungen von Hollywood galt. Trotz seiner Jugend brachte das große Talent in all seine Rollen ungewohnte Reife ein, sei es in Rob Reiners nostalgischem Hit *Stand By Me*, 1986 oder in Peter Weirs unterschätztem Ökodrama *Mosquito Coast*, 1986. Seine oscarnominierte Darstellung als Sohn nomadenhaft lebender, sich an der Gesellschaft reibender Eltern in *Running On Empty/Flucht ins Ungewisse*, 1986 zeichnete am deutlichsten die Erfahrungen der eigenen Jugend nach. Den Sprung zu Erwachsenenrollen u. a. als Stricher in *My Own Private Idaho/My Private Idaho*, 1990 bewältigte er mühelos. Noch vor Beendigung seines jüngsten Filmes *Dark Blood* wurde er ein weiteres Opfer unkontrollierter Drogen- und Medikamenteneinnahme.

Pochath, Werner

(53) gest. 18.4.1993

Manchmal auch als Paul Werner auftretender österreichischer Schauspieler, der als deutscher Schurke vom Dienst in oft schundigen Actionfilmen eine besondere Art von internationaler Karriere machte. Sein Werk ist mit Titeln wie *El Canibale/Jungfrau unter Kannibalen*, 1980 oder *Laser Mission*, 1989 treffend beschrieben. In letzterem Film war der ebenfalls 1993 verstorbene Brandon Lee sein Gegenspieler.

Price, Vincent

(82) 27.5.1911 bis 25.10.1993

Man hielt ihn für einen Briten, tatsächlich aber war er gebürtiger Amerikaner und erhielt in Yale den kulturellen Feinschliff. Der auch als Meisterkoch und Kunsthistoriker geachtete Theater- und Filmschauspieler debütierte bereits 1938 im Film, aber erst in den 40er Jahren u. a. *Laura*, 1944 konnte er sich etablieren. Eine unbestreitbare

Arroganz versteckte sich in seinen Gesichtszügen, vorzüglich eingesetzt als tyrannischer Schloßherr in *Dragonwyck/Weißer Oleander*, 1946 oder als Kardinal Richelieu in *The Three Musketeers/Die drei Musketiere*, 1948. Mit *The House Of Wax/Das Kabinett des Professor Bondi*, 1953 fand er im Horrorgenre seine Rollennische des manisch-verrückten Künstlers oder Wissenschaftlers. Roger Cormans Edgar-Alan-Poe-Verfilmungen u. a. *The House Of Usher/Die Verfluchten*, 1960 boten ihm maßgeschneiderte Charaktere, zementierten seinen Ruf als tragende Säule des Horrorfilms. Sympathische Figuren spielte er seitdem nur selten, etwa *The Whales Of August*, 1987. Sein greiser Erfinder in *Edward Scissorhands/Edward mit den Scherenhänden*, 1990 war ein würdiges Fazit seines filmgeschichtlichen Beitrags und die Krönung seiner väterlichen Freundschaft mit Hollywoods Wunderkind Tim Burton.

Priestley, Jack (66) gest. 26.5.1993
Amerikanischer Kameramann, dessen Karriere vornehmlich durch das US-Fernsehen geprägt wurde, der aber auch für einige Kinofilme das Licht setzte. Fast alle Regisseure, für die er dort arbeitete, hatten sich ihre Kinoausflüge vornehmlich mit TV-Arbeit verdient, so Jack Smight mit *No Way To Treat A Lady/Bizarre Morde*, 1967; Bernard L.Kowalski mit *Stiletto*, 1968 oder Carl Reiner mit *Where's Poppa?/Wo is' Pappa?*, 1971.

R

Rabenalt, Arthur Maria
(87) 26.6. 1905 bis 26.2.1993
Visuell einfallsreicher, technisch kompetenter Regisseur von 70 Kinofilmen, der dennoch nahezu vergessen starb. Ein Grund dafür mag ihn seiner kontrovers diskutierten Rolle in der NS-Zeit zu suchen sein, als Rabenalt trotz anfangs deutlich nonkonformistischer Haltung mit *...reitet für Deutschland*, 1941 oder vor allem *Achtung Feind hört mit!*, 1940 unverblümt nazipropagandistische Filme ablieferte. Nach Kriegsende setzte er seine Karriere als eine der Säulen des unverfänglichen deutschen Unterhaltungskinos fort, sehr häufig mit operettenhaften Sujets u. a. *Der letzte Walzer*, 1953; *Der Vogelhändler*, 1954. Nach 1960 folgten nur noch vier Filme, sein letzter *Caribia*, 1978. Rabenalt versuchte sich auch als eifriger Publizist. Seine Geschichte des Pornofilms ›Die perforierte Unzucht‹ war ein Art Testament seiner nie verhohlenen Erotikvorliebe.

Ray, René (81) 1912 bis 28.8.1993
Als Irene Creese geborene englische Schauspielerin, die seit Kindesbeinen an auf der Bühne stand und seit 1930 auch im englischen Film in Nebenrollen zu sehen war u. a. in Adolf Wohlbrücks Gangsterfilm *The Rat/Die Ratte*, 1938 und *The Good Die Young/Vier bleiben auf der Strecke*, 1954. Ihren einzigen Auftritt am Broadway koppelte sie mit ihrem einzigen US-Film, dem Taschentuchrührstück *If Winter Comes*, 1947, in dem Angela Lansbury und Deborah Kerr sich um einen Mann schlugen.

Reid, Kate (62) 1930 bis 27.3.1993
In London geborene Schauspielerin, die ihren robusten Typ vor allem in einer fast 30jährigen Theaterlaufbahn einzusetzen wußte, aber auch in einigen bemerkenswerten Filmen zu sehen war. Starken Eindruck hinterließen ihre

kratzbürstige Wissenschaftlerin in *The Andromeda Strain/Andromeda*, 1970 oder ihre nörgelnde Witwe in *Atlantic City/Atlantic City, USA*, 1981. In Volker Schlöndorffs Broadway-Inszenierung *Death Of A Salesman/Tod eines Handlungsreisenden*, 1985 spielte sie Dustin Hoffmans Frau.

Renoir, Claude
(79) 4.12.1914 bis 5.9.1993
Als Enkel des Malers Auguste und Neffe des Regisseurs Jean Renoir, führte dieser große französische Kameramann die visuelle Tradition seiner Familie fort. Wie Ray Rennahan oder Leon Shamroy in den USA, galt Claude Renoir als Farbspezialist, und stellte dies in zwei Meisterwerken seines Onkels, *The River/Der Strom*, 1951 und *Le Carosse D'Or/Die goldene Karosse*, 1953, sichtbar unter Beweis. Berührungsängste mit dem populären Kino kannte er keine, drehte so für Roger Vadim *Barbarella*, 1967 und für Lewis Gilbert den Bond-Film *The Spy Who Loved Me/Der Spion, der mich liebte*, 1977. In den letzten Jahren war er fast blind – eine Tragödie für einen, der im Sehen und Abbilden seine Berufung gefunden hatte.

Rolfe, Sam (69) gest. 10.7.1993
Amerikanischer Drehbuchautor und Produzent, der in den 60er Jahren als Schöpfer, Autor und Produzent der parodistischen Agenten-Serie *The Man From U.N.C.L.E./*Solo für O.N.K.E.L. bekannt wurde. Schwer verständlich, daß der talentierte Autor seinem Originalskript für Anthony Manns Psycho-Western *The Naked Spur/Nackte Gewalt*, 1952 keine weiteren nennenswerten Filmarbeiten folgen ließ. Bei der Oscarverleihung 1953 unterlag Rolfes Drehbuch Charles Bracketts und Walter Reisch' Buch zu *Titanic/Der Untergang der Titanic*, vom dieses Jahr ebenfalls verstorbenen Regisseur Jean Negulesco.

Ryu, Chishu (88) gest. 16.3.1993
Japanischer Charakterdarsteller mit über 300 Filmauftritten. International bekannt wurde er als Lieblingsdarsteller Yasujiro Ozus in dessen meisterhaften Gesellschaftsporträts u. a. *Banshun/Später Frühling*, 1949; *Tokyo Monogatari/Die Reise nach Tokio*, 1953; *Samma No Aji/Ein Herbstnachmittag*, 1962 er Hauptrollen übernahm. Wim Wenders' Begeisterung für den großen japanischen Regisseur führte schließlich auch zu Ryus Gastauftritt in *Bis ans Ende der Welt*, 1991.

S

Sale, Richard (81) 1911 bis 4.3.1993
Amerikanischer Drehbuchautor und Regisseur, der zudem mehr als 400 Kurzgeschichten veröffentlichte. Nach einer Vielzahl von Drehbüchern, vornehmlich Komödien und Krimis, führte er seit 1947 auch selbst Regie. Unter seinen 12 Filmen finden sich der humorvolle Western *A Ticket To Tomahawk*, 1950, Marylin Monroes fünfter Leinwandauftritt, sowie zwei schöne Technicolor-Musicals *I'll Get By*, 1950 und *The Girl Next Door*, 1953. Nach seinem Katastrophenreißer *Abandon Ship/Die Angst hat 1000 Namen*, 1956 zog er sich in seine Autorentätigkeit zurück. Seine beiden Romane, *The Oscar* und *The White Buffalo*, adaptierte er selbst für die jeweiligen Verfilmungen. Sale ist heute vergessen, im Gegensatz zu seiner Ex-Frau Anita Loos, die mit ihrem Roman ›Gentlemen Prefer Blondes/Blon-

dinen bevorzugt‹ und vielen witzigen Drehbüchern Filmgeschichte schrieb.

Schürenberg, Siegfried
(83) 12.1. 1910 bis 31.8.1993
Als Siegfried Wittig geborener, vielseitiger deutscher Schauspieler, der bereits 1934 in Harry Piels *Der Herr der Welt* seine erste Hauptrolle spielen konnte. In den 50er Jahren zählte er dann zu den Aktivposten des deutschen Films, glänzte in Nebenrollen in Gottfried Reinhardts *Menschen im Hotel*, 1959 und Bernhard Wickis *Die Brücke*, 1959. Sein Scotland-Yard-Chef in einer Reihe von Edgar-Wallace-Verfilmungen war ein letzter Karrierehöhepunkt, bevor er 1972 seinen Filmabschied nahm. Unvergessen bleibt er aber auch akustisch: zum einen u. a. als Synchronsprecher Clark Gables, zum anderen als süffisant versnobte Stimme Shir Khans aus Disneys *The Jungle Book/Das Dschungelbuch*, 1967, wo ihm das schier Unmögliche gelang, George Sanders' Tiger kongenial in die deutsche Sprache zu überführen.

Seippel, Edda
(73) 19.12.1919 bis 12.5.1993
Seit 1937 stand diese deutsche Schauspielerin auf den Bühnen des Landes und verlor sich eher zufällig in den einen oder anderen Film. Nach frühen kleinen Rollen u. a. in Gustav Gründgens Komödie *Zwei Welten*, 1940 mußte sie lange warten, bis sie als Edith Clevers Mutter in *Die Marquise von O*, 1975 auch im Kino wieder ihre Klasse beweisen konnte, nachdem sie für *Schonzeit für Füchse*, 1966 bereits mit einem Filmband in Gold ausgezeichnet worden war. Eine weitere Mutterrolle, in Loriots *Ödipussy*, 1987, bewältigte sie mit bis dahin selten genutzter Komik.

Seymour, Dan
(78) 1915 bis 25.5. 1993
Massiger, im Bauchumfang an Sidney Greenstreet erinnernder amerikanischer Schauspieler, dem die Ehre zuteil wurde, als Türwärter Abdul in *Casablanca*, 1942 ein Teil der Filmgeschichte zu werden. Obwohl er zuvor als Komiker gearbeitet hatte, wurde er in seinen 70 Hollywood-Streifen u. a. *To Have And Have Not/Haben und Nichthaben*, 1944 als Dauerschurke abgestempelt. Noch 30 Jahre später war er im US-Film beschäftigt, so auch in Sydney Pollacks Melodram *The Way We Were/Cherie Bitter*, 1973.

Sharkey, Ray
(40) 1953 bis 11.6. 1993
Amerikanischer Schauspieler mit großer Ausstrahlung und Intensität, dessen Karrieredurchbruch immer wieder durch extensiven Drogenkonsum sabotiert wurde. Seit Taylor Hackfords Regiedebüt *The Idolmaker*, 1980 und Paul Mazurskys Jules-und-Jim-Hommage *Willie & Phil*, 1980 wünschte man dem sensiblen Energiebündel den großen Film. Doch wegen seiner privaten Probleme blieb es bei Nebenrollen, zuletzt als musikbegeisterter Vater in *Zebrahead*, 1982. Seine charismatische Gangsterrolle in der US-TV-Serie *Wiseguy/Kampf gegen die Mafia* unterstrich noch einmal sein großes, leider nie voll genütztes Potential. Er starb an AIDS.

Shirley, Anne (74) 1919 bis 4.7.1993
Als Dawn Paris geborener, heute vergessener amerikanischer Kinderstar, der unter dem Künstlernamen Dawn O'Day seit 1922 im Film arbeitete, u. a. in F.W. Murnaus *Our Daily Bread*, 1928. Ihr Riesenerfolg in der Verfilmung des Jugendbuchklassikers *Anne Of The Green Gables*, 1934 bewog sie, in Anlehnung an ihre Figur, zur Ände-

rung ihres Künstlernamens. Äußerlich Ann Sheridan sehr ähnlich, konnte der aufstrebende Teenager in mehreren Filmen überzeugen, etwa als Sumpfblüte in John Fords *Steamboat Round The Bend*, 1935; als Barbara Stanwycks Tochter im Rührstück *Stella Dallas*, 1937 (Oscarnominierung) und als Claire Trevors Tochter in Film-Noir-Klassiker *Murder My Sweet*, 1945. Danach zog sich die bis 1943 mit Hollywood-Beau John Payne verheiratete Darstellerin vom Film zurück. Der großartige Drehbuchautor Charles Lederer u. a. *His Girl Friday/Sein Mädchen für besondere Fälle*, 1940 wurde später ihr dritter und letzter Ehemann.

Smith, Alexis (72) 1921 bis 9.6.1993
Als Gladys Smith geborene, stets etwas unterkühlt wirkende amerikanische Schauspielerin, die in den 40er und 50er Jahren viele Hauptrollen spielte. Nur wenige allerdings blieben in Erinnerung, wie etwa als Blickfang Errol Flynns in *Gentleman Jim/Der freche Kavalier*, 1942 oder als Mrs. Cole Porter in *Night And Day/Tag und Nacht denke ich an dich*, 1946. 1959 zog sich die mit Schauspieler Craig Stevens verheiratete ›leading lady‹ vom Film zurück, um in den 70er Jahren wieder in interessanten Nebenrollen aufzutauchen, etwa als Jodie Fosters bissige Kontrahentin in *The Little Girl Who Lives Down The Lane/Das Mädchen am Ende der Straße*, 1976. Vom Filmgeschäft verabschiedete sie sich mit einem künstlerischen Paukenschlag – als ranghöchste New Yorker Gesellschaftsdame in Martin Scorseses *The Age Of Innocence/Die Zeit der Unschuld*, 1993.

Steadman, John (83) gest. 28.1.1993
Amerikanischer Charakterdarsteller, der nach einer langen Rundfunkkarriere erst im Rentenalter Gefallen am Schauspielerberuf fand. Vorwiegend im TV tätig, verschlug es ihn in Nebenrollen auch zum Film u. a. *The Day Of The Locust/Der Tag der Heuschrecke*, 1974 und unter Robert Aldrichs Regie *The Longest Yard/Die Kampfmaschine*, 1973 sowie *The Choirboys/Die Chorknaben*, 1977.

Sten, Anna
(85) 1908 bis 12.11.1993
Als Anjuschka Stenski Sujakevitch geborene russische Filmschauspielerin, die in ihrer Heimat, später auch in Deutschland, schon eine Reihe erfolgreicher Filme gedreht hatte, bevor sie Sam Goldwyn nach Hollywood holte. Dort versuchte der Tycoon aus der ebenfalls blonden, aber weicheren Ausgabe Marlene Dietrichs einen großen Star zu machen. Trotz beachtlicher Leistungen, etwa als sanfte Liebe Gary Coopers in *The Wedding Night*, 1935 gelang Sten nie der Durchbruch, aber bis in die 60er Jahre hinein tauchte sie sporadisch in US-Filmen auf, so auch in *Heaven Knows Mr. Allison/Der Seemann und die Nonne*, 1957.

Stocker, Werner
(38) 7.4.1955 bis 27.5.1993
Vielseitiger deutscher Schauspieler, dem man es als einem der wenigen zugetraut hätte, das Starvakuum im deutschen Kino mit Präsenz zu füllen. Seine markante Stimme, die spürbare, bei aller Maskulinität unübersehbare Sensibilität wurden zu seinen Markenzeichen, die er seit seinem auffallenden Widerstandskämpfer Christoph Probst in *Die weiße Rose*, 1982 immer wieder einsetzte. Für Radu Gabrea stand er zweimal vor der Kamera u. a. zuletzt in *Rosenemil*, 1992, aber einem breiteren Publikum wurde er vor allem in

Werner Stocker in ›Herbstmilch‹.

zwei Erfolgen Joseph Vilsmaiers, *Herbstmilch*, 1988 und *Rama Dama*, 1990, bekannt, wo er mit dessen Ehefrau Dana Vavrova ein neues Traumpaar des deutschen Unterhaltungsfilms bildete.

Syron, Brian (58) gest. 14.10.1993
Australischer Darsteller und Schauspiellehrer, der als erster Bürger seines Landes in den frühen 60er Jahren Unterricht bei Stella Adler erhielt. Als Aborigin setzte er sich nach eigenen Rollen u. a. in *Backlash/Outback-Flucht in die Wüste*, 1986 vor allem für Aborigin-Darsteller ein und fungierte bei vielen australischen Filmen u. a. Peter Weirs *The Last Wave/Die letzte Flut*, 1977 als Berater.

T

Thomas, Gerald
(72) 1920 bis 9.11.1993
Englischer Filmregisseur, der als Cutter begann und seit 1956 auch selbst inszenierte, darunter einige unterschätzte Spannungsperlen wie *The Vicious Circle/Interpol ruft Berlin*, 1957. Seit dem Überraschungserfolg seines Blödelfilms *Carry On Sergeant/Kopf hoch – Brust raus*, 1959 war er jedoch auf weitere Ableger dieser berühmten britischen, Filme oder Genres parodierenden Comedy-Serie festgelegt. Insgesamt 29 Carry-On-Streifen drehte er mit einem nahezu unveränderten Team – den letzten, *Carry On Columbus/Mach's noch einmal Kolumbus*, 1992. Sein jüngerer Bruder Ralph zeigte sich vielseitiger, inszenierte aber ebenfalls mit den *Doktor*-Filmen eine langlebige, wenn auch weniger umfangreiche Comedy-Serie.

Todd, Ann
(84) 24.1.1909 bis 6.5.1993
Blonde, etwas herbe britische Schauspielerin, die seit 1931 Filmluft schnupperte, aber erst als Nutznießerin der Psychoanalyse in *The Seventh Veil/Der siebte Schleier*, 1945 ihren Durchbruch schaffte. Nach Hollywood berufen, spielte sie Gregory Pecks Frau in *The Paradine Case/Der Fall Paradin*, 1947, kehrte dann aber wieder auf die Insel zurück, um *The Passionate Friends/Die große Leidenschaft*, 1949 zu drehen. Der Film wurde ein Flop wie auch später ihre Ehe mit Regisseur David Lean, der ihr zuvor auch in seinen nächsten beiden Filmen die Hauptrolle anvertraute. In den Jahren danach gehörte ihre erste Liebe dem Theaterspiel. Otto Premingers letzter Film *The Human Factor/Der menschliche Faktor*, 1979 war ein letzter filmischer Höhepunkt, dem Ann Todd ein Jahr später ihre Autobiographie ›The Eighth Veil‹ folgen ließ.

Trauner, Alexander
(87) 3.9.1906 bis 5.12.1993
In Ungarn geborener Maler, der mit gutem Grund zu den besten Filmausstattern aller Zeiten gezählt werden darf. Viele seiner Dekors verströmen eine magische, poetische Stimmung, die er dank seines schier unbegrenzten Einfallsreichtumes auch mit wenig Geld herzustellen wußte. Mit Marcel Carné und Jaques Prévert bildete er das berühmte Triumvirat des Poetischen Realismus, und die Hauptwerke dieser beispielgebenden Zusammenarbeit u. a. *Quai Des Brumes/Hafen im Nebel*, 1938; *Hotel Du Nord*, 1938 oder *Les Enfants Du Paradis/Die Kinder des Olymp*, 1943–45 bereicherten den Film mit zeitloser Schönheit. Billy Wilder brachte den Magier nach Hollywood, wo seine großräumigen Sets u. a. für Howard Hawks' Ägypten-Epos *Land Of The Pharaos/Das Land der Pharaonen*, 1955 begeisterten. Seinen einzigen Oscar erhielt Trauner für *The Apartment/Das Appartement*, 1959 – nur eine von vielen Arbeiten für seinen Bewunderer Wilder. Mit dem Europäischen Kino blieb die graue Eminenz der Filmarchitekten stets verbunden, verpaßte auch den Anschluß zum jungen Kino nicht. Luc Bessons Avantgarde-Melodram *Subway*, 1985 ist dafür der beste Beweis.

Truscott, John
(57) 1936 bis 5.9. 1993
Australischer Bühnenbildner, der in den frühen 60er Jahren seine Heimat verließ, um dann in Europa auch im Film tätig zu werden. Seinen größten Erfolg aber verzeichnete er mit einer US-Produktion: In einem Doppelschlag gewann er für *Camelot*, 1967 für Kostüme und Ausstattung zwei der insgesamt drei Oscars, die dieses Musical erhielt. Seit 1980 lebte er wieder in Australien und wandte seine Fähigkeiten auch im Bauwesen an.

Tyrlová, Herminá
(92) 11.12.1900 bis 3,5,1993
Tschechische Kinderfilmregisseurin, die 1945 mit *Ferda Mravenec*/Ferdel, die Ameise den ersten heimischen Puppentrickfilm realisierte und später mit Karel Zeman und Jiri Trnka das erfolgreiche Triumvirat des tschechischen Trickfilms bildete. *Zlatovlaska*/Prinzessin Goldhaar, 1956 blieb ihr einziger, komplett selbstinszenierter Puppenfilm, der den Weg in deutsche Kinos fand.

U

Uher, Stefan 1930 bis 1993
Slowakischer Filmregisseur, der wie Milos Forman, Ivan Passer oder Jirí Menzel zu den Absolventen der Prager Filmschule zählte, nie aber deren internationalen Bekanntheitsgrad erreichte. Wie seine berühmteren Kollegen zählte er in den 60er Jahren zu den politisch engagierten Querköpfen, blieb aber nach dem Ende des Prager Frühlings in seiner Heimat. Nur wenige seiner Arbeiten u. a. *Tri Dcery/Drei Töchter*, 1967 oder *Pasla Kone Na Betone/Sie weidete Pferde auf Beton*, 1982 fanden den Weg nach Deutschland – wenn auch nur ins Fernsehen.

V

Venable, Evelyn
(80) 1913 bis 16.11.1993
Amerikanische Bühnen- und Filmschauspielerin, die ihren Karrierezenit in den 30er Jahren erlebte. Zu

Hauptrollen reichte es aber nur in B-Pictures, u. a. im Hopalong-Cassidy-Streifen *The Frontiersman*, 1938. In Prestigeproduktionen trat sie nur selten auf – ihre bekannteste bleibt George Stevens *Alice Adams*, 1935. Ihren Platz in der Filmgeschichte sicherte sie sich aber als Originalmodell für die weltberühmte Fackelträgerin, das Wahrzeichen der ›Columbia‹. Mit Hal Mohr, einem von Hollywoods großen Kameramännern, war sie bis zu seinem Tod 1974 verheiratet.

Villechaize, Herve
(50) 1943 bis 4.9. 1993
Kleinwüchsiger franz. Schauspieler, der in der erfolgreichen amerikanischen TV-Serie *Fantasy Island* komödiantisch, in seiner bekanntesten Filmrolle aber mörderisch unterwegs war. In *The Man With The Golden Gun/Der Mann mit dem goldenen Colt*, 1973 machte er als Christopher Lees Adlatus Nick-Nack Roger Moores James Bond das Leben schwer. Sein eigenes wurde ihm zuletzt selbst unerträglich. Er starb durch Selbstmord.

W

Wanamaker, Sam
(74) 14.6.1919 bis 18.12.1993
Amerikanischer Schauspieler und Regisseur, der nach seinem Filmdebüt 1948 nach England übersiedelte, um Mc Carthys langen Arm zu entkommen. Nach Edward Dmytryks Depressionsdrama *Give Us This Day/Haus der Sehnsucht*, 1949 und einigen anderen britischen Filmen geriet er dennoch auf die Schwarze Liste. Die bekanntesten Filme des oft grimmig wirkenden Darstellers fallen in die 60er Jahre u. a. *The Spy Who Came In From The Cold/Der Spion, der aus der Kälte kam*, 1965. In dieser Dekade begann er auch selbst zu inszenieren u. a. den spannenden Agententhriller *The Executioner/Der Vollstrecker*, 1969. Seine kommerziell erfolgreichste Regieleistung blieb aber *Sinbad And The Eye Of The Tiger/Sindbad und das Auge des Tigers*, 1977, wo ihm jedoch Magier Ray Harryhausen die Schau stahl. Außerhalb des Films war er seit mehr als 20 Jahren die treibende Kraft beim Wiederaufbau von Shakespeares ›Globe Theatre‹.

Welles, Gwen (42) gest. 13.10.1993
Amerikanische Schauspielerin, deren bekanntester Auftritt in Robert Altmans *Nashville*, 1976 erfolgte, natürlich als eine von mehreren aufstrebenden Countrysängerinnen. Eine weitaus größere Rolle hatte ihr Altman bereits zwei Jahre zuvor in seinem Spielerfilm *California Split*, 1974 übertragen. Sie starb an Krebs.

Z

Zimmermann, Paul D.
(54) gest. 2.3.1993
Amerikanischer Journalist und Autor dreier Bücher, der seinem einzigen großen Drehbuch, *The King Of Comedy*, 1982 für Martin Scorsese, leider nichts Gleichwertiges folgen ließ.

Fremdsprachige Originaltitel

A

ABSOLUTE STRANGERS Zwischen Leben und Tod
THE ABYSS: SPECIAL EDITION Abyss: Special Edition
ACCIDENTAL HERO Ein ganz normaler Held
THE ADVENTURES OF HUCK FINN Die Abenteuer von Huck Finn
AFTERBURN Afterburn
A-GE-MAN: TALES OF A GOLDEN GEISHA Geisha des Glücks
THE AGE OF INNOCENCE Zeit der Unschuld
ALADDIN Aladdin
ALIEN INTRUDER Alien Intruder
ALIVE Überleben!
ALMOST PREGNANT Baby Talk
ALWAYS Für immer und ewig
AMAZON Hölle am Amazonas
AMAZONIA: VOICES FROM THE RAINFOREST Amazonia: Stimmen aus dem Regenwald
AMBITION Ein Mann läuft Amok
AMERICAN CYBORG American Cyborg
AMERICAN FRIENDS Amerikanische Freundinnen
AMERICAN KICKBOXER 2 American Kickboxer 2
AMERICAN ME Das Gesetz der Gewalt
AMERICAN NINJA 5 American Fighter V
THE AMERICAN SAMURAI American Samurai
AMERICAN STREET FIGHTER American Street Warrior
AMERICANO ROSSO Der rote Amerikaner
AMITYVILLE – A NEW GENERATION Amityville – A new Generation
L' AMOUR Liebe in der Vorstadt
L' AMOUR BRAQUE Liebe und Gewalt
AMOUREUSE Amoureuse
ANDRE'S MOTHER Die Mutter meines Freundes
ANGEL STREET Angel Street
ANGELFIST Angelfist
L' ANGELO CON LA PISTOLA Racheengel
ANLIAN TAOHUA YUAN Pfirsichblütenland
ANNI TAHTOO ÄIDIN Mutter gesucht
LES ANNÉES SANDWICHES Schwellenjahre
ANTONIA & JANE Antonia & Jane
APRES L'AMOUR Nach der Liebe
THE ARC Der Lichtbogen
ARCADE Cyber World
ARCHIE: TO RIVERDALE AND BACK AGAIN / WEEKEND REUNION Drei Frauen für Archie
ARIZONA DREAM Arizona Dream
ARMY OF DARKNESS Die Armee der Finsternis – Tanz der Teufel III
THE ASSASSIN Codename: Nina
ATLANTIS Atlantis
ATOMSTODIN Atomstation
THE ATTIC 13 Stufen zum Terror

B

THE BABE The Babe – Ein amerikanischer Traum
THE BABY OF MACON Das Wunder von Macon
BABYLON 5 Spacecenter Babylon 5
BACHELOR GIRL Junggesellen aus Leidenschaft
BACK ROADS Nebenstraßen
BACKSTREET DREAMS Im Dschungel der Unterwelt
BAD CHANNELS Cosmo
BAD LIEUTENANT Bad Lieutenant
UN BALCON EN FORET Ein Balkon im Wald
LES BALISEURS DU DÉSERT Wanderer der Wüste
IL BAMBINO E IL POLIZIOTTO Der Bulle und das Kind
BARAKA Baraka
THE BARGAIN SHOP Big Deal in Dublin

BATON ROUGE Baton Rouge – Tödliche Therapie
BAWANG BIE JL / FAREWELL TO MY CONCUBINE Lebewohl meine Konkubine
BEAU FIXE Beau fixe
BEBE'S KIDS Bebe's Kids
THE BED YOU SLEEP IN The Bed you sleep in
BEETHOVEN'S 2ND Eine Familie namens Beethoven
BEGGAR'S OPERA Prager Betteloper
BEING AT HOME WITH CLAUDE Being at Home with Claude
BELLE EPOQUE Belle Epoque
BENEFIT OF THE DOUBT Im Bann des Zweifels
BENNY & JOON Benny and Joon
BERETTA'S ISLAND Beretta's Island
BERT RIGBY, YOU'RE A FOOL Singende Kumpel haben's schwer
THE BEST OF TEX AVERY The Best of Tex Avery
BEST OF THE BEST II Der Unbesiegbare – Best of the Best 2
BEZNESS Bezness
THE BIG HEAT Big Heat
BITTER MOON Bitter Moon
BLACK BELT Black Belt
BLADE RUNNER – DIRECTOR'S CUT Blade Runner – Director's Cut
BLIND SIDE Blind Side
BLIND WITNESS Blinde Zeugin
BLOOD IN BLOOD OUT Blood in... Blood out
BLOODFIST 3 – FORCED TO FIGHT Bloodfist 3 – Zum Kämpfen verurteilt
BLOODFIST 4 – DIE TRYING Bloodfist 4 – Deadly Dragon
BLOODSTONE Helldance
BLUE ICE Blue Ice
BODY CHEMISTRY 2 – VOICE OF A STRANGER Eine verhängnisvolle Verbindung 2
BODY LANGUAGE Das Spiegelbild
BODY OF EVIDENCE Body of Evidence
BODY PUZZLE Body Puzzle – Mit blutigen Grüßen
BODY SNATCHERS Body Snatchers
BODYGUARD Bodyguard
LES BOIS NOIRS Dunkle Leidenschaft
BORN YESTERDAY Born Yesterday
BOULEVARD NIGHTS Boulevard des Todes
BOUNTY TRACKER Head Hunter
BRAINDEAD Braindead
BRAM STOKER'S DRACULA Bram Stoker's Dracula
BRATAN Faruch, mein Bruder
A BRIEF HISTORY OF TIME Eine kurze Geschichte der Zeit
A BRIGHTER SUMMER DAY / GULING JIE SHAONIAN SHA REN SHIJIAN Mord eines Jugendlichen auf der Guling-Straße
THE BROKEN CHORD Der lange Weg ins Leben
BROKEN VOWS Das gebrochene Gelübde
BROTHER'S KEEPER Meines Bruders Hüter
BUFFY, THE VAMPIRE SLAYER Buffy, der Vampirkiller
BYE BYE RED RIDING HOOD/PIROSKA ES A FARKAS 2000-BEN Abschied vom Zauberwald

C

C'EST ARRIVÉ PRES DE CHEZ VOUS Mann beißt Hund
CAIDOS DEL CIELO Der Himmel über Lima
CALENDAR Calendar
CAME A HOT FRIDAY Hot Friday
CANDYMAN Candyman's Fluch
CANVAS Canvas – Ein fast perfekter Deal
IL CAPITANO Il Capitano
CAPTAIN RON Captain Ron
CARNOSAUR Carnosaurus
CARODEJKY Z PREDMESTI Hexen aus der Vorstadt
CARRY ON COLUMBUS Mach's nochmal Columbus
CAS SLUHU Zeit der Diener
CAUSE OF DEATH Cause of Death
THE CEMENT GARDEN Der Zementgarten
THE CEMETERY CLUB Die sieben besten Jahre
CHAHATINE WA NOUBALA'A Das Lacheln des Effendi
CHAIN OF DESIRE Chain of Desire
CHAINED HEAT II Chained Heat II
CHAPLIN Chaplin

LA CHASSE AUX PAPILLONS Jagd auf Schmetterlinge
LE CHENE Le Chêne – Baum der Hoffnung
CHILDREN OF THE CORN II – DEADLY HARVEST Tödliche Ernte
CHILDREN OF THE NIGHT Children of the Night
CHILE IN TRANSITION Chile im Übergang
CHROME SOLDIERS Chrome Soldiers
C.I.A. – CODE NAME: ALEXA C.I.A. – Code Name: Alexa
C.I.A. II: TARGET ALEXA Codename Viper
CIRCLE OF FEAR Wendekreis der Angst
CITY OF JOY Stadt der Freude
CLASS ACT Class Act
CLIFFHANGER Cliffhanger
UN COEUR EN HIVER Ein Herz im Winter
COMBINATION PLATTER Hongkong – New York
COMMITTED Committed
COMMON THREADS – STORIES FROM THE QUILT Common Threads: Fünf Schicksale über Aids
COMO AGUA PARA CHOCOLATE Bittersüße Schokolade
COMO ERA GOSTOSO O MEU FRANCêS Mein kleiner Franzose war sehr lecker
... CON AMORE FABIA ... in Liebe Fabia
THE CONCIERGE Ein Concierge zum Verlieben
CONFLICT OF INTEREST Hit Back
CONSENTING ADULTS Gewagtes Spiel
THE CONTENDERS The Contenders – Rivalen des Glücks
COOL WORLD Cool World
COP AND A HALF Ein Cop und ein Halber
COP OUT Cop Out
CORONEL DELMIRO GOUVEIA Oberst Delmiro Gouveia
COURAGE MOUNTAIN Heidi auf der Flucht
COUSIN BOBBY Cousin Bobby
LE COWBOY Der Cowboy – Ein großer Polizist
CRASH: THE MYSTERY OF FLIGHT 1501 Feuer an Bord von Flug 1501
CRAZY SAFARI Jetzt: Noch mehr verrückte Götter
CRIME BROKER Cold as Steel
CRIMINAL BEHAVIOR Eine Frau für alle Fälle
THE CRIMINAL MIND Criminal Mind
LA CRISE Die Krise
CRISIS IN THE KREMLIN Die letzten Tage der Sowjetunion
CRISS CROSS Crisscross – Überleben in Key West
CROSS CREEK Cross Creek
CRUEL HORIZON Blutiger Horizont
CRUEL HORIZON Insel der geschändeten Frauen
CRYSTAL FORCE Crystal Force
CURSE III: BLOOD SACRIFICE Panga
CURSE OF THE BLUE LIGHTS Blue Lights
THE CUTTING EDGE Liebe und Eis
CYBERNATOR Cybernator
CYBORG 2 – THE GLASS SHADOW Cyborg 2

D

DADDY DON'T BLUSH AMAMI Nimm's nicht krumm, Daddy!
DAMAGE Verhängnis
DANCING FOR MR. B: SIX BALANCHINE BALLERINAS Dancing for Mister B.
DANGEROUS DESIRE Catman
DANSEN MED REGITZE Tanzen mit Regitze
DANS LA SOIREE Gegen Abend
THE DARK HALF Stephen King's Stark
THE DARK WIND The Dark Wind
DAVE Dave
DEAD END BRATTIGAN Brattigan – Reporter mit Biß/Reporter, Skandale und Brattigans Entdeckung
DEAD IN THE WATER Der perfekte Mord
THE DEADLY AVENGER Deadly Avenger
DEADLY DECEPTION Tödliche Täuschung
DEADLY OBSESSION Deadly Obsession
DEADLY RELATIONS Das Biest hinter der Maske
DEATH SCREAM Todesschreie
DEATH TRAIN Death Train
DEMOLITION MAN Demolition Man
DEMONIC TOYS Demonic Toys
DENNIS THE MENACE Dennis
LA DESENCHANTEE Die Entzauberte

DEVLIN Devlin
DIGGSTOWN / MIDNIGHT STING Ihr größter Coup
DIRTY TRICKS Dirty Tricks
DIRTY WORK Ein Dreckiger Job
DISTANT COUSINS Distant Cousins
THE DISTINGUISHED GENTLEMAN Ein ehrenwerter Gentleman
DON'T TOUCH MY DAUGHTER / NIGHTMARE Das Gesetz der Angst
DONATO & DAUGHTER Punishment – Spur der Gewalt
DOORWAYS Doorways – Die 4. Dimension
DOPPELGÄNGER Mask of Murder 2
DOUBLE JEOPARDY Mörderisches Dreieck
DOUBLE O'KID Double O'Kid
DOUBLE TROUBLE Double Trouble
DOUCE FRANCE Douce France
DR. GIGGELS Dr. Giggels
DR. MORDRID Rexosaurus
DRACULA RISING Corman's Dracula
DRAGON – THE BRUCE LEE STORY Dragon – Die Bruce Lee Story
DREAM EVIL Dream Evil
DRENGENE FRA SANKT PETRI Die Jungen von St. Petri
DUE OCCHI DIABOLICI Two Evil Eyes
DUENDE Duende
DUN-HUANG Das Blut der Seidenstraße
DUPLICATES Tödliche Erinnerungen
UN DÉSIR SI VIF Surviving Desire

E

EDDIE AND THE CRUISERS II: EDDIE LIVES Eddy lebt
ELEGIJA IS ROSSIL / ETJUDY DLJASNA Elegie aus Rußland / Etüden für einen Traum
ELYSIAN FIELDS Flammen des Krieges
EMBASSY Das Attentat
EMINENT DOMAIN Total Control
EMMANUELLE 7 Digital Love
EMPIRE CITY Deadly Instinct
ENCHANTED APRIL Verzauberter April
ENEMY GOLD Enemy Gold
ENTRE TINIEBLAS Das Kloster zum heiligen Wahnsinn
LES EQUILIBRISTES Die Equilibristen
EQUINOX Equinox
EQUINOXE Die lange Jagd
ETJUDY DLJASNA Elegie aus Rußland / Etüden für einen Traum
EVILTOONS Evil Toons
EXCESSIVE FORCE Excessive Force
EXPOSURE Exposure – Die hohe Kunst des Tötens
EXTREME JUSTICE Extreme Justice

F

FACE VALUE Gesichtswert
FALLING DOWN Falling Down – Ein ganz normaler Tag
FALLING FROM GRACE Der Feind im eigenen Haus
FANFAN & ALEXANDRE Fanfan & Alexandre
FAREWELL TO MY CONCUBINE Lebewohl meine Konkubine
THE FATAL IMAGE Aufnahme: Mord
FATHER, SON AND THE MISTRESS / FOR RICHER, FOR POORER Noch mehr Ärger mit Jack
FATTO DI SANGUE FRA DUE UOMINI PER CAUSA DI UNA VEDOVA ... Blutfehde
FEAR STALK Schleichende Angst
FERNGULLY – THE LAST RAINFOREST Ferngully – Christa und Zaks Abenteuer im Regenwald
A FEW GOOD MEN Eine Frage der Ehre
LES FILS EMPRUNTE Manuel
THE FINAL EMBRACE Cold Sweat
FINAL JUDGEMENT Final Judgement – Henker im Meßgewand
FINAL PULSE Final Pulse
THE FINAL SANCTION Final Sanction – Zum Töten gedrillt
FIORILE Fiorile
FIREBALLS Fireballs – Jetzt wird's heiß
FIREPOWER Fireforce
THE FIRM Die Firma
FIRST LIGHT First Light
FIST OF HONOR Fist of Honor
FIXING THE SHADOW Made of Steel – Hart wie Stahl
FORBIDDEN LOVE Forbidden Love

FOREVER YOUNG / THE REST OF DANIEL Forever young
FORTRESS Fortress – Die Festung
FRAMEUP Frameup
FRAN Wenn die Liebe verbrennt
FRANÇOIS TRUFFAUT – PORTRAITS VOLÉS François Truffaut – Geraubte Portraits
FRAUDS Frauds – Ein schräger Vogel
FREDDIE AS F.R.O.7 Freddie der Superfrosch
FRIDA – MED HJERTET I HANDEN Frida – Mit dem Herzen in der Hand
LA FRONTERA La Frontera – Am Rande der Welt
THE FUGITIVE Auf der Flucht
FULL CONTACT Cover Hard
FULL CONTACT Full Contact – Mit blanken Fäusten
FULL IMPACT Full Impact
FULL MOON IN NEW YORK Vollmond in New York
FUTURE KICK Future Kick

G

GABRIEL Gabriel
GALLAGHER'S TRAVELS Heißer Sand und kalte Füße
GALLAVANTS Im Zauberwald der Gallavants
GANH XIEC RONG Der Wanderzirkus
GHAMIS ZEKWA Nächtlicher Tanz
GIZLI YÜZ Das verborgene Gesicht
GLENGARRY GLEN ROSS Glengarry Glen Ross
GODZILLA VS. MOTHRA Godzilla – Kampf der Saurier-Mutanten
IL GRANDE COCOMERO Il grande Cocomero
GRANDI MAGAZZINI Im Kaufhaus ist die Hölle los
THE GROCER'S WIFE Die Frau des Krämers
GROUNDHOG DAY Und täglich grüßt das Murmeltier
GUELWAAR Guelwaar
GUILTY AS SIN Jenseits der Unschuld
GULING JIE SHAONIAN SHA REN SHIJIAN Mord eines Jugendlichen auf der Guling-Straße
GUN CRAZY Guncrazy
THE GUN IN BETTY LOUIS HANDBAG Wanted – Betty Lou, Bewaffnet bis an die Zähne

H

HARD HUNTED Hard Hunted – Heiße Girls, Eiskalt
HARD TARGET Harte Ziele
HARD BOILED Hardboiled
HATACHI NO BINETSU Leichtes Fieber eines Zwanzigjährigen
HAUNTING FEAR Haunting Fear
HEADING HOME Heading Home
THE HEART OF JUSTICE Heart of Justice
HEIDI Heidi
HELLRAISER III: HELL ON EARTH Hellraiser III
HEMLIGHETEN Das Geheimnis
A HERCEGNÖ ES A KOBOLD Prinzessin Aline & die Groblins
HERO/ACCIDENTAL HERO Ein ganz normaler Held
HEXED Hexina – schön verrückt und gefährlich
THE HIT LIST Private Bodyguard
HOFFA Jimmy Hoffa
HOMEWARD BOUND: THE INCREDIBLE JOURNEY Zurück nach Hause: Die unglaubliche Reise
HOMEWRACKER Computer Love
HONEY, I BLEW UP THE KID Liebling, jetzt haben wir ein Riesenbaby
HONEYMOON IN VEGAS Honeymoon in Vegas – Aber nicht mit meiner Braut
HONOR & GLORY Honor & Glory
HONOR THY MOTHER Das vierte Gebot
LA HORA TEXACO Texaco-Illusion
HORTON FOOTE'S THE HABITATION OF DRAGONS Haus der Drachen
HOT SHOTS! PART DEUX Hot Shots! Der 2. Versuch
HOUSE PARTY 2 House Party 2
HSI YEN / THE WEDDING BANQUET Das Hochzeitsbankett
HUSBANDS AND WIVES Ehemänner und Ehefrauen

I

I CAN MAKE YOU LOVE ME: THE STALKING OF LAURA B… Lauras Schatten
I LOVE VIENNA I love Vienna
I UNA NOTTE DI CHIARO DI LUNA Diese vitale Wut
ILLUSIONS Träume der Angst
IN EXILE Time Runner
IN SEARCH OF A GOLDEN SKY Auf der Suche nach dem goldenen Himmel
IN THE ARMS OF A KILLER Gnadenloser Irrtum
IN THE COMPANY OF DARKNESS Am Rande der Dunkelheit
IN THE DEEP WOODS Schreie im Wald
IN THE HEAT OF PASSION In the Heat of Passion – Mord aus Leidenschaft
IN THE LINE OF DUTY: SIEGE AT MARION Belagerung ohne Gnade
IN THE LINE OF DUTY: THE TWILIGHT MURDERS Mord in der Dämmerung
IN THE LINE OF FIRE In The Line of Fire – Die zweite Chance
INDECENCY Der Duft des Todes
INDECENT PROPOSAL Ein unmoralisches Angebot
INDIAN SUMMER Indian Summer
INNER SANCTUM Fatale Leidenschaft
THE INNOCENT … und der Himmel steht still
INNOCENT BLOOD Bloody Marie – Eine Frau mit Biß
INNOCENT PREY Innocent Prey
INTENT TO KILL Intent to Kill
INTERCEPTOR F-117A Stealthwar
INTIMATE STRANGER Intimate Stranger
INTO THE WEST Into the West / Das weiße Zauberpferd
INTRUDERS Intruders – Die Aliens sind unter uns
THE INVESTIGATION: INSIDE A TERRORIST BOMBING Attentat in Birmingham
IRON & SILK Im Reich des Drachens
IRON HEART Iron Heart
ITSUKA GIRAGIRA SURU HI Double Cross

J

JACK THE BEAR Jack der Bär / Mein Vater – Mein Freund
JAKUB Jakub
JAMES ELLROY – DEMON DOG OF AMERICAN CRIME FICTION James Ellroy
JAMON, JAMON Jamon Jamon – Schinken, Schinken
JASON GOES TO HELL – THE FINAL FRIDAY Jason Goes To Hell – Die Endabrechnung
JEAN GALMOT, AVENTURIER Jean Galmot Abenteuerer
JENNIFER EIGHT Jennifer 8
JENNY KISSED ME Jenny küßte mich
J'ENTENDS PLUS LA GUITARE Ich hör' nicht mehr die Gitarre
JERSEY GIRL Jersey Girl
LE JEUNE WERTHER W. – Le jeune Werther
JOHN HUSTON: THE MAN – THE MOVIES – THE MAVERICK John Huston – Filmregisseur und Lebenskünstler
JOSEPH ANDREWS Die Abenteuer des Joseph Andrews
JOSUA TREE Barett – Das Gesetz der Rache
UN JOUR DANS LA MORT DE SARAJEVO Ein Tag im Tod von Sarajevo
LE JOURNAL DE LADY M. Das Tagebuch der Lady M.
JOY ET LES PHARAONS Joy – Tempel der Lust
JURASSIC PARK Jurassic Park
JUST ONE OF THE GIRLS Hes my Girl

K

KADAICHA Kadaicha
KADUNLAKAISIJAT – KUUTAMOSONAATTI 2 Army of Zombies
KALIFORNIA Kalifornia
KALINA KRASSNAJA Kalina Krassnaja – Roter Holunder
KALLE STROPP OCH GRODAN BOLL Kalle Stropp und sein Freund Boll
KAMEN Der Stein
KARAUL Die Wache

KE TU CHIU HEN / SONG OF THE EXIL Lied der Verbannung
KELID Der Schlüssel
KIDNAPPED Entführt
THE KIDNAPPING OF BABY JOHN DOE Kidnapping of Baby John Doe
KILL LINE Kill Line
KILLER INSTINCT Killer Instinct – Im Netz des Todes
KILLER RULES Der Killer-Kodex
KING'S RANSOM King's Ransom: Ticket in den Tod
KISS AND BE KILLED Blutige Flitterwochen
KNOCK ABOUT Knock About
KOIBUMI Liebesbrief
KONSUL Der Konsul
KRUMMERNE Ein frecher Krümel
KRUSH GROOVE Krush Groove
KUNG FU – A LEGEND REBORN Kung Fu – Rückkehr der Legende
KURBAGALAR Die Frosche
KUUTAMOSONAATTI 2: KADUNLAKAI-SIJAT Muttertag III

L

LAAFI – TOUT VA BIEN Laafi – Gibt nicht auf, Joe
LADYBUGS Monty – immer hart am Ball
LAGHI PROFONDI Tod im See
LAKE CONSEQUENCE: A MAN & TWO WOMEN Todsünde
LASHOU SHENTAN/HARD BOILED Hardboiled
LAST ACTION HERO Der letzte Action Held
THE LAST BEST YEAR Das Leben ist schön
THE LAST BLOOD THE Last Blood
THE LAST BUTTERFLY Der letzte Schmetterling
LAST DANCE Last Dance – Tödliche Leidenschaft
LAST FLIGHT OUT Flug in die Freiheit
THE LAST OF THE MOHICANS Der letzte Mohikaner
THE LAST ROMANTICS Die letzten Romantiker
LAST SUPPER Last Supper
LAYLA, MA RAISON / MAGNUN LAYLA Layla
LEAP OF FAITH Der Schein-Heilige
LEAVING NORMAL Auf und davon
LEEDVERMAAK Leas Hochzeit
LEGACY OF LIES Im Netz der Lügen
THE LEGEND OF WOLF MOUNTAIN Wolf Mountain
AL LEIL Die Nacht
LES LENDEMAINS QUI CHANTENT Ein Lied von kommenden Tagen
LEOLO Léolo
LEON THE PIG FARMER Leon the Pig Farmer
LETHAL ANGEL Angel of Return
LETHAL LADY Lethal Lady
LIEBESTRAUM Todestraum – Der letzte Zeuge schweigt
LINGUINI INCIDENT Houdini & Company – Der Geist des Magiers
THE LONELY PASSION OF JUDITH HEARNE Die große Sehnsucht der Judith Hearne
LORENZO'S OIL Lorenzos Öl
THE LOOTERS Trespass
LOST IN SIBERIA/ZATYERYANNY V SIBRI Gulag 3
LOVE FIELD Love Field – Liebe ohne Grenzen
LOVE IS LIKE THAT Wild Angel
LOVE ON THE RUN Der Mörder und die Lady
LOVING LULU Loving Lulu
LUBA Luba
UN LUGAR EN EL MUNDO Ein Ort auf dieser Welt
LUNA PARK Luna Park
LUNATICS: A LOVE STORY Lunatics – Duell der Alpträume

M

M. BUTTERFLY M. Butterfly
MA VIE EST UN ENFER Mein Leben ist die Hölle
MAC Mac
MAD DOG AND GLORY Sein Name ist Mad Dog
MAD DOG COLL The Coll-Brothers – Born to kill
MADAME L'EAU Madame l'Eau
MADE IN AMERICA Made in America

MAGNUN LAYLA Layla
MAITRESSE Maitresse
MALAREK: A STREET KID WHO MADE IT Malarek
MALCOLM X Malcolm X
MAN UPSTAIRS Kein Engel auf Erden
THE MAN WITH THREE WIVES Blind Love
THE MAN WITHOUT A FACE Der Mann ohne Gesicht
MANDROID Mandroid
MANHUNT: SEARCH FOR THE NIGHT STALKER Manhunt – Eine Stadt sucht den Mörder
MANIAC COP – BADGE OF SILENCE Maniac Cop 3
MANUFACTURING CONSENT: NOAM CHOMSKY AND THE MEDIA Die Konsens-Fabrik: Noam Chomsky und die Medien
MAP OF THE HUMAN HEART Karte des menschlichen Herzens
MARCIDES Mercedes
EL MARIACHI El Mariachi
MARTIAL ARTS OF SHAOLIN Die Macht der Shaolin
MASQUERADE Masquerade
MASTERBLASTER Masterblaster
LA MAUDITE GALETTE Dreckiges Geld
MAX ET JÉRÉMIE Max und Jérémie
MAXIMUM SECURITY Laserexil
MEM U ZIN Mem und Zin – ein kurdisches Märchen
MERCHANT OF EVIL Merchant of Evil
A MIDNIGHT CLEAR Spezialeinheit IQ
MIDNIGHT STING Ihr größter Coup
THE MIGHTY DUCKS Mighty Ducks – Das Superteam
MILAN NOIR Der schwarze Milan
MILLY – MURDER IN LAW Milly… und sowas nennt sich seine Mutter
MINDWARP Brain Slasher
THE MINISTER'S WIFE Die Frau des Priesters
MISSION KILL Angel Force
MISSION OF JUSTICE Mission of Justice – Martial Law 3
MODERN LOVE Love Games
MOITIÉ MOITIÉ Ein Erbe kommt selten allein
MOM Mom
MOM AND DAD SAVE THE WORLD Mom and Dad save the World
MONOLITH Monolith
MONTE NAPOLEONE Via Monte Napoleone
MOOD INDIGO Mood Indigo
MOOMIN Der Komet im Muminland
MORTU NEGA Mortu Nega
MR. BASEBALL Mr. Baseball
MR. BOO 2 – THE CONTRACT A Chinese Star Story
MR. NANNY Mr. Babysitter
MR. SATURDAY NIGHT Der letzte Komödiant
MRS. LAMBERT REMEMBERS LOVE Mrs. Lamberts letzte Reise
MUCH ADO ABOUT NOTHING Viel Lärm um nichts
MUI DU DU XANH Der Duft der grünen Papaya
THE MUMMY LIVES Mumie – Tal des Todes
THE MUPPET CHRISTMAS CAROL Die Muppets Weihnachts Geschichte
MURDER AT THE PTA LUNCHEON Mit dem Essen kam der Tod
MUSUKO Liebe braucht keine Worte
MY BODY, MY CHILD Dies ist mein Kind!

N

NAILS Nails
NAKED OBSESSION Naked Obsession
NAMA-YE NAZDIK Close Up / Nahaufnahme
NATIONAL LAMPOON'S LOADED WEAPON 1 Loaded Weapon 1
LOS NAUFRAGOS DEL LIGURIA Die Schiffbrüchigen der Liguria
THE NEIGHBOR Mary's Nachbar
NEMESIS Nemesis
NETHERWORLD Netherworld
NEW YEAR'S DAY Neujahr in New York
NIENORMALNI The Abnormal
NIGHT AND THE CITY Night and the City
NIGHT CALLER Dangerous Action
NIGHT EYES 2 Night Eyes 2
NIGHTMARE Das Gesetz der Angst
NIGHT OF THE HUNTER Die Nacht des Jägers

NIGHT RHYTHMS Night Crimes
NIGHT SHADOW Night Shadow
NIGHT VISIONS Wes Craven's Night Vision
NIIWAM Niiwam – Der lange Weg
NINJA DRAGONS Tiger Kid
NINJA FIGHTER Lethal Fighter
NINJA VENGEANCE Ninja Revenge
NOCHE DE JUERGA Eine gefährliche Nacht
NOISES OFF Noises off: Der nackte Wahnsinn
NORTHSTAR Tödliche Sonne
A NOTRE REGRETTABLE ÉPOUX Zwei Witwen für eine Leiche
NOWHERE TO RUN Ohne Ausweg
NOWYJE SWEDENIJA O KONZE SWETA Neue Nachrichten vom Weltuntergang
LES NUITS FAUVES Wilde Nächte

O

O SANTO DAIME Eine Gabe Gottes
L' ODEUR DE LA PAPAYE VERTE / MUI DU DU XANH Der Duft der grünen Papaya
OFELAS/VEIVISEREN Die Rache des Fährtensuchers
OH, XIANG XUE Die Federtasche
ONCE UPON A FOREST Meister Dachs und seine Freunde
ONE FALSE MOVE One false Move
OPERATION LOOKOUT Operation Lookout
OPSTAND IN SOBIBOR Aufstand in Sobibor
ORLANDO Orlando
OTHELLO Othello
OUT FOR BLOOD Out for Blood
OUT ON A LIMB Ein Yuppie steht im Wald
OUTCAST Outcast
OVER THE LINE Out of Control – Alptraum der Begierde

P

PARIS S'ÉVEILLE Paris erwacht
PARPAILLON Parpaillon
PARTY PARTY Party Party
PAS IN DOI Paso Doble
LE PAS SUSPENDU DE LA CIGOGNE Der zögernde Schritt des Storches / Der schwebende Schritt des Storches
PASSED AWAY Ein verrückter Leichenschmaus
PASSENGER 57 Passagier 57
PASSION FISH Passion Fish
PAST MIDNIGHT Past Midnight
LA PATAGONIA REBELDE Aufstand in Patagonien
PEAUX DE VACHES Mistkerle
PEOPLE OF THE FOREST Die Leute aus dem Wald
PERFECT FAMILY Unberechenbar
PERVOLA Pervola – Spuren im Schnee
PETER'S FRIENDS Peter's Friends
LA PEUR Angst
THE PIANO Das Piano
PICTURE THIS – THE TIMES OF PETER BOGDANOVICH IN ARCHER CITY Zweimal Texas
PICTURES FROM A REVOLUTION Bilder einer Revolution
PINK LIGHTNING Fünf Tage noch
PIROSKA ES A FARKAS 2000-BEN Abschied vom Zauberwald
PJAT WETSCHEROW Fünf Abende
THE PLAYBOYS The Playboys
POCHORONIJ STALINA Stalins Begräbnis
POINT OF NO RETURN / THE ASSASSIN Codename: Nina
POLICE STORY 3/SUPER COP Police Story 3: Der Super Cop
POSSE Posse – Die Rache des Jessie Lee
POUR SACHA Im Schatten der Golanhöhen
PREHYSTERIA Dino Kids
PRELUDE TO A KISS Bodyswitch/Zauberhafte Zeiten
THE PRESIDENT'S CHILD Spiel der Patrioten
PRESUMED GUILTY Unschuldig angeklagt
PRIME SUSPECT Tödliches Trauma
PRIME TARGET Highway Hunter
PRIMO BABY Primo Baby
PRINCE OF THE SUN Prince of the Sun
PRISON HEAT Prison Heat
PRIVATE WARS Defender – Der Tod ist sein Geschäft
PROTOTYPE Prototype

SHADOW HUNTER Shadow Hunter
SHADOW OF CHINA Jenseits der Schatten
SHAKES THE CLOWNS Clowns – Ihr Lachen bringt den Tod
SHAKHA PROSHAKHA Ein Baum und seine Zweige
SHANGHAI ZHI YE / SHANGHAI BLUES Shanghai Blues
SHE STOOD ALONE Ein dorniger Weg
SHOOTFIGHTER Shootfighter
SILENT THUNDER Trucker II
THE SILK ROAD / DUN-HUANG Das Blut der Seidenstraße
SIMPLE MEN Simple Men
SINGLES Singles
SINKING OF RAINBOW WARRIOR Anschlag auf die Rainbow Warrior
SINS OF THE NIGHT Sins of the Night – Gefährtin der Nacht
SKETCH ARTIST Colors of Crime
SKYLARK Sarah zwischen Land und Meer
SLACKER Slacker
SLAUGHTER OF THE INNOCENTS In Cold Blood
SLEEPLESS IN SEATTLE Schlaflos in Seattle
SLIVER Sliver
SNEAKERS Sneakers – Die Lautlosen
SNIPER Sniper – Der Scharfschütze
SOFIE Sofie
IL SOLE BUIO Die finstere Sonne
SON-IN-LAW Schwiegersohn Junior
SONHO SEM FIN Traum ohne Ende
SOTTO IL VESTITO NIENTE 2 Too Beautiful To Die
SOTTO...SOTTO ... STRAPAZZATO DA ANOMALE PASSIONE Die Freundin meiner Frau
SOURSWEET Chinese Blues
SPANISH ROSE Spanish Rose
THE SPIRIT OF '76 The Spirit of '76
SPLIT IMAGES Cut – Mord vor laufender Kamera
SPLITTING HEIRS ... und ewig schleichen die Erben
SPOORLOOS Spurlos verschwunden
SPOTSWOOD Made in Spotswood – Die Fabrik der schrägen Vögel
STAY TUNED Stay Tuned
STEEL JUSTICE Robosaurus
STEPHEN KING'S GOLDEN TALES Stephen King's Golden Tales
STEPKIDS Familienstreß
STOMPING AT THE SAVOY Eine Nacht im Savoy
STORIA DI RAGAZZI E DI RAGAZZE Eine Geschichte von Männern und Frauen
UNE STORIA SEMPLICE Ein einfacher Fall
STORYVILLE Storyville
A STRANGER AMONG US A Stranger among us
STREET KNIGHT Geballte Fäuste
STREETWISE Streetwise
STRUCK BY LIGHTNING Gib' nicht auf, Pat
LE SUCRE Zucker, Zucker!
SUNSET GRILL Organiac
SUNSTROKE Flucht durch die Nacht
THE SUPER Ein Vermieter zum Knutschen
SUPER MARIO BROS. Super Mario Bros.
SUPERDAME Superlady
SUR LA TERRE COMME AU CIEL Verschwörung der Kinder
SURF NINJAS Surf Ninjas
SWIMMING TO CAMBODIA Nach Kambodscha schwimmen
SWING KIDS Swing Kids
SWORD OF THE VALIANT Camelot – Der Fluch des goldenen Schwertes
SWORDSMAN 2 China Swordsman

T

T BONE 'N WEASEL T-Bone & Wiesel
TA DONA Ta Dona – Es brennt!
TABATABA Tabataba
TAKING CARE Verdacht auf Mord
THE TALE OF RUBY ROSE Die Geschichte von Ruby Rose
TALK 16 16 Jahr', blondes Haar
TALONS OF THE EAGLE Talons of the Eagle
TANGO Tango Mortale
A TASTE FOR KILLING Eine mörderische Freundschaft
TEAMSTER BOSS: THE JACKIE PRESSER STORY Power Play – In den Fängen der Macht
TECTONIC PLATES Tectonic Plates
TEENAGE BONNIE AND KLEPTO CLYDE Teenage Bonnie und Klepto Clyde

TEENAGE MUTANT NINJA TURTLES III – THE TURTLES ARE BACK … Ninja Turtles III
THE TEMP Die Aushilfe
TEN TO CHI TO Heaven and Earth
TENGOKU TO JIGOKU Zwischen Himmel und Hölle
TERESA Teresa und die Männer
TERRA PROMETIDA Gelobtes Land
THE TERROR WITHIN II Terror Within II
TEXAS RANGER Texas Ranger
TEXAS TENOR: THE ILLINOIS JACQUET STORY Texas Tenor: The Illinois Jacquet Story
THIS BOY'S LIFE This Boy's Life
THIS IS MY LIFE Showtime – Hilfe, meine Mutter ist ein Star
THREE OF HEARTS Drei von ganzem Herzen
THROUGH THE EYES OF A KILLER Mit den Augen des Mörders
TICKS C 2 – Killerinsect
TIGER CAGE 3 Tiger Cage 3
TIME TRAX – A STRANGER IN TIME Time Trax – Zurück ins 20. Jahrhundert
TINA – WHAT'S LOVE GOT TO DO WITH IT Tina – What's Love got to do with it
TO BE THE BEST Karate Tiger 7
TO KILL FOR Fatal Instinct
TO PROTECT AND SERVE Protect and Serve
TO THE DEATH To The Death
TOBE HOOPER'S NIGHTMARE Tobe Hooper's Living Nightmare
TOKYO DECADENCE TOPAZ Tokio Dekadenz
THE TOMMYKNOCKERS Tommyknockers
TOUKI-BOUKI Die Reise der Hyäne
TOUT CA … POUR CA! Tout ca … Pour ca!
THE TOWER The Tower
THE TOXIC AVENGER PART III: THE LAST TEMPTATION OF TOXIE Toxie's letzte Schlacht
TOYS Toys
TRACES OF RED Spuren von Rot
TRANCERS III Trancers 2010
THE TREASURE The Treasure
THE TRESPASS / THE LOOTERS Trespass
THE TRIAL Der Prozeß
LA TRIBU Dark Line – Im Koma auf dem Weg ins Jenseits
TRIPAS CORACAO Das Feuer – das Herz in beiden Händen
LA TRIPLE CARPATHE Die dreifache Locke
TROIS COULEURS: BLEU Drei Farben: Blau
TROUBLE BOUND Harry & Kit – Trouble Bound
TUI SHOU Schiebende Hände
THE TUNE Der Hit
THE TURN OF THE SCREW Obsession
TUTTI GLI UOMINI DI SARA Saras Männer
TWENTYFOUR HOURS TO MIDNIGHT 24 Hours to Midnight
TWIN DRAGONS Twin Dragons
TWIST Twist
TWO SMALL BODIES Zwei Körper

U

UDJU AZUL DI YONTA Die blauen Augen von Yonta
ULTIMAS IMAGENES DEL NAUFRAGIO Letzte Bilder eines Schiffbruchs
ULTIMO MOMENTO In letzter Minute
ULTRAVIOLET Ultraviolet – Im Tal des Todes
UNA DONNA PER TUTTI Erotic Prison
UNDER SIEGE Alarmstufe: Rot
UNDER SURVEILLANCE DOG – Verbotene Tricks
THE UNNAMABLE RETURNS The Unnamable II
UNNATURAL CAUSES Todesursache: Agent Orange
USED PEOPLE Die Herbstzeitlosen
THE USUAL Das Übliche
UTZ Utz
THE VAGRANT Scary – Horrortrip in den Wahnsinn

V

VANILLE FRAISE Geheimauftrag Erdbeer Vanille
VANISHED WITHOUT A TRACE Schulfahrt ohne Wiederkehr
THE VANISHING Spurlos
VAUDEVILLE Vaudeville

VERSO SERA / DANS LA SOIREE Gegen Abend
EL VIAJE Die Reise
VIDEO LEVELEZES Video Blues
VIDEOPOLY Videopoly oder Duponts Verschwinden
LES VISITEURS Die Besucher
VOLS D'ETE Sommerdiebe
VRACENKY Lenin, der Herrgott und die Mutter

W

WARLOCK: THE ARMAGEDDON Warlock: The Armageddon
WARMING UP Lauf Dich warm
WATERLAND Waterland
THE WAY Karate Fighter
THE WEDDING BANQUET Das Hochzeitsbankett
WEEKEND AT BERNIE'S II Wieder Ärger mit Bernie
WHERE THE HELL'S THAT GOLD!!!? Gringos, Gold und flotte Girls
WHEREVER YOU ARE Wo immer Sie ist …
WHISPERS IN THE DARK Stimmen im Dunkel
WHITE MEN CAN'T JUMP Weiße Jungs bringen's nicht
WIDE SARGASSO SEA Sargasso Sea – im Meer der Leidenschaft
WILD CARD Wild Card
WILD ORCHID III – THE RED SHOE DIARY Wilde Orchidee 3
WILDEST DREAMS Wildest Dreams
WIND Wind
WITCHBOARD 2 Witchboard 2 – Die Tür zur Hölle
WITCHCRAFT IV Witchcraft IV
WITH HOSTILE INTENT Zum Abschuss freigegeben
A WOMAN WHO SINNED Nackte Sünde
WOMAN WITH A PAST Schuld kennt kein Vergessen
THE WOMEN NEXT DOOR Die Frauen von nebenan
WUGE NUZI HE YIGEN SHENGZI Fünf Mädchen und ein Seil
THE YEAR MY VOICE BROKE The Year my Voice broke

Y

YEAR OF THE COMET Year of the Comet
YES VIRGINIA – THERE IS A SANTA CLAUS Und den Weihnachtsmann gibt's doch!
LES YEUX DE CÉCILE Die Augen von Cécile

Z

ZATYERYANNY V SIBRI Gulag 3
ZAPPA Zappa
ZEBRACKA OPERA Prager Bettleroper
ZEBRAHEAD Zebrahead
LE ZEBRE Das Zebra
THE ZEUS – TARGET Target
ZITS Hoggy, Oskar und der tote Briefkasten
ZOMBIE HIGH Das Böse ist überall

Medienmeister Noam Chomsky in ›Manufacturing Consent‹.

Stark im Kostüm: Winona Ryder nach ihrem ›Dracula‹-Abenteuer hier als Mitglied der New Yorker Society um 1870 in dem Film ›Zeit der Unschuld‹.

Personenregister

Regie, Darsteller, Drehbuch, Musik, Schnitt, Produzenten

A

C

F

H

M

O

S

T

W

X

Y

Z